Huff/Löwe

Berufsrecht der Anwaltschaft

Berufsrecht der Anwaltschaft

Textsammlung

---

19. Auflage 2019

herausgegeben von

Rechtsanwalt Martin W. Huff,
Wirtschaftsjurist (Univ. Bayreuth)
Köln
Geschäftsführer der Rechtsanwaltskammer Köln

und

Rechtsanwalt Dr. Henning Löwe, LL.M. (Univ. GA, USA)
Hamburg
Hauptgeschäftsführer der Hanseatischen
Rechtsanwaltskammer Hamburg

begründet und herausgegeben (1.-18. Auflage) von
Rechtsanwalt Dr. Wieland Horn
München

Stand: 1.8.2019

Hinweis

Hinsichtlich der in diesem Werk veröffentlichten Normtexte weisen wir darauf hin, dass rechtsverbindlich allein die amtlich verkündeten Texte sind. Herausgeber und Verlag übernehmen keinerlei Haftung für die Richtigkeit und Vollständigkeit der in diesem Buch enthaltenen Ausführungen.

Satz: Cicero Computer GmbH, Bonn
Druck: Kösel GmbH & Co. KG, Krugzell
Umschlaggestaltung: gentura, Holger Neumann, Bochum
ISBN 978-3-8240-1617-4

Bibliografische Information der Deutschen Nationalbibliothek
Die Deutsche Nationalbibliothek verzeichnet diese Publikation in der Deutschen Nationalbibliografie; detaillierte bibliografische Daten sind im Internet über http://dnb.d-nb.de abrufbar.

Geleitwort

Seit nunmehr rund zehn Jahren erscheint die Textsammlung zum Berufsrecht der Anwaltschaft jährlich. Damit wird den laufenden Entwicklungen in Gesetzgebung, Satzungsversammlung und Rechtsprechung Rechnung getragen.

Unser Anliegen ist es, einen möglichst vollständigen und aktuellen Überblick über die Regelungen, die die Anwaltschaft betreffen, zu geben. In jeder Neuauflage spiegeln sich somit die Veränderungen im Berufsrecht der Anwaltschaft wieder. Dass das Berufsrecht nicht ausschließlich in der Bundesrechtsanwaltsordnung und der Berufsordnung der Anwaltschaft geregelt ist, ist schon seit langem Wirklichkeit. So finden sich z.B. Regelungen für den Berufsstand im Geldwäschegesetz, der Datenschutzgrundverordnung, aber auch zum Beispiel im Sozialgesetzbuch VI zur Rentenversicherung.

Die inhaltliche Breite des Materials gebietet es, zu strukturieren und deutlich zu machen, was zusammengehört. Dazu dient die systematische Gliederung nach Themengebieten. Die schwarze Markierung am Außenrand soll Benutzern das rasche Auffinden erleichtern. Erstmals ist eine Inhaltsübersicht auf den beiden inneren Umschlagsseiten zu finden. Wir hoffen, dass dies die Orientierung erleichtert.

Die Texte haben den Stand vom 1. August 2019. Änderungen, die an diesem Datum bereits beschlossen waren, aber erst danach in krafttreten, sind, wie in der Vergangenheit auch, bereits kursiv wiedergegeben.

Mit dieser Auflage ist der Generationenwechsel in der Herausgeberschaft dieser Textsammlung vollzogen worden. Der Gründer dieser Textsammlung, Rechtsanwalt Dr. Wieland Horn, ist als Herausgeber der Textsammlung ausgeschieden. Die Textsammlung wird nunmehr von den Rechtsanwälten Martin W. Huff und Dr. Henning Löwe verantwortet.

Verlag und Herausgeber danken an dieser Stelle dem Kollegen Dr. Wieland Horn sehr für sein großes Engagement in der Vergangenheit, insbesondere für die Idee zur nunmehr seit langen Jahren anerkannten Textsammlung.

Besonderer Dank gilt erneut dem Verlag für die Mühen bei der Einarbeitung der zahlreichen Änderungen, vor allem aber der Lektorin des Verlages, Frau Assessorin Jessica Burchardt.

Köln/Hamburg, im September 2019

Martin W. Huff

Dr. Henning Löwe

Inhaltsverzeichnis

Charta der Rechte des Mandanten

Der Mandant hat

1. das Recht auf anwaltlichen Beistand eines von ihm frei gewählten Anwalts seines Vertrauens zu jeder Zeit, auch wenn er nicht über ausreichende Mittel verfügt,
2. das Recht auf einen persönlich und wirtschaftlich, auch von staatlicher Gewalt unabhängigen Anwalt,
3. das Recht auf einen Anwalt, der von Weisungen und Einflüssen Dritter frei ist,
4. das Recht auf einen der absoluten Verschwiegenheit – auch gegenüber Gerichten und Behörden – verpflichteten Anwalt, dessen Vertraulichkeit im persönlichen, telefonischen und schriftlichen Verkehr gewährleistet ist,
5. das Recht auf einen Anwalt, der sorgfältig und ausschließlich die Interessen des Mandanten und keine widerstreitenden Interessen vertritt,
6. das Recht auf vollständige Berücksichtigung des Vorbringens seines Anwalts,
7. das Recht auf einen qualifizierten und fachlich geprüften Anwalt, der für fehlerhafte Dienstleistung haftet,
8. das Recht auf eine prüfbare Abrechnung der anwaltlichen Dienstleistung.

Verabschiedet auf der 90. Hauptversammlung der Bundesrechtsanwaltskammer am 26. Oktober 2001 in München; siehe dazu auch „Charter of core principles of the European legal profession", abgedruckt im Anschluss an die Berufsregeln der Rechtsanwälte der Europäischen Union (CCBE).

A. Nationales Berufsrecht

Bundesrechtsanwaltsordnung

Vom 1. August 1959, BGBl. I S. 565
BGBl. III 303-8

Zuletzt geändert durch Artikel 3 des Gesetzes
vom 30. Oktober 2017, BGBl. I S. 3618

Inhaltsübersicht

Erster Teil: Der Rechtsanwalt

§ 1 Stellung des Rechtsanwalts in der Rechtspflege [1]Der Rechtsanwalt ist ein unabhängiges Organ der Rechtspflege.

§ 2 Beruf des Rechtsanwalts (1) [1]Der Rechtsanwalt übt einen freien Beruf aus.

(2) [1]Seine Tätigkeit ist kein Gewerbe.

§ 3 Recht zur Beratung und Vertretung (1) [1]Der Rechtsanwalt ist der berufene unabhängige Berater und Vertreter in allen Rechtsangelegenheiten.

(2) [1]Sein Recht, in Rechtsangelegenheiten aller Art vor Gerichten, Schiedsgerichten oder Behörden aufzutreten, kann nur durch ein Bundesgesetz beschränkt werden.

(3) [1]Jedermann hat im Rahmen der gesetzlichen Vorschriften das Recht, sich in Rechtsangelegenheiten aller Art durch einen Rechtsanwalt seiner Wahl beraten und vor Gerichten, Schiedsgerichten oder Behörden vertreten zu lassen.

Zweiter Teil: Zulassung des Rechtsanwalts

Erster Abschnitt: Zulassung zur Rechtsanwaltschaft

§ 4 Zugang zum Beruf des Rechtsanwalts [1]Zur Rechtsanwaltschaft kann nur zugelassen werden, wer
1. die Befähigung zum Richteramt nach dem Deutschen Richtergesetz erlangt hat,
2. die Eingliederungsvoraussetzungen nach Teil 3 des Gesetzes über die Tätigkeit europäischer Rechtsanwälte in Deutschland erfüllt oder
3. über eine Bescheinigung nach § 16a Absatz 5 des Gesetzes über die Tätigkeit europäischer Rechtsanwälte in Deutschland verfügt.

[2]Das Berufsqualifikationsfeststellungsgesetz ist nicht anzuwenden.

§ 5 Freizügigkeit (weggefallen)

§ 6 Antrag auf Zulassung zur Rechtsanwaltschaft (1) [1]Die Zulassung zur Rechtsanwaltschaft wird auf Antrag erteilt.

(2) [1]Ein Antrag darf nur aus den in diesem Gesetz bezeichneten Gründen abgelehnt werden.

§ 7 Versagung der Zulassung

[1]Die Zulassung zur Rechtsanwaltschaft ist zu versagen,

1. wenn die antragstellende Person nach der Entscheidung des Bundesverfassungsgerichts ein Grundrecht verwirkt hat;
2. wenn die antragstellende Person infolge strafgerichtlicher Verurteilung die Fähigkeit zur Bekleidung öffentlicher Ämter nicht besitzt;
3. wenn die antragstellende Person durch rechtskräftiges Urteil aus der Rechtsanwaltschaft ausgeschlossen ist und seit Rechtskraft des Urteils noch nicht acht Jahre verstrichen sind, Nummer 5 bleibt unberührt;
4. wenn gegen die antragstellende Person im Verfahren über die Richteranklage auf Entlassung oder im Disziplinarverfahren auf Entfernung aus dem Dienst in der Rechtspflege rechtskräftig erkannt worden ist;
5. wenn die antragstellende Person sich eines Verhaltens schuldig gemacht hat, das sie unwürdig erscheinen läßt, den Beruf eines Rechtsanwalts auszuüben;
6. wenn die antragstellende Person die freiheitliche demokratische Grundordnung in strafbarer Weise bekämpft;
7. wenn die antragstellende Person aus gesundheitlichen Gründen nicht nur vorübergehend unfähig ist, den Beruf eines Rechtsanwalts ordnungsgemäß auszuüben;
8. wenn die antragstellende Person eine Tätigkeit ausübt, die mit dem Beruf des Rechtsanwalts, insbesondere seiner Stellung als unabhängiges Organ der Rechtspflege nicht vereinbar ist oder das Vertrauen in seine Unabhängigkeit gefährden kann;
9. wenn die antragstellende Person sich im Vermögensverfall befindet; ein Vermögensverfall wird vermutet, wenn ein Insolvenzverfahren über das Vermögen der antragstellenden Person eröffnet oder die antragstellende Person in das vom Vollstreckungsgericht zu führende Verzeichnis (§ 26 Abs. 2 der Insolvenzordnung, § 882b der Zivilprozeßordnung) eingetragen ist;
10. wenn die antragstellende Person Richter, Beamter, Berufssoldat oder Soldat auf Zeit ist, es sei denn, dass sie die ihr übertragenen Aufgaben ehrenamtlich wahrnimmt oder dass ihre Rechte und Pflichten auf Grund

der §§ 5, 6, 8 und 36 des Abgeordnetengesetzes oder entsprechender Rechtsvorschriften ruhen.

§§ 8 und 9 (weggefallen)

§ 10 Aussetzung des Zulassungsverfahrens (1) [1]Die Entscheidung über den Antrag auf Zulassung zur Rechtsanwaltschaft kann ausgesetzt werden, wenn gegen die antragstellende Person wegen des Verdachts einer Straftat ein Ermittlungsverfahren oder ein strafgerichtliches Verfahren schwebt.

(2) [1]Die Entscheidung über den Antrag ist auszusetzen, wenn gegen die antragstellende Person die öffentliche Klage wegen einer Straftat, welche die Unfähigkeit zur Bekleidung öffentlicher Ämter zur Folge haben kann, erhoben ist.

(3) [1]Über den Antrag auf Zulassung zur Rechtsanwaltschaft ist jedoch zu entscheiden, wenn er bereits unbeschadet des Ergebnisses des Ermittlungsverfahrens oder des Ausganges des strafgerichtlichen Verfahrens abzulehnen ist.

§ 11 (weggefallen)

§ 12 Zulassung (1) [1]Die Zulassung zur Rechtsanwaltschaft wird wirksam mit der Aushändigung einer von der Rechtsanwaltskammer ausgestellten Urkunde.

(2) [1]Die Urkunde darf erst ausgehändigt werden, wenn die Bewerberin oder der Bewerber

1. vereidigt ist und
2. den Abschluss der Berufshaftpflichtversicherung nachgewiesen oder eine vorläufige Deckungszusage vorgelegt hat.

(3) [1]Mit der Zulassung wird die Bewerberin oder der Bewerber Mitglied der zulassenden Rechtsanwaltskammer.

(4) [1]Nach der Zulassung darf die Tätigkeit unter der Berufsbezeichnung „Rechtsanwältin“ oder „Rechtsanwalt“ ausgeübt werden.

§ 12a Vereidigung (1) [1]Der Bewerber hat folgenden Eid vor der Rechtsanwaltskammer zu leisten:

„Ich schwöre bei Gott dem Allmächtigen und Allwissenden, die verfassungsmäßige Ordnung zu wahren und die Pflichten eines Rechtsanwalts gewissenhaft zu erfüllen, so wahr mir Gott helfe.“

(2) [1]Der Eid kann auch ohne religiöse Beteuerung geleistet werden.

(3) [1]Gestattet ein Gesetz den Mitgliedern einer Religionsgemeinschaft, an Stelle des Eides eine andere Beteuerungsformel zu gebrauchen, so kann, wer Mitglied einer solchen Religionsgemeinschaft ist, diese Beteuerungsformel sprechen.

(4) [1]Wer aus Glaubens- oder Gewissensgründen keinen Eid leisten will, muss folgendes Gelöbnis leisten:

„Ich gelobe, die verfassungsmäßige Ordnung zu wahren und die Pflichten eines Rechtsanwalts gewissenhaft zu erfüllen."

(5) [1]Leistet eine Bewerberin den Eid nach Absatz 1 oder das Gelöbnis nach Absatz 4, so treten an die Stelle der Wörter „eines Rechtsanwalts" die Wörter „einer Rechtsanwältin".

(6) [1]Über die Vereidigung ist ein Protokoll aufzunehmen, das auch den Wortlaut des Eides oder des Gelöbnisses zu enthalten hat. [2]Das Protokoll ist von dem Rechtsanwalt und einem Mitglied des Vorstands der Rechtsanwaltskammer zu unterschreiben. [3]Es ist zu den Personalakten des Rechtsanwalts zu nehmen.

§ 13 Erlöschen der Zulassung [1]Die Zulassung zur Rechtsanwaltschaft erlischt, wenn durch ein rechtskräftiges Urteil auf Ausschließung aus der Rechtsanwaltschaft erkannt ist oder wenn die Rücknahme oder der Widerruf der Zulassung bestandskräftig geworden ist.

§ 14 Rücknahme und Widerruf der Zulassung (1) [1]Die Zulassung zur Rechtsanwaltschaft ist mit Wirkung für die Zukunft zurückzunehmen, wenn Tatsachen nachträglich bekannt werden, bei deren Kenntnis die Zulassung hätte versagt werden müssen. [2]Von der Rücknahme der Zulassung kann abgesehen werden, wenn die Gründe, aus denen die Zulassung hätte versagt werden müssen, nicht mehr bestehen.

(2) [1]Die Zulassung zur Rechtsanwaltschaft ist zu widerrufen,

1. wenn der Rechtsanwalt nach der Entscheidung des Bundesverfassungsgerichts ein Grundrecht verwirkt hat;
2. wenn der Rechtsanwalt infolge strafgerichtlicher Verurteilung die Fähigkeit zur Bekleidung öffentlicher Ämter verloren hat;
3. wenn der Rechtsanwalt aus gesundheitlichen Gründen nicht nur vorübergehend unfähig ist, den Beruf eines Rechtsanwalts ordnungsgemäß auszuüben, es sei denn, dass sein Verbleiben in der Rechtsanwaltschaft die Rechtspflege nicht gefährdet;
4. wenn der Rechtsanwalt auf die Rechte aus der Zulassung zur Rechtsanwaltschaft der Rechtsanwaltskammer gegenüber schriftlich verzichtet hat;
5. wenn der Rechtsanwalt zum Richter oder Beamten auf Lebenszeit ernannt, in das Dienstverhältnis eines Berufssoldaten berufen oder nach § 6 des Abgeordnetengesetzes oder entsprechenden Rechtsvorschriften wieder in das frühere Dienstverhältnis als Richter oder Beamter auf Lebenszeit oder als Berufssoldat zurückgeführt wird und nicht auf die Rechte aus der Zulassung zur Rechtsanwaltschaft verzichtet;

6. (weggefallen)
7. wenn der Rechtsanwalt in Vermögensverfall geraten ist, es sei denn, daß dadurch die Interessen der Rechtsuchenden nicht gefährdet sind; ein Vermögensverfall wird vermutet, wenn ein Insolvenzverfahren über das Vermögen des Rechtsanwalts eröffnet oder der Rechtsanwalt in das vom Insolvenzgericht oder vom Vollstreckungsgericht zu führende Verzeichnis (§ 26 Abs. 2 der Insolvenzordnung, § 882b der Zivilprozeßordnung) eingetragen ist;
8. wenn der Rechtsanwalt eine Tätigkeit ausübt, die mit seinem Beruf, insbesondere seiner Stellung als unabhängiges Organ der Rechtspflege nicht vereinbar ist oder das Vertrauen in seine Unabhängigkeit gefährden kann; dies gilt nicht, wenn der Widerruf für ihn eine unzumutbare Härte bedeuten würde;
9. wenn der Rechtsanwalt nicht die vorgeschriebene Berufshaftpflichtversicherung (§ 51) unterhält.

(3) [1]Die Zulassung zur Rechtsanwaltschaft kann widerrufen werden, wenn der Rechtsanwalt

1. nicht binnen drei Monaten, nachdem die Pflicht hierzu entstanden ist, im Bezirk der Rechtsanwaltskammer eine Kanzlei einrichtet;
2. nicht binnen drei Monaten eine ihm bei der Befreiung nach § 29 Abs. 1 oder § 29a Abs. 2 gemachte Auflage erfüllt;
3. nicht binnen drei Monaten, nachdem er von der Pflicht, eine Kanzlei zu unterhalten, befreit worden (§ 29 Abs. 1, § 29a Abs. 2) oder der bisherige Zustellungsbevollmächtigte weggefallen ist, einen Zustellungsbevollmächtigten bestellt;
4. seine Kanzlei aufgibt, ohne dass er von der Pflicht des § 27 Abs. 1 befreit worden ist.

(4) [1]Ordnet die Rechtsanwaltskammer die sofortige Vollziehung der Verfügung an, sind § 155 Abs. 2, 4 und 5, § 156 Abs. 2, § 160 Abs. 1 Satz 2 und § 161 entsprechend anzuwenden. [2]Im Fall des Absatzes 2 Nr. 9 ist die Anordnung in der Regel zu treffen.

§ 15 Ärztliches Gutachten bei Versagung und Widerruf der Zulassung

(1) [1]Wenn es zur Entscheidung über den Versagungsgrund des § 7 Nr. 7 oder den Widerrufsgrund des § 14 Abs. 2 Nr. 3 erforderlich ist, gibt die Rechtsanwaltskammer dem Betroffenen auf, innerhalb einer von ihr zu bestimmenden angemessenen Frist das Gutachten eines von ihr zu bestimmenden Arztes über seinen Gesundheitszustand vorzulegen. [2]Das Gutachten muss auf einer Untersuchung und, wenn dies ein Amtsarzt für notwendig hält, auch auf einer klinischen Beobachtung des Betroffenen beruhen. [3]Die Kosten des Gutachtens hat der Betroffene zu tragen.

(2) [1]Anordnungen nach Absatz 1 sind mit Gründen zu versehen und zuzustellen. [2]Gegen sie können die Rechtsbehelfe gegen belastende Verwaltungsakte eingelegt werden. [3]Sie haben keine aufschiebende Wirkung.

(3) [1]Wird das Gutachten ohne zureichenden Grund nicht innerhalb der von der Rechtsanwaltskammer gesetzten Frist vorgelegt, so wird vermutet, dass der Betroffene aus gesundheitlichen Gründen nicht nur vorübergehend unfähig ist, den Beruf eines Rechtsanwalts ordnungsgemäß auszuüben. [2]Der Betroffene ist auf diese Folgen bei der Fristsetzung hinzuweisen.

§ 16 (weggefallen)

§ 17 Erlöschen der Befugnis zur Führung der Berufsbezeichnung
(1) [1]Mit dem Erlöschen der Zulassung zur Rechtsanwaltschaft (§ 13) endet die Befugnis, die Berufsbezeichnung „Rechtsanwalt" oder „Rechtsanwältin" zu führen. [2]Die Bezeichnung darf auch nicht mit einem Zusatz, der auf die frühere Berechtigung hinweist, geführt werden.

(2) [1]Die Rechtsanwaltskammer kann einem Rechtsanwalt, der wegen hohen Alters oder wegen körperlicher Leiden auf die Rechte aus der Zulassung zur Rechtsanwaltschaft verzichtet, die Erlaubnis erteilen, sich weiterhin Rechtsanwalt zu nennen.

(3) [1]Die Rechtsanwaltskammer kann eine Erlaubnis, die sie nach Absatz 2 erteilt hat, widerrufen, wenn nachträglich Umstände eintreten, die bei einem Rechtsanwalt das Erlöschen der Zulassung zur Rechtsanwaltschaft nach sich ziehen würden.

Zweiter Abschnitt: Kanzlei und Rechtsanwaltsverzeichnis

§§ 18 bis 26 (weggefallen)

§ 27 Kanzlei (1) [1]Der Rechtsanwalt muss im Bezirk der Rechtsanwaltskammer, deren Mitglied er ist, eine Kanzlei einrichten und unterhalten.

(2) [1]Verlegt der Rechtsanwalt seine Kanzlei, errichtet er eine weitere Kanzlei oder eine Zweigstelle oder gibt er eine weitere Kanzlei oder eine Zweigstelle auf, hat er dies der Rechtsanwaltskammer unverzüglich anzuzeigen. [2]Die Errichtung oder Aufgabe einer weiteren Kanzlei oder einer Zweigstelle im Bezirk einer anderen Rechtsanwaltskammer ist auch dieser Rechtsanwaltskammer anzuzeigen.

(3) [1]Will der Rechtsanwalt seine Kanzlei in den Bezirk einer anderen Rechtsanwaltskammer verlegen, hat er die Aufnahme in diese Kammer zu beantragen. [2]Die Rechtsanwaltskammer nimmt den Rechtsanwalt auf, sobald er die Verlegung der Kanzlei in ihren Bezirk nachgewiesen hat. [3]Mit der Aufnahme erlischt die Mitgliedschaft in der bisherigen Rechtsanwaltskammer.

§ 28 (weggefallen)

§ 29 Befreiung von der Kanzleipflicht (1) [1]Im Interesse der Rechtspflege oder zur Vermeidung von Härten kann die Rechtsanwaltskammer einen Rechtsanwalt von der Pflicht des § 27 Abs. 1 befreien.

(2) [1]Die Befreiung kann widerrufen werden, wenn es im Interesse der Rechtspflege erforderlich ist.

(3) (weggefallen)

(4) (weggefallen)

§ 29a Kanzleien in anderen Staaten (1) [1]Den Vorschriften dieses Abschnitts steht nicht entgegen, daß der Rechtsanwalt auch in anderen Staaten Kanzleien einrichtet oder unterhält.

(2) [1]Die Rechtsanwaltskammer befreit einen Rechtsanwalt, der seine Kanzleien ausschließlich in anderen Staaten einrichtet, von der Pflicht des § 27, sofern nicht überwiegende Interessen der Rechtspflege entgegenstehen. [2]Die Befreiung kann widerrufen werden, wenn es im überwiegenden Interesse der Rechtspflege erforderlich ist.

(3) [1]Der Rechtsanwalt hat die Anschrift seiner Kanzlei in einem anderen Staat sowie deren Änderung der Rechtsanwaltskammer mitzuteilen.

§ 30 Zustellungsbevollmächtigter (1) [1]Ist der Rechtsanwalt von der Pflicht befreit, eine Kanzlei zu unterhalten, so hat er der Rechtsanwaltskammer einen Zustellungsbevollmächtigten zu benennen, der im Inland wohnt oder dort einen Geschäftsraum hat.

(2) [1]An den Zustellungsbevollmächtigten kann auch von Anwalt zu Anwalt (§§ 174, 195 der Zivilprozeßordnung) wie an den Rechtsanwalt selbst zugestellt werden.

(3) [1]Ist ein Zustellungsbevollmächtigter entgegen Absatz 1 nicht bestellt, so kann die Zustellung durch Aufgabe zur Post bewirkt werden (§ 184 der Zivilprozeßordnung). [2]Das Gleiche gilt, wenn eine Zustellung an den Zustellungsbevollmächtigten nicht ausführbar ist.

§ 31 Verzeichnisse der Rechtsanwaltskammern und Gesamtverzeichnis der Bundesrechtsanwaltskammer (1) [1]Die Rechtsanwaltskammern führen elektronische Verzeichnisse der in ihren Bezirken zugelassenen Rechtsanwälte. [2]Sie können ihre Verzeichnisse als Teil des von der Bundesrechtsanwaltskammer zu führenden Gesamtverzeichnisses führen. [3]Die Rechtsanwaltskammern geben die in ihren Verzeichnissen zu speichernden Daten im automatisierten Verfahren in das Gesamtverzeichnis ein. [4]Aus dem Gesamtverzeichnis muss sich die Kammerzugehörigkeit der Rechtsanwälte ergeben. [5]Die Rechtsanwaltskammern nehmen Neueintragungen nur nach Durchführung eines Identifizierungsverfahrens vor. [6]Sie tragen die datenschutzrechtliche Verantwortung für die eingegeben Daten, insbesondere für ihre Richtigkeit und die Rechtmäßigkeit ihrer Erhebung.

(2) [1]Die Verzeichnisse der Rechtsanwaltskammern und das Gesamtverzeichnis dienen der Information der Behörden und Gerichte, der Rechtsuchenden sowie anderer am Rechtsverkehr Beteiligter. [2]Die Einsicht in die Verzeichnisse und das Gesamtverzeichnis steht jedem unentgeltlich zu. [3]Die Suche in den Verzeichnissen und dem Gesamtverzeichnis wird durch ein elektronisches Suchsystem ermöglicht.

(3) [1]In die Verzeichnisse der Rechtsanwaltskammern haben diese einzutragen:

1. den Familiennamen und den oder die Vornamen des Rechtsanwalts;
2. den Namen der Kanzlei und deren Anschrift; wird keine Kanzlei geführt, eine zustellfähige Anschrift;
3. den Namen und die Anschrift bestehender weiterer Kanzleien und Zweigstellen;
4. von dem Rechtsanwalt mitgeteilte Telekommunikationsdaten und Internetadressen der Kanzlei und bestehender weiterer Kanzleien und Zweigstellen;
5. die Berufsbezeichnung und Fachanwaltsbezeichnungen;
6. den Zeitpunkt der Zulassung;
7. bestehende Berufs-, Berufsausübungs- und Vertretungsverbote sowie bestehende, sofort vollziehbare Rücknahmen und Widerrufe der Zulassung;
8. die Bestellung eines Vertreters oder Abwicklers sowie die Benennung eines Zustellungsbevollmächtigten unter Angabe von Familienname, Vorname oder Vornamen und Anschrift des Vertreters, Abwicklers oder Zustellungsbevollmächtigten;
9. in den Fällen des § 29 Absatz 1 oder des § 29a Absatz 2 den Inhalt der Befreiung.

(4) [1]Die Bundesrechtsanwaltskammer hat in das Gesamtverzeichnis zusätzlich die Bezeichnung des besonderen elektronischen Anwaltspostfachs einzutragen. [2]Sie trägt die datenschutzrechtliche Verantwortung für diese Daten. [3]Die Bundesrechtsanwaltskammer hat Rechtsanwälten zudem die Eintragung von Sprachkenntnissen und Tätigkeitsschwerpunkten in das Gesamtverzeichnis zu ermöglichen.

(5) [1]Die Eintragungen zu einem Rechtsanwalt in den Verzeichnissen der Rechtsanwaltskammern und im Gesamtverzeichnis werden gesperrt, sobald dessen Mitgliedschaft in der das Verzeichnis führenden Rechtsanwaltskammer endet. [2]Die Eintragungen werden anschließend nach angemessener Zeit gelöscht. [3]Endet die Mitgliedschaft durch Wechsel der Rechtsanwaltskammer, so ist im Gesamtverzeichnis statt der Sperrung und Löschung eine

Berichtigung vorzunehmen. [4]Wird ein Abwickler bestellt, erfolgt keine Sperrung; eine bereits erfolgte Sperrung ist aufzuheben. [5]Eine Löschung erfolgt erst nach Beendigung der Abwicklung.

§ 31a Besonderes elektronisches Anwaltspostfach (1) [1]Die Bundesrechtsanwaltskammer richtet für jedes im Gesamtverzeichnis eingetragene Mitglied einer Rechtsanwaltskammer ein besonderes elektronisches Anwaltspostfach empfangsbereit ein. [2]Nach Einrichtung eines besonderen elektronischen Anwaltspostfachs übermittelt die Bundesrechtsanwaltskammer dessen Bezeichnung an die zuständige Rechtsanwaltskammer zur Speicherung in deren Verzeichnis.

(2) [1]Zum Zweck der Einrichtung des besonderen elektronischen Anwaltspostfachs übermittelt die Rechtsanwaltskammer den Familiennamen und den oder die Vornamen sowie eine zustellfähige Anschrift der Personen, die einen Antrag auf Aufnahme in die Rechtsanwaltskammer gestellt haben, an die Bundesrechtsanwaltskammer. [2]Bei Syndikusrechtsanwälten ist zusätzlich mitzuteilen, ob die Tätigkeit im Rahmen mehrerer Arbeitsverhältnisse erfolgt. [3]Die übermittelten Angaben sind zu löschen, wenn der Antrag zurückgenommen oder die Aufnahme in die Rechtsanwaltskammer unanfechtbar versagt wurde.

(3) [1]Die Bundesrechtsanwaltskammer hat sicherzustellen, dass der Zugang zu dem besonderen elektronischen Anwaltspostfach nur durch ein sicheres Verfahren mit zwei voneinander unabhängigen Sicherungsmitteln möglich ist. [2]Sie hat auch Vertretern, Abwicklern und Zustellungsbevollmächtigten die Nutzung des besonderen elektronischen Anwaltspostfachs zu ermöglichen; Absatz 2 gilt sinngemäß. [3]Die Bundesrechtsanwaltskammer kann unterschiedlich ausgestaltete Zugangsberechtigungen für Kammermitglieder und andere Personen vorsehen. [4]Sie ist berechtigt, die in dem besonderen elektronischen Anwaltspostfach gespeicherten Nachrichten nach angemessener Zeit zu löschen. [5]Das besondere elektronische Anwaltspostfach soll barrierefrei ausgestaltet sein.

(4) [1]Sobald die Mitgliedschaft in einer Rechtsanwaltskammer aus anderen Gründen als dem Wechsel der Rechtsanwaltskammer erlischt, hebt die Bundesrechtsanwaltskammer die Zugangsberechtigung zu dem besonderen elektronischen Anwaltspostfach auf. [2]Sie löscht dieses, sobald es nicht mehr benötigt wird.

(5) [1]Die Bundesrechtsanwaltskammer kann auch für sich und für die Rechtsanwaltskammern besondere elektronische Anwaltspostfächer einrichten. [2]Absatz 3 Satz 1 und 5 ist anzuwenden.

(6) [1]Der Inhaber des besonderen elektronischen Anwaltspostfachs ist verpflichtet, die für dessen Nutzung erforderlichen technischen Einrichtungen vorzuhalten sowie Zustellungen und den Zugang von Mitteilungen über das besondere elektronische Anwaltspostfach zur Kenntnis zu nehmen.

(7) [1]Die Bundesrechtsanwaltskammer hat für jede im Gesamtverzeichnis eingetragene weitere Kanzlei eines Mitglieds einer Rechtsanwaltskammer ein weiteres besonderes elektronisches Anwaltspostfach einzurichten. [2]Wird die Eintragung der weiteren Kanzlei im Gesamtverzeichnis gelöscht, hebt die Bundesrechtsanwaltskammer die Zugangsberechtigung zu dem weiteren besonderen elektronischen Anwaltspostfach auf und löscht dieses, sobald es nicht mehr benötigt wird. [3]Absatz 1 Satz 2 und die Absätze 3, 4 und 6 dieser Vorschrift sowie § 31 Absatz 4 Satz 1 und 2 gelten für das weitere besondere elektronische Anwaltspostfach entsprechend.

§ 31b Europäisches Rechtsanwaltsverzeichnis [1]Die Bundesrechtsanwaltskammer ermöglicht über die Suche nach § 31 Absatz 2 Satz 3 hinaus über das auf den Internetseiten der Europäischen Kommission bestehende elektronische Suchsystem (Europäisches Rechtsanwaltsverzeichnis) den Abruf derjenigen im Gesamtverzeichnis eingetragenen Angaben, die Gegenstand des Europäischen Rechtsanwaltsverzeichnisses sind.

§ 31c Verordnungsermächtigung [1]Das Bundesministerium der Justiz und für Verbraucherschutz regelt durch Rechtsverordnung mit Zustimmung des Bundesrates die Einzelheiten

1. der Datenerhebung für die elektronischen Verzeichnisse der Rechtsanwaltskammern, der Führung dieser Verzeichnisse und der Einsichtnahme in sie,
2. der Datenerhebung für das Gesamtverzeichnis, der Führung des Gesamtverzeichnisses und der Einsichtnahme in das Gesamtverzeichnis,
3. der besonderen elektronischen Anwaltspostfächer, insbesondere Einzelheiten
   a) ihrer Einrichtung und der hierzu erforderlichen Datenübermittlung,
   b) ihrer technischen Ausgestaltung einschließlich ihrer Barrierefreiheit,
   c) ihrer Führung,
   d) der Zugangsberechtigung und der Nutzung,
   e) des Löschens von Nachrichten und
   f) ihrer Löschung,
4. des Abrufs des Gesamtverzeichnisses über das Europäische Rechtsanwaltsverzeichnis.

Dritter Abschnitt: Verwaltungsverfahren

§ 32 Ergänzende Anwendung des Verwaltungsverfahrensgesetzes (1) [1]Für Verwaltungsverfahren nach diesem Gesetz oder nach einer auf Grund dieses Gesetzes erlassenen Rechtsverordnung gilt, soweit nichts anderes bestimmt ist, das Verwaltungsverfahrensgesetz. [2]Die Verwaltungsverfahren können über eine einheitliche Stelle nach den Vorschriften des Verwaltungsverfahrensgesetzes abgewickelt werden.

(2) [1]Über Anträge ist innerhalb einer Frist von drei Monaten zu entscheiden; § 42a Absatz 2 Satz 2 bis 4 des Verwaltungsverfahrensgesetzes gilt entsprechend. [2]In den Fällen des § 15 beginnt die Frist erst mit der Vorlage des ärztlichen Gutachtens. [3]§ 10 bleibt unberührt.

§ 33 Sachliche und örtliche Zuständigkeit (1) [1]Für die Ausführung dieses Gesetzes und der auf seiner Grundlage erlassenen Rechtsverordnungen sind die Rechtsanwaltskammern zuständig, soweit nichts anderes bestimmt ist.

(2) [1]Das Bundesministerium der Justiz und für Verbraucherschutz wird ermächtigt, die Aufgaben und Befugnisse, die ihm nach diesem Gesetz zustehen, auf den Präsidenten des Bundesgerichtshofes zu übertragen. [2]Die Landesregierungen werden ermächtigt, die Aufgaben und Befugnisse, die den Landesjustizverwaltungen nach diesem Gesetz zustehen, durch Rechtsverordnung auf diesen nachgeordnete Behörden zu übertragen. [3]Die Landesregierungen können diese Ermächtigung durch Rechtsverordnung auf die Landesjustizverwaltungen übertragen.

(3) [1]Örtlich zuständig ist die Rechtsanwaltskammer,

1. deren Mitglied der Rechtsanwalt ist,
2. bei der die Zulassung zur Rechtsanwaltschaft beantragt ist, sofern nicht eine Zuständigkeit einer anderen Rechtsanwaltskammer nach Nummer 1 gegeben ist, oder
3. in deren Bezirk die Gesellschaft ihren Sitz hat, die die Zulassung als Rechtsanwaltsgesellschaft besitzt oder beantragt.

[2]Wird die Aufnahme in eine andere Rechtsanwaltskammer beantragt (§ 27 Absatz 3), so entscheidet diese über den Antrag.

§ 34 Zustellung [1]Verwaltungsakte, durch die die Zulassung zur Rechtsanwaltschaft oder die Mitgliedschaft in einer Rechtsanwaltskammer begründet oder versagt wird oder erlischt oder durch die eine Befreiung oder Erlaubnis versagt, zurückgenommen oder widerrufen wird, sind zuzustellen.

§ 35 Bestellung eines Vertreters im Verwaltungsverfahren [1]Wird auf Ersuchen der Rechtsanwaltskammer für das Verwaltungsverfahren ein Vertreter bestellt, soll ein Rechtsanwalt bestellt werden.

§ 36 Ermittlung des Sachverhalts und Übermittlung personenbezogener Daten (1) [1]Die Rechtsanwaltskammer kann zur Ermittlung des Sachverhalts in Zulassungssachen eine unbeschränkte Auskunft nach § 41 Abs. 1 Nr. 11 des Bundeszentralregistergesetzes als Regelanfrage einholen.

(2) [1]Gerichte und Behörden übermitteln personenbezogene Daten, deren Kenntnis aus Sicht der übermittelnden Stelle für die Zulassung zur Rechtsanwaltschaft, die Entstehung oder das Erlöschen der Mitgliedschaft in einer Rechtsanwaltskammer, die Rücknahme oder den Widerruf einer Erlaubnis

oder Befreiung oder zur Einleitung eines Rügeverfahrens oder eines anwaltsgerichtlichen Verfahrens erforderlich sind, der Rechtsanwaltskammer oder der für die Entscheidung zuständigen Stelle. [2]Die Übermittlung unterbleibt, soweit

1. durch die Übermittlung schutzwürdige Interessen des Betroffenen beeinträchtigt würden und das Informationsinteresse der Rechtsanwaltskammer oder der für die Entscheidung zuständigen Stelle das Interesse des Betroffenen an dem Unterbleiben der Übermittlung nicht überwiegt oder
2. besondere gesetzliche Verwendungsregelungen entgegenstehen.

[3]Informationen über die Höhe rückständiger Steuerschulden können entgegen § 30 der Abgabenordnung zum Zweck der Vorbereitung des Widerrufs der Zulassung wegen Vermögensverfalls übermittelt werden; die Rechtsanwaltskammer darf die Steuerdaten nur für den Zweck verwenden, für den sie ihr übermittelt worden sind.

(3) [1]Ist ein Rechtsanwalt Mitglied einer Berufskammer eines anderen freien Berufs im Geltungsbereich dieses Gesetzes, darf die Rechtsanwaltskammer personenbezogene Daten über den Rechtsanwalt an die zuständige Berufskammer übermitteln, soweit die Kenntnis der Information aus der Sicht der übermittelnden Stelle zur Erfüllung der Aufgaben der anderen Berufskammer im Zusammenhang mit der Zulassung zum Beruf oder der Einleitung eines Rügeverfahrens oder berufsgerichtlichen Verfahrens erforderlich ist. [2]Absatz 2 Satz 2 gilt entsprechend.

(4) [1]Gehört der Rechtsanwalt zugleich einer Notarkammer an und endet seine Mitgliedschaft in einer Rechtsanwaltskammer anders als durch Tod, so teilt die Kammer dies der Landesjustizverwaltung und der Notarkammer unverzüglich mit.

§§ 37 bis 42 (weggefallen)

Dritter Teil: Rechte und Pflichten des Rechtsanwalts und berufliche Zusammenarbeit der Rechtsanwälte

Erster Abschnitt: Allgemeines

§ 43 Allgemeine Berufspflicht [1]Der Rechtsanwalt hat seinen Beruf gewissenhaft auszuüben. [2]Er hat sich innerhalb und außerhalb des Berufes der Achtung und des Vertrauens, welche die Stellung des Rechtsanwalts erfordert, würdig zu erweisen.

§ 43a Grundpflichten (1) [1]Der Rechtsanwalt darf keine Bindungen eingehen, die seine berufliche Unabhängigkeit gefährden.

(2) [1]Der Rechtsanwalt ist zur Verschwiegenheit verpflichtet. [2]Diese Pflicht bezieht sich auf alles, was ihm in Ausübung seines Berufes bekanntgeworden ist. [3]Dies gilt nicht für Tatsachen, die offenkundig sind oder ihrer Bedeutung nach keiner Geheimhaltung bedürfen. [4]Der Rechtsanwalt hat die von ihm beschäftigten Personen in schriftlicher Form zur Verschwiegenheit zu verpflichten und sie dabei über die strafrechtlichen Folgen einer Pflichtverletzung zu belehren. [5]Zudem hat er bei ihnen in geeigneter Weise auf die Einhaltung der Verschwiegenheitspflicht hinzuwirken. [6]Den von dem Rechtsanwalt beschäftigten Personen stehen die Personen gleich, die im Rahmen einer berufsvorbereitenden Tätigkeit oder einer sonstigen Hilfstätigkeit an seiner beruflichen Tätigkeit mitwirken. [7]Satz 4 gilt nicht für Referendare und angestellte Personen, die im Hinblick auf die Verschwiegenheitspflicht den gleichen Anforderungen wie der Rechtsanwalt unterliegen. [8]Hat sich ein Rechtsanwalt mit anderen Personen, die im Hinblick auf die Verschwiegenheitspflicht den gleichen Anforderungen unterliegen wie er, zur gemeinschaftlichen Berufsausübung zusammengeschlossen und besteht zu den Beschäftigten ein einheitliches Beschäftigungsverhältnis, so genügt auch der Nachweis, dass eine andere dieser Personen die Verpflichtung nach Satz 4 vorgenommen hat.

(3) [1]Der Rechtsanwalt darf sich bei seiner Berufsausübung nicht unsachlich verhalten. [2]Unsachlich ist insbesondere ein Verhalten, bei dem es sich um die bewußte Verbreitung von Unwahrheiten oder solche herabsetzenden Äußerungen handelt, zu denen andere Beteiligte oder der Verfahrensverlauf keinen Anlaß gegeben haben.

(4) [1]Der Rechtsanwalt darf keine widerstreitenden Interessen vertreten.

(5) [1]Der Rechtsanwalt ist bei der Behandlung der ihm anvertrauten Vermögenswerte zu der erforderlichen Sorgfalt verpflichtet. [2]Fremde Gelder sind unverzüglich an den Empfangsberechtigten weiterzuleiten oder auf ein Anderkonto einzuzahlen.

(6) [1]Der Rechtsanwalt ist verpflichtet, sich fortzubilden.

§ 43b Werbung [1]Werbung ist dem Rechtsanwalt nur erlaubt, soweit sie über die berufliche Tätigkeit in Form und Inhalt sachlich unterrichtet und nicht auf die Erteilung eines Auftrags im Einzelfall gerichtet ist.

§ 43c Fachanwaltschaft (1) [1]Dem Rechtsanwalt, der besondere Kenntnisse und Erfahrungen in einem Rechtsgebiet erworben hat, kann die Befugnis verliehen werden, eine Fachanwaltsbezeichnung zu führen. [2]Fachanwaltsbezeichnungen gibt es für das Verwaltungsrecht, das Steuerrecht, das Arbeitsrecht und das Sozialrecht sowie für die Rechtsgebiete, die durch Satzung in einer Berufsordnung nach § 59b Abs. 2 Nr. 2 Buchstabe a bestimmt sind. [3]Die Befugnis darf für höchstens drei Rechtsgebiete erteilt werden.

(2) [1]Über den Antrag des Rechtsanwalts auf Erteilung der Erlaubnis entscheidet der Vorstand der Rechtsanwaltskammer, nachdem ein Ausschuß der Kammer die von dem Rechtsanwalt vorzulegenden Nachweise über den Erwerb der besonderen Kenntnisse und Erfahrungen geprüft hat.

(3) [1]Der Vorstand der Rechtsanwaltskammer bildet für jedes Fachgebiet einen Ausschuß und bestellt dessen Mitglieder. [2]Einem Ausschuß gehören mindestens drei Rechtsanwälte an; diese können Mitglieder mehrerer Ausschüsse sein. [3]Die §§ 75 und 76 sind entsprechend anzuwenden. [4]Mehrere Rechtsanwaltskammern können gemeinsame Ausschüsse bilden.

(4) [1]Die Erlaubnis zum Führen der Fachanwaltsbezeichnung kann mit Wirkung für die Zukunft von dem Vorstand der Rechtsanwaltskammer zurückgenommen werden, wenn Tatsachen nachträglich bekanntwerden, bei deren Kenntnis die Erlaubnis hätte versagt werden müssen. [2]Sie kann widerrufen werden, wenn eine in der Berufsordnung vorgeschriebene Fortbildung unterlassen wird.

§ 43d Darlegungs- und Informationspflichten bei Inkassodienstleistungen (1) [1]Der Rechtsanwalt, der Inkassodienstleistungen erbringt, muss, wenn er eine Forderung gegenüber einer Privatperson geltend macht, mit der ersten Geltendmachung folgende Informationen klar und verständlich übermitteln:

1. den Namen oder die Firma seines Auftraggebers,
2. den Forderungsgrund, bei Verträgen unter konkreter Darlegung des Vertragsgegenstands und des Datums des Vertragsschlusses,
3. wenn Zinsen geltend gemacht werden, eine Zinsberechnung unter Darlegung der zu verzinsenden Forderung, des Zinssatzes und des Zeitraums, für den die Zinsen berechnet werden,
4. wenn ein Zinssatz über dem gesetzlichen Verzugszinssatz geltend gemacht wird, einen gesonderten Hinweis hierauf und die Angabe, auf Grund welcher Umstände der erhöhte Zinssatz gefordert wird,
5. wenn eine Inkassovergütung oder sonstige Inkassokosten geltend gemacht werden, Angaben zu deren Art, Höhe und Entstehungsgrund,
6. wenn mit der Inkassovergütung Umsatzsteuerbeträge geltend gemacht werden, eine Erklärung, dass der Auftraggeber diese Beträge nicht als Vorsteuer abziehen kann.

[2]Auf Anfrage hat der Rechtsanwalt der Privatperson folgende Informationen ergänzend mitzuteilen:

1. eine ladungsfähige Anschrift seines Auftraggebers, wenn nicht dargelegt wird, dass dadurch schutzwürdige Interessen des Auftraggebers beeinträchtigt werden,
2. den Namen oder die Firma desjenigen, in dessen Person die Forderung entstanden ist,
3. bei Verträgen die wesentlichen Umstände des Vertragsschlusses.

(2) [1]Privatperson im Sinne des Absatzes 1 ist jede natürliche Person, gegen die eine Forderung geltend gemacht wird, die nicht im Zusammenhang mit ihrer gewerblichen oder selbständigen beruflichen Tätigkeit steht.

§ 43e Inanspruchnahme von Dienstleistungen (1) [1]Der Rechtsanwalt darf Dienstleistern den Zugang zu Tatsachen eröffnen, auf die sich die Verpflichtung zur Verschwiegenheit gemäß § 43a Absatz 2 Satz 1 bezieht, soweit dies für die Inanspruchnahme der Dienstleistung erforderlich ist. Dienstleister ist eine andere Person oder Stelle, die vom Rechtsanwalt im Rahmen seiner Berufsausübung mit Dienstleistungen beauftragt wird.

(2) [1]Der Rechtsanwalt ist verpflichtet, den Dienstleister sorgfältig auszuwählen. Er hat die Zusammenarbeit unverzüglich zu beenden, wenn die Einhaltung der dem Dienstleister gemäß Absatz 3 zu machenden Vorgaben nicht gewährleistet ist.

(3) [1]Der Vertrag mit dem Dienstleister bedarf der Textform. In ihm ist

1. der Dienstleister unter Belehrung über die strafrechtlichen Folgen einer Pflichtverletzung zur Verschwiegenheit zu verpflichten,
2. der Dienstleister zu verpflichten, sich nur insoweit Kenntnis von fremden Geheimnissen zu verschaffen, als dies zur Vertragserfüllung erforderlich ist, und
3. festzulegen, ob der Dienstleister befugt ist, weitere Personen zur Erfüllung des Vertrags heranzuziehen; für diesen Fall ist dem Dienstleister aufzuerlegen, diese Personen in Textform zur Verschwiegenheit zu verpflichten.

(4) [1]Bei der Inanspruchnahme von Dienstleistungen, die im Ausland erbracht werden, darf der Rechtsanwalt dem Dienstleister den Zugang zu fremden Geheimnissen unbeschadet der übrigen Voraussetzungen dieser Vorschrift nur dann eröffnen, wenn der dort bestehende Schutz der Geheimnisse dem Schutz im Inland vergleichbar ist, es sei denn, dass der Schutz der Geheimnisse dies nicht gebietet.

(5) [1]Bei der Inanspruchnahme von Dienstleistungen, die unmittelbar einem einzelnen Mandat dienen, darf der Rechtsanwalt dem Dienstleister den Zu-

gang zu fremden Geheimnissen nur dann eröffnen, wenn der Mandant darin eingewilligt hat.

(6) [1]Die Absätze 2 und 3 gelten auch im Fall der Inanspruchnahme von Dienstleistungen, in die der Mandant eingewilligt hat, sofern der Mandant nicht ausdrücklich auf die Einhaltung der in den Absätzen 2 und 3 genannten Anforderungen verzichtet hat.

(7) [1]Die Absätze 1 bis 6 gelten nicht, soweit Dienstleistungen auf Grund besonderer gesetzlicher Vorschriften in Anspruch genommen werden. Absatz 3 Satz 2 gilt nicht, soweit der Dienstleister hinsichtlich der zu erbringenden Dienstleistung gesetzlich zur Verschwiegenheit verpflichtet ist.

(8) [1]Die Vorschriften zum Schutz personenbezogener Daten bleiben unberührt.

§ 44 Mitteilung der Ablehnung eines Auftrags [1]Der Rechtsanwalt, der in seinem Beruf in Anspruch genommen wird und den Auftrag nicht annehmen will, muß die Ablehnung unverzüglich erklären. [2]Er hat den Schaden zu ersetzen, der aus einer schuldhaften Verzögerung dieser Erklärung entsteht.

§ 45 Tätigkeitsverbote (1) [1]Der Rechtsanwalt darf nicht tätig werden:

1. wenn er in derselben Rechtssache als Richter, Schiedsrichter, Staatsanwalt, Angehöriger des öffentlichen Dienstes, Notar, Notarvertreter oder Notariatsverwalter bereits tätig geworden ist;
2. wenn er als Notar, Notarvertreter oder Notariatsverwalter eine Urkunde aufgenommen hat und deren Rechtsbestand oder Auslegung streitig ist oder die Vollstreckung aus ihr betrieben wird;
3. wenn er gegen den Träger des von ihm verwalteten Vermögens vorgehen soll in Angelegenheiten, mit denen er als Insolvenzverwalter, Nachlaßverwalter, Testamentsvollstrecker, Betreuer oder in ähnlicher Funktion bereits befaßt war;
4. wenn er in derselben Angelegenheit außerhalb seiner Anwaltstätigkeit oder einer sonstigen Tätigkeit im Sinne des § 59a Abs. 1 Satz 1 bereits beruflich tätig war; dies gilt nicht, wenn die berufliche Tätigkeit beendet ist.

(2) [1]Dem Rechtsanwalt ist es untersagt:

1. in Angelegenheiten, mit denen er bereits als Rechtsanwalt gegen den Träger des zu verwaltenden Vermögens befaßt war, als Insolvenzverwalter, Nachlaßverwalter, Testamentsvollstrecker, Betreuer oder in ähnlicher Funktion tätig zu werden;

2. in Angelegenheiten, mit denen er bereits als Rechtsanwalt befaßt war, außerhalb seiner Anwaltstätigkeit oder einer sonstigen Tätigkeit im Sinne des § 59a Abs. 1 Satz 1 beruflich tätig zu werden.

(3) [1]Die Verbote der Absätze 1 und 2 gelten auch für die mit dem Rechtsanwalt in Sozietät oder in sonstiger Weise zur gemeinschaftlichen Berufsausübung verbundenen oder verbunden gewesenen Rechtsanwälte und Angehörigen anderer Berufe und auch insoweit einer von diesen im Sinne der Absätze 1 und 2 befaßt war.

§ 46 Angestellte Rechtsanwälte und Syndikusrechtsanwälte (1) [1]Rechtsanwälte dürfen ihren Beruf als Angestellte solcher Arbeitgeber ausüben, die als Rechtsanwälte, Patentanwälte oder rechts- oder patentanwaltliche Berufsausübungsgesellschaften tätig sind.

(2) [1]Angestellte anderer als der in Absatz 1 genannten Personen oder Gesellschaften üben ihren Beruf als Rechtsanwalt aus, sofern sie im Rahmen ihres Arbeitsverhältnisses für ihren Arbeitgeber anwaltlich tätig sind (Syndikusrechtsanwälte). [2]Der Syndikusrechtsanwalt bedarf zur Ausübung seiner Tätigkeit nach Satz 1 der Zulassung zur Rechtsanwaltschaft nach § 46a.

(3) [1]Eine anwaltliche Tätigkeit im Sinne des Absatzes 2 Satz 1 liegt vor, wenn das Arbeitsverhältnis durch folgende fachlich unabhängig und eigenverantwortlich auszuübenden Tätigkeiten sowie durch folgende Merkmale geprägt ist:

1. die Prüfung von Rechtsfragen, einschließlich der Aufklärung des Sachverhalts, sowie das Erarbeiten und Bewerten von Lösungsmöglichkeiten,
2. die Erteilung von Rechtsrat,
3. die Ausrichtung der Tätigkeit auf die Gestaltung von Rechtsverhältnissen, insbesondere durch das selbständige Führen von Verhandlungen, oder auf die Verwirklichung von Rechten und
4. die Befugnis, nach außen verantwortlich aufzutreten.

(4) [1]Eine fachlich unabhängige Tätigkeit im Sinne des Absatzes 3 übt nicht aus, wer sich an Weisungen zu halten hat, die eine eigenständige Analyse der Rechtslage und eine einzelfallorientierte Rechtsberatung ausschließen. [2]Die fachliche Unabhängigkeit der Berufsausübung des Syndikusrechtsanwalts ist vertraglich und tatsächlich zu gewährleisten.

(5) [1]Die Befugnis des Syndikusrechtsanwalts zur Beratung und Vertretung beschränkt sich auf die Rechtsangelegenheiten des Arbeitgebers. [2]Diese umfassen auch

1. Rechtsangelegenheiten innerhalb verbundener Unternehmen im Sinne des § 15 des Aktiengesetzes,

2. erlaubte Rechtsdienstleistungen des Arbeitgebers gegenüber seinen Mitgliedern, sofern es sich bei dem Arbeitgeber um eine Vereinigung oder Gewerkschaft nach § 7 des Rechtsdienstleistungsgesetzes oder nach § 8 Absatz 1 Nummer 2 des Rechtsdienstleistungsgesetzes handelt, und
3. erlaubte Rechtsdienstleistungen des Arbeitgebers gegenüber Dritten, sofern es sich bei dem Arbeitgeber um einen Angehörigen der in § 59a genannten sozietätsfähigen Berufe oder um eine Berufsausübungsgesellschaft solcher Berufe handelt.

§ 46a Zulassung als Syndikusrechtsanwalt (1) [1]Die Zulassung zur Rechtsanwaltschaft als Syndikusrechtsanwalt ist auf Antrag zu erteilen, wenn

1. die allgemeinen Zulassungsvoraussetzungen zum Beruf des Rechtsanwalts gemäß § 4 erfüllt sind,
2. kein Zulassungsversagungsgrund nach § 7 vorliegt und
3. die Tätigkeit den Anforderungen des § 46 Absatz 2 bis 5 entspricht.

[2]Die Zulassung nach Satz 1 kann für mehrere Arbeitsverhältnisse erteilt werden.

(2) [1]Über die Zulassung als Syndikusrechtsanwalt entscheidet die örtlich zuständige Rechtsanwaltskammer nach Anhörung des Trägers der Rentenversicherung. [2]Die Entscheidung ist zu begründen und dem Antragsteller sowie dem Träger der Rentenversicherung zuzustellen. [3]Wie dem Antragsteller steht auch dem Träger der Rentenversicherung gegen die Entscheidung nach Satz 1 Rechtsschutz gemäß § 112a Absatz 1 und 2 zu. [4]Der Träger der Rentenversicherung ist bei seiner Entscheidung über die Befreiung von der Versicherungspflicht in der gesetzlichen Rentenversicherung nach § 6 Absatz 1 Satz 1 Nummer 1 und Absatz 3 des Sechsten Buches Sozialgesetzbuch an die bestandskräftige Entscheidung der Rechtsanwaltskammer nach Satz 1 gebunden.

(3) [1]Dem Antrag auf Zulassung ist eine Ausfertigung oder eine öffentlich beglaubigte Abschrift des Arbeitsvertrags oder der Arbeitsverträge beizufügen. [2]Die Rechtsanwaltskammer kann die Vorlage weiterer Nachweise verlangen.

(4) [1]Das Zulassungsverfahren richtet sich nach den §§ 10 bis 12a mit der Maßgabe, dass

1. abweichend von § 12 Absatz 2 der Nachweis des Abschlusses einer Berufshaftpflichtversicherung oder die Vorlage einer vorläufigen Deckungszusage nicht erforderlich ist;
2. abweichend von § 12 Absatz 3 die Bewerberin oder der Bewerber unbeschadet des § 12 Absatz 1, 2 Nummer 1 und Absatz 4 mit der Zulassung

rückwirkend zu dem Zeitpunkt Mitglied der Rechtsanwaltskammer wird, zu dem der Antrag auf Zulassung dort eingegangen ist, sofern nicht die Tätigkeit, für die die Zulassung erfolgt, erst nach der Antragstellung begonnen hat; in diesem Fall wird die Mitgliedschaft erst mit dem Zeitpunkt des Beginns der Tätigkeit begründet;

3. abweichend von § 12 Absatz 4 die Tätigkeit unter der Berufsbezeichnung „Rechtsanwältin (Syndikusrechtsanwältin)“ oder „Rechtsanwalt (Syndikusrechtsanwalt)“ auszuüben ist.

§ 46b Erlöschen und Änderung der Zulassung als Syndikusrechtsanwalt (1) [1]Die Zulassung als Syndikusrechtsanwalt erlischt nach Maßgabe des § 13.

(2) [1]Für die Rücknahme und den Widerruf der Zulassung als Syndikusrechtsanwalt gelten die §§ 14 und 15 mit Ausnahme des § 14 Absatz 2 Nummer 9. [2]Die Zulassung als Syndikusrechtsanwalt ist ferner ganz oder teilweise zu widerrufen, soweit die arbeitsvertragliche Gestaltung eines Arbeitsverhältnisses oder die tatsächlich ausgeübte Tätigkeit nicht mehr den Anforderungen des § 46 Absatz 2 bis 5 entspricht. [3]§ 46a Absatz 2 gilt entsprechend.

(3) [1]Werden nach einer Zulassung nach § 46a weitere Arbeitsverhältnisse als Syndikusrechtsanwalt aufgenommen oder tritt innerhalb bereits bestehender Arbeitsverhältnisse eine wesentliche Änderung der Tätigkeit ein, ist auf Antrag die Zulassung nach Maßgabe des § 46a unter den dort genannten Voraussetzungen auf die weiteren Arbeitsverhältnisse oder auf die geänderte Tätigkeit zu erstrecken.

(4) [1]Der Syndikusrechtsanwalt hat der nach § 56 Absatz 3 zuständigen Stelle unbeschadet seiner Anzeige- und Vorlagepflichten nach § 56 Absatz 3 auch jede der folgenden tätigkeitsbezogenen Änderungen des Arbeitsverhältnisses unverzüglich anzuzeigen:

1. jede tätigkeitsbezogene Änderung des Arbeitsvertrags, dazu gehört auch die Aufnahme eines neuen Arbeitsverhältnisses,
2. jede wesentliche Änderung der Tätigkeit innerhalb des Arbeitsverhältnisses.

[2]Im Fall des Satzes 1 Nummer 1 ist der Anzeige eine Ausfertigung oder eine öffentlich beglaubigte Abschrift des geänderten Arbeitsvertrags beizufügen. [3]§ 57 gilt entsprechend.

§ 46c Besondere Vorschriften für Syndikusrechtsanwälte (1) [1]Soweit gesetzlich nichts anderes bestimmt ist, gelten für Syndikusrechtsanwälte die Vorschriften über Rechtsanwälte.

(2) [1]Syndikusrechtsanwälte dürfen ihren Arbeitgeber nicht vertreten

1. vor den Landgerichten, Oberlandesgerichten und dem Bundesgerichtshof in zivilrechtlichen Verfahren und Verfahren der freiwilligen Gerichtsbarkeit, sofern die Parteien oder die Beteiligten sich durch einen Rechtsanwalt vertreten lassen müssen oder vorgesehen ist, dass ein Schriftsatz von einem Rechtsanwalt unterzeichnet sein muss, und
2. vor den in § 11 Absatz 4 Satz 1 des Arbeitsgerichtsgesetzes genannten Gerichten, es sei denn, der Arbeitgeber ist ein vertretungsbefugter Bevollmächtigter im Sinne des § 11 Absatz 4 Satz 2 des Arbeitsgerichtsgesetzes.

[2]In Straf- oder Bußgeldverfahren, die sich gegen den Arbeitgeber oder dessen Mitarbeiter richten, dürfen Syndikusrechtsanwälte nicht als deren Verteidiger oder Vertreter tätig werden; dies gilt, wenn Gegenstand des Straf- oder Bußgeldverfahrens ein unternehmensbezogener Tatvorwurf ist, auch in Bezug auf eine Tätigkeit als Rechtsanwalt im Sinne des § 4.

(3) [1]Auf die Tätigkeit von Syndikusrechtsanwälten finden die §§ 44, 48 bis 49a und 50 Absatz 2 und 3 sowie die §§ 51 und 52 keine Anwendung.

(4) [1]§ 27 findet auf Syndikusrechtsanwälte mit der Maßgabe Anwendung, dass die regelmäßige Arbeitsstätte als Kanzlei gilt. [2]Ist der Syndikusrechtsanwalt zugleich als Rechtsanwalt gemäß § 4 zugelassen oder ist er im Rahmen mehrerer Arbeitsverhältnisse als Syndikusrechtsanwalt tätig, ist für jede Tätigkeit eine weitere Kanzlei zu errichten und zu unterhalten, wovon nur eine im Bezirk der Rechtsanwaltskammer belegen sein muss, deren Mitglied er ist.

(5) [1]In die Verzeichnisse nach § 31 ist ergänzend zu den in § 31 Absatz 3 genannten Angaben aufzunehmen, dass die Zulassung zur Rechtsanwaltschaft als Syndikusrechtsanwalt erfolgt ist. [2]Ist der Syndikusrechtsanwalt zugleich als Rechtsanwalt gemäß § 4 zugelassen oder ist er im Rahmen mehrerer Arbeitsverhältnisse als Syndikusrechtsanwalt tätig, hat eine gesonderte Eintragung für jede der Tätigkeiten zu erfolgen.

§ 47 Rechtsanwälte im öffentlichen Dienst (1) [1]Rechtsanwälte, die als Richter oder Beamte verwendet werden, ohne auf Lebenszeit ernannt zu sein, die in das Dienstverhältnis eines Soldaten auf Zeit berufen werden, oder die vorübergehend als Angestellte im öffentlichen Dienst tätig sind, dürfen ihren Beruf als Rechtsanwalt nicht ausüben, es sei denn, daß sie die ihnen übertragenen Aufgaben ehrenamtlich wahrnehmen. [2]Die Rechtsanwaltskammer kann jedoch dem Rechtsanwalt auf seinen Antrag einen Vertreter bestellen oder ihm gestatten, seinen Beruf selbst auszuüben, wenn die Interessen der Rechtspflege dadurch nicht gefährdet werden.

(2) [1]Bekleidet ein Rechtsanwalt ein öffentliches Amt, ohne in das Beamtenverhältnis berufen zu sein, und darf er nach den für das Amt maßgebenden

Vorschriften den Beruf als Rechtsanwalt nicht selbst ausüben, so kann die Rechtsanwaltskammer ihm auf seinen Antrag einen Vertreter bestellen.

(3) (weggefallen)

§ 48 Pflicht zur Übernahme der Prozessvertretung (1) [1]Der Rechtsanwalt muß im gerichtlichen Verfahren die Vertretung einer Partei oder die Beistandschaft übernehmen,

1. wenn er der Partei aufgrund des § 121 der Zivilprozeßordnung, des § 4a Abs. 2 der Insolvenzordnung oder aufgrund anderer gesetzlicher Vorschriften zur vorläufig unentgeltlichen Wahrnehmung ihrer Rechte beigeordnet ist;
2. wenn er der Partei aufgrund der §§ 78b, 78c der Zivilprozeßordnung beigeordnet ist;
3. wenn er dem Antragsgegner aufgrund des § 138 des Gesetzes über das Verfahren in Familiensachen und in den Angelegenheiten der freiwilligen Gerichtsbarkeit als Beistand beigeordnet ist.

(2) [1]Der Rechtsanwalt kann beantragen, die Beiordnung aufzuheben, wenn hierfür wichtige Gründe vorliegen.

§ 49 Pflichtverteidigung und Beistandsleistung (1) [1]Der Rechtsanwalt muss eine Verteidigung oder Beistandsleistung übernehmen, wenn er nach den Vorschriften der Strafprozessordnung, des Gesetzes über Ordnungswidrigkeiten, des Gesetzes über die internationale Rechtshilfe in Strafsachen oder des IStGH-Gesetzes zum Verteidiger oder Beistand bestellt ist.

(2) [1]§ 48 Abs. 2 ist entsprechend anzuwenden.

§ 49a Pflicht zur Übernahme der Beratungshilfe (1) [1]Der Rechtsanwalt ist verpflichtet, die in dem Beratungshilfegesetz vorgesehene Beratungshilfe zu übernehmen. [2]Er kann die Beratungshilfe im Einzelfall aus wichtigem Grund ablehnen.

(2) [1]Der Rechtsanwalt ist verpflichtet, bei Einrichtungen der Rechtsanwaltschaft für die Beratung von Rechtsuchenden mit geringem Einkommen mitzuwirken. [2]Er kann die Mitwirkung im Einzelfall aus wichtigem Grund ablehnen.

§ 49b Vergütung (1) [1]Es ist unzulässig, geringere Gebühren und Auslagen zu vereinbaren oder zu fordern, als das Rechtsanwaltsvergütungsgesetz vorsieht, soweit dieses nichts anderes bestimmt. [2]Im Einzelfall darf der Rechtsanwalt besonderen Umständen in der Person des Auftraggebers, insbesondere dessen Bedürftigkeit, Rechnung tragen durch Ermäßigung oder Erlaß von Gebühren oder Auslagen nach Erledigung des Auftrags.

(2) [1]Vereinbarungen, durch die eine Vergütung oder ihre Höhe vom Ausgang der Sache oder vom Erfolg der anwaltlichen Tätigkeit abhängig gemacht wird oder nach denen der Rechtsanwalt einen Teil des erstrittenen

Betrages als Honorar erhält (Erfolgshonorar), sind unzulässig, soweit das Rechtsanwaltsvergütungsgesetz nichts anderes bestimmt. [2]Vereinbarungen, durch die der Rechtsanwalt sich verpflichtet, Gerichtskosten, Verwaltungskosten oder Kosten anderer Beteiligter zu tragen, sind unzulässig. [3]Ein Erfolgshonorar im Sinne des Satzes 1 liegt nicht vor, wenn lediglich vereinbart wird, dass sich die gesetzlichen Gebühren ohne weitere Bedingungen erhöhen.

(3) [1]Die Abgabe und Entgegennahme eines Teils der Gebühren oder sonstiger Vorteile für die Vermittlung von Aufträgen, gleichviel ob im Verhältnis zu einem Rechtsanwalt oder Dritten gleich welcher Art, ist unzulässig. [2]Zulässig ist es jedoch, eine über den Rahmen der Nummer 3400 der Anlage 1 zum Rechtsanwaltsvergütungsgesetz hinausgehende Tätigkeit eines anderen Rechtsanwalts angemessen zu honorieren. [3]Die Honorierung der Leistungen hat der Verantwortlichkeit sowie dem Haftungsrisiko der beteiligten Rechtsanwälte und den sonstigen Umständen Rechnung zu tragen. [4]Die Vereinbarung einer solchen Honorierung darf nicht zur Voraussetzung einer Mandatserteilung gemacht werden. [5]Mehrere beauftragte Rechtsanwälte dürfen einen Auftrag gemeinsam bearbeiten und die Gebühren in einem den Leistungen, der Verantwortlichkeit und dem Haftungsrisiko entsprechenden angemessenen Verhältnis untereinander teilen. [6]Die Sätze 2 und 3 gelten nicht für beim Bundesgerichtshof zugelassene Prozeßbevollmächtigte.

(4) [1]Die Abtretung von Vergütungsforderungen oder die Übertragung ihrer Einziehung an Rechtsanwälte oder rechtsanwaltliche Berufsausübungsgemeinschaften (§ 59a) ist zulässig. [2]Im Übrigen sind Abtretung oder Übertragung nur zulässig, wenn eine ausdrückliche, schriftliche Einwilligung des Mandanten vorliegt oder die Forderung rechtskräftig festgestellt ist. [3]Vor der Einwilligung ist der Mandant über die Informationspflicht des Rechtsanwalts gegenüber dem neuen Gläubiger oder Einziehungsermächtigten aufzuklären. [4]Der neue Gläubiger oder Einziehungsermächtigte ist in gleicher Weise zur Verschwiegenheit verpflichtet wie der beauftragte Rechtsanwalt.

(5) [1]Richten sich die zu erhebenden Gebühren nach dem Gegenstandswert, hat der Rechtsanwalt vor Übernahme des Auftrags hierauf hinzuweisen.

§ 49c Einreichung von Schutzschriften [1]Der Rechtsanwalt ist verpflichtet, Schutzschriften ausschließlich zum Schutzschriftenregister nach § 945a der Zivilprozessordnung einzureichen.

§ 50 Handakten (1) [1]Der Rechtsanwalt muss durch das Führen von Handakten ein geordnetes und zutreffendes Bild über die Bearbeitung seiner Aufträge geben können. [2]Er hat die Handakten für die Dauer von sechs Jahren aufzubewahren. [3]Die Frist beginnt mit Ablauf des Kalenderjahres, in dem der Auftrag beendet wurde.

(2) [1]Dokumente, die der Rechtsanwalt aus Anlass seiner beruflichen Tätigkeit von dem Auftraggeber oder für ihn erhalten hat, hat der Rechtsanwalt seinem Auftraggeber auf Verlangen herauszugeben. [2]Macht der Auftraggeber kein Herausgabeverlangen geltend, hat der Rechtsanwalt die Dokumente für die Dauer der Frist nach Absatz 1 Satz 2 und 3 aufzubewahren. [3]Diese Aufbewahrungspflicht gilt nicht, wenn der Rechtsanwalt den Auftraggeber aufgefordert hat, die Dokumente in Empfang zu nehmen und der Auftraggeber dieser Aufforderung binnen sechs Monaten nach Zugang nicht nachgekommen ist. [4]Die Sätze 1 bis 3 gelten nicht für die Korrespondenz zwischen dem Rechtsanwalt und seinem Auftraggeber sowie für die Dokumente, die der Auftraggeber bereits in Urschrift oder Abschrift erhalten hat.

(3) [1]Der Rechtsanwalt kann seinem Auftraggeber die Herausgabe der Dokumente nach Absatz 2 Satz 1 so lange verweigern, bis er wegen der ihm vom Auftraggeber geschuldeten Gebühren und Auslagen befriedigt ist. [2]Dies gilt nicht, soweit das Vorenthalten nach den Umständen unangemessen wäre.

(4) [1]Die Absätze 1 bis 3 gelten entsprechend, sofern sich der Rechtsanwalt zum Führen von Handakten oder zur Verwahrung von Dokumenten der elektronischen Datenverarbeitung bedient.

(5) [1]In anderen Vorschriften getroffene Regelungen zu Aufbewahrungs- und Herausgabepflichten bleiben unberührt.

§ 51 Berufshaftpflichtversicherung (1) [1]Der Rechtsanwalt ist verpflichtet, eine Berufshaftpflichtversicherung zur Deckung der sich aus seiner Berufstätigkeit ergebenden Haftpflichtgefahren für Vermögensschäden abzuschließen und die Versicherung während der Dauer seiner Zulassung aufrechtzuerhalten. [2]Die Versicherung muß bei einem im Inland zum Geschäftsbetrieb befugten Versicherungsunternehmen zu den nach Maßgabe des Versicherungsaufsichtsgesetzes eingereichten Allgemeinen Versicherungsbedingungen genommen werden und sich auch auf solche Vermögensschäden erstrecken, für die der Rechtsanwalt nach § 278 oder § 831 des Bürgerlichen Gesetzbuchs einzustehen hat.

(2) [1]Der Versicherungsvertrag hat Versicherungsschutz für jede einzelne Pflichtverletzung zu gewähren, die gesetzliche Haftpflichtansprüche privatrechtlichen Inhalts gegen den Rechtsanwalt zur Folge haben könnte; dabei kann vereinbart werden, daß sämtliche Pflichtverletzungen bei Erledigung eines einheitlichen Auftrags, mögen diese auf dem Verhalten des Rechtsanwalts oder einer von ihm herangezogenen Hilfsperson beruhen, als ein Versicherungsfall gelten.

(3) [1]Von der Versicherung kann die Haftung ausgeschlossen werden:
1. für Ersatzansprüche wegen wissentlicher Pflichtverletzung,
2. für Ersatzansprüche aus Tätigkeiten über in anderen Staaten eingerichtete oder unterhaltene Kanzleien oder Büros,
3. für Ersatzansprüche aus Tätigkeiten im Zusammenhang mit der Beratung und Beschäftigung mit außereuropäischem Recht,
4. für Ersatzansprüche aus Tätigkeiten des Rechtsanwalts vor außereuropäischen Gerichten,
5. für Ersatzansprüche wegen Veruntreuung durch Personal, Angehörige oder Sozien des Rechtsanwalts.

(4) [1]Die Mindestversicherungssumme beträgt 250 000 Euro für jeden Versicherungsfall. [2]Die Leistungen des Versicherers für alle innerhalb eines Versicherungsjahres verursachten Schäden können auf den vierfachen Betrag der Mindestversicherungssumme begrenzt werden.

(5) [1]Die Vereinbarung eines Selbstbehalts bis zu einem Prozent der Mindestversicherungssumme ist zulässig.

(6) [1]Im Versicherungsvertrag ist der Versicherer zu verpflichten, der zuständigen Rechtsanwaltskammer, bei Rechtsanwälten bei dem Bundesgerichtshof auch dem Bundesministerium der Justiz und für Verbraucherschutz, den Beginn und die Beendigung oder Kündigung des Versicherungsvertrages sowie jede Änderung des Versicherungsvertrages, die den vorgeschriebenen Versicherungsschutz beeinträchtigt, unverzüglich mitzuteilen. [2]Die Rechtsanwaltskammer erteilt Dritten zur Geltendmachung von Schadensersatzansprüchen auf Antrag Auskunft über den Namen und die Adresse der Berufshaftpflichtversicherung des Rechtsanwalts sowie die Versicherungsnummer, soweit der Rechtsanwalt kein überwiegendes schutzwürdiges Interesse an der Nichterteilung der Auskunft hat; dies gilt auch, wenn die Zulassung zur Rechtsanwaltschaft erloschen ist.

(7) [1]Zuständige Stelle im Sinne des § 117 Abs. 2 des Versicherungsvertragsgesetzes* ist die Rechtsanwaltskammer.

---

* § 117 Abs. 2 VVG lautet: Ein Umstand, der das Nichtbestehen oder die Beendigung des Versicherungsverhältnisses zur Folge hat, wirkt in Ansehung des Dritten erst mit dem Ablauf eines Monats, nachdem der Versicherer diesen Umstand der hierfür zuständigen Stelle angezeigt hat. Dies gilt auch, wenn das Versicherungsverhältnis durch Zeitablauf endet. Der Lauf der Frist beginnt nicht vor Beendigung des Versicherungsverhältnisses. Ein in den Sätzen 1 und 2 bezeichneter Umstand kann dem Dritten auch dann entgegengehalten werden, wenn vor dem Zeitpunkt des Schadensereignisses der hierfür zuständigen Stelle die Bestätigung einer entsprechend den Rechtsvorschriften abgeschlossenen neuen Versicherung zugegangen ist. Die vorstehenden Vorschriften dieses Absatzes gelten nicht, wenn eine zur Entgegennahme der Anzeige nach Satz 1 zuständige Stelle nicht bestimmt ist.

§ 51a Berufshaftpflichtversicherung einer Partnerschaftsgesellschaft mit beschränkter Berufshaftung (1) [1]Die Berufshaftpflichtversicherung einer Partnerschaftsgesellschaft mit beschränkter Berufshaftung (§ 8 Absatz 4 des Partnerschaftsgesellschaftsgesetzes) muss die Haftpflichtgefahren für Vermögensschäden decken, die sich aus der Beratung und Vertretung in Rechtsangelegenheiten ergeben. [2]§ 51 Absatz 1 Satz 2, Absatz 2, 3 Nummer 2 bis 5 und Absatz 5 bis 7 ist entsprechend anzuwenden. [3]Zuständig ist die Rechtsanwaltskammer am Sitz der Gesellschaft.

(2) [1]Die Mindestversicherungssumme beträgt 2 500 000 Euro für jeden Versicherungsfall. [2]Die Leistungen des Versicherers für alle innerhalb eines Versicherungsjahres verursachten Schäden können auf den Betrag der Mindestversicherungssumme, vervielfacht mit der Zahl der Partner, begrenzt werden. [3]Die Jahreshöchstleistung für alle in einem Versicherungsjahr verursachten Schäden muss sich jedoch mindestens auf den vierfachen Betrag der Mindestversicherungssumme belaufen.

§ 52 Vertragliche Begrenzung von Ersatzansprüchen (1) [1]Der Anspruch des Auftraggebers aus dem zwischen ihm und dem Rechtsanwalt bestehenden Vertragsverhältnis auf Ersatz eines fahrlässig verursachten Schadens kann beschränkt werden:

1. durch schriftliche Vereinbarung im Einzelfall bis zur Höhe der Mindestversicherungssumme;
2. durch vorformulierte Vertragsbedingungen für Fälle einfacher Fahrlässigkeit auf den vierfachen Betrag der Mindestversicherungssumme, wenn insoweit Versicherungsschutz besteht.

[2]Für Berufsausübungsgemeinschaften gilt Satz 1 entsprechend.

(2) [1]Die Mitglieder einer Sozietät haften aus dem zwischen ihr und dem Auftraggeber bestehenden Vertragsverhältnis als Gesamtschuldner. [2]Die persönliche Haftung auf Schadensersatz kann auch durch vorformulierte Vertragsbedingungen beschränkt werden auf einzelne Mitglieder einer Sozietät, die das Mandat im Rahmen ihrer eigenen beruflichen Befugnisse bearbeiten und namentlich bezeichnet sind. [3]Die Zustimmungserklärung zu einer solchen Beschränkung darf keine anderen Erklärungen enthalten und muß vom Auftraggeber unterschrieben sein.

§ 53 Bestellung eines Vertreters (1) [1]Der Rechtsanwalt muß für seine Vertretung sorgen,

1. wenn er länger als eine Woche daran gehindert ist, seinen Beruf auszuüben;
2. wenn er sich länger als eine Woche von seiner Kanzlei entfernen will.

(2) [1]Der Rechtsanwalt kann den Vertreter selbst bestellen, wenn die Vertretung von einem derselben Rechtsanwaltskammer angehörenden Rechtsan-

walt übernommen wird. [2]Ein Vertreter kann auch von Vornherein für alle Verhinderungsfälle, die während eines Kalenderjahres eintreten können, bestellt werden. [3]In anderen Fällen kann ein Vertreter nur auf Antrag des Rechtsanwalts von der Rechtsanwaltskammer bestellt werden.

(3) (weggefallen)

(4) [1]Die Rechtsanwaltskammer soll die Vertretung einem Rechtsanwalt übertragen. [2]Sie kann auch andere Personen, welche die Befähigung zum Richteramt erlangt haben, oder Referendare, die seit mindestens zwölf Monaten im Vorbereitungsdienst beschäftigt sind, zu Vertretern bestellen. [3]§ 7 gilt entsprechend.

(5) [1]In den Fällen des Absatzes 1 kann die Rechtsanwaltskammer den Vertreter von Amts wegen bestellen, wenn der Rechtsanwalt es unterlassen hat, eine Maßnahme nach Absatz 2 Satz 1 zu treffen oder die Bestellung eines Vertreters nach Absatz 2 Satz 3 zu beantragen. [2]Der Vertreter soll jedoch erst bestellt werden, wenn der Rechtsanwalt vorher aufgefordert worden ist, den Vertreter selbst zu bestellen oder einen Antrag nach Absatz 2 Satz 3 einzureichen, und die ihm hierfür gesetzte Frist fruchtlos verstrichen ist. [3]Der Rechtsanwalt, der von Amts wegen als Vertreter bestellt wird, kann die Vertretung nur aus einem wichtigen Grund ablehnen.

(6) [1]Der Rechtsanwalt hat die Bestellung des Vertreters in den Fällen des Absatzes 2 Satz 1 und 2 der Rechtsanwaltskammer anzuzeigen.

(7) [1]Dem Vertreter stehen die anwaltlichen Befugnisse des Rechtsanwalts zu, den er vertritt.

(8) [1]Die Bestellung kann widerrufen werden.

(9) [1]Der Vertreter wird in eigener Verantwortung, jedoch im Interesse, für Rechnung und auf Kosten des Vertretenen tätig. [2]Die §§ 666, 667 und 670 des Bürgerlichen Gesetzbuchs gelten entsprechend.

(10) [1]Der von Amts wegen bestellte Vertreter ist berechtigt, die Kanzleiräume zu betreten und die zur Kanzlei gehörenden Gegenstände einschließlich des der anwaltlichen Verwahrung unterliegenden Treugutes in Besitz zu nehmen, herauszuverlangen und hierüber zu verfügen. [2]An Weisungen des Vertretenen ist er nicht gebunden. [3]Der Vertretene darf die Tätigkeit des Vertreters nicht beeinträchtigen. [4]Er hat dem von Amts wegen bestellten Vertreter eine angemessene Vergütung zu zahlen, für die Sicherheit zu leisten ist, wenn die Umstände es erfordern. [5]Können sich die Beteiligten über die Höhe der Vergütung oder über die Sicherheit nicht einigen oder wird die geschuldete Sicherheit nicht geleistet, setzt der Vorstand der Rechtsanwaltskammer auf Antrag des Vertretenen oder des Vertreters die Vergütung fest. [6]Der Vertreter ist befugt, Vorschüsse auf die vereinbarte oder festgesetzte Vergütung zu entnehmen. [7]Für die festgesetzte Vergütung haftet die Rechtsanwaltskammer wie ein Bürge.

§ 54 (weggefallen)

§ 55 Bestellung eines Abwicklers der Kanzlei (1) [1]Ist ein Rechtsanwalt gestorben, so kann die Rechtsanwaltskammer einen Rechtsanwalt oder eine andere Person, welche die Befähigung zum Richteramt erlangt hat, zum Abwickler der Kanzlei bestellen. [2]Für weitere Kanzleien kann derselbe oder ein anderer Abwickler bestellt werden. [3]§ 7 gilt entsprechend. [4]Der Abwickler ist in der Regel nicht länger als für die Dauer eines Jahres zu bestellen. [5]Auf Antrag des Abwicklers ist die Bestellung, höchstens jeweils um ein Jahr, zu verlängern, wenn er glaubhaft macht, daß schwebende Angelegenheiten noch nicht zu Ende geführt werden konnten.

(2) [1]Dem Abwickler obliegt es, die schwebenden Angelegenheiten abzuwickeln. [2]Er führt die laufenden Aufträge fort; innerhalb der ersten sechs Monate ist er auch berechtigt, neue Aufträge anzunehmen. [3]Ihm stehen die anwaltlichen Befugnisse zu, die der verstorbene Rechtsanwalt hatte. [4]Der Abwickler gilt für die schwebenden Angelegenheiten als von der Partei bevollmächtigt, sofern diese nicht für die Wahrnehmung ihrer Rechte in anderer Weise gesorgt hat.

(3) [1]§ 53 Abs. 5 Satz 3, Abs. 9 und 10 gilt entsprechend. [2]Der Abwickler ist berechtigt, jedoch außer im Rahmen eines Kostenfestsetzungsverfahrens nicht verpflichtet, Kostenforderungen des verstorbenen Rechtsanwalts im eigenen Namen für Rechnung der Erben geltend zu machen.

(4) [1]Die Bestellung kann widerrufen werden.

(5) [1]Abwickler können auch für die Kanzlei und weitere Kanzleien eines früheren Rechtsanwalts bestellt werden, dessen Zulassung zur Rechtsanwaltschaft erloschen ist.

§ 56 Besondere Pflichten gegenüber dem Vorstand der Rechtsanwaltskammer (1) [1]In Aufsichts- und Beschwerdesachen hat der Rechtsanwalt dem Vorstand der Rechtsanwaltskammer oder einem beauftragten Mitglied des Vorstandes Auskunft zu geben sowie auf Verlangen seine Handakten vorzulegen oder vor dem Vorstand oder dem beauftragten Mitglied zu erscheinen. [2]Das gilt nicht, wenn und soweit der Rechtsanwalt dadurch seine Verpflichtung zur Verschwiegenheit verletzen oder sich durch wahrheitsgemäße Beantwortung oder Vorlage seiner Handakten die Gefahr zuziehen würde, wegen einer Straftat, einer Ordnungswidrigkeit oder einer Berufspflichtverletzung verfolgt zu werden und er sich hierauf beruft. [3]Der Rechtsanwalt ist auf das Recht zur Auskunftsverweigerung hinzuweisen.

(2) [1]In Vermittlungsverfahren der Rechtsanwaltskammer hat der Rechtsanwalt auf Verlangen vor dem Vorstand der Rechtsanwaltskammer oder einem beauftragten Mitglied des Vorstandes zu erscheinen. [2]Das Erscheinen soll angeordnet werden, wenn der Vorstand oder das beauftragte Vor-

standsmitglied nach Prüfung zu dem Ergebnis kommt, dass hierdurch eine Einigung gefördert werden kann.

(3) [1]Der Rechtsanwalt hat dem Vorstand der Rechtsanwaltskammer unverzüglich anzuzeigen,

1. daß er ein Beschäftigungsverhältnis eingeht oder daß eine wesentliche Änderung eines bestehenden Beschäftigungsverhältnisses eintritt,
2. daß er dauernd oder zeitweilig als Richter, Beamter, Berufssoldat oder Soldat auf Zeit verwendet wird,
3. daß er ein öffentliches Amt im Sinne des § 47 Abs. 2 bekleidet.

[2]Dem Vorstand der Rechtsanwaltskammer sind auf Verlangen die Unterlagen über ein Beschäftigungsverhältnis vorzulegen.

§ 57 Zwangsgeld bei Verletzung der besonderen Pflichten (1) [1]Um einen Rechtsanwalt zur Erfüllung seiner Pflichten nach § 56 anzuhalten, kann der Vorstand der Rechtsanwaltskammer gegen ihn, auch zu wiederholten Malen, Zwangsgeld festsetzen. [2]Das einzelne Zwangsgeld darf eintausend Euro nicht übersteigen.

(2) [1]Das Zwangsgeld muß vorher durch den Vorstand oder den Präsidenten schriftlich angedroht werden. [2]Die Androhung und die Festsetzung des Zwangsgelds sind dem Rechtsanwalt zuzustellen.

(3) [1]Gegen die Androhung und gegen die Festsetzung des Zwangsgeldes kann der Rechtsanwalt innerhalb eines Monats nach der Zustellung die Entscheidung des Anwaltsgerichtshofes beantragen. [2]Der Antrag ist bei dem Vorstand der Rechtsanwaltskammer schriftlich einzureichen. [3]Erachtet der Vorstand den Antrag für begründet, so hat er ihm abzuhelfen; andernfalls ist der Antrag unverzüglich dem Anwaltsgerichtshof vorzulegen. [4]Zuständig ist der Anwaltsgerichtshof bei dem Oberlandesgericht, in dessen Bezirk die Rechtsanwaltskammer ihren Sitz hat. [5]Auf das Verfahren sind die §§ 307 bis 309 und 311a der Strafprozessordnung sinngemäß anzuwenden. [6]Die Gegenerklärung (§ 308 Abs. 1 der Strafprozeßordnung) wird vom Vorstand der Rechtsanwaltskammer abgegeben. [7]Die Staatsanwaltschaft ist an dem Verfahren nicht beteiligt. [8]Der Beschluß des Anwaltsgerichtshofes kann nicht angefochten werden. [9]§ 116 Absatz 2 gilt entsprechend.

(4) [1]Das Zwangsgeld fließt der Rechtsanwaltskammer zu. [2]Es wird aufgrund einer von dem Schatzmeister erteilten, mit der Bescheinigung der Vollstreckbarkeit versehenen beglaubigten Abschrift des Festsetzungsbescheides nach den Vorschriften beigetrieben, die für die Vollstreckung von Urteilen in bürgerlichen Rechtsstreitigkeiten gelten. [3]§ 767 der Zivilprozessordnung gilt mit der Maßgabe, dass Einwendungen, die den Anspruch selbst betreffen, nur insoweit zulässig sind, als sie nicht in dem Verfahren nach Absatz 3 geltend gemacht werden konnten. [4]Solche Einwendungen sind im

Wege der Klage bei dem in § 797 Absatz 5 der Zivilprozessordnung bezeichneten Gericht geltend zu machen.

§ 58 Einsicht in die Personalakten (1) [1]Der Rechtsanwalt hat das Recht, die über ihn geführten Personalakten einzusehen.

(2) [1]Der Rechtsanwalt kann das Recht auf Einsicht in seine Personalakten nur persönlich oder durch einen anderen bevollmächtigten Rechtsanwalt ausüben.

(3) [1]Bei der Einsichtnahme darf der Rechtsanwalt oder der von ihm bevollmächtigte Vertreter sich eine Aufzeichnung über den Inhalt der Akten oder Kopien einzelner Dokumente fertigen.

§ 59 Ausbildung von Referendaren [1]Der Rechtsanwalt soll in angemessenem Umfang an der Ausbildung der Referendare mitwirken. [2]Er hat den Referendar, der im Vorbereitungsdienst bei ihm beschäftigt ist, in den Aufgaben eines Rechtsanwalts zu unterweisen, ihn anzuleiten und ihm Gelegenheit zu praktischen Arbeiten zu geben. [3]Gegenstand der Ausbildung soll insbesondere sein die gerichtliche und außergerichtliche Anwaltstätigkeit, der Umgang mit Mandanten, das anwaltliche Berufsrecht und die Organisation einer Anwaltskanzlei.

§ 59a Berufliche Zusammenarbeit (1)* [1]Rechtsanwälte dürfen sich mit Mitgliedern einer Rechtsanwaltskammer und der Patentanwaltskammer, mit Steuerberatern, Steuerbevollmächtigten, Wirtschaftsprüfern und vereidigten Buchprüfern zur gemeinschaftlichen Berufsausübung im Rahmen der eigenen beruflichen Befugnisse verbinden. [2]§ 137 Abs. 1 Satz 2 der Strafprozessordnung und die Bestimmungen, die die Vertretung bei Gericht betreffen, stehen nicht entgegen. [3]Rechtsanwälte, die zugleich Notar sind, dürfen eine solche Verbindung nur bezogen auf ihre anwaltliche Berufsausübung eingehen. [4]Im Übrigen richtet sich die Verbindung mit Rechtsanwälten, die zugleich Notar sind, nach den Bestimmungen und Anforderungen des notariellen Berufsrechts.

(2) [1]Eine gemeinschaftliche Berufsausübung ist Rechtsanwälten auch gestattet:

1. mit Angehörigen von Rechtsanwaltsberufen aus anderen Staaten, die nach dem Gesetz über die Tätigkeit europäischer Rechtsanwälte in Deutschland oder nach § 206 berechtigt sind, sich im Geltungsbereich dieses Gesetzes niederzulassen und ihre Kanzlei im Ausland unterhalten,

* Nach der Entscheidung des BVerfG vom 12. Januar 2016 (Az.: 1 BvL 6/13) ist § 59a Abs. 1 S. 1 BRAO insoweit verfassungswidrig und nichtig, als er Rechtsanwältinnen und Rechtsanwälten verbietet, sich mit Ärztinnen und Ärzten sowie Apothekerinnen und Apothekern zur gemeinschaftlichen Berufsausübung in einer Partnerschaftsgesellschaft zu verbinden.

2. mit Patentanwälten, Steuerberatern, Steuerbevollmächtigten, Wirtschaftsprüfern oder vereidigten Buchprüfern anderer Staaten, die einen in der Ausbildung und den Befugnissen den Berufen nach der Patentanwaltsordnung, dem Steuerberatungsgesetz oder der Wirtschaftsprüferordnung entsprechenden Beruf ausüben und mit Patentanwälten, Steuerberatern, Steuerbevollmächtigten, Wirtschaftsprüfern oder vereidigten Buchprüfern im Geltungsbereich dieses Gesetzes ihren Beruf gemeinschaftlich ausüben dürfen.

(3) [1]Für Bürogemeinschaften gelten die Absätze 1 und 2 entsprechend.

§ 59b Satzungskompetenz (1) [1]Das Nähere zu den beruflichen Rechten und Pflichten wird durch Satzung in einer Berufsordnung bestimmt.

(2) [1]Die Berufsordnung kann im Rahmen der Vorschriften dieses Gesetzes näher regeln:

1. die allgemeinen Berufspflichten und Grundpflichten:
   a) Gewissenhaftigkeit,
   b) Wahrung der Unabhängigkeit,
   c) Verschwiegenheit,
   d) Sachlichkeit,
   e) Verbot der Vertretung widerstreitender Interessen,
   f) sorgfältiger Umgang mit fremden Vermögenswerten,
   g) Kanzleipflicht und Pflichten bei der Einrichtung und Unterhaltung von weiteren Kanzleien und Zweigstellen;
2. die besonderen Berufspflichten im Zusammenhang mit dem Führen der Fachanwaltsbezeichnung; hierbei betrifft die Regelungsbefugnis
   a) die Bestimmung der Rechtsgebiete, in denen weitere Fachanwaltsbezeichnungen verliehen werden können,
   b) die Regelung der Voraussetzungen für die Verleihung der Fachanwaltsbezeichnung und des Verfahrens der Erteilung, der Rücknahme und des Widerrufs der Erlaubnis;
3. die besonderen Berufspflichten im Zusammenhang mit der Werbung und Angaben über selbst benannte Interessenschwerpunkte;
4. die besonderen Berufspflichten im Zusammenhang mit der Versagung der Berufstätigkeit;
5. die besonderen Berufspflichten
   a) im Zusammenhang mit der Annahme, Wahrnehmung und Beendigung eines Auftrags,
   b) gegenüber Rechtsuchenden im Rahmen von Beratungs-, Verfahrenskosten- und Prozeßkostenhilfe,
   c) bei der Beratung von Rechtsuchenden mit geringem Einkommen,
   d) bei der Führung der Handakten;

6. die besonderen Berufspflichten gegenüber Gerichten und Behörden:
   a) Pflichten bei der Verwendung von zur Einsicht überlassenen Akten sowie der hieraus erlangten Kenntnisse,
   b) Pflichten bei Zustellungen,
   c) Tragen der Berufstracht;
7. die besonderen Berufspflichten bei der Vereinbarung und Abrechnung der anwaltlichen Gebühren und bei deren Beitreibung;
8. die besonderen Berufspflichten gegenüber der Rechtsanwaltskammer in Fragen der Aufsicht, das berufliche Verhalten gegenüber anderen Mitgliedern der Rechtsanwaltskammer, die Pflichten bei der Zustellung von Anwalt zu Anwalt, die Pflichten bei beruflicher Zusammenarbeit, die Pflichten im Zusammenhang mit der Beschäftigung von Rechtsanwälten und der Ausbildung sowie Beschäftigung anderer Mitarbeiter;
9. die besonderen Berufspflichten im grenzüberschreitenden Rechtsverkehr.

Zweiter Abschnitt: Rechtsanwaltsgesellschaften

§ 59c Zulassung als Rechtsanwaltsgesellschaft und Beteiligung an beruflichen Zusammenschlüssen (1) [1]Gesellschaften mit beschränkter Haftung, deren Unternehmensgegenstand die Beratung und Vertretung in Rechtsangelegenheiten ist, können als Rechtsanwaltsgesellschaften zugelassen werden.

(2) [1]Die Beteiligung von Rechtsanwaltsgesellschaften an Zusammenschlüssen zur gemeinschaftlichen Berufsausübung ist unzulässig.

§ 59d Zulassungsvoraussetzungen [1]Die Zulassung ist zu erteilen, wenn

1. die Gesellschaft den Erfordernissen der §§ 59c, 59e und 59f entspricht;
2. die Gesellschaft sich nicht in Vermögensverfall befindet;
3. der Abschluß der Berufshaftpflichtversicherung (§ 59j) nachgewiesen ist oder eine vorläufige Deckungszusage vorliegt.

§ 59e Gesellschafter* (1) [1]Gesellschafter einer Rechtsanwaltsgesellschaft können nur Rechtsanwälte und Angehörige der in § 59a Abs. 1 Satz 1 und Abs. 2 genannten Berufe sein. [2]Sie müssen in der Rechtsanwaltsgesellschaft beruflich tätig sein. [3]§ 59a Abs. 1 Satz 3 und 4 und § 172a sind entsprechend anzuwenden.

---

* Nach der Entscheidung des BVerfG vom 14.1.2014 verletzen § 59e Abs. 2 S. 1 und § 59f Abs. 1 S. 1 BRAO (und ebenso § 52e Abs. 2 S. 1 und § 52f Abs. 1 S. 1 PAO) das Grundrecht der Berufsfreiheit (Art. 12 Abs. 1 GG) und sind nichtig, soweit sie bei einer Rechtsanwalts- und Patentanwalts-GmbH zugunsten einer der beteiligten Berufsgruppen deren Anteils- und Stimmenrechtsmehrheit sowie deren Leitungsmacht und Geschäftsführermehrheit vorschreiben (Az.: 1 BvR 2998/11 und 1 BvR 236/12).

(2) [1]Die Mehrheit der Geschäftsanteile und der Stimmrechte muß Rechtsanwälten zustehen. [2]Sofern Gesellschafter zur Ausübung eines in Absatz 1 Satz 1 genannten Berufs nicht berechtigt sind, haben sie kein Stimmrecht.

(3) [1]Anteile an der Rechtsanwaltsgesellschaft dürfen nicht für Rechnung Dritter gehalten und Dritte nicht am Gewinn der Rechtsanwaltsgesellschaft beteiligt werden.

(4) [1]Gesellschafter können zur Ausübung von Gesellschafterrechten nur stimmberechtigte Gesellschafter bevollmächtigen, die Angehörige desselben Berufs oder Rechtsanwälte sind.

§ 59f Geschäftsführung* (1) [1]Die Rechtsanwaltsgesellschaft muß von Rechtsanwälten verantwortlich geführt werden. [2]Die Geschäftsführer müssen mehrheitlich Rechtsanwälte sein.

(2) [1]Geschäftsführer kann nur sein, wer zur Ausübung eines in § 59e Abs. 1 Satz 1 genannten Berufs berechtigt ist.

(3) [1]Auf Prokuristen und Handlungsbevollmächtigte zum gesamten Geschäftsbetrieb sind Absatz 1 Satz 2 und Absatz 2 entsprechend anzuwenden.

(4) [1]Die Unabhängigkeit der Rechtsanwälte, die Geschäftsführer oder gemäß Absatz 3 bevollmächtigt sind, bei der Ausübung ihres Rechtsanwaltsberufs ist zu gewährleisten. [2]Einflußnahmen der Gesellschafter, namentlich durch Weisungen oder vertragliche Bindungen, sind unzulässig.

§ 59g Zulassungsverfahren (1) [1]Dem Antrag auf Zulassung als Rechtsanwaltsgesellschaft ist eine Ausfertigung oder eine öffentlich beglaubigte Abschrift des Gesellschaftsvertrags beizufügen.

(2) [1]Die Entscheidung über den Antrag auf Zulassung als Rechtsanwaltsgesellschaft kann ausgesetzt werden, wenn gegen einen Gesellschafter oder Vertretungsberechtigten im Sinne des § 59f ein auf Rücknahme oder Widerruf seiner Zulassung oder Bestellung gerichtetes Verfahren betrieben wird oder ein vorläufiges Berufs- oder Vertretungsverbot erlassen worden ist. [2]Über den Antrag auf Zulassung als Rechtsanwaltsgesellschaft ist jedoch zu entscheiden, wenn er bereits unbeschadet des Ergebnisses der in Satz 1 genannten Verfahren abzulehnen ist.

(3) [1]Auf das Zulassungsverfahren ist § 12 Abs. 1 entsprechend anzuwenden.

§ 59h Erlöschen der Zulassung (1) [1]Die Zulassung erlischt durch Auflösung der Gesellschaft.

(2) [1]Die Zulassung ist mit Wirkung für die Zukunft zurückzunehmen, wenn sich nach der Zulassung ergibt, daß sie hätte versagt werden müssen. [2]§ 14 Abs. 1 Satz 2 ist entsprechend anzuwenden.

(3) [1]Die Zulassung ist zu widerrufen, wenn die Rechtsanwaltsgesellschaft nicht mehr die Voraussetzungen der §§ 59c, 59e, 59f, 59i und 59j erfüllt, es

sei denn, daß die Rechtsanwaltsgesellschaft innerhalb einer von der Rechtsanwaltskammer zu bestimmenden angemessenen Frist den dem Gesetz entsprechenden Zustand herbeiführt. [2]Bei Fortfall von in § 59e Abs. 1 und 2 genannten Voraussetzungen infolge eines Erbfalls muß die Frist mindestens ein Jahr betragen. [3]Die Frist beginnt mit dem Eintritt des Erbfalls.

(4) [1]Die Zulassung ist ferner zu widerrufen, wenn

1. die Rechtsanwaltsgesellschaft auf die Rechte aus der Zulassung der Rechtsanwaltskammer gegenüber schriftlich verzichtet hat;
2. die Rechtsanwaltsgesellschaft in Vermögensverfall geraten ist, es sei denn, daß dadurch die Interessen der Rechtsuchenden nicht gefährdet sind.

(5) [1]Bei Rücknahme oder Widerruf der Zulassung ist § 14 Abs. 4 entsprechend anzuwenden.

(6) [1]Hat die Gesellschaft die Zulassung verloren, kann für sie ein Abwickler bestellt werden, wenn die zur gesetzlichen Vertretung bestellten Personen keine hinreichende Gewähr zur ordnungsgemäßen Abwicklung der schwebenden Angelegenheiten bieten. [2]§ 55 ist entsprechend anzuwenden. [3]Für die festgesetzte Vergütung des Abwicklers haften die Gesellschafter als Gesamtschuldner. [4]§ 53 Abs. 10 Satz 7 bleibt unberührt.

§ 59i Kanzlei [1]Die Rechtsanwaltsgesellschaft muß an ihrem Sitz eine Kanzlei unterhalten, in der verantwortlich zumindest ein geschäftsführender Rechtsanwalt tätig ist, für den die Kanzlei den Mittelpunkt seiner beruflichen Tätigkeit bildet. [2]Wird der Sitz der Gesellschaft verlegt, gilt § 27 Abs. 3 entsprechend. [3]§ 29a bleibt unberührt.

§ 59j Berufshaftpflichtversicherung (1) [1]Die Rechtsanwaltsgesellschaft ist verpflichtet, eine Berufshaftpflichtversicherung abzuschließen und die Versicherung während der Dauer ihrer Zulassung aufrechtzuerhalten; § 51 Absatz 1, 2, 3 Nummer 2 bis 5 und Absatz 5 bis 7 ist entsprechend anzuwenden.

(2) [1]Die Mindestversicherungssumme beträgt 2 500 000 Euro für jeden Versicherungsfall. [2]Die Leistungen des Versicherers für alle innerhalb eines Versicherungsjahres verursachten Schäden können auf den Betrag der Mindestversicherungssumme, vervielfacht mit der Zahl der Gesellschafter und der Geschäftsführer, die nicht Gesellschafter sind, begrenzt werden. [3]Die Jahreshöchstleistung für alle in einem Versicherungsjahr verursachten Schäden muß sich jedoch mindestens auf den vierfachen Betrag der Mindestversicherungssumme belaufen.

(3) [1]Wird die Berufshaftpflichtversicherung nicht oder nicht in dem vorgeschriebenen Umfang unterhalten, so haften neben der Gesellschaft die Gesellschafter und die Geschäftsführer persönlich in Höhe des fehlenden Versicherungsschutzes.

§ 59k Firma (1) [1]Die Firma der Gesellschaft muss die Bezeichnung „Rechtsanwaltsgesellschaft“ enthalten.

(2) [1]Andere als zugelassene Rechtsanwaltsgesellschaften dürfen die Bezeichnung „Rechtsanwaltsgesellschaft“ nicht führen. [2]Berufliche Zusammenschlüsse, die die Bezeichnung „Rechtsanwaltsgesellschaft“ bereits am 1. März 1999 in ihrem Namen geführt und einen Hinweis auf die Rechtsform hinzugefügt haben, dürfen eine solche Bezeichnung weiterführen.

§ 59l Vertretung vor Gerichten und Behörden [1]Die Rechtsanwaltsgesellschaft kann als Prozeß- oder Verfahrensbevollmächtigte beauftragt werden. [2]Sie hat dabei die Rechte und Pflichten eines Rechtsanwalts. [3]Sie handelt durch ihre Organe und Vertreter, in deren Person die für die Erbringung rechtsbesorgender Leistungen gesetzlich vorgeschriebenen Voraussetzungen im Einzelfall vorliegen müssen. [4]Verteidiger im Sinne der §§ 137 ff. der Strafprozeßordnung ist nur die für die Rechtsanwaltsgesellschaft handelnde Person.

§ 59m Mitteilungspflichten, anwendbare Vorschriften und Verschwiegenheitspflicht (1) [1]Die Rechtsanwaltsgesellschaft hat jede Änderung des Gesellschaftsvertrags, der Gesellschafter oder in der Person der nach § 59f Vertretungsberechtigten sowie die Errichtung oder Auflösung von Zweigniederlassungen der Rechtsanwaltskammer unter Beifügung einer öffentlich beglaubigten Abschrift der jeweiligen Urkunde unverzüglich anzuzeigen. [2]Wird die Änderung im Handelsregister eingetragen, ist eine beglaubigte Abschrift der Eintragung nachzureichen.

(2) [1]Für Rechtsanwaltsgesellschaften gelten sinngemäß die Vorschriften des Dritten Abschnitts des Zweiten Teils, die §§ 43 bis 43b, 43d, 43e, 44, 48, 49a bis 50, 52 Absatz 1 Satz 1, die §§ 53, § 56 Abs. 1 und 2, die §§ 57 bis 59 und 59b, der Vierte Abschnitt des Fünften Teils und § 163.

(3) [1]Die Gesellschafter sowie die Mitglieder der durch Gesetz oder Gesellschaftsvertrag vorgesehenen Aufsichtsorgane der Rechtsanwaltsgesellschaft sind zur Verschwiegenheit verpflichtet.

Vierter Teil: Die Rechtsanwaltskammern

Erster Abschnitt: Allgemeines

§ 60 Bildung und Zusammensetzung der Rechtsanwaltskammer (1) [1]Für den Bezirk eines Oberlandesgerichts wird eine Rechtsanwaltskammer gebildet. [2]Sie hat ihren Sitz am Ort des Oberlandesgerichts.

(2) [1]Mitglieder der Rechtsanwaltskammer sind

1. Personen, die von ihr zur Rechtsanwaltschaft zugelassen oder von ihr aufgenommen wurden,

2. Rechtsanwaltsgesellschaften, die von ihr zugelassen wurden, und
3. Geschäftsführer von Rechtsanwaltsgesellschaften nach Nummer 2, die nicht schon nach Nummer 1 Mitglied einer Rechtsanwaltskammer sind.

(3) [1]Die Mitgliedschaft in der Rechtsanwaltskammer erlischt

1. in den Fällen des Absatzes 2 Nummer 1, wenn die Voraussetzungen des § 13 oder des § 27 Absatz 3 Satz 3 vorliegen,
2. in den Fällen des Absatzes 2 Nummer 2, wenn die Voraussetzungen des § 59h Absatz 1 bis 4 oder des § 59i Satz 2 in Verbindung mit § 27 Absatz 3 Satz 3 vorliegen,
3. in den Fällen des Absatzes 2 Nummer 3, wenn bei der Rechtsanwaltsgesellschaft die Voraussetzungen der Nummer 2 vorliegen, gegen den Geschäftsführer eine bestandskräftige Entscheidung im Sinne des § 115c Satz 2 ergangen ist oder die Geschäftsführungstätigkeit für die Rechtsanwaltsgesellschaft beendet ist.

§ 61 Bildung einer weiteren Rechtsanwaltskammer (1) [1]Die Landesjustizverwaltung kann in dem Bezirk eines Oberlandesgerichts eine weitere Rechtsanwaltskammer errichten, wenn in dem Bezirk mehr als fünfhundert Rechtsanwälte oder Rechtsanwaltsgesellschaften zugelassen sind. [2]Bevor die weitere Rechtsanwaltskammer errichtet wird, ist der Vorstand der Rechtsanwaltskammer zu hören. [3]Die Landesjustizverwaltung ordnet die Mitglieder den Kammern zu.

(2) [1]Die Landesjustizverwaltung bestimmt den Sitz und den Bezirk der weiteren Kammer.

§ 62 Stellung der Rechtsanwaltskammer (1) [1]Die Rechtsanwaltskammer ist eine Körperschaft des öffentlichen Rechts.

(2) [1]Die Landesjustizverwaltung führt die Staatsaufsicht über die Rechtsanwaltskammer. [2]Die Aufsicht beschränkt sich darauf, daß Gesetz und Satzung beachtet, insbesondere die der Rechtsanwaltskammer übertragenen Aufgaben erfüllt werden.

Zweiter Abschnitt: Organe der Rechtsanwaltskammer

Erster Unterabschnitt: Vorstand

§ 63 Zusammensetzung des Vorstandes (1) [1]Die Rechtsanwaltskammer hat einen Vorstand.

(2) [1]Der Vorstand besteht aus sieben Mitgliedern. [2]Die Kammerversammlung kann eine höhere Zahl festsetzen.

(3) [1]Der Vorstand gibt sich eine Geschäftsordnung.

§ 64 Wahlen zum Vorstand (1) [1]Die Mitglieder des Vorstandes werden von den Mitgliedern der Kammer in geheimer und unmittelbarer Wahl durch Briefwahl gewählt. [2]Hierbei kann vorgesehen werden, dass die Stimmen auch in der Kammerversammlung abgegeben werden können. [3]Die Wahl kann auch als elektronische Wahl durchgeführt werden. [4]Gewählt sind die Bewerberinnen oder Bewerber, die die meisten Stimmen auf sich vereinigen.

(2) [1]Das Nähere bestimmt die Geschäftsordnung der Kammer.

§ 65 Voraussetzungen der Wählbarkeit [1]Zum Mitglied des Vorstandes kann nur gewählt werden, wer

1. Mitglied der Kammer ist und
2. den Beruf eines Rechtsanwalts seit mindestens fünf Jahren ohne Unterbrechung ausübt.

§ 66 Ausschluss von der Wählbarkeit [1]Zum Mitglied des Vorstandes kann nicht gewählt werden ein Rechtsanwalt,

1. gegen den ein anwaltsgerichtliches Verfahren eingeleitet oder ein Berufs- oder Vertretungsverbot (§§ 150, 161a) verhängt worden ist;
2. gegen den die öffentliche Klage wegen einer Straftat, welche die Unfähigkeit zur Bekleidung öffentlicher Ämter zur Folge haben kann, erhoben ist;
3. gegen den in den letzten fünf Jahren ein Verweis oder eine Geldbuße (§ 114 Absatz 1 Nummer 3) oder in den letzten zehn Jahren ein Vertretungsverbot (§ 114 Abs. 1 Nr. 4) verhängt oder in den letzten fünfzehn Jahren auf die Ausschließung aus der Rechtsanwaltschaft erkannt worden ist.

§ 67 Recht zur Ablehnung der Wahl [1]Die Wahl zum Mitglied des Vorstandes kann ablehnen,

1. wer das fünfundsechzigste Lebensjahr vollendet hat;
2. wer in den letzten vier Jahren Mitglied des Vorstandes gewesen ist;
3. wer aus gesundheitlichen Gründen nicht nur vorübergehend die Tätigkeit im Vorstand nicht ordnungsgemäß ausüben kann.

§ 68 Wahlperiode (1) [1]Die Mitglieder des Vorstandes werden auf vier Jahre gewählt. [2]Die Wiederwahl ist zulässig.

(2) [1]Alle zwei Jahre scheidet die Hälfte der Mitglieder aus, bei ungerader Zahl zum ersten Mal die größere Zahl. [2]Die zum ersten Mal ausscheidenden Mitglieder werden durch das Los bestimmt.

(3) [1]Wird die Zahl der Mitglieder des Vorstandes erhöht, so ist für die neu eintretenden Mitglieder, die mit dem Ablauf des zweiten Jahres ausscheiden, Absatz 2 Satz 2 entsprechend anzuwenden.

(4) [1]Findet die Wahl, die aufgrund der Erhöhung der Zahl der Mitglieder des Vorstandes erforderlich wird, gleichzeitig mit einer Neuwahl statt, so sind beide Wahlen getrennt vorzunehmen.

§ 69 Vorzeitiges Ausscheiden eines Vorstandsmitgliedes (1) [1]Ein Rechtsanwalt scheidet als Mitglied des Vorstandes aus,

1. wenn er nicht mehr Mitglied der Kammer ist oder seine Wählbarkeit aus den in § 66 Nr. 3 angegebenen Gründen verliert;
2. wenn er sein Amt niederlegt.

(2) [1]Der Rechtsanwalt hat die Erklärung, daß er das Amt niederlege, dem Vorstand gegenüber schriftlich abzugeben. [2]Die Erklärung kann nicht widerrufen werden.

(3) [1]Scheidet ein Mitglied des Vorstandes vorzeitig aus, so ist es für den Rest seiner Amtszeit durch ein neues Mitglied zu ersetzen. [2]Davon kann abgesehen werden, wenn die Zahl der Mitglieder des Vorstandes nicht unter sieben sinkt. [3]Die Ersetzung kann durch das Nachrücken einer bei der letzten Wahl nicht gewählten Person oder durch eine Nachwahl erfolgen. [4]Das Nähere bestimmt die Geschäftsordnung der Kammer.

(4) [1]Ist gegen ein Mitglied des Vorstandes eine öffentliche Klage im Sinne des § 66 Nr. 2 erhoben oder ein anwaltsgerichtliches Verfahren eingeleitet, so ruht seine Mitgliedschaft im Vorstand, bis das Verfahren erledigt ist. [2]Ist ein Berufs- oder Vertretungsverbot (§§ 150, 161a) verhängt worden, so ruht die Mitgliedschaft für dessen Dauer. [3]Besteht gegen ein Mitglied des Vorstandes der Verdacht einer schuldhaften Verletzung seiner beruflichen Pflichten, so ist es von einer Tätigkeit der Rechtsanwaltskammer in dieser Angelegenheit ausgeschlossen.

§ 70 Sitzungen des Vorstandes (1) [1]Der Vorstand wird durch den Präsidenten einberufen.

(2) [1]Der Präsident muß eine Sitzung anberaumen, wenn drei Mitglieder des Vorstandes es schriftlich beantragen und hierbei den Gegenstand angeben, der behandelt werden soll.

(3) [1]Das Nähere regelt die Geschäftsordnung des Vorstandes.

§ 71 Beschlussfähigkeit des Vorstandes [1]Der Vorstand ist beschlußfähig, wenn mindestens die Hälfte seiner Mitglieder anwesend ist oder sich an einer schriftlichen Abstimmung beteiligt.

§ 72 Beschlüsse des Vorstandes (1) [1]Die Beschlüsse des Vorstandes werden mit einfacher Stimmenmehrheit gefaßt. [2]Das gleiche gilt für die von dem Vorstand vorzunehmenden Wahlen. [3]Bei Stimmengleichheit gibt die Stimme des Vorsitzenden den Ausschlag, bei Wahlen entscheidet das Los.

(2) [1]Ein Mitglied darf in eigenen Angelegenheiten nicht mitstimmen. [2]Dies gilt jedoch nicht für Wahlen.

(3) [1]Über die Beschlüsse des Vorstandes und über die Ergebnisse von Wahlen ist ein Protokoll aufzunehmen, das von dem Vorsitzenden und dem Schriftführer zu unterzeichnen ist.

(4) [1]Beschlüsse des Vorstandes können in schriftlicher Abstimmung gefaßt werden, wenn kein Mitglied des Vorstandes widerspricht.

§ 73 Aufgaben des Vorstandes (1) [1]Der Vorstand hat die ihm durch Gesetz zugewiesenen Aufgaben zu erfüllen. [2]Ihm obliegen auch die der Rechtsanwaltskammer in diesem Gesetz zugewiesenen Aufgaben und Befugnisse. [3]Er hat die Belange der Kammer zu wahren und zu fördern.

(2) [1]Dem Vorstand obliegt insbesondere,

1. die Mitglieder der Kammer in Fragen der Berufspflichten zu beraten und zu belehren;
2. auf Antrag bei Streitigkeiten unter den Mitgliedern der Kammer zu vermitteln; dies umfasst die Befugnis, Schlichtungsvorschläge zu unterbreiten;
3. auf Antrag bei Streitigkeiten zwischen Mitgliedern der Kammer und ihren Auftraggebern zu vermitteln; dies umfasst die Befugnis, Schlichtungsvorschläge zu unterbreiten;
4. die Erfüllung der den Mitgliedern der Kammer obliegenden Pflichten zu überwachen und das Recht der Rüge zu handhaben;
5. Rechtsanwälte für die Ernennung zu Mitgliedern des Anwaltsgerichts und des Anwaltsgerichtshofes vorzuschlagen;
6. Vorschläge gemäß §§ 107 und 166 der Bundesrechtsanwaltskammer vorzulegen;
7. der Kammerversammlung über die Verwaltung des Vermögens jährlich Rechnung zu legen;
8. Gutachten zu erstatten, die eine Landesjustizverwaltung, ein Gericht oder eine Verwaltungsbehörde des Landes anfordert;
9. bei der Ausbildung und Prüfung der Studierenden und der Referendare mitzuwirken, insbesondere qualifizierte Arbeitsgemeinschaftsleiter und Prüfer vorzuschlagen;
10. die anwaltlichen Mitglieder der juristischen Prüfungsausschüsse vorzuschlagen.

(3) [1]In Beschwerdeverfahren setzt der Vorstand den Beschwerdeführer von seiner Entscheidung in Kenntnis. [2]Die Mitteilung erfolgt nach Abschluss des Verfahrens einschließlich des Einspruchsverfahrens und ist mit einer

kurzen Darstellung der wesentlichen Gründe für die Entscheidung zu versehen. [3]§ 76 bleibt unberührt. [4]Die Mitteilung ist nicht anfechtbar.

(4) [1]Der Vorstand kann die in Absatz 1 Satz 2, Absatz 2 Nr. 1 bis 3 und Absatz 3 bezeichneten Aufgaben einzelnen Mitgliedern des Vorstandes übertragen.

(5) [1]Beantragt bei Streitigkeiten zwischen einem Mitglied der Rechtsanwaltskammer und seinem Auftraggeber der Auftraggeber ein Vermittlungsverfahren, so wird dieses eingeleitet, ohne dass es der Zustimmung des Mitglieds bedarf. [2]Ein Schlichtungsvorschlag ist nur verbindlich, wenn er von beiden Seiten angenommen wird.

§ 73a Einheitliche Stelle [1]Die Länder können durch Gesetz den Rechtsanwaltskammern allein oder gemeinsam mit anderen Stellen die Aufgaben einer einheitlichen Stelle im Sinne des Verwaltungsverfahrensgesetzes übertragen. [2]Das Gesetz regelt die Aufsicht und kann vorsehen, dass die Rechtsanwaltskammern auch für Antragsteller tätig werden, die nicht als Rechtsanwalt tätig werden wollen.

§ 73b Verwaltungsbehörde für Ordnungswidrigkeiten (1) [1]Die Rechtsanwaltskammer ist im Sinne des § 36 Absatz 1 Nummer 1 des Gesetzes über Ordnungswidrigkeiten Verwaltungsbehörde für Ordnungswidrigkeiten nach § 6 der Dienstleistungs-Informationspflichten-Verordnung, die durch ihre Mitglieder begangen werden.

(2) [1]Die Geldbußen aus der Ahndung von Ordnungswidrigkeiten nach Absatz 1 fließen in die Kasse der Verwaltungsbehörde, die den Bußgeldbescheid erlassen hat.

(3) [1]Die nach Absatz 2 zuständige Kasse trägt abweichend von § 105 Absatz 2 des Gesetzes über Ordnungswidrigkeiten die notwendigen Auslagen. [2]Sie ist auch ersatzpflichtig im Sinne des § 110 Absatz 4 des Gesetzes über Ordnungswidrigkeiten.

§ 74 Rügerecht des Vorstandes (1) [1]Der Vorstand kann das Verhalten eines Rechtsanwalts, durch das dieser ihm obliegende Pflichten verletzt hat, rügen, wenn die Schuld des Rechtsanwalts gering ist und ein Antrag auf Einleitung eines anwaltsgerichtlichen Verfahrens nicht erforderlich erscheint. [2]§ 113 Abs. 2 und 3, § 115b und § 118 Abs. 2 gelten entsprechend.

(2) [1]Der Vorstand darf eine Rüge nicht mehr erteilen, wenn das anwaltsgerichtliche Verfahren gegen den Rechtsanwalt eingeleitet ist oder wenn seit der Pflichtverletzung mehr als drei Jahre vergangen sind. [2]Eine Rüge darf nicht erteilt werden, während das Verfahren auf den Antrag des Rechtsanwalts nach § 123 anhängig ist.

(3) [1]Bevor die Rüge erteilt wird, ist der Rechtsanwalt zu hören.

(4) [1]Der Bescheid des Vorstandes, durch den das Verhalten des Rechtsanwalts gerügt wird, ist zu begründen. [2]Er ist dem Rechtsanwalt zuzustellen. [3]Eine Abschrift des Bescheides ist der Staatsanwaltschaft bei dem Oberlandesgericht mitzuteilen.

(5) [1]Gegen den Bescheid kann der Rechtsanwalt binnen eines Monats nach der Zustellung bei dem Vorstand Einspruch erheben. [2]Über den Einspruch entscheidet der Vorstand; Absatz 4 ist entsprechend anzuwenden.

(6) [1]Die Absätze 1 bis 5 sind auf Personen, die nach § 60 Absatz 2 Nummer 3 einer Rechtsanwaltskammer angehören, entsprechend anzuwenden.

§ 74a Antrag auf anwaltsgerichtliche Entscheidung (1) [1]Wird der Einspruch gegen den Rügebescheid durch den Vorstand der Rechtsanwaltskammer zurückgewiesen, so kann der Rechtsanwalt innerhalb eines Monats nach der Zustellung die Entscheidung des Anwaltsgerichts beantragen. [2]Zuständig ist das Anwaltsgericht am Sitz der Rechtsanwaltskammer, deren Vorstand die Rüge erteilt hat.

(2) [1]Der Antrag ist bei dem Anwaltsgericht schriftlich einzureichen. [2]Auf das Verfahren sind die §§ 308, 309 und 311a der Strafprozessordnung sinngemäß anzuwenden. [3]Die Gegenerklärung (§ 308 Abs. 1 der Strafprozeßordnung) wird von dem Vorstand der Rechtsanwaltskammer abgegeben. [4]Die Staatsanwaltschaft ist an dem Verfahren nicht beteiligt. [5]Eine mündliche Verhandlung findet statt, wenn sie der Rechtsanwalt beantragt oder das Anwaltsgericht für erforderlich hält. [6]Von Zeit und Ort der mündlichen Verhandlung sind der Vorstand der Rechtsanwaltskammer, der Rechtsanwalt und sein Verteidiger zu benachrichtigen. [7]Art und Umfang der Beweisaufnahme bestimmt das Anwaltsgericht. [8]Es hat jedoch zur Erforschung der Wahrheit die Beweisaufnahme von Amts wegen auf alle Tatsachen und Beweismittel zu erstrecken, die für die Entscheidung von Bedeutung sind.

(3) [1]Der Rügebescheid kann nicht deshalb aufgehoben werden, weil der Vorstand der Rechtsanwaltskammer zu Unrecht angenommen hat, die Schuld des Rechtsanwalts sei gering und der Antrag auf Einleitung des anwaltsgerichtlichen Verfahrens nicht erforderlich. [2]Treten die Voraussetzungen, unter denen nach § 115b von einer anwaltsgerichtlichen Ahndung abzusehen ist oder nach § 118 Abs. 2 ein anwaltsgerichtliches Verfahren nicht eingeleitet oder fortgesetzt werden darf, erst ein, nachdem der Vorstand die Rüge erteilt hat, so hebt das Anwaltsgericht den Rügebescheid auf. [3]Der Beschluß ist mit Gründen zu versehen. [4]Er kann nicht angefochten werden.

(4) [1]Das Anwaltsgericht, bei dem ein Antrag auf anwaltsgerichtliche Entscheidung eingelegt wird, teilt unverzüglich der Staatsanwaltschaft bei dem Oberlandesgericht eine Abschrift des Antrags mit. [2]Der Staatsanwaltschaft ist auch eine Abschrift des Beschlusses mitzuteilen, mit dem über den Antrag entschieden wird.

(5) [1]Leitet die Staatsanwaltschaft wegen desselben Verhaltens, das der Vorstand der Rechtsanwaltskammer gerügt hat, ein anwaltsgerichtliches Verfahren gegen den Rechtsanwalt ein, bevor die Entscheidung über den Antrag auf anwaltsgerichtliche Entscheidung gegen den Rügebescheid ergangen ist, so wird das Verfahren über den Antrag bis zum rechtskräftigen Abschluß des anwaltsgerichtlichen Verfahrens ausgesetzt. [2]In den Fällen des § 115a Abs. 2 stellt das Anwaltsgericht nach Beendigung der Aussetzung fest, daß die Rüge unwirksam ist.

(6) [1]Die Absätze 1 bis 5 sind auf Personen, die nach § 60 Absatz 2 Nummer 3 einer Rechtsanwaltskammer angehören, entsprechend anzuwenden.

(7) [1]§ 116 Absatz 2 gilt entsprechend.

§ 75 Ehrenamtliche Tätigkeit des Vorstandes [1]Die Mitglieder des Vorstandes üben ihre Tätigkeit unentgeltlich aus. [2]Sie erhalten jedoch eine angemessene Entschädigung für den mit ihrer Tätigkeit verbundenen Aufwand sowie eine Reisekostenvergütung.

§ 76 Pflicht der Vorstandsmitglieder zur Verschwiegenheit (1) [1]Die Mitglieder des Vorstandes haben – auch nach dem Ausscheiden aus dem Vorstand – über die Angelegenheiten, die ihnen bei ihrer Tätigkeit im Vorstand über Rechtsanwälte und andere Personen bekannt werden, Verschwiegenheit gegen jedermann zu bewahren. [2]Das gleiche gilt für Rechtsanwälte, die zur Mitarbeit herangezogen werden, und für Angestellte der Rechtsanwaltskammer.

(2) [1]In gerichtlichen Verfahren dürfen die in Absatz 1 bezeichneten Personen über solche Angelegenheiten, die ihnen bei ihrer Tätigkeit im Vorstand über Rechtsanwälte und andere Personen bekannt geworden sind, ohne Genehmigung nicht aussagen.

(3) [1]Die Genehmigung zur Aussage erteilt der Vorstand der Rechtsanwaltskammer nach pflichtmäßigem Ermessen. [2]Die Genehmigung soll nur versagt werden, wenn Rücksichten auf die Stellung oder die Aufgaben der Rechtsanwaltskammer oder berechtigte Belange der Personen, über welche die Tatsachen bekannt geworden sind, es unabweisbar erfordern. [3]§ 28 Abs. 2 des Gesetzes über das Bundesverfassungsgericht bleibt unberührt.

§ 77 Abteilungen des Vorstandes (1) [1]Der Vorstand kann mehrere Abteilungen bilden, wenn die Geschäftsordnung der Kammer es zuläßt. [2]Er überträgt den Abteilungen die Geschäfte, die sie selbständig führen.

(2) [1]Jede Abteilung muß aus mindestens drei Mitgliedern des Vorstandes bestehen. [2]Die Mitglieder der Abteilung wählen aus ihren Reihen einen Abteilungsvorsitzenden, einen Abteilungsschriftführer und deren Stellvertreter.

(3) [1]Vor Beginn des Kalenderjahres setzt der Vorstand die Zahl der Abteilungen und ihrer Mitglieder fest, überträgt den Abteilungen die Geschäfte und bestimmt die Mitglieder der einzelnen Abteilungen. [2]Jedes Mitglied des

Vorstandes kann mehreren Abteilungen angehören. [3]Die Anordnungen können im Laufe des Jahres nur geändert werden, wenn dies wegen Überlastung der Abteilung oder infolge Wechsels oder dauernder Verhinderung einzelner Mitglieder der Abteilung erforderlich wird.

(4) [1]Der Vorstand kann die Abteilungen ermächtigen, ihre Sitzungen außerhalb des Sitzes der Kammer abzuhalten.

(5) [1]Die Abteilungen besitzen innerhalb ihrer Zuständigkeit die Rechte und Pflichten des Vorstandes.

(6) [1]An Stelle der Abteilung entscheidet der Vorstand, wenn er es für angemessen hält oder wenn die Abteilung oder ihr Vorsitzender es beantragt.

Zweiter Unterabschnitt: Präsidium

§ 78 Zusammensetzung und Wahl des Präsidiums (1) [1]Der Vorstand wählt aus seiner Mitte ein Präsidium.

(2) [1]Das Präsidium besteht aus

1. dem Präsidenten,
2. dem Vizepräsidenten,
3. dem Schriftführer,
4. dem Schatzmeister.

(3) [1]Der Vorstand kann die Zahl der Mitglieder des Präsidiums erhöhen.

(4) [1]Die Wahl des Präsidiums findet alsbald nach jeder ordentlichen Wahl des Vorstandes statt. [2]Scheidet ein Mitglied des Präsidiums vorzeitig aus, so wird für den Rest seiner Amtszeit innerhalb von drei Monaten ein neues Mitglied gewählt.

§ 79 Aufgaben des Präsidiums (1) [1]Das Präsidium erledigt die Geschäfte des Vorstandes, die ihm durch dieses Gesetz oder durch Beschluß des Vorstandes übertragen werden.

(2) [1]Das Präsidium beschließt über die Verwaltung des Kammervermögens. [2]Es berichtet hierüber dem Vorstand jedes Vierteljahr.

§ 80 Aufgaben des Präsidenten (1) [1]Der Präsident vertritt die Kammer gerichtlich und außergerichtlich.

(2) [1]Der Präsident vermittelt den geschäftlichen Verkehr der Kammer und des Vorstandes. [2]Er führt die Beschlüsse des Vorstandes und der Kammer aus.

(3) [1]Der Präsident führt in den Sitzungen des Vorstandes und in der Kammerversammlung den Vorsitz.

(4) [1]Durch die Geschäftsordnungen des Vorstandes und der Kammer können ihm weitere Aufgaben übertragen werden.

§ 81 Berichte über die Tätigkeit der Kammer und über Wahlergebnisse (1) [1]Der Präsident erstattet der Landesjustizverwaltung jährlich einen schriftlichen Bericht über die Tätigkeit der Kammer und des Vorstandes.

(2) [1]Der Präsident zeigt das Ergebnis der Wahlen zum Vorstand und zum Präsidium alsbald der Landesjustizverwaltung und der Bundesrechtsanwaltskammer an.

§ 82 Aufgaben des Schriftführers [1]Der Schriftführer führt das Protokoll über die Sitzungen des Vorstandes und der Kammerversammlung. [2]Er führt den Schriftwechsel des Vorstandes, soweit es sich nicht der Präsident vorbehält.

§ 83 Aufgaben des Schatzmeisters (1) [1]Der Schatzmeister verwaltet das Vermögen der Kammer nach den Weisungen des Präsidiums. [2]Er ist berechtigt, Geld in Empfang zu nehmen.

(2) [1]Der Schatzmeister überwacht den Eingang der Beiträge.

§ 84 Einziehung rückständiger Beiträge (1) [1]Rückständige Beiträge, Umlagen, Gebühren und Auslagen werden aufgrund der von dem Schatzmeister ausgestellten, mit der Bescheinigung der Vollstreckbarkeit versehenen Zahlungsaufforderung nach den Vorschriften beigetrieben, die für die Vollstreckung von Urteilen in bürgerlichen Rechtsstreitigkeiten gelten.

(2) [1]Die Zwangsvollstreckung darf jedoch erst zwei Wochen nach Zustellung der vollstreckbaren Zahlungsaufforderung beginnen.

(3) [1]§ 767 der Zivilprozessordnung gilt mit der Maßgabe, dass Einwendungen, die den Anspruch selbst betreffen, nur insoweit zulässig sind, als sie nicht im Wege der Anfechtung der vollstreckbaren Zahlungsaufforderung in dem Verfahren nach § 112a Absatz 1 geltend gemacht werden konnten. [2]Solche Einwendungen sind im Wege der Klage bei dem in § 797 Absatz 5 der Zivilprozessordnung bezeichneten Gericht geltend zu machen.

Dritter Unterabschnitt: Kammerversammlung

§ 85 Einberufung der Kammerversammlung (1) [1]Die Kammerversammlung wird durch den Präsidenten einberufen.

(2) [1]Der Präsident muß die Kammerversammlung einberufen, wenn ein Zehntel der Mitglieder es schriftlich beantragt und hierbei den Gegenstand angibt, der in der Kammerversammlung behandelt werden soll.

(3) [1]Wenn die Geschäftsordnung der Kammer nichts anderes bestimmt, soll die Kammerversammlung am Sitz der Rechtsanwaltskammer stattfinden.

§ 86 Einladung und Einberufungsfrist (1) [1]Der Präsident beruft die Kammerversammlung schriftlich oder durch öffentliche Einladung in den Blättern ein, die durch die Geschäftsordnung der Kammer bestimmt sind.

(2) [1]Die Kammerversammlung ist mindestens zwei Wochen vor dem Tage, an dem sie stattfinden soll, einzuberufen. [2]Der Tag, an dem die Einberufung abgesandt oder veröffentlicht ist, und der Tag der Kammerversammlung sind hierbei nicht mitzurechnen.

(3) [1]In dringenden Fällen kann der Präsident die Kammerversammlung in kürzerer Frist einberufen.

§ 87 Ankündigung der Tagesordnung (1) [1]Bei der Einberufung der Kammerversammlung ist der Gegenstand, über den in der Kammerversammlung Beschluß gefaßt werden soll, anzugeben.

(2) [1]Über Gegenstände, deren Verhandlung nicht ordnungsgemäß angekündigt ist, dürfen keine Beschlüsse gefaßt werden.

§ 88 Wahlen und Beschlüsse der Kammerversammlung (1) [1]Die Voraussetzungen, unter denen die Kammerversammlung beschlußfähig ist, werden durch die Geschäftsordnung der Kammer geregelt.

(2) [1]Die Mitglieder können ihr Wahl- oder Stimmrecht nur persönlich ausüben.

(3) [1]Die Beschlüsse der Kammerversammlung werden mit einfacher Stimmenmehrheit gefaßt. [2]Das gleiche gilt für die von der Kammerversammlung vorzunehmenden Wahlen. [3]Wird diese Mehrheit in zwei Wahlgängen nicht erreicht, so ist gewählt, wer in einem weiteren Wahlgang die meisten Stimmen erhält. [4]Bei Stimmengleichheit gibt die Stimme des Vorsitzenden den Ausschlag, bei Wahlen entscheidet das Los.

(4) [1]Ein Mitglied darf in eigenen Angelegenheiten nicht mitstimmen. [2]Dies gilt jedoch nicht für Wahlen.

(5) [1]Über die Beschlüsse und über die Ergebnisse von Wahlen ist ein Protokoll aufzunehmen, das von dem Vorsitzenden und dem Schriftführer zu unterzeichnen ist.

§ 89 Aufgaben der Kammerversammlung (1) [1]Die Kammerversammlung hat die ihr durch Gesetz zugewiesenen Aufgaben zu erfüllen. [2]Sie hat Angelegenheiten, die von allgemeiner Bedeutung für die Rechtsanwaltschaft sind, zu erörtern.

(2) [1]Der Kammerversammlung obliegt insbesondere,

1. die Geschäftsordnung der Kammer zu beschließen;
2. die Höhe und die Fälligkeit des Beitrags, der Umlagen, Gebühren und Auslagen zu bestimmen;
3. Fürsorgeeinrichtungen für Rechtsanwälte und deren Hinterbliebene zu schaffen;
4. die Mittel zu bewilligen, die erforderlich sind, um den Aufwand für die gemeinschaftlichen Angelegenheiten zu bestreiten;

5. Richtlinien für die Aufwandsentschädigungen und die Reisekostenvergütung der Mitglieder des Vorstandes und des Anwaltsgerichts sowie der Protokollführer in der Hauptverhandlung des Anwaltsgerichts aufzustellen;
6. die Abrechnung des Vorstandes über die Einnahmen und Ausgaben der Kammer sowie über die Verwaltung des Vermögens zu prüfen und über die Entlastung zu beschließen.

(3) (weggefallen)

§§ 90 und 91 (weggefallen)

Fünfter Teil: Gerichte in Anwaltssachen und gerichtliches Verfahren in verwaltungsrechtlichen Anwaltssachen

Erster Abschnitt: Das Anwaltsgericht

§ 92 Bildung des Anwaltsgerichts (1) [1]Für den Bezirk der Rechtsanwaltskammer wird ein Anwaltsgericht errichtet. [2]Es hat seinen Sitz an demselben Ort wie die Rechtsanwaltskammer.

(2) [1]Bei dem Anwaltsgericht werden nach Bedarf mehrere Kammern gebildet. [2]Die Zahl der Kammern bestimmt die Landesjustizverwaltung. [3]Der Vorstand der Rechtsanwaltskammer ist vorher zu hören.

(3) [1]Die Aufsicht über das Anwaltsgericht führt die Landesjustizverwaltung.

§ 93 Besetzung des Anwaltsgerichts (1) [1]Das Anwaltsgericht wird mit der erforderlichen Anzahl von Vorsitzenden und weiteren Mitgliedern besetzt. [2]Sind mehrere Vorsitzende ernannt, so wird einer von ihnen zum geschäftsleitenden Vorsitzenden bestellt. [3]Der Vorsitzende und ein weiteres Mitglied der Kammer müssen die Befähigung zum Richteramt haben.

(2) [1]Die Landesjustizverwaltung hat den Vorstand der Rechtsanwaltskammer vor der Ernennung der Vorsitzenden und der Bestellung des geschäftsleitenden Vorsitzenden zu hören.

§ 94 Ernennung der Mitglieder des Anwaltsgerichts (1) [1]Zu Mitgliedern des Anwaltsgerichts können nur Rechtsanwälte ernannt werden. [2]Sie müssen der Rechtsanwaltskammer angehören, für deren Bezirk das Anwaltsgericht gebildet ist.

(2) [1]Die Mitglieder des Anwaltsgerichts werden von der Landesjustizverwaltung ernannt. [2]Sie werden der Vorschlagsliste entnommen, die der Vorstand der Rechtsanwaltskammer der Landesjustizverwaltung einreicht. [3]Die Landesjustizverwaltung bestimmt, welche Zahl von Mitgliedern erforderlich ist; sie hat vorher den Vorstand der Rechtsanwaltskammer zu hören. [4]Die Vorschlagsliste des Vorstandes der Rechtsanwaltskammer muß min-

destens die Hälfte mehr als die erforderliche Zahl von Rechtsanwälten enthalten.

(3) [1]Zum Mitglied des Anwaltsgerichts kann nur ein Rechtsanwalt ernannt werden, der in den Vorstand der Rechtsanwaltskammer gewählt werden kann (§§ 65, 66). [2]Die Mitglieder des Anwaltsgerichts dürfen nicht gleichzeitig

1. dem Vorstand der Rechtsanwaltskammer oder der Satzungsversammlung angehören,
2. bei der Rechtsanwaltskammer, der Bundesrechtsanwaltskammer oder der Satzungsversammlung im Haupt- oder Nebenberuf tätig sein oder
3. einem anderen Gericht der Anwaltsgerichtsbarkeit angehören.

(4) [1]Die Mitglieder des Anwaltsgerichts werden für die Dauer von fünf Jahren ernannt; sie können nach Ablauf ihrer Amtszeit wieder berufen werden.

(5) [1]§ 6 des Einführungsgesetzes zum Gerichtsverfassungsgesetz gilt entsprechend.

§ 95 Rechtsstellung der Mitglieder des Anwaltsgerichts (1) [1]Die Mitglieder des Anwaltsgerichts sind ehrenamtliche Richter. [2]Sie haben in ihrer Eigenschaft als ehrenamtliche Richter des Anwaltsgerichts während der Dauer ihres Amtes die Stellung eines Berufsrichters. [3]Sie erhalten von der Rechtsanwaltskammer eine Entschädigung für den mit ihrer Tätigkeit verbundenen Aufwand sowie eine Reisekostenvergütung.

(1a) [1]Das Amt eines Mitglieds des Anwaltsgerichts endet, sobald die Mitgliedschaft in der Rechtsanwaltskammer endet oder nachträglich ein Umstand eintritt, der nach § 94 Abs. 3 Satz 2 der Ernennung entgegensteht, und das Mitglied jeweils zustimmt. [2]Das Mitglied und die Rechtsanwaltskammer haben Umstände nach Satz 1 der Landesjustizverwaltung und dem Anwaltsgericht unverzüglich mitzuteilen. [3]Über die Beendigung des Amtes nach Satz 1 entscheidet auf Antrag der Landesjustizverwaltung der Anwaltsgerichtshof, wenn das betroffene Mitglied der Beendigung nicht zugestimmt hat; Absatz 2 Satz 3 und 4 gilt entsprechend.

(2) [1]Ein Mitglied des Anwaltsgerichts ist auf Antrag der Landesjustizverwaltung seines Amtes zu entheben,

1. wenn nachträglich bekannt wird, daß es nicht hätte ernannt werden dürfen;
2. wenn nachträglich ein Umstand eintritt, welcher der Ernennung entgegensteht;
3. wenn es eine Amtspflicht grob verletzt.

[2]Über den Antrag entscheidet der Anwaltsgerichtshof. [3]Vor der Entscheidung sind der Rechtsanwalt und der Vorstand der Rechtsanwaltskammer zu hören. [4]Die Entscheidung ist endgültig.

(3) [1]Die Landesjustizverwaltung kann ein Mitglied des Anwaltsgerichts auf seinen Antrag aus dem Amt entlassen, wenn es aus gesundheitlichen Gründen auf nicht absehbare Zeit gehindert oder es ihm aus gewichtigen persönlichen Gründen nicht zuzumuten ist, sein Amt weiter auszuüben.

(4) (weggefallen)

§ 96 Besetzung der Kammern des Anwaltsgerichts [1]Die Kammern des Anwaltsgerichts entscheiden in der Besetzung von drei Mitgliedern einschließlich des Vorsitzenden.

§ 97 Geschäftsverteilung [1]Für die Geschäftsverteilung bei dem Anwaltsgericht gelten die Vorschriften des Zweiten Titels sowie § 70 Abs. 1 des Gerichtsverfassungsgesetzes entsprechend.

§ 98 Geschäftsstelle und Geschäftsordnung (1) [1]Bei dem Anwaltsgericht wird eine Geschäftsstelle eingerichtet.

(2) [1]Die erforderlichen Bürokräfte, die Räume und die Mittel für den sonstigen sächlichen Bedarf stellt die Rechtsanwaltskammer zur Verfügung.

(3) [1]Die Dienstaufsicht über die Geschäftsstelle führt der Vorsitzende des Anwaltsgerichts; im Fall des § 92 Abs. 2 obliegt die Aufsicht dem geschäftsleitenden Vorsitzenden.

(4) [1]Der Geschäftsgang bei dem Anwaltsgericht wird durch eine Geschäftsordnung geregelt, die von den Mitgliedern des Anwaltsgerichts beschlossen wird. [2]Sie bedarf der Bestätigung durch die Landesjustizverwaltung.

§ 99 Amts- und Rechtshilfe (1) [1]Die Anwaltsgerichte haben sich gegenseitig Amts- und Rechtshilfe zu leisten.

(2) [1]Auf Ersuchen haben auch andere Gerichte und Verwaltungsbehörden dem Anwaltsgericht Amts- und Rechtshilfe zu leisten. [2]Die gleiche Verpflichtung haben die Anwaltsgerichte gegenüber anderen Gerichten und Behörden.

(3) [1]Bei den Anwaltsgerichten können die Rechtshilfeersuchen durch ein einzelnes Mitglied erledigt werden.

Zweiter Abschnitt: Der Anwaltsgerichtshof

§ 100 Bildung des Anwaltsgerichtshofes (1) [1]Der Anwaltsgerichtshof wird bei dem Oberlandesgericht errichtet. [2]§ 92 Abs. 3 ist entsprechend anzuwenden.

(2) [1]Bestehen in einem Land mehrere Oberlandesgerichte, so kann die Landesregierung durch Rechtsverordnung den Anwaltsgerichtshof für die Bezirke aller oder mehrerer Oberlandesgerichte bei einem oder einigen der Oberlandesgerichte oder bei dem obersten Landesgericht errichten, wenn eine solche Zusammenlegung der Rechtspflege in Anwaltssachen, insbe-

sondere der Sicherung einer einheitlichen Rechtsprechung, dienlich ist. [2]Die Vorstände der beteiligten Rechtsanwaltskammern sind vorher zu hören.

(3) [1]Durch Vereinbarung der beteiligten Länder können die Aufgaben, die in diesem Gesetz dem Anwaltsgerichtshof zugewiesen sind, dem hiernach zuständigen Anwaltsgerichtshof eines Landes auch für das Gebiet eines anderen Landes übertragen werden.

(4) [1]Mehrere Länder können die Errichtung eines gemeinsamen Anwaltsgerichtshofes bei dem Oberlandesgericht oder dem obersten Landesgericht eines Landes vereinbaren.

§ 101 Besetzung des Anwaltsgerichtshofes (1) [1]Der Anwaltsgerichtshof wird mit einem Präsidenten, der erforderlichen Anzahl von weiteren Vorsitzenden sowie mit Rechtsanwälten und Berufsrichtern als weiteren Mitgliedern besetzt. [2]Der Präsident und die weiteren Vorsitzenden müssen die Befähigung zum Richteramt haben.

(2) [1]Bei dem Anwaltsgerichtshof können nach Bedarf mehrere Senate gebildet werden. [2]Die nähere Anordnung trifft die Landesjustizverwaltung. [3]Der Vorstand der Rechtsanwaltskammer ist vorher zu hören.

(3) [1]Zum Präsidenten des Anwaltsgerichtshofes und zu Vorsitzenden der Senate sind anwaltliche Mitglieder des Anwaltsgerichtshofes zu bestellen. [2]§ 93 Abs. 2 gilt sinngemäß.

§ 102 Bestellung von Berufsrichtern zu Mitgliedern des Anwaltsgerichtshofes (1) [1]Die Mitglieder des Anwaltsgerichtshofes, die Berufsrichter sind, werden von der Landesjustizverwaltung aus der Zahl der ständigen Mitglieder des Oberlandesgerichts für die Dauer von fünf Jahren bestellt. [2]In den Fällen des § 100 Abs. 2 können die Berufsrichter auch aus der Zahl der ständigen Mitglieder der anderen Oberlandesgerichte oder des obersten Landesgerichts bestellt werden.

(2) [1]Die Mitglieder eines gemeinsamen Anwaltsgerichtshofes, die Berufsrichter sind, werden aus der Zahl der ständigen Mitglieder der Oberlandesgerichte der beteiligten Länder nach Maßgabe der von den Ländern getroffenen Vereinbarung (§ 100 Abs. 4) bestellt.

§ 103 Ernennung von Rechtsanwälten zu Mitgliedern des Anwaltsgerichtshofes (1) [1]Diejenigen Mitglieder des Anwaltsgerichtshofes, die Rechtsanwälte sind, werden von der Landesjustizverwaltung für die Dauer von fünf Jahren ernannt.

(2) [1]Für die Ernennung von Rechtsanwälten zu Mitgliedern des Anwaltsgerichtshofes und für die Stellung der anwaltlichen Mitglieder des Anwaltsgerichtshofes gelten die §§ 94 und 95 Abs. 1 entsprechend.

(3) [1]Für das Ende des Amtes eines Mitglieds des Anwaltsgerichtshofes gilt § 95 Abs. 1a Satz 1 und 2 entsprechend mit der Maßgabe, dass keine Mit-

gliedschaft mehr in einer der Rechtsanwaltskammern im Bezirk der Oberlandesgerichte besteht, für deren Bezirke der Anwaltsgerichtshof errichtet ist.

(4) [1]Für die Amtsenthebung und die Entlassung aus dem Amt ist § 95 Abs. 1a Satz 3, Abs. 2 und 3 mit der Maßgabe anzuwenden, dass über die Amtsenthebung ein Senat des Anwaltsgerichtshofes entscheidet, dem der ehrenamtliche Richter nicht angehört.

(5) [1]In den Fällen des § 61 und des § 100 Abs. 2 soll die jeweilige Zahl der anwaltlichen Mitglieder verhältnismäßig der Mitgliederzahl der einzelnen Rechtsanwaltskammern entsprechen. [2]Die Mitglieder eines gemeinsamen Anwaltsgerichtshofes, die Rechtsanwälte sind, werden aus den Mitgliedern der in den beteiligten Ländern bestehenden Rechtsanwaltskammern nach Maßgabe der von den Ländern getroffenen Vereinbarung (§ 100 Abs. 4) ernannt.

(6) [1]Die anwaltlichen Mitglieder erhalten aus der Staatskasse für den mit ihrer Tätigkeit verbundenen Aufwand eine Entschädigung, die sich auf das Eineinhalbfache des in Nummer 7005 der Anlage 1 zum Rechtsanwaltsvergütungsgesetz genannten höchsten Betrages beläuft. [2]Außerdem haben die anwaltlichen Mitglieder Anspruch auf Ersatz ihrer Fahrt- und Übernachtungskosten nach Maßgabe der Nummern 7003, 7004 und 7006 der Anlage 1 zum Rechtsanwaltsvergütungsgesetz.

§ 104 Besetzung der Senate des Anwaltsgerichtshofes [1]Die Senate des Anwaltsgerichtshofes entscheiden in der Besetzung von fünf Mitgliedern einschließlich des Vorsitzenden, soweit nicht gesetzlich bestimmt ist, dass anstelle des Senats der Vorsitzende oder der Berichterstatter entscheidet. [2]Als Beisitzer wirken zwei weitere anwaltliche Mitglieder und zwei Berufsrichter mit.

§ 105 Geschäftsverteilung und Geschäftsordnung (1) [1]Für die Geschäftsverteilung bei dem Anwaltsgerichtshof gelten die Vorschriften des Zweiten Titels sowie § 70 Abs. 1 des Gerichtsverfassungsgesetzes entsprechend.

(2) [1]Der Geschäftsgang wird durch eine Geschäftsordnung geregelt, die von den Mitgliedern des Anwaltsgerichtshofes zu beschließen ist; sie bedarf der Bestätigung durch die Landesjustizverwaltung.

Dritter Abschnitt: Der Bundesgerichtshof in Anwaltssachen

§ 106 Besetzung des Senats für Anwaltssachen (1) [1]Für Angelegenheiten, die in diesem Gesetz dem Bundesgerichtshof zugewiesen sind, wird bei dem Bundesgerichtshof ein Senat für Anwaltssachen gebildet. [2]Der Senat gilt, soweit auf das Verfahren die Vorschriften der Verwaltungsgerichtsordnung entsprechend anzuwenden sind, als Zivilsenat und, soweit für das Verfahren die Vorschriften der Strafprozeßordnung entsprechend gelten, als Strafsenat im Sinne des § 132 des Gerichtsverfassungsgesetzes.

(2) [1]Der Senat besteht aus dem Präsidenten des Bundesgerichtshofes sowie zwei Mitgliedern des Bundesgerichtshofes und zwei Rechtsanwälten als Beisitzern. [2]Den Vorsitz führt der Präsident des Bundesgerichtshofes oder in seiner Vertretung ein vom Präsidium des Bundesgerichtshofes bestimmter Vorsitzender Richter.

§ 107 Rechtsanwälte als Beisitzer (1) [1]Die Beisitzer aus den Reihen der Rechtsanwälte werden von dem Bundesminister der Justiz und für Verbraucherschutz auf die Dauer von fünf Jahren berufen. [2]Sie können nach Ablauf ihrer Amtszeit wieder berufen werden.

(2) [1]Die anwaltlichen Beisitzer werden der Vorschlagsliste entnommen, die das Präsidium der Bundesrechtsanwaltskammer aufgrund von Vorschlägen der Rechtsanwaltskammern dem Bundesministerium der Justiz und für Verbraucherschutz einreicht. [2]Im übrigen gilt § 94 Abs. 2 Satz 3, Abs. 5 entsprechend. [3]Die Vorschlagsliste soll mindestens die doppelte Zahl von Rechtsanwälten enthalten.

(3) [1]Scheidet ein anwaltlicher Beisitzer vorzeitig aus, so wird für den Rest seiner Amtszeit ein Nachfolger berufen.

(4) (weggefallen)

§ 108 Voraussetzungen für die Berufung zum Beisitzer und Recht zur Ablehnung (1) [1]Zum Beisitzer kann nur ein Rechtsanwalt berufen werden, der in den Vorstand der Rechtsanwaltskammer gewählt werden kann (§§ 65, 66). [2]§ 94 Abs. 3 Satz 2 gilt entsprechend.

(2) [1]Die Übernahme des Beisitzeramtes kann aus den in § 67 angeführten Gründen abgelehnt werden.

§ 109 Beendigung des Amtes als Beisitzer (1) [1]Für das Ende des Amtes des anwaltlichen Beisitzers gilt § 95 Abs. 1a Satz 1 und 2 entsprechend mit der Maßgabe, dass keine Mitgliedschaft in einer Rechtsanwaltskammer mehr besteht.

(2) [1]Für die Amtsenthebung und die Entlassung aus dem Amt des Beisitzers ist § 95 Abs. 1a Satz 3, Abs. 2 und 3 mit der Maßgabe anzuwenden, dass das Bundesministerium der Justiz und für Verbraucherschutz an die Stelle der Landesjustizverwaltung tritt und über die Amtsenthebung ein Zivilsenat des Bundesgerichtshofes entscheidet. [2]Bei der Entscheidung dürfen die Mitglieder des Senats für Anwaltssachen nicht mitwirken. [3]Vor der Entscheidung sind der Rechtsanwalt und die Bundesrechtsanwaltskammer zu hören.

(3) (weggefallen)

§ 110 Stellung der Rechtsanwälte als Beisitzer und Pflicht zur Verschwiegenheit (1) [1]Die Rechtsanwälte sind ehrenamtliche Richter. [2]Sie haben in der Sitzung, zu der sie als Beisitzer herangezogen werden, die Stellung eines Berufsrichters.

(2) [1]Die Rechtsanwälte haben über Angelegenheiten, die ihnen bei ihrer Tätigkeit als Beisitzer bekannt werden, Verschwiegenheit gegen jedermann zu bewahren. [2]§ 76 ist entsprechend anzuwenden. [3]Die Genehmigung zur Aussage erteilt der Präsident des Bundesgerichtshofes.

§ 111 Reihenfolge der Teilnahme an den Sitzungen [1]Die zu Beisitzern berufenen Rechtsanwälte sind zu den einzelnen Sitzungen in der Reihenfolge einer Liste heranzuziehen, die der Vorsitzende des Senats nach Anhörung der beiden ältesten der zu Beisitzern berufenen Rechtsanwälte vor Beginn des Geschäftsjahres aufstellt.

§ 112 Entschädigung der anwaltlichen Beisitzer [1]Für die Aufwandsentschädigung der anwaltlichen Beisitzer und für den Ersatz ihrer Reisekosten gilt § 103 Abs. 6 entsprechend.

Vierter Abschnitt: Gerichtliches Verfahren in verwaltungsrechtlichen Anwaltssachen

§ 112a Rechtsweg und sachliche Zuständigkeit (1) [1]Der Anwaltsgerichtshof entscheidet im ersten Rechtszug über alle öffentlich-rechtlichen Streitigkeiten nach diesem Gesetz, nach einer auf Grund dieses Gesetzes erlassenen Rechtsverordnung oder nach einer Satzung einer Rechtsanwaltskammer oder der Bundesrechtsanwaltskammer, soweit nicht die Streitigkeiten anwaltsgerichtlicher Art oder einem anderen Gericht ausdrücklich zugewiesen sind (verwaltungsrechtliche Anwaltssachen).

(2) [1]Der Bundesgerichtshof entscheidet über das Rechtsmittel

1. der Berufung gegen Urteile des Anwaltsgerichtshofes,
2. der Beschwerde nach § 17a Abs. 4 Satz 4 des Gerichtsverfassungsgesetzes.

(3) [1]Der Bundesgerichtshof entscheidet in erster und letzter Instanz

1. über Klagen, die Entscheidungen betreffen, die das Bundesministerium der Justiz und für Verbraucherschutz oder die Rechtsanwaltskammer bei dem Bundesgerichtshof getroffen hat oder für die das Bundesministerium der Justiz und für Verbraucherschutz oder die Rechtsanwaltskammer bei dem Bundesgerichtshof zuständig ist,
2. über die Nichtigkeit von Wahlen und Beschlüssen der Bundesrechtsanwaltskammer und der Rechtsanwaltskammer bei dem Bundesgerichtshof.

§ 112b Örtliche Zuständigkeit [1]Örtlich zuständig ist der Anwaltsgerichtshof, der für den Oberlandesgerichtsbezirk errichtet ist, in dem der Verwaltungsakt erlassen wurde oder zu erlassen wäre; für hoheitliche Maßnahmen, die berufsrechtliche Rechte und Pflichten der Beteiligten beeinträchtigen oder verwirklichen, gilt dies sinngemäß. [2]In allen anderen Angelegenheiten ist der Anwaltsgerichtshof zuständig, der für den Oberlandesgerichtsbezirk errichtet ist, in dem der Beklagte seinen Sitz, seine Kanzlei oder ansonsten seinen Wohnsitz hat.

§ 112c Anwendung der Verwaltungsgerichtsordnung (1) [1]Soweit dieses Gesetz keine abweichenden Bestimmungen über das gerichtliche Verfahren enthält, gelten die Vorschriften der Verwaltungsgerichtsordnung entsprechend. [2]Der Anwaltsgerichtshof steht einem Oberverwaltungsgericht gleich; § 112e bleibt unberührt.

(2) [1]Die Vorschriften der Verwaltungsgerichtsordnung über die Mitwirkung ehrenamtlicher Richter sowie die §§ 35, 36 und 47 der Verwaltungsgerichtsordnung sind nicht anzuwenden. [2]Die Fristen des § 116 Abs. 2 und des § 117 Abs. 4 der Verwaltungsgerichtsordnung betragen jeweils fünf Wochen.

(3) [1]Die aufschiebende Wirkung der Anfechtungsklage endet abweichend von § 80b der Verwaltungsgerichtsordnung mit der Unanfechtbarkeit des Verwaltungsaktes.

§ 112d Klagegegner und Vertretung (1) [1]Die Klage ist gegen die Rechtsanwaltskammer, die Bundesrechtsanwaltskammer oder die Behörde zu richten,

1. die den Verwaltungsakt erlassen hat oder zu erlassen hätte; für hoheitliche Maßnahmen, die berufsrechtliche Rechte und Pflichten der Beteiligten beeinträchtigen oder verwirklichen, gilt dies sinngemäß;
2. deren Entschließung Gegenstand des Verfahrens ist.

(2) [1]In Verfahren zwischen einem Mitglied des Präsidiums oder Vorstandes und der Rechtsanwaltskammer oder Bundesrechtsanwaltskammer wird die Rechtsanwaltskammer oder Bundesrechtsanwaltskammer durch eines ihrer Mitglieder vertreten, das der Präsident des zuständigen Gerichts besonders bestellt.

§ 112e Berufung [1]Gegen Endurteile einschließlich der Teilurteile, Grundurteile und Zwischenurteile über die Zulässigkeit steht den Beteiligten die Berufung zu, wenn sie vom Anwaltsgerichtshof oder vom Bundesgerichtshof zugelassen wird. [2]Für das Berufungsverfahren gilt der Zwölfte Abschnitt der Verwaltungsgerichtsordnung mit der Maßgabe, dass der Anwaltsgerichtshof an die Stelle des Verwaltungsgerichts und der Bundesgerichtshof an die Stelle des Oberverwaltungsgerichts tritt.

§ 112f Klagen gegen Wahlen und Beschlüsse (1) [1]Für ungültig oder nichtig erklärt werden können, wenn sie unter Verletzung des Gesetzes oder der Satzung zustande gekommen sind oder wenn sie ihrem Inhalt nach mit dem Gesetz oder der Satzung nicht vereinbar sind,

1. Wahlen und Beschlüsse der Organe der Rechtsanwaltskammern und der Organe der Bundesrechtsanwaltskammer mit Ausnahme der Satzungsversammlung sowie
2. Wahlen zu Organen der Rechtsanwaltskammern und der Bundesrechtsanwaltskammer.

(2) [1]Klagen nach Absatz 1 können erhoben werden

1. durch die Behörde, die die Staatsaufsicht führt, und
2. im Fall der Klage gegen eine Rechtsanwaltskammer durch ein Mitglied der Rechtsanwaltskammer; im Fall der Klage gegen die Bundesrechtsanwaltskammer durch eine Rechtsanwaltskammer.

[2]In den Fällen des Satzes 1 Nummer 2 ist die Klage gegen einen Beschluss nur zulässig, wenn der Kläger geltend macht, durch den Beschluss in seinen Rechten verletzt zu sein.

(3) [1]In den Fällen des Absatzes 2 Satz 1 Nummer 2 kann die Klage nur innerhalb eines Monats nach der Wahl oder Beschlussfassung erhoben werden.

§ 112g Rechtsschutz bei überlangen Gerichtsverfahren [1]Auf den Rechtsschutz bei überlangen Gerichtsverfahren sind die Vorschriften des Siebzehnten Titels des Gerichtsverfassungsgesetzes anzuwenden. [2]Die Vorschriften dieses Gesetzes, die die Besetzung des Senats für Anwaltssachen bei dem Bundesgerichtshof regeln, sind nicht anzuwenden.

§ 112h Verwendung gefälschter Berufsqualifikationsnachweise [1]Wird durch den Anwaltsgerichtshof oder den Bundesgerichtshof festgestellt, dass ein Rechtsanwalt bei einem Antrag auf Anerkennung seiner Berufsqualifikation nach der Richtlinie 2005/36/EG des Europäischen Parlaments und des Rates vom 7. September 2005 über die Anerkennung von Berufsqualifikationen (ABl. L 255 vom 30.9.2005, S. 22; L 271 vom 16.10.2007, S. 18; L 93 vom 4.4.2008, S. 28; L 33 vom 3.2.2009, S. 49; L 305 vom 24.10.2014, S. 115), die zuletzt durch die Richtlinie 2013/55/EU (ABl. L 354 vom 28.12.2013, S. 132; L 268 vom 15.10.2015, S. 35; L 95 vom 9.4.2016, S. 20) geändert worden ist, in der jeweils geltenden Fassung einen gefälschten Berufsqualifikationsnachweis verwendet hat, hat das Gericht seine Entscheidung spätestens am Tag nach dem Eintritt der Rechtskraft der Rechtsanwaltskammer zu übermitteln.

Sechster Teil: Anwaltsgerichtliche Ahndung von Pflichtverletzungen

§ 113 Ahndung einer Pflichtverletzung (1) [1]Gegen einen Rechtsanwalt, der schuldhaft gegen Pflichten verstößt, die in diesem Gesetz oder in der Berufsordnung bestimmt sind, wird eine anwaltsgerichtliche Maßnahme verhängt.

(2) [1]Ein außerhalb des Berufs liegendes Verhalten eines Rechtsanwalts, das eine rechtswidrige Tat oder eine mit Geldbuße bedrohte Handlung darstellt, ist eine anwaltsgerichtlich zu ahndende Pflichtverletzung, wenn es nach den Umständen des Einzelfalls in besonderem Maße geeignet ist, Achtung und Vertrauen der Rechtsuchenden in einer für die Ausübung der Anwaltstätigkeit bedeutsamen Weise zu beeinträchtigen.

(3) [1]Eine anwaltsgerichtliche Maßnahme kann nicht verhängt werden, wenn der Rechtsanwalt zur Zeit der Tat der Anwaltsgerichtsbarkeit nicht unterstand.

§ 114 Anwaltsgerichtliche Maßnahmen (1) [1]Anwaltsgerichtliche Maßnahmen sind

1. Warnung,
2. Verweis,
3. Geldbuße bis zu fünfundzwanzigtausend Euro,
4. Verbot, auf bestimmten Rechtsgebieten als Vertreter und Beistand für die Dauer von einem Jahr bis zu fünf Jahren tätig zu werden,
5. Ausschließung aus der Rechtsanwaltschaft.

(2) [1]Die anwaltsgerichtlichen Maßnahmen des Verweises und der Geldbuße können nebeneinander verhängt werden.

§ 114a Wirkungen des Vertretungsverbots und Zuwiderhandlungen (1) [1]Der Rechtsanwalt, gegen den ein Vertretungsverbot (§ 114 Abs. 1 Nr. 4) verhängt ist, darf auf dem ihm untersagten Rechtsgebiet nicht als Vertreter und Beistand in Person oder im schriftlichen Verkehr vor einem Gericht, vor Behörden, vor einem Schiedsgericht oder gegenüber anderen Personen tätig werden oder Vollmachten oder Untervollmachten erteilen. [2]Er darf jedoch die Angelegenheiten seines Ehegatten oder Lebenspartners und seiner minderjährigen Kinder wahrnehmen, soweit nicht eine Vertretung durch Anwälte geboten ist.

(2) [1]Die Wirksamkeit von Rechtshandlungen des Rechtsanwalts wird durch das Vertretungsverbot nicht berührt. [2]Das gleiche gilt für Rechtshandlungen, die ihm gegenüber vorgenommen werden.

(3) [1]Der Rechtsanwalt, der einem gegen ihn ergangenen Vertretungsverbot wissentlich zuwiderhandelt, wird aus der Rechtsanwaltschaft ausgeschlossen, sofern nicht wegen besonderer Umstände eine mildere anwaltsgericht-

liche Maßnahme ausreichend erscheint. [2]Gerichte oder Behörden sollen einen Rechtsanwalt, der entgegen einem Vertretungsverbot vor ihnen auftritt, zurückweisen.

§ 115 Verjährung der Verfolgung einer Pflichtverletzung (1) [1]Die Verfolgung einer Pflichtverletzung, die nicht eine Maßnahme gemäß § 114 Abs. 1 Nr. 4 oder 5 rechtfertigt, verjährt in fünf Jahren. [2]§ 78 Abs. 1, § 78a Satz 1 sowie die §§ 78b und 78c Abs. 1 bis 4 des Strafgesetzbuches gelten entsprechend.

(2) [1]Ist vor Ablauf der Verjährungsfrist wegen desselben Sachverhalts ein Strafverfahren eingeleitet worden, ist der Ablauf der Verjährungsfrist für die Dauer des Strafverfahrens gehemmt.

§ 115a Rüge und anwaltsgerichtliche Maßnahme (1) [1]Der Einleitung eines anwaltsgerichtlichen Verfahrens gegen einen Rechtsanwalt steht es nicht entgegen, daß der Vorstand der Rechtsanwaltskammer ihm bereits wegen desselben Verhaltens eine Rüge erteilt hat (§ 74). [2]Hat das Anwaltsgericht den Rügebescheid aufgehoben (§ 74a), weil es eine schuldhafte Pflichtverletzung nicht festgestellt hat, so kann ein anwaltsgerichtliches Verfahren wegen desselben Verhaltens nur aufgrund solcher Tatsachen oder Beweismittel eingeleitet werden, die dem Anwaltsgericht bei seiner Entscheidung nicht bekannt waren.

(2) [1]Die Rüge wird mit der Rechtskraft eines anwaltsgerichtlichen Urteils unwirksam, das wegen desselben Verhaltens gegen den Rechtsanwalt ergeht und auf Freispruch oder eine anwaltsgerichtliche Maßnahme lautet. [2]Die Rüge wird auch unwirksam, wenn rechtskräftig die Eröffnung des Hauptverfahrens abgelehnt ist, weil eine schuldhafte Pflichtverletzung nicht festzustellen ist.

§ 115b Anderweitige Ahndung [1]Ist durch ein Gericht oder eine Behörde eine Strafe, eine Disziplinarmaßnahme, eine berufsgerichtliche Maßnahme oder eine Ordnungsmaßnahme verhängt worden, so ist von einer anwaltsgerichtlichen Ahndung wegen desselben Verhaltens abzusehen, wenn nicht eine anwaltsgerichtliche Maßnahme zusätzlich erforderlich ist, um den Rechtsanwalt zur Erfüllung seiner Pflichten anzuhalten und das Ansehen der Rechtsanwaltschaft zu wahren. [2]Einer Maßnahme gemäß § 114 Abs. 1 Nr. 4 oder 5 steht eine anderweitig verhängte Strafe oder Maßnahme nicht entgegen.

§ 115c Vorschriften für Geschäftsführer von Rechtsanwaltsgesellschaften [1]Die Vorschriften des Sechsten und Siebenten Teils, die §§ 195 bis 199 sowie die Vorschriften des Elften Teils sind entsprechend anzuwenden auf Personen, die nach § 60 Absatz 2 Nummer 3 einer Rechtsanwaltskammer angehören. [2]An die Stelle der Ausschließung aus der Rechtsanwaltschaft tritt die Aberkennung der Eignung, eine Rechtsanwaltsgesellschaft zu vertreten und ihre Geschäfte zu führen.

Siebenter Teil: Anwaltsgerichtliches Verfahren

Erster Abschnitt: Allgemeines

§ 116 Vorschriften für das Verfahren und den Rechtsschutz bei überlangen Gerichtsverfahren (1) [1]Für das anwaltsgerichtliche Verfahren gelten die nachstehenden Vorschriften. [2]Ergänzend sind das Gerichtsverfassungsgesetz und die Strafprozeßordnung sinngemäß anzuwenden.

(2) [1]Auf den Rechtsschutz bei überlangen Gerichtsverfahren sind die Vorschriften des Siebzehnten Titels des Gerichtsverfassungsgesetzes anzuwenden. [2]Die Vorschriften dieses Gesetzes, die die Besetzung des Senats für Anwaltssachen bei dem Bundesgerichtshof regeln, sind nicht anzuwenden.

§ 117 Keine Verhaftung des Rechtsanwalts [1]Der Rechtsanwalt darf zur Durchführung des anwaltsgerichtlichen Verfahrens weder vorläufig festgenommen noch verhaftet oder vorgeführt werden. [2]Er kann nicht zur Vorbereitung eines Gutachtens über seinen psychischen Zustand in ein psychiatrisches Krankenhaus gebracht werden.

§ 117a Verteidigung [1]Auf die Verteidigung im anwaltsgerichtlichen Verfahren ist § 140 Abs. 1 Nr. 1 bis 3, 6, 7 und 9 der Strafprozeßordnung nicht anzuwenden.

§ 117b Akteneinsicht [1]Der Vorstand der Rechtsanwaltskammer und der Rechtsanwalt, der einer Verletzung seiner Pflichten beschuldigt wird, sind befugt, die Akten, die dem Gericht vorliegen oder diesem im Falle der Einreichung einer Anschuldigungsschrift vorzulegen wären, einzusehen sowie amtlich verwahrte Beweisstücke zu besichtigen. [2]Für die Akteneinsicht durch den Rechtsanwalt ist § 147 Abs. 2 Satz 1, Abs. 3, 5 und 6 der Strafprozeßordnung entsprechend anzuwenden.

§ 118 Verhältnis des anwaltsgerichtlichen Verfahrens zum Straf- oder Bußgeldverfahren (1) [1]Ist gegen einen Rechtsanwalt, der einer Verletzung seiner Pflichten beschuldigt wird, wegen desselben Verhaltens die öffentliche Klage im strafgerichtlichen Verfahren erhoben, so kann gegen ihn ein anwaltsgerichtliches Verfahren zwar eingeleitet, es muß aber bis zur Beendigung des strafgerichtlichen Verfahrens ausgesetzt werden. [2]Ebenso muß ein bereits eingeleitetes anwaltsgerichtliches Verfahren ausgesetzt werden, wenn während seines Laufes die öffentliche Klage im strafgerichtlichen Verfahren erhoben wird. [3]Das anwaltsgerichtliche Verfahren ist fortzusetzen, wenn die Sachaufklärung so gesichert erscheint, daß sich widersprechende Entscheidungen nicht zu erwarten sind, oder wenn im strafgerichtlichen Verfahren aus Gründen nicht verhandelt werden kann, die in der Person des Rechtsanwalts liegen.

(2) [1]Wird der Rechtsanwalt im gerichtlichen Verfahren wegen einer Straftat oder einer Ordnungswidrigkeit freigesprochen, so kann wegen der Tatsa-

chen, die Gegenstand der gerichtlichen Entscheidung waren, ein anwaltsgerichtliches Verfahren nur dann eingeleitet oder fortgesetzt werden, wenn diese Tatsachen, ohne den Tatbestand einer Strafvorschrift oder einer Bußgeldvorschrift zu erfüllen, eine Verletzung der Pflichten des Rechtsanwalts enthalten.

(3) [1]Für die Entscheidung im anwaltsgerichtlichen Verfahren sind die tatsächlichen Feststellungen des Urteils im Strafverfahren oder Bußgeldverfahren bindend, auf denen die Entscheidung des Gerichts beruht. [2]In dem anwaltsgerichtlichen Verfahren kann ein Gericht jedoch die nochmalige Prüfung solcher Feststellungen beschließen, deren Richtigkeit seine Mitglieder mit Stimmenmehrheit bezweifeln; dies ist in den Gründen der anwaltsgerichtlichen Entscheidung zum Ausdruck zu bringen.

(4) [1]Wird ein anwaltsgerichtliches Verfahren nach Absatz 1 Satz 3 fortgesetzt, ist die Wiederaufnahme des rechtskräftig abgeschlossenen anwaltsgerichtlichen Verfahrens auch zulässig, wenn die tatsächlichen Feststellungen, auf denen die Verurteilung oder der Freispruch im anwaltsgerichtlichen Verfahren beruht, den Feststellungen im strafgerichtlichen Verfahren widersprechen. [2]Den Antrag auf Wiederaufnahme des Verfahrens kann die Staatsanwaltschaft oder der Rechtsanwalt binnen eines Monats nach Rechtskraft des Urteils im strafgerichtlichen Verfahren stellen.

§ 118a Verhältnis des anwaltsgerichtlichen Verfahrens zu Verfahren anderer Berufsgerichtsbarkeiten (1) [1]Über eine Pflichtverletzung eines Rechtsanwalts, der zugleich der Disziplinar-, Ehren- oder Berufsgerichtsbarkeit eines anderen Berufs untersteht, wird im anwaltsgerichtlichen Verfahren für Rechtsanwälte entschieden, es sei denn, daß die Pflichtverletzung überwiegend mit der Ausübung des anderen Berufs in Zusammenhang steht. [2]Dies gilt nicht für die Ausschließung oder für die Entfernung aus dem anderen Beruf.

(2) [1]Beabsichtigt die Staatsanwaltschaft, gegen einen solchen Rechtsanwalt das anwaltsgerichtliche Verfahren einzuleiten, so teilt sie dies der Staatsanwaltschaft oder Behörde mit, die für die Einleitung eines Verfahrens gegen ihn als Angehörigen des anderen Berufs zuständig wäre. [2]Hat die für den anderen Beruf zuständige Staatsanwaltschaft oder Einleitungsbehörde die Absicht, gegen den Rechtsanwalt ein Verfahren einzuleiten, so unterrichtet sie die Staatsanwaltschaft, die für die Einleitung des anwaltsgerichtlichen Verfahrens gegen den Rechtsanwalt zuständig wäre (§§ 120 und 163 Satz 6).

(3) [1]Hat das Gericht einer Disziplinar-, Ehren- oder Berufsgerichtsbarkeit sich zuvor rechtskräftig für zuständig oder unzuständig erklärt, über die Pflichtverletzung eines Rechtsanwalts, der zugleich der Disziplinar-, Ehren- oder Berufsgerichtsbarkeit eines anderen Berufs untersteht, zu entscheiden, so sind die anderen Gerichte an diese Entscheidung gebunden.

(4) [1]Die Absätze 1 bis 3 sind auf Rechtsanwälte im öffentlichen Dienst, die ihren Beruf als Rechtsanwalt nicht ausüben dürfen (§ 47), nicht anzuwenden.

(5) [1]§ 110 der Bundesnotarordnung bleibt unberührt.

§ 118b Aussetzung des anwaltsgerichtlichen Verfahrens [1]Das anwaltsgerichtliche Verfahren kann ausgesetzt werden, wenn in einem anderen gesetzlich geordneten Verfahren über eine Frage zu entscheiden ist, deren Beurteilung für die Entscheidung im anwaltsgerichtlichen Verfahren von wesentlicher Bedeutung ist.

Zweiter Abschnitt: Verfahren im ersten Rechtszug

Erster Unterabschnitt: Allgemeine Vorschriften

§ 119 Zuständigkeit (1) [1]Für das anwaltsgerichtliche Verfahren ist im ersten Rechtszug das Anwaltsgericht für Rechtsanwälte zuständig.

(2) [1]Die örtliche Zuständigkeit des Anwaltsgerichts bestimmt sich nach dem Sitz der Rechtsanwaltskammer, welcher der Rechtsanwalt zur Zeit der Einleitung des Verfahrens angehört.

§ 120 Mitwirkung der Staatsanwaltschaft [1]Die Staatsanwaltschaft bei dem Oberlandesgericht, in dessen Bezirk das Anwaltsgericht seinen Sitz hat (§ 119 Abs. 2), nimmt in den Verfahren vor dem Anwaltsgericht die Aufgaben der Staatsanwaltschaft wahr.

§ 120a Gegenseitige Unterrichtung von Staatsanwaltschaft und Rechtsanwaltskammer [1]Die Staatsanwaltschaft und der Vorstand der Rechtsanwaltskammer unterrichten sich gegenseitig, sobald sie von einem Verhalten eines Rechtsanwalts Kenntnis erlangen, das den Verdacht einer schuldhaften Verletzung seiner Pflichten, die mit einer der anwaltsgerichtlichen Maßnahmen nach § 114 Abs. 1 Nr. 3 bis 5 geahndet werden kann, begründet.

Zweiter Unterabschnitt: Einleitung des Verfahrens

§ 121 Einleitung des anwaltsgerichtlichen Verfahrens [1]Das anwaltsgerichtliche Verfahren wird dadurch eingeleitet, daß die Staatsanwaltschaft bei dem Anwaltsgericht eine Anschuldigungsschrift einreicht.

§ 122 Gerichtliche Entscheidung über die Einleitung des Verfahrens (1) [1]Gibt die Staatsanwaltschaft einem Antrag des Vorstandes der Rechtsanwaltskammer, gegen einen Rechtsanwalt das anwaltsgerichtliche Verfahren einzuleiten, keine Folge oder verfügt sie die Einstellung des Verfahrens, so hat sie ihre Entschließung dem Vorstand der Rechtsanwaltskammer unter Angabe der Gründe mitzuteilen.

(2) [1]Der Vorstand der Rechtsanwaltskammer kann gegen den Bescheid der Staatsanwaltschaft binnen eines Monats nach der Bekanntmachung bei dem Anwaltsgerichtshof die gerichtliche Entscheidung beantragen. [2]Der Antrag muß die Tatsachen, welche die Einleitung des anwaltsgerichtlichen Verfahrens begründen sollen, und die Beweismittel angeben.

(3) [1]Trifft die Staatsanwaltschaft innerhalb eines Monats seit dem Antrag des Vorstandes der Rechtsanwaltskammer, gegen einen Rechtsanwalt das anwaltsgerichtliche Verfahren einzuleiten, keine Entschließung nach Absatz 1 und reicht sie auch innerhalb dieser Frist keine Anschuldigungsschrift ein, so gibt sie dem Vorstand der Rechtsanwaltskammer Gelegenheit zur Stellungnahme. [2]Hat der Vorstand der Rechtsanwaltskammer innerhalb von drei Wochen unter Darlegung der Gründe einen schleunigen Abschluß des Ermittlungsverfahrens als erforderlich und möglich bezeichnet, und trifft die Staatsanwaltschaft innerhalb zweier weiterer Monate keine der in Satz 1 genannten Entscheidungen, so kann der Vorstand der Rechtsanwaltskammer bei dem Anwaltsgerichtshof die gerichtliche Entscheidung über die Einleitung des anwaltsgerichtlichen Verfahrens beantragen. [3]Absatz 2 Satz 2 ist anzuwenden. [4]Der Antrag ist nur zulässig, wenn der Verdacht einer so schweren Pflichtverletzung begründet ist, daß die Verhängung einer der in § 114 Abs. 1 Nr. 3 bis 5 bezeichneten Maßnahmen in Betracht kommt.

(4) [1]Auf das Verfahren vor dem Anwaltsgerichtshof sind §§ 173 bis 175 der Strafprozeßordnung entsprechend anzuwenden.

(5) [1]§ 172 der Strafprozeßordnung ist nicht anzuwenden.

§ 123 Antrag des Rechtsanwalts auf Einleitung des anwaltsgerichtlichen Verfahrens (1) [1]Der Rechtsanwalt kann bei der Staatsanwaltschaft beantragen, das anwaltsgerichtliche Verfahren gegen ihn einzuleiten, damit er sich von dem Verdacht einer Pflichtverletzung reinigen kann. [2]Wegen eines Verhaltens, wegen dessen Zwangsgeld angedroht oder festgesetzt worden ist (§ 57) oder das der Vorstand der Rechtsanwaltskammer gerügt hat (§ 74), kann der Rechtsanwalt den Antrag nicht stellen.

(2) [1]Gibt die Staatsanwaltschaft dem Antrag des Rechtsanwalts keine Folge oder verfügt sie die Einstellung des Verfahrens, so hat sie ihre Entschließung dem Rechtsanwalt unter Angabe der Gründe mitzuteilen. [2]Wird in den Gründen eine schuldhafte Pflichtverletzung festgestellt, das anwaltsgerichtliche Verfahren aber nicht eingeleitet, oder wird offengelassen, ob eine schuldhafte Pflichtverletzung vorliegt, kann der Rechtsanwalt bei dem Anwaltsgerichtshof die gerichtliche Entscheidung beantragen. [3]Der Antrag ist binnen eines Monats nach der Bekanntmachung der Entschließung der Staatsanwaltschaft zu stellen.

(3) [1]Auf das Verfahren vor dem Anwaltsgerichtshof ist § 173 Abs. 1 und 3 der Strafprozeßordnung entsprechend anzuwenden. [2]Der Anwaltsgerichtshof entscheidet durch Beschluß, ob eine schuldhafte Pflichtverletzung des

Rechtsanwalts festzustellen ist. [3]Der Beschluß ist mit Gründen zu versehen. [4]Erachtet der Anwaltsgerichtshof den Rechtsanwalt einer anwaltsgerichtlich zu ahndenden Pflichtverletzung für hinreichend verdächtig, so beschließt er die Einleitung des anwaltsgerichtlichen Verfahrens. [5]Die Durchführung dieses Beschlusses obliegt der Staatsanwaltschaft.

(4) [1]Erachtet der Anwaltsgerichtshof eine schuldhafte Pflichtverletzung nicht für gegeben, so kann nur aufgrund neuer Tatsachen oder Beweismittel wegen desselben Verhaltens ein Antrag auf Einleitung des anwaltsgerichtlichen Verfahrens gestellt oder eine Rüge durch den Vorstand der Rechtsanwaltskammer erteilt werden.

§§ 124 bis 129 (weggefallen)

§ 130 Inhalt der Anschuldigungsschrift [1]In der Anschuldigungsschrift (§ 121 dieses Gesetzes sowie § 207 Abs. 3 der Strafprozeßordnung) ist die dem Rechtsanwalt zur Last gelegte Pflichtverletzung unter Anführung der sie begründenden Tatsachen zu bezeichnen (Anschuldigungssatz). [2]Ferner sind die Beweismittel anzugeben, wenn in der Hauptverhandlung Beweise erhoben werden sollen. [3]Die Anschuldigungsschrift enthält den Antrag, das Hauptverfahren vor dem Anwaltsgericht zu eröffnen.

§ 131 Entscheidung über die Eröffnung des Hauptverfahrens vor dem Anwaltsgericht (1) [1]In dem Beschluß, durch den das Hauptverfahren eröffnet wird, läßt das Anwaltsgericht die Anschuldigung zur Hauptverhandlung zu.

(2) [1]Der Beschluß, durch den das Hauptverfahren eröffnet worden ist, kann von dem Rechtsanwalt nicht angefochten werden.

(3) [1]Der Beschluß, durch den die Eröffnung des Hauptverfahrens abgelehnt wird, ist zu begründen. [2]Gegen den Beschluß steht der Staatsanwaltschaft die sofortige Beschwerde zu.

§ 132 Rechtskraftwirkung eines ablehnenden Beschlusses [1]Ist die Eröffnung des Hauptverfahrens durch einen nicht mehr anfechtbaren Beschluß abgelehnt, so kann der Antrag auf Einleitung des anwaltsgerichtlichen Verfahrens nur aufgrund neuer Tatsachen oder Beweismittel und nur innerhalb von fünf Jahren, seitdem der Beschluß rechtskräftig geworden ist, erneut gestellt werden.

§ 133 Zustellung des Eröffnungsbeschlusses [1]Der Beschluß über die Eröffnung des Hauptverfahrens ist dem Rechtsanwalt spätestens mit der Ladung zuzustellen. [2]Entsprechendes gilt in den Fällen des § 207 Abs. 3 der Strafprozeßordnung für die nachgereichte Anschuldigungsschrift.

Dritter Unterabschnitt: Hauptverhandlung vor dem Anwaltsgericht

§ 134 Hauptverhandlung trotz Ausbleibens des Rechtsanwalts [1]Die Hauptverhandlung kann gegen einen Rechtsanwalt, der nicht erschienen ist, durchgeführt werden, wenn er ordnungsmäßig geladen und in der Ladung darauf hingewiesen ist, daß in seiner Abwesenheit verhandelt werden kann. [2]Eine öffentliche Ladung ist nicht zulässig.

§ 135 Nichtöffentliche Hauptverhandlung (1) [1]Die Hauptverhandlung vor dem Anwaltsgericht ist nicht öffentlich. [2]Auf Antrag der Staatsanwaltschaft kann, auf Antrag des Rechtsanwalts muß die Öffentlichkeit hergestellt werden; in diesem Fall sind die Vorschriften des Gerichtsverfassungsgesetzes über die Öffentlichkeit sinngemäß anzuwenden.

(2) [1]Zu nichtöffentlichen Verhandlungen ist Vertretern der Landesjustizverwaltung, dem Präsidenten des Oberlandesgerichts oder seinem Beauftragten, den Beamten der Staatsanwaltschaft bei dem Oberlandesgericht und den Rechtsanwälten im Bereich der Rechtsanwaltskammer der Zutritt gestattet. [2]Das Anwaltsgericht kann nach Anhörung der Beteiligten auch andere Personen als Zuhörer zulassen.

§ 136 (weggefallen)

§ 137 Beweisaufnahme durch einen beauftragten oder ersuchten Richter [1]Das Anwaltsgericht kann eines seiner Mitglieder beauftragen, Zeugen oder Sachverständige zu vernehmen. [2]Es kann auch ein anderes Anwaltsgericht oder das Amtsgericht um die Vernehmung ersuchen. [3]Der Zeuge oder Sachverständige ist jedoch auf Antrag der Staatsanwaltschaft oder des Rechtsanwalts in der Hauptverhandlung zu vernehmen, es sei denn, daß er voraussichtlich am Erscheinen in der Hauptverhandlung verhindert ist oder ihm das Erscheinen wegen großer Entfernung nicht zugemutet werden kann.

§ 138 Verlesen von Protokollen (1) [1]Das Anwaltsgericht beschließt nach pflichtmäßigem Ermessen, ob die Aussage eines Zeugen oder eines Sachverständigen, der bereits in dem anwaltsgerichtlichen oder in einem anderen gesetzlich geordneten Verfahren vernommen worden ist, zu verlesen sei.

(2) [1]Bevor der Gerichtsbeschluß ergeht, kann der Staatsanwalt oder der Rechtsanwalt beantragen, den Zeugen oder Sachverständigen in der Hauptverhandlung zu vernehmen. [2]Einem solchen Antrag ist zu entsprechen, es sei denn, daß der Zeuge oder Sachverständige voraussichtlich am Erscheinen in der Hauptverhandlung verhindert ist oder ihm das Erscheinen wegen großer Entfernung nicht zugemutet werden kann. [3]Wird dem Antrag stattgegeben, so darf das Protokoll über die frühere Vernehmung nicht verlesen werden.

(3) [1]Ist ein Zeuge oder Sachverständiger durch einen beauftragten oder ersuchten Richter vernommen worden (§ 137), so kann der Verlesung des Protokolls nicht widersprochen werden. [2]Der Staatsanwalt oder der Rechts-

anwalt kann jedoch der Verlesung widersprechen, wenn ein Antrag gemäß § 137 Satz 3 abgelehnt worden ist und Gründe für eine Ablehnung des Antrags jetzt nicht mehr bestehen.

§ 139 Entscheidung des Anwaltsgerichts (1) [1]Die Hauptverhandlung schließt mit der auf die Beratung folgenden Verkündung des Urteils.

(2) [1]Das Urteil lautet auf Freisprechung, Verurteilung oder Einstellung des Verfahrens.

(3) [1]Das anwaltsgerichtliche Verfahren ist, abgesehen von dem Fall des § 260 Abs. 3 der Strafprozeßordnung, einzustellen,

1. wenn die Zulassung zur Rechtsanwaltschaft erloschen ist (§ 13);
2. wenn nach § 115b von einer anwaltsgerichtlichen Ahndung abzusehen ist.

§ 140 Protokollführer (1) [1]In der Hauptverhandlung vor dem Anwaltsgericht werden die Aufgaben des Protokollführers von einem Rechtsanwalt wahrgenommen. [2]Der Protokollführer wird von dem Vorsitzenden oder, bei einem Anwaltsgericht mit mehreren Kammern, von dem geschäftsleitenden Vorsitzenden bestellt. [3]Er ist verpflichtet, der Bestellung Folge zu leisten.

(2) [1]Der Vorsitzende der Kammer des Anwaltsgerichts verpflichtet den Protokollführer vor der ersten Dienstleistung durch Handschlag auf die gewissenhafte Erfüllung der Obliegenheiten eines Protokollführers.

(3) [1]Der Protokollführer hat über die Angelegenheiten, die ihm bei seiner Tätigkeit bekannt werden, Verschwiegenheit gegen jedermann zu bewahren. [2]§ 76 ist entsprechend anzuwenden. [3]Die Genehmigung zur Aussage erteilt der Vorsitzende der Kammer des Anwaltsgerichts.

§ 141 Ausfertigung der Entscheidungen [1]Ausfertigungen und Auszüge der Entscheidungen des Anwaltsgerichts werden von dem Vorsitzenden der Kammer des Anwaltsgerichts erteilt.

Dritter Abschnitt: Rechtsmittel

Erster Unterabschnitt: Rechtsmittel gegen Entscheidungen des Anwaltsgerichts

§ 142 Beschwerde [1]Soweit Beschlüsse des Anwaltsgerichts mit der Beschwerde angefochten werden können, ist für die Verhandlung und Entscheidung über dieses Rechtsmittel der Anwaltsgerichtshof zuständig.

§ 143 Berufung (1) [1]Gegen das Urteil des Anwaltsgerichts ist die Berufung an den Anwaltsgerichtshof zulässig.

(2) [1]Die Berufung muß binnen einer Woche nach Verkündung des Urteils bei dem Anwaltsgericht schriftlich eingelegt werden. [2]Ist das Urteil nicht in

Anwesenheit des Rechtsanwalts verkündet worden, so beginnt für diesen die Frist mit der Zustellung.

(3) [1]Die Berufung kann nur schriftlich gerechtfertigt werden.

(4) [1]Auf das Verfahren sind im übrigen neben den Vorschriften der Strafprozeßordnung über die Berufung §§ 134, 135, 137 bis 139 dieses Gesetzes sinngemäß anzuwenden. [2]Hat der Rechtsanwalt die Berufung eingelegt, so ist bei seiner Abwesenheit in der Hauptverhandlung § 329 Absatz 1 Satz 1 und 4 sowie Absatz 7 der Strafprozeßordnung entsprechend anzuwenden, falls der Rechtsanwalt ordnungsgemäß geladen und in der Ladung ausdrücklich auf die sich aus seiner Abwesenheit ergebende Rechtsfolge hingewiesen wurde; dies gilt nicht, wenn der Rechtsanwalt durch öffentliche Zustellung geladen worden ist.

§ 144 Mitwirkung der Staatsanwaltschaft vor dem Anwaltsgerichtshof
[1]Die Aufgaben der Staatsanwaltschaft in den Verfahren vor dem Anwaltsgerichtshof werden von der Staatsanwaltschaft bei dem Oberlandesgericht oder dem obersten Landesgericht wahrgenommen, bei dem der Anwaltsgerichtshof errichtet ist.

Zweiter Unterabschnitt: Rechtsmittel gegen Entscheidungen des Anwaltsgerichtshofes

§ 145 Revision (1) [1]Gegen ein Urteil des Anwaltsgerichtshofes ist die Revision an den Bundesgerichtshof zulässig,

1. wenn das Urteil auf eine Maßnahme gemäß § 114 Abs. 1 Nr. 4 oder 5 lautet;
2. wenn der Anwaltsgerichtshof entgegen einem Antrag der Staatsanwaltschaft nicht auf eine Maßnahme gemäß § 114 Abs. 1 Nr. 4 oder 5 erkannt hat;
3. wenn der Anwaltsgerichtshof sie in dem Urteil zugelassen hat.

(2) [1]Der Anwaltsgerichtshof darf die Revision nur zulassen, wenn er über Rechtsfragen oder Fragen der anwaltlichen Berufspflichten entschieden hat, die von grundsätzlicher Bedeutung sind.

(3) [1]Die Nichtzulassung der Revision kann selbständig durch Beschwerde innerhalb eines Monats nach Zustellung des Urteils angefochten werden. [2]Die Beschwerde ist bei dem Anwaltsgerichtshof einzulegen. [3]In der Beschwerdeschrift muß die grundsätzliche Rechtsfrage ausdrücklich bezeichnet werden.

(4) [1]Die Beschwerde hemmt die Rechtskraft des Urteils.

(5) [1]Wird der Beschwerde nicht abgeholfen, so entscheidet der Bundesgerichtshof durch Beschluß. [2]Der Beschluß bedarf keiner Begründung, wenn

die Beschwerde einstimmig verworfen oder zurückgewiesen wird. [3]Mit Ablehnung der Beschwerde durch den Bundesgerichtshof wird das Urteil rechtskräftig. [4]Wird der Beschwerde stattgegeben, so beginnt mit Zustellung des Beschwerdebescheides die Revisionsfrist.

§ 146 Einlegung der Revision und Verfahren (1) [1]Die Revision ist binnen einer Woche bei dem Anwaltsgerichtshof schriftlich einzulegen. [2]Die Frist beginnt mit der Verkündung des Urteils. [3]Ist das Urteil nicht in Anwesenheit des Rechtsanwalts verkündet worden, so beginnt für diesen die Frist mit der Zustellung.

(2) [1]Seitens des Rechtsanwalts können die Revisionsanträge und deren Begründung nur schriftlich angebracht werden.

(3) [1]Auf das Verfahren vor dem Bundesgerichtshof sind im übrigen neben den Vorschriften der Strafprozeßordnung über die Revision §§ 135 und 139 Abs. 3 dieses Gesetzes sinngemäß anzuwenden. [2]In den Fällen des § 354 Abs. 2 der Strafprozeßordnung kann die Sache auch an den Anwaltsgerichtshof eines anderen Landes zurückverwiesen werden.

§ 147 Mitwirkung der Staatsanwaltschaft vor dem Bundesgerichtshof [1]Die Aufgaben der Staatsanwaltschaft in den Verfahren vor dem Bundesgerichtshof werden von dem Generalbundesanwalt wahrgenommen.

Vierter Abschnitt: Sicherung von Beweisen

§ 148 Anordnung der Beweissicherung (1) [1]Wird ein anwaltsgerichtliches Verfahren gegen den Rechtsanwalt eingestellt, weil seine Zulassung zur Rechtsanwaltschaft erloschen ist, so kann in der Entscheidung zugleich auf Antrag der Staatsanwaltschaft die Sicherung der Beweise angeordnet werden, wenn zu erwarten ist, daß auf Ausschließung aus der Rechtsanwaltschaft erkannt worden wäre. [2]Die Anordnung kann nicht angefochten werden.

(2) [1]Die Beweise werden von dem Anwaltsgericht aufgenommen. [2]Das Anwaltsgericht kann eines seiner Mitglieder mit der Beweisaufnahme beauftragen.

§ 149 Verfahren (1) [1]Das Anwaltsgericht hat von Amts wegen alle Beweise zu erheben, die eine Entscheidung darüber begründen können, ob das eingestellte Verfahren zur Ausschließung aus der Rechtsanwaltschaft geführt hätte. [2]Den Umfang des Verfahrens bestimmt das Anwaltsgericht nach pflichtmäßigem Ermessen, ohne an Anträge gebunden zu sein; seine Verfügungen können insoweit nicht angefochten werden.

(2) [1]Zeugen sind, soweit nicht Ausnahmen vorgeschrieben oder zugelassen sind, eidlich zu vernehmen.

(3) [1]Die Staatsanwaltschaft und der frühere Rechtsanwalt sind an dem Verfahren zu beteiligen. [2]Ein Anspruch auf Benachrichtigung von den Terminen, die zum Zwecke der Beweissicherung anberaumt werden, steht dem früheren Rechtsanwalt nur zu, wenn er sich in einem Mitgliedstaat der Europäischen Union oder einem Vertragsstaat des Abkommens über den Europäischen Wirtschaftsraum aufhält und seine Anschrift dem Anwaltsgericht angezeigt hat.

(4) (weggefallen)

Fünfter Abschnitt: Berufs- und Vertretungsverbot als vorläufige Maßnahme

§ 150 Voraussetzung für das Verbot (1) [1]Sind dringende Gründe für die Annahme vorhanden, daß gegen einen Rechtsanwalt auf Ausschließung aus der Rechtsanwaltschaft erkannt werden wird, kann gegen ihn durch Beschluß ein vorläufiges Berufs- oder Vertretungsverbot verhängt werden. [2]§ 118 Abs. 1 Satz 1 und 2 ist nicht anzuwenden.

(2) [1]Die Staatsanwaltschaft kann vor Einleitung des anwaltsgerichtlichen Verfahrens den Antrag auf Verhängung eines Berufs- oder Vertretungsverbotes stellen. [2]In dem Antrag sind die Pflichtverletzung, die dem Rechtsanwalt zur Last gelegt wird, sowie die Beweismittel anzugeben.

(3) [1]Für die Verhandlung und Entscheidung ist das Gericht zuständig, das über die Eröffnung des Hauptverfahrens gegen den Rechtsanwalt zu entscheiden hat oder vor dem das anwaltsgerichtliche Verfahren anhängig ist.

§ 150a Verfahren zur Erzwingung des Antrags der Staatsanwaltschaft [1]Hat der Vorstand der Rechtsanwaltskammer gegenüber der Staatsanwaltschaft beantragt, daß diese den Antrag auf Verhängung eines Berufs- oder Vertretungsverbotes stellen solle, so ist § 122 entsprechend anzuwenden. [2]Jedoch beträgt die in § 122 Abs. 3 Satz 1 bezeichnete Frist zwei Wochen, die in § 122 Abs. 3 Satz 2 für die weitere Tätigkeit der Staatsanwaltschaft bezeichnete Frist einen Monat.

§ 151 Mündliche Verhandlung (1) [1]Der Beschluß, durch den ein Berufs- oder Vertretungsverbot verhängt wird, kann nur aufgrund mündlicher Verhandlung ergehen.

(2) [1]Auf die Ladung und die mündliche Verhandlung sind die Vorschriften entsprechend anzuwenden, die für die Hauptverhandlung vor dem erkennenden Gericht maßgebend sind, soweit sich nicht aus den folgenden Vorschriften etwas anderes ergibt.

(3) [1]In der ersten Ladung ist die dem Rechtsanwalt zur Last gelegte Pflichtverletzung durch Anführung der sie begründenden Tatsachen zu bezeichnen; ferner sind die Beweismittel anzugeben. [2]Dies ist jedoch nicht erforder-

lich, wenn dem Rechtsanwalt die Anschuldigungsschrift bereits mitgeteilt worden ist.

(4) [1]Den Umfang der Beweisaufnahme bestimmt das Gericht nach pflichtmäßigem Ermessen, ohne an Anträge der Staatsanwaltschaft oder des Rechtsanwalts gebunden zu sein.

§ 152 Abstimmung über das Verbot [1]Zur Verhängung des Berufs- oder Vertretungsverbotes ist eine Mehrheit von zwei Dritteln der Stimmen erforderlich.

§ 153 Verbot im Anschluss an die Hauptverhandlung [1]Hat das Gericht auf Ausschließung aus der Rechtsanwaltschaft erkannt, so kann es im unmittelbaren Anschluß an die Hauptverhandlung über die Verhängung des Berufs- oder Vertretungsverbotes verhandeln und entscheiden. [2]Dies gilt auch dann, wenn der Rechtsanwalt zu der Hauptverhandlung nicht erschienen ist.

§ 154 Zustellung des Beschlusses [1]Der Beschluß ist mit Gründen zu versehen. [2]Er ist dem Rechtsanwalt zuzustellen. [3]War der Rechtsanwalt bei der Verkündung des Beschlusses nicht anwesend, ist ihm zusätzlich der Beschluß ohne Gründe unverzüglich nach der Verkündung zuzustellen.

§ 155 Wirkungen des Verbots (1) [1]Der Beschluß wird mit der Verkündung wirksam.

(2) [1]Der Rechtsanwalt, gegen den ein Berufsverbot verhängt ist, darf seinen Beruf nicht ausüben.

(3) [1]Der Rechtsanwalt, gegen den ein Vertretungsverbot (§ 150 Abs. 1) verhängt ist, darf nicht als Vertreter und Beistand in Person oder im schriftlichen Verkehr vor einem Gericht, vor Behörden, vor einem Schiedsgericht oder gegenüber anderen Personen tätig werden oder Vollmachten oder Untervollmachten erteilen.

(4) [1]Der Rechtsanwalt, gegen den ein Berufs- oder Vertretungsverbot verhängt ist, darf jedoch seine eigenen Angelegenheiten, die Angelegenheiten seines Ehegatten oder Lebenspartners und seiner minderjährigen Kinder wahrnehmen, soweit nicht eine Vertretung durch Anwälte geboten ist.

(5) [1]Die Wirksamkeit von Rechtshandlungen des Rechtsanwalts wird durch das Berufs- oder Vertretungsverbot nicht berührt. [2]Das gleiche gilt für Rechtshandlungen, die ihm gegenüber vorgenommen werden.

§ 156 Zuwiderhandlungen gegen das Verbot (1) [1]Der Rechtsanwalt, der einem gegen ihn ergangenen Berufs- oder Vertretungsverbot wissentlich zuwiderhandelt, wird aus der Rechtsanwaltschaft ausgeschlossen, sofern nicht wegen besonderer Umstände eine mildere anwaltsgerichtliche Maßnahme ausreichend erscheint.

(2) [1]Gerichte oder Behörden sollen einen Rechtsanwalt, der entgegen einem Berufs- oder Vertretungsverbot vor ihnen auftritt, zurückweisen.

§ 157 Beschwerde (1) [1]Gegen den Beschluß, durch den das Anwaltsgericht oder der Anwaltsgerichtshof ein Berufs- oder Vertretungsverbot verhängt, ist die sofortige Beschwerde zulässig. [2]Die Beschwerde hat keine aufschiebende Wirkung.

(2) [1]Gegen den Beschluß, durch den das Anwaltsgericht oder der Anwaltsgerichtshof es ablehnt, ein Berufs- oder Vertretungsverbot zu verhängen, steht der Staatsanwaltschaft die sofortige Beschwerde zu.

(3) [1]Über die sofortige Beschwerde entscheidet, sofern der angefochtene Beschluß von dem Anwaltsgericht erlassen ist, der Anwaltsgerichtshof und, sofern er vor dem Anwaltsgerichtshof ergangen ist, der Bundesgerichtshof. [2]Für das Verfahren gelten neben den Vorschriften der Strafprozeßordnung über die Beschwerde § 151 Abs. 1, 2 und 4 sowie §§ 152 und 154 dieses Gesetzes entsprechend.

§ 158 Außerkrafttreten des Verbots [1]Das Berufs- oder Vertretungsverbot tritt außer Kraft,

1. wenn ein nicht auf Ausschließung lautendes Urteil ergeht;
2. wenn die Eröffnung des Hauptverfahrens vor dem Anwaltsgericht abgelehnt wird.

§ 159 Aufhebung des Verbots (1) [1]Das Berufs- oder Vertretungsverbot wird aufgehoben, wenn sich ergibt, daß die Voraussetzungen für seine Verhängung nicht oder nicht mehr vorliegen.

(2) [1]Über die Aufhebung entscheidet das nach § 150 Abs. 3 zuständige Gericht.

(3) [1]Beantragt der Rechtsanwalt, das Verbot aufzuheben, so kann eine erneute mündliche Verhandlung angeordnet werden. [2]Der Antrag kann nicht gestellt werden, solange über eine sofortige Beschwerde des Rechtsanwalts nach § 157 Abs. 1 noch nicht entschieden ist. [3]Gegen den Beschluß, durch den der Antrag abgelehnt wird, ist eine Beschwerde nicht zulässig.

§ 159a Dreimonatsfrist (1) [1]Solange das anwaltsgerichtliche Verfahren noch nicht eingeleitet ist, darf ein Berufs- oder Vertretungsverbot über drei Monate hinaus nur aufrechterhalten werden, wenn die besondere Schwierigkeit oder der besondere Umfang der Ermittlungen oder ein anderer wichtiger Grund die Einleitung des anwaltsgerichtlichen Verfahrens noch nicht zuläßt und die Fortdauer des Verbotes rechtfertigt.

(2) [1]In den Fällen des Absatzes 1 ist das Verbot nach Ablauf der drei Monate aufzuheben, wenn der Anwaltsgerichtshof nicht dessen Fortdauer anordnet.

(3) [1]Werden die Akten dem Anwaltsgerichtshof vor Ablauf der in Absatz 2 bezeichneten Frist vorgelegt, so ruht der Fristenlauf bis zu dessen Entscheidung.

§ 159b Prüfung der Fortdauer des Verbots (1) [1]In den Fällen des § 159a legt das Anwaltsgericht die Akten durch Vermittlung der Staatsanwaltschaft dem Anwaltsgerichtshof zur Entscheidung vor, wenn es die Fortdauer des Verbotes für erforderlich hält oder die Staatsanwaltschaft es beantragt.

(2) [1]Vor der Entscheidung des Anwaltsgerichtshofes ist der Rechtsanwalt zu hören.

(3) [1]Die Prüfung der Fortdauer des Verbotes muß jeweils spätestens nach drei Monaten von dem Anwaltsgerichtshof wiederholt werden, solange das anwaltsgerichtliche Verfahren noch nicht eingeleitet ist.

§ 160 Mitteilung des Verbots (1) [1]Der Beschluß, durch den ein Berufs- oder Vertretungsverbot verhängt wird, ist alsbald dem Präsidenten der Rechtsanwaltskammer in beglaubigter Abschrift mitzuteilen. [2]Gehört der Rechtsanwalt zugleich einer Notarkammer an, so ist eine beglaubigte Abschrift unverzüglich der Landesjustizverwaltung und der Notarkammer zu übersenden.

(2) [1]Tritt das Berufs- oder Vertretungsverbot außer Kraft oder wird es aufgehoben oder abgeändert, so ist Absatz 1 entsprechend anzuwenden.

§ 161 Bestellung eines Vertreters (1) [1]Für den Rechtsanwalt, gegen den ein Berufs- oder Vertretungsverbot verhängt ist, wird im Fall des Bedürfnisses von der Rechtsanwaltskammer ein Vertreter bestellt. [2]Vor der Bestellung ist der Rechtsanwalt zu hören. [3]Der Rechtsanwalt kann einen geeigneten Vertreter vorschlagen.

(2) [1]§ 53 Abs. 4, Abs. 5 Satz 3, Abs. 7 bis 10 ist entsprechend anzuwenden.

(3) bis (5) (weggefallen)

§ 161a Gegenständlich beschränktes Vertretungsverbot (1) [1]Sind dringende Gründe für die Annahme vorhanden, daß gegen einen Rechtsanwalt auf eine Maßnahme gemäß § 114 Abs. 1 Nr. 4 erkannt werden wird, so kann gegen ihn durch Beschluß ein vorläufiges Verbot, auf bestimmten Rechtsgebieten als Vertreter und Beistand tätig zu werden, angeordnet werden.

(2) [1]§ 150 Abs. 1 Satz 2, Abs. 2, 3, §§ 150a bis 154, § 155 Abs. 1, 3 bis 5, §§ 156 bis 160 sind entsprechend anzuwenden.

Achter Teil: Die Rechtsanwaltschaft bei dem Bundesgerichtshof

Erster Abschnitt: Allgemeines

§ 162 Entsprechende Anwendung von Vorschriften [1]Für die Rechtsanwaltschaft bei dem Bundesgerichtshof gelten der Erste bis Siebente Teil dieses Gesetzes, soweit sich nicht aus den nachstehenden Vorschriften etwas Besonderes ergibt.

§ 163 Sachliche Zuständigkeit [1]Von den Aufgaben, die nach den Vorschriften des Ersten bis Siebenten Teils dieses Gesetzes der Rechtsanwaltskammer zugewiesenen sind, nimmt das Bundesministerium der Justiz und für Verbraucherschutz die Aufgaben wahr, die die Zulassung zur Rechtsanwaltschaft und ihr Erlöschen, die Kanzlei sowie die Bestellung eines Vertreters oder Abwicklers betreffen. [2]Das Bundesministerium der Justiz und für Verbraucherschutz ist die zuständige Stelle nach § 51 Absatz 7. [3]Es nimmt auch die Aufgaben wahr, die der Landesjustizverwaltung zugewiesen sind. [4]Die Wahrnehmung der übrigen Aufgaben obliegt der Rechtsanwaltskammer bei dem Bundesgerichtshof. [5]An die Stelle des Anwaltsgerichts und des Anwaltsgerichtshofes tritt in Verfahren zur Ahndung von Pflichtverletzungen der Bundesgerichtshof. [6]Der Generalbundesanwalt beim Bundesgerichtshof nimmt die Aufgaben der Staatsanwaltschaft wahr.

Zweiter Abschnitt: Zulassung als Rechtsanwalt bei dem Bundesgerichtshof

§ 164 Besondere Voraussetzungen für die Zulassung [1]Bei dem Bundesgerichtshof kann als Rechtsanwalt nur zugelassen werden, wer durch den Wahlausschuß für Rechtsanwälte bei dem Bundesgerichtshof benannt wird.

§ 165 Wahlausschuss für Rechtsanwälte bei dem Bundesgerichtshof
(1) [1]Der Wahlausschuß besteht aus dem Präsidenten und den Senatspräsidenten der Zivilsenate des Bundesgerichtshofes sowie aus den Mitgliedern des Präsidiums der Bundesrechtsanwaltskammer und des Präsidiums der Rechtsanwaltskammer bei dem Bundesgerichtshof.

(2) [1]Den Vorsitz in dem Wahlausschuß führt der Präsident des Bundesgerichtshofes. [2]Er beruft den Wahlausschuß ein.

(3) [1]Die Einladung muß die Tagesordnung für die Sitzung des Wahlausschusses enthalten und den Mitgliedern mindestens eine Woche vor der Sitzung zugehen.

(4) [1]Die Sitzungen sind nicht öffentlich.

(5) [1]Über jede Sitzung wird ein Protokoll aufgenommen.

§ 166 Vorschlagslisten für die Wahl (1) [1]Die Wahl findet aufgrund von Vorschlagslisten statt.

(2) [1]Vorschlagslisten können einreichen

1. die Bundesrechtsanwaltskammer aufgrund von Vorschlägen der Rechtsanwaltskammern,
2. die Rechtsanwaltskammer bei dem Bundesgerichtshof.

(3) [1]In die Vorschlagslisten kann nur aufgenommen werden, wer das fünfunddreißigste Lebensjahr vollendet hat und den Beruf des Rechtsanwalts seit mindestens fünf Jahren ohne Unterbrechung ausübt.

§ 167 Prüfung des Wahlausschusses (1) [1]Der Wahlausschuß prüft, ob der Vorgeschlagene die sachlichen und persönlichen Voraussetzungen für die Tätigkeit als Rechtsanwalt bei dem Bundesgerichtshof besitzt.

(2) [1]Zur Vorbereitung der Wahl bestellt der Wahlausschuß zwei seiner Mitglieder als Berichterstatter.

§ 167a Akteneinsicht (1) [1]Der Rechtsanwalt, der in die Vorschlagsliste aufgenommen wurde, hat das Recht, die Protokolle des Wahlausschusses einzusehen.

(2) [1]Die persönlichen, beruflichen und wirtschaftlichen Verhältnisse des Rechtsanwalts werden in einem gesonderten Bericht dargestellt, den der Rechtsanwalt einsehen kann.

(3) [1]§ 58 Abs. 2 und 3 ist entsprechend anzuwenden.

§ 168 Entscheidung des Wahlausschusses (1) [1]Der Wahlausschuß ist beschlußfähig, wenn die Mehrzahl sowohl der dem Bundesgerichtshof angehörenden Mitglieder als auch der Mitglieder der Präsidien der Bundesrechtsanwaltskammer und der Rechtsanwaltskammer bei dem Bundesgerichtshof anwesend ist. [2]Er entscheidet mit einfacher Stimmenmehrheit. [3]Die Abstimmung ist geheim.

(2) [1]Der Wahlausschuß benennt aus den Vorschlagslisten die doppelte Zahl von Rechtsanwälten, die er für die Zulassung bei dem Bundesgerichtshof für angemessen hält.

(3) [1]Durch die Benennung wird für die Bewerberin oder den Bewerber ein Anspruch auf Zulassung als Rechtsanwalt bei dem Bundesgerichtshof nicht begründet.

§ 169 Mitteilung des Wahlergebnisses (1) [1]Der Vorsitzende des Wahlausschusses teilt das Ergebnis der Wahlen dem Bundesministerium der Justiz und für Verbraucherschutz mit.

(2) [1]Die Anträge der vom Wahlausschuß benannten Rechtsanwälte, sie beim Bundesgerichtshof zuzulassen, sind der Mitteilung beizufügen.

§ 170 Entscheidung über den Antrag auf Zulassung (1) [1]Über den Antrag auf Zulassung als Rechtsanwalt bei dem Bundesgerichtshof entscheidet das Bundesministerium der Justiz und für Verbraucherschutz. [2]Die Zulassung kann aufschiebend befristet werden. [3]Die Frist soll drei Monate nicht überschreiten.

(2) [1]Die Entscheidung über den Antrag auf Zulassung kann ausgesetzt werden, wenn einer der in § 10 Abs. 1 bezeichneten Gründe vorliegt.

(3) [1]Der Vorstand der Rechtsanwaltskammer bei dem Bundesgerichtshof ist nur dann zu hören, wenn gegen die Zulassung Bedenken bestehen.

(4) [1]Für die Zulassung gilt § 166 Abs. 3 entsprechend.

§ 171 (weggefallen)

Dritter Abschnitt: Besondere Rechte und Pflichten der Rechtsanwälte bei dem Bundesgerichtshof

§ 172 Beschränkung des Auftretens vor anderen Gerichten (1) [1]Die bei dem Bundesgerichtshof zugelassenen Rechtsanwälte dürfen nur vor dem Bundesgerichtshof, den anderen obersten Gerichtshöfen des Bundes, dem Gemeinsamen Senat der obersten Gerichtshöfe und dem Bundesverfassungsgericht auftreten. [2]Das Recht, vor internationalen oder gemeinsamen zwischenstaatlichen Gerichten aufzutreten, wird hierdurch nicht berührt.

(2) [1]In dem Verfahren vor dem ersuchten Richter dürfen sie auch vor einem anderen Gericht auftreten, wenn das Ersuchen von einem der in Absatz 1 genannten Gerichte ausgeht.

§ 172a Sozietät [1]Rechtsanwälte, die beim Bundesgerichtshof zugelassen sind, dürfen nur untereinander eine Sozietät eingehen. [2]Eine solche Sozietät darf nur zwei Rechtsanwälte umfassen.

§ 172b Kanzlei [1]Der beim Bundesgerichtshof zugelassene Rechtsanwalt hat seine Kanzlei am Sitz des Bundesgerichtshofes einzurichten und zu unterhalten. [2]§ 14 Abs. 3 gilt mit der Maßgabe, dass die Zulassung als Rechtsanwalt bei dem Bundesgerichtshof widerrufen werden kann.

§ 173 Bestellung eines Vertreters und eines Abwicklers der Kanzlei (1) [1]Das Bundesministerium der Justiz und für Verbraucherschutz soll zum Vertreter einen bei dem Bundesgerichtshof zugelassenen Rechtsanwalt bestellen. [2]Es kann auch einen Rechtsanwalt bestellen, der das fünfunddreißigste Lebensjahr vollendet hat und den Beruf seit mindestens fünf Jahren ohne Unterbrechung ausübt.

(2) [1]Absatz 1 gilt entsprechend für die Bestellung eines Abwicklers der Kanzlei (§ 55). [2]Weist die Rechtsanwaltskammer bei dem Bundesgerichtshof nach, dass für die Erledigung der laufenden Aufträge in einer Weise ge-

sorgt ist, die den Rechtsuchenden nicht schlechter stellt als die Anwendung des § 55, unterbleibt die Bestellung eines Abwicklers.

(3) [1]Für die Bestellung eines Vertreters (§ 47 Absatz 2, § 53 Absatz 2 Satz 3, Absatz 5, § 161 Absatz 1 Satz 1, § 163 Satz 1) wird eine Gebühr von 25 Euro erhoben. [2]Die Gebühr wird mit der Beendigung der Amtshandlung fällig. [3]Sie kann schon vorher eingefordert werden. [4]§ 192 Abs. 2 gilt entsprechend.

Vierter Abschnitt: Die Rechtsanwaltskammer bei dem Bundesgerichtshof

§ 174 Zusammensetzung und Vorstand (1) [1]Die Rechtsanwälte, die bei dem Bundesgerichtshof zugelassen sind, bilden die Rechtsanwaltskammer bei dem Bundesgerichtshof. [2]Für die Dauer der Zulassung bei dem Bundesgerichtshof ruht die Mitgliedschaft in der bisherigen Rechtsanwaltskammer.

(2) [1]Die Zahl der Mitglieder des Vorstandes wird durch die Geschäftsordnung der Kammer festgesetzt. [2]§ 63 Abs. 2 ist nicht anzuwenden.

Neunter Teil: Die Bundesrechtsanwaltskammer

Erster Abschnitt: Allgemeines

§ 175 Zusammensetzung und Sitz der Bundesrechtsanwaltskammer (1) [1]Die Rechtsanwaltskammern werden zu einer Bundesrechtsanwaltskammer zusammengeschlossen.

(2) [1]Der Sitz der Bundesrechtsanwaltskammer wird durch ihre Satzung bestimmt.

§ 176 Stellung der Bundesrechtsanwaltskammer (1) [1]Die Bundesrechtsanwaltskammer ist eine Körperschaft des öffentlichen Rechts.

(2) [1]Das Bundesministerium der Justiz und für Verbraucherschutz führt die Staatsaufsicht über die Bundesrechtsanwaltskammer. [2]Die Aufsicht beschränkt sich darauf, daß Gesetz und Satzung beachtet, insbesondere die der Bundesrechtsanwaltskammer übertragenen Aufgaben erfüllt werden.

§ 177 Aufgaben der Bundesrechtsanwaltskammer (1) [1]Die Bundesrechtsanwaltskammer hat die ihr durch Gesetz zugewiesenen Aufgaben zu erfüllen.

(2) [1]Der Bundesrechtsanwaltskammer obliegt insbesondere,

1. in Fragen, welche die Gesamtheit der Rechtsanwaltskammern angehen, die Auffassung der einzelnen Rechtsanwaltskammern zu ermitteln und im Wege gemeinschaftlicher Aussprache die Auffassung der Mehrheit festzustellen;

2. Richtlinien für die Fürsorgeeinrichtungen der Rechtsanwaltskammern (§ 89 Abs. 2 Nr. 3) aufzustellen;
3. in allen die Gesamtheit der Rechtsanwaltskammern berührenden Angelegenheiten die Auffassung der Bundesrechtsanwaltskammer den zuständigen Gerichten und Behörden gegenüber zur Geltung zu bringen;
4. die Gesamtheit der Rechtsanwaltskammern gegenüber Behörden und Organisationen zu vertreten;
5. Gutachten zu erstatten, die eine an der Gesetzgebung beteiligte Behörde oder Körperschaft des Bundes oder ein Bundesgericht anfordert;
6. die berufliche Fortbildung der Rechtsanwälte zu fördern;
7. die elektronische Kommunikation der Rechtsanwälte mit Gerichten, Behörden und sonstigen Dritten zu unterstützen.

§ 178 Beiträge zur Bundesrechtsanwaltskammer (1) [1]Die Bundesrechtsanwaltskammer erhebt von den Rechtsanwaltskammern Beiträge, die zur Deckung des persönlichen und sächlichen Bedarfs bestimmt sind.

(2) [1]Die Höhe der Beiträge wird von der Hauptversammlung festgesetzt.

(3) [1]Die Hauptversammlung kann einzelnen wirtschaftlich schwächeren Rechtsanwaltskammern Erleichterungen gewähren.

Zweiter Abschnitt: Organe der Bundesrechtsanwaltskammer

Erster Unterabschnitt: Präsidium

§ 179 Zusammensetzung des Präsidiums (1) [1]Die Bundesrechtsanwaltskammer hat ein Präsidium.

(2) [1]Das Präsidium besteht aus

1. dem Präsidenten,
2. mindestens drei Vizepräsidenten,
3. dem Schatzmeister.

(3) [1]Das Präsidium gibt sich eine Geschäftsordnung.

(4) [1]Die Hauptversammlung kann weitere Vizepräsidenten bestimmen.

§ 180 Wahlen zum Präsidium (1) [1]Das Präsidium der Bundesrechtsanwaltskammer wird von der Hauptversammlung aus ihrer Mitte gewählt. [2]In das Präsidium kann wiedergewählt werden, wer Mitglied des Vorstandes einer Rechtsanwaltskammer ist.

(2) [1]Das Nähere bestimmt die Satzung der Bundesrechtsanwaltskammer.

§ 181 Recht zur Ablehnung der Wahl [1]Die Wahl zum Mitglied des Präsidiums kann ablehnen,

1. wer das fünfundsechzigste Lebensjahr vollendet hat;
2. wer in den letzten vier Jahren Mitglied des Präsidiums gewesen ist.

§ 182 Wahlperiode und vorzeitiges Ausscheiden (1) [1]Die Mitglieder des Präsidiums werden auf vier Jahre gewählt.

(2) [1]Scheidet ein Mitglied vorzeitig aus, so wird für den Rest seiner Amtszeit ein neues Mitglied gewählt.

(3) [1]Ein Rechtsanwalt scheidet als Mitglied des Präsidiums vorzeitig aus,

1. wenn er nicht mehr Mitglied des Vorstandes einer Rechtsanwaltskammer ist;
2. wenn er sein Amt niederlegt.

[2]Der Rechtsanwalt hat die Erklärung, daß er das Amt niederlege, dem Präsidium gegenüber schriftlich abzugeben. [3]Die Erklärung kann nicht widerrufen werden.

§ 183 Ehrenamtliche Tätigkeit des Präsidiums [1]Die Mitglieder des Präsidiums üben ihre Tätigkeit unentgeltlich aus. [2]Sie erhalten jedoch eine angemessene Entschädigung für den mit ihrer Tätigkeit verbundenen Aufwand sowie eine Reisekostenvergütung.

§ 184 Pflicht zur Verschwiegenheit [1]Für die Pflicht der Mitglieder des Präsidiums und der Angestellten der Bundesrechtsanwaltskammer zur Verschwiegenheit ist § 76 entsprechend anzuwenden.

§ 185 Aufgaben des Präsidenten (1) [1]Der Präsident vertritt die Bundesrechtsanwaltskammer gerichtlich und außergerichtlich.

(2) [1]Der Präsident vermittelt den geschäftlichen Verkehr der Bundesrechtsanwaltskammer und des Präsidiums. [2]Er führt die Beschlüsse des Präsidiums und der Hauptversammlung aus.

(3) [1]Der Präsident führt in den Sitzungen des Präsidiums und in der Hauptversammlung den Vorsitz.

(4) [1]Der Präsident erstattet dem Bundesministerium der Justiz und für Verbraucherschutz jährlich einen schriftlichen Bericht über die Tätigkeit der Bundesrechtsanwaltskammer und des Präsidiums. [2]Er zeigt ihm ferner das Ergebnis der Wahlen zum Präsidium an.

(5) [1]Durch die Satzung der Kammer können dem Präsidenten weitere Aufgaben übertragen werden.

§ 186 Aufgaben des Schatzmeisters (1) [1]Der Schatzmeister verwaltet das Vermögen der Bundesrechtsanwaltskammer nach den Weisungen des Präsidiums. [2]Er ist berechtigt, Geld in Empfang zu nehmen.

(2) [1]Über die Einnahmen und Ausgaben sowie über die Verwaltung des Vermögens hat er jährlich der Hauptversammlung Rechnung zu legen.

Zweiter Unterabschnitt: Hauptversammlung

§ 187 Versammlung der Mitglieder [1]Die Bundesrechtsanwaltskammer faßt ihre Beschlüsse regelmäßig auf Versammlungen ihrer Mitglieder (Hauptversammlungen).

§ 188 Vertreter der Rechtsanwaltskammern in der Hauptversammlung (1) [1]Die Rechtsanwaltskammern werden in der Hauptversammlung durch ihre Präsidenten vertreten.

(2) [1]Der Präsident einer Rechtsanwaltskammer kann durch ein anderes Vorstandsmitglied vertreten werden.

§ 189 Einberufung der Hauptversammlung (1) [1]Die Hauptversammlung wird durch den Präsidenten schriftlich einberufen. [2]Der Präsident muß die Hauptversammlung einberufen, wenn mindestens drei Rechtsanwaltskammern es schriftlich beantragen und hierbei den Gegenstand angeben, der in der Hauptversammlung behandelt werden soll.

(2) [1]Bei der Einberufung ist der Gegenstand, über den in der Hauptversammlung Beschluß gefaßt werden soll, anzugeben.

(3) [1]Die Hauptversammlung ist mindestens drei Wochen vor dem Tage, an dem sie zusammentreten soll, einzuberufen. [2]Der Tag, an dem die Einberufung abgesandt ist, und der Tag der Hauptversammlung sind hierbei nicht mitzurechnen.

(4) [1]In dringenden Fällen kann der Präsident die Hauptversammlung mit kürzerer Frist einberufen. [2]Die Vorschrift des Absatzes 2 braucht hierbei nicht eingehalten zu werden.

§ 190 Beschlüsse der Hauptversammlung (1) [1]Jede Rechtsanwaltskammer hat eine Stimme.

(2) [1]Die Voraussetzungen, unter denen die Hauptversammlung beschlußfähig ist, werden durch die Satzung geregelt.

(3) [1]Die Beschlüsse der Hauptversammlung werden, soweit nicht die Satzung etwas anderes vorschreibt, mit einfacher Stimmenmehrheit gefaßt. [2]Das gleiche gilt für die von der Hauptversammlung vorzunehmenden Wahlen. [3]Bei Wahlen entscheidet bei Stimmengleichheit das Los.

(4) [1]Beschlüsse, welche die einzelnen Rechtsanwaltskammern wirtschaftlich belasten, kann die Hauptversammlung nur einstimmig fassen. [2]Dies gilt jedoch nicht für die Beschlüsse, durch welche die Höhe der Beiträge der Rechtsanwaltskammern sowie die Höhe der Aufwandsentschädigung und

der Reisekostenvergütung für die Mitglieder des Präsidiums festgesetzt werden.

(5) [1]Über die Beschlüsse der Hauptversammlung und über die Ergebnisse von Wahlen ist ein Protokoll aufzunehmen, das von dem Vorsitzenden und von einem Vizepräsidenten als Schriftführer zu unterzeichnen ist.

§ 191 (weggefallen)

Dritter Unterabschnitt: Satzungsversammlung

§ 191a Einrichtung und Aufgabe (1) [1]Bei der Bundesrechtsanwaltskammer wird eine Satzungsversammlung eingerichtet.

(2) [1]Die Satzungsversammlung erläßt als Satzung eine Berufsordnung für die Ausübung des Rechtsanwaltsberufes unter Berücksichtigung der beruflichen Pflichten und nach Maßgabe des § 59b.

(3) [1]Die Satzungsversammlung gibt sich eine Geschäftsordnung.

(4) [1]Der Satzungsversammlung gehören an:

1. ohne Stimmrecht die Mitglieder des Präsidiums der Bundesrechtsanwaltskammer und die Präsidenten der Rechtsanwaltskammern;
2. mit Stimmrecht die nach § 191b gewählten Mitglieder.

§ 191b Wahl der stimmberechtigten Mitglieder der Satzungsversammlung (1) [1]Die Zahl der stimmberechtigten Mitglieder der Satzungsversammlung bemißt sich nach der Zahl der Mitglieder der Rechtsanwaltskammern. [2]Es sind zu wählen für je angefangene 2 000 Kammermitglieder ein Mitglied der Satzungsversammlung. [3]Maßgebend ist die Zahl der Kammermitglieder am 1. Januar des Jahres, in dem die Wahl erfolgt.

(2) [1]Die stimmberechtigten Mitglieder der Satzungsversammlung werden von den Mitgliedern der Rechtsanwaltskammern aus dem Kreis der vorgeschlagenen Mitglieder in geheimer und unmittelbarer Wahl durch Briefwahl gewählt. [2]Die Wahl kann auch als elektronische Wahl durchgeführt werden. [3]Die Wahlvorschläge müssen von mindestens zehn Kammermitgliedern unterzeichnet sein; Wahlvorschläge bezüglich der Mitglieder der Rechtsanwaltskammer bei dem Bundesgerichtshof von mindestens drei Kammermitgliedern. [4]Gewählt sind die Bewerberinnen oder Bewerber, die die meisten Stimmen auf sich vereinigen.

(3) [1]Die §§ 65, 66, 67, 68 Abs. 1, § 69 Abs. 1, 2 und 4, §§ 75, 76 gelten entsprechend. [2]Scheidet ein stimmberechtigtes Mitglied der Satzungsversammlung aus, so tritt das nicht gewählte Kammermitglied mit der nächsthöheren Stimmenzahl in die Satzungsversammlung ein.

§ 191c Einberufung und Stimmrecht (1) [1]Die Satzungsversammlung wird durch den Präsidenten der Bundesrechtsanwaltskammer schriftlich einberufen.

(2) [1]Der Präsident der Bundesrechtsanwaltskammer muß die Satzungsversammlung einberufen, wenn mindestens fünf Rechtsanwaltskammern oder ein Viertel der stimmberechtigten Mitglieder der Satzungsversammlung es schriftlich beantragen und hierbei den Gegenstand angeben, der in der Satzungsversammlung behandelt werden soll. [2]Für das weitere Verfahren gilt § 189 entsprechend.

§ 191d Leitung der Versammlung und Beschlussfassung (1) [1]Den Vorsitz der Satzungsversammlung führt der Präsident der Bundesrechtsanwaltskammer. [2]Der Vorsitzende bestimmt den Schriftführer aus der Mitte der Satzungsversammlung.

(2) [1]Die Satzungsversammlung ist beschlußfähig, wenn drei Fünftel ihrer stimmberechtigten Mitglieder anwesend sind.

(3) [1]Die Beschlüsse zur Berufsordnung werden mit der Mehrheit aller stimmberechtigten Mitglieder gefaßt, sonstige Beschlüsse mit der Mehrheit der anwesenden stimmberechtigten Mitglieder. [2]Jedes Mitglied hat eine Stimme, ist an Weisungen nicht gebunden und kann seine Stimme nur persönlich abgeben. [3]Eine Vertretung findet nicht statt.

(4) [1]Der Wortlaut der von der Satzungsversammlung gefaßten Beschlüsse ist in einer Niederschrift festzuhalten, die vom Vorsitzenden und vom Schriftführer zu unterzeichnen und bei der Geschäftsstelle der Bundesrechtsanwaltskammer zu verwahren ist.

§ 191e Prüfung von Beschlüssen durch die Aufsichtsbehörde (1)[1]Der Vorsitzende der Satzungsversammlung hat die von der Satzungsversammlung gefassten Beschlüsse zur Berufsordnung dem Bundesministerium der Justiz und für Verbraucherschutz zuzuleiten. [2]Dieses kann die Beschlüsse oder Teile derselben innerhalb von drei Monaten nach Zugang im Rahmen seiner Staatsaufsicht (§ 176 Absatz 2) aufheben. [3]Beabsichtigt es eine Aufhebung, soll es der Bundesrechtsanwaltskammer zuvor Gelegenheit zur Stellungnahme geben.

(2) [1]Die von der Satzungsversammlung gefassten Beschlüsse sind in den für die Verlautbarungen der Bundesrechtsanwaltskammer bestimmten Presseorganen zu veröffentlichen, sofern sie nicht der Aufhebung unterfallen. [2]Sie treten am ersten Tag des dritten auf die Veröffentlichung folgenden Monats in Kraft.

Dritter Abschnitt: Schlichtung

§ 191f Schlichtungsstelle der Rechtsanwaltschaft (1) [1]Bei der Bundesrechtsanwaltskammer wird eine unabhängige Stelle zur Schlichtung von Streitigkeiten zwischen Mitgliedern von Rechtsanwaltskammern und deren Auftraggebern eingerichtet. [2]Die Stelle führt den Namen „Schlichtungsstelle der Rechtsanwaltschaft".

(2) [1]Der Präsident der Bundesrechtsanwaltskammer bestellt einen oder mehrere Schlichter, die allein oder als Kollegialorgan tätig werden. [2]Zum Schlichter, der allein tätig wird, darf nur bestellt werden, wer die Befähigung zum Richteramt besitzt, weder Rechtsanwalt ist noch in den letzten drei Jahren vor Amtsantritt war und weder im Haupt- noch im Nebenberuf bei der Bundesrechtsanwaltskammer, einer Rechtsanwaltskammer oder einem Verband der Rechtsanwaltschaft tätig ist oder in den letzten drei Jahren vor Amtsantritt tätig war. [3]Erfolgt die Schlichtung durch ein Kollegialorgan, muss mindestens einer der Schlichter die Befähigung zum Richteramt besitzen; höchstens die Hälfte seiner Mitglieder dürfen Rechtsanwälte sein. [4]Nichtanwaltliches Mitglied des Kollegialorgans darf nur sein, wer in den letzten drei Jahren vor Amtsantritt nicht Rechtsanwalt war und weder im Haupt- noch im Nebenberuf bei der Bundesrechtsanwaltskammer, einer Rechtsanwaltskammer oder einem Verband der Rechtsanwaltschaft tätig ist oder in den letzten drei Jahren vor Amtsantritt tätig war. [5]Anwaltliche Mitglieder des Kollegialorgans dürfen nicht dem Vorstand einer Rechtsanwaltskammer oder eines Verbandes der Rechtsanwaltschaft angehören oder im Haupt- oder Nebenberuf bei der Bundesrechtsanwaltskammer, einer Rechtsanwaltskammer oder einem Verband der Rechtsanwaltschaft tätig sein.

(3) [1]Es wird ein Beirat errichtet, dem Vertreter der Bundesrechtsanwaltskammer, von Rechtsanwaltskammern, Verbänden der Rechtsanwaltschaft und Verbänden der Verbraucher angehören müssen. [2]Andere Personen können in den Beirat berufen werden. [3]Höchstens die Hälfte der Mitglieder des Beirats dürfen Rechtsanwälte sein. [4]Dem Beirat ist vor der Bestellung von Schlichtern und vor Erlass und Änderung der Satzung Gelegenheit zur Stellungnahme zu geben. [5]Er kann eigene Vorschläge für die Bestellung von Schlichtern und die Ausgestaltung der Satzung unterbreiten.

(4) [1]Die Schlichtungsstelle ist Verbraucherschlichtungsstelle nach dem Verbraucherstreitbeilegungsgesetz vom 19. Februar 2016 (BGBl. I S. 254). [2]Das Verbraucherstreitbeilegungsgesetz ist anzuwenden, soweit dieses Gesetz keine Regelungen zur Schlichtung von Streitigkeiten nach Absatz 1 Satz 1 enthält. [3]Das Bundesministerium der Justiz und für Verbraucherschutz übermittelt der Zentralen Anlaufstelle für Verbraucherschlichtung die Angaben nach § 32 Absatz 3 und 5 des Verbraucherstreitbeilegungsgesetzes. [4]Das Bundesministerium der Justiz und für Verbraucherschutz

übermittelt die Evaluationsberichte der Schlichtungsstelle an die Zentrale Anlaufstelle für Verbraucherschlichtung; § 35 Absatz 2 des Verbraucherstreitbeilegungsgesetzes ist nicht anzuwenden.

(5) [1]Die Hauptversammlung der Bundesrechtsanwaltskammer regelt die Einzelheiten der Organisation der Schlichtungsstelle, der Errichtung des Beirats einschließlich der Berufung weiterer Beiratsmitglieder, der Aufgaben des Beirats, der Bestellung der Schlichter, der Geschäftsverteilung und des Schlichtungsverfahrens durch Satzung* nach folgenden Grundsätzen:

1. das Schlichtungsverfahren muss für die Beteiligten unentgeltlich durchgeführt werden;
2. die Schlichtung muss jedenfalls für vermögensrechtliche Streitigkeiten bis zu einem Wert von 15 000 Euro statthaft sein;
3. die Durchführung des Schlichtungsverfahrens darf nicht von der Inanspruchnahme eines Vermittlungsverfahrens nach § 73 Absatz 2 Nummer 3 abhängig gemacht werden.

Zehnter Teil: Kosten in Anwaltssachen

Erster Abschnitt: Kosten in Verwaltungsverfahren der Rechtsanwaltskammern

§ 192 Erhebung von Gebühren und Auslagen [1]Die Rechtsanwaltskammer kann für Amtshandlungen nach diesem Gesetz, insbesondere für die Bearbeitung von Anträgen auf Zulassung zur Rechtsanwaltschaft und auf Bestellung eines Vertreters sowie für die Prüfung von Anträgen auf Erteilung der Erlaubnis zur Führung einer Fachanwaltsbezeichnung, zur Deckung des Verwaltungsaufwands Gebühren nach festen Sätzen und Auslagen erheben. [2]Das Verwaltungskostengesetz in der bis zum 14. August 2013 geltenden Fassung findet mit der Maßgabe Anwendung, dass die allgemeinen Grundsätze für Kostenverordnungen (§§ 2 bis 7 des Verwaltungskostengesetzes in der bis zum 14. August 2013 geltenden Fassung) beim Erlass von Satzungen auf Grund des § 89 Absatz 2 Nummer 2 entsprechend gelten.

Zweiter Abschnitt: Kosten in gerichtlichen Verfahren in verwaltungsrechtlichen Anwaltssachen

§ 193 Gerichtskosten [1]In verwaltungsrechtlichen Anwaltssachen werden Gebühren nach dem Gebührenverzeichnis der Anlage zu diesem Gesetz er-

---

* Beschlossen in der Hauptversammlung der Bundesrechtsanwaltskammer am 9. Oktober 2009 (BRAK-Mitt. 2009, 277), geändert mit Beschluss vom 29. April 2016 (BRAK-Mitt. 2016, 130) und vom 10. Mai 2019, hier abgedruckt unter Nr. 8.

hoben. [2]Im Übrigen sind die für Kosten in Verfahren vor den Gerichten der Verwaltungsgerichtsbarkeit geltenden Vorschriften des Gerichtskostengesetzes entsprechend anzuwenden, soweit in diesem Abschnitt nichts anderes bestimmt ist.

§ 194 Streitwert (1) [1]Der Streitwert bestimmt sich nach § 52 des Gerichtskostengesetzes. [2]Er wird von Amts wegen festgesetzt.

(2) [1]In Verfahren, die Klagen auf Zulassung zur Rechtsanwaltschaft oder deren Rücknahme oder Widerruf betreffen, ist ein Streitwert von 50 000 Euro anzunehmen. [2]Unter Berücksichtigung der Umstände des Einzelfalls, insbesondere des Umfangs und der Bedeutung der Sache sowie der Vermögens- und Einkommensverhältnisse des Klägers, kann das Gericht einen höheren oder einen niedrigeren Wert festsetzen.

(3) [1]Die Festsetzung ist unanfechtbar; § 63 Abs. 3 des Gerichtskostengesetzes bleibt unberührt.

Dritter Abschnitt: Kosten im anwaltsgerichtlichen Verfahren und im Verfahren bei Anträgen auf anwaltsgerichtliche Entscheidung

§ 195 Gerichtskosten [1]Im anwaltsgerichtlichen Verfahren, im Verfahren über den Antrag auf Entscheidung des Anwaltsgerichts über die Rüge (§ 74a Abs. 1) und im Verfahren über den Antrag auf Entscheidung des Anwaltsgerichtshofs gegen die Androhung oder die Festsetzung eines Zwangsgelds (§ 57 Abs. 3) werden Gebühren nach dem Gebührenverzeichnis der Anlage zu diesem Gesetz erhoben. [2]Im Übrigen sind die für Kosten in Strafsachen geltenden Vorschriften des Gerichtskostengesetzes entsprechend anzuwenden.

§ 196 Kosten bei Anträgen auf Einleitung des anwaltsgerichtlichen Verfahrens (1) [1]Einem Rechtsanwalt, der einen Antrag auf gerichtliche Entscheidung über die Entschließung der Staatsanwaltschaft (§ 123 Abs. 2) zurücknimmt, sind die durch dieses Verfahren entstandenen Kosten aufzuerlegen.

(2) [1]Wird ein Antrag des Vorstandes der Rechtsanwaltskammer auf gerichtliche Entscheidung in den Fällen des § 122 Abs. 2, 3, des § 150a oder des § 161a Abs. 2 verworfen, so sind die durch das Verfahren über den Antrag veranlaßten Kosten der Rechtsanwaltskammer aufzuerlegen.

§ 197 Kostenpflicht des Verurteilten (1) [1]Dem Rechtsanwalt, der in dem anwaltsgerichtlichen Verfahren verurteilt wird, sind zugleich die in dem Verfahren entstandenen Kosten ganz oder teilweise aufzuerlegen. [2]Dasselbe gilt, wenn das anwaltsgerichtliche Verfahren wegen Erlöschens der Zulassung zur Rechtsanwaltschaft eingestellt wird und nach dem Ergebnis des bisherigen Verfahrens die Verhängung einer anwaltsgerichtlichen Maßnahme gerechtfertigt gewesen wäre; zu den Kosten des anwaltsgerichtlichen

Verfahrens gehören in diesem Fall auch diejenigen, die in einem anschließenden Verfahren zum Zwecke der Beweissicherung (§§ 148, 149) entstehen. [3]Wird das Verfahren nach § 139 Abs. 3 Nr. 2 eingestellt, kann das Gericht dem Rechtsanwalt die in dem Verfahren entstandenen Kosten ganz oder teilweise auferlegen, wenn es dies für angemessen erachtet.

(2) [1]Dem Rechtsanwalt, der in dem anwaltsgerichtlichen Verfahren ein Rechtsmittel zurückgenommen oder ohne Erfolg eingelegt hat, sind zugleich die durch dieses Verfahren entstandenen Kosten aufzuerlegen. [2]Hatte das Rechtsmittel teilweise Erfolg, so kann dem Rechtsanwalt ein angemessener Teil dieser Kosten auferlegt werden.

(3) [1]Für die Kosten, die durch einen Antrag auf Wiederaufnahme des durch ein rechtskräftiges Urteil abgeschlossenen Verfahrens verursacht worden sind, ist Absatz 2 entsprechend anzuwenden.

§ 197a Kostenpflicht im Verfahren bei Anträgen auf anwaltsgerichtliche Entscheidung (1) [1]Wird der Antrag auf anwaltsgerichtliche Entscheidung gegen die Androhung oder die Festsetzung des Zwangsgelds oder über die Rüge als unbegründet zurückgewiesen, so ist § 197 Abs. 1 Satz 1 entsprechend anzuwenden. [2]Stellt das Anwaltsgericht fest, daß die Rüge wegen der Verhängung einer anwaltsgerichtlichen Maßnahme unwirksam ist (§ 74a Abs. 5 Satz 2) oder hebt es den Rügebescheid gemäß § 74a Abs. 3 Satz 2 auf, so kann es dem Rechtsanwalt die in dem Verfahren entstandenen Kosten ganz oder teilweise auferlegen, wenn es dies für angemessen erachtet.

(2) [1]Nimmt der Rechtsanwalt den Antrag auf anwaltsgerichtliche Entscheidung zurück oder wird der Antrag als unzulässig verworfen, so gilt § 197 Abs. 2 Satz 1 entsprechend.

(3) [1]Wird die Androhung oder die Festsetzung des Zwangsgelds aufgehoben, so sind die notwendigen Auslagen des Rechtsanwalts der Rechtsanwaltskammer aufzuerlegen. [2]Das gleiche gilt, wenn der Rügebescheid, den Fall des § 74a Abs. 3 Satz 2 ausgenommen, aufgehoben wird oder wenn die Unwirksamkeit der Rüge wegen eines Freispruchs des Rechtsanwalts im anwaltsgerichtlichen Verfahren oder aus den Gründen des § 115a Abs. 2 Satz 2 festgestellt wird (§ 74a Abs. 5 Satz 2).

§ 198 Haftung der Rechtsanwaltskammer (1) [1]Auslagen, die weder dem Rechtsanwalt noch einem Dritten auferlegt oder von dem Rechtsanwalt nicht eingezogen werden können, fallen der Rechtsanwaltskammer zur Last, welcher der Rechtsanwalt angehört.

(2) [1]In dem Verfahren vor dem Anwaltsgericht haftet die Rechtsanwaltskammer den Zeugen und Sachverständigen für die ihnen zustehende Entschädigung oder Vergütung in dem gleichen Umfang, in dem die Haftung der Staatskasse nach der Strafprozeßordnung begründet ist. [2]Bei weiterer

Entfernung des Aufenthaltsorts der geladenen Personen ist ihnen auf Antrag ein Vorschuß zu bewilligen.

§ 199 Festsetzung der Kosten des Verfahrens vor dem Anwaltsgericht
(1) [1]Die Kosten, die der Rechtsanwalt in dem Verfahren vor dem Anwaltsgericht zu tragen hat, werden von dem Vorsitzenden der Kammer des Anwaltsgerichts durch Beschluß festgesetzt.

(2) [1]Gegen den Festsetzungsbeschluß kann der Rechtsanwalt binnen einer Notfrist von zwei Wochen, die mit der Zustellung des Beschlusses beginnt, Erinnerung einlegen. [2]Über die Erinnerung entscheidet das Anwaltsgericht, dessen Vorsitzender den Beschluß erlassen hat. [3]Gegen die Entscheidung des Anwaltsgerichts kann der Rechtsanwalt sofortige Beschwerde einlegen. [4]Die Verfahren sind gebührenfrei. [5]Kosten werden nicht erstattet.

§§ 200 bis 203 (weggefallen)

Elfter Teil: Vollstreckung anwaltsgerichtlicher Maßnahmen und Kosten sowie Tilgung

§ 204 Vollstreckung anwaltsgerichtlicher Maßnahmen (1) [1]Die Ausschließung aus der Rechtsanwaltschaft (§ 114 Abs. 1 Nr. 5) wird mit der Rechtskraft des Urteils wirksam.

(2) [1]Warnung und Verweis (§ 114 Abs. 1 Nr. 1 und 2) gelten mit der Rechtskraft des Urteils als vollstreckt.

(3) [1]Die Geldbuße (§ 114 Abs. 1 Nr. 3) wird aufgrund einer von dem Vorsitzenden der Kammer des Anwaltsgerichts erteilten, mit der Bescheinigung der Rechtskraft versehenen beglaubigten Abschrift der Entscheidungsformel nach den Vorschriften vollstreckt, die für die Vollstreckung von Urteilen in bürgerlichen Rechtsstreitigkeiten gelten. [2]§ 767 der Zivilprozessordnung gilt mit der Maßgabe, dass Einwendungen, die den Anspruch selbst betreffen, nur insoweit zulässig sind, als sie nicht im anwaltsgerichtlichen Verfahren geltend gemacht werden konnten. [3]Solche Einwendungen sind im Wege der Klage bei dem in § 797 Absatz 5 der Zivilprozessordnung bezeichneten Gericht geltend zu machen. [4]Sie fließt der Rechtsanwaltskammer zu. [5]Die Vollstreckung wird von der Rechtsanwaltskammer betrieben.

(4) [1]Die Beitreibung der Geldbuße wird nicht dadurch gehindert, daß der Rechtsanwalt nach rechtskräftigem Abschluß des Verfahrens aus der Rechtsanwaltschaft ausgeschieden ist.

(5) [1]Das Verbot, als Vertreter und Beistand auf bestimmten Rechtsgebieten tätig zu werden (§ 114 Abs. 1 Nr. 4), wird mit der Rechtskraft des Urteils wirksam. [2]In die Verbotsfrist wird die Zeit eines gemäß § 150 oder § 161a angeordneten vorläufigen Verbots eingerechnet.

§ 205 Beitreibung der Kosten (1) [1]Die Kosten, die in dem Verfahren vor dem Anwaltsgericht entstanden sind, werden aufgrund des Festsetzungsbeschlusses (§ 199) entsprechend § 204 Abs. 3 beigetrieben.

(2) [1]Die Kosten, die vor dem Anwaltsgerichtshof oder dem Bundesgerichtshof entstanden sind, werden nach den Vorschriften eingezogen, die für die Beitreibung der Gerichtskosten gelten. [2]Die vor dem Anwaltsgerichtshof entstandenen Kosten hat die für das Oberlandesgericht zuständige Vollstreckungsbehörde beizutreiben, bei dem der Anwaltsgerichtshof errichtet ist.

(3) [1]§ 204 Abs. 4 ist entsprechend anzuwenden.

§ 205a Tilgung (1) [1]Eintragungen in den über den Rechtsanwalt geführten Akten über die in Satz 4 genannten Maßnahmen und Entscheidungen sind nach Ablauf der in Satz 4 bestimmten Fristen zu tilgen. [2]Dabei sind die über diese Maßnahmen und Entscheidungen entstandenen Vorgänge aus den Akten zu entfernen und zu vernichten. [3]Die Sätze 1 und 2 gelten sinngemäß, wenn die Akten über den Rechtsanwalt elektronisch geführt werden. [4]Die Fristen betragen

1. fünf Jahre bei
   a) Warnungen,
   b) Rügen, auch wenn sie mit einer Geldbuße verbunden sind,
   c) Belehrungen,
   d) strafgerichtlichen Verurteilungen und anderen Entscheidungen in Verfahren wegen Straftaten, Ordnungswidrigkeiten oder der Verletzung von Berufspflichten, die nicht zu einer anwaltsgerichtlichen Maßnahme oder Rüge geführt haben;
2. zehn Jahre bei Verweisen und Geldbußen (§ 114 Absatz 1 Nummer 3), auch wenn sie nebeneinander verhängt werden;
3. 20 Jahre bei Vertretungsverboten (§ 114 Absatz 1 Nummer 4).

(2) [1]Die Frist beginnt mit dem Tage, an dem die Maßnahme oder Entscheidung unanfechtbar geworden ist.

(3) [1]Die Frist endet nicht, solange gegen den Rechtsanwalt ein Strafverfahren, ein anwaltsgerichtliches oder ein berufsgerichtliches Verfahren oder ein Disziplinarverfahren schwebt, eine andere berufsgerichtliche Maßnahme oder bei Anwaltsnotaren eine Disziplinarmaßnahme berücksichtigt werden darf oder ein auf Geldbuße lautendes Urteil noch nicht vollstreckt worden ist.

(4) [1]Nach Ablauf der Frist gilt der Rechtsanwalt als von den Maßnahmen oder Entscheidungen nach Absatz 1 nicht betroffen.

Zwölfter Teil: Anwälte aus anderen Staaten

§ 206 Niederlassung (1) [1]Ein Angehöriger eines Mitgliedstaates der Welthandelsorganisation, der einen Beruf ausübt, der in der Ausbildung und den Befugnissen dem Beruf des Rechtsanwalts nach diesem Gesetz entspricht, ist berechtigt, sich unter der Berufsbezeichnung des Herkunftsstaates zur Rechtsbesorgung auf den Gebieten des Rechts des Herkunftsstaates und des Völkerrechts in Deutschland niederzulassen, wenn er auf Antrag in die für den Ort seiner Niederlassung zuständige Rechtsanwaltskammer aufgenommen ist. [2]Das Bundesministerium der Justiz und für Verbraucherschutz wird ermächtigt, durch Rechtsverordnung* ohne Zustimmung des Bundesrates die Berufe zu bestimmen, die in der Ausbildung und den Befugnissen dem Beruf des Rechtsanwalts nach diesem Gesetz entsprechen.

(2) [1]Für die Angehörigen anderer Staaten, die einen in der Ausbildung und den Befugnissen dem Beruf des Rechtsanwalts nach diesem Gesetz entsprechenden Beruf ausüben, gilt Absatz 1 mit der Maßgabe, daß die Befugnis zur Rechtsbesorgung auf das Recht des Herkunftsstaates beschränkt ist, entsprechend, wenn die Gegenseitigkeit mit dem Herkunftsstaat verbürgt ist. [2]Das Bundesministerium der Justiz und für Verbraucherschutz wird ermächtigt, durch Rechtsverordnung ohne Zustimmung des Bundesrates die Staaten, für deren Angehörige dies gilt, und die Berufe zu bestimmen.

§ 207 Aufnahmeverfahren und berufliche Stellung (1) [1]Dem Antrag auf Aufnahme ist eine Bescheinigung der im Herkunftsstaat zuständigen Behörde über die Zugehörigkeit zu dem Beruf beizufügen. [2]Diese Bescheinigung ist der Rechtsanwaltskammer jährlich neu vorzulegen. [3]Kommt der niedergelassene ausländische Rechtsanwalt dieser Pflicht nicht nach oder fallen die Voraussetzungen des § 206 weg, ist die Aufnahme in die Rechtsanwaltskammer zu widerrufen.

(2) [1]Für die Entscheidung über den Antrag, die Rechtsstellung nach Aufnahme in die Rechtsanwaltskammer sowie die Rücknahme und den Widerruf der Aufnahme in die Rechtsanwaltskammer gelten der Zweite Teil mit Ausnahme der §§ 4, 12 Absatz 2 Nummer 1 und Absatz 4 sowie der §§ 12a und 17, der Dritte und Vierte Teil, der Vierte Abschnitt des Fünften Teils, der Sechste, Siebente, Zehnte, Elfte und Dreizehnte Teil dieses Gesetzes sinngemäß sowie die aufgrund von § 31c erlassene Rechtsverordnung. [2]Für die Berufshaftpflichtversicherung gilt § 7 Absatz 1 und 2 des Gesetzes über die Tätigkeit europäischer Rechtsanwälte in Deutschland entsprechend. [3]Vertretungsverbote nach § 114 Abs. 1 Nr. 4 sowie den §§ 150 und 161a sind für den Geltungsbereich dieses Gesetzes auszusprechen. [4]An die Stelle der Ausschließung aus der Rechtsanwaltschaft (§ 114 Abs. 1 Nr. 5) tritt das Verbot, im Geltungsbereich dieses Gesetzes fremde Rechtsangelegenheiten

---

* Verordnung zur Durchführung des § 206 der Bundesrechtsanwaltsordnung, abgedruckt unter Nr. 16.

zu besorgen; mit der Rechtskraft dieser Entscheidung verliert der Verurteilte die Mitgliedschaft in der Rechtsanwaltskammer.

(3) [1]Der niedergelassene ausländische Rechtsanwalt hat bei der Führung seiner Berufsbezeichnung den Herkunftsstaat in deutscher Sprache anzugeben. [2]Wurde er als Syndikusrechtsanwalt in die Rechtsanwaltskammer aufgenommen, hat er seiner Berufsbezeichnung zudem die Bezeichnung „Syndikus" in Klammern nachzustellen. [3]Der niedergelassene ausländische Rechtsanwalt ist berechtigt, im beruflichen Verkehr zugleich die Bezeichnung „Mitglied der Rechtsanwaltskammer" zu verwenden.

(4) Für die Anwendung der Vorschriften des Strafgesetzbuches über die Straflosigkeit der Nichtanzeige geplanter Straftaten (§ 139 Absatz 3 Satz 2), über die Gebührenüberhebung (§ 352) und über den Parteiverrat (§ 356) stehen niedergelassene ausländische Rechtsanwälte den Rechtsanwälten und Anwälten gleich.

Dreizehnter Teil: Übergangs- und Schlussvorschriften

§ 208 Landesrechtliche Beschränkungen der Parteivertretung und Beistandschaft [1]Ist durch Landesgesetz im Verfahren vor dem Schiedsmann oder vor anderen Güte- oder Sühnestellen der Ausschluss von Bevollmächtigten oder Beiständen vorgesehen, so kann er auch auf Rechtsanwälte erstreckt werden. [2]Auf Grund von landesrechtlichen Vorschriften können Rechtsanwälte nicht als Bevollmächtigte oder Beistände zurückgewiesen werden.

§ 209 Kammermitgliedschaft von Inhabern einer Erlaubnis nach dem Rechtsberatungsgesetz (1) [1]Natürliche Personen, die im Besitz einer uneingeschränkt oder unter Ausnahme lediglich des Sozial- oder Sozialversicherungsrechts erteilten Erlaubnis zur geschäftsmäßigen Rechtsbesorgung sind, sind auf Antrag in die für den Ort ihrer Niederlassung zuständige Rechtsanwaltskammer aufzunehmen. [2]Sie dürfen im beruflichen Verkehr zugleich die Bezeichnung „Mitglied der Rechtsanwaltskammer" führen. [3]Für die Entscheidung über den Antrag, die Rechtsstellung nach Aufnahme in die Rechtsanwaltskammer sowie die Aufhebung oder das Erlöschen der Erlaubnis gelten der Zweite Teil mit Ausnahme der §§ 4, 12 Absatz 2 Nummer 1 und Absatz 4 sowie der §§ 12a und 17, der Dritte Teil mit Ausnahme des § 43e, der Vierte Teil, der Vierte Abschnitt des Fünften Teils, der Sechste, Siebente, Zehnte, Elfte und Dreizehnte Teil dieses Gesetzes sinngemäß sowie die aufgrund von § 31c erlassene Rechtsverordnung. [4]Der Erlaubnisinhaber kann auf besondere Kenntnisse in einem der in § 43c Abs. 1 Satz 2 genannten Gebiete durch den Zusatz „Fachgebiet" mit höchstens zwei der in § 43c Abs. 1 Satz 2 geregelten Gebiete hinweisen.

(2) [1]Die Aufnahme in die Rechtsanwaltskammer wird auf Antrag des Erlaubnisinhabers widerrufen. [2]Die Entscheidung über den Widerruf wird ausgesetzt, solange gegen den Erlaubnisinhaber ein anwaltsgerichtliches Verfahren schwebt.

(3) [1]Bei einem Wechsel des Ortes der Niederlassung ist auf Antrag des Erlaubnisinhabers nur der in der Erlaubnis bestimmte Ort zu ändern. [2]Die Änderung wird von der Rechtsanwaltskammer verfügt, in deren Bezirk der neugewählte Ort der Niederlassung liegt. [3]Mit der Änderung wird der Erlaubnisinhaber Mitglied der nunmehr zuständigen Rechtsanwaltskammer.

(4) (weggefallen)

§ 210 Bestehenbleiben von Rechtsanwaltskammern [1]Am 1. September 2009 bestehende Rechtsanwaltskammern, die ihren Sitz nicht am Ort eines Oberlandesgerichts haben, bleiben bestehen.

§ 211 Befreiung von der Voraussetzung der Befähigung zum Richteramt (1) [1]Die Befähigung zur anwaltlichen Tätigkeit besitzen auch Personen, die bis zum 9. September 1996 die fachlichen Voraussetzungen für die Zulassung zur Rechtsanwaltschaft nach § 4 des Rechtsanwaltsgesetzes vom 13. September 1990 (GBl. I Nr. 61 S. 1504) erfüllt haben.

(2) [1]Rechtsanwälte, die schon nach dem Rechtsanwaltsgesetz vom 13. September 1990 zugelassen waren oder die auf Grundlage des Absatzes 1 zugelassen sind, erfüllen die Voraussetzung der Befähigung zum Richteramt gemäß § 93 Abs. 1 Satz 3 und § 101 Abs. 1 Satz 2.

Anlage (zu § 193 Satz 1 und § 195 Satz 1)

Gebührenverzeichnis

Gliederung

Teil 1: Anwaltsgerichtliche Verfahren

Nr.	Gebührentatbestand	Gebührenbetrag oder Satz der jeweiligen Gebühr 1110 bis 1112
	Vorbemerkung 1: (1) Im anwaltsgerichtlichen Verfahren bemessen sich die Gerichtsgebühren vorbehaltlich des Absatzes 2 für alle Rechtszüge nach der rechtskräftig verhängten Maßnahme. (2) Wird ein Rechtsmittel oder ein Antrag auf anwaltsgerichtliche Entscheidung nur teilweise verworfen oder zurückgewiesen, so hat das Gericht die Gebühr zu ermäßigen, soweit es unbillig wäre, den Rechtsanwalt damit zu belasten. (3) Im Verfahren nach Wiederaufnahme werden die gleichen Gebühren wie für das wiederaufgenommene Verfahren erhoben. Wird jedoch nach Anordnung der Wiederaufnahme des Verfahrens das frühere Urteil aufgehoben, gilt für die Gebührenerhebung jeder Rechtszug des neuen Verfahrens mit dem jeweiligen Rechtszug des früheren Verfahrens zusammen als ein Rechtszug. Gebühren werden auch für Rechtszüge erhoben, die nur im früheren Verfahren stattgefunden haben.	
	Abschnitt 1 **Verfahren vor dem Anwaltsgericht**	
	Unterabschnitt 1 *Anwaltsgerichtliches Verfahren erster Instanz*	
1110	Verfahren mit Urteil bei Verhängung einer oder mehrerer der folgenden Maßnahmen: 1. einer Warnung, 2. eines Verweises, 3. einer Geldbuße	240,00 EUR
1111	Verfahren mit Urteil bei Verhängung eines Vertretungs- und Beistandsverbots nach § 114 Abs. 1 Nr. 4 der Bundesrechtsanwaltsordnung	360,00 EUR
1112	Verfahren mit Urteil bei Ausschließung aus der Rechtsanwaltschaft	480,00 EUR
	Unterabschnitt 2 *Antrag auf gerichtliche Entscheidung über die Rüge*	
1120	Verfahren über den Antrag auf gerichtliche Entscheidung über die Rüge nach § 74 a Abs. 1 der Bundesrechtsanwaltsordnung: Der Antrag wird verworfen oder zurückgewiesen ..	160,00 EUR
	Abschnitt 2 **Verfahren vor dem Anwaltsgerichtshof**	
	Unterabschnitt 1 *Berufung*	
1210	Berufungsverfahren mit Urteil	1,5
1211	Erledigung des Berufungsverfahrens ohne Urteil ... Die Gebühr entfällt bei Zurücknahme der Berufung vor Ablauf der Begründungsfrist.	0,5

Nr.	Gebührentatbestand	Gebührenbetrag oder Satz der jeweiligen Gebühr 1110 bis 1112
	Unterabschnitt 2 *Beschwerde*	
1220	Verfahren über Beschwerden im anwaltsgerichtlichen Verfahren, die nicht nach anderen Vorschriften gebührenfrei sind: Die Beschwerde wird verworfen oder zurückgewiesen .... Von dem Rechtsanwalt wird eine Gebühr nur erhoben, wenn gegen ihn rechtskräftig eine anwaltsgerichtliche Maßnahme verhängt worden ist.	50,00 EUR
	Unterabschnitt 3 *Antrag auf gerichtliche Entscheidung über die Androhung oder die Festsetzung eines Zwangsgelds*	
1230	Verfahren über den Antrag auf gerichtliche Entscheidung über die Androhung oder die Festsetzung eines Zwangsgelds nach § 57 Abs. 3 der Bundesrechtsanwaltsordnung: Der Antrag wird verworfen oder zurückgewiesen ...	200,00 EUR
	Abschnitt 3 **Verfahren vor dem Bundesgerichtshof**	
	Unterabschnitt 1 *Revision*	
1310	Revisionsverfahren mit Urteil oder mit Beschluss nach § 146 Abs. 3 Satz 1 der Bundesrechtsanwaltsordnung i. V. m. § 349 Abs. 2 oder Abs. 4 StPO ...	2,0
1311	Erledigung des Revisionsverfahrens ohne Urteil und ohne Beschluss nach § 146 Abs. 3 Satz 1 der Bundesrechtsanwaltsordnung i. V. m. § 349 Abs. 2 oder Abs. 4 StPO .... Die Gebühr entfällt bei Zurücknahme der Revision vor Ablauf der Begründungsfrist.	1,0
	Unterabschnitt 2 *Beschwerde*	
1320	Verfahren über die Beschwerde gegen die Nichtzulassung der Revision: Die Beschwerde wird verworfen oder zurückgewiesen	1,0
1321	Verfahren über sonstige Beschwerden im anwaltsgerichtlichen Verfahren, die nicht nach anderen Vorschriften gebührenfrei sind: Die Beschwerde wird verworfen oder zurückgewiesen	50,00 EUR

Nr.	Gebührentatbestand	Gebührenbetrag oder Satz der jeweiligen Gebühr 1110 bis 1112
	Von dem Rechtsanwalt wird eine Gebühr nur erhoben, wenn gegen ihn rechtskräftig eine anwaltsgerichtliche Maßnahme verhängt worden ist.	
	Unterabschnitt 3 *Verfahren wegen eines bei dem Bundesgerichtshof zugelassenen Rechtsanwalts*	
1330	Anwaltsgerichtliches Verfahren mit Urteil bei Verhängung einer Maßnahme	1,5
1331	Verfahren über den Antrag auf gerichtliche Entscheidung über die Androhung oder die Festsetzung eines Zwangsgelds nach § 57 Abs. 3 i. V. m. § 163 Satz 2 der Bundesrechtsanwaltsordnung: Der Antrag wird verworfen oder zurückgewiesen ..	240,00 EUR
1332	Verfahren über den Antrag auf gerichtliche Entscheidung über die Rüge nach § 74 a Abs. 1 i. V. m. § 163 Satz 2 der Bundesrechtsanwaltsordnung: Der Antrag wird verworfen oder zurückgewiesen ..	240,00 EUR
	Abschnitt 4 **Rüge wegen Verletzung des Anspruchs auf rechtliches Gehör**	
1400	Verfahren über die Rüge wegen Verletzung des Anspruchs auf rechtliches Gehör: Die Rüge wird in vollem Umfang verworfen oder zurückgewiesen	50,00 EUR

Teil 2: Gerichtliche Verfahren in verwaltungsrechtlichen Anwaltssachen

Nr.	Gebührentatbestand	Gebührenbetrag oder Satz der jeweiligen Gebühr nach § 34 GKG
	Abschnitt 1 Erster Rechtszug	
	Unterabschnitt 1 Anwaltsgerichtshof	
2110	Verfahren im Allgemeinen	4,0
2111	Beendigung des gesamten Verfahrens durch 1. Zurücknahme der Klage a) vor dem Schluss der mündlichen Verhandlung, b) wenn eine solche nicht stattfindet, vor Ablauf des Tages, an dem das Urteil, der Gerichtsbescheid oder der Beschluss in der Hauptsache der Geschäftsstelle übermittelt wird, c) im Fall des § 112c Abs. 1 Satz 1 der Bundesrechtsanwaltsordnung i. V. m. § 93a Abs. 2 VwGO vor Ablauf der Erklärungsfrist nach § 93a Abs. 2 Satz 1 VwGO, 2. Anerkenntnis- oder Verzichtsurteil, 3. gerichtlichen Vergleich oder 4. Erledigungserklärungen nach § 112c Abs. 1 Satz 1 der Bundesrechtsanwaltsordnung i. V. m. § 161 Abs. 2 VwGO, wenn keine Entscheidung über die Kosten ergeht oder die Entscheidung einer zuvor mitgeteilten Einigung der Beteiligten über die Kostentragung oder der Kostenübernahmeerklärung eines Beteiligten folgt, es sei denn, dass bereits ein anderes als eines der in Nummer 2 genannten Urteile, ein Gerichtsbescheid oder Beschluss in der Hauptsache vorausgegangen ist: Die Gebühr 2110 ermäßigt sich auf	2,0
	Die Gebühr ermäßigt sich auch, wenn mehrere Ermäßigungstatbestände erfüllt sind.	

Nr.	Gebührentatbestand	Gebührenbetrag oder Satz der jeweiligen Gebühr nach § 34 GKG
	Unterabschnitt 2 *Bundesgerichtshof*	
2120	Verfahren im Allgemeinen	5,0
2121	Beendigung des gesamten Verfahrens durch 1. Zurücknahme der Klage a) vor dem Schluss der mündlichen Verhandlung, b) wenn eine solche nicht stattfindet, vor Ablauf des Tages, an dem das Urteil oder der Gerichtsbescheid der Geschäftsstelle übermittelt wird, c) im Fall des § 112c Abs. 1 Satz 1 der Bundesrechtsanwaltsordnung i. V. m. § 93a Abs. 2 VwGO vor Ablauf der Erklärungsfrist nach § 93a Abs. 2 Satz 1 VwGO, 2. Anerkenntnis- oder Verzichtsurteil, 3. gerichtlichen Vergleich oder 4. Erledigungserklärungen nach § 112c Abs. 1 Satz 1 der Bundesrechtsanwaltsordnung i. V. m. § 161 Abs. 2 VwGO, wenn keine Entscheidung über die Kosten ergeht oder die Entscheidung einer zuvor mitgeteilten Einigung der Beteiligten über die Kostentragung oder der Kostenübernahmeerklärung eines Beteiligten folgt, es sei denn, dass bereits ein anderes als eines der in Nummer 2 genannten Urteile, ein Gerichtsbescheid oder Beschluss in der Hauptsache vorausgegangen ist: Die Gebühr 2120 ermäßigt sich auf	3,0
	Die Gebühr ermäßigt sich auch, wenn mehrere Ermäßigungstatbestände erfüllt sind.	
	Abschnitt 2 **Zulassung und Durchführung der Berufung**	
2200	Verfahren über die Zulassung der Berufung: Soweit der Antrag abgelehnt wird	1,0
2201	Verfahren über die Zulassung der Berufung: Soweit der Antrag zurückgenommen oder das Verfahren durch anderweitige Erledigung beendet wird	0,5
	Die Gebühr entsteht nicht, soweit die Berufung zugelassen wird.	
2202	Verfahren im Allgemeinen	5,0

Nr.	Gebührentatbestand	Gebührenbetrag oder Satz der jeweiligen Gebühr nach § 34 GKG
2203	Beendigung des gesamten Verfahrens durch Zurücknahme der Berufung oder der Klage, bevor die Schrift zur Begründung der Berufung bei Gericht eingegangen ist: Die Gebühr 2202 ermäßigt sich auf	1,0
	Erledigungserklärungen nach § 112c Abs. 1 Satz 1 der Bundesrechtsanwaltsordnung i. V. m. § 161 Abs. 2 VwGO stehen der Zurücknahme gleich, wenn keine Entscheidung über die Kosten ergeht oder die Entscheidung einer zuvor mitgeteilten Einigung der Beteiligten über die Kostentragung oder der Kostenübernahmeerklärung eines Beteiligten folgt.	
2204	Beendigung des gesamten Verfahrens, wenn nicht Nummer 2203 erfüllt ist, durch 1. Zurücknahme der Berufung oder der Klage a) vor dem Schluss der mündlichen Verhandlung, b) wenn eine solche nicht stattfindet, vor Ablauf des Tages, an dem das Urteil oder der Beschluss in der Hauptsache der Geschäftsstelle übermittelt wird, oder c) im Fall des § 112c Abs. 1 Satz 1 der Bundesrechtsanwaltsordnung i. V. m. § 93a Abs. 2 VwGO vor Ablauf der Erklärungsfrist nach § 93 a Abs. 2 Satz 1 VwGO, 2. Anerkenntnis- oder Verzichtsurteil, 3. gerichtlichen Vergleich oder 4. Erledigungserklärungen nach § 112c Abs. 1 Satz 1 der Bundesrechtsanwaltsordnung i. V. m. § 161 Abs. 2 VwGO, wenn keine Entscheidung über die Kosten ergeht oder die Entscheidung einer zuvor mitgeteilten Einigung der Beteiligten über die Kostentragung oder der Kostenübernahmeerklärung eines Beteiligten folgt, es sei denn, dass bereits ein anderes als eines der in Nummer 2 genannten Urteile oder ein Beschluss in der Hauptsache vorausgegangen ist: Die Gebühr 2202 ermäßigt sich auf	3,0
	Die Gebühr ermäßigt sich auch, wenn mehrere Ermäßigungstatbestände erfüllt sind.	

Nr.	Gebührentatbestand	Gebührenbetrag oder Satz der jeweiligen Gebühr nach § 34 GKG
	Abschnitt 3 **Vorläufiger Rechtsschutz**	
	Vorbemerkung 2.3: (1) Die Vorschriften dieses Abschnitts gelten für einstweilige Anordnungen und für Verfahren nach § 112c Abs. 1 Satz 1 der Bundesrechtsanwaltsordnung i. V. m. § 80 Abs. 5 und § 80 a Abs. 3 VwGO. (2) Im Verfahren über den Antrag auf Erlass und im Verfahren über den Antrag auf Aufhebung einer einstweiligen Anordnung werden die Gebühren jeweils gesondert erhoben. Mehrere Verfahren nach § 112c Abs. 1 Satz 1 der Bundesrechtsanwaltsordnung i. V. m. § 80 Abs. 5 und 7 und § 80a Abs. 3 VwGO gelten innerhalb eines Rechtszugs als ein Verfahren.	
	Unterabschnitt 1 *Anwaltsgerichtshof*	
2310	Verfahren im Allgemeinen	2,0
2311	Beendigung des gesamten Verfahrens durch 1. Zurücknahme des Antrags a) vor dem Schluss der mündlichen Verhandlung oder, b) wenn eine solche nicht stattfindet, vor Ablauf des Tages, an dem der Beschluss der Geschäftsstelle übermittelt wird, 2. gerichtlichen Vergleich oder 3. Erledigungserklärungen nach § 112c Abs. 1 Satz 1 der Bundesrechtsanwaltsordnung i. V. m. § 161 Abs. 2 VwGO, wenn keine Entscheidung über die Kosten ergeht oder die Entscheidung einer zuvor mitgeteilten Einigung der Beteiligten über die Kostentragung oder der Kostenübernahmeerklärung eines Beteiligten folgt, es sei denn, dass bereits ein Beschluss über den Antrag vorausgegangen ist: Die Gebühr 2310 ermäßigt sich auf Die Gebühr ermäßigt sich auch, wenn mehrere Ermäßigungstatbestände erfüllt sind.	0,75
	Unterabschnitt 2 *Bundesgerichtshof als Rechtsmittelgericht in der Hauptsache*	
2320	Verfahren im Allgemeinen	1,5
2321	Beendigung des gesamten Verfahrens durch 1. Zurücknahme des Antrags a) vor dem Schluss der mündlichen Verhandlung oder, b) wenn eine solche nicht stattfindet, vor Ablauf des Tages, an dem der Beschluss der Geschäftsstelle übermittelt wird,	

Nr.	Gebührentatbestand	Gebührenbetrag oder Satz der jeweiligen Gebühr nach § 34 GKG
	2. gerichtlichen Vergleich oder 3. Erledigungserklärungen nach § 112c Abs. 1 Satz 1 der Bundesrechtsanwaltsordnung i. V. m. § 161 Abs. 2 VwGO, wenn keine Entscheidung über die Kosten ergeht oder die Entscheidung einer zuvor mitgeteilten Einigung der Beteiligten über die Kostentragung oder der Kostenübernahmeerklärung eines Beteiligten folgt, es sei denn, dass bereits ein Beschluss über den Antrag vorausgegangen ist: Die Gebühr 2320 ermäßigt sich auf	0,5
	Die Gebühr ermäßigt sich auch, wenn mehrere Ermäßigungstatbestände erfüllt sind.	

Unterabschnitt 3
Bundesgerichtshof

Vorbemerkung 2.3.3:

Die Vorschriften dieses Unterabschnitts gelten, wenn der Bundesgerichtshof auch in der Hauptsache erstinstanzlich zuständig ist.

Nr.	Gebührentatbestand	Gebührenbetrag oder Satz der jeweiligen Gebühr nach § 34 GKG
2330	Verfahren im Allgemeinen	2,5
2331	Beendigung des gesamten Verfahrens durch 1. Zurücknahme des Antrags a) vor dem Schluss der mündlichen Verhandlung oder, b) wenn eine solche nicht stattfindet, vor Ablauf des Tages, an dem der Beschluss der Geschäftsstelle übermittelt wird, 2. gerichtlichen Vergleich oder 3. Erledigungserklärungen nach § 112c Abs. 1 Satz 1 der Bundesrechtsanwaltsordnung i. V. m. § 161 Abs. 2 VwGO, wenn keine Entscheidung über die Kosten ergeht oder die Entscheidung einer zuvor mitgeteilten Einigung der Beteiligten über die Kostentragung oder der Kostenübernahmeerklärung eines Beteiligten folgt, es sei denn, dass bereits ein Beschluss über den Antrag vorausgegangen ist: Die Gebühr 2330 ermäßigt sich auf	1,0
	Die Gebühr ermäßigt sich auch, wenn mehrere Ermäßigungstatbestände erfüllt sind.	

Nr.	Gebührentatbestand	Gebührenbetrag oder Satz der jeweiligen Gebühr nach § 34 GKG
	Abschnitt 4 **Rüge wegen Verletzung des Anspruchs auf rechtliches Gehör**	
2400	Verfahren über die Rüge wegen Verletzung des Anspruchs auf rechtliches Gehör: Die Rüge wird in vollem Umfang verworfen oder zurückgewiesen	50,00 EUR

Das anwaltsgerichtliche Verfahren – eine Übersicht*

Schaubild 1: Das Rügeverfahren der Rechtsanwaltskammer (§ 74 BRAO)

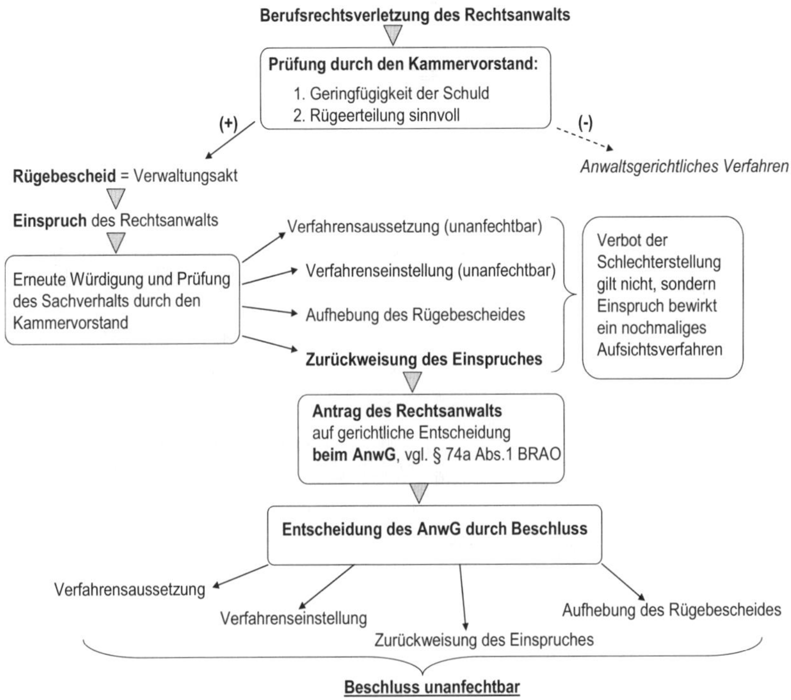

* Mit freundlicher Zustimmung der Verfasser übernommen aus dem Beitrag *Huff/Terriuolo*, KammerForum 2013, 53 ff.

Schaubild 2: Das anwaltsgerichtliche Verfahren bei Anschuldigungen durch die Generalstaatsanwaltschaft

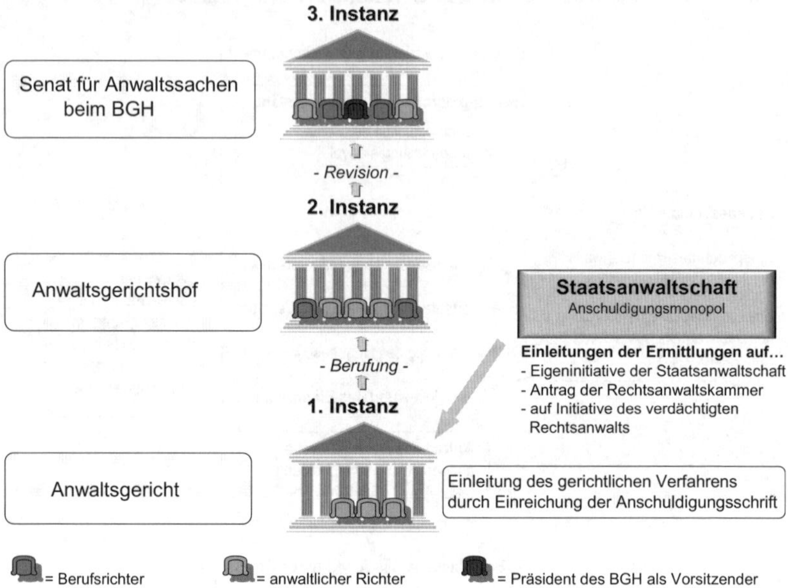

Schaubild 3: Das anwaltsgerichtliche Verfahren bei Verwaltungshandeln der Kammer

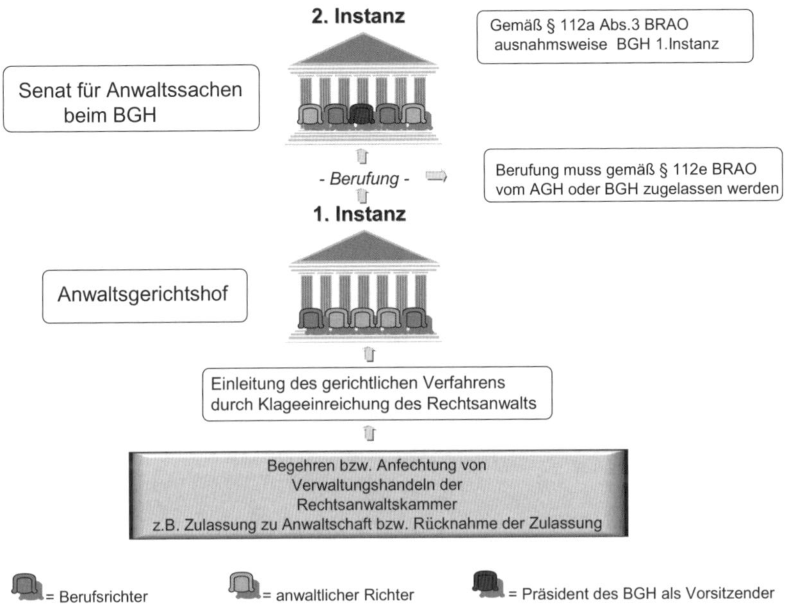

Rechtsanwaltsverzeichnis- und -postfachverordnung) (RAVPV)

Vom 23. September 2016, BGBl. I S. 2167

Zuletzt geändert durch Artikel 19 des Gesetzes vom 12. Mai 2017, BGBl. I S. 1121

Inhaltsübersicht

Teil 1: Elektronische Verzeichnisse der Rechtsanwaltskammern

§ 1 Verzeichnis und einzutragende Personen [1]Jede Rechtsanwaltskammer führt ein elektronisches Verzeichnis der in ihrem Bezirk zugelassenen Rechtsanwälte einschließlich der Syndikusrechtsanwälte. [2]In ihr Verzeichnis sind zudem die folgenden Personen einzutragen:

1. von ihr aufgenommene niedergelassene europäische Rechtsanwälte einschließlich der niedergelassenen europäischen Syndikusrechtsanwälte nach § 2 Absatz 1 des Gesetzes über die Tätigkeit europäischer Rechtsanwälte in Deutschland;

2. von ihr aufgenommene Rechtsanwälte aus anderen Staaten einschließlich der Syndikusrechtsanwälte aus anderen Staaten nach § 206 Absatz 1 Satz 1, Absatz 2 Satz 1 der Bundesrechtsanwaltsordnung;
3. von ihr aufgenommene Inhaber einer Erlaubnis zur geschäftsmäßigen Rechtsbesorgung nach § 209 Absatz 1 Satz 1 der Bundesrechtsanwaltsordnung;
4. dienstleistende europäische Rechtsanwälte einschließlich dienstleistender europäischer Syndikusrechtsanwälte, sofern für diese ein besonderes elektronisches Anwaltspostfach einzurichten und dies nach § 27a Absatz 1 Satz 1 in Verbindung mit § 32 Absatz 4 des Gesetzes über die Tätigkeit europäischer Rechtsanwälte in Deutschland bei ihr zu beantragen ist.

§ 2 Inhalt des Verzeichnisses (1) [1]Als Zusatz zum Familiennamen werden, soweit von der eingetragenen Person geführt und mitgeteilt, akademische Grade und Ehrengrade sowie die Bezeichnung „Professor" eingetragen. [2]Nicht-juristische Grade und Bezeichnungen müssen als solche erkennbar sein. [3]Die Rechtsanwaltskammer kann die Eintragung davon abhängig machen, dass die Berechtigung zum Führen des akademischen Grades, des Ehrengrades oder der Bezeichnung „Professor" nachgewiesen wird.

(2) [1]Führt die eingetragene Person einen Berufsnamen und teilt sie diesen mit, wird auch dieser eingetragen.

(3) [1]Verfügt eine eingetragene Person über mehrere Vornamen, so sind diese nur insoweit einzutragen, als sie im Rahmen der Berufsausübung üblicherweise verwendet werden.

(4) [1]Als Name der Kanzlei oder Zweigstelle ist die Bezeichnung einzutragen, unter der die eingetragene Person am jeweiligen Standort beruflich auftritt. [2]Sofern bei einer gemeinschaftlichen Berufsausübung eine Kurzbezeichnung geführt wird, ist diese als Name einzutragen. [3]Bei Syndikusrechtsanwälten ist als Name der Arbeitgeber einzutragen. [4]Wird eine weitere Kanzlei eingetragen, muss sich deren Name von dem Namen anderer für die Person eingetragener Kanzleien unterscheiden.

(5) [1]An Telekommunikationsdaten werden, soweit von der eingetragenen Person mitgeteilt, jeweils eine Telefon- und eine Telefaxnummer sowie eine E-Mail-Adresse je Kanzlei und Zweigstelle eingetragen. [2]Zudem wird, soweit von der eingetragenen Person mitgeteilt, eine Internetadresse je Kanzlei und Zweigstelle eingetragen.

(6) [1]Als Zeitpunkt der Zulassung ist der Zeitpunkt der erstmaligen Zulassung zur Rechtsanwaltschaft in der Bundesrepublik Deutschland einzutragen, sofern die eingetragene Person seitdem ununterbrochen Mitglied einer Rechtsanwaltskammer gewesen ist. [2]Anderenfalls ist der Zeitpunkt der letzten Aufnahme in die Rechtsanwaltskammer einzutragen. [3]Weist die einge-

tragene Person im Fall des Satzes 2 der Rechtsanwaltskammer den Zeitpunkt ihrer ersten Zulassung zur Rechtsanwaltschaft in der Bundesrepublik Deutschland nach, so ist auch dieser einzutragen. [4]Bei nach § 1 Satz 2 in das Verzeichnis eingetragenen Personen tritt an die Stelle der Zulassung die Aufnahme in die Rechtsanwaltskammer.

(7) [1]Vollziehbare Berufs-, Berufsausübungs- und Vertretungsverbote sind unter Angabe des Zeitpunkts des Beginns sowie der Dauer des Verbots einzutragen. [2]Betrifft das Verbot nur einen Teilbereich der beruflichen Tätigkeit, ist auch der Umfang des Verbots einzutragen. [3]Bei der Eintragung eines Berufsausübungsverbots ist zu vermerken, dass dieses für die Dauer einer Tätigkeit im öffentlichen Dienst oder einer Übernahme eines öffentlichen Amtes besteht. [4]Wurde nach § 14 Absatz 4 Satz 1 der Bundesrechtsanwaltsordnung die sofortige Vollziehung der Rücknahme oder des Widerrufs der Zulassung angeordnet, so ist auch diese Maßnahme unter Angabe des Zeitpunkts des Beginns einzutragen; Absatz 6 Satz 4 gilt entsprechend.

(8) [1]Die Eintragung eines Vertreters muss den Zeitraum erkennen lassen, für den dieser bestellt ist. [2]Ist der Vertreter nach § 53 Absatz 2 Satz 2 der Bundesrechtsanwaltsordnung allgemein für alle Vertretungsfälle eines Kalenderjahrs bestellt, muss dies erkennbar sein.

(9) [1]Im Fall der Befreiung von der Kanzleipflicht sind auch der Zeitpunkt des Beginns der Befreiung und bestehende Auflagen einzutragen.

§ 3 Eintragungen in das Verzeichnis [1]Die Eintragung der nach § 1 in das Verzeichnis einzutragenden Personen erfolgt unverzüglich nach ihrer Aufnahme in die Rechtsanwaltskammer. [2]Im Fall des § 1 Satz 2 Nummer 4 erfolgt die Eintragung unverzüglich nach der Feststellung der Voraussetzungen für die Einrichtung des besonderen elektronischen Anwaltspostfachs. [3]Im Übrigen nimmt die Rechtsanwaltskammer Eintragungen unverzüglich vor, nachdem sie von den einzutragenden Umständen Kenntnis erlangt hat und ihr erforderliche Nachweise vorgelegt wurden.

§ 4 Berichtigungen des Verzeichnisses (1) [1]Stellt die Rechtsanwaltskammer fest, dass Eintragungen in ihrem Verzeichnis unrichtig oder unvollständig sind, hat sie diese unverzüglich zu berichtigen. [2]Insbesondere sind nicht mehr bestehende Berufs-, Berufsausübungs- oder Vertretungsverbote unverzüglich aus dem Verzeichnis zu löschen. [3]Bestehen Zweifel an der Richtigkeit oder Vollständigkeit des Verzeichnisses, hat die Rechtsanwaltskammer Auskünfte einzuholen und gegebenenfalls die Vorlage von Nachweisen durch die eingetragene Person zu verlangen.

(2) [1]Stellt eine andere Rechtsanwaltskammer oder die Bundesrechtsanwaltskammer Umstände fest, die die Unrichtigkeit oder Unvollständigkeit eines von einer Rechtsanwaltskammer geführten Verzeichnisses nahelegen, unterrichtet sie die für die Führung des Verzeichnisses zuständige Rechtsanwaltskammer hiervon.

§ 5 Sperrung und Löschung von Eintragungen (1) [1]Scheidet eine in das Verzeichnis eingetragene Person aus der das Verzeichnis führenden Rechtsanwaltskammer aus, sperrt die Rechtsanwaltskammer unverzüglich sämtliche zu der Person eingetragenen Angaben. [2]Die Rechtsfolge des Satzes 1 gilt sinngemäß für die gesonderte Eintragung eines Syndikusrechtsanwalts nach § 46c Absatz 5 Satz 2 der Bundesrechtsanwaltsordnung, soweit dessen Zulassung widerrufen wird. [3]Für dienstleistende europäische Rechtsanwälte gilt Satz 1 mit der Maßgabe nach § 27a Absatz 1 Satz 3 des Gesetzes über die Tätigkeit europäischer Rechtsanwälte in Deutschland sinngemäß.

(2) [1]Gesperrte Eintragungen dürfen nicht durch Einsichtnahme in das Register ersichtlich sein.

(3) [1]Gesperrte Eintragungen werden spätestens zwei Jahre nach der Sperrung gelöscht, soweit nicht die eingetragene Person einer längeren Speicherung ausdrücklich zustimmt. [2]Auf Antrag der eingetragenen Person sind gesperrte Eintragungen unverzüglich zu löschen. [3]§ 31 Absatz 5 Satz 5 der Bundesrechtsanwaltsordnung bleibt unberührt.

(4) [1]Eine zu Unrecht erfolgte Sperrung ist unverzüglich rückgängig zu machen.

(5) [1]Ist für die Abwicklung einer Kanzlei ein Abwickler bestellt, so ist im Verzeichnis zu vermerken, dass die eingetragene Person nicht mehr Mitglied der Rechtsanwaltskammer ist und dass ein Abwickler bestellt wurde.

§ 6 Einsichtnahme in das Verzeichnis (1) [1]Die Einsichtnahme in das Verzeichnis der Rechtsanwaltskammer ist ausschließlich über das Internet möglich. [2]Eine Einsichtnahme muss jederzeit kostenfrei und ohne vorherige Registrierung möglich sein.

(2) [1]Eine anstelle der Kanzleianschrift in das Verzeichnis eingetragene zustellfähige Anschrift ist nicht einsehbar.

(3) [1]Eintragungen nach § 1 Satz 2 Nummer 4 sind nicht einsehbar.

(4) [1]Die Ausgestaltung der Möglichkeit zur Einsichtnahme soll die Anforderungen der Barrierefreiheit im Sinne der Barrierefreie Informationstechnik-Verordnung vom 12. September 2011 (BGBl. I S. 1843) in der jeweils geltenden Fassung berücksichtigen.

§ 7 Suchfunktion (1) [1]Die Rechtsanwaltskammern haben die Einsichtnahme in ihr Verzeichnis über eine Suchfunktion zu gewährleisten. [2]Die Suchfunktion hat die alternative und die kumulative Suche anhand folgender Angaben zu ermöglichen:

1. Familienname; ist als Zusatz hierzu ein Berufsname eingetragen, muss auch dieser bei der Suche gefunden werden können;
2. Vorname;

3. Anschrift von Kanzlei oder Zweigstelle;
4. Kanzleiname oder Name der Zweigstelle;
5. Berufsbezeichnung;
6. Fachanwaltsbezeichnung.

(2) [1]Die Suchfunktion kann auffordern, die Suche nach weiteren Kriterien einzuschränken, wenn mehr als 50 Treffer zu erwarten sind.

(3) Die Nutzung der Suchfunktion kann von der Eingabe eines auf der Internetseite angegebenen Sicherheitscodes abhängig gemacht werden.

§ 8 Datensicherheit und Einsehbarkeit (1) [1]Die das Verzeichnis führende Rechtsanwaltskammer hat zu gewährleisten, dass Eintragungen, Berichtigungen, Sperrungen, Entsperrungen und Löschungen allein durch sie selbst vorgenommen werden können. [2]Zudem muss nachträglich überprüft und festgestellt werden können, wer diese Maßnahmen innerhalb der Rechtsanwaltskammer zu welchem Zeitpunkt vorgenommen hat.

(2) [1]Jede Rechtsanwaltskammer hat durch geeignete organisatorische und dem aktuellen Stand entsprechende technische Maßnahmen sicherzustellen, dass die in das Verzeichnis aufgenommenen Angaben jederzeit einsehbar sind.

(3) [1]Jede Rechtsanwaltskammer hat durch geeignete organisatorische und dem aktuellen Stand entsprechende technische Maßnahmen Vorkehrungen zu treffen, dass sie von auftretenden Fehlfunktionen des von ihr zu führenden Verzeichnisses unverzüglich Kenntnis erlangt. [2]Schwerwiegende Fehlfunktionen hat sie unverzüglich, andere Fehlfunktionen hat sie zeitnah zu beheben.

Teil 2: Gesamtverzeichnis der Bundesrechtsanwaltskammer

§ 9 Führung des Gesamtverzeichnisses [1]Die Bundesrechtsanwaltskammer führt ein elektronisches Gesamtverzeichnis aller in den Verzeichnissen der Rechtsanwaltskammern eingetragenen Personen. [2]Es trägt die Bezeichnung „Bundesweites Amtliches Anwaltsverzeichnis“.

§ 10 Inhalt des Gesamtverzeichnisses [1]Das Gesamtverzeichnis enthält zu den einzutragenden Personen

1. die in den Verzeichnissen der Rechtsanwaltskammern enthaltenen Angaben,
2. die Angabe der Kammer, der sie angehören oder die sonst für sie zuständig ist,
3. die von der Bundesrechtsanwaltskammer zusätzlich eingetragenen Angaben und

4. die Sprachkenntnisse und die Tätigkeitsschwerpunkte, die die eingetragenen Personen selbst eingetragen haben.

§ 11 Eintragungen in das Gesamtverzeichnis (1) [1]Sofern die Rechtsanwaltskammern die in ihren Verzeichnissen enthaltenen Angaben im automatisierten Verfahren in das Gesamtverzeichnis eingeben, sind die zu übertragenden Daten zumindest mit einer fortgeschrittenen elektronischen Signatur zu versehen.

(2) [1]Die Bundesrechtsanwaltskammer trägt zu den eingetragenen Personen die Bezeichnung ihres besonderen elektronischen Anwaltspostfachs in das Gesamtverzeichnis ein. [2]Wurde für einen Vertreter, Abwickler oder Zustellungsbevollmächtigten ein besonderes elektronisches Anwaltspostfach eingerichtet, ist auch dessen Bezeichnung bei der eingetragenen Person einzutragen.

(3) [1]Die Bundesrechtsanwaltskammer ermöglicht den in § 16 Satz 2 genannten Personen durch geeignete technische Vorkehrungen für die Zwecke der Suche nach diesen Angaben über das Europäische Rechtsanwaltsverzeichnis die Eintragung von Sprachkenntnissen und Tätigkeitsschwerpunkten in das Gesamtverzeichnis. [2]Dabei sind nur folgende Tätigkeitsschwerpunkte eintragungsfähig:

1. Insolvenzrecht;
2. Wirtschaftsrecht;
3. Verbraucherrecht;
4. Strafrecht;
5. Arbeitsrecht;
6. Umweltrecht;
7. Recht der Europäischen Union (EU);
8. Familienrecht;
9. Menschen- und Bürgerrechte;
10. Immigrations- und Asylrecht;
11. Gewerblicher Rechtsschutz und Urheberrecht;
12. Recht der Informationstechnologie (IT);
13. Prozessvertretung, Mediation und Schiedsverfahren;
14. Schadensersatzrecht;
15. Eigentumsrecht;
16. Öffentliches Recht;
17. Sozialrecht;

18. Erbrecht;

19. Steuerrecht;

20. Verkehrs- und Transportrecht.

§ 12 Berichtigung des Gesamtverzeichnisses (1) [1]Sofern die Rechtsanwaltskammern in ihren Verzeichnissen enthaltene Angaben in das Gesamtverzeichnis eingegeben haben, erfolgen Berichtigungen, Sperrungen, Entsperrungen und Löschungen dieser Angaben durch die Rechtsanwaltskammern im automatisierten Verfahren. [2]Zu diesem Zweck zu übertragende Daten sind zumindest mit einer fortgeschrittenen elektronischen Signatur zu versehen.

(2) [1]Erlangt die Bundesrechtsanwaltskammer Kenntnis von einer von ihr zu verantwortenden Unrichtigkeit der Bezeichnung eines besonderen elektronischen Anwaltspostfachs, berichtigt sie diese unverzüglich und unterrichtet den Postfachinhaber hierüber. [2]Stellt eine Rechtsanwaltskammer Umstände fest, die eine Unrichtigkeit im Sinne des Satzes 1 nahelegen, so unterrichtet sie die Bundesrechtsanwaltskammer hiervon.

(3) [1]Die Bundesrechtsanwaltskammer ermöglicht den eingetragenen Personen die Berichtigung und Löschung der jeweiligen von ihnen im Gesamtverzeichnis eingetragenen Sprachkenntnisse und Tätigkeitsschwerpunkte.

§ 13 Einsichtnahme in das Gesamtverzeichnis (1) [1]§ 6 gilt entsprechend.

(2) [1]In das Gesamtverzeichnis eingetragene Sprachkenntnisse und Tätigkeitsschwerpunkte sind ausschließlich über das Europäische Rechtsanwaltsverzeichnis einsehbar.

§ 14 Suchfunktion [1]Die Einsichtnahme in das Gesamtverzeichnis erfolgt über eine Suchfunktion. [2]§ 7 gilt mit der Maßgabe entsprechend, dass auch eine Suche nach der Kammerzugehörigkeit zu ermöglichen ist.

§ 15 Datensicherheit und Einsehbarkeit (1) [1]Die Bundesrechtsanwaltskammer gewährleistet, dass die von den Rechtsanwaltskammern vorzunehmenden Eingaben in das Gesamtverzeichnis allein durch die jeweils zuständige Rechtsanwaltskammer erfolgen. [2]Von der Bundesrechtsanwaltskammer vorzunehmende Eintragungen dürfen nur durch diese erfolgen.

(2) [1]Die Rechtsanwaltskammern gewährleisten, dass hinsichtlich der von ihnen vorgenommenen Eingaben in das Gesamtverzeichnis nachträglich überprüft und festgestellt werden kann, wer diese vorgenommen hat. [2]Gleiches gilt für die Bundesrechtsanwaltskammer hinsichtlich der von ihr in das Gesamtverzeichnis eingetragenen Angaben. [3]Die Bundesrechtsanwaltskammer gewährleistet zudem, dass Sprachkenntnisse und Tätigkeitsschwerpunkte nur von der eingetragenen Person eingetragen, berichtigt und gelöscht werden können.

(3) [1]Die Bundesrechtsanwaltskammer stellt durch geeignete organisatorische und dem aktuellen Stand entsprechende technische Maßnahmen sicher, dass die in das Gesamtverzeichnis aufgenommenen Angaben ständig einsehbar sind. [2]Sie hat durch solche Maßnahmen zudem Vorkehrungen zu treffen, dass sie von auftretenden Fehlfunktionen des von ihr zu führenden Verzeichnisses unverzüglich Kenntnis erlangt. [3]Schwerwiegende Fehlfunktionen hat sie unverzüglich, andere Fehlfunktionen hat sie zeitnah zu beheben.

Teil 3: Europäisches Rechtsanwaltsverzeichnis

§ 16 Abruf von Angaben über das Europäische Rechtsanwaltsverzeichnis [1]Die Bundesrechtsanwaltskammer stellt die in § 17 genannten Angaben des Gesamtverzeichnisses für die Einsichtnahme über das auf den Internetseiten der Europäischen Kommission unter der Bezeichnung „Find a lawyer" betriebene elektronische Suchsystem, das im Deutschen die Bezeichnung „Europäisches Rechtsanwaltsverzeichnis" trägt, abrufbereit zur Verfügung. [2]Der Abruf ist bezüglich des in § 1 Satz 1 und 2 Nummer 1 bis 3 genannten Personenkreises mit Ausnahme der Syndikusrechtsanwälte, der niedergelassenen europäischen Syndikusrechtsanwälte und der Syndikusrechtsanwälte aus anderen Staaten zu ermöglichen.

§ 17 Abrufbare Angaben (1) [1]Die Bundesrechtsanwaltskammer ermöglicht über das Europäische Rechtsanwaltsverzeichnis den Abruf der folgenden im Gesamtverzeichnis eingetragenen Angaben:

1. Familienname und Vorname oder Vornamen des Rechtsanwalts;
2. Berufsbezeichnung;
3. Name der Kanzlei und deren Anschrift;
4. Telefon- und Telefaxnummer sowie E-Mail-Adresse der Kanzlei;
5. Internetadresse der Kanzlei;
6. Kammerzugehörigkeit.

(2) [1]§ 2 Absatz 1 bis 4 Satz 1 und 2 sowie Absatz 5 ist entsprechend anwendbar.

(3) [1]Die Bundesrechtsanwaltskammer stellt zudem die Informationen abrufbereit zur Verfügung, die für eine Suche nach Fachanwaltsbezeichnungen, Sprachkenntnissen und Tätigkeitsschwerpunkten erforderlich sind.

(4) [1]Der Abruf von weiteren, in den Absätzen 1 bis 3 nicht genannten Eintragungen im Gesamtverzeichnis darf über das Europäische Rechtsanwaltsverzeichnis nicht ermöglicht werden.

§ 18 Abrufbarkeit (1) [1]Die Bundesrechtsanwaltskammer stellt durch geeignete organisatorische und dem aktuellen Stand entsprechende technische Maßnahmen sicher, dass in ihrem Verantwortungsbereich alle Voraussetzungen dafür erfüllt sind, dass die in § 17 genannten Angaben des Gesamtverzeichnisses jederzeit über das Europäische Rechtsanwaltsverzeichnis abrufbar sind.

(2) [1]Die Bundesrechtsanwaltskammer hat durch geeignete organisatorische und dem aktuellen Stand entsprechende technische Maßnahmen zu gewährleisten, dass sie von in ihrem Verantwortungsbereich auftretenden Fehlfunktionen beim Abruf über das Europäische Rechtsanwaltsverzeichnis unverzüglich Kenntnis erlangt. [2]Entsprechende schwerwiegende Fehlfunktionen hat sie unverzüglich, entsprechende andere Fehlfunktionen hat sie zeitnah zu beheben. [3]Über sonstige ihr bekannt werdende Fehlfunktionen des Europäischen Rechtsanwaltsverzeichnisses hat sie die für dessen Führung verantwortliche Stelle unverzüglich zu unterrichten.

Teil 4: Besonderes elektronisches Anwaltspostfach

§ 19 Besonderes elektronisches Anwaltspostfach (1) [1]Das besondere elektronische Anwaltspostfach dient der elektronischen Kommunikation der in das Gesamtverzeichnis eingetragenen Mitglieder der Rechtsanwaltskammern, der Rechtsanwaltskammern und der Bundesrechtsanwaltskammer mit den Gerichten auf einem sicheren Übermittlungsweg. [2]Ebenso dient es der elektronischen Kommunikation der Mitglieder der Rechtsanwaltskammern, der Rechtsanwaltskammern und der Bundesrechtsanwaltskammer untereinander.

(2) [1]Das besondere elektronische Anwaltspostfach kann auch der elektronischen Kommunikation mit anderen Personen oder Stellen dienen.

(3) [1]Die Bundesrechtsanwaltskammer hat den Mitgliedern der Rechtsanwaltskammern, den Rechtsanwaltskammern und sich selbst zum Zweck des Versendens von Nachrichten über das besondere elektronische Anwaltspostfach die elektronische Suche nach allen Personen und Stellen zu ermöglichen, die über das Postfach erreichbar sind. [2]Die Bundesrechtsanwaltskammer hat zudem die Daten, die eine Suche im Sinne des Satzes 1 ermöglichen, auch den Gerichten zugänglich zu machen. [3]Sie kann sie auch anderen Personen und Stellen zugänglich machen, mit denen sie nach Absatz 2 eine Kommunikation ermöglicht.

(4) [1]Vertreter, Abwickler und Zustellungsbevollmächtigte, die nicht bereits von Absatz 1 Satz 1 erfasst sind sowie nach § 1 Satz 2 Nummer 4 eingetragene Personen, stehen den Mitgliedern der Rechtsanwaltskammern nach den Absätzen 1 bis 3 gleich.

§ 20 Führung der besonderen elektronischen Postfächer (1) [1]Die Bundesrechtsanwaltskammer hat die besonderen elektronischen Anwaltspostfächer auf der Grundlage des Protokollstandards „Online Services Computer Interface – OSCI“ oder einem künftig nach dem Stand der Technik an dessen Stelle tretenden Standard zu betreiben. [2]Die Bundesrechtsanwaltskammer hat fortlaufend zu gewährleisten, dass die in § 19 Absatz 1 genannten Personen und Stellen miteinander sicher elektronischen kommunizieren können.

(2) [1]Der Zugang zum besonderen elektronischen Anwaltspostfach soll barrierefrei im Sinne der Barrierefreie-Informationstechnik-Verordnung sein.

(3) [1]Die Bundesrechtsanwaltskammer hat zu gewährleisten, dass bei einem Versand nicht-qualifiziert signierter elektronischer Dokumente durch einen Rechtsanwalt auf einem sicheren Übermittlungsweg für den Empfänger feststellbar ist, dass die Nachricht von dem Rechtsanwalt selbst versandt wurde.

§ 21 Einrichtung eines Postfachs (1) [1]Die Rechtsanwaltskammern unterrichten die Bundesrechtsanwaltskammer über die bevorstehende Eintragung einer Person in das Gesamtverzeichnis. [2]Die Bundesrechtsanwaltskammer richtet unverzüglich nach der Eintragung einer Person in das Gesamtverzeichnis für diese ein besonderes elektronisches Anwaltspostfach empfangsbereit ein.

(2) [1]Absatz 1 gilt nicht, wenn die eingetragene Person von einer Rechtsanwaltskammer in eine andere wechselt.

(3) [1]Für weitere besondere elektronische Anwaltspostfächer gelten die §§ 19, 20 und 22 bis 30 entsprechend.

(4) [1]Beantragt ein dienstleistender europäischer Rechtsanwalt die Einrichtung eines besonderen elektronischen Anwaltspostfachs, so hat er eine höchstens einen Monat alte Bescheinigung darüber vorzulegen, dass er zur Ausübung des Berufs des Rechtsanwalts in seinem Niederlassungsstaat berechtigt ist. [2]Verliert ein dienstleistender europäischer Rechtsanwalt, für den ein besonderes elektronisches Anwaltspostfach eingerichtet wurde, seine Zulassung, ist er verpflichtet, der für ihn zuständigen Rechtsanwaltskammer diesen Verlust unverzüglich mitzuteilen. [3]Hierüber ist er von der Rechtsanwaltskammer zu belehren. [4]Die Rechtsanwaltskammer hat zudem die für die Zulassung des Rechtsanwalts in seinem Niederlassungsstaat zuständige Stelle darum zu bitten, ihr einen Verlust der Zulassung unverzüglich mitzuteilen.

§ 22 Erstanmeldung am Postfach (1) [1]Die Erstanmeldung des Postfachinhabers an seinem besonderen elektronischen Anwaltspostfach erfolgt unter Verwendung eines für ihn zu diesem Zweck erzeugten und auf einer Hardwarekomponente gespeicherten Zertifikats, das die eindeutige Bezeichnung des Postfachs enthält, sowie unter Verwendung der zugehörigen Zertifikats-PIN. [2]Eine Hardwarekomponente im Sinne des Satzes 1 und des § 23 muss vergleichbaren Anforderungen genügen, wie sie nach dem Anhang II der Verordnung (EU) Nr. 910/2014 des Europäischen Parlaments und des Rates vom 23. Juli 2014 über elektronische Identifizierung und Vertrauensdienste für elektronische Transaktionen im Binnenmarkt und zur Aufhebung der Richtlinie 1999/93/EG (ABl. L 257 vom 28.8.2014, S. 73) für qualifizierte elektronische Signaturerstellungseinheiten gelten.

(2) [1]Der Postfachinhaber erlangt das zur Erstanmeldung erforderliche Zertifikat und die zugehörige Zertifikats-PIN durch Bestellung des Zertifikats bei der Bundesrechtsanwaltskammer oder einer von ihr bestimmten Stelle. [2]Der Postfachinhaber kann auch mehrere zur Erstanmeldung geeignete Zertifikate bestellen.

(3) [1]Die Ausgabe des zur Erstanmeldung erforderlichen Zertifikats und die Zuteilung der zugehörigen Zertifikats-PIN haben in einem Verfahren zu erfolgen, das gewährleistet, dass

1. der Postfachinhaber das Zertifikat und die Zertifikats-PIN unverzüglich, jedoch getrennt voneinander erlangt,
2. das besondere elektronische Anwaltspostfach dem Zertifikat zweifelsfrei zugeordnet ist,
3. keine unbefugte Inbesitznahme des Zertifikats durch Dritte erfolgt und
4. keine unbefugte Kenntnisnahme Dritter von der Zertifikats-PIN erfolgt.

(4) [1]Die Bundesrechtsanwaltskammer hat sich in geeigneter Weise davon zu überzeugen, dass das zur Erstanmeldung erforderliche Zertifikat dem Postfachinhaber zugegangen ist. [2]Hierzu kann sie sich einer anderen öffentlichen Stelle bedienen.

(5) [1]Die Bundesrechtsanwaltskammer hat das zur Erstanmeldung erteilte Zertifikat unverzüglich zu sperren, wenn Anhaltspunkte dafür bestehen, dass die Voraussetzungen nach Absatz 3 Nummer 2 bis 4 nicht erfüllt sind.

§ 23 Weitere Zugangsberechtigungen zum Postfach (1) [1]Der Postfachinhaber kann mit einem auf einer Hardwarekomponente gespeicherten Zertifikat weitere ihm zugeordnete Zertifikate berechtigen, ihm Zugang zu seinem besonderen elektronischen Anwaltspostfach zu gewähren. [2]Diese Zertifikate müssen nicht auf einer Hardwarekomponente gespeichert sein. [3]Zu ihnen muss jedoch ebenfalls eine Zertifikats-PIN gehören. [4]Zudem müssen sie von einem von der Bundesrechtsanwaltskammer anerkannten Zertifizierungsdiensteanbieter authentifiziert sein.

(2) [1]Der Postfachinhaber kann auch anderen Personen Zugang zu seinem besonderen elektronischen Anwaltspostfach gewähren. [2]Verfügen die anderen Personen nicht über ein eigenes besonderes elektronisches Anwaltspost-

fach, hat der Postfachinhaber für sie ein Zugangskonto anzulegen. [3]Der Zugang der anderen Personen über ihr Zugangskonto erfolgt unter Verwendung eines ihnen zugeordneten Zertifikats und einer zugehörigen Zertifikats-PIN. [4]Der Postfachinhaber kann hierzu mit einem auf einer Hardwarekomponente gespeicherten Zertifikat weitere Zertifikate berechtigen, anderen Personen Zugang zu seinem Postfach zu gewähren. [5]Für diese Zertifikate gilt Absatz 1 Satz 2 bis 4 entsprechend.

(3) [1]Der Postfachinhaber kann, wenn er mit einem auf einer Hardwarekomponente gespeicherten Zertifikat angemeldet ist, anderen Personen unterschiedlich weit reichende Zugangsberechtigungen zu seinem besonderen elektronischen Anwaltspostfach erteilen. [2]Er kann anderen Personen, deren Zertifikat auf einer Hardwarekomponente gespeichert ist, auch die Befugnis einräumen, weitere Zugangsberechtigungen zu erteilen. [3]Für die Erteilung weiterer Zugangsberechtigungen durch entsprechend ermächtigte andere Personen gelten die Absätze 1 und 2 entsprechend. [4]Der Postfachinhaber kann anderen Personen zudem die Befugnis einräumen, Nachrichten zu versenden. [5]Das Recht, nichtqualifiziert elektronisch signierte Dokumente auf einem sicheren Übermittlungsweg zu versenden, kann er jedoch nicht auf andere Personen übertragen.

(4) [1]Der Postfachinhaber und die von ihm entsprechend ermächtigten anderen Personen können erteilte Zugangsberechtigungen jederzeit ändern und widerrufen.

§ 24 Zugang zum Postfach (1) [1]Die Anmeldung des Inhabers an seinem besonderen elektronischen Anwaltspostfach erfolgt mit einem ihm zugeordneten Zertifikat und der zugehörigen Zertifikats-PIN. [2]Hat der Inhaber die Nutzung des Postfachs beendet, hat er sich abzumelden. [3]Die Bundesrechtsanwaltskammer hat für den Fall, dass der aktivierte Zugang für eine bestimmte Zeitdauer nicht genutzt wird, eine automatische Abmeldung des Postfachinhabers durch das System vorzusehen. [4]Bei der Bemessung der Zeitdauer sind die Belange des Datenschutzes gegen den Aufwand für die erneute Anmeldung abzuwägen.

(2) [1]Die Anmeldung anderer Personen an einem besonderen elektronischen Anwaltspostfach erfolgt mit einem ihnen zugeordneten Zertifikat und der zugehörigen Zertifikats- PIN; Absatz 1 Satz 2 bis 4 gilt entsprechend.

§ 25 Vertreter, Abwickler und Zustellungsbevollmächtigte (1) [1]Verfügt eine Person, die für eine im Gesamtverzeichnis eingetragene Person als Vertreter oder Abwickler bestellt oder von ihr als Zustellungsbevollmächtigte benannt wird, nicht über ein besonderes elektronisches Anwaltspostfach, unterrichtet die für die eingetragene Person zuständige Rechtsanwaltskammer die Bundesrechtsanwaltskammer über deren Bestellung oder Benennung. [2]Sie übermittelt hierzu die Angaben zur Identität der eingetragenen Person sowie den Familiennamen, die Vornamen und eine zustellfähige

Anschrift der Person, für die das Postfach einzurichten ist. [3]Die Bundesrechtsanwaltskammer richtet daraufhin für die bestellte oder benannte Person für die Dauer ihrer Tätigkeit ein besonderes elektronisches Anwaltspostfach ein.

(2) [1]Die Rechtsanwaltskammern teilen der Bundesrechtsanwaltskammer mit, wenn aufgrund veränderter Umstände die Voraussetzungen für die Einrichtung eines besonderen elektronischen Anwaltspostfachs im Sinne des Absatzes 1 entfallen sind.

(3) [1]Wird ein Vertreter oder Abwickler bestellt oder ein Zustellungsbevollmächtigter benannt, so räumt die Bundesrechtsanwaltskammer diesem für die Dauer seiner Bestellung einen auf die Übersicht der eingegangenen Nachrichten beschränkten Zugang zum besonderen elektronischen Anwaltspostfach der Person ein, für die er bestellt oder benannt wurde. [2]Dabei müssen für den Vertreter, Abwickler oder Zustellungsbevollmächtigten der Absender und der Eingangszeitpunkt der Nachricht einsehbar sein; der Betreff, der Text und die Anhänge der Nachricht dürfen nicht einsehbar sein. [3]Die zur Einräumung des Zugangs erforderliche Übermittlung von Daten durch die Rechtsanwaltskammer an die Bundesrechtsanwaltskammer erfolgt im automatisierten Verfahren. [4]Zu diesem Zweck zu übertragende Daten sind zumindest mit einer fortgeschrittenen elektronischen Signatur zu versehen.

(4) [1]Im Übrigen haben Vertreter und Zustellungsbevollmächtigte Berechtigungen am besonderen elektronischen Anwaltspostfach der Person, für die sie bestellt oder von der sie benannt wurden nur, soweit sie hierzu nach § 23 Absatz 2 bis 4 berechtigt wurden.

§ 26 Datensicherheit (1) [1]Die Inhaber eines für sie erzeugten Zertifikats dürfen dieses keiner weiteren Person überlassen und haben die dem Zertifikat zugehörige Zertifikats-PIN geheim zu halten.

(2) [1]Der Postfachinhaber hat unverzüglich alle erforderlichen Maßnahmen zu ergreifen, um einen unbefugten Zugriff auf sein Postfach zu verhindern, sofern Anhaltspunkte dafür bestehen, dass

1. ein Zertifikat in den Besitz einer unbefugten Person gelangt ist,
2. die einem Zertifikat zugehörige Zertifikats-PIN einer unbefugten Person bekannt geworden ist,
3. ein Zertifikat unbefugt kopiert wurde oder
4. sonst von einer Person mittels eines Zertifikats auf das besondere elektronische Anwaltspostfach unbefugt zugegriffen werden könnte.

§ 27 Automatisches Löschen von Nachrichten [1]Nachrichten dürfen frühestens 90 Tage nach ihrem Eingang automatisch in den Papierkorb des besonderen elektronischen Anwaltspostfachs verschoben werden. [2]Im Papierkorb befindliche Nachrichten dürfen frühestens nach 30 Tagen automatisch gelöscht werden.

§ 28 Aufhebung der Zugangsberechtigung und Sperrung (1) [1]Die Bundesrechtsanwaltskammer sperrt ein besonderes elektronisches Anwaltspostfach, wenn die Eintragungen zum Postfachinhaber im Gesamtverzeichnis gesperrt wurden. [2]Der Zugang zu einem gesperrten besonderen elektronischen Anwaltspostfach ist nicht möglich. [3]Dies gilt für den Postfachinhaber und alle anderen Personen, denen eine Zugangsberechtigung zu dem Postfach erteilt wurde. [4]Die Sätze 1 bis 3 gelten nicht, wenn der Postfachinhaber von einer Rechtsanwaltskammer in eine andere wechselt.

(2) [1]Das besondere elektronische Anwaltspostfach wird zudem gesperrt, wenn für dessen Inhaber ein Abwickler bestellt ist. [2]Der Zugang des Abwicklers nach § 25 Absatz 3 Satz 1 und 2 bleibt hiervon unberührt.

(3) [1]Gesperrte besondere elektronische Anwaltspostfächer sind nicht adressierbar.

(4) [1]Wird eine Sperrung der Eintragung des Postfachinhabers im Gesamtverzeichnis aufgehoben, ist auch die Sperrung des besonderen elektronischen Anwaltspostfachs unverzüglich rückgängig zu machen.

§ 29 Löschung des Postfachs [1]Gesperrte besondere elektronische Anwaltspostfächer werden einschließlich der darin gespeicherten Nachrichten sechs Monate nach der Sperrung gelöscht. [2]Wird ein Abwickler bestellt, erfolgt die Löschung nicht vor Beendigung der Abwicklung.

Teil 5: Schlussvorschriften

§ 30 Die Rechtsanwaltschaft bei dem Bundesgerichtshof [1]Von den Aufgaben, die nach dieser Verordnung der Rechtsanwaltskammer zugewiesen sind, nimmt das Bundesministerium der Justiz und für Verbraucherschutz die Aufgaben wahr, die mit der Zulassung zur Rechtsanwaltschaft bei dem Bundesgerichtshof, dem Erlöschen dieser Zulassung und der Bestellung eines Vertreters oder Abwicklers für einen Rechtsanwalt bei dem Bundesgerichtshof verbunden sind.

§ 31 (weggefallen)

§ 32 Inkrafttreten (1) [1]Diese Verordnung tritt vorbehaltlich des Absatzes 2 am Tag nach der Verkündung in Kraft.

(2) [1]§ 2 Absatz 6 Satz 3, Absatz 7 bis 9, § 7 Absatz 1 Satz 2 Nummer 5 und 6, § 20 Absatz 3 sowie § 23 Absatz 3 Satz 5 treten am 1. Januar 2018 in Kraft.

Schlussformel

Der Bundesrat hat zugestimmt.

Verordnung über die technischen Rahmenbedingungen des elektronischen Rechtsverkehrs und über das besondere elektronische Behördenpostfach* (Elektronischer-Rechtsverkehr-Verordnung – ERVV)

Vom 24. November 2017

Zuletzt geändert durch Artikel 1 der Verordnung vom 9. Februar 2018, BGBl. I S. 200

Inhaltsübersicht

Kapitel 1: Allgemeine Vorschrift

§ 1 Anwendungsbereich (1) [1]Diese Verordnung gilt für die Übermittlung elektronischer Dokumente an die Gerichte der Länder und des Bundes sowie die Bearbeitung elektronischer Dokumente durch diese Gerichte nach § 130a der Zivilprozessordnung, § 46c des Arbeitsgerichtsgesetzes, § 65a des Sozialgerichtsgesetzes, § 55a der Verwaltungsgerichtsordnung und § 52a der Finanzgerichtsordnung. Sie gilt ferner nach Maßgabe des Kapitels 4 für die Übermittlung elektronischer Dokumente an Strafverfolgungsbehörden und Strafgerichte der Länder und des Bundes nach § 32a der Strafprozessordnung sowie die Bearbeitung elektronischer Dokumente.

---

* Notifiziert gemäß der Richtlinie (EU) 2015/1535 des Europäischen Parlaments und des Rates vom 9. September 2015 über ein Informationsverfahren auf dem Gebiet der technischen Vorschriften und der Vorschriften für die Dienste der Informationsgesellschaft (ABl. L 241 vom 17.9.2015, S. 1).

(2) [1]Besondere bundesrechtliche Vorschriften über die Übermittlung elektronischer Dokumente und strukturierter maschinenlesbarer Datensätze bleiben unberührt.

Kapitel 2: Technische Rahmenbedingungen des elektronischen Rechtsverkehrs

§ 2 Anforderungen an elektronische Dokumente (1) [1]Das elektronische Dokument ist in druckbarer, kopierbarer und, soweit technisch möglich, durchsuchbarer Form im Dateiformat PDF zu übermitteln. [2]Wenn bildliche Darstellungen im Dateiformat PDF nicht verlustfrei wiedergegeben werden können, darf das elektronische Dokument zusätzlich im Dateiformat TIFF übermittelt werden. [3]Die Dateiformate PDF und TIFF müssen den nach § 5 Absatz 1 Nummer 1 bekanntgemachten Versionen entsprechen.

(2) [1]Der Dateiname soll den Inhalt des elektronischen Dokuments schlagwortartig umschreiben und bei der Übermittlung mehrerer elektronischer Dokumente eine logische Nummerierung enthalten.

(3) [1]Dem elektronischen Dokument soll ein strukturierter maschinenlesbarer Datensatz im Dateiformat XML beigefügt werden, der den nach § 5 Absatz 1 Nummer 2 bekanntgemachten Definitions- oder Schemadateien entspricht und mindestens enthält:

1. die Bezeichnung des Gerichts;
2. sofern bekannt, das Aktenzeichen des Verfahrens;
3. die Bezeichnung der Parteien oder Verfahrensbeteiligten;
4. die Angabe des Verfahrensgegenstandes;
5. sofern bekannt, das Aktenzeichen eines denselben Verfahrensgegenstand betreffenden Verfahrens und die Bezeichnung der die Akten führenden Stelle.

§ 3 Überschreitung der Höchstgrenzen [1]Wird glaubhaft gemacht, dass die nach § 5 Absatz 1 Nummer 3 bekanntgemachten Höchstgrenzen für die Anzahl oder das Volumen elektronischer Dokumente nicht eingehalten werden können, kann die Übermittlung als Schriftsatz nach den allgemeinen Vorschriften erfolgen, möglichst unter Beifügung des Schriftsatzes und der Anlagen als elektronische Dokumente auf einem nach § 5 Absatz 1 Nummer 4 bekanntgemachten zulässigen physischen Datenträger.

§ 4 Übermittlung elektronischer Dokumente mit qualifizierter elektronischer Signatur (1) [1]Ein elektronisches Dokument, das mit einer qualifizierten elektronischen Signatur der verantwortenden Person versehen ist, darf wie folgt übermittelt werden:

1. auf einem sicheren Übermittlungsweg oder

2. an das für den Empfang elektronischer Dokumente eingerichtete Elektronische Gerichts- und Verwaltungspostfach des Gerichts über eine Anwendung, die auf OSCI oder einem diesen ersetzenden, dem jeweiligen Stand der Technik entsprechenden Protokollstandard beruht.

(2) [1]Mehrere elektronische Dokumente dürfen nicht mit einer gemeinsamen qualifizierten elektronischen Signatur übermittelt werden.

§ 5 Bekanntmachung technischer Anforderungen* (1) [1]Die Bundesregierung macht folgende technische Anforderungen an die Übermittlung und Bearbeitung elektronischer Dokumente im Bundesanzeiger und auf der Internetseite www.justiz.de bekannt:

1. die Versionen der Dateiformate PDF und TIFF;
2. die Definitions- oder Schemadateien, die bei der Übermittlung eines strukturierten maschinenlesbaren Datensatzes im Format XML genutzt werden sollen;
3. die Höchstgrenzen für die Anzahl und das Volumen elektronischer Dokumente;
4. die zulässigen physischen Datenträger;
5. die Einzelheiten der Anbringung der qualifizierten elektronischen Signatur am elektronischen Dokument.

(2) [1]Die technischen Anforderungen müssen den aktuellen Stand der Technik und die Barrierefreiheit im Sinne der Barrierefreie-Informationstechnik-Verordnung vom 12. September 2011 (BGBl. I S. 1843), die zuletzt durch Artikel 4 der Verordnung vom 25. November 2016 (BGBl. I S. 2659) geändert worden ist, in der jeweils geltenden Fassung, berücksichtigen und mit einer Mindestgültigkeitsdauer bekanntgemacht werden. [2]Die technischen Anforderungen können mit einem Ablaufdatum nach der Mindestgültigkeitsdauer versehen werden, ab dem sie voraussichtlich durch neue bekanntgegebene Anforderungen abgelöst sein müssen.

---

* Siehe hierzu auch die Bekanntmachung zu § 5 der Elektronischer-Rechtsverkehr-Verordnung (Elektronischer-Rechtsverkehr-Bekanntmachung 2018 – ERVB 2018 – Bek. d. BMJuVS v. 19.12.2017 (BAnz AT 28.12.2017 B2) und Elektronischer-Rechtsverkehr-Bekanntmachung 2019 – ERVB 2019 – Bek. d. BMJuVS v. 20.12.2018 ((BAnz AT 31.12.2018 B3)).

Kapitel 3: Besonderes elektronisches Behördenpostfach

§ 6 Besonderes elektronisches Behördenpostfach; Anforderungen (1) [1]Die Behörden sowie juristischen Personen des öffentlichen Rechts (Postfachinhaber) können zur Übermittlung elektronischer Dokumente auf einem sicheren Übermittlungsweg ein besonderes elektronisches Behördenpostfach verwenden,

1. das auf dem Protokollstandard OSCI oder einem diesen ersetzenden, dem jeweiligen Stand der Technik entsprechenden Protokollstandard beruht,
2. bei dem die Identität des Postfachinhabers in einem Identifizierungsverfahren geprüft und bestätigt wurde,
3. bei dem der Postfachinhaber in ein sicheres elektronisches Verzeichnis eingetragen ist und
4. bei dem feststellbar ist, dass das elektronische Dokument vom Postfachinhaber versandt wurde.

(2) [1]Das besondere elektronische Behördenpostfach muss

1. über eine Suchfunktion verfügen, die es ermöglicht, andere Inhaber von besonderen elektronischen Postfächern aufzufinden,
2. für andere Inhaber von besonderen elektronischen Postfächern adressierbar sein und
3. barrierefrei sein im Sinne der Barrierefreie-Informationstechnik-Verordnung vom 12. September 2011 (BGBl. I S. 1843), die zuletzt durch Artikel 4 der Verordnung vom 25. November 2016 (BGBl. I S. 2659) geändert worden ist, in der jeweils geltenden Fassung.

§ 7 Identifizierungsverfahren (1) [1]Die von den obersten Behörden des Bundes oder den Landesregierungen für ihren Bereich bestimmten öffentlich-rechtlichen Stellen prüfen die Identität der Behörden oder juristischen Personen des öffentlichen Rechts und bestätigen dies in einem sicheren elektronischen Verzeichnis. [2]Die obersten Behörden des Bundes oder mehrere Landesregierungen können auch eine öffentlich-rechtliche Stelle gemeinsam für ihre Bereiche bestimmen.

(2) [1]Bei der Prüfung der Identität ist zu ermitteln, ob

1. der Postfachinhaber eine inländische Behörde oder juristische Person des öffentlichen Rechts ist und
2. Name und Sitz des Postfachinhabers zutreffend bezeichnet sind.

§ 8 Zugang und Zugangsberechtigung; Verwaltung (1) [1]Der Postfachinhaber bestimmt die natürlichen Personen, die Zugang zum besonderen elektronischen Behördenpostfach erhalten sollen, und stellt ihnen das Zertifikat und das Zertifikats-Passwort zur Verfügung.

(2) [1]Der Zugang zum besonderen elektronischen Behördenpostfach erfolgt ausschließlich mithilfe des Zertifikats und des Zertifikats-Passworts des Postfachinhabers. [2]Die Zugangsberechtigten dürfen das Zertifikat nicht an Unbefugte weitergeben und haben das Zertifikats-Passwort geheim zu halten.

(3) [1]Der Postfachinhaber kann die Zugangsberechtigungen zum besonderen elektronischen Behördenpostfach jederzeit aufheben oder einschränken.

(4) [1]Der Postfachinhaber hat zu dokumentieren, wer zugangsberechtigt ist, wann das Zertifikat und das Zertifikats-Passwort zur Verfügung gestellt wurden und wann die Zugangsberechtigung aufgehoben wurde. [2]Er stellt zugleich sicher, dass der Zugang zu seinem besonderen elektronischen Behördenpostfach nur den von ihm bestimmten Zugangsberechtigten möglich ist.

(5) [1]Unbeschadet der Absätze 1, 3 und 4 kann die Verwaltung des besonderen elektronischen Behördenpostfachs behördenübergreifend automatisiert und an zentraler Stelle erfolgen.

§ 9 Änderung und Löschung (1) [1]Der Postfachinhaber hat Änderungen seines Namens oder Sitzes unverzüglich der nach § 7 Absatz 1 bestimmten Stelle anzuzeigen.

(2) [1]Der Postfachinhaber kann jederzeit die Löschung seines besonderen elektronischen Behördenpostfachs veranlassen. [2]Er hat die Löschung seines besonderen elektronischen Behördenpostfachs zu veranlassen, wenn seine Berechtigung zur Nutzung des besonderen elektronischen Behördenpostfachs endet.

Kapitel 4: Elektronischer Rechtsverkehr mit Strafverfolgungsbehörden und Strafgerichten

§ 10 Schriftlich abzufassende, zu unterschreibende oder zu unterzeichnende Dokumente [1]Die Kapitel 2 und 3 gelten im Bereich des elektronischen Rechtsverkehrs mit Strafverfolgungsbehörden und Strafgerichten für schriftlich abzufassende, zu unterschreibende oder zu unterzeichnende Dokumente, die gemäß § 32a Absatz 3 der Strafprozessordnung elektronisch eingereicht werden, mit der Maßgabe, dass der Datensatz nach § 2 Absatz 3 mindestens folgende Angaben enthält:

1. die Bezeichnung der Strafverfolgungsbehörde oder des Gerichts;
2. sofern bekannt, das Aktenzeichen des Verfahrens oder die Vorgangsnummer;
3. die Bezeichnung der beschuldigten Personen oder der Verfahrensbeteiligten; bei Verfahren gegen Unbekannt enthält der Datensatz anstelle der Bezeichnung der beschuldigten Personen die Bezeichnung „Unbe-

kannt“ sowie, sofern bekannt, die Bezeichnung der geschädigten Personen;

4. die Angabe der den beschuldigten Personen zur Last gelegten Straftat oder des Verfahrensgegenstandes;
5. sofern bekannt, das Aktenzeichen eines denselben Verfahrensgegenstand betreffenden Verfahrens und die Bezeichnung der die Akten führenden Stelle.

§ 11 Sonstige verfahrensbezogene elektronische Dokumente
(1) [1]Sonstige verfahrensbezogene elektronische Dokumente, die an Strafverfolgungsbehörden oder Strafgerichte übermittelt werden, sollen den Anforderungen des § 2 entsprechen. [2]Entsprechen sie diesen Anforderungen nicht und sind sie zur Bearbeitung durch die Behörde oder das Gericht aufgrund der dortigen technischen Ausstattung oder der dort einzuhaltenden Sicherheitsstandards nicht geeignet, so liegt ein wirksamer Eingang nicht vor. [3]In der Mitteilung nach § 32a Absatz 6 Satz 1 der Strafprozessordnung ist auf die in § 2 geregelten technischen Rahmenbedingungen hinzuweisen.

(2) [1]Die Übermittlung kann auch auf anderen als den in § 32a Absatz 4 der Strafprozessordnung genannten Übermittlungswegen erfolgen, wenn ein solcher Übermittlungsweg für die Entgegennahme verfahrensbezogener elektronischer Dokumente generell und ausdrücklich eröffnet ist.

Kapitel 5: Schlussvorschrift

§ 12 Inkrafttreten, Außerkrafttreten (1) [1]Diese Verordnung tritt am 1. Januar 2018 in Kraft.

(2) [1]Mit Ablauf des 31. Dezember 2017 treten außer Kraft:

1. Anlage Nummer 1 bis 4 der Verordnung über den elektronischen Rechtsverkehr beim Bundesgerichtshof und Bundespatentgericht vom 24. August 2007 (BGBl. I S. 2130), die zuletzt durch Artikel 11 Absatz 16 des Gesetzes vom 18. Juli 2017 (BGBl. I S. 2745) geändert worden ist;
2. die Verordnung über den elektronischen Rechtsverkehr beim Bundesarbeitsgericht vom 9. März 2006 (BGBl. I S. 519), die durch Artikel 1 der Verordnung vom 14. Dezember 2015 (BGBl. I S. 2338) geändert worden ist;
3. die Verordnung über den elektronischen Rechtsverkehr beim Bundessozialgericht vom 18. Dezember 2006 (BGBl. I S. 3219), die durch Artikel 1 der Verordnung vom 14. Dezember 2015 (BGBl. I S. 2339) geändert worden ist;

4. die Verordnung über den elektronischen Rechtsverkehr beim Bundesverwaltungsgericht und beim Bundesfinanzhof vom 26. November 2004 (BGBl. I S. 3091), die zuletzt durch Artikel 11 Absatz 25 des Gesetzes vom 18. Juli 2017 (BGBl. I S. 2745) geändert worden ist.

(3) [1]§ 2 Absatz 1 Satz 4 dieser Verordnung tritt mit Ablauf des 30. Juni 2019 außer Kraft.

Berufsordnung (BORA)

In der Fassung vom 1. November 2018

Inhaltsübersicht

Erster Teil: Freiheit der Berufsausübung

§ 1 Freiheit der Advokatur (1) [1]Der Rechtsanwalt übt seinen Beruf frei, selbstbestimmt und unreglementiert aus, soweit Gesetz oder Berufsordnung ihn nicht besonders verpflichten.

(2) [1]Die Freiheitsrechte des Rechtsanwalts gewährleisten die Teilhabe des Bürgers am Recht. [2]Seine Tätigkeit dient der Verwirklichung des Rechtsstaats.

(3) [1]Als unabhängiger Berater und Vertreter in allen Rechtsangelegenheiten hat der Rechtsanwalt seine Mandanten vor Rechtsverlusten zu schützen, rechtsgestaltend, konfliktvermeidend und streitschlichtend zu begleiten, vor Fehlentscheidungen durch Gerichte und Behörden zu bewahren und gegen verfassungswidrige Beeinträchtigung und staatliche Machtüberschreitung zu sichern.

Zweiter Teil: Pflichten bei der Berufsausübung

Erster Abschnitt: Allgemeine Berufs- und Grundpflichten

§ 2 Verschwiegenheit (1) [1]Der Rechtsanwalt ist zur Verschwiegenheit verpflichtet und berechtigt. [2]Dies gilt auch nach Beendigung des Mandats.

(2) [1]Ein Verstoß gegen die Pflicht zur Verschwiegenheit (§ 43a Abs. 2 Bundesrechtsanwaltsordnung) liegt nicht vor, soweit Gesetz und Recht eine Ausnahme fordern oder zulassen.

(3) [1]Ein Verstoß ist nicht gegeben, soweit das Verhalten des Rechtsanwalts

a) mit Einwilligung erfolgt oder

b) zur Wahrnehmung berechtigter Interessen erforderlich ist, z. B. zur Durchsetzung oder Abwehr von Ansprüchen aus dem Mandatsverhältnis oder zur Verteidigung in eigener Sache, oder

c) im Rahmen der Arbeitsabläufe der Kanzlei, die außerhalb des Anwendungsbereichs des § 43e Bundesrechtsanwaltsordnung liegen, objektiv einer üblichen, von der Allgemeinheit gebilligten Verhaltensweise im sozialen Leben entspricht (Sozialadäquanz).

(4) [1]Die Verschwiegenheitspflicht gebietet es dem Rechtsanwalt, die zum Schutze des Mandatsgeheimnisses erforderlichen organisatorischen und technischen Maßnahmen zu ergreifen, die risikoadäquat und für den Anwaltsberuf zumutbar sind. [2]Technische Maßnahmen sind hierzu ausreichend, soweit sie im Falle der Anwendbarkeit der Vorschriften zum Schutz personenbezogener Daten deren Anforderungen entsprechen. [3]Sonstige technische Maßnahmen müssen ebenfalls dem Stand der Technik entsprechen. Abs. 3 lit. c) bleibt hiervon unberührt.

(5) [1]Die Vorschriften zum Schutz personenbezogener Daten bleiben unberührt.

Fassung ab dem 1. Januar 2020:

(1) [1]Der Rechtsanwalt ist zur Verschwiegenheit verpflichtet und berechtigt. [2]Dies gilt auch nach Beendigung des Mandats.

(2) [1]Die Verschwiegenheitspflicht gebietet es dem Rechtsanwalt, die zum Schutze des Mandatsgeheimnisses erforderlichen organisatorischen und technischen Maßnahmen zu ergreifen, die risikoadäquat und für den Anwaltsberuf zumutbar sind. [2]Technische Maßnahmen sind hierzu ausreichend, soweit sie im Falle der Anwendbarkeit der Vorschriften zum Schutz personenbezogener Daten deren Anforderungen entsprechen. [3]Sonstige technische Maßnahmen müssen ebenfalls dem Stand der Technik entsprechen. [4]Abs. 4 lit. c) bleibt hiervon unberührt. [5]Zwischen Rechtsanwalt und Mandant ist die Nutzung eines elektronischen oder sonstigen Kommunikationsweges, der mit Risiken für die Vertraulichkeit dieser Kommunikation verbunden ist, jedenfalls dann erlaubt, wenn der Mandant ihr zustimmt. [6]Von einer Zustimmung ist auszugehen, wenn der Mandant diesen Kommunikationsweg vorschlägt oder beginnt und ihn, nachdem der Rechtsanwalt zumindest pauschal und ohne technische Details auf die Risiken hingewiesen hat, fortsetzt.

(3) [1]Ein Verstoß gegen die Pflicht zur Verschwiegenheit (§ 43a Abs. 2 Bundesrechtsanwaltsordnung) liegt nicht vor, soweit Gesetz und Recht eine Ausnahme fordern oder zulassen.

(4) [1]Ein Verstoß ist nicht gegeben, soweit das Verhalten des Rechtsanwalts

a) mit Einwilligung erfolgt oder

b) zur Wahrnehmung berechtigter Interessen erforderlich ist, z. B. zur Durchsetzung oder Abwehr von Ansprüchen aus dem Mandatsverhältnis oder zur Verteidigung in eigener Sache, oder

c) im Rahmen der Arbeitsabläufe der Kanzlei, die außerhalb des Anwendungsbereichs des § 43e Bundesrechtsanwaltsordnung liegen, objektiv einer üblichen, von der Allgemeinheit gebilligten Verhaltensweise im sozialen Leben entspricht (Sozialadäquanz).

(5) [1]Die Vorschriften zum Schutz personenbezogener Daten bleiben unberührt.

§ 3 Widerstreitende Interessen, Versagung der Berufstätigkeit (1) [1]Der Rechtsanwalt darf nicht tätig werden, wenn er eine andere Partei in derselben Rechtssache im widerstreitenden Interesse bereits beraten oder vertreten hat oder mit dieser Rechtssache in sonstiger Weise im Sinne des § 45 Bundesrechtsanwaltsordnung beruflich befasst war. [2]Der Rechtsanwalt darf in einem laufenden Mandat auch keine Vermögenswerte von dem Mandanten und/oder dem Anspruchsgegner zum Zweck der treuhänderischen Verwaltung oder Verwahrung für beide Parteien entgegennehmen.

(2) [1]Das Verbot des Abs. 1 gilt auch für alle mit ihm in derselben Berufsausübungs- oder Bürogemeinschaft gleich welcher Rechts- oder Organisa-

tionsform verbundenen Rechtsanwälte. [2]Satz 1 gilt nicht, wenn sich im Einzelfall die betroffenen Mandanten in den widerstreitenden Mandaten nach umfassender Information mit der Vertretung ausdrücklich einverstanden erklärt haben und Belange der Rechtspflege nicht entgegenstehen. [3]Information und Einverständniserklärung sollen in Textform erfolgen.

(3) [1]Die Absätze 1 und 2 gelten auch für den Fall, dass der Rechtsanwalt von einer Berufsausübungs- oder Bürogemeinschaft zu einer anderen Berufs ausübungs- oder Bürogemeinschaft wechselt.

(4) [1]Wer erkennt, dass er entgegen den Absätzen 1 bis 3 tätig ist, hat unverzüglich seinen Mandanten davon zu unterrichten und alle Mandate in derselben Rechtssache zu beenden.

(5) [1]Die vorstehenden Regelungen lassen die Verpflichtung zur Verschwiegenheit unberührt.

§ 4 Fremdgelder und andere Vermögenswerte (1) [1]Zur Verwaltung von Fremdgeldern hat der Rechtsanwalt in Erfüllung der Pflichten aus § 43a Abs. 5 Bundesrechtsanwaltsordnung Anderkonten zu führen.

(2) [1]Fremdgelder und sonstige Vermögenswerte, insbesondere Wertpapiere und andere geldwerte Urkunden, sind unverzüglich an den Berechtigten weiterzuleiten. [2]Solange dies nicht möglich ist, sind Fremdgelder auf Anderkonten zu verwalten; dies sind in der Regel Einzelanderkonten. [3]Auf einem Sammelanderkonto dürfen Beträge über 15.000,– € für einen einzelnen Mandanten nicht länger als einen Monat verwaltet werden. [4]Sonstige Vermögenswerte sind gesondert zu verwahren. [5]Die vorstehenden Bestimmungen gelten nicht, solange etwas anderes in Textform vereinbart ist. [6]Über Fremdgelder ist unverzüglich, spätestens mit Beendigung des Mandats, abzurechnen.

(3) [1]Eigene Forderungen dürfen nicht mit Geldern verrechnet werden, die zweckgebunden zur Auszahlung an andere als den Mandanten bestimmt sind.

§ 5 Kanzlei und Zweigstelle [1]Der Rechtsanwalt ist verpflichtet, die für seine Berufsausübung erforderlichen sachlichen, personellen und organisatorischen Voraussetzungen in Kanzlei und Zweigstelle vorzuhalten.

Zweiter Abschnitt: Besondere Berufspflichten im Zusammenhang mit der Werbung

§ 6 Werbung (1) [1]Der Rechtsanwalt darf über seine Dienstleistung und seine Person informieren, soweit die Angaben sachlich unterrichten und berufsbezogen sind.

(2) [1]Die Angabe von Erfolgs- und Umsatzzahlen ist unzulässig, wenn sie irreführend ist. [2]Hinweise auf Mandate und Mandanten sind nur zulässig, soweit der Mandant ausdrücklich eingewilligt hat.

(3) [1]Der Rechtsanwalt darf nicht daran mitwirken, dass Dritte für ihn Werbung betreiben, die ihm selbst verboten ist.

§ 7 Benennung von Teilbereichen der Berufstätigkeit (1) [1]Unabhängig von Fachanwaltsbezeichnungen darf Teilbereiche der Berufstätigkeit nur benennen, wer seinen Angaben entsprechende Kenntnisse nachweisen kann, die in der Ausbildung, durch Berufstätigkeit, Veröffentlichungen oder in sonstiger Weise erworben wurden. [2]Wer qualifizierende Zusätze verwendet, muss zusätzlich über entsprechende theoretische Kenntnisse verfügen und auf dem benannten Gebiet in erheblichem Umfang tätig gewesen sein.

(2) [1]Benennungen nach Absatz 1 sind unzulässig, soweit sie die Gefahr einer Verwechslung mit Fachanwaltschaften begründen oder sonst irreführend sind.

(3) [1]Die vorstehenden Regelungen gelten bei gemeinschaftlicher Berufsausübung und bei anderer beruflicher Zusammenarbeit entsprechend.

§ 7a Mediator [1]Der Rechtsanwalt, der sich als Mediator bezeichnet, hat die Voraussetzungen nach § 5 Abs. 1 Mediationsgesetz im Hinblick auf Aus- und Fortbildung, theoretische Kenntnisse und praktische Erfahrungen zu erfüllen.

§ 8 Kundgabe gemeinschaftlicher Berufsausübung und anderer beruflicher Zusammenarbeit [1]Auf eine Verbindung zur gemeinschaftlichen Berufsausübung darf nur hingewiesen werden, wenn sie in Sozietät oder in sonstiger Weise mit den in § 59a Bundesrechtsanwaltsordnung genannten Berufsträgern erfolgt. [2]Die Kundgabe jeder anderen Form der beruflichen Zusammenarbeit ist zulässig, sofern nicht der Eindruck einer gemeinschaftlichen Berufsausübung erweckt wird.

§ 9 Kurzbezeichnungen [1]Eine Kurzbezeichnung muss einheitlich geführt werden.

§ 10 Briefbögen (1) [1]Der Rechtsanwalt hat auf Briefbögen seine Kanzleianschrift anzugeben. [2]Kanzleianschrift ist die im Rechtsanwaltsverzeichnis als solche eingetragene Anschrift (§ 31 Abs. 3 Nr. 2 Halbsatz 1, § 27 Abs. 1 Bundesrechtsanwaltsordnung). [3]Werden mehrere Kanzleien, eine oder mehrere Zweigstellen unterhalten, so ist für jeden auf den Briefbögen Genannten seine Kanzleianschrift anzugeben.

(2) [1]Auf Briefbögen müssen auch bei Verwendung einer Kurzbezeichnung die Namen sämtlicher Gesellschafter mit mindestens einem ausgeschriebe-

nen Vornamen aufgeführt werden. [2]Gleiches gilt für Namen anderer Personen, die in einer Kurzbezeichnung gemäß § 9 enthalten sind. [3]Es muss mindestens eine der Kurzbezeichnung entsprechende Zahl von Gesellschaftern, Angestellten oder freien Mitarbeitern auf den Briefbögen namentlich aufgeführt werden.

(3) [1]Bei beruflicher Zusammenarbeit mit Angehörigen anderer Berufe sind die jeweiligen Berufsbezeichnungen anzugeben.

(4) [1]Ausgeschiedene Kanzleiinhaber, Gesellschafter, Angestellte oder freie Mitarbeiter können auf den Briefbögen nur weitergeführt werden, wenn ihr Ausscheiden kenntlich gemacht wird.

Dritter Abschnitt: Besondere Berufspflichten bei der Annahme, Wahrnehmung und Beendigung des Mandats

§ 11 Mandatsbearbeitung und Unterrichtung des Mandanten (1) [1]Der Rechtsanwalt ist verpflichtet, das Mandat in angemessener Zeit zu bearbeiten und den Mandanten über alle für den Fortgang der Sache wesentlichen Vorgänge und Maßnahmen unverzüglich zu unterrichten. [2]Dem Mandanten ist insbesondere von allen wesentlichen erhaltenen oder versandten Schriftstücken Kenntnis zu geben.

(2) [1]Anfragen des Mandanten sind unverzüglich zu beantworten.

§ 12 Umgehung des Gegenanwalts (1) [1]Der Rechtsanwalt darf nicht ohne Einwilligung des Rechtsanwalts eines anderen Beteiligten mit diesem unmittelbar Verbindung aufnehmen oder verhandeln.

(2) [1]Dieses Verbot gilt nicht bei Gefahr im Verzuge. [2]Der Rechtsanwalt des anderen Beteiligten ist unverzüglich zu unterrichten; von schriftlichen Mitteilungen ist ihm eine Abschrift unverzüglich zu übersenden.

§ 13 *(aufgehoben)*

§ 14 Zustellungen [1]Der Rechtsanwalt hat ordnungsgemäße Zustellungen von Gerichten, Behörden und Rechtsanwälten entgegenzunehmen und das Empfangsbekenntnis mit dem Datum versehen unverzüglich zu erteilen. [2]Wenn der Rechtsanwalt bei einer nicht ordnungsgemäßen Zustellung die Mitwirkung verweigert, muss er dies dem Absender unverzüglich mitteilen.

§ 15 Mandatswechsel (1) [1]Der Rechtsanwalt, der das einem anderen Rechtsanwalt übertragene Mandat übernimmt, hat sicherzustellen, dass der früher tätige Rechtsanwalt von der Mandatsübernahme unverzüglich benachrichtigt wird.

(2) [1]Der Rechtsanwalt, der neben einem anderen Rechtsanwalt ein Mandat übernimmt, hat diesen unverzüglich über die Mandatsmitübernahme zu unterrichten.

(3) [1]Absätze 1 und 2 gelten nicht, wenn der Rechtsanwalt nur beratend tätig wird.

§ 16 Prozesskostenhilfe und Beratungshilfe (1) [1]Der Rechtsanwalt ist verpflichtet, bei begründetem Anlass auf die Möglichkeiten von Beratungs- und Prozesskostenhilfe hinzuweisen.

(2) [1]Der Rechtsanwalt darf nach Bewilligung von Prozesskostenhilfe oder bei Inanspruchnahme von Beratungshilfe von seinem Mandanten oder Dritten Zahlungen oder Leistungen nur annehmen, die freiwillig und in Kenntnis der Tatsache gegeben werden, dass der Mandant oder der Dritte zu einer solchen Leistung nicht verpflichtet ist.

§ 16a Ablehnung der Beratungshilfe* (1) *(aufgehoben)*

(2) [1]Der Rechtsanwalt ist nicht verpflichtet, einen Beratungshilfeantrag zu stellen.

(3) [1]Der Rechtsanwalt kann die Beratungshilfe im Einzelfall aus wichtigem Grund ablehnen oder beenden. [2]Ein wichtiger Grund kann in der Person des Rechtsanwaltes selbst oder in der Person oder dem Verhalten des Mandanten liegen. [3]Ein wichtiger Grund kann auch darin liegen, dass die Beratungshilfebewilligung nicht den Voraussetzungen des Beratungshilfegesetzes entspricht. [4]Ein wichtiger Grund liegt insbesondere vor, wenn

a) der Rechtsanwalt durch eine Erkrankung oder durch berufliche Überlastung an der Beratung/Vertretung gehindert ist;

b) *(aufgehoben)*

c) der beratungshilfeberechtigte Mandant seine für die Mandatsbearbeitung erforderliche Mitarbeit verweigert;

d) das Vertrauensverhältnis zwischen Anwalt und Mandant aus Gründen, die im Verhalten oder in der Person des Mandanten liegen, schwerwiegend gestört ist;

e) sich herausstellt, dass die Einkommens- und/oder Vermögensverhältnisse des Mandanten die Bewilligung von Beratungshilfe nicht rechtfertigen;

f) *(aufgehoben)*

g) *(aufgehoben)*.

---

* § 16a wurde mit Beschluss der Satzungsversammlung vom 14. Nov. 2008 in die Berufsordnung eingefügt, durch Bescheid des Bundesministeriums der Justiz aber teilweise aufgehoben, wie vermerkt.

§ 17 Zurückbehaltung von Handakten [1]Wer die Herausgabe der Handakten (§ 50 Abs. 3 und 4 Bundesrechtsanwaltsordnung) verweigert, kann einem berechtigten Interesse des Mandanten auf Herausgabe dadurch Rechnung tragen, dass er ihm Kopien überlässt, es sei denn, das berechtigte Interesse richtet sich gerade auf die Herausgabe der Originale. [2]In diesem Fall darf der Rechtsanwalt anbieten, die Originale an einen von dem Mandanten zu beauftragenden Rechtsanwalt zu treuen Händen herauszugeben, wenn damit dem berechtigten Interesse des Mandanten Rechnung getragen wird.

§ 18 Vermittelnde, schlichtende oder mediative Tätigkeit [1]Wird der Rechtsanwalt als Vermittler, Schlichter oder Mediator tätig, so unterliegt er den Regeln des Berufsrechts.

Vierter Abschnitt: Besondere Berufspflichten gegenüber Gerichten und Behörden

§ 19 Akteneinsicht (1) [1]Wer Originalunterlagen von Gerichten und Behörden zur Einsichtnahme erhält, darf sie nur an Mitarbeiter aushändigen. [2]Dies gilt auch für das Überlassen der Akte im Ganzen innerhalb der Kanzlei. [3]Die Unterlagen sind sorgfältig zu verwahren und unverzüglich zurückzugeben. [4]Bei deren Ablichtung oder sonstiger Vervielfältigung ist sicherzustellen, dass Unbefugte keine Kenntnis erhalten.

(2) [1]Ablichtungen und Vervielfältigungen dürfen Mandanten überlassen werden. [2]Soweit jedoch gesetzliche Bestimmungen oder eine zulässigerweise ergangene Anordnung der die Akten aushändigenden Stelle das Akteneinsichtsrecht beschränken, hat der Rechtsanwalt dies auch bei der Vermittlung des Akteninhalts an Mandanten oder andere Personen zu beachten.

§ 20 Berufstracht [1]Der Rechtsanwalt trägt vor Gericht als Berufstracht die Robe, soweit das üblich ist. [2]Eine Berufspflicht zum Erscheinen in Robe besteht beim Amtsgericht in Zivilsachen nicht.

Fünfter Abschnitt: Besondere Berufspflichten bei Vereinbarung und Abrechnung von Gebühren

§ 21 Honorarvereinbarung (1) [1]Das Verbot, geringere als die gesetzlichen Gebühren zu fordern oder zu vereinbaren, gilt auch im Verhältnis zu Dritten, die es anstelle des Mandanten oder neben diesem übernehmen, die Gebühren zu bezahlen, oder die sich gegenüber dem Mandanten verpflichten, diesen von anfallenden Gebühren freizustellen.

(2) *(aufgehoben)*[*]

---

* Aufgehoben durch Bescheid des Bundesministeriums der Justiz vom 07.03.1997, BAnZ vom 08.03.1997 = BRAK-Mitt. 1997, 81.

§ 22 Gebühren- und Honorarteilung [1]Als eine angemessene Honorierung im Sinne des § 49b Abs. 3 Satz 2 und 3 Bundesrechtsanwaltsordnung ist in der Regel eine hälftige Teilung aller anfallenden gesetzlichen Gebühren ohne Rücksicht auf deren Erstattungsfähigkeit anzusehen.

§ 23 Abrechnungsverhalten [1]Spätestens mit Beendigung des Mandats hat der Rechtsanwalt gegenüber dem Mandanten und/oder Gebührenschuldner über Honorarvorschüsse unverzüglich abzurechnen und ein von ihm errechnetes Guthaben auszuzahlen.

Sechster Abschnitt: Besondere Berufspflichten gegenüber der Rechtsanwaltskammer, deren Mitgliedern und gegenüber Mitarbeitern

§ 24 Pflichten gegenüber der Rechtsanwaltskammer (1) [1]Der Rechtsanwalt hat dem Vorstand der Rechtsanwaltskammer unaufgefordert und unverzüglich anzuzeigen:

1. die Änderung des Namens,
2. Begründung und Wechsel der Anschrift von Kanzlei, Zweigstelle und Wohnung,
3. die jeweiligen Telekommunikationsmittel der Kanzlei und Zweigstelle nebst Nummern,
4. die Eingehung oder Auflösung einer Sozietät, Partnerschaftsgesellschaft oder sonstigen Verbindung zur gemeinschaftlichen Berufsausübung,
5. die Eingehung und Beendigung von Beschäftigungsverhältnissen mit Rechtsanwälten.

(2) [1]Zur Erfüllung der Auskunftspflichten aus § 56 Bundesrechtsanwaltsordnung sind dem Vorstand der Rechtsanwaltskammer Auskünfte vollständig zu erteilen und auf Verlangen Urkunden vorzulegen.

§ 25 Beanstandungen gegenüber Kollegen [1]Will ein Rechtsanwalt einen anderen Rechtsanwalt darauf hinweisen, dass er gegen Berufspflichten verstoße, so darf dies nur vertraulich geschehen, es sei denn, dass die Interessen des Mandanten oder eigene Interessen eine Reaktion in anderer Weise erfordern.

§ 26 Beschäftigung von Rechtsanwälten und anderen Mitarbeitern (1) [1]Rechtsanwälte dürfen nur zu angemessenen Bedingungen beschäftigt werden. [2]Angemessen sind Bedingungen, die

a) eine unter Berücksichtigung der Kenntnisse und Erfahrungen des Beschäftigten und des Haftungsrisikos des beschäftigenden Rechtsanwalts sachgerechte Mandatsbearbeitung ermöglichen,

b) eine der Qualifikation, den Leistungen und dem Umfang der Tätigkeit des Beschäftigten und den Vorteilen des beschäftigenden Rechtsanwalts aus dieser Tätigkeit entsprechende Vergütung gewährleisten,

c) dem beschäftigten Rechtsanwalt auf Verlangen angemessene Zeit zur Fortbildung einräumen und

d) bei der Vereinbarung von Wettbewerbsverboten eine angemessene Ausgleichszahlung vorsehen.

(2) [1]Der Rechtsanwalt darf andere Mitarbeiter und Auszubildende nicht zu unangemessenen Bedingungen beschäftigen.

§ 27 Beteiligung Dritter [1]Am wirtschaftlichen Ergebnis anwaltlicher Tätigkeit dürfen Dritte, die mit dem Rechtsanwalt nicht zur gemeinschaftlichen Berufsausübung verbunden sind, nicht beteiligt sein. [2]Das gilt nicht für Mitarbeitervergütungen, Versorgungsbezüge, Vergütungen für die Übernahme der Kanzlei und Leistungen, die im Zuge einer Auseinandersetzung oder Abwicklung der beruflichen Zusammenarbeit erbracht werden.

§ 28 Ausbildungsverhältnisse [1]Der Rechtsanwalt hat zu gewährleisten, dass die Tätigkeit eines Auszubildenden in der Kanzlei auf die Erreichung des Ausbildungsziels ausgerichtet ist.

Siebter Abschnitt: Besondere Berufspflichten im grenzüberschreitenden Rechtsverkehr*

§ 29 *(aufgehoben)*

§ 29a Zwischenanwaltliche Korrespondenz im grenzüberschreitenden Rechtsverkehr [1]Der Rechtsanwalt ist verpflichtet, nach Rücksprache mit seinem Mandanten die Anfrage eines ausländischen Rechtsanwalts zu beantworten, ob er „vertraulich“ gegenüber seinem Mandanten oder „ohne Präjudiz“ (d.h. ohne spätere Verwendung gegen den ausländischen Rechtsanwalt oder dessen Mandanten) Informationen austauschen oder Gespräche führen kann.

§ 29b Einschaltung eines ausländischen Rechtsanwalts [1]Wer als Rechtsanwalt einen ausländischen Rechtsanwalt einschaltet, muss diesen bei der Einschaltung informieren, wenn er eine sich aus der Einschaltung ergebende eigene Verbindlichkeit oder Haftung für das Honorar, die Kosten und die Auslagen des ausländischen Rechtsanwalts nicht übernehmen will.

---

* Die Berufsregeln der Rechtsanwälte der Europäischen Union (CCBE-Regeln; siehe unter Nr. 17) waren bisher in die Berufsordnung inkorporiert (§ 29 a.F. BORA). Stattdessen gelten jetzt §§ 29 a/b BORA.

Achter Abschnitt: Besondere Berufspflichten bei beruflicher Zusammenarbeit

§ 30 Berufliche Zusammenarbeit mit Angehörigen anderer Berufe [1]Ein Rechtsanwalt darf sich mit Angehörigen anderer nach § 59a Abs. 1 Bundesrechtsanwaltsordnung sozietätsfähiger Berufe nur dann zu einer gemeinschaftlichen Berufsausübung in einer Sozietät, in sonstiger Weise oder in einer Bürogemeinschaft verbinden, wenn diese bei ihrer Tätigkeit auch das anwaltliche Berufsrecht beachten. [2]Dasselbe gilt für die Verbindung mit Angehörigen anderer nach § 59a Abs. 2 Bundesrechtsanwaltsordnung sozietätsfähiger Berufe, sofern sie in der Bundesrepublik Deutschland tätig werden.

§ 31 ***(aufgehoben)***

§ 32 Beendigung einer gemeinschaftlichen Berufsausübung (1) [1]Bei Auflösung einer Sozietät haben die Sozien mangels anderer vertraglicher Regelung jeden Mandanten darüber zu befragen, wer künftig seine laufenden Sachen bearbeiten soll. [2]Wenn sich die bisherigen Sozien über die Art der Befragung nicht einigen, hat die Befragung in einem gemeinsamen Rundschreiben zu erfolgen. [3]Kommt eine Verständigung der bisherigen Sozien über ein solches Rundschreiben nicht zustande, darf jeder der bisherigen Sozien einseitig die Entscheidung der Mandanten einholen. [4]Der ausscheidende Sozius darf am bisherigen Kanzleisitz und auf der Internetseite der Sozietät einen Hinweis auf seinen Umzug für ein Jahr anbringen. [5]Der verbleibende Sozius hat während dieser Zeit auf Anfrage die neue Kanzleiadresse, Telefon- und Faxnummern des ausgeschiedenen Sozius bekannt zu geben.

(2) [1]Für den Fall des Ausscheidens eines Sozius aus der Sozietät gilt Absatz 1 hinsichtlich derjenigen Auftraggeber, mit deren laufenden Sachen der ausscheidende Sozius zum Zeitpunkt seines Ausscheidens befasst oder für die er vor seinem Ausscheiden regelmäßig tätig war. [2]Sein Recht, das Ausscheiden aus der Sozietät allen Mandanten bekannt zu geben, bleibt unberührt.

(3) [1]Absätze 1 und 2 gelten entsprechend für die Beendigung einer beruflichen Zusammenarbeit in sonstiger Weise, wenn diese nach außen als Sozietät hervorgetreten ist.

§ 33 Geltung der Berufsordnung bei beruflicher Zusammenarbeit (1) [1]Soweit Vorschriften dieser Berufsordnung Rechte und Pflichten des Rechtsanwalts im Hinblick auf die Sozietät als Form der gemeinschaftlichen Berufsausübung vorsehen, gelten sie sinngemäß für alle anderen Rechtsformen der gemeinschaftlichen Berufsausübung.

(2) [1]Bei beruflicher Zusammenarbeit gleich in welcher Form hat jeder Rechtsanwalt zu gewährleisten, dass die Regeln dieser Berufsordnung auch von der Organisation eingehalten werden.

Neunter Abschnitt: Anwendungsbereich

§ 34 Weitere Mitglieder der Rechtsanwaltskammer, ausländische Rechtsanwälte (1) [1]Für europäische Rechtsanwälte im Sinne der §§ 1 ff. EuRAG gelten hinsichtlich ihrer Tätigkeit in der Bundesrepublik Deutschland die §§ 1 bis 33 sowie die Anlagen entsprechend.

(2) [1]Für europäische Rechtsanwälte, die nach den §§ 25 ff. EuRAG vorübergehend in der Bundesrepublik Deutschland tätig werden, gelten die Vorschriften der §§ 1 bis 33 nach Maßgabe des § 27 EuRAG entsprechend.

(3) [1]Für Rechtsanwälte aus anderen Staaten, die Mitglieder einer Rechtsanwaltskammer im Sinne der §§ 206, 207 Bundesrechtsanwaltsordnung sind, gelten hinsichtlich ihrer Tätigkeit in der Bundesrepublik Deutschland die §§ 1 bis 33 sowie die Anlagen entsprechend.

(4) [1]Für Mitglieder einer Rechtsanwaltskammer nach § 209 Bundesrechtsanwaltsordnung gelten die §§ 2 bis 19, 21 bis 33 sowie die Anlagen entsprechend.

Dritter Teil: Schlussbestimmungen

§ 35 In-Kraft-Treten und Ausfertigung (1) [1]Diese Berufsordnung tritt drei Monate nach Übermittlung an das Bundesministerium der Justiz in Kraft, soweit nicht das Bundesministerium der Justiz die Satzung oder Teile derselben aufhebt, frühestens jedoch mit dem ersten Tag des dritten Monats, der auf die Veröffentlichung in den BRAK-Mitteilungen folgt.

(2) [1]Der Zeitpunkt des In-Kraft-Tretens ist in den BRAK-Mitteilungen bekannt zu machen.

(3) [1]Die Berufsordnung ist durch den Vorsitzenden und den Schriftführer der Satzungsversammlung auszufertigen.

Fachanwaltsordnung (FAO)

In der Fassung vom 1. Juli 2019

Inhaltsübersicht

Erster Teil: Fachanwaltschaft

Erster Abschnitt: Fachgebiete

§ 1 Zugelassene Fachanwaltsbezeichnungen [1]Fachanwaltsbezeichnungen können gemäß § 43c Abs. 1 Satz 2 Bundesrechtsanwaltsordnung für

Verwaltungsrecht, Steuerrecht, Arbeitsrecht und Sozialrecht verliehen werden. [2]Weitere Fachanwaltsbezeichnungen können für Familienrecht, Strafrecht, Insolvenzrecht, Versicherungsrecht, Medizinrecht, Miet- und Wohnungseigentumsrecht, Verkehrsrecht, Bau- und Architektenrecht, Erbrecht, Transport- und Speditionsrecht, gewerblichen Rechtsschutz, Handels- und Gesellschaftsrecht, Urheber- und Medienrecht, Informationstechnologierecht, Bank- und Kapitalmarktrecht, Agrarrecht, Internationales Wirtschaftsrecht, Vergaberecht, Migrationsrecht sowie Sportrecht verliehen werden.

Zweiter Abschnitt: Voraussetzungen für die Verleihung

§ 2 Besondere Kenntnisse und Erfahrungen (1) [1]Für die Verleihung einer Fachanwaltsbezeichnung hat der Antragsteller nach Maßgabe der folgenden Bestimmungen besondere theoretische Kenntnisse und besondere praktische Erfahrungen nachzuweisen.

(2) [1]Besondere theoretische Kenntnisse und besondere praktische Erfahrungen liegen vor, wenn diese auf dem Fachgebiet erheblich das Maß dessen übersteigen, das üblicherweise durch die berufliche Ausbildung und praktische Erfahrung im Beruf vermittelt wird.

(3) [1]Die besonderen theoretischen Kenntnisse müssen die verfassungs-, europa- und menschenrechtlichen Bezüge des Fachgebiets erfassen.

§ 3 Anforderungen an die anwaltliche Tätigkeit [1]Voraussetzung für die Verleihung einer Fachanwaltsbezeichnung ist eine dreijährige Zulassung und Tätigkeit innerhalb der letzten sechs Jahre vor Antragstellung.

§ 4 Erwerb der besonderen theoretischen Kenntnisse (1) [1]Der Erwerb besonderer theoretischer Kenntnisse setzt in der Regel voraus, dass der Antragsteller an einem auf die Fachanwaltsbezeichnung vorbereitenden anwaltsspezifischen Lehrgang teilgenommen hat, der alle relevanten Bereiche des Fachgebiets umfasst. [2]Die Gesamtdauer des Lehrgangs muss, Leistungskontrollen nicht eingerechnet, mindestens 120 Zeitstunden betragen. [3]Im Fachgebiet Steuerrecht kommen für Buchhaltung und Bilanzwesen 40 Zeitstunden hinzu. [4]Im Fachgebiet Insolvenzrecht kommen für betriebswirtschaftliche Grundlagen 60 Zeitstunden hinzu.

(2) [1]Wird der Antrag auf Verleihung der Fachanwaltschaft nicht in dem Kalenderjahr gestellt, in dem der Lehrgang begonnen hat, ist ab diesem Jahr Fortbildung in Art und Umfang von § 15 FAO nachzuweisen. [2]Lehrgangszeiten sind anzurechnen.

(3) [1]Außerhalb eines Lehrgangs erworbene besondere theoretische Kenntnisse müssen dem im jeweiligen Fachlehrgang zu vermittelnden Wissen entsprechen. [2]§ 4 Abs. 2 gilt entsprechend.

§ 4a Schriftliche Leistungskontrollen (1) [1]Der Antragsteller muss sich mindestens drei schriftlichen Leistungskontrollen (Aufsichtsarbeiten) aus verschiedenen Bereichen des Lehrgangs erfolgreich unterzogen haben.

(2) [1]Eine Leistungskontrolle muss mindestens eine Zeitstunde ausfüllen und darf fünf Zeitstunden nicht überschreiten. [2]Die Gesamtdauer der bestandenen Leistungskontrollen darf fünfzehn Zeitstunden nicht unterschreiten.

§ 5 Erwerb der besonderen praktischen Erfahrungen (1) [1]Der Erwerb besonderer praktischer Erfahrungen setzt voraus, dass der Antragsteller innerhalb der letzten drei Jahre vor der Antragstellung im Fachgebiet als Rechtsanwalt persönlich und weisungsfrei bearbeitet hat:

a) Verwaltungsrecht: 80 Fälle, davon mindestens 30 gerichtliche Verfahren. Mindestens 60 Fälle müssen sich auf drei verschiedene Bereiche des besonderen Verwaltungsrechts beziehen, dabei auf jeden dieser drei Bereiche mindestens 5 Fälle. Von den drei Bereichen muss einer zu den in § 8 Nr. 2 aufgeführten Bereichen gehören.

b) Steuerrecht: 50 Fälle aus allen in § 9 genannten Bereichen. Dabei müssen mit jeweils mindestens 5 Fällen alle in § 9 Nr. 3 genannte Steuerarten erfasst sein. Mindestens 10 Fälle müssen rechtsförmliche Verfahren (Einspruchs- oder Klageverfahren) sein.

c) Arbeitsrecht: 100 Fälle aus allen der in § 10 Nrn. 1 a) bis e) und 2 a) und b) bestimmten Gebiete, davon mindestens 5 Fälle aus dem Bereich des § 10 Nr. 2 und mindestens die Hälfte gerichts- oder rechtsförmliche Verfahren. Als Fälle des kollektiven Arbeitsrechts gelten auch solche des Individualarbeitsrechts, in denen kollektives Arbeitsrecht eine nicht unerhebliche Rolle spielt. Beschlussverfahren sind nicht erforderlich.

d) Sozialrecht: 60 Fälle aus mindestens drei der in § 11 Nr. 2 bestimmten Gebiete, davon mindestens 20 gerichtliche Verfahren.

e) Familienrecht: 120 Fälle. Mindestens 60 der Fälle müssen gerichtliche Verfahren sein; dabei zählen gewillkürte Verbundverfahren sowie Verfahren des notwendigen Verbundes mit einstweiligen Anordnungen doppelt.

f) Strafrecht: 60 Fälle, dabei 40 Hauptverhandlungstage vor dem Schöffengericht oder einem übergeordneten Gericht.

g) Insolvenzrecht:
   1. Mindestens 5 eröffnete Verfahren aus dem ersten bis sechsten Teil der InsO als Insolvenzverwalter; in zwei Verfahren muss der Schuldner bei Eröffnung mehr als fünf Arbeitnehmer beschäftigen;
   2. 60 Fälle aus mindestens sieben der in § 14 Nr. 1 und 2 bestimmten Gebiete.

3. Die in Nr. 1 bezeichneten Verfahren können wie folgt ersetzt werden:
   a) Jedes Verfahren mit mehr als fünf Arbeitnehmern durch sechs Verfahren als Sachwalter nach § 270 InsO, als vorläufiger Insolvenzverwalter, als vorläufiger Sachwalter gemäß §§ 270a und 270b InsO, als Sanierungsgeschäftsführer oder als Vertreter des Schuldners im Unternehmensinsolvenzverfahren oder im Verbraucherinsolvenzverfahren.
   b) Jedes andere Verfahren durch zwei der in Buchstabe a) genannten Verfahren.
4. Außerdem sind für jedes zu ersetzende Verfahren weitere acht Fälle aus den in § 14 Nr. 1 und 2 bestimmten Gebieten nachzuweisen.

Verwalter in Konkurs-, Gesamtvollstreckungs- und Vergleichsverfahren stehen dem Insolvenzverwalter gleich.

h) Versicherungsrecht: 80 Fälle, davon mindestens 10 gerichtliche Verfahren. Die Fälle müssen sich auf mindestens drei verschiedene Bereiche des § 14a beziehen, dabei auf jeden dieser drei Bereiche mindestens 5 Fälle.

i) Medizinrecht: 60 Fälle, davon mindestens 15 rechtsförmliche Verfahren (davon mindestens 12 gerichtliche Verfahren). Die Fälle müssen sich auf mindestens 3 verschiedene Bereiche des § 14b Nr. 1 bis 8 beziehen, dabei auf jeden dieser drei Bereiche mindestens 3 Fälle.

j) Miet- und Wohnungseigentumsrecht: 120 Fälle, davon mindestens 60 gerichtliche Verfahren. Mindestens 60 Fälle müssen sich auf die in § 14c Nr. 1 bis 3 bestimmten Bereiche beziehen, dabei auf jeden dieser drei Bereiche mindestens 5 Fälle.

k) Verkehrsrecht: 160 Fälle, davon mindestens 60 gerichtliche Verfahren. Die Fälle müssen sich auf mindestens 3 verschiedene Bereiche des § 14d Nr. 1 bis 4 beziehen, dabei auf jeden dieser drei Bereiche mindestens 5 Fälle.

l) Bau- und Architektenrecht: 80 Fälle, davon mindestens 40 gerichtliche Verfahren (davon mindestens 6 selbstständige Beweisverfahren). Mindestens jeweils 5 Fälle müssen sich auf die Bereiche des § 14e Nr. 1 und 2 beziehen.

m) Erbrecht: 80 Fälle, davon mindestens 20 rechtsförmliche Verfahren (davon höchstens 15 Verfahren der freiwilligen Gerichtsbarkeit). Die Fälle müssen sich auf alle in § 14f Nr. 1 bis 5 bestimmten Bereiche beziehen, dabei aus drei Bereichen mindestens jeweils 5 Fälle.

n) Transport- und Speditionsrecht: 80 Fälle, davon mindestens 20 gerichtliche Verfahren oder Schiedsverfahren. Die Fälle müssen sich auf den in § 14g Nr. 1 bestimmten Bereich und mindestens zwei weitere Bereiche der Nr. 2 bis 8 beziehen, dabei auf jeden dieser drei Bereiche mindestens 3 Fälle.

o) Gewerblicher Rechtsschutz: 80 Fälle aus mindestens drei verschiedenen Bereichen des § 14h Nr. 1 bis 5, dabei aus jedem dieser drei Bereiche jeweils mindestens 5 Fälle. Höchstens fünf Fälle dürfen Schutzrechtsanmeldungen sein, wobei eine Sammelanmeldung als eine Anmeldung zählt. Mindestens 30 Fälle müssen rechtsförmliche, davon mindestens 15 gerichtliche Verfahren sein.

p) Handels- und Gesellschaftsrecht: 80 Fälle aus mindestens drei verschiedenen Gebieten der Bereiche des § 14i Nr. 1 und 2, davon mindestens 40 Fälle, die gerichtliche Streitverfahren, Schieds- oder Mediationsverfahren und/oder die Gestaltung von Gesellschaftsverträgen oder die Gründung oder Umwandlung von Gesellschaften zum Gegenstand haben. Von diesen 40 Fällen müssen mindestens 10 Fälle gerichtliche Streitverfahren oder Schieds- oder Mediationsverfahren und mindestens 10 Fälle die Gestaltung von Gesellschaftsverträgen oder die Gründung oder Umwandlung von Gesellschaften zum Gegenstand haben.

q) Urheber- und Medienrecht: 80 Fälle aus allen Bereichen des § 14j Nr. 1 bis 6. Von diesen Fällen müssen sich mindestens je 5 auf die in § 14j Nr. 1 bis 3 genannten Bereiche beziehen. Mindestens 20 Fälle müssen gerichtliche Verfahren sein.

r) Informationstechnologierecht (IT-Recht): 50 Fälle aus den in § 14k genannten Bereichen. Die Fälle müssen sich auf die Bereiche des § 14k Nr. 1 und 2 sowie auf einen weiteren Bereich des § 14k beziehen, dabei auf jeden dieser drei Bereiche mindestens 3 Fälle. Mindestens 10 Fälle müssen rechtsförmliche Verfahren (z.B. Gerichtsverfahren, Verwaltungsverfahren, Schlichtungs- oder Schiedsverfahren) sein. Ebensolche Verfahren vor internationalen Stellen werden angerechnet.

s) Bank- und Kapitalmarktrecht: 60 Fälle, davon mindestens 30 rechtsförmliche Verfahren. Die Fälle müssen sich auf mindestens drei verschiedene Bereiche des § 14l Nr. 1 bis 9 beziehen, dabei auf jeden dieser drei Bereichen mindestens 5 Fälle.

t) Agrarrecht: 80 Fälle. Von diesen Fällen müssen sich mindestens jeweils 10 Fälle auf die in § 14m Nr. 1 und 2 benannten Bereiche beziehen. Mindestens 20 Fälle müssen rechtsförmliche Verfahren (Gerichtsverfahren, außergerichtliche Rechtsbehelfsverfahren, Schlichtungs- oder Schiedsverfahren) sein.

u) Internationales Wirtschaftsrecht: 50 Fälle aus den in § 14n genannten Bereichen, davon mindestens 5 rechtsförmliche Verfahren vor deutschen oder ausländischen (einschließlich EU) Gerichten und Behörden. Die Fälle müssen sich auf mindestens 3 verschiedene Bereiche des

§ 14n beziehen, dabei mindestens 15 Fälle aus den Bereichen des § 14n Nr. 3, 4 oder 5.

v) Vergaberecht: 40 Fälle aus den Bereichen des § 14o, davon mindestens 5 gerichtliche Verfahren oder Nachprüfungsverfahren.

w) Migrationsrecht: 80 Fälle aus den in § 14p Nr. 1 bis Nr. 6 genannten Bereichen, davon mindestens 60 aus mindestens zwei der in § 14p Nr. 1 bis Nr. 4 genannten Bereiche. Mindestens 30 Fälle müssen gerichtliche Verfahren sein, hiervon mindestens 15 aus den in § 14p Nr. 1 bis Nr. 4 genannten Bereichen.

x) Sportrecht: 80 Fälle, davon mindestens 20 rechtsförmliche Verfahren (Sportverbandsgerichtsverfahren, sonstige Gerichtsverfahren, außergerichtliche Rechtsbehelfsverfahren, Schlichtungs- oder Schiedsverfahren). Die Fälle müssen sich auf mindestens drei verschiedene Bereiche des § 14q Nr. 1, 3 bis 11 beziehen, dabei auf jeden dieser drei Bereiche mindestens fünf Fälle.

(2) [1]Als Fälle im Sinne von Abs. 1 gelten auch solche, die der Rechtsanwalt als Anwaltsnotar bearbeitet hat, sofern sie auch von einem Rechtsanwalt, der nicht Notar ist, hätten bearbeitet werden können.

(3) [1]Der Zeitraum des § 5 Abs. 1 verlängert sich

a) um Zeiten eines Beschäftigungsverbotes nach den Mutterschutzvorschriften;

b) um Zeiten der Inanspruchnahme von Elternzeit;

c) um Zeiten, in denen der Antragsteller wegen besonderer Härte in seiner anwaltlichen Tätigkeit eingeschränkt war. Härtefälle sind auf Antrag und bei entsprechendem Nachweis zu berücksichtigen.

[2]Eine Verlängerung ist auf 36 Monate beschränkt.

(4) [1]Bedeutung, Umfang und Schwierigkeit einzelner Fälle können zu einer höheren oder niedrigeren Gewichtung führen.

§ 6 Nachweise durch Unterlagen (1) [1]Zur Prüfung der Voraussetzungen nach § 4 sind Zeugnisse, Bescheinigungen oder andere geeignete Unterlagen vorzulegen.

(2) [1]Soweit besondere theoretische Kenntnisse durch eine erfolgreiche Lehrgangsteilnahme (§ 4 Abs. 1, § 4a) dargelegt werden sollen, hat der Antragsteller Zeugnisse des Lehrgangsveranstalters vorzulegen, die zusammen folgende Nachweise umfassen müssen:

a) dass die Voraussetzungen der §§ 4 Abs. 1 und 4a erfüllt sind,

b) dass, wann und von wem im Lehrgang alle das Fachgebiet in § 2 Abs. 3, §§ 8 bis 14p betreffenden Bereiche unterrichtet worden sind,

Fassung ab dem 1. Januar 2020:

b) dass, wann und von wem im Lehrgang alle das Fachgebiet in § 2 Abs. 3, §§ 8 bis 14q betreffenden Bereiche unterrichtet worden sind,

c) die Aufsichtsarbeiten und ihre Bewertungen.

(3) [1]Zur Prüfung der Voraussetzungen nach § 5 sind Falllisten vorzulegen, die regelmäßig folgende Angaben enthalten müssen: Aktenzeichen, Gegenstand, Zeitraum, Art und Umfang der Tätigkeit, Stand des Verfahrens. Ferner sind auf Verlangen des Fachausschusses anonymisierte Arbeitsproben vorzulegen.

§ 7 Fachgespräch (1) [1]Zum Nachweis der besonderen theoretischen Kenntnisse oder der praktischen Erfahrungen führt der Ausschuss ein Fachgespräch. [2]Er kann jedoch davon absehen, wenn er seine Stellungnahme gegenüber dem Vorstand hinsichtlich der besonderen theoretischen Kenntnisse oder der besonderen praktischen Erfahrungen nach dem Gesamteindruck der vorgelegten Zeugnisse und schriftlichen Unterlagen auch ohne ein Fachgespräch abgeben kann.

(2) [1]Bei der Ladung zum Fachgespräch sind Hinweise auf die Bereiche zu geben, die Gegenstand des Fachgespräches sein werden. [2]Die Fragen sollen sich an in diesen Bereichen in der Praxis überwiegend vorkommenden Fällen ausrichten. [3]Die auf den einzelnen Antragsteller entfallende Befragungszeit soll nicht weniger als 45 und nicht mehr als 60 Minuten betragen. [4]Über das Fachgespräch ist ein Inhaltsprotokoll zu führen.

§ 8 Nachzuweisende besondere Kenntnisse im Verwaltungsrecht [1]Für das Fachgebiet Verwaltungsrecht sind nachzuweisen

1. besondere Kenntnisse in den Bereichen
   a) allgemeines Verwaltungsrecht,
   b) Verfahrensrecht,
   c) Recht der öffentlich-rechtlichen Ersatzleistung.
2. besondere Kenntnisse in zwei Bereichen des besonderen Verwaltungsrechts, von denen einer aus folgenden Gebieten gewählt sein muss:
   a) öffentliches Baurecht,
   b) Abgabenrecht, soweit die Zuständigkeit der Verwaltungsgerichte gegeben ist,
   c) Wirtschaftsverwaltungsrecht (Gewerberecht, Handwerksrecht, Wirtschaftsförderungsrecht, Gaststättenrecht, Berg- und Energierecht),
   d) Umweltrecht (Immissionsschutzrecht, Abfallrecht, Wasserrecht, Natur- und Landschaftsschutzrecht),
   e) öffentliches Dienstrecht.

§ 9 Nachzuweisende besondere Kenntnisse im Steuerrecht [1]Für das Fachgebiet Steuerrecht sind besondere Kenntnisse nachzuweisen in den Bereichen

1. Buchführung und Bilanzwesen einschließlich des Rechts der Buchführung und des Jahresabschlusses,
2. Allgemeines Abgabenrecht einschließlich Bewertungs- und Verfahrensrecht,
3. Besonderes Steuer- und Abgabenrecht in den Gebieten:
   a) Einkommen-, Körperschaft- und Gewerbesteuer,
   b) Umsatzsteuer- und Grunderwerbsteuerrecht,
   c) Erbschaft- und Schenkungsteuerrecht.
4. Steuerstrafrecht sowie Grundzüge des Verbrauchsteuer- und internationalen Steuerrechts einschließlich des Zollrechts.

§ 10 Nachzuweisende besondere Kenntnisse im Arbeitsrecht [1]Für das Fachgebiet Arbeitsrecht sind besondere Kenntnisse nachzuweisen in den Bereichen:

1. Individualarbeitsrecht
   a) Abschluss, Inhalt und Änderung des Arbeits- und Berufsausbildungsvertrages,
   b) Beendigung des Arbeits- und Berufsausbildungsverhältnisses einschließlich Kündigungsschutz,
   c) Grundzüge der betrieblichen Altersversorgung,
   d) Schutz besonderer Personengruppen, insbesondere der Schwangeren und Mütter, der Schwerbehinderten und Jugendlichen,
   e) Grundzüge des Arbeitsförderungs- und des Sozialversicherungsrechts,
2. Kollektives Arbeitsrecht
   a) Tarifvertragsrecht,
   b) Personalvertretungs- und Betriebsverfassungsrecht,
   c) Grundzüge des Arbeitskampf- und Mitbestimmungsrechts,
3. Verfahrensrecht.

§ 11 Nachzuweisende besondere Kenntnisse im Sozialrecht [1]Für das Fachgebiet Sozialrecht sind besondere Kenntnisse nachzuweisen in den Bereichen:

1. allgemeines Sozialrecht einschließlich Verfahrensrecht,
2. besonderes Sozialrecht
   a) Arbeitsförderungs- und Sozialversicherungsrecht (Krankenversicherung, Unfallversicherung, Rentenversicherung, Pflegeversicherung),
   b) Recht der sozialen Entschädigung bei Gesundheitsschäden,

c) Recht des Familienlastenausgleichs,
d) Recht der Eingliederung Behinderter,
e) Sozialhilferecht,
f) Ausbildungsförderungsrecht.

§ 12 Nachzuweisende besondere Kenntnisse im Familienrecht [1]Für das Fachgebiet Familienrecht sind nachzuweisen besondere Kenntnisse in den Bereichen

1. materielles Ehe-, Familien- und Kindschaftsrecht unter Einschluss familienrechtlicher Bezüge zum Erb-, Gesellschafts-, Sozial-, Schuld-, Steuer- und Vollstreckungsrecht und zum öffentlichen Recht, der nichtehelichen Lebensgemeinschaft und der eingetragenen Lebenspartnerschaft,
2. familienrechtliches Verfahrens- und Kostenrecht,
3. Internationales Privatrecht im Familienrecht,
4. Theorie und Praxis familienrechtlicher Mandatsbearbeitung und Vertragsgestaltung.

§ 13 Nachzuweisende besondere Kenntnisse im Strafrecht [1]Für das Fachgebiet Strafrecht sind besondere Kenntnisse nachzuweisen in den Bereichen:

1. Methodik und Recht der Strafverteidigung und Grundzüge der maßgeblichen Hilfswissenschaften,
2. materielles Strafrecht einschließlich Jugend-, Betäubungsmittel-, Verkehrs-, Wirtschafts- und Steuerstrafrecht;
3. Strafverfahrensrecht einschließlich Jugendstraf- und Ordnungswidrigkeitenverfahren sowie Strafvollstreckungs- und Strafvollzugsrecht.

§ 14 Nachzuweisende besondere Kenntnisse im Insolvenzrecht [1]Für das Fachgebiet Insolvenzrecht sind besondere Kenntnisse nachzuweisen in den Bereichen:

1. Materielles Insolvenzrecht
   a) Insolvenzgründe und Wirkungen des Insolvenzantrags
   b) Wirkungen der Verfahrenseröffnung
   c) Das Amt des vorläufigen Insolvenzverwalters oder des Insolvenzverwalters
   d) Sicherung und Verwaltung der Masse
   e) Aussonderung, Absonderung und Aufrechnung im Insolvenzverfahren
   f) Abwicklung der Vertragsverhältnisse
   g) Insolvenzgläubiger
   h) Insolvenzanfechtung

   i) Arbeits- und Sozialrecht in der Insolvenz
   j) Steuerrecht in der Insolvenz
   k) Gesellschaftsrecht in der Insolvenz
   l) Insolvenzstrafrecht
   m) Grundzüge des internationalen Insolvenzrechts

2. Insolvenzverfahrensrecht
   a) Insolvenzeröffnungsverfahren
   b) Regelverfahren
   c) Planverfahren
   d) Verbraucherinsolvenz
   e) Restschuldbefreiungsverfahren
   f) Sonderinsolvenzen

3. Betriebswirtschaftliche Grundlagen
   a) Buchführung, Bilanzierung und Bilanzanalyse
   b) Rechnungslegung in der Insolvenz
   c) Betriebswirtschaftliche Fragen des Insolvenzplans, der Sanierung, der übertragenden Sanierung und der Liquidation.

§ 14a Nachzuweisende besondere Kenntnisse im Versicherungsrecht
[1]Für das Fachgebiet Versicherungsrecht sind besondere Kenntnisse nachzuweisen in den Bereichen:

1. allgemeines Versicherungsvertragsrecht und Besonderheiten der Prozessführung,
2. Recht der Versicherungsaufsicht,
3. Grundzüge des internationalen Versicherungsrechts,
4. Transport- und Speditionsversicherungsrecht,
5. Sachversicherungsrecht (insbesondere das Recht der Fahrzeug-, Gebäude-, Hausrat-, Reisegepäck-, Feuer-, Einbruchdiebstahl- und Bauwesenversicherung),
6. Recht der privaten Personenversicherung (insbesondere das Recht der Lebens-, Kranken-, Reiserücktritts-, Unfall- und Berufsunfähigkeitsversicherung),
7. Haftpflichtversicherungsrecht (insbesondere das Recht der Pflichtversicherung, privaten Haftpflicht-, betrieblichen Haftpflicht-, Haftpflichtversicherung der freien Berufe, Umwelt- und Produkthaftpflicht, Bauwesenversicherung),
8. Rechtsschutzversicherungsrecht,
9. Grundzüge des Vertrauensschaden- und Kreditversicherungsrechts.

§ 14b Nachzuweisende besondere Kenntnisse im Medizinrecht [1]Für das Fachgebiet Medizinrecht sind besondere Kenntnisse nachzuweisen in den Bereichen:

1. Recht der medizinischen Behandlung, insbesondere
   a) zivilrechtliche Haftung,
   b) strafrechtliche Haftung,
2. Recht der privaten und gesetzlichen Krankenversicherung, insbesondere Vertragsarzt- und Vertragszahnarztrecht, sowie Grundzüge der Pflegeversicherung,
3. Berufsrecht der Heilberufe, insbesondere
   a) ärztliches Berufsrecht,
   b) Grundzüge des Berufsrechts sonstiger Heilberufe,
4. Vertrags- und Gesellschaftsrecht der Heilberufe, einschließlich Vertragsgestaltung,
5. Vergütungsrecht der Heilberufe,
6. Krankenhausrecht einschließlich Bedarfsplanung, Finanzierung und Chefarztvertragsrecht,
7. Grundzüge des Arzneimittel- und Medizinprodukterechts,
8. Grundzüge des Apothekenrechts,
9. Besonderheiten des Verfahrens- und Prozessrechts.

§ 14c Nachzuweisende besondere Kenntnisse im Miet- und Wohnungseigentumsrecht [1]Für das Fachgebiet Miet- und Wohnungseigentumsrecht sind besondere Kenntnisse nachzuweisen in den Bereichen:

1. Recht der Wohnraummietverhältnisse,
2. Recht der Gewerberaummietverhältnisse und Pachtrecht,
3. Wohnungseigentumsrecht,
4. Maklerrecht, Nachbarrecht und Grundzüge des Immobilienrechts,
5. Miet- und wohnungseigentumsrechtliche Bezüge zum öffentlichen Recht, einschließlich Steuerrecht,
6. Miet- und wohnungseigentumsrechtliche Besonderheiten des Verfahrens- und Vollstreckungsrechts.

§ 14d Nachzuweisende besondere Kenntnisse im Verkehrsrecht [1]Für das Fachgebiet Verkehrsrecht sind besondere Kenntnisse nachzuweisen in den Bereichen:

1. Verkehrszivilrecht, insbesondere das Verkehrshaftungsrecht und das Verkehrsvertragsrecht,

2. Versicherungsrecht, insbesondere das Recht der Kraftfahrtversicherung, der Kaskoversicherung sowie Grundzüge der Personenversicherungen,
3. Verkehrsstraf- und Ordnungswidrigkeitenrecht,
4. Verkehrsverwaltungsrecht,
5. Besonderheiten der Verfahrens- und Prozessführung.

§ 14e Nachzuweisende besondere Kenntnisse im Bau- und Architektenrecht [1]Für das Fachgebiet Bau- und Architektenrecht sind besondere Kenntnisse nachzuweisen in den Bereichen:

1. Bauvertragsrecht,
2. Recht der Architekten und Ingenieure,
3. Recht der öffentlichen Vergabe von Bauaufträgen,
4. Grundzüge des öffentlichen Baurechts,
5. Besonderheiten der Verfahrens- und Prozessführung.

§ 14f Nachzuweisende besondere Kenntnisse im Erbrecht [1]Für das Fachgebiet Erbrecht sind besondere Kenntnisse nachzuweisen in den Bereichen:

1. materielles Erbrecht unter Einschluss erbrechtlicher Bezüge zum Schuld-, Familien-, Gesellschafts-, Stiftungs- und Sozialrecht,
2. Internationales Privatrecht im Erbrecht,
3. vorweggenommene Erbfolge, Vertrags- und Testamentsgestaltung,
4. Testamentsvollstreckung, Nachlassverwaltung, Nachlassinsolvenz und Nachlasspflegschaft,
5. steuerrechtliche Bezüge zum Erbrecht,
6. Besonderheiten der Verfahrens- und Prozessführung.

§ 14g Nachzuweisende besondere Kenntnisse im Transport- und Speditionsrecht [1]Für das Fachgebiet Transport- und Speditionsrecht sind besondere Kenntnisse nachzuweisen in den Bereichen:

1. Recht des nationalen und grenzüberschreitenden Straßentransports einschließlich des Rechts der allgemeinen Geschäftsbedingungen und der Transportversicherungsbedingungen,
2. Recht des nationalen und grenzüberschreitenden Transports zu Wasser, auf der Schiene und in der Luft,
3. Recht des multimodalen Transports,
4. Recht des Gefahrguttransports, einschließlich diesbezüglicher Straf- und Bußgeldvorschriften,

5. Transportversicherungsrecht,
6. Lagerrecht,
7. Internationales Privatrecht,
8. Zollrecht und Zollabwicklung im grenzüberschreitenden Verkehr sowie Verkehrssteuern,
9. Besonderheiten der Prozessführung und Schiedsgerichtsbarkeit.

§ 14h Nachzuweisende besondere Kenntnisse im gewerblichen Rechtsschutz [1]Für das Fachgebiet gewerblicher Rechtsschutz sind besondere Kenntnisse nachzuweisen in den Bereichen:

1. Patent-, Gebrauchsmuster- und Sortenschutzrecht, einschließlich des Arbeitnehmererfindungsrechts, des Rechts der europäischen Patente und des europäischen Sortenschutzrechts,
2. Designrecht, einschließlich des Rechts der europäischen Geschmacksmuster,
3. Recht der Marken und sonstigen Kennzeichen, einschließlich des Rechts der europäischen Marken,
4. Recht gegen den unlauteren Wettbewerb,
5. Urheberrechtliche Bezüge des gewerblichen Rechtsschutzes,
6. Verfahrensrecht und Besonderheiten des Prozessrechts.

§ 14i Nachzuweisende besondere Kenntnisse im Handels- und Gesellschaftsrecht [1]Für das Fachgebiet Handels- und Gesellschaftsrecht sind besondere Kenntnisse nachzuweisen in den Bereichen:

1. Materielles Handelsrecht
   a) Recht des Handelsstandes (§§ 1–104 HGB),
   b) Recht der Handelsgeschäfte (§§ 343–406 HGB),
   c) internationales Kaufrecht, insbesondere UN-Kaufrecht.
2. Materielles Gesellschaftsrecht, insbesondere
   a) das Recht der Personengesellschaften,
   b) das Recht der Kapitalgesellschaften,
   c) internationales Gesellschaftsrecht, insbesondere Grundzüge des europäischen Gesellschaftsrechts sowie der europäischen Aktiengesellschaft,
   d) Konzernrecht, insbesondere das Recht der verbundenen Unternehmen,
   e) Umwandlungsrecht,
   f) Grundzüge des Bilanz- und Steuerrechts,
   g) Grundzüge des Dienstvertrags- und Mitbestimmungsrechts.

3. Bezüge des Handels- und Gesellschaftsrechts zum Arbeitsrecht, Kartellrecht, Handwerks- und Gewerberecht, Erb- und Familienrecht, Insolvenz- und Strafrecht sowie Bezüge des Rechts der Aktiengesellschaften zum Wertpapiererwerbs- und Übernahmerecht.
4. Besonderheiten der Verfahrens- und Prozessführung.

§ 14j Nachzuweisende Kenntnisse im Urheber- und Medienrecht [1]Für das Fachgebiet Urheber- und Medienrecht sind besondere Kenntnisse nachzuweisen in den Bereichen:

1. Urheberrecht einschließlich des Rechts der Wahrnehmungsgesellschaften, Leistungsschutzrechte, Urhebervertragsrecht, internationale Urheberrechtsabkommen,
2. Verlagsrecht einschließlich Musikverlagsrecht, Musikvertragsrecht,
3. Recht der öffentlichen Wort- und Bildberichterstattung,
4. Rundfunkrecht,
5. wettbewerbsrechtliche und werberechtliche Bezüge des Urheber- und Medienrechts, Titelschutz,
6. Grundzüge des Mediendienste-, Teledienste- und Telekommunikationsrechts, des Rechts der Unterhaltungs- und Kulturveranstaltungen sowie des Rechts der deutschen und europäischen Kulturförderung,
7. Verfahrensrecht und Besonderheiten des Prozessrechts.

§ 14k Nachzuweisende besondere Kenntnisse im Informationstechnologierecht [1]Für das Fachgebiet Informationstechnologierecht sind besondere Kenntnisse nachzuweisen in den Bereichen:

1. Vertragsrecht der Informationstechnologien, einschließlich der Gestaltung individueller Verträge und AGB,
2. Recht des elektronischen Geschäftsverkehrs, einschließlich der Gestaltung von Provider-Verträgen und Nutzungsbedingungen (Online-/Mobile Business),
3. Grundzüge des Immaterialgüterrechts im Bereich der Informationstechnologien, Bezüge zum Kennzeichenrecht, insbesondere Domainrecht,
4. Recht des Datenschutzes und der Sicherheit der Informationstechnologien einschließlich Verschlüsselungen und Signaturen sowie deren berufsspezifischer Besonderheiten,
5. Das Recht der Kommunikationsnetze und -dienste, insbesondere das Recht der Telekommunikation und deren Dienste,

6. Öffentliche Vergabe von Leistungen der Informationstechnologien (einschließlich eGovernment) mit Bezügen zum europäischen und deutschen Kartellrecht,
7. Internationale Bezüge einschließlich Internationales Privatrecht,
8. Besonderheiten des Strafrechts im Bereich der Informationstechnologien,
9. Besonderheiten der Verfahrens- und Prozessführung.

§ 14l Nachzuweisende besondere Kenntnisse im Bank- und Kapitalmarktrecht [1]Für das Fachgebiet Bank- und Kapitalmarktrecht sind besondere Kenntnisse nachzuweisen in den Bereichen:

1. Geschäftsverbindung zwischen Bank und Kunden, insbesondere
   a) Allgemeine Geschäftsbedingungen,
   b) Bankvertragsrecht,
   c) das Konto und dessen Sonderformen,
2. Kreditvertragsrecht und Kreditsicherung einschließlich Auslandsgeschäft,
3. Zahlungsverkehr, insbesondere
   a) Überweisungs-, Lastschrift-, Wechsel- und Scheckverkehr,
   b) EC-Karte und Electronic-/Internet-Banking,
   c) Kreditkartengeschäft,
4. sonstige Bankgeschäfte – insbesondere im Sinne von § 1 Abs. 1 Satz 2 KWG – z.B. Pfandbriefgeschäft, Finanzkommissionsgeschäft, Depotgeschäft, Garantiegeschäft, Emissionsgeschäft, Konsortialgeschäft einschließlich Auslandsgeschäft,
5. Kapitalmarkt- und Kapitalanlagerecht, insbesondere Wertpapierhandel, Investmentgeschäft, alternative Anlageformen, Vermögensverwaltung, Vermögensverwahrung,
6. Factoring/Leasing,
7. Geldwäsche, Datenschutz, Bankentgelte,
8. Recht der Bankenaufsicht, Bankenrecht der europäischen Gemeinschaft und Kartellrecht,
9. Steuerliche Bezüge zum Bank- und Kapitalmarktrecht,
10. Besonderheiten des Verfahrens- und Prozessrechts.

§ 14m Nachzuweisende besondere Kenntnisse im Agrarrecht [1]Für das Fachgebiet Agrarrecht sind besondere Kenntnisse nachzuweisen in den Bereichen:

1. agrarspezifisches Zivilrecht
   a) agrarspezifische Fragen des besonderen Schuldrechts (z.B. Landpachtrecht),
   b) Produkthaftungsrecht i.V.m. Grundzügen des Lebensmittelrechts,
   c) Jagd- und Jagdpachtrecht,
   d) Besonderheiten des Erb- und Familienrechts,
   e) Besonderheiten der Vertragsgestaltung und besondere Vertragstypen (z.B. landwirtschaftliche Kooperationen, Maschinengemeinschaften, Absatz- und Einkaufsverträge inkl. AGB, Gesellschaften, Bewirtschaftungsverträge, Erwerb landwirtschaftlicher Betriebe),
   f) Besonderheiten des Arbeitsrechts.
2. agrarspezifisches Verwaltungsrecht
   a) Recht der Genehmigungsverfahren (z.B. BImSchG, BauGB, Anlagen zur Verarbeitung nachwachsender Rohstoffe und agrarrechtliche Besonderheiten erneuerbarer Energien),
   b) Grundzüge des Umweltrechts,
   c) Natur- und Pflanzenschutzrecht,
   d) Düngemittel- und Saatgutverkehrsrecht, Sortenschutzrecht,
   e) Tierschutz-, -zucht- und -seuchenrecht,
   f) Flurbereinigung und Flurneuordnungsverfahren,
   g) Grundstücksverkehrs- und Landpachtverkehrsrecht,
   h) Weinrecht, Forstrecht, Jagd- und Fischereirecht,
   i) landwirtschaftliches Steuerrecht,
   j) Besonderheiten des Sozialversicherungsrechts,
   k) Staatsbeihilfenrecht, Agrarbeihilfenrecht, Cross-Compliance-Verpflichtungen.
3. agrarspezifisches Ordnungswidrigkeiten- und Strafrecht
4. agrarspezifisches EU-Recht einschließlich seiner Umsetzung in nationales Recht
   a) EG-Vertrag (Landwirtschaft, Umwelt),
   b) EG-Wettbewerbsrecht, Kartellrecht,
   c) EU-Verordnungen, Richtlinien,
5. agrarspezifisches Verfahrensrecht
   a) Landwirtschaftsverfahrensrecht,
   b) Grundzüge der EU-Gerichtsbarkeit.

§ 14n Nachzuweisende besondere Kenntnisse im internationalen Wirtschaftsrecht [1]Für das Fachgebiet internationales Wirtschaftsrecht sind besondere Kenntnisse nachzuweisen in den Bereichen:

1. Kollisionsrecht (IPR) der vertraglichen und außervertraglichen Schuldverhältnisse,
2. Internationales Zivilprozess- und Schiedsverfahrensrecht,
3. International vereinheitlichtes Handelsrecht,
4. International vereinheitlichtes Gesellschaftsrecht,
5. Europäisches Beihilfen- und Wettbewerbsrecht,
6. Grundzüge der Regelungen zur Korruptions-, Betrugs- und Geldwäschebekämpfung im internationalen Rechtsverkehr,
7. Grundzüge im internationalen Steuerrecht,
8. Grundzüge der Rechtsvergleichung.

§ 14o Nachzuweisende besondere Kenntnisse im Vergaberecht [1]Für das Fachgebiet Vergaberecht sind besondere Kenntnisse nachzuweisen in den Bereichen:

1. Europäische und deutsche Vorschriften zur öffentlichen Auftragsvergabe, insbesondere
   a) EU-Vergaberichtlinien einschließlich der jeweiligen Rechtsmittelrichtlinien,
   b) Gesetz gegen Wettbewerbsbeschränkungen (GWB),
   c) Vergabeverordnung (VgV), Sektorenverordnung (SektVO), Konzessionsvergabeverordnung (KonzVgV) und Vergabeverordnung Verteidigung und Sicherheit (VSVgV),
   d) Grundzüge der Vergabegesetze der einzelnen Bundesländer und (soweit vorhanden) des Bundes,
2. Besonderheiten der einzelnen Vergabeverfahren bei:
   a) der Vergabe von Liefer- und Dienstleistungen,
   b) Planungswettbewerben und der Vergabe von Architekten- und Ingenieurleistungen,
   c) der Vergabe von Bauleistungen,
   d) der Vergabe von Aufträgen im Bereich Verkehr, Trinkwasserversorgung und Energieversorgung (Sektorenaufträge),
   e) der Vergabe von Konzessionen,
   f) der Vergabe von Aufträgen im Bereich Verteidigung und Sicherheit,
3. Besonderheiten der Verfahrens- und Prozessführung:
   a) Primärrechtsschutz durch Nachprüfungs- und Beschwerdeverfahren,
   b) Grundzüge der vergaberechtlichen Verfahren vor dem EuGH,
   c) sonstiger Rechtsschutz vor Zivilgerichten und Verwaltungsgerichten im Zusammenhang mit Vergabeverfahren,
4. Vergaberechtliche Aspekte des Beihilferechts,
5. Grundzüge des öffentlichen Preisrechts.

§ 14p Nachzuweisende besondere Kenntnisse im Migrationsrecht [1]Für das Fachgebiet Migrationsrecht sind besondere Kenntnisse nachzuweisen in den Bereichen:

1. Staatsangehörigkeitsrecht, insbesondere
   a) Statusfeststellungen einschließlich Staatenlosigkeit,
   b) Einbürgerung,
   c) Verlusttatbestände,
   d) Vertriebenenverfahren,
2. Aufenthaltsrecht, insbesondere
   a) allgemeine Grundlagen des Erwerbs, der Verlängerung und der Verfestigung von Aufenthaltstiteln,
   b) Visumsverfahren zu kurz- und langfristigen Aufenthaltszwecken,
   c) Aufenthaltstitel und ihre unterschiedlichen Voraussetzungen,
   d) Erlöschen des Aufenthaltsrechts, insbesondere Ausweisung,
   e) Durchsetzung der Ausreisepflicht, insbesondere Duldung, Abschiebung und Abschiebungshaft,
   f) Haftung und Gebühren,
   g) Besonderheiten des Datenschutzes,
3. Unionsrecht, insbesondere
   a) Aufenthaltsrechte von Unionsbürgern und ihren Familienangehörigen,
   b) Aufenthaltsrechte aus dem ARB 1/80 EWG-Türkei,
   c) sonstige unionsrechtliche oder völkerrechtliche Migrationsregelungen,
4. Asylrecht, insbesondere
   a) Asylverfahren einschließlich internationaler und nationaler Verteilungsregelungen sowie Entscheidungsarten,
   b) internationaler Flüchtlingsschutz,
   c) nationaler Schutz,
   d) Rechtsschutz,
   e) Widerruf/Erlöschen,
   f) Folgeverfahren,
5. migrationsrechtliche Bezüge des Sozialrechts, insbesondere vom Aufenthaltsstatus abhängige Leistungsansprüche und Leistungsausschlüsse,
6. migrationsrechtliche Bezüge des Strafrechts,
7. rechtliche Besonderheiten der Auswanderung,
8. Besonderheiten des Verfahrens- und Prozessrechts.

§ 14q Nachzuweisende besondere Kenntnisse im Sportrecht [1]Für das Fachgebiet Sportrecht sind besondere Kenntnisse nachzuweisen in den Bereichen

1. selbstgesetztes Recht der Sportverbände im Rahmen der Verbandsautonomie und deren Organisationsstrukturen, insbesondere Satzungen und Statuten nationaler und internationaler Sportorganisationen,
2. nationale und internationale Sportverbands- und -schiedsgerichtsbarkeit,
3. sportrechtliche Bezüge des Ordnungswidrigkeiten- und Strafrechts, Strafprozessrecht sowie zwischenstaatliches und Völkerrecht,
4. Schutz vor Sportmanipulationen, insbesondere durch sog. Doping, sportrechtliche Bezüge des Arzneimittelrechts,
5. Vereinsrecht und Grundzüge des Gesellschaftsrechts,
6. sportrechtliche Bezüge des Medienrechts, insbesondere der Fernseh-, Internet- und Hörfunkrechte,
7. Recht des geistigen Eigentums, insbesondere Persönlichkeitsrecht sowie Urheber- und Markenrecht,
8. Recht des Sponsorings, Recht der staatlichen Sportförderung und Subventionsrecht, Sportwettrecht,
9. sportrechtliche Bezüge des nationalen und internationalen Haftungsrechts,
10. Grundzüge des Gemeinnützigkeits- und Spendenrechts,
11. Sportvertragsrecht, sportrechtliche Bezüge des Dienst- und Arbeitsvertragsrechts.

§ 15 Fortbildung (1) [1]Wer eine Fachanwaltsbezeichnung führt, muss kalenderjährlich auf diesem Gebiet wissenschaftlich publizieren oder an fachspezifischen der Aus- oder Fortbildung dienenden Veranstaltungen hörend oder dozierend teilnehmen. [2]Die hörende Teilnahme setzt eine anwaltsorientierte oder interdisziplinäre Veranstaltung voraus. [3]Bei dozierender Teilnahme ist die Vorbereitungszeit in angemessenem Umfang zu berücksichtigen.

(2) [1]Bei Fortbildungsveranstaltungen, die nicht in Präsenzform durchgeführt werden, müssen die Möglichkeiten der Interaktion des Referenten mit den Teilnehmern sowie der Teilnehmer untereinander während der Dauer der Fortbildungsveranstaltung sichergestellt sein und der Nachweis der durchgängigen Teilnahme erbracht werden.

(3) [1]Die Gesamtdauer der Fortbildung darf je Fachgebiet 15 Zeitstunden nicht unterschreiten.

(4) [1]Bis zu fünf Zeitstunden können im Wege des Selbststudiums absolviert werden, sofern eine Lernerfolgskontrolle erfolgt.

(5) [1]Die Erfüllung der Fortbildungspflicht ist der Rechtsanwaltskammer durch Bescheinigungen oder andere geeignete Unterlagen unaufgefordert nachzuweisen. [2]Fortbildung im Sinne des Absatzes 4 ist durch Bescheinigungen und Lernerfolgskontrollen nachzuweisen.

§ 16 Übergangsregelung (1) [1]Anträge sind nach dem zum Zeitpunkt der Antragstellung geltenden Recht zu entscheiden, wenn dies für den Antragsteller günstiger ist. [2]Die Fortbildungsregelung des § 4 Abs. 2 in der Fassung vom 3.4.2006 gilt ab 1.1.2007. [3]Die Fortbildungsregelungen des § 4 Abs. 2 in der Fassung vom 15.6.2009 und des § 4 Abs. 3 Satz 2 gelten ab dem 1.1. des auf das Inkrafttreten folgenden Kalenderjahres.*

(2) [1]Erfüllen ein Fachanwaltslehrgang oder Leistungskontrollen, die vor In-Kraft-Treten der Fachanwaltsordnung oder der Einführung neuer Fachanwaltsbezeichnungen absolviert worden sind, die Voraussetzungen dieser Fachanwaltsordnung nicht, kann der Nachweis der besonderen theoretischen Kenntnisse durch die erfolgreiche Teilnahme an einem Ergänzungslehrgang mit vergleichbaren Leistungskontrollen oder durch nachträglich geleistete Aufsichtsarbeiten zu den durch Leistungskontrollen nicht belegten Gebieten geführt werden.

(3) [1]Die Neufassung von § 15 Abs. 3, Abs. 4 und Abs. 5 Satz 2 in der Fassung vom 6.12.2013 wird am 1.1. des auf das Inkrafttreten folgenden Jahres wirksam.**

Zweiter Teil: Verfahrensordnung

§ 17 Zusammensetzung der Ausschüsse (1) [1]Der Vorstand der Rechtsanwaltskammer bildet für jedes Fachgebiet mindestens einen Ausschuss und bestellt dessen Mitglieder sowie die stellvertretenden Mitglieder.

(2) [1]Bilden mehrere Rechtsanwaltskammern gemeinsame Ausschüsse, so soll jede Rechtsanwaltskammer in jedem Ausschuss mit mindestens einem Mitglied vertreten sein.

(3) [1]Jeder Ausschuss besteht aus mindestens drei Mitgliedern und höchstens drei stellvertretenden Mitgliedern.

(4) [1]Der Ausschuss wählt aus seinen Mitgliedern den Vorsitzenden, einen stellvertretenden Vorsitzenden und einen Schriftführer.

(5) [1]Der Vorsitzende des Ausschusses stellt den Vertretungsfall fest.

---

* Das ist der 1. Januar 2011.

** Das ist der 1. Januar 2015.

(6) [1]Der Ausschuss gibt sich eine Geschäftsordnung, die insbesondere das Verfahren zur Bestellung von Berichterstattern und das Abstimmungsverfahren regelt.

§ 18 Gemeinsame Ausschüsse [1]Wollen mehrere Rechtsanwaltskammern gemeinsame Ausschüsse bilden, so ist hierüber eine schriftliche, von den Präsidenten der Kammern zu unterzeichnende Vereinbarung zu treffen. [2]Die Vereinbarung ist nach Maßgabe der Geschäftsordnung der jeweiligen Rechtsanwaltskammer zu veröffentlichen. [3]In der Vereinbarung ist mindestens zu regeln:

a) Die Fachgebiete, für die gemeinsame Ausschüsse gebildet werden.
b) Die Zahl der Mitglieder der Ausschüsse sowie deren Stellvertreter.
c) Die Zuständigkeit für die Bestimmung der Mitglieder, deren Stellvertreter und des Vorsitzenden.
d) Anstelle der gemeinsamen Bestellung der Ausschussmitglieder und der Vorsitzenden kann die Vereinbarung auch einer der vertragsschließenden Kammern die Zuständigkeit für die Bestellung der Mitglieder und des Vorsitzenden in alleiniger Verantwortung zuweisen.
e) Die Bezeichnung derjenigen Kammer, deren Geschäftsstelle die Geschäftsführung des Ausschusses übernimmt.
f) Bestimmungen über die Entschädigung der Ausschussmitglieder, soweit eine von § 103 Abs. 4 Bundesrechtsanwaltsordnung abweichende Regelung vorgesehen wird.
g) Bestimmungen über das Recht, die Vereinbarung zu kündigen.

§ 19 Bestellung der Ausschussmitglieder (1) [1]Die §§ 65 bis 68 Abs. 1 Bundesrechtsanwaltsordnung gelten entsprechend.

(2) [1]Zum Mitglied oder stellvertretenden Mitglied eines Ausschusses soll in der Regel nur bestellt werden, wer berechtigt ist, die Fachanwaltsbezeichnung für das jeweilige Fachgebiet zu führen.

(3) [1]Scheidet ein Mitglied oder stellvertretendes Mitglied vorzeitig aus, erfolgt eine Neubestellung für die restliche Dauer der Amtszeit des Ausgeschiedenen.

§ 20 Vorzeitiges Ausscheiden aus dem Ausschuss [1]Ein Mitglied scheidet aus dem Ausschuss aus, wenn

1. das Mitglied nicht mehr Mitglied der Kammer ist;
2. gegen das Mitglied ein Berufs- oder Vertretungsverbot (§§ 150, 161a BRAO) verhängt worden ist;

3. das Mitglied seine Wählbarkeit aus den in den §§ 66 Nr. 2 und 3 BRAO angegebenen Gründen verloren hat;
4. das Mitglied das Amt niederlegt;
5. das Mitglied vom Vorstand der Kammer, für die es bestellt ist, abberufen wird.

§ 21 Entschädigung [1]Mitglieder und stellvertretende Mitglieder des Ausschusses können von ihrer Rechtsanwaltskammer eine Aufwandsentschädigung erhalten.

§ 22 Antragstellung (1) [1]Der Antrag, die Führung einer Fachanwaltsbezeichnung zu gestatten, ist bei der Rechtsanwaltskammer einzureichen, der der Antragsteller angehört.

(2) [1]Dem Antrag sind die nach § 6 erforderlichen Unterlagen beizufügen.

(3) [1]Die Rechtsanwaltskammer hat dem Antragsteller auf Antrag die Zusammensetzung des Ausschusses sowie deren Änderung schriftlich mitzuteilen.

§ 23 Mitwirkungsverbote (1) [1]Für die Ausschließung und die Ablehnung eines Ausschussmitglieds durch den Antragsteller gelten die §§ 41 Nr. 2 und 3, 42 Abs. 1 und 2 Zivilprozessordnung entsprechend. [2]Ein Ausschussmitglied ist darüber hinaus von der Mitwirkung ausgeschlossen, wenn es mit dem Antragsteller in Sozietät oder zur gemeinschaftlichen Berufsausübung in sonstiger Weise oder zu einer Bürogemeinschaft verbunden ist oder in den letzten fünf Jahren vor Antragstellung war. [3]Ausgeschlossen ist auch, wer an Bewertungen nach § 6 Abs. 2 Buchstabe c beteiligt war.

(2) [1]Ein Ablehnungsgesuch ist innerhalb zwei Wochen nach Zugang der Mitteilung über die Zusammensetzung des Ausschusses geltend zu machen; im weiteren Verfahren unverzüglich nach Kenntnis des Ablehnungsgrundes.

(3) [1]Der Vorstand der Rechtsanwaltskammer oder die zuständige Abteilung entscheidet über das Ablehnungsgesuch sowie die Berechtigung einer Selbstablehnung nach Anhörung des Ausschussmitgliedes und des Antragstellers. Die Entscheidung ist unanfechtbar.

§ 24 Weiteres Verfahren (1) [1]Der Vorsitzende prüft die Vollständigkeit der ihm von der Rechtsanwaltskammer zugegangenen Antragsunterlagen.

(2) [1]Im schriftlichen Verfahren gibt der Berichterstatter nach formeller und inhaltlicher Prüfung der Nachweise eine begründete Stellungnahme darüber ab, ob der Antragsteller die besonderen theoretischen Kenntnisse und praktischen Erfahrungen nachgewiesen hat, ob ein Fachgespräch entbehrlich ist oder ob er weitere Nachweise für erforderlich hält. [2]Die Stellungnahme des Berichterstatters ist den anderen Ausschussmitgliedern und anschließend

dem Vorsitzenden jeweils zur Abgabe einer schriftlichen Stellungnahme zuzuleiten; Abs. 4 gilt entsprechend.

(3) [1]Bei mündlicher Beratung ist ein Inhaltsprotokoll zu führen, das die Voten der Ausschussmitglieder und deren wesentliche Begründung wiedergibt.

(4) [1]Gewichtet der Ausschuss Fälle zu Ungunsten des Antragstellers, hat er dem Antragsteller Gelegenheit zu geben, Fälle nachzumelden. [2]Im Übrigen kann er dem Antragsteller zur ergänzenden Antragsbegründung Auflagen erteilen. [3]Meldet der Antragsteller innerhalb einer angemessenen Ausschlussfrist keine Fälle nach oder erfüllt er die Auflagen nicht, kann der Ausschuss seine Stellungnahme nach Aktenlage abgeben. [4]Auf diese Rechtsfolge ist der Antragsteller bei der Fristsetzung hinzuweisen.

(5) [1]Der Vorsitzende lädt den Antragsteller unter Beachtung des § 7 Abs. 2 mit einer Frist von mindestens einem Monat zum Fachgespräch.

(6) [1]Das Fachgespräch ist nicht öffentlich. Mitglieder des Vorstandes der Rechtsanwaltskammer und stellvertretende Ausschussmitglieder können am Fachgespräch und der Beratung als Zuhörer teilnehmen.

(7) [1]Versäumt der Antragsteller zwei Termine für das Fachgespräch, zu dem ordnungsgemäß geladen ist, ohne ausreichende Entschuldigung, entscheidet der Ausschuss nach Lage der Akten.

(8) [1]Der Ausschuss beschließt über seine abschließende Stellungnahme mit der Mehrheit seiner Stimmen. [2]Bei Stimmengleichheit entscheidet die Stimme des Vorsitzenden.

(9) [1]Der Vorsitzende gibt die abschließende Stellungnahme des Ausschusses dem Vorstand der für den Antragsteller zuständigen Rechtsanwaltskammer schriftlich bekannt. [2]Auf Aufforderung des Vorstandes hat der Vorsitzende oder sein Stellvertreter die Stellungnahme mündlich zu erläutern.

(10) [1]Für das Verfahren wird eine Verwaltungsgebühr (§ 89 Abs. 2 Nr. 2 Bundesrechtsanwaltsordnung) erhoben.

§ 25 Rücknahme und Widerruf (1) [1]Zuständig für die Rücknahme und den Widerruf der Erlaubnis ist der Vorstand der Rechtsanwaltskammer, welcher der Rechtsanwalt im Zeitpunkt dieser Entscheidung angehört.

(2) [1]Die Rücknahme und der Widerruf sind nur innerhalb eines Jahres seit Kenntnis des Vorstandes der Rechtsanwaltskammer von den sie rechtfertigenden Tatsachen zulässig.

(3) [1]Vor der Entscheidung ist der Rechtsanwalt zu hören. Der Bescheid ist mit Gründen zu versehen. [2]Er ist dem Rechtsanwalt zuzustellen.

Dritter Teil: Schlussbestimmungen

§ 26 In-Kraft-Treten und Ausfertigung (1) [1]Diese Fachanwaltsordnung tritt drei Monate nach Übermittlung an das Bundesministerium der Justiz in Kraft, so weit nicht das Bundesministerium der Justiz die Satzung oder Teile derselben aufhebt, frühestens jedoch mit dem ersten Tag des dritten Monats, der auf die Veröffentlichung in den BRAK-Mitteilungen folgt.

(2) [1]Der Zeitpunkt des In-Kraft-Tretens ist in den BRAK-Mitteilungen bekannt zu machen.

(3) [1]Die Fachanwaltsordnung ist durch den Vorsitzenden und den Schriftführer der Satzungsversammlung auszufertigen.

Satzung der Schlichtungsstelle der Rechtsanwaltschaft (§ 191f BRAO)

Beschlossen in der Hauptversammlung der Bundesrechtsanwaltskammer am 9. Oktober 2009 (BRAK-Mitt. 2009, 277), geändert mit Beschluss vom 29. April 2016 (BRAK-Mitt. 2016, 130), Fassung ab 1. Juli 2016

Inhaltsübersicht

§ 1

Die Schlichtungsstelle besteht aus dem Schlichter und der Geschäftsstelle. Diese unterstützt den Schlichter bei seiner Tätigkeit.

§ 2 Bestellung und Tätigkeit des Schlichters

1. Der Präsident der Bundesrechtsanwaltskammer bestellt einen oder mehrere Schlichter, die allein oder als Kollegialorgan tätig werden. Das Kollegialorgan besteht aus 3 Schlichtern, dem ein Rechtsanwalt angehören muss. Vorschlagsberechtigt sind die Rechtsanwaltskammern und der gemäß § 3 dieser Satzung gebildete Beirat.

Zum Schlichter, der allein tätig wird, darf nicht bestellt werden, wer Rechtsanwalt ist oder in den letzten drei Jahren vor Amtsantritt war oder im Haupt- oder Nebenberuf bei der Bundesrechtsanwaltskammer, einer Rechtsanwaltskammer oder einem Verband der Rechtsanwaltschaft tätig ist oder in den letzten drei Jahren vor Amtsantritt tätig war. Ist nur ein Schlichter bestellt, muss ein Vertreter bestellt werden. Für den Vertreter gelten dieselben Regelungen wie für den Schlichter.

Zum nichtanwaltlichen Mitglied des Kollegialorgans darf nur bestellt werden, wer in den letzten drei Jahren vor Amtsantritt nicht Rechtsanwalt war und weder im Haupt- noch im Nebenberuf bei der Bundesrechtsanwaltskammer, einer Rechtsanwaltskammer oder einem Verband der Rechtsanwaltschaft tätig ist oder in den letzten drei Jahren vor Amtsantritt tätig war.

Zum anwaltlichen Mitglied des Kollegialorgans darf nicht bestellt werden, wer dem Vorstand einer Rechtsanwaltskammer oder eines Verbandes der Rechtsanwaltschaft angehört oder im Haupt- oder Nebenberuf bei der Bundesrechtsanwaltskammer, einer Rechtsanwaltskammer oder einem Verband der Rechtsanwaltschaft tätig ist.

2. Vor der Bestellung eines Schlichters ist dem gemäß § 3 gebildeten Beirat Gelegenheit zur Stellungnahme innerhalb einer Frist von 2 Monaten zu geben.

Ihm sind der Name und der berufliche Werdegang der als Schlichter vorgesehenen Person mitzuteilen. Nach erfolgter Anhörung bestellt der Präsident der Bundesrechtsanwaltskammer den Schlichter.

3. Jeder Schlichter, der allein tätig sein soll, und der Vorsitzende des Kollegialorgans müssen die Befähigung zum Richteramt haben. Die Amtszeit beträgt 4 Jahre. Eine einmalige Wiederbestellung ist zulässig.

4. Der Schlichter ist unabhängig und an Weisungen nicht gebunden. Er kann vom Präsidenten der Bundesrechtsanwaltskammer abberufen werden, wenn Tatsachen vorliegen, die eine unabhängige Schlichtertätigkeit nicht mehr erwarten lassen, wenn der Schlichter nicht nur vorübergehend an der Wahrnehmung seines Amtes gehindert ist oder ein anderer wichtiger Grund vorliegt.

5. Bei der Bestellung von mehreren Personen zu Schlichtern legen diese die Geschäftsverteilung einschließlich Vertretungsregelung vor jedem Geschäftsjahr fest, und zwar für den Fall, dass die Schlichter allein oder als Kollegialorgan entscheiden. Die Regelung in § 5 Nr. 4 Satz 1 bleibt unberührt. Eine Änderung der Geschäftsverteilung ist während des Geschäftsjahres nur aus wichtigem Grund zulässig. Das Geschäftsjahr ist das Kalenderjahr.

§ 3 Bestellung und Aufgaben des Beirats

1. Die Schlichtungsstelle der Rechtsanwaltschaft erhält einen Beirat, der aus höchstens neun Personen besteht.

2. Dem Beirat gehören an mindestens jeweils ein Vertreter der Bundesrechtsanwaltskammer, von Rechtsanwaltskammern, Verbänden der Rechtsanwaltschaft, Verbänden der Verbraucher und des Gesamtverbandes der Deutschen Versicherungswirtschaft. Andere Personen können in den Beirat berufen werden. Höchstens die Hälfte der Mitglieder des Beirates dürfen Rechtsanwälte sein.

3. Die Mitglieder des Beirates werden vom Präsidium der Bundesrechtsanwaltskammer auf Vorschlag der Bundesrechtsanwaltskammer, der Rechtsanwaltskammern, des Deutschen Anwaltvereins, des Bundesverbandes für Verbraucherzentralen und Verbraucherverbände und des Gesamtverbandes der Deutschen Versicherungswirtschaft ausgewählt und vom Präsidenten der Bundesrechtsanwaltskammer ernannt.

Die Amtszeit beträgt vier Jahre. Eine einmalige Wiederbestellung ist zulässig. Der Beirat wählt aus seiner Mitte einen Vorsitzenden und seinen Vertreter.

Dem Beirat ist vor der Bestellung von Schlichtern, vor Änderung der Satzung und vor Veröffentlichung des Tätigkeitsberichtes Gelegenheit zur Stellungnahme zu geben. Im Übrigen berät er den Schlichter auf dessen Anforderung in allen für das Schlichtungsverfahren wesentlichen Fragen. Der Beirat tritt mindestens einmal im Jahr zusammen.

§ 4 Ablehnung des Schlichtungsverfahrens

1. Die Schlichtungsstelle kann bei vermögensrechtlichen Streitigkeiten aus einem bestehenden oder beendeten Mandatsverhältnis angerufen werden, wenn der beauftragte Rechtsanwalt oder die beauftragten Rechtsanwälte im Zeitpunkt des Eingangs des Schlichtungsantrags einer Rechtsanwaltskammer angehören.

2. Die Durchführung eines Schlichtungsverfahrens kann abgelehnt werden, wenn

a) die Streitigkeit nicht in die Zuständigkeit der Schlichtungsstelle fällt,

b) der streitige Anspruch nicht zuvor gegenüber dem Antragsgegner geltend gemacht worden ist,

c) ein Anspruch von mehr als 50.000,00 Euro geltend gemacht wird; bei einem Teilanspruch ist der gesamte strittige Anspruch zur Wertbemessung zu berücksichtigen;

d) ein Gericht zu der Streitigkeit bereits eine Sachentscheidung getroffen hat oder die Streitigkeit bereits vor einem Gericht anhängig ist und das Verfahren nicht nach § 278a Abs. 2 ZPO ruht,

e) der Antrag offensichtlich ohne Aussicht auf Erfolg ist oder mutwillig erscheint, insbesondere weil
   aa) die Streitigkeit bereits durch einen außergerichtlichen Vergleich beigelegt ist,
   bb) zu der Streitigkeit ein Antrag auf Prozesskostenhilfe abgewiesen wurde, weil die beabsichtigte Rechtsverfolgung keine Aussicht auf Erfolg bot oder mutwillig erschien;
   cc) der streitige Anspruch bei Antragstellung bereits verjährt war und der Antragsgegner sich auf die Verjährung beruft,
   dd) von einem an dem Schlichtungsverfahren Beteiligten Strafanzeige im Zusammenhang mit dem der Schlichtung zugrunde liegenden Sachverhalt erstattet wurde,
   ee) eine berufsrechtliche oder strafrechtliche Überprüfung des beanstandeten Verhaltens bei der zuständigen Rechtsanwaltskammer

oder der Staatsanwaltschaft oder den Anwaltsgerichten anhängig ist und dieses Verfahren noch nicht abgeschlossen ist,

f) eine Verbraucherschlichtungsstelle bereits ein Verfahren zur Beilegung der Streitigkeit durchgeführt oder die Streitigkeit bei einer anderen Verbraucherschlichtungsstelle anhängig ist,

g) die Behandlung der Streitigkeit den effektiven Betrieb der Schlichtungsstelle ernsthaft beeinträchtigen würde, insbesondere weil
   aa) die Schlichtungsstelle den Sachverhalt oder rechtliche Fragen nur mit einem unangemessenen Aufwand klären kann,
   bb) die Klärung des Sachverhalts eine Beweisaufnahme erfordert, es sei denn, der Beweis kann durch die Vorlage von Urkunden geführt werden,
   dd) eine grundsätzliche Rechtsfrage, die für die Bewertung der Streitfrage erheblich ist, nicht geklärt ist,

h) einer der unter b) bis g) aufgeführten Gründe nachträglich eintritt

§ 5 Verfahren

1. Der Antrag auf Durchführung der Schlichtung ist unter kurzer schriftlicher Schilderung des Sachverhaltes und Beifügung der für die Prüfung erforderlichen Unterlagen an die Schlichtungsstelle zu richten. Der Antragsteller hat in dem von ihm gestellten Antrag zu versichern, dass keine Ausschlussgründe vorliegen. Treten diese Gründe nach Einleitung des Schlichtungsverfahrens ein, hat er hiervon die Schlichtungsstelle zu unterrichten.

2. Die Schlichtungsstelle prüft die Unterlagen und fordert den Antragsteller gegebenenfalls unter Setzen einer angemessenen Frist auf, den Sachvortrag zu ergänzen und/oder fehlende Unterlagen nachzureichen. Sie ist befugt, die ihr notwendig erscheinenden Auskünfte einzuholen.

3. Macht der Schlichter von seinem Ablehnungsrecht Gebrauch, weist er den Schlichtungsantrag zurück. Hiervon soll er den Antragsgegner unterrichten.

4. Liegt kein Ablehnungsgrund vor, entscheidet der Schlichter, ob er allein oder das etwa eingerichtete Kollegialorgan tätig werden soll. Für das Kollegialorgan gelten die nachfolgenden Vorschriften entsprechend.

Die Schlichtungsstelle übermittelt dem Antragsgegner den Antrag mit der Aufforderung, innerhalb einer angemessenen Frist hierzu Stellung zu nehmen. Davon wird der Antragsteller unterrichtet.

5. Nach Vorlage der Stellungnahmen beider Beteiligten oder nach Fristablauf kann die Schlichtungsstelle eine ergänzende Stellungnahme der Beteiligten einholen, soweit sie eine weitere Aufklärung des Sachverhaltes für notwendig hält. Eine mündliche Verhandlung findet nicht statt. Die Schlichtungsstelle kann die Beteiligten in ihr geeignet erscheinender Art und Weise

anhören, wenn sie der Überzeugung ist, dass hierdurch eine Einigung gefördert werden kann.

6. Die Schlichtungsstelle kann sämtliche von ihr gesetzten Fristen als Ausschlussfristen bestimmen.

§ 6 Schlichtungsvorschlag

1. Der Schlichter unterbreitet nach Vorliegen der Stellungnahmen der Beteiligten einen schriftlichen Schlichtungsvorschlag. Hierzu ist er in ihm geeignet erscheinenden Fällen auch dann berechtigt, aber nicht verpflichtet, wenn der Antragsgegner eine Stellungnahme nicht abgegeben hat.

Der Vorschlag muss zum Inhalt haben, wie der Streit der Beteiligten auf Grund der sich aus dem Sachvortrag und den vorgelegten Unterlagen ergebenden Sach- und Rechtslage angemessen beigelegt werden kann. Er ist kurz und verständlich zu begründen und den Beteiligten in Textform zu übermitteln.

2. Die Beteiligten sind darauf hinzuweisen, dass

a) der Schlichtungsvorschlag von dem Ergebnis eines gerichtlichen Verfahrens abweichen kann,

b) sie zur Annahme nicht verpflichtet sind und bei Nichtannahme beiden Beteiligten der Rechtsweg offen steht;

c) der Schlichtungsvorschlag von den Beteiligten durch eine schriftliche Mitteilung, die innerhalb einer vom Schlichter gesetzten angemessenen Frist bei der Schlichtungsstelle eingegangen sein muss, angenommen werden kann und

d) bei Annahme des Schlichtungsvorschlages von allen Beteiligten, diese vertraglich verpflichtet sind, den Schlichtungsvorschlag zu befolgen.

3. Nach Ablauf der Frist teilt die Schlichtungsstelle den Beteiligten das Ergebnis mit. Mit dieser Mitteilung ist das Schlichtungsverfahren beendet. Kommt es nicht zu einer Einigung, ist die Mitteilung als Bescheinigung über einen erfolglosen Einigungsversuch nach § 15 a) Abs. 3 Satz 3 EGZPO zu bezeichnen. In der Bescheinigung sind die Namen der Beteiligten und der Verfahrensgegenstand anzugeben.

§ 7 Vertraulichkeit

Der Schlichter und die Mitarbeiter der Schlichtungsstelle sind zur Verschwiegenheit verpflichtet. Sie sind berechtigt, sich bei den in § 4 Ziffer 2 d) bis f) aufgeführten Stellen zu vergewissern, ob dort Verfahren anhängig sind. Im Übrigen sind sie nicht befugt, Informationen, von denen sie im Schlichtungsverfahren Kenntnis erhalten, Dritten zu offenbaren. Dies gilt auch für die Zeit nach Beendigung der Tätigkeit bei der Schlichtungsstelle.

§ 8 Jahresbericht

Die Schlichtungsstelle veröffentlicht nach Ende des Geschäftsjahres einen schriftlichen Bericht über die Tätigkeit im abgelaufenen Geschäftsjahr und die dabei gewonnenen Erfahrungen. Vor der Veröffentlichung ist dem Beirat Gelegenheit zur Stellungnahme zu geben.

§ 9 Kosten

1. Die Durchführung des Schlichtungsverfahrens ist kostenfrei. Auslagen werden von der Schlichtungsstelle nicht erstattet. Bei der Schlichtungsstelle eingereichte Kopien werden nicht zurückgesandt.

2. Jede Partei trägt die eigenen Kosten und Auslagen, es sei denn, es wird Abweichendes vereinbart.

§ 10 Inkrafttreten

Die Satzung tritt am Ersten des Monats in Kraft, der auf die Veröffentlichung in den BRAK-Mitteilungen folgt. Diese Fassung gilt ab dem 01.07.2016.

Fassung der Satzung ab dem 1. Januar 2020:[1]

§ 1 Zuständigkeit und Besetzung

1. *Die Schlichtungsstelle kann bei vermögensrechtlichen Streitigkeiten aus einem bestehenden oder beendeten Mandatsverhältnis angerufen werden, wenn der beauftragte Rechtsanwalt oder die beauftragten Rechtsanwälte im Zeitpunkt des Eingangs des Schlichtungsantrages einer Rechtsanwaltskammer angehören.*
2. *Die Schlichtungsstelle besteht aus den Schlichtern und der Geschäftsstelle. Diese unterstützt die Schlichter bei ihrer Tätigkeit.*

§ 2 Bestellung und Tätigkeit der Schlichter

1. *Der Präsident der Bundesrechtsanwaltskammer bestellt einen oder mehrere Schlichter, die allein oder als Kollegialorgan tätig werden. Das Kollegialorgan besteht aus 3 Schlichtern, dem ein Rechtsanwalt angehören muss. Vorschlagsberechtigt sind die Rechtsanwaltskammern und der gemäß § 3 dieser Satzung gebildete Beirat.*

   Zum Schlichter, der allein tätig wird, darf nicht bestellt werden, wer Rechtsanwalt ist oder in den letzten drei Jahren vor Amtsantritt war

[1] Die Satzung in der Fassung des Beschlusses der Hauptversammlung der Bundesrechtsanwaltskammer vom 10. Mai 2019 tritt erst dann in Kraft, wenn die Änderungen im VSBG ebenfalls in Kraft getreten sind. Zum Zeitpunkt der Druckfreigabe sollte dies der 1. Januar 2020 sein. Bei Verwendung der Satzung ab dem 1. Januar 2020 muss daher zunächst geprüft werden, ob die Änderungen im VSBG tatsächlich in Kraft getreten sind (s. dazu die Internetseite der Schlichtungsstelle www.s.d.r.org). Falls nicht, haben die Regelungen der Satzung mit Stand 1. Juli 2016 weiterhin Geltung.

oder im Haupt- oder Nebenberuf bei der Bundesrechtsanwaltskammer, einer Rechtsanwaltskammer oder einem Verband der Rechtsanwaltschaft tätig ist oder in den letzten drei Jahren vor Amtsantritt tätig war. Ist nur ein Schlichter bestellt, muss ein Vertreter bestellt werden. Für den Vertreter gelten dieselben Regelungen wie für den Schlichter.

Zum nichtanwaltlichen Mitglied des Kollegialorgans darf nur bestellt werden, wer in den letzten drei Jahren vor Amtsantritt nicht Rechtsanwalt war und weder im Haupt- noch im Nebenberuf bei der Bundesrechtsanwaltskammer, einer Rechtsanwaltskammer oder einem Verband der Rechtsanwaltschaft tätig ist oder in den letzten drei Jahren vor Amtsantritt tätig war

Zum anwaltlichen Mitglied des Kollegialorgans darf nicht bestellt werden, wer dem Vorstand einer Rechtsanwaltskammer oder eines Verbandes der Rechtsanwaltschaft angehört oder im Haupt- oder Nebenberuf bei der Bundesrechtsanwaltskammer, einer Rechtsanwaltskammer oder einem Verband der Rechtsanwaltschaft tätig ist.

2. *Vor der Bestellung eines Schlichters ist dem gemäß § 3 gebildeten Beirat Gelegenheit zur Stellungnahme innerhalb einer Frist von 2 Monaten zu geben. Ihm sind der Name und der berufliche Werdegang der als Schlichter vorgesehenen Person mitzuteilen. Nach erfolgter Anhörung bestellt der Präsident der Bundesrechtsanwaltskammer den Schlichter.*
3. *Jeder Schlichter, der allein tätig sein soll, und der Vorsitzende des Kollegialorgans müssen die Befähigung zum Richteramt haben. Die Amtszeit beträgt 4 Jahre. Eine einmalige Wiederbestellung ist zulässig.*
4. *Der Schlichter ist unabhängig und an Weisungen nicht gebunden. Er kann vom Präsidenten der Bundesrechtsanwaltskammer abberufen werden, wenn Tatsachen vorliegen, die eine unabhängige Schlichtertätigkeit nicht mehr erwarten lassen, wenn der Schlichter nicht nur vorübergehend an der Wahrnehmung seines Amtes gehindert ist oder ein anderer wichtiger Grund vorliegt.*
5. *Bei der Bestellung von mehreren Personen zu Schlichtern legen diese die Geschäftsverteilung einschließlich Vertretungsregelung vor jedem Geschäftsjahr fest, und zwar für den Fall, dass die Schlichter allein oder als Kollegialorgan entscheiden. Die Regelung in § 5 Nr. 4 Satz 1 bleibt unberührt. Eine Änderung der Geschäftsverteilung ist während des Geschäftsjahres nur aus wichtigem Grund zulässig. Das Geschäftsjahr ist das Kalenderjahr.*

§ 3 Bestellung und Aufgaben des Beirats

1. *Die Schlichtungsstelle der Rechtsanwaltschaft erhält einen Beirat, der aus höchstens neun Personen besteht.*

2. *Dem Beirat gehören an mindestens jeweils ein Vertreter der Bundesrechtsanwaltskammer, von Rechtsanwaltskammern, Verbänden der Rechtsanwaltschaft, Verbänden der Verbraucher und des Gesamtverbandes der Deutschen Versicherungswirtschaft. Andere Personen können in den Beirat berufen werden. Höchstens die Hälfte der Mitglieder des Beirates dürfen Rechtsanwälte sein.*

3. *Die Mitglieder des Beirates werden vom Präsidium der Bundesrechtsanwaltskammer auf Vorschlag der Bundesrechtsanwaltskammer, der Rechtsanwaltskammern, des Deutschen Anwaltvereins, des Bundesverbandes für Verbraucherzentralen und Verbraucherverbände und des Gesamtverbandes der Deutschen Versicherungswirtschaft ausgewählt und vom Präsidenten der Bundesrechtsanwaltskammer ernannt.*

   Die Amtszeit beträgt vier Jahre. Eine einmalige Wiederbestellung ist zulässig. Der Beirat wählt aus seiner Mitte einen Vorsitzenden und seinen Vertreter.

   Dem Beirat ist vor der Bestellung von Schlichtern, vor Änderung der Satzung und vor Veröffentlichung des Tätigkeitsberichtes Gelegenheit zur Stellungnahme zu geben. Im Übrigen berät er die Schlichter auf deren Anforderung in allen für das Schlichtungsverfahren wesentlichen Fragen. Der Beirat tritt mindestens einmal im Jahr zusammen.

§ 4 Ablehnung des Schlichtungsverfahrens

Die Durchführung eines Schlichtungsverfahrens soll abgelehnt werden, wenn

1. *die Streitigkeit nicht in die Zuständigkeit der Schlichtungsstelle fällt,*
2. *der streitige Anspruch nicht zuvor gegenüber dem Antragsgegner geltend gemacht worden ist,*
3. *ein Anspruch von mehr als 50.000,00 Euro geltend gemacht wird; bei einem Teilanspruch ist der gesamte strittige Anspruch zur Wertbemessung zu berücksichtigen;*
4. *ein Gericht zu der Streitigkeit bereits eine Sachentscheidung getroffen hat oder die Streitigkeit bereits vor einem Gericht rechtshängig ist und das Verfahren nicht nach § 278a Abs. 2 ZPO ruht,,*
5. *der Antrag offensichtlich ohne Aussicht auf Erfolg ist oder mutwillig erscheint, insbesondere weil*
   a) *die Streitigkeit bereits durch einen Vergleich beigelegt ist,*
   b) *zu der Streitigkeit ein Antrag auf Prozesskostenhilfe abgewiesen wurde, weil die beabsichtigte Rechtsverfolgung keine Aussicht auf Erfolg bot oder mutwillig erschien;*
   c) *der streitige Anspruch bei Antragstellung bereits verjährt war und der Antragsgegner sich auf die Verjährung beruft,*

d) *von einem an dem Schlichtungsverfahren Beteiligten Strafanzeige im Zusammenhang mit dem der Schlichtung zugrunde liegenden Sachverhalt erstattet wurde,*
e) *eine berufsrechtliche oder strafrechtliche Überprüfung des beanstandeten Verhaltens bei der zuständigen Rechtsanwaltskammer oder der Staatsanwaltschaft oder den Anwaltsgerichten anhängig und dieses Verfahren noch nicht abgeschlossen ist,*

6. *eine Verbraucherschlichtungsstelle bereits ein Verfahren zur Beilegung der Streitigkeit durchgeführt oder die Streitigkeit bei einer anderen Verbraucherschlichtungsstelle anhängig ist*

7. *die Behandlung der Streitigkeit den effektiven Betrieb der Schlichtungsstelle ernsthaft beeinträchtigen würde, insbesondere weil*
   a) *die Schlichtungsstelle den Sachverhalt oder rechtliche Fragen nur mit einem unangemessenen Aufwand klären kann,*
   b) *die Klärung des Sachverhalts eine Beweisaufnahme erfordert, es sei denn, der Beweis kann durch die Vorlage von Urkunden geführt werden,*
   c) *eine grundsätzliche Rechtsfrage, die für die Bewertung der Streitigkeit erheblich ist, nicht geklärt ist,*

8. *der Verbraucher sowie der streitige Anspruch oder das Rechtsverhältnis, das den Gegenstand der Streitigkeit bildet, in das Klageregister nach § 609 ZPO zu einer Musterfeststellungsklage eingetragen sind, die noch rechtshängig ist.*

9. *einer der unter 2. bis 8. aufgeführten Gründe nachträglich eintritt*

§ 5 Verfahren

1. *Der Antrag auf Durchführung der Schlichtung ist unter kurzer Schilderung des Sachverhaltes in Textform und Beifügung der für die Prüfung erforderlichen Unterlagen an die Schlichtungsstelle zu richten. Der Antragsteller hat in dem von ihm gestellten Antrag zu versichern, dass keine Ablehnungsgründe vorliegen. Treten diese Gründe nach Einleitung des Schlichtungsverfahrens ein, hat er hiervon die Schlichtungsstelle zu unterrichten.*

2. *Die Schlichtungsstelle prüft die Unterlagen und fordert den Antragsteller gegebenenfalls unter Setzen einer angemessenen Frist auf, den Sachvortrag zu ergänzen und/oder fehlende Unterlagen nachzureichen. Sie ist befugt, die ihr notwendig erscheinenden Auskünfte einzuholen.*

3. *Macht die Schlichtungsstelle von ihrem Ablehnungsrecht Gebrauch, weist sie den Schlichtungsantrag zurück. Hiervon soll sie den Antragsgegner unterrichten.*

4. *Liegt kein Ablehnungsgrund vor, entscheidet der Schlichter, ob er allein oder das etwa eingerichtete Kollegialorgan tätig werden soll. Für das Kollegialorgan gelten die nachfolgenden Vorschriften entsprechend.*

   Die Schlichtungsstelle übermittelt dem Antragsgegner den Antrag mit der Aufforderung, innerhalb einer angemessenen Frist hierzu Stellung zu nehmen. Davon wird der Antragsteller unterrichtet.

5. *Nach Vorlage der Stellungnahmen beider Beteiligten oder nach Fristablauf kann die Schlichtungsstelle eine ergänzende Stellungnahme der Beteiligten einholen, soweit sie eine weitere Aufklärung des Sachverhalts für notwendig hält. Eine mündliche Verhandlung findet nicht statt. Die Schlichtungsstelle kann die Beteiligten in ihr geeignet erscheinender Art und Weise anhören, wenn sie der Überzeugung ist, dass hierdurch eine Einigung gefördert werden kann.*

6. *Die Schlichtungsstelle kann sämtliche von ihr gesetzte Fristen als Ausschlussfristen bestimmen.*

§ 6 Schlichtungsvorschlag

1. *Die Schlichtungsstelle unterbreitet nach Vorliegen der Stellungnahmen der Beteiligten einen Schlichtungsvorschlag in Textform. Hierzu ist sie in ihr geeignet erscheinenden Fällen auch dann berechtigt aber nicht verpflichtet, wenn der Antragsgegner eine Stellungnahme nicht abgegeben hat.*

   Der Vorschlag muss zum Inhalt haben, wie der Streit der Beteiligten auf Grund der sich aus dem Sachvortrag und den vorgelegten Unterlagen ergebenden Sach- und Rechtslage angemessen beigelegt werden kann. Er ist kurz und verständlich zu begründen und den Beteiligten in Textform zu übermitteln.

2. *Die Beteiligten sind darauf hinzuweisen, dass*

   a) *der Schlichtungsvorschlag von dem Ergebnis eines gerichtlichen Verfahrens abweichen kann,*
   b) *sie zur Annahme nicht verpflichtet sind und bei Nichtannahme beiden Beteiligten der Rechtsweg offen steht;*
   c) *der Schlichtungsvorschlag von den Beteiligten durch eine Mitteilung in Textform, die innerhalb einer von der Schlichtungsstelle gesetzten angemessenen Frist bei der Schlichtungsstelle eingegangen sein muss, angenommen werden kann und*
   d) *bei Annahme des Schlichtungsvorschlages von allen Beteiligten, diese vertraglich verpflichtet sind, den Schlichtungsvorschlag zu befolgen.*

3. *Nach Ablauf der Frist teilt die Schlichtungsstelle den Beteiligten das Ergebnis mit. Mit dieser Mitteilung ist das Schlichtungsverfahren beendet. Kommt es nicht zu einer Einigung, ist die Mitteilung als Bescheini-*

gung über einen erfolglosen Einigungsversuch nach § 15 a) Abs. 3 Satz 3 EGZPO zu bezeichnen. In der Bescheinigung sind die Namen der Beteiligten und der Verfahrensgegenstand anzugeben.

§ 7 Vertraulichkeit

Die Schlichter und die Mitarbeiter der Schlichtungsstelle, sind zur Verschwiegenheit verpflichtet. Sie sind berechtigt, sich bei den in § 4 Ziffer 4 bis 6 aufgeführten Stellen zu vergewissern, ob dort Verfahren anhängig sind. Im Übrigen sind sie nicht befugt, Informationen, von denen sie im Schlichtungsverfahren Kenntnis erhalten, Dritten zu offenbaren. Dies gilt auch für die Zeit nach Beendigung der Tätigkeit bei der Schlichtungsstelle.

§ 8 Jahresbericht

Die Schlichtungsstelle veröffentlicht nach Ende des Geschäftsjahres einen Bericht in Textform über die Tätigkeit im abgelaufenen Geschäftsjahr und die dabei gewonnenen Erfahrungen.

§ 9 Kosten

1. *Die Durchführung des Schlichtungsverfahrens ist kostenfrei. Auslagen werden von der Schlichtungsstelle nicht erstattet. Bei der Schlichtungsstelle eingereichte Kopien werden nicht zurückgesandt.*
2. *Jede Partei trägt die eigenen Kosten und Auslagen, es sei denn es wird Abweichendes vereinbart.*

§ 10 Inkrafttreten

Die Satzung tritt am Ersten des Monats in Kraft, der auf die Veröffentlichung in den BRAK-Mitteilungen folgt. Diese Fassung gilt ab dem 01.01.2020.

** Aus Gründen der Lesbarkeit wurde im Text die männliche Form gewählt, die Angaben beziehen sich aber auf alle Geschlechter.*

Hinweis:

Die Adresse der Schlichtungsstelle der Rechtsanwaltschaft lautet:

Rauchstraße 26, 10787 Berlin

Telefon: 030/2844417-0
Telefax: 030/2844417-12

E-Mail: schlichtungsstelle@s-d-r.org

B. Gebührenrecht und Beratungshilfe

Gesetz über die Vergütung der Rechtsanwältinnen und Rechtsanwälte (Rechtsanwaltsvergütungsgesetz – RVG)

Vom 5. Mai 2004, BGBl. I S. 718, 788
BGBl. III 368–3

Zuletzt geändert durch Artikel 6 des Gesetzes
vom 19. Juni 2019, BGBl. I S. 840

Inhaltsübersicht

Abschnitt 1: Allgemeine Vorschriften

§ 1 Geltungsbereich (1) [1]Die Vergütung (Gebühren und Auslagen) für anwaltliche Tätigkeiten der Rechtsanwältinnen und Rechtsanwälte bemisst sich nach diesem Gesetz. [2]Dies gilt auch für eine Tätigkeit als Prozesspfleger nach den §§ 57 und 58 der Zivilprozessordnung. [3]Andere Mitglieder einer Rechtsanwaltskammer, Partnerschaftsgesellschaften und sonstige Gesellschaften stehen einem Rechtsanwalt im Sinne dieses Gesetzes gleich.

(2) [1]Dieses Gesetz gilt nicht für eine Tätigkeit als Syndikusrechtsanwalt (§ 46 Absatz 2 der Bundesrechtsanwaltsordnung). [2]Es gilt ferner nicht für eine Tätigkeit als Vormund, Betreuer, Pfleger, Verfahrenspfleger, Verfahrensbeistand, Testamentsvollstrecker, Insolvenzverwalter, Sachwalter, Mitglied des Gläubigerausschusses, Nachlassverwalter, Zwangsverwalter, Treuhänder oder Schiedsrichter oder für eine ähnliche Tätigkeit. [3]§ 1835 Abs. 3 des Bürgerlichen Gesetzbuchs bleibt unberührt.

(3) [1]Die Vorschriften dieses Gesetzes über die Erinnerung und die Beschwerde gehen den Regelungen der für das zugrunde liegende Verfahren geltenden Verfahrensvorschriften vor.

§ 2 Höhe der Vergütung (1) [1]Die Gebühren werden, soweit dieses Gesetz nichts anderes bestimmt, nach dem Wert berechnet, den der Gegenstand der anwaltlichen Tätigkeit hat (Gegenstandswert).

(2) [1]Die Höhe der Vergütung bestimmt sich nach dem Vergütungsverzeichnis der Anlage 1 zu diesem Gesetz. [2]Gebühren werden auf den nächstliegenden Cent auf- oder abgerundet; 0,5 Cent werden aufgerundet.

§ 3 Gebühren in sozialrechtlichen Angelegenheiten (1) [1]In Verfahren vor den Gerichten der Sozialgerichtsbarkeit, in denen das Gerichtskostengesetz nicht anzuwenden ist, entstehen Betragsrahmengebühren. [2]In sonstigen Verfahren werden die Gebühren nach dem Gegenstandswert berechnet, wenn der Auftraggeber nicht zu den in § 183 des Sozialgerichtsgesetzes genannten Personen gehört; im Verfahren nach § 201 Absatz 1 des Sozialgerichtsgesetzes werden die Gebühren immer nach dem Gegenstandswert berechnet. [3]In Verfahren wegen überlanger Gerichtsverfahren (§ 202 Satz 2 des Sozialgerichtsgesetzes) werden die Gebühren nach dem Gegenstandswert berechnet.

(2) [1]Absatz 1 gilt entsprechend für eine Tätigkeit außerhalb eines gerichtlichen Verfahrens.

§ 3a Vergütungsvereinbarung (1) [1]Eine Vereinbarung über die Vergütung bedarf der Textform. [2]Sie muss als Vergütungsvereinbarung oder in vergleichbarer Weise bezeichnet werden, von anderen Vereinbarungen mit Ausnahme der Auftragserteilung deutlich abgesetzt sein und darf nicht in der Vollmacht enthalten sein. [3]Sie hat einen Hinweis darauf zu enthalten, dass die gegnerische Partei, ein Verfahrensbeteiligter oder die Staatskasse im Falle der Kostenerstattung regelmäßig nicht mehr als die gesetzliche Vergütung erstatten muss. [4]Die Sätze 1 und 2 gelten nicht für eine Gebührenvereinbarung nach § 34.

(2) [1]Ist eine vereinbarte, eine nach § 4 Abs. 3 Satz 1 von dem Vorstand der Rechtsanwaltskammer festgesetzte oder eine nach § 4a für den Erfolgsfall vereinbarte Vergütung unter Berücksichtigung aller Umstände unangemessen hoch, kann sie im Rechtsstreit auf den angemessenen Betrag bis zur Höhe der gesetzlichen Vergütung herabgesetzt werden. [2]Vor der Herabsetzung hat das Gericht ein Gutachten des Vorstands der Rechtsanwaltskammer einzuholen; dies gilt nicht, wenn der Vorstand der Rechtsanwaltskammer die Vergütung nach § 4 Abs. 3 Satz 1 festgesetzt hat. [3]Das Gutachten ist kostenlos zu erstatten.

(3) [1]Eine Vereinbarung, nach der ein im Wege der Prozesskostenhilfe beigeordneter Rechtsanwalt für die von der Beiordnung erfasste Tätigkeit eine

höhere als die gesetzliche Vergütung erhalten soll, ist nichtig. [2]Die Vorschriften des bürgerlichen Rechts über die ungerechtfertigte Bereicherung bleiben unberührt.

(4) (weggefallen)

§ 4 Erfolgsunabhängige Vergütung

(1) [1]In außergerichtlichen Angelegenheiten kann eine niedrigere als die gesetzliche Vergütung vereinbart werden. [2]Sie muss in einem angemessenen Verhältnis zu Leistung, Verantwortung und Haftungsrisiko des Rechtsanwalts stehen. [3]Liegen die Voraussetzungen für die Bewilligung von Beratungshilfe vor, kann der Rechtsanwalt ganz auf eine Vergütung verzichten. [4]§ 9 des Beratungshilfegesetzes bleibt unberührt.

(2) [1]Der Rechtsanwalt kann sich für gerichtliche Mahnverfahren und Zwangsvollstreckungsverfahren nach den §§ 802a bis 863 und 882b bis 882f der Zivilprozessordnung verpflichten, dass er, wenn der Anspruch des Auftraggebers auf Erstattung der gesetzlichen Vergütung nicht beigetrieben werden kann, einen Teil des Erstattungsanspruchs an Erfüllungs statt annehmen werde. [2]Der nicht durch Abtretung zu erfüllende Teil der gesetzlichen Vergütung muss in einem angemessenen Verhältnis zu Leistung, Verantwortung und Haftungsrisiko des Rechtsanwalts stehen.

(3) [1]In der Vereinbarung kann es dem Vorstand der Rechtsanwaltskammer überlassen werden, die Vergütung nach billigem Ermessen festzusetzen. [2]Ist die Festsetzung der Vergütung dem Ermessen eines Vertragsteils überlassen, gilt die gesetzliche Vergütung als vereinbart.

§ 4a Erfolgshonorar (1) [1]Ein Erfolgshonorar (§ 49b Abs. 2 Satz 1 der Bundesrechtsanwaltsordnung) darf nur für den Einzelfall und nur dann vereinbart werden, wenn der Auftraggeber aufgrund seiner wirtschaftlichen Verhältnisse bei verständiger Betrachtung ohne die Vereinbarung eines Erfolgshonorars von der Rechtsverfolgung abgehalten würde. [2]In einem gerichtlichen Verfahren darf dabei für den Fall des Misserfolgs vereinbart werden, dass keine oder eine geringere als die gesetzliche Vergütung zu zahlen ist, wenn für den Erfolgsfall ein angemessener Zuschlag auf die gesetzliche Vergütung vereinbart wird. [3]Für die Beurteilung nach Satz 1 bleibt die Möglichkeit, Beratungs- oder Prozesskostenhilfe in Anspruch zu nehmen, außer Betracht.

(2) [1]Die Vereinbarung muss enthalten:

1. die voraussichtliche gesetzliche Vergütung und gegebenenfalls die erfolgsunabhängige vertragliche Vergütung, zu der der Rechtsanwalt bereit wäre, den Auftrag zu übernehmen, sowie
2. die Angabe, welche Vergütung bei Eintritt welcher Bedingungen verdient sein soll.

(3) [1]In der Vereinbarung sind außerdem die wesentlichen Gründe anzugeben, die für die Bemessung des Erfolgshonorars bestimmend sind. [2]Ferner ist ein Hinweis aufzunehmen, dass die Vereinbarung keinen Einfluss auf die gegebenenfalls vom Auftraggeber zu zahlenden Gerichtskosten, Verwaltungskosten und die von ihm zu erstattenden Kosten anderer Beteiligter hat.

§ 4b Fehlerhafte Vergütungsvereinbarung [1]Aus einer Vergütungsvereinbarung, die nicht den Anforderungen des § 3a Abs. 1 Satz 1 und 2 oder des § 4a Abs. 1 und 2 entspricht, kann der Rechtsanwalt keine höhere als die gesetzliche Vergütung fordern. [2]Die Vorschriften des bürgerlichen Rechts über die ungerechtfertigte Bereicherung bleiben unberührt.

§ 5 Vergütung für Tätigkeiten von Vertretern des Rechtsanwalts [1]Die Vergütung für eine Tätigkeit, die der Rechtsanwalt nicht persönlich vornimmt, wird nach diesem Gesetz bemessen, wenn der Rechtsanwalt durch einen Rechtsanwalt, den allgemeinen Vertreter, einen Assessor bei einem Rechtsanwalt oder einen zur Ausbildung zugewiesenen Referendar vertreten wird.

§ 6 Mehrere Rechtsanwälte [1]Ist der Auftrag mehreren Rechtsanwälten zur gemeinschaftlichen Erledigung übertragen, erhält jeder Rechtsanwalt für seine Tätigkeit die volle Vergütung.

§ 7 Mehrere Auftraggeber (1) [1]Wird der Rechtsanwalt in derselben Angelegenheit für mehrere Auftraggeber tätig, erhält er die Gebühren nur einmal.

(2) [1]Jeder der Auftraggeber schuldet die Gebühren und Auslagen, die er schulden würde, wenn der Rechtsanwalt nur in seinem Auftrag tätig geworden wäre; die Dokumentenpauschale nach Nummer 7000 des Vergütungsverzeichnisses schuldet er auch insoweit, wie diese nur durch die Unterrichtung mehrerer Auftraggeber entstanden ist. [2]Der Rechtsanwalt kann aber insgesamt nicht mehr als die nach Absatz 1 berechneten Gebühren und die insgesamt entstandenen Auslagen fordern.

§ 8 Fälligkeit, Hemmung der Verjährung (1) [1]Die Vergütung wird fällig, wenn der Auftrag erledigt oder die Angelegenheit beendet ist. [2]Ist der Rechtsanwalt in einem gerichtlichen Verfahren tätig, wird die Vergütung auch fällig, wenn eine Kostenentscheidung ergangen oder der Rechtszug beendet ist oder wenn das Verfahren länger als drei Monate ruht.

(2) [1]Die Verjährung der Vergütung für eine Tätigkeit in einem gerichtlichen Verfahren wird gehemmt, solange das Verfahren anhängig ist. [2]Die Hemmung endet mit der rechtskräftigen Entscheidung oder anderweitigen Beendigung des Verfahrens. [3]Ruht das Verfahren, endet die Hemmung drei Monate nach Eintritt der Fälligkeit. [4]Die Hemmung beginnt erneut, wenn das Verfahren weiter betrieben wird.

§ 9 Vorschuss [1]Der Rechtsanwalt kann von seinem Auftraggeber für die entstandenen und die voraussichtlich entstehenden Gebühren und Auslagen einen angemessenen Vorschuss fordern.

§ 10 Berechnung (1) [1]Der Rechtsanwalt kann die Vergütung nur aufgrund einer von ihm unterzeichneten und dem Auftraggeber mitgeteilten Berechnung einfordern. [2]Der Lauf der Verjährungsfrist ist von der Mitteilung der Berechnung nicht abhängig.

(2) [1]In der Berechnung sind die Beträge der einzelnen Gebühren und Auslagen, Vorschüsse, eine kurze Bezeichnung des jeweiligen Gebührentatbestands, die Bezeichnung der Auslagen sowie die angewandten Nummern des Vergütungsverzeichnisses und bei Gebühren, die nach dem Gegenstandswert berechnet sind, auch dieser anzugeben. [2]Bei Entgelten für Post- und Telekommunikationsdienstleistungen genügt die Angabe des Gesamtbetrags.

(3) [1]Hat der Auftraggeber die Vergütung gezahlt, ohne die Berechnung erhalten zu haben, kann er die Mitteilung der Berechnung noch fordern, solange der Rechtsanwalt zur Aufbewahrung der Handakten verpflichtet ist.

§ 11 Festsetzung der Vergütung (1) [1]Soweit die gesetzliche Vergütung, eine nach § 42 festgestellte Pauschgebühr und die zu ersetzenden Aufwendungen (§ 670 des Bürgerlichen Gesetzbuchs) zu den Kosten des gerichtlichen Verfahrens gehören, werden sie auf Antrag des Rechtsanwalts oder des Auftraggebers durch das Gericht des ersten Rechtszugs festgesetzt. [2]Getilgte Beträge sind abzusetzen.

(2) [1]Der Antrag ist erst zulässig, wenn die Vergütung fällig ist. [2]Vor der Festsetzung sind die Beteiligten zu hören. [3]Die Vorschriften der jeweiligen Verfahrensordnung über das Kostenfestsetzungsverfahren mit Ausnahme des § 104 Abs. 2 Satz 3 der Zivilprozessordnung und die Vorschriften der Zivilprozessordnung über die Zwangsvollstreckung aus Kostenfestsetzungsbeschlüssen gelten entsprechend. [4]Das Verfahren vor dem Gericht des ersten Rechtszugs ist gebührenfrei. [5]In den Vergütungsfestsetzungsbeschluss sind die von dem Rechtsanwalt gezahlten Auslagen für die Zustellung des Beschlusses aufzunehmen. [6]Im Übrigen findet eine Kostenerstattung nicht statt; dies gilt auch im Verfahren über Beschwerden.

(3) [1]Im Verfahren vor den Gerichten der Verwaltungsgerichtsbarkeit, der Finanzgerichtsbarkeit und der Sozialgerichtsbarkeit wird die Vergütung vom Urkundsbeamten der Geschäftsstelle festgesetzt. [2]Die für die jeweilige Gerichtsbarkeit geltenden Vorschriften über die Erinnerung im Kostenfestsetzungsverfahren gelten entsprechend.

(4) [1]Wird der vom Rechtsanwalt angegebene Gegenstandswert von einem Beteiligten bestritten, ist das Verfahren auszusetzen, bis das Gericht hierüber entschieden hat (§§ 32, 33 und 38 Abs. 1).

(5) [1]Die Festsetzung ist abzulehnen, soweit der Antragsgegner Einwendungen oder Einreden erhebt, die nicht im Gebührenrecht ihren Grund haben. [2]Hat der Auftraggeber bereits dem Rechtsanwalt gegenüber derartige Einwendungen oder Einreden erhoben, ist die Erhebung der Klage nicht von der vorherigen Einleitung des Festsetzungsverfahrens abhängig.

(6) [1]Anträge und Erklärungen können ohne Mitwirkung eines Bevollmächtigten schriftlich eingereicht oder zu Protokoll der Geschäftsstelle abgegeben werden. [2]§ 129a der Zivilprozessordnung gilt entsprechend. [3]Für die Bevollmächtigung gelten die Regelungen der für das zugrunde liegende Verfahren geltenden Verfahrensordnung entsprechend.

(7) [1]Durch den Antrag auf Festsetzung der Vergütung wird die Verjährung wie durch Klageerhebung gehemmt.

(8) [1]Die Absätze 1 bis 7 gelten bei Rahmengebühren nur, wenn die Mindestgebühren geltend gemacht werden oder der Auftraggeber der Höhe der Gebühren ausdrücklich zugestimmt hat. [2]Die Festsetzung auf Antrag des Rechtsanwalts ist abzulehnen, wenn er die Zustimmungserklärung des Auftraggebers nicht mit dem Antrag vorlegt.

§ 12 Anwendung von Vorschriften für die Prozesskostenhilfe [1]Die Vorschriften dieses Gesetzes für im Wege der Prozesskostenhilfe beigeordnete Rechtsanwälte und für Verfahren über die Prozesskostenhilfe sind bei Verfahrenskostenhilfe und im Fall des § 4a der Insolvenzordnung entsprechend anzuwenden. [2]Der Bewilligung von Prozesskostenhilfe steht die Stundung nach § 4a der Insolvenzordnung gleich.

§ 12a Abhilfe bei Verletzung des Anspruchs auf rechtliches Gehör
(1) [1]Auf die Rüge eines durch die Entscheidung nach diesem Gesetz beschwerten Beteiligten ist das Verfahren fortzuführen, wenn

1. ein Rechtsmittel oder ein anderer Rechtsbehelf gegen die Entscheidung nicht gegeben ist und
2. das Gericht den Anspruch dieses Beteiligten auf rechtliches Gehör in entscheidungserheblicher Weise verletzt hat.

(2) [1]Die Rüge ist innerhalb von zwei Wochen nach Kenntnis von der Verletzung des rechtlichen Gehörs zu erheben; der Zeitpunkt der Kenntniserlangung ist glaubhaft zu machen. [2]Nach Ablauf eines Jahres seit Bekanntmachung der angegriffenen Entscheidung kann die Rüge nicht mehr erhoben werden. [3]Formlos mitgeteilte Entscheidungen gelten mit dem dritten Tage nach Aufgabe zur Post als bekannt gemacht. [4]Die Rüge ist bei dem Gericht zu erheben, dessen Entscheidung angegriffen wird; § 33 Abs. 7 Satz 1 und 2 gilt entsprechend. [5]Die Rüge muss die angegriffene Entscheidung bezeichnen und das Vorliegen der in Absatz 1 Nr. 2 genannten Voraussetzungen darlegen.

(3) [1]Den übrigen Beteiligten ist, soweit erforderlich, Gelegenheit zur Stellungnahme zu geben.

(4) [1]Das Gericht hat von Amts wegen zu prüfen, ob die Rüge an sich statthaft und ob sie in der gesetzlichen Form und Frist erhoben ist. [2]Mangelt es an einem dieser Erfordernisse, so ist die Rüge als unzulässig zu verwerfen. [3]Ist die Rüge unbegründet, weist das Gericht sie zurück. [4]Die Entscheidung ergeht durch unanfechtbaren Beschluss. [5]Der Beschluss soll kurz begründet werden.

(5) [1]Ist die Rüge begründet, so hilft ihr das Gericht ab, indem es das Verfahren fortführt, soweit dies aufgrund der Rüge geboten ist.

(6) [1]Kosten werden nicht erstattet.

§ 12b Elektronische Akte, elektronisches Dokument [1]In Verfahren nach diesem Gesetz sind die verfahrensrechtlichen Vorschriften über die elektronische Akte und über das elektronische Dokument für das Verfahren anzuwenden, in dem der Rechtsanwalt die Vergütung erhält. [2]Im Fall der Beratungshilfe sind die entsprechenden Vorschriften des Gesetzes über das Verfahren in Familiensachen und in den Angelegenheiten der freiwilligen Gerichtsbarkeit anzuwenden.

§ 12c Rechtsbehelfsbelehrung [1]Jede anfechtbare Entscheidung hat eine Belehrung über den statthaften Rechtsbehelf sowie über das Gericht, bei dem dieser Rechtsbehelf einzulegen ist, über dessen Sitz und über die einzuhaltende Form und Frist zu enthalten.

Abschnitt 2: Gebührenvorschriften

§ 13 Wertgebühren (1) [1]Wenn sich die Gebühren nach dem Gegenstandswert richten, beträgt die Gebühr bei einem Gegenstandswert bis 500 Euro 45 Euro. [2]Die Gebühr erhöht sich bei einem

Gegenstandswert bis … Euro	für jeden angefangenen Betrag von weiteren … Euro	um … Euro
2 000	500	35
10 000	1 000	51
25 000	3 000	46
50 000	5 000	75
200 000	15 000	85
500 000	30 000	120
über 500 000	50 000	150

[3]Eine Gebührentabelle für Gegenstandswerte bis 500 000 Euro ist diesem Gesetz als Anlage 2 beigefügt.

(2) [1]Der Mindestbetrag einer Gebühr ist 15 Euro.

§ 14 Rahmengebühren (1) [1]Bei Rahmengebühren bestimmt der Rechtsanwalt die Gebühr im Einzelfall unter Berücksichtigung aller Umstände, vor allem des Umfangs und der Schwierigkeit der anwaltlichen Tätigkeit, der Bedeutung der Angelegenheit sowie der Einkommens- und Vermögensverhältnisse des Auftraggebers, nach billigem Ermessen. [2]Ein besonderes Haftungsrisiko des Rechtsanwalts kann bei der Bemessung herangezogen werden. [3]Bei Rahmengebühren, die sich nicht nach dem Gegenstandswert richten, ist das Haftungsrisiko zu berücksichtigen. [4]Ist die Gebühr von einem Dritten zu ersetzen, ist die von dem Rechtsanwalt getroffene Bestimmung nicht verbindlich, wenn sie unbillig ist.

(2) [1]Im Rechtsstreit hat das Gericht ein Gutachten des Vorstands der Rechtsanwaltskammer einzuholen, soweit die Höhe der Gebühr streitig ist; dies gilt auch im Verfahren nach § 495a der Zivilprozessordnung. [2]Das Gutachten ist kostenlos zu erstatten.

§ 15 Abgeltungsbereich der Gebühren (1) [1]Die Gebühren entgelten, soweit dieses Gesetz nichts anderes bestimmt, die gesamte Tätigkeit des Rechtsanwalts vom Auftrag bis zur Erledigung der Angelegenheit.

(2) [1]Der Rechtsanwalt kann die Gebühren in derselben Angelegenheit nur einmal fordern.

(3) [1]Sind für Teile des Gegenstands verschiedene Gebührensätze anzuwenden, entstehen für die Teile gesondert berechnete Gebühren, jedoch nicht mehr als die aus dem Gesamtbetrag der Wertteile nach dem höchsten Gebührensatz berechnete Gebühr.

(4) [1]Auf bereits entstandene Gebühren ist es, soweit dieses Gesetz nichts anderes bestimmt, ohne Einfluss, wenn sich die Angelegenheit vorzeitig erledigt oder der Auftrag endigt, bevor die Angelegenheit erledigt ist.

(5) [1]Wird der Rechtsanwalt, nachdem er in einer Angelegenheit tätig geworden ist, beauftragt, in derselben Angelegenheit weiter tätig zu werden, erhält er nicht mehr an Gebühren, als er erhalten würde, wenn er von vornherein hiermit beauftragt worden wäre. [2]Ist der frühere Auftrag seit mehr als zwei Kalenderjahren erledigt, gilt die weitere Tätigkeit als neue Angelegenheit und in diesem Gesetz bestimmte Anrechnungen von Gebühren entfallen. [3]Satz 2 gilt entsprechend, wenn ein Vergleich mehr als zwei Kalenderjahre nach seinem Abschluss angefochten wird oder wenn mehr als zwei Kalenderjahre nach Zustellung eines Beschlusses nach § 23 Absatz 3 Satz 1 des Kapitalanleger-Musterverfahrensgesetzes der Kläger einen Antrag nach § 23 Absatz 4 des Kapitalanleger-Musterverfahrensgesetzes auf Wiedereröffnung des Verfahrens stellt.

(6) [1]Ist der Rechtsanwalt nur mit einzelnen Handlungen oder mit Tätigkeiten, die nach § 19 zum Rechtszug oder zum Verfahren gehören, beauftragt, erhält er nicht mehr an Gebühren als der mit der gesamten Angelegenheit beauftragte Rechtsanwalt für die gleiche Tätigkeit erhalten würde.

§ 15a Anrechnung einer Gebühr (1) [1]Sieht dieses Gesetz die Anrechnung einer Gebühr auf eine andere Gebühr vor, kann der Rechtsanwalt beide Gebühren fordern, jedoch nicht mehr als den um den Anrechnungsbetrag verminderten Gesamtbetrag der beiden Gebühren.

(2) [1]Ein Dritter kann sich auf die Anrechnung nur berufen, soweit er den Anspruch auf eine der beiden Gebühren erfüllt hat, wegen eines dieser Ansprüche gegen ihn ein Vollstreckungstitel besteht oder beide Gebühren in demselben Verfahren gegen ihn geltend gemacht werden.

Abschnitt 3: Angelegenheit

§ 16 Dieselbe Angelegenheit [1]Dieselbe Angelegenheit sind

1. das Verwaltungsverfahren auf Aussetzung oder Anordnung der sofortigen Vollziehung sowie über einstweilige Maßnahmen zur Sicherung der Rechte Dritter und jedes Verwaltungsverfahren auf Abänderung oder Aufhebung in den genannten Fällen;
2. das Verfahren über die Prozesskostenhilfe und das Verfahren, für das die Prozesskostenhilfe beantragt worden ist;
3. mehrere Verfahren über die Prozesskostenhilfe in demselben Rechtszug;

3a. das Verfahren zur Bestimmung des zuständigen Gerichts und das Verfahren, für das der Gerichtsstand bestimmt werden soll; dies gilt auch dann, wenn das Verfahren zur Bestimmung des zuständigen Gerichts vor Klageerhebung oder Antragstellung endet, ohne dass das zuständige Gericht bestimmt worden ist;

4. eine Scheidungssache oder ein Verfahren über die Aufhebung einer Lebenspartnerschaft und die Folgesachen;
5. das Verfahren über die Anordnung eines Arrests zur Erwirkung eines Europäischen Beschlusses zur vorläufigen Kontenpfändung, über den Erlass einer einstweiligen Verfügung oder einstweiligen Anordnung, über die Anordnung oder Wiederherstellung der aufschiebenden Wirkung, über die Aufhebung der Vollziehung oder die Anordnung der sofortigen Vollziehung eines Verwaltungsakts und jedes Verfahren über deren Abänderung, Aufhebung oder Widerruf;
6. das Verfahren nach § 3 Abs. 1 des Gesetzes zur Ausführung des Vertrages zwischen der Bundesrepublik Deutschland und der Republik Österreich vom 6. Juni 1959 über die gegenseitige Anerkennung und Vollstreckung von gerichtlichen Entscheidungen, Vergleichen und öffentlichen Urkunden in Zivil- und Handelssachen in der im Bundesge-

setzblatt Teil III, Gliederungsnummer 319–12, veröffentlichten bereinigten Fassung, das zuletzt durch Artikel 23 des Gesetzes vom 27. Juli 2001 (BGBl. I S. 1887) geändert worden ist, und das Verfahren nach § 3 Abs. 2 des genannten Gesetzes;

7. das Verfahren über die Zulassung der Vollziehung einer vorläufigen oder sichernden Maßnahme und das Verfahren über einen Antrag auf Aufhebung oder Änderung einer Entscheidung über die Zulassung der Vollziehung (§ 1041 der Zivilprozessordnung);
8. das schiedsrichterliche Verfahren und das gerichtliche Verfahren bei der Bestellung eines Schiedsrichters oder Ersatzschiedsrichters, über die Ablehnung eines Schiedsrichters oder über die Beendigung des Schiedsrichteramts, zur Unterstützung bei der Beweisaufnahme oder bei der Vornahme sonstiger richterlicher Handlungen;
9. das Verfahren vor dem Schiedsgericht und die gerichtlichen Verfahren über die Bestimmung einer Frist (§ 102 Abs. 3 des Arbeitsgerichtsgesetzes), die Ablehnung eines Schiedsrichters (§ 103 Abs. 3 des Arbeitsgerichtsgesetzes) oder die Vornahme einer Beweisaufnahme oder einer Vereidigung (§ 106 Abs. 2 des Arbeitsgerichtsgesetzes);
10. im Kostenfestsetzungsverfahren und im Verfahren über den Antrag auf gerichtliche Entscheidung gegen einen Kostenfestsetzungsbescheid (§ 108 des Gesetzes über Ordnungswidrigkeiten) einerseits und im Kostenansatzverfahren sowie im Verfahren über den Antrag auf gerichtliche Entscheidung gegen den Ansatz der Gebühren und Auslagen (§ 108 des Gesetzes über Ordnungswidrigkeiten) andererseits jeweils mehrere Verfahren über
    a) die Erinnerung,
    b) den Antrag auf gerichtliche Entscheidung,
    c) die Beschwerde in demselben Beschwerderechtszug;
11. das Rechtsmittelverfahren und das Verfahren über die Zulassung des Rechtsmittels; dies gilt nicht für das Verfahren über die Beschwerde gegen die Nichtzulassung eines Rechtsmittels;
12. das Verfahren über die Privatklage und die Widerklage und zwar auch im Fall des § 388 Abs. 2 der Strafprozessordnung und
13. das erstinstanzliche Prozessverfahren und der erste Rechtszug des Musterverfahrens nach dem Kapitalanleger-Musterverfahrensgesetz.

§ 17 Verschiedene Angelegenheiten [1]Verschiedene Angelegenheiten sind

1. das Verfahren über ein Rechtsmittel und der vorausgegangene Rechtszug,

1a. jeweils das Verwaltungsverfahren, das einem gerichtlichen Verfahren vorausgehende und der Nachprüfung des Verwaltungsakts dienende weitere Verwaltungsverfahren (Vorverfahren, Einspruchsverfahren, Beschwerdeverfahren, Abhilfeverfahren), das Verfahren über die Beschwerde und die weitere Beschwerde nach der Wehrbeschwerdeordnung, das Verwaltungsverfahren auf Aussetzung oder Anordnung der sofortigen Vollziehung sowie über einstweilige Maßnahmen zur Sicherung der Rechte Dritter und ein gerichtliches Verfahren,

2. das Mahnverfahren und das streitige Verfahren,
3. das vereinfachte Verfahren über den Unterhalt Minderjähriger und das streitige Verfahren,
4. das Verfahren in der Hauptsache und ein Verfahren
   a) auf Anordnung eines Arrests oder zur Erwirkung eines Europäischen Beschlusses zur vorläufigen Kontenpfändung,
   b) auf Erlass einer einstweiligen Verfügung oder einer einstweiligen Anordnung,
   c) über die Anordnung oder Wiederherstellung der aufschiebenden Wirkung, über die Aufhebung der Vollziehung oder über die Anordnung der sofortigen Vollziehung eines Verwaltungsakts sowie
   d) über die Abänderung, Aufhebung oder den Widerruf einer in einem Verfahren nach den Buchstaben a bis c ergangenen Entscheidung,
5. der Urkunden- oder Wechselprozess und das ordentliche Verfahren, das nach Abstandnahme vom Urkunden- oder Wechselprozess oder nach einem Vorbehaltsurteil anhängig bleibt (§§ 596, 600 der Zivilprozessordnung),
6. das Schiedsverfahren und das Verfahren über die Zulassung der Vollziehung einer vorläufigen oder sichernden Maßnahme sowie das Verfahren über einen Antrag auf Aufhebung oder Änderung einer Entscheidung über die Zulassung der Vollziehung (§ 1041 der Zivilprozessordnung),
7. das gerichtliche Verfahren und ein vorausgegangenes
   a) Güteverfahren vor einer durch die Landesjustizverwaltung eingerichteten oder anerkannten Gütestelle (§ 794 Abs. 1 Nr. 1 der Zivilprozessordnung) oder, wenn die Parteien den Einigungsversuch einvernehmlich unternehmen, vor einer Gütestelle, die Streitbeilegung betreibt (§ 15a Abs. 3 des Einführungsgesetzes zur Zivilprozessordnung),
   b) Verfahren vor einem Ausschuss der in § 111 Abs. 2 des Arbeitsgerichtsgesetzes bezeichneten Art,
   c) Verfahren vor dem Seemannsamt zur vorläufigen Entscheidung von Arbeitssachen und
   d) Verfahren vor sonstigen gesetzlich eingerichteten Einigungsstellen, Gütestellen oder Schiedsstellen,
8. das Vermittlungsverfahren nach § 165 des Gesetzes über das Verfahren in Familiensachen und in den Angelegenheiten der freiwilligen Gerichtsbarkeit und ein sich anschließendes gerichtliches Verfahren,
9. das Verfahren über ein Rechtsmittel und das Verfahren über die Beschwerde gegen die Nichtzulassung des Rechtsmittels,

10. das strafrechtliche Ermittlungsverfahren und
    a) ein nachfolgendes gerichtliches Verfahren und
    b) ein sich nach Einstellung des Ermittlungsverfahrens anschließendes Bußgeldverfahren,
11. das Bußgeldverfahren vor der Verwaltungsbehörde und das nachfolgende gerichtliche Verfahren,
12. das Strafverfahren und das Verfahren über die im Urteil vorbehaltene Sicherungsverwahrung und
13. das Wiederaufnahmeverfahren und das wiederaufgenommene Verfahren, wenn sich die Gebühren nach Teil 4 oder 5 des Vergütungsverzeichnisses richten.

§ 18 Besondere Angelegenheiten (1) [1]Besondere Angelegenheiten sind
1. jede Vollstreckungsmaßnahme zusammen mit den durch diese vorbereiteten weiteren Vollstreckungshandlungen bis zur Befriedigung des Gläubigers; dies gilt entsprechend im Verwaltungszwangsverfahren (Verwaltungsvollstreckungsverfahren);
2. jede Vollziehungsmaßnahme bei der Vollziehung eines Arrests oder einer einstweiligen Verfügung (§§ 928 bis 934 und 936 der Zivilprozessordnung), die sich nicht auf die Zustellung beschränkt;
3. solche Angelegenheiten, in denen sich die Gebühren nach Teil 3 des Vergütungsverzeichnisses richten, jedes Beschwerdeverfahren, jedes Verfahren über eine Erinnerung gegen einen Kostenfestsetzungsbeschluss und jedes sonstige Verfahren über eine Erinnerung gegen eine Entscheidung des Rechtspflegers, soweit sich aus § 16 Nummer 10 nichts anderes ergibt;
4. das Verfahren über Einwendungen gegen die Erteilung der Vollstreckungsklausel, auf das § 732 der Zivilprozessordnung anzuwenden ist;
5. das Verfahren auf Erteilung einer weiteren vollstreckbaren Ausfertigung;
6. jedes Verfahren über Anträge nach den §§ 765a, 851a oder 851b der Zivilprozessordnung und jedes Verfahren über Anträge auf Änderung oder Aufhebung der getroffenen Anordnungen, jedes Verfahren über Anträge nach § 1084 Absatz 1, § 1096 oder § 1109 der Zivilprozessordnung und über Anträge nach § 31 des Auslandsunterhaltsgesetzes;
7. das Verfahren auf Zulassung der Austauschpfändung (§ 811a der Zivilprozessordnung);
8. das Verfahren über einen Antrag nach § 825 der Zivilprozessordnung;
9. die Ausführung der Zwangsvollstreckung in ein gepfändetes Vermögensrecht durch Verwaltung (§ 857 Abs. 4 der Zivilprozessordnung);
10. das Verteilungsverfahren (§ 858 Abs. 5, §§ 872 bis 877, 882 der Zivilprozessordnung);
11. das Verfahren auf Eintragung einer Zwangshypothek (§§ 867, 870a der Zivilprozessordnung);

12. die Vollstreckung der Entscheidung, durch die der Schuldner zur Vorauszahlung der Kosten, die durch die Vornahme einer Handlung entstehen, verurteilt wird (§ 887 Abs. 2 der Zivilprozessordnung);
13. das Verfahren zur Ausführung der Zwangsvollstreckung auf Vornahme einer Handlung durch Zwangsmittel (§ 888 der Zivilprozessordnung);
14. jede Verurteilung zu einem Ordnungsgeld gemäß § 890 Abs. 1 der Zivilprozessordnung;
15. die Verurteilung zur Bestellung einer Sicherheit im Fall des § 890 Abs. 3 der Zivilprozessordnung;
16. das Verfahren zur Abnahme der Vermögensauskunft (§§ 802f und 802g der Zivilprozessordnung);
17. das Verfahren auf Löschung der Eintragung im Schuldnerverzeichnis (§ 882e der Zivilprozessordnung);
18. das Ausüben der Veröffentlichungsbefugnis;
19. das Verfahren über Anträge auf Zulassung der Zwangsvollstreckung nach § 17 Abs. 4 der Schifffahrtsrechtlichen Verteilungsordnung;
20. das Verfahren über Anträge auf Aufhebung von Vollstreckungsmaßregeln (§ 8 Abs. 5 und § 41 der Schifffahrtsrechtlichen Verteilungsordnung) und
21. das Verfahren zur Anordnung von Zwangsmaßnahmen durch Beschluss nach § 35 des Gesetzes über das Verfahren in Familiensachen und in den Angelegenheiten der freiwilligen Gerichtsbarkeit.

(2) [1]Absatz 1 gilt entsprechend für
1. die Vollziehung eines Arrestes und
2. die Vollstreckung

nach den Vorschriften des Gesetzes über das Verfahren in Familiensachen und in den Angelegenheiten der freiwilligen Gerichtsbarkeit.

§ 19 Rechtszug; Tätigkeiten, die mit dem Verfahren zusammenhängen

(1) [1]Zu dem Rechtszug oder dem Verfahren gehören auch alle Vorbereitungs-, Neben- und Abwicklungstätigkeiten und solche Verfahren, die mit dem Rechtszug oder Verfahren zusammenhängen, wenn die Tätigkeit nicht nach § 18 eine besondere Angelegenheit ist. [2]Hierzu gehören insbesondere
1. die Vorbereitung der Klage, des Antrags oder der Rechtsverteidigung, soweit kein besonderes gerichtliches oder behördliches Verfahren stattfindet;
1a. die Einreichung von Schutzschriften und die Anmeldung von Ansprüchen oder Rechtsverhältnissen zum Klageregister für Musterfeststellungsklagen sowie die Rücknahme der Anmeldung;
2. außergerichtliche Verhandlungen;
3. Zwischenstreite, die Bestellung von Vertretern durch das in der Hauptsache zuständige Gericht, die Ablehnung von Richtern, Rechtspflegern, Urkundsbeamten der Geschäftsstelle oder Sachverständigen, die Entscheidung über einen Antrag betreffend eine Sicherungsanordnung,

die Wertfestsetzung, die Beschleunigungsrüge nach § 155b des Gesetzes über das Verfahren in Familiensachen und in den Angelegenheiten der freiwilligen Gerichtsbarkeit;

4. das Verfahren vor dem beauftragten oder ersuchten Richter;
5. das Verfahren
   a) über die Erinnerung (§ 573 der Zivilprozessordnung),
   b) über die Rüge wegen Verletzung des Anspruchs auf rechtliches Gehör,
   c) nach Artikel 18 der Verordnung (EG) Nr. 861/2007 des Europäischen Parlaments und des Rates vom 13. Juni 2007 zur Einführung eines europäischen Verfahrens für geringfügige Forderungen,
   d) nach Artikel 20 der Verordnung (EG) Nr. 1896/2006 des Europäischen Parlaments und des Rates vom 12. Dezember 2006 zur Einführung eines Europäischen Mahnverfahrens und
   e) nach Artikel 19 der Verordnung (EG) Nr. 4/2009 über die Zuständigkeit, das anwendbare Recht, die Anerkennung und Vollstreckung von Entscheidungen und die Zusammenarbeit in Unterhaltssachen;
6. die Berichtigung und Ergänzung der Entscheidung oder ihres Tatbestands;
7. die Mitwirkung bei der Erbringung der Sicherheitsleistung und das Verfahren wegen deren Rückgabe;
8. die für die Geltendmachung im Ausland vorgesehene Vervollständigung der Entscheidung und die Bezifferung eines dynamisierten Unterhaltstitels;
9. die Zustellung oder Empfangnahme von Entscheidungen oder Rechtsmittelschriften und ihre Mitteilung an den Auftraggeber, die Einwilligung zur Einlegung der Sprungrevision oder Sprungrechtsbeschwerde, der Antrag auf Entscheidung über die Verpflichtung, die Kosten zu tragen, die nachträgliche Vollstreckbarerklärung eines Urteils auf besonderen Antrag, die Erteilung des Notfrist- und des Rechtskraftzeugnisses, die Ausstellung einer Bescheinigung nach § 48 des Internationalen Familienrechtsverfahrensgesetzes, nach § 1110 der Zivilprozessordnung oder nach § 57 des Anerkennungs- und Vollstreckungsausführungsgesetzes, die Ausstellung, die Berichtigung oder der Widerruf einer Bestätigung nach § 1079 der Zivilprozessordnung, die Ausstellung des Formblatts oder der Bescheinigung nach § 71 Absatz 1 des Auslandsunterhaltsgesetzes;

9a. die Ausstellung von Bescheinigungen, Bestätigungen oder Formblättern einschließlich deren Berichtigung, Aufhebung oder Widerruf nach
   a) § 1079 oder § 1110 der Zivilprozessordnung,
   b) § 48 des Internationalen Familienrechtsverfahrensgesetzes,
   c) § 57 oder § 58 des Anerkennungs- und Vollstreckungsausführungsgesetzes,

d) § 14 des EU-Gewaltschutzverfahrensgesetzes,
e) § 71 Absatz 1 des Auslandsunterhaltsgesetzes,
f) § 27 des Internationalen Erbrechtsverfahrensgesetzes und
g) § 27 des Internationalen Güterrechtsverfahrensgesetzes;

10. die Einlegung von Rechtsmitteln bei dem Gericht desselben Rechtszugs in Verfahren, in denen sich die Gebühren nach Teil 4, 5 oder 6 des Vergütungsverzeichnisses richten; die Einlegung des Rechtsmittels durch einen neuen Verteidiger gehört zum Rechtszug des Rechtsmittels;
10a. Beschwerdeverfahren, wenn sich die Gebühren nach Teil 4, 5 oder 6 des Vergütungsverzeichnisses richten und dort nichts anderes bestimmt ist oder keine besonderen Gebührentatbestände vorgesehen sind;
11. die vorläufige Einstellung, Beschränkung oder Aufhebung der Zwangsvollstreckung, wenn nicht eine abgesonderte mündliche Verhandlung hierüber stattfindet;
12. die einstweilige Einstellung oder Beschränkung der Vollstreckung und die Anordnung, dass Vollstreckungsmaßnahmen aufzuheben sind (§ 93 Abs. 1 des Gesetzes über das Verfahren in Familiensachen und in den Angelegenheiten der freiwilligen Gerichtsbarkeit), wenn nicht ein besonderer gerichtlicher Termin hierüber stattfindet;
13. die erstmalige Erteilung der Vollstreckungsklausel, wenn deswegen keine Klage erhoben wird;
14. die Kostenfestsetzung und die Einforderung der Vergütung;
15. (weggefallen)
16. die Zustellung eines Vollstreckungstitels, der Vollstreckungsklausel und der sonstigen in § 750 der Zivilprozessordnung genannten Urkunden und
17. die Herausgabe der Handakten oder ihre Übersendung an einen anderen Rechtsanwalt.

(2) [1]Zu den in § 18 Abs. 1 Nr. 1 und 2 genannten Verfahren gehören ferner insbesondere

1. gerichtliche Anordnungen nach § 758a der Zivilprozessordnung sowie Beschlüsse nach den §§ 90 und 91 Abs. 1 des Gesetzes über das Verfahren in Familiensachen und in den Angelegenheiten der freiwilligen Gerichtsbarkeit,
2. die Erinnerung nach § 766 der Zivilprozessordnung,
3. die Bestimmung eines Gerichtsvollziehers (§ 827 Abs. 1 und § 854 Abs. 1 der Zivilprozessordnung) oder eines Sequesters (§§ 848 und 855 der Zivilprozessordnung),
4. die Anzeige der Absicht, die Zwangsvollstreckung gegen eine juristische Person des öffentlichen Rechts zu betreiben,
5. die einer Verurteilung vorausgehende Androhung von Ordnungsgeld und
6. die Aufhebung einer Vollstreckungsmaßnahme.

§ 20 Verweisung, Abgabe [1]Soweit eine Sache an ein anderes Gericht verwiesen oder abgegeben wird, sind die Verfahren vor dem verweisenden oder abgebenden und vor dem übernehmenden Gericht ein Rechtszug. [2]Wird eine Sache an ein Gericht eines niedrigeren Rechtszugs verwiesen oder abgegeben, ist das weitere Verfahren vor diesem Gericht ein neuer Rechtszug.

§ 21 Zurückverweisung, Fortführung einer Folgesache als selbständige Familiensache (1) [1]Soweit eine Sache an ein untergeordnetes Gericht zurückverwiesen wird, ist das weitere Verfahren vor diesem Gericht ein neuer Rechtszug.

(2) [1]In den Fällen des § 146 des Gesetzes über das Verfahren in Familiensachen und in den Angelegenheiten der freiwilligen Gerichtsbarkeit, auch in Verbindung mit § 270 des Gesetzes über das Verfahren in Familiensachen und in den Angelegenheiten der freiwilligen Gerichtsbarkeit, bildet das weitere Verfahren vor dem Familiengericht mit dem früheren einen Rechtszug.

(3) [1]Wird eine Folgesache als selbständige Familiensache fortgeführt, sind das fortgeführte Verfahren und das frühere Verfahren dieselbe Angelegenheit.

Abschnitt 4: Gegenstandswert

§ 22 Grundsatz (1) [1]In derselben Angelegenheit werden die Werte mehrerer Gegenstände zusammengerechnet.

(2) [1]Der Wert beträgt in derselben Angelegenheit höchstens 30 Millionen Euro, soweit durch Gesetz kein niedrigerer Höchstwert bestimmt ist. [2]Sind in derselben Angelegenheit mehrere Personen wegen verschiedener Gegenstände Auftraggeber, beträgt der Wert für jede Person höchstens 30 Millionen Euro, insgesamt jedoch nicht mehr als 100 Millionen Euro.

§ 23 Allgemeine Wertvorschrift (1) [1]Soweit sich die Gerichtsgebühren nach dem Wert richten, bestimmt sich der Gegenstandswert im gerichtlichen Verfahren nach den für die Gerichtsgebühren geltenden Wertvorschriften. [2]In Verfahren, in denen Kosten nach dem Gerichtskostengesetz oder dem Gesetz über Gerichtskosten in Familiensachen erhoben werden, sind die Wertvorschriften des jeweiligen Kostengesetzes entsprechend anzuwenden, wenn für das Verfahren keine Gerichtsgebühr oder eine Festgebühr bestimmt ist. [3]Diese Wertvorschriften gelten auch entsprechend für die Tätigkeit außerhalb eines gerichtlichen Verfahrens, wenn der Gegenstand der Tätigkeit auch Gegenstand eines gerichtlichen Verfahrens sein könnte. [4]§ 22 Abs. 2 Satz 2 bleibt unberührt.

(2) [1]In Beschwerdeverfahren, in denen Gerichtsgebühren unabhängig vom Ausgang des Verfahrens nicht erhoben werden oder sich nicht nach dem

Wert richten, ist der Wert unter Berücksichtigung des Interesses des Beschwerdeführers nach Absatz 3 Satz 2 zu bestimmen, soweit sich aus diesem Gesetz nichts anderes ergibt. [2]Der Gegenstandswert ist durch den Wert des zugrunde liegenden Verfahrens begrenzt. [3]In Verfahren über eine Erinnerung oder eine Rüge wegen Verletzung des rechtlichen Gehörs richtet sich der Wert nach den für Beschwerdeverfahren geltenden Vorschriften.

(3) [1]Soweit sich aus diesem Gesetz nichts anderes ergibt, gelten in anderen Angelegenheiten für den Gegenstandswert die Bewertungsvorschriften des Gerichts- und Notarkostengesetzes und die §§ 37, 38, 42 bis 45 sowie 99 bis 102 des Gerichts- und Notarkostengesetzes entsprechend. [2]Soweit sich der Gegenstandswert aus diesen Vorschriften nicht ergibt und auch sonst nicht feststeht, ist er nach billigem Ermessen zu bestimmen; in Ermangelung genügender tatsächlicher Anhaltspunkte für eine Schätzung und bei nichtvermögensrechtlichen Gegenständen ist der Gegenstandswert mit 5 000 Euro, nach Lage des Falles niedriger oder höher, jedoch nicht über 500 000 Euro anzunehmen.

§ 23a Gegenstandswert im Verfahren über die Prozesskostenhilfe
(1) [1]Im Verfahren über die Bewilligung der Prozesskostenhilfe oder die Aufhebung der Bewilligung nach § 124 Absatz 1 Nummer 1 der Zivilprozessordnung bestimmt sich der Gegenstandswert nach dem für die Hauptsache maßgebenden Wert; im Übrigen ist er nach dem Kosteninteresse nach billigem Ermessen zu bestimmen.

(2) [1]Der Wert nach Absatz 1 und der Wert für das Verfahren, für das die Prozesskostenhilfe beantragt worden ist, werden nicht zusammengerechnet.

§ 23b Gegenstandswert im Musterverfahren nach dem Kapitalanleger-Musterverfahrensgesetz [1]Im Musterverfahren nach dem Kapitalanleger-Musterverfahrensgesetz bestimmt sich der Gegenstandswert nach der Höhe des von dem Auftraggeber oder gegen diesen im Ausgangsverfahren geltend gemachten Anspruchs, soweit dieser Gegenstand des Musterverfahrens ist.

§ 24 Gegenstandswert im Sanierungs- und Reorganisationsverfahren nach dem Kreditinstitute-Reorganisationsgesetz [1]Ist der Auftrag im Sanierungs- und Reorganisationsverfahren von einem Gläubiger erteilt, bestimmt sich der Wert nach dem Nennwert der Forderung.

§ 25 Gegenstandswert in der Vollstreckung und bei der Vollziehung
(1) [1]In der Zwangsvollstreckung, in der Vollstreckung, in Verfahren des Verwaltungszwangs und bei der Vollziehung eines Arrests oder einer einstweiligen Verfügung bestimmt sich der Gegenstandswert

1. nach dem Betrag der zu vollstreckenden Geldforderung einschließlich der Nebenforderungen; soll ein bestimmter Gegenstand gepfändet werden und hat dieser einen geringeren Wert, ist der geringere Wert maßgebend; wird künftig fällig werdendes Arbeitseinkommen nach § 850d

Abs. 3 der Zivilprozessordnung gepfändet, sind die noch nicht fälligen Ansprüche nach § 51 Abs. 1 Satz 1 des Gesetzes über Gerichtskosten in Familiensachen und § 9 der Zivilprozessordnung zu bewerten; im Verteilungsverfahren (§ 858 Abs. 5, §§ 872 bis 877 und 882 der Zivilprozessordnung) ist höchstens der zu verteilende Geldbetrag maßgebend;
2. nach dem Wert der herauszugebenden oder zu leistenden Sachen; der Gegenstandswert darf jedoch den Wert nicht übersteigen, mit dem der Herausgabe- oder Räumungsanspruch nach den für die Berechnung von Gerichtskosten maßgeblichen Vorschriften zu bewerten ist;
3. nach dem Wert, den die zu erwirkende Handlung, Duldung oder Unterlassung für den Gläubiger hat, und
4. in Verfahren über die Erteilung der Vermögensauskunft nach § 802c der Zivilprozessordnung nach dem Betrag, der einschließlich der Nebenforderungen aus dem Vollstreckungstitel noch geschuldet wird; der Wert beträgt jedoch höchstens 2 000 Euro.

(2) [1]In Verfahren über Anträge des Schuldners ist der Wert nach dem Interesse des Antragstellers nach billigem Ermessen zu bestimmen.

§ 26 Gegenstandswert in der Zwangsversteigerung [1]In der Zwangsversteigerung bestimmt sich der Gegenstandswert
1. bei der Vertretung des Gläubigers oder eines anderen nach § 9 Nr. 1 und 2 des Gesetzes über die Zwangsversteigerung und die Zwangsverwaltung Beteiligten nach dem Wert des dem Gläubiger oder dem Beteiligten zustehenden Rechts; wird das Verfahren wegen einer Teilforderung betrieben, ist der Teilbetrag nur maßgebend, wenn es sich um einen nach § 10 Abs. 1 Nr. 5 des Gesetzes über die Zwangsversteigerung und die Zwangsverwaltung zu befriedigenden Anspruch handelt; Nebenforderungen sind mitzurechnen; der Wert des Gegenstands der Zwangsversteigerung (§ 66 Abs. 1, § 74a Abs. 5 des Gesetzes über die Zwangsversteigerung und die Zwangsverwaltung), im Verteilungsverfahren der zur Verteilung kommende Erlös, sind maßgebend, wenn sie geringer sind;
2. bei der Vertretung eines anderen Beteiligten, insbesondere des Schuldners, nach dem Wert des Gegenstands der Zwangsversteigerung, im Verteilungsverfahren nach dem zur Verteilung kommenden Erlös; bei Miteigentümern oder sonstigen Mitberechtigten ist der Anteil maßgebend;
3. bei der Vertretung eines Bieters, der nicht Beteiligter ist, nach dem Betrag des höchsten für den Auftraggeber abgegebenen Gebots, wenn ein solches Gebot nicht abgegeben ist, nach dem Wert des Gegenstands der Zwangsversteigerung.

§ 27 Gegenstandswert in der Zwangsverwaltung [1]In der Zwangsverwaltung bestimmt sich der Gegenstandswert bei der Vertretung des Antragstellers nach dem Anspruch, wegen dessen das Verfahren beantragt ist; Nebenforderungen sind mitzurechnen; bei Ansprüchen auf wiederkehrende Leistungen ist der Wert der Leistungen eines Jahres maßgebend. [2]Bei der Vertretung des Schuldners bestimmt sich der Gegenstandswert nach dem zusammengerechneten Wert aller Ansprüche, wegen derer das Verfahren beantragt ist, bei der Vertretung eines sonstigen Beteiligten nach § 23 Abs. 3 Satz 2.

§ 28 Gegenstandswert im Insolvenzverfahren (1) [1]Die Gebühren der Nummern 3313, 3317 sowie im Fall der Beschwerde gegen den Beschluss über die Eröffnung des Insolvenzverfahrens der Nummern 3500 und 3513 des Vergütungsverzeichnisses werden, wenn der Auftrag vom Schuldner erteilt ist, nach dem Wert der Insolvenzmasse (§ 58 des Gerichtskostengesetzes) berechnet. [2]Im Fall der Nummer 3313 des Vergütungsverzeichnisses beträgt der Gegenstandswert jedoch mindestens 4 000 Euro.

(2) [1]Ist der Auftrag von einem Insolvenzgläubiger erteilt, werden die in Absatz 1 genannten Gebühren und die Gebühr nach Nummer 3314 nach dem Nennwert der Forderung berechnet. [2]Nebenforderungen sind mitzurechnen.

(3) [1]Im Übrigen ist der Gegenstandswert im Insolvenzverfahren unter Berücksichtigung des wirtschaftlichen Interesses, das der Auftraggeber im Verfahren verfolgt, nach § 23 Abs. 3 Satz 2 zu bestimmen.

§ 29 Gegenstandswert im Verteilungsverfahren nach der Schifffahrtsrechtlichen Verteilungsordnung [1]Im Verfahren nach der Schifffahrtsrechtlichen Verteilungsordnung gilt § 28 entsprechend mit der Maßgabe, dass an die Stelle des Werts der Insolvenzmasse die festgesetzte Haftungssumme tritt.

§ 30 Gegenstandswert in gerichtlichen Verfahren nach dem Asylgesetz (1) [1]In Klageverfahren nach dem Asylgesetz beträgt der Gegenstandswert 5 000 Euro, in Verfahren des vorläufigen Rechtsschutzes 2 500 Euro. [2]Sind mehrere natürliche Personen an demselben Verfahren beteiligt, erhöht sich der Wert für jede weitere Person in Klageverfahren um 1 000 Euro und in Verfahren des vorläufigen Rechtsschutzes um 500 Euro.

(2) [1]Ist der nach Absatz 1 bestimmte Wert nach den besonderen Umständen des Einzelfalls unbillig, kann das Gericht einen höheren oder einen niedrigeren Wert festsetzen.

§ 31 Gegenstandswert in gerichtlichen Verfahren nach dem Spruchverfahrensgesetz (1) [1]Vertritt der Rechtsanwalt im Verfahren nach dem Spruchverfahrensgesetz einen von mehreren Antragstellern, bestimmt sich der Gegenstandswert nach dem Bruchteil des für die Gerichtsgebühren geltenden Geschäftswerts, der sich aus dem Verhältnis der Anzahl der Anteile des Auftraggebers zu der Gesamtzahl der Anteile aller Antragsteller ergibt. [2]Maßgeblicher Zeitpunkt für die Bestimmung der auf die einzelnen Antragsteller entfallenden Anzahl der Anteile ist der jeweilige Zeitpunkt der Antragstellung. [3]Ist die Anzahl der auf einen Antragsteller entfallenden Anteile nicht gerichtsbekannt, wird vermutet, dass er lediglich einen Anteil hält. [4]Der Wert beträgt mindestens 5 000 Euro.

(2) [1]Wird der Rechtsanwalt von mehreren Antragstellern beauftragt, sind die auf die einzelnen Antragsteller entfallenden Werte zusammenzurechnen; Nummer 1008 des Vergütungsverzeichnisses ist insoweit nicht anzuwenden.

§ 31a Ausschlussverfahren nach dem Wertpapiererwerbs- und Übernahmegesetz [1]Vertritt der Rechtsanwalt im Ausschlussverfahren nach § 39b des Wertpapiererwerbs- und Übernahmegesetzes einen Antragsgegner, bestimmt sich der Gegenstandswert nach dem Wert der Aktien, die dem Auftraggeber im Zeitpunkt der Antragstellung gehören. [2]§ 31 Abs. 1 Satz 2 bis 4 und Abs. 2 gilt entsprechend.

§ 31b Gegenstandswert bei Zahlungsvereinbarungen [1]Ist Gegenstand einer Einigung nur eine Zahlungsvereinbarung (Nummer 1000 des Vergütungsverzeichnisses), beträgt der Gegenstandswert 20 Prozent des Anspruchs.

§ 32 Wertfestsetzung für die Gerichtsgebühren (1) [1]Wird der für die Gerichtsgebühren maßgebende Wert gerichtlich festgesetzt, ist die Festsetzung auch für die Gebühren des Rechtsanwalts maßgebend.

(2) [1]Der Rechtsanwalt kann aus eigenem Recht die Festsetzung des Werts beantragen und Rechtsmittel gegen die Festsetzung einlegen. [2]Rechtsbehelfe, die gegeben sind, wenn die Wertfestsetzung unterblieben ist, kann er aus eigenem Recht einlegen.

§ 33 Wertfestsetzung für die Rechtsanwaltsgebühren (1) [1]Berechnen sich die Gebühren in einem gerichtlichen Verfahren nicht nach dem für die Gerichtsgebühren maßgebenden Wert oder fehlt es an einem solchen Wert, setzt das Gericht des Rechtszugs den Wert des Gegenstands der anwaltlichen Tätigkeit auf Antrag durch Beschluss selbstständig fest.

(2) [1]Der Antrag ist erst zulässig, wenn die Vergütung fällig ist. [2]Antragsberechtigt sind der Rechtsanwalt, der Auftraggeber, ein erstattungspflichtiger Gegner und in den Fällen des § 45 die Staatskasse.

(3) [1]Gegen den Beschluss nach Absatz 1 können die Antragsberechtigten Beschwerde einlegen, wenn der Wert des Beschwerdegegenstands 200 Euro übersteigt. [2]Die Beschwerde ist auch zulässig, wenn sie das Gericht, das die angefochtene Entscheidung erlassen hat, wegen der grundsätzlichen Bedeutung der zur Entscheidung stehenden Frage in dem Beschluss zulässt. [3]Die Beschwerde ist nur zulässig, wenn sie innerhalb von zwei Wochen nach Zustellung der Entscheidung eingelegt wird.

(4) [1]Soweit das Gericht die Beschwerde für zulässig und begründet hält, hat es ihr abzuhelfen; im Übrigen ist die Beschwerde unverzüglich dem Beschwerdegericht vorzulegen. [2]Beschwerdegericht ist das nächsthöhere Ge-

richt, in Zivilsachen der in § 119 Abs. 1 Nr. 1 des Gerichtsverfassungsgesetzes bezeichneten Art jedoch das Oberlandesgericht. [3]Eine Beschwerde an einen obersten Gerichtshof des Bundes findet nicht statt. [4]Das Beschwerdegericht ist an die Zulassung der Beschwerde gebunden; die Nichtzulassung ist unanfechtbar.

(5) [1]War der Beschwerdeführer ohne sein Verschulden verhindert, die Frist einzuhalten, ist ihm auf Antrag von dem Gericht, das über die Beschwerde zu entscheiden hat, Wiedereinsetzung in den vorigen Stand zu gewähren, wenn er die Beschwerde binnen zwei Wochen nach der Beseitigung des Hindernisses einlegt und die Tatsachen, welche die Wiedereinsetzung begründen, glaubhaft macht. [2]Ein Fehlen des Verschuldens wird vermutet, wenn eine Rechtsbehelfsbelehrung unterblieben oder fehlerhaft ist. [3]Nach Ablauf eines Jahres, von dem Ende der versäumten Frist an gerechnet, kann die Wiedereinsetzung nicht mehr beantragt werden. [4]Gegen die Ablehnung der Wiedereinsetzung findet die Beschwerde statt. [5]Sie ist nur zulässig, wenn sie innerhalb von zwei Wochen eingelegt wird. [6]Die Frist beginnt mit der Zustellung der Entscheidung. [7]Absatz 4 Satz 1 bis 3 gilt entsprechend.

(6) [1]Die weitere Beschwerde ist nur zulässig, wenn das Landgericht als Beschwerdegericht entschieden und sie wegen der grundsätzlichen Bedeutung der zur Entscheidung stehenden Frage in dem Beschluss zugelassen hat. [2]Sie kann nur darauf gestützt werden, dass die Entscheidung auf einer Verletzung des Rechts beruht; die §§ 546 und 547 der Zivilprozessordnung gelten entsprechend. [3]Über die weitere Beschwerde entscheidet das Oberlandesgericht. [4]Absatz 3 Satz 3, Absatz 4 Satz 1 und 4 und Absatz 5 gelten entsprechend.

(7) [1]Anträge und Erklärungen können ohne Mitwirkung eines Bevollmächtigten schriftlich eingereicht oder zu Protokoll der Geschäftsstelle abgegeben werden; § 129a der Zivilprozessordnung gilt entsprechend. [2]Für die Bevollmächtigung gelten die Regelungen der für das zugrunde liegende Verfahren geltenden Verfahrensordnung entsprechend. [3]Die Beschwerde ist bei dem Gericht einzulegen, dessen Entscheidung angefochten wird.

(8) [1]Das Gericht entscheidet über den Antrag durch eines seiner Mitglieder als Einzelrichter; dies gilt auch für die Beschwerde, wenn die angefochtene Entscheidung von einem Einzelrichter oder einem Rechtspfleger erlassen wurde. [2]Der Einzelrichter überträgt das Verfahren der Kammer oder dem Senat, wenn die Sache besondere Schwierigkeiten tatsächlicher oder rechtlicher Art aufweist oder die Rechtssache grundsätzliche Bedeutung hat. [3]Das Gericht entscheidet jedoch immer ohne Mitwirkung ehrenamtlicher Richter. [4]Auf eine erfolgte oder unterlassene Übertragung kann ein Rechtsmittel nicht gestützt werden.

(9) [1]Das Verfahren über den Antrag ist gebührenfrei. [2]Kosten werden nicht erstattet; dies gilt auch im Verfahren über die Beschwerde.

Abschnitt 5: Außergerichtliche Beratung und Vertretung

§ 34 Beratung, Gutachten und Mediation (1) [1]Für einen mündlichen oder schriftlichen Rat oder eine Auskunft (Beratung), die nicht mit einer anderen gebührenpflichtigen Tätigkeit zusammenhängen, für die Ausarbeitung eines schriftlichen Gutachtens und für die Tätigkeit als Mediator soll der Rechtsanwalt auf eine Gebührenvereinbarung hinwirken, soweit in Teil 2 Abschnitt 1 des Vergütungsverzeichnisses keine Gebühren bestimmt sind. [2]Wenn keine Vereinbarung getroffen worden ist, erhält der Rechtsanwalt Gebühren nach den Vorschriften des bürgerlichen Rechts. [3]Ist im Fall des Satzes 2 der Auftraggeber Verbraucher, beträgt die Gebühr für die Beratung oder für die Ausarbeitung eines schriftlichen Gutachtens jeweils höchstens 250 Euro; § 14 Abs. 1 gilt entsprechend; für ein erstes Beratungsgespräch beträgt die Gebühr jedoch höchstens 190 Euro.

(2) [1]Wenn nichts anderes vereinbart ist, ist die Gebühr für die Beratung auf eine Gebühr für eine sonstige Tätigkeit, die mit der Beratung zusammenhängt, anzurechnen.

§ 35 Hilfeleistung in Steuersachen (1) [1]Für die Hilfeleistung bei der Erfüllung allgemeiner Steuerpflichten und bei der Erfüllung steuerlicher Buchführungs- und Aufzeichnungspflichten gelten die §§ 23 bis 39 der Steuerberatervergütungsverordnung in Verbindung mit den §§ 10 und 13 der Steuerberatervergütungsverordnung entsprechend.

(2) [1]Sieht dieses Gesetz die Anrechnung einer Geschäftsgebühr auf eine andere Gebühr vor, stehen die Gebühren nach den §§ 23, 24 und 31 der Steuerberatervergütungsverordnung, bei mehreren Gebühren deren Summe, einer Geschäftsgebühr nach Teil 2 des Vergütungsverzeichnisses gleich. [2]Bei der Ermittlung des Höchstbetrags des anzurechnenden Teils der Geschäftsgebühr ist der Gegenstandswert derjenigen Gebühr zugrunde zu legen, auf die angerechnet wird.

§ 36 Schiedsrichterliche Verfahren und Verfahren vor dem Schiedsgericht (1) [1]Teil 3 Abschnitt 1, 2 und 4 des Vergütungsverzeichnisses ist auf die folgenden außergerichtlichen Verfahren entsprechend anzuwenden:
1. schiedsrichterliche Verfahren nach Buch 10 der Zivilprozessordnung und
2. Verfahren vor dem Schiedsgericht (§ 104 des Arbeitsgerichtsgesetzes).

(2) [1]Im Verfahren nach Absatz 1 Nr. 1 erhält der Rechtsanwalt die Terminsgebühr auch, wenn der Schiedsspruch ohne mündliche Verhandlung erlassen wird.

Abschnitt 6: Gerichtliche Verfahren

§ 37 Verfahren vor den Verfassungsgerichten (1) [1]Die Vorschriften für die Revision in Teil 4 Abschnitt 1 Unterabschnitt 3 des Vergütungsverzeichnisses gelten entsprechend in folgenden Verfahren vor dem Bundesverfassungsgericht oder dem Verfassungsgericht (Verfassungsgerichtshof, Staatsgerichtshof) eines Landes:

1. Verfahren über die Verwirkung von Grundrechten, den Verlust des Stimmrechts, den Ausschluss von Wahlen und Abstimmungen,
2. Verfahren über die Verfassungswidrigkeit von Parteien,
3. Verfahren über Anklagen gegen den Bundespräsidenten, gegen ein Regierungsmitglied eines Landes oder gegen einen Abgeordneten oder Richter und
4. Verfahren über sonstige Gegenstände, die in einem dem Strafprozess ähnlichen Verfahren behandelt werden.

(2) [1]In sonstigen Verfahren vor dem Bundesverfassungsgericht oder dem Verfassungsgericht eines Landes gelten die Vorschriften in Teil 3 Abschnitt 2 Unterabschnitt 2 des Vergütungsverzeichnisses entsprechend. [2]Der Gegenstandswert ist unter Berücksichtigung der in § 14 Abs. 1 genannten Umstände nach billigem Ermessen zu bestimmen; er beträgt mindestens 5 000 Euro.

§ 38 Verfahren vor dem Gerichtshof der Europäischen Gemeinschaften
(1) [1]In Vorabentscheidungsverfahren vor dem Gerichtshof der Europäischen Gemeinschaften gelten die Vorschriften in Teil 3 Abschnitt 2 Unterabschnitt 2 des Vergütungsverzeichnisses entsprechend. [2]Der Gegenstandswert bestimmt sich nach den Wertvorschriften, die für die Gerichtsgebühren des Verfahrens gelten, in dem vorgelegt wird. [3]Das vorlegende Gericht setzt den Gegenstandswert auf Antrag durch Beschluss fest. [4]§ 33 Abs. 2 bis 9 gilt entsprechend.

(2) [1]Ist in einem Verfahren, in dem sich die Gebühren nach Teil 4, 5 oder 6 des Vergütungsverzeichnisses richten, vorgelegt worden, sind in dem Vorabentscheidungsverfahren die Nummern 4130 und 4132 des Vergütungsverzeichnisses entsprechend anzuwenden.

(3) [1]Die Verfahrensgebühr des Verfahrens, in dem vorgelegt worden ist, wird auf die Verfahrensgebühr des Verfahrens vor dem Gerichtshof der Europäischen Gemeinschaften angerechnet, wenn nicht eine im Verfahrensrecht vorgesehene schriftliche Stellungnahme gegenüber dem Gerichtshof der Europäischen Gemeinschaften abgegeben wird.

§ 38a Verfahren vor dem Europäischen Gerichtshof für Menschenrechte [1]In Verfahren vor dem Europäischen Gerichtshof für Menschenrechte gelten die Vorschriften in Teil 3 Abschnitt 2 Unterabschnitt 2 des Vergütungsverzeichnisses entsprechend. [2]Der Gegenstandswert ist unter Berücksichtigung der in § 14 Absatz 1 genannten Umstände nach billigem Ermessen zu bestimmen; er beträgt mindestens 5 000 Euro.

§ 39 Von Amts wegen beigeordneter Rechtsanwalt (1) [1]Der Rechtsanwalt, der nach § 138 des Gesetzes über das Verfahren in Familiensachen und in den Angelegenheiten der freiwilligen Gerichtsbarkeit, auch in Verbindung mit § 270 des Gesetzes über das Verfahren in Familiensachen und in den Angelegenheiten der freiwilligen Gerichtsbarkeit, dem Antragsgegner beigeordnet ist, kann von diesem die Vergütung eines zum Prozessbevollmächtigten bestellten Rechtsanwalts und einen Vorschuss verlangen.

(2) [1]Der Rechtsanwalt, der nach § 109 Absatz 3 oder § 119a Absatz 6 des Strafvollzugsgesetzes einer Person beigeordnet ist, kann von dieser die Vergütung eines zum Verfahrensbevollmächtigten bestellten Rechtsanwalts und einen Vorschuss verlangen.

§ 40 Als gemeinsamer Vertreter bestellter Rechtsanwalt [1]Der Rechtsanwalt kann von den Personen, für die er nach § 67a Abs. 1 Satz 2 der Verwaltungsgerichtsordnung bestellt ist, die Vergütung eines von mehreren Auftraggebern zum Prozessbevollmächtigten bestellten Rechtsanwalts und einen Vorschuss verlangen.

§ 41 Prozesspfleger [1]Der Rechtsanwalt, der nach § 57 oder § 58 der Zivilprozessordnung dem Beklagten als Vertreter bestellt ist, kann von diesem die Vergütung eines zum Prozessbevollmächtigten bestellten Rechtsanwalts verlangen. [2]Er kann von diesem keinen Vorschuss fordern. [3]§ 126 der Zivilprozessordnung ist entsprechend anzuwenden.

§ 41a Vertreter des Musterklägers (1) [1]Für das erstinstanzliche Musterverfahren nach dem Kapitalanleger-Musterverfahrensgesetz kann das Oberlandesgericht dem Rechtsanwalt, der den Musterkläger vertritt, auf Antrag eine besondere Gebühr bewilligen, wenn sein Aufwand im Vergleich zu dem Aufwand der Vertreter der beigeladenen Kläger höher ist. [2]Bei der Bemessung der Gebühr sind der Mehraufwand sowie der Vorteil und die Bedeutung für die beigeladenen Kläger zu berücksichtigen. [3]Die Gebühr darf eine Gebühr mit einem Gebührensatz von 0,3 nach § 13 Absatz 1 nicht überschreiten. [4]Hierbei ist als Wert die Summe der in sämtlichen nach § 8 des Kapitalanleger-Musterverfahrensgesetzes ausgesetzten Verfahren geltend gemachten Ansprüche zugrunde zu legen, soweit diese Ansprüche von den Feststellungszielen des Musterverfahrens betroffen sind, höchstens jedoch 30 Millionen Euro. [5]Der Vergütungsanspruch gegen den Auftraggeber bleibt unberührt.

(2) [1]Der Antrag ist spätestens vor dem Schluss der mündlichen Verhandlung zu stellen. [2]Der Antrag und ergänzende Schriftsätze werden entsprechend § 12 Absatz 2 des Kapitalanleger-Musterverfahrensgesetzes bekannt gegeben. [3]Mit der Bekanntmachung ist eine Frist zur Erklärung zu setzen. [4]Die Landeskasse ist nicht zu hören.

(3) [1]Die Entscheidung kann mit dem Musterentscheid getroffen werden. [2]Die Entscheidung ist dem Musterkläger, den Musterbeklagten, den Beigeladenen sowie dem Rechtsanwalt mitzuteilen. [3]§ 16 Absatz 1 Satz 2 des Kapitalanleger-Musterverfahrensgesetzes ist entsprechend anzuwenden. [4]Die Mitteilung kann durch öffentliche Bekanntmachung ersetzt werden, § 11 Absatz 2 Satz 2 des Kapitalanleger- Musterverfahrensgesetzes ist entsprechend anzuwenden. [5]Die Entscheidung ist unanfechtbar.

(4) [1]Die Gebühr ist einschließlich der anfallenden Umsatzsteuer aus der Landeskasse zu zahlen. [2]Ein Vorschuss kann nicht gefordert werden.

Abschnitt 7: Straf- und Bußgeldsachen sowie bestimmte sonstige Verfahren

§ 42 Feststellung einer Pauschgebühr (1) [1]In Strafsachen, gerichtlichen Bußgeldsachen, Verfahren nach dem Gesetz über die internationale Rechtshilfe in Strafsachen, in Verfahren nach dem IStGH-Gesetz, in Freiheitsentziehungs- und Unterbringungssachen sowie in Verfahren nach § 151 Nummer 6 und 7 des Gesetzes über das Verfahren in Familiensachen und in den Angelegenheiten der freiwilligen Gerichtsbarkeit stellt das Oberlandesgericht, zu dessen Bezirk das Gericht des ersten Rechtszugs gehört, auf Antrag des Rechtsanwalts eine Pauschgebühr für das ganze Verfahren oder für einzelne Verfahrensabschnitte durch unanfechtbaren Beschluss fest, wenn die in den Teilen 4 bis 6 des Vergütungsverzeichnisses bestimmten Gebühren eines Wahlanwalts wegen des besonderen Umfangs oder der besonderen Schwierigkeit nicht zumutbar sind. [2]Dies gilt nicht, soweit Wertgebühren entstehen. [3]Beschränkt sich die Feststellung auf einzelne Verfahrensabschnitte, sind die Gebühren nach dem Vergütungsverzeichnis, an deren Stelle die Pauschgebühr treten soll, zu bezeichnen. [4]Die Pauschgebühr darf das Doppelte der für die Gebühren eines Wahlanwalts geltenden Höchstbeträge nach den Teilen 4 bis 6 des Vergütungsverzeichnisses nicht übersteigen. [5]Für den Rechtszug, in dem der Bundesgerichtshof für das Verfahren zuständig ist, ist er auch für die Entscheidung über den Antrag zuständig.

(2) [1]Der Antrag ist zulässig, wenn die Entscheidung über die Kosten des Verfahrens rechtskräftig ist. [2]Der gerichtlich bestellte oder beigeordnete Rechtsanwalt kann den Antrag nur unter den Voraussetzungen des § 52 Abs. 1 Satz 1, Abs. 2, auch in Verbindung mit § 53 Abs. 1, stellen. [3]Der Auftraggeber, in den Fällen des § 52 Abs. 1 Satz 1 der Beschuldigte, ferner die Staatskasse und andere Beteiligte, wenn ihnen die Kosten des Verfahrens ganz oder zum Teil auferlegt worden sind, sind zu hören.

(3) [1]Der Senat des Oberlandesgerichts ist mit einem Richter besetzt. [2]Der Richter überträgt die Sache dem Senat in der Besetzung mit drei Richtern, wenn es zur Sicherung einer einheitlichen Rechtsprechung geboten ist.

(4) [1]Die Feststellung ist für das Kostenfestsetzungsverfahren, das Vergütungsfestsetzungsverfahren (§ 11) und für einen Rechtsstreit des Rechtsanwalts auf Zahlung der Vergütung bindend.

(5) [1]Die Absätze 1 bis 4 gelten im Bußgeldverfahren vor der Verwaltungsbehörde entsprechend. [2]Über den Antrag entscheidet die Verwaltungsbehörde. [3]Gegen die Entscheidung kann gerichtliche Entscheidung beantragt werden. [4]Für das Verfahren gilt § 62 des Gesetzes über Ordnungswidrigkeiten.

§ 43 Abtretung des Kostenerstattungsanspruchs [1]Tritt der Beschuldigte oder der Betroffene den Anspruch gegen die Staatskasse auf Erstattung von Anwaltskosten als notwendige Auslagen an den Rechtsanwalt ab, ist eine von der Staatskasse gegenüber dem Beschuldigten oder dem Betroffenen erklärte Aufrechnung insoweit unwirksam, als sie den Anspruch des Rechtsanwalts vereiteln oder beeinträchtigen würde. [2]Dies gilt jedoch nur, wenn zum Zeitpunkt der Aufrechnung eine Urkunde über die Abtretung oder eine Anzeige des Beschuldigten oder des Betroffenen über die Abtretung in den Akten vorliegt.

Abschnitt 8: Beigeordneter oder bestellter Rechtsanwalt, Beratungshilfe

§ 44 Vergütungsanspruch bei Beratungshilfe [1]Für die Tätigkeit im Rahmen der Beratungshilfe erhält der Rechtsanwalt eine Vergütung nach diesem Gesetz aus der Landeskasse, soweit nicht für die Tätigkeit in Beratungsstellen nach § 3 Abs. 1 des Beratungshilfegesetzes besondere Vereinbarungen getroffen sind. [2]Die Beratungshilfegebühr (Nummer 2500 des Vergütungsverzeichnisses) schuldet nur der Rechtsuchende.

§ 45 Vergütungsanspruch des beigeordneten oder bestellten Rechtsanwalts (1) [1]Der im Wege der Prozesskostenhilfe beigeordnete oder nach § 57 oder § 58 der Zivilprozessordnung zum Prozesspfleger bestellte Rechtsanwalt erhält, soweit in diesem Abschnitt nichts anderes bestimmt ist, die gesetzliche Vergütung in Verfahren vor Gerichten des Bundes aus der Bundeskasse, in Verfahren vor Gerichten eines Landes aus der Landeskasse.

(2) [1]Der Rechtsanwalt, der nach § 138 des Gesetzes über das Verfahren in Familiensachen und in den Angelegenheiten der freiwilligen Gerichtsbarkeit, auch in Verbindung mit § 270 des Gesetzes über das Verfahren in Familiensachen und in den Angelegenheiten der freiwilligen Gerichtsbarkeit, nach § 109 Absatz 3 oder § 119a Absatz 6 des Strafvollzugsgesetzes beigeordnet oder nach § 67a Abs. 1 Satz 2 der Verwaltungsgerichtsordnung bestellt ist, kann eine Vergütung aus der Landeskasse verlangen, wenn der zur

Zahlung Verpflichtete (§ 39 oder § 40) mit der Zahlung der Vergütung im Verzug ist.

(3) [1]Ist der Rechtsanwalt sonst gerichtlich bestellt oder beigeordnet worden, erhält er die Vergütung aus der Landeskasse, wenn ein Gericht des Landes den Rechtsanwalt bestellt oder beigeordnet hat, im Übrigen aus der Bundeskasse. [2]Hat zuerst ein Gericht des Bundes und sodann ein Gericht des Landes den Rechtsanwalt bestellt oder beigeordnet, zahlt die Bundeskasse die Vergütung, die der Rechtsanwalt während der Dauer der Bestellung oder Beiordnung durch das Gericht des Bundes verdient hat, die Landeskasse die dem Rechtsanwalt darüber hinaus zustehende Vergütung. [3]Dies gilt entsprechend, wenn zuerst ein Gericht des Landes und sodann ein Gericht des Bundes den Rechtsanwalt bestellt oder beigeordnet hat.

(4) [1]Wenn der Verteidiger von der Stellung eines Wiederaufnahmeantrags abrät, hat er einen Anspruch gegen die Staatskasse nur dann, wenn er nach § 364b Abs. 1 Satz 1 der Strafprozessordnung bestellt worden ist oder das Gericht die Feststellung nach § 364b Abs. 1 Satz 2 der Strafprozessordnung getroffen hat. [2]Dies gilt auch im gerichtlichen Bußgeldverfahren (§ 85 Abs. 1 des Gesetzes über Ordnungswidrigkeiten).

(5) [1]Absatz 3 ist im Bußgeldverfahren vor der Verwaltungsbehörde entsprechend anzuwenden. [2]An die Stelle des Gerichts tritt die Verwaltungsbehörde.

§ 46 Auslagen und Aufwendungen (1) [1]Auslagen, insbesondere Reisekosten, werden nicht vergütet, wenn sie zur sachgemäßen Durchführung der Angelegenheit nicht erforderlich waren.

(2) [1]Wenn das Gericht des Rechtszugs auf Antrag des Rechtsanwalts vor Antritt der Reise feststellt, dass eine Reise erforderlich ist, ist diese Feststellung für das Festsetzungsverfahren (§ 55) bindend. [2]Im Bußgeldverfahren vor der Verwaltungsbehörde tritt an die Stelle des Gerichts die Verwaltungsbehörde. [3]Für Aufwendungen (§ 670 des Bürgerlichen Gesetzbuchs) gelten Absatz 1 und die Sätze 1 und 2 entsprechend; die Höhe zu ersetzender Kosten für die Zuziehung eines Dolmetschers oder Übersetzers ist auf die nach dem Justizvergütungs- und -entschädigungsgesetz zu zahlenden Beträge beschränkt.

(3) [1]Auslagen, die durch Nachforschungen zur Vorbereitung eines Wiederaufnahmeverfahrens entstehen, für das die Vorschriften der Strafprozessordnung gelten, werden nur vergütet, wenn der Rechtsanwalt nach § 364b Abs. 1 Satz 1 der Strafprozessordnung bestellt worden ist oder wenn das Gericht die Feststellung nach § 364b Abs. 1 Satz 2 der Strafprozessordnung getroffen hat. [2]Dies gilt auch im gerichtlichen Bußgeldverfahren (§ 85 Abs. 1 des Gesetzes über Ordnungswidrigkeiten).

§ 47 Vorschuss (1) [1]Wenn dem Rechtsanwalt wegen seiner Vergütung ein Anspruch gegen die Staatskasse zusteht, kann er für die entstandenen Gebühren und die entstandenen und voraussichtlich entstehenden Auslagen aus der Staatskasse einen angemessenen Vorschuss fordern. [2]Der Rechtsanwalt, der nach § 138 des Gesetzes über das Verfahren in Familiensachen und in den Angelegenheiten der freiwilligen Gerichtsbarkeit, auch in Verbindung mit § 270 des Gesetzes über das Verfahren in Familiensachen und in den Angelegenheiten der freiwilligen Gerichtsbarkeit, nach § 109 Absatz 3 oder § 119a Absatz 6 des Strafvollzugsgesetzes beigeordnet oder nach § 67a Abs. 1 Satz 2 der Verwaltungsgerichtsordnung bestellt ist, kann einen Vorschuss nur verlangen, wenn der zur Zahlung Verpflichtete (§ 39 oder § 40) mit der Zahlung des Vorschusses im Verzug ist.

(2) [1]Bei Beratungshilfe kann der Rechtsanwalt aus der Staatskasse keinen Vorschuss fordern.

§ 48 Umfang des Anspruchs und der Beiordnung (1) [1]Der Vergütungsanspruch bestimmt sich nach den Beschlüssen, durch die die Prozesskostenhilfe bewilligt und der Rechtsanwalt beigeordnet oder bestellt worden ist.

(2) [1]In Angelegenheiten, in denen sich die Gebühren nach Teil 3 des Vergütungsverzeichnisses bestimmen und die Beiordnung eine Berufung, eine Beschwerde wegen des Hauptgegenstands, eine Revision oder eine Rechtsbeschwerde wegen des Hauptgegenstands betrifft, wird eine Vergütung aus der Staatskasse auch für die Rechtsverteidigung gegen ein Anschlussrechtsmittel und, wenn der Rechtsanwalt für die Erwirkung eines Arrests, einer einstweiligen Verfügung oder einer einstweiligen Anordnung beigeordnet ist, auch für deren Vollziehung oder Vollstreckung gewährt. [2]Dies gilt nicht, wenn der Beiordnungsbeschluss ausdrücklich etwas anderes bestimmt.

(3) [1]Die Beiordnung in einer Ehesache erstreckt sich im Fall des Abschlusses eines Vertrags im Sinne der Nummer 1000 des Vergütungsverzeichnisses auf alle mit der Herbeiführung der Einigung erforderlichen Tätigkeiten, soweit der Vertrag

1. den gegenseitigen Unterhalt der Ehegatten,
2. den Unterhalt gegenüber den Kindern im Verhältnis der Ehegatten zueinander,
3. die Sorge für die Person der gemeinschaftlichen minderjährigen Kinder,
4. die Regelung des Umgangs mit einem Kind,
5. die Rechtsverhältnisse an der Ehewohnung und den Haushaltsgegenständen oder
6. die Ansprüche aus dem ehelichen Güterrecht

betrifft. [2]Satz 1 gilt im Fall der Beiordnung in Lebenspartnerschaftssachen nach § 269 Abs. 1 Nr. 1 und 2 des Gesetzes über das Verfahren in Familiensachen und in den Angelegenheiten der freiwilligen Gerichtsbarkeit entsprechend.

(4) [1]Die Beiordnung in Angelegenheiten, in denen nach § 3 Absatz 1 Betragsrahmengebühren entstehen, erstreckt sich auf Tätigkeiten ab dem Zeitpunkt der Beantragung der Prozesskostenhilfe, wenn vom Gericht nichts anderes bestimmt ist. [2]Die Beiordnung erstreckt sich ferner auf die gesamte Tätigkeit im Verfahren über die Prozesskostenhilfe einschließlich der vorbereitenden Tätigkeit.

(5) [1]In anderen Angelegenheiten, die mit dem Hauptverfahren nur zusammenhängen, erhält der für das Hauptverfahren beigeordnete Rechtsanwalt eine Vergütung aus der Staatskasse nur dann, wenn er ausdrücklich auch hierfür beigeordnet ist. [2]Dies gilt insbesondere für

1. die Zwangsvollstreckung, die Vollstreckung und den Verwaltungszwang;
2. das Verfahren über den Arrest, den Europäischen Beschluss zur vorläufigen Kontenpfändung, die einstweilige Verfügung und die einstweilige Anordnung;
3. das selbstständige Beweisverfahren;
4. das Verfahren über die Widerklage oder den Widerantrag, ausgenommen die Rechtsverteidigung gegen den Widerantrag in Ehesachen und in Lebenspartnerschaftssachen nach § 269 Abs. 1 Nr. 1 und 2 des Gesetzes über das Verfahren in Familiensachen und in den Angelegenheiten der freiwilligen Gerichtsbarkeit.

(6) [1]Wird der Rechtsanwalt in Angelegenheiten nach den Teilen 4 bis 6 des Vergütungsverzeichnisses im ersten Rechtszug bestellt oder beigeordnet, erhält er die Vergütung auch für seine Tätigkeit vor dem Zeitpunkt seiner Bestellung, in Strafsachen einschließlich seiner Tätigkeit vor Erhebung der öffentlichen Klage und in Bußgeldsachen einschließlich der Tätigkeit vor der Verwaltungsbehörde. [2]Wird der Rechtsanwalt in einem späteren Rechtszug beigeordnet, erhält er seine Vergütung in diesem Rechtszug auch für seine Tätigkeit vor dem Zeitpunkt seiner Bestellung. [3]Werden Verfahren verbunden, kann das Gericht die Wirkungen des Satzes 1 auch auf diejenigen Verfahren erstrecken, in denen vor der Verbindung keine Beiordnung oder Bestellung erfolgt war.

§ 49 Wertgebühren aus der Staatskasse [1]Bestimmen sich die Gebühren nach dem Gegenstandswert, werden bei einem Gegenstandswert von mehr als 4 000 Euro anstelle der Gebühr nach § 13 Absatz 1 folgende Gebühren vergütet:

Gegenstands-wert bis … Euro	Gebühr … Euro
5 000	257
6 000	267
7 000	277
8 000	287
9 000	297
10 000	307
13 000	321

Gegenstands-wert bis … Euro	Gebühr … Euro
16 000	335
19 000	349
22 000	363
25 000	377
30 000	412
über 30 000	447

§ 50 Weitere Vergütung bei Prozesskostenhilfe (1) [1]Nach Deckung der in § 122 Absatz 1 Nummer 1 der Zivilprozessordnung bezeichneten Kosten und Ansprüche hat die Staatskasse über die auf sie übergegangenen Ansprüche des Rechtsanwalts hinaus weitere Beträge bis zur Höhe der Regelvergütung einzuziehen, wenn dies nach den Vorschriften der Zivilprozessordnung und nach den Bestimmungen, die das Gericht getroffen hat, zulässig ist. [2]Die weitere Vergütung ist festzusetzen, wenn das Verfahren durch rechtskräftige Entscheidung oder in sonstiger Weise beendet ist und die von der Partei zu zahlenden Beträge beglichen sind oder wegen dieser Beträge eine Zwangsvollstreckung in das bewegliche Vermögen der Partei erfolglos geblieben ist oder aussichtslos erscheint.

(2) [1]Der beigeordnete Rechtsanwalt soll eine Berechnung seiner Regelvergütung unverzüglich zu den Prozessakten mitteilen.

(3) [1]Waren mehrere Rechtsanwälte beigeordnet, bemessen sich die auf die einzelnen Rechtsanwälte entfallenden Beträge nach dem Verhältnis der jeweiligen Unterschiedsbeträge zwischen den Gebühren nach § 49 und den Regelgebühren; dabei sind Zahlungen, die nach § 58 auf den Unterschiedsbetrag anzurechnen sind, von diesem abzuziehen.

§ 51 Festsetzung einer Pauschgebühr (1) [1]In Straf- und Bußgeldsachen, Verfahren nach dem Gesetz über die internationale Rechtshilfe in Strafsachen, in Verfahren nach dem IStGH-Gesetz, in Freiheitsentziehungs- und Unterbringungssachen sowie in Verfahren nach § 151 Nummer 6 und 7 des Gesetzes über das Verfahren in Familiensachen und in den Angelegenheiten der freiwilligen Gerichtsbarkeit ist dem gerichtlich bestellten oder beigeordneten Rechtsanwalt für das ganze Verfahren oder für einzelne Verfahrensabschnitte auf Antrag eine Pauschgebühr zu bewilligen, die über die Gebühren nach dem Vergütungsverzeichnis hinausgeht, wenn die in den Teilen 4 bis 6 des Vergütungsverzeichnisses bestimmten Gebühren wegen des besonderen Umfangs oder der besonderen Schwierigkeit nicht zumutbar sind. [2]Dies gilt nicht, soweit Wertgebühren entstehen. [3]Beschränkt sich die Bewilligung auf einzelne Verfahrensabschnitte, sind die Gebühren nach dem Vergütungsverzeichnis, an deren Stelle die Pauschgebühr treten soll, zu bezeichnen. [4]Eine Pauschgebühr kann auch für solche Tätigkeiten gewährt werden, für die ein Anspruch nach § 48 Absatz 6 besteht. [5]Auf Antrag ist dem Rechtsanwalt ein angemessener Vorschuss zu bewilligen, wenn ihm insbesondere wegen der langen Dauer des Verfahrens und der Höhe der zu erwartenden Pauschgebühr nicht zugemutet werden kann, die Festsetzung der Pauschgebühr abzuwarten.

(2) [1]Über die Anträge entscheidet das Oberlandesgericht, zu dessen Bezirk das Gericht des ersten Rechtszugs gehört, und im Fall der Beiordnung einer Kontaktperson (§ 34a des Einführungsgesetzes zum Gerichtsverfassungsgesetz) das Oberlandesgericht, in dessen Bezirk die Justizvollzugsanstalt liegt, durch unanfechtbaren Beschluss. [2]Der Bundesgerichtshof ist für die Entscheidung zuständig, soweit er den Rechtsanwalt bestellt hat. [3]In dem Verfahren ist die Staatskasse zu hören. [4]§ 42 Abs. 3 ist entsprechend anzuwenden.

(3) [1]Absatz 1 gilt im Bußgeldverfahren vor der Verwaltungsbehörde entsprechend. [2]Über den Antrag nach Absatz 1 Satz 1 bis 3 entscheidet die Verwaltungsbehörde gleichzeitig mit der Festsetzung der Vergütung.

§ 52 Anspruch gegen den Beschuldigten oder den Betroffenen

(1) [1]Der gerichtlich bestellte Rechtsanwalt kann von dem Beschuldigten die Zahlung der Gebühren eines gewählten Verteidigers verlangen; er kann jedoch keinen Vorschuss fordern. [2]Der Anspruch gegen den Beschuldigten entfällt insoweit, als die Staatskasse Gebühren gezahlt hat.

(2) [1]Der Anspruch kann nur insoweit geltend gemacht werden, als dem Beschuldigten ein Erstattungsanspruch gegen die Staatskasse zusteht oder das Gericht des ersten Rechtszugs auf Antrag des Verteidigers feststellt, dass der Beschuldigte ohne Beeinträchtigung des für ihn und seine Familie notwendigen Unterhalts zur Zahlung oder zur Leistung von Raten in der Lage ist. [2]Ist das Verfahren nicht gerichtlich anhängig geworden, entscheidet das Gericht, das den Verteidiger bestellt hat.

(3) [1]Wird ein Antrag nach Absatz 2 Satz 1 gestellt, setzt das Gericht dem Beschuldigten eine Frist zur Darlegung seiner persönlichen und wirtschaftlichen Verhältnisse; § 117 Abs. 2 bis 4 der Zivilprozessordnung gilt entsprechend. [2]Gibt der Beschuldigte innerhalb der Frist keine Erklärung ab, wird vermutet, dass er leistungsfähig im Sinne des Absatzes 2 Satz 1 ist.

(4) [1]Gegen den Beschluss nach Absatz 2 ist die sofortige Beschwerde nach den Vorschriften der §§ 304 bis 311a der Strafprozessordnung zulässig. [2]Dabei steht im Rahmen des § 44 Satz 2 der Strafprozessordnung die Rechtsbehelfsbelehrung des § 12c der Belehrung nach § 35a Satz 1 der Strafprozessordnung gleich.

(5) [1]Der für den Beginn der Verjährung maßgebende Zeitpunkt tritt mit der Rechtskraft der das Verfahren abschließenden gerichtlichen Entscheidung, in Ermangelung einer solchen mit der Beendigung des Verfahrens ein. [2]Ein Antrag des Verteidigers hemmt den Lauf der Verjährungsfrist. [3]Die Hemmung endet sechs Monate nach der Rechtskraft der Entscheidung des Gerichts über den Antrag.

(6) [1]Die Absätze 1 bis 3 und 5 gelten im Bußgeldverfahren entsprechend. [2]Im Bußgeldverfahren vor der Verwaltungsbehörde tritt an die Stelle des Gerichts die Verwaltungsbehörde.

§ 53 Anspruch gegen den Auftraggeber, Anspruch des zum Beistand bestellten Rechtsanwalts gegen den Verurteilten (1) [1]Für den Anspruch des dem Privatkläger, dem Nebenkläger, dem Antragsteller im Klageerzwingungsverfahren oder des sonst in Angelegenheiten, in denen sich die Gebühren nach Teil 4, 5 oder 6 des Vergütungsverzeichnisses bestimmen, beigeordneten Rechtsanwalts gegen seinen Auftraggeber gilt § 52 entsprechend.

(2) [1]Der dem Nebenkläger, dem nebenklageberechtigten Verletzten oder dem Zeugen als Beistand bestellte Rechtsanwalt kann die Gebühren eines gewählten Beistands aufgrund seiner Bestellung nur von dem Verurteilten verlangen. [2]Der Anspruch entfällt insoweit, als die Staatskasse die Gebühren bezahlt hat.

(3) [1]Der in Absatz 2 Satz 1 genannte Rechtsanwalt kann einen Anspruch aus einer Vergütungsvereinbarung nur geltend machen, wenn das Gericht des ersten Rechtszugs auf seinen Antrag feststellt, dass der Nebenkläger, der nebenklageberechtigte Verletzte oder der Zeuge zum Zeitpunkt des Abschlusses der Vereinbarung allein auf Grund seiner persönlichen und wirtschaftlichen Verhältnisse die Voraussetzungen für die Bewilligung von Prozesskostenhilfe in bürgerlichen Rechtsstreitigkeiten nicht erfüllt hätte. [2]Ist das Verfahren nicht gerichtlich anhängig geworden, entscheidet das Gericht, das den Rechtsanwalt als Beistand bestellt hat. [3]§ 52 Absatz 3 bis 5 gilt entsprechend.

§ 54 Verschulden eines beigeordneten oder bestellten Rechtsanwalts [1]Hat der beigeordnete oder bestellte Rechtsanwalt durch schuldhaftes Verhalten die Beiordnung oder Bestellung eines anderen Rechtsanwalts veranlasst, kann er Gebühren, die auch für den anderen Rechtsanwalt entstehen, nicht fordern.

§ 55 Festsetzung der aus der Staatskasse zu zahlenden Vergütungen und Vorschüsse (1) [1]Die aus der Staatskasse zu gewährende Vergütung und der Vorschuss hierauf werden auf Antrag des Rechtsanwalts von dem Urkundsbeamten der Geschäftsstelle des Gerichts des ersten Rechtszugs festgesetzt. [2]Ist das Verfahren nicht gerichtlich anhängig geworden, erfolgt die Festsetzung durch den Urkundsbeamten der Geschäftsstelle des Gerichts, das den Verteidiger bestellt hat.

(2) [1]In Angelegenheiten, in denen sich die Gebühren nach Teil 3 des Vergütungsverzeichnisses bestimmen, erfolgt die Festsetzung durch den Urkundsbeamten des Gerichts des Rechtszugs, solange das Verfahren nicht durch rechtskräftige Entscheidung oder in sonstiger Weise beendet ist.

(3) [1]Im Fall der Beiordnung einer Kontaktperson (§ 34a des Einführungsgesetzes zum Gerichtsverfassungsgesetz) erfolgt die Festsetzung durch den Urkundsbeamten der Geschäftsstelle des Landgerichts, in dessen Bezirk die Justizvollzugsanstalt liegt.

(4) [1]Im Fall der Beratungshilfe wird die Vergütung von dem Urkundsbeamten der Geschäftsstelle des in § 4 Abs. 1 des Beratungshilfegesetzes bestimmten Gerichts festgesetzt.

(5) [1]§ 104 Abs. 2 der Zivilprozessordnung gilt entsprechend. [2]Der Antrag hat die Erklärung zu enthalten, ob und welche Zahlungen der Rechtsanwalt bis zum Tag der Antragstellung erhalten hat. [3]Bei Zahlungen auf eine anzurechnende Gebühr sind diese Zahlungen, der Satz oder der Betrag der Gebühr und bei Wertgebühren auch der zugrunde gelegte Wert anzugeben. [4]Zahlungen, die der Rechtsanwalt nach der Antragstellung erhalten hat, hat er unverzüglich anzuzeigen.

(6) [1]Der Urkundsbeamte kann vor einer Festsetzung der weiteren Vergütung (§ 50) den Rechtsanwalt auffordern, innerhalb einer Frist von einem Monat bei der Geschäftsstelle des Gerichts, dem der Urkundsbeamte angehört, Anträge auf Festsetzung der Vergütungen, für die ihm noch Ansprüche gegen die Staatskasse zustehen, einzureichen oder sich zu den empfangenen Zahlungen (Absatz 5 Satz 2) zu erklären. [2]Kommt der Rechtsanwalt der Aufforderung nicht nach, erlöschen seine Ansprüche gegen die Staatskasse.

(7) [1]Die Absätze 1 und 5 gelten im Bußgeldverfahren vor der Verwaltungsbehörde entsprechend. [2]An die Stelle des Urkundsbeamten der Geschäftsstelle tritt die Verwaltungsbehörde.

§ 56 Erinnerung und Beschwerde (1) [1]Über Erinnerungen des Rechtsanwalts und der Staatskasse gegen die Festsetzung nach § 55 entscheidet das Gericht des Rechtszugs, bei dem die Festsetzung erfolgt ist, durch Beschluss. [2]Im Fall des § 55 Abs. 3 entscheidet die Strafkammer des Landgerichts. [3]Im Fall der Beratungshilfe entscheidet das nach § 4 Abs. 1 des Beratungshilfegesetzes zuständige Gericht.

(2) [1]Im Verfahren über die Erinnerung gilt § 33 Abs. 4 Satz 1, Abs. 7 und 8 und im Verfahren über die Beschwerde gegen die Entscheidung über die Erinnerung § 33 Abs. 3 bis 8 entsprechend. [2]Das Verfahren über die Erinnerung und über die Beschwerde ist gebührenfrei. [3]Kosten werden nicht erstattet.

§ 57 Rechtsbehelf in Bußgeldsachen vor der Verwaltungsbehörde [1]Gegen Entscheidungen der Verwaltungsbehörde im Bußgeldverfahren nach den Vorschriften dieses Abschnitts kann gerichtliche Entscheidung beantragt werden. [2]Für das Verfahren gilt § 62 des Gesetzes über Ordnungswidrigkeiten.

§ 58 Anrechnung von Vorschüssen und Zahlungen (1) [1]Zahlungen, die der Rechtsanwalt nach § 9 des Beratungshilfegesetzes erhalten hat, werden auf die aus der Landeskasse zu zahlende Vergütung angerechnet.

(2) [1]In Angelegenheiten, in denen sich die Gebühren nach Teil 3 des Vergütungsverzeichnisses bestimmen, sind Vorschüsse und Zahlungen, die der Rechtsanwalt vor oder nach der Beiordnung erhalten hat, zunächst auf die Vergütungen anzurechnen, für die ein Anspruch gegen die Staatskasse nicht oder nur unter den Voraussetzungen des § 50 besteht.

(3) [1]In Angelegenheiten, in denen sich die Gebühren nach den Teilen 4 bis 6 des Vergütungsverzeichnisses bestimmen, sind Vorschüsse und Zahlungen, die der Rechtsanwalt vor oder nach der gerichtlichen Bestellung oder Beiordnung für seine Tätigkeit in einer gebührenrechtlichen Angelegenheit erhalten hat, auf die von der Staatskasse für diese Angelegenheit zu zahlenden Gebühren anzurechnen. [2]Hat der Rechtsanwalt Zahlungen empfangen, nachdem er Gebühren aus der Staatskasse erhalten hat, ist er zur Rückzahlung an die Staatskasse verpflichtet. [3]Die Anrechnung oder Rückzahlung erfolgt nur, soweit der Rechtsanwalt durch die Zahlungen insgesamt mehr als den doppelten Betrag der ihm ohne Berücksichtigung des § 51 aus der Staatskasse zustehenden Gebühren erhalten würde. [4]Sind die dem Rechtsanwalt nach Satz 3 verbleibenden Gebühren höher als die Höchstgebühren eines Wahlanwalts, ist auch der die Höchstgebühren übersteigende Betrag anzurechnen oder zurückzuzahlen.

§ 59 Übergang von Ansprüchen auf die Staatskasse (1) [1]Soweit dem im Wege der Prozesskostenhilfe oder nach § 138 des Gesetzes über das Verfahren in Familiensachen und in den Angelegenheiten der freiwilligen Gerichtsbarkeit, auch in Verbindung mit § 270 des Gesetzes über das Verfahren in Familiensachen und in den Angelegenheiten der freiwilligen Gerichtsbarkeit, beigeordneten oder nach § 67a Abs. 1 Satz 2 der Verwaltungsgerichtsordnung bestellten Rechtsanwalt wegen seiner Vergütung ein Anspruch gegen die Partei oder einen ersatzpflichtigen Gegner zusteht, geht der Anspruch mit der Befriedigung des Rechtsanwalts durch die Staatskasse auf diese über. [2]Der Übergang kann nicht zum Nachteil des Rechtsanwalts geltend gemacht werden.

(2) [1]Für die Geltendmachung des Anspruchs sowie für die Erinnerung und die Beschwerde gelten die Vorschriften über die Kosten des gerichtlichen Verfahrens entsprechend. [2]Ansprüche der Staatskasse werden bei dem Gericht des ersten Rechtszugs angesetzt. [3]Ist das Gericht des ersten Rechtszugs ein Gericht des Landes und ist der Anspruch auf die Bundeskasse übergegangen, wird er insoweit bei dem jeweiligen obersten Gerichtshof des Bundes angesetzt.

(3) [1]Absatz 1 gilt entsprechend bei Beratungshilfe.

§ 59a Beiordnung und Bestellung durch Justizbehörden (1) [1]Für den durch die Staatsanwaltschaft beigeordneten Zeugenbeistand gelten die Vorschriften über den gerichtlich beigeordneten Zeugenbeistand entsprechend. [2]Über Anträge nach § 51 Absatz 1 entscheidet das Oberlandesgericht, in dessen Bezirk die Staatsanwaltschaft ihren Sitz hat. [3]Hat der Generalbundesanwalt einen Zeugenbeistand beigeordnet, entscheidet der Bundesgerichtshof.

(2) [1]Für den nach § 87e des Gesetzes über die internationale Rechtshilfe in Strafsachen in Verbindung mit § 53 des Gesetzes über die internationale Rechtshilfe in Strafsachen durch das Bundesamt für Justiz bestellten Beistand gelten die Vorschriften über den gerichtlich bestellten Rechtsanwalt entsprechend. [2]An die Stelle des Urkundsbeamten der Geschäftsstelle tritt das Bundesamt. [3]Über Anträge nach § 51 Absatz 1 entscheidet das Bundesamt gleichzeitig mit der Festsetzung der Vergütung.

(3) [1]Gegen Entscheidungen der Staatsanwaltschaft und des Bundesamts für Justiz nach den Vorschriften dieses Abschnitts kann gerichtliche Entscheidung beantragt werden. [2]Zuständig ist das Landgericht, in dessen Bezirk die Justizbehörde ihren Sitz hat. [3]Bei Entscheidungen des Generalbundesanwalts entscheidet der Bundesgerichtshof.

Abschnitt 9: Übergangs- und Schlussvorschriften

§ 59b Bekanntmachung von Neufassungen [1]Das Bundesministerium der Justiz und für Verbraucherschutz kann nach Änderungen den Wortlaut des Gesetzes feststellen und als Neufassung im Bundesgesetzblatt bekannt machen. [2]Die Bekanntmachung muss auf diese Vorschrift Bezug nehmen und angeben

1. den Stichtag, zu dem der Wortlaut festgestellt wird,
2. die Änderungen seit der letzten Veröffentlichung des vollständigen Wortlauts im Bundesgesetzblatt sowie
3. das Inkrafttreten der Änderungen.

§ 60 Übergangsvorschrift (1) [1]Die Vergütung ist nach bisherigem Recht zu berechnen, wenn der unbedingte Auftrag zur Erledigung derselben Angelegenheit im Sinne des § 15 vor dem Inkrafttreten einer Gesetzesänderung erteilt oder der Rechtsanwalt vor diesem Zeitpunkt bestellt oder beigeordnet worden ist. [2]Ist der Rechtsanwalt im Zeitpunkt des Inkrafttretens einer Gesetzesänderung in derselben Angelegenheit bereits tätig, ist die Vergütung für das Verfahren über ein Rechtsmittel, das nach diesem Zeitpunkt eingelegt worden ist, nach neuem Recht zu berechnen. [3]Die Sätze 1 und 2 gelten auch, wenn Vorschriften geändert werden, auf die dieses Gesetz verweist.

(2) [1]Sind Gebühren nach dem zusammengerechneten Wert mehrerer Gegenstände zu bemessen, gilt für die gesamte Vergütung das bisherige Recht auch dann, wenn dies nach Absatz 1 nur für einen der Gegenstände gelten würde.

§ 61 Übergangsvorschrift aus Anlass des Inkrafttretens dieses Gesetzes (1) [1]Die Bundesgebührenordnung für Rechtsanwälte in der im Bundesgesetzblatt Teil III, Gliederungsnummer 368–1, veröffentlichten bereinigten Fassung, zuletzt geändert durch Artikel 2 Abs. 6 des Gesetzes vom 12. März 2004 (BGBl. I S. 390), und Verweisungen hierauf sind weiter anzuwenden, wenn der unbedingte Auftrag zur Erledigung derselben Angelegenheit im Sinne des § 15 vor dem 1. Juli 2004 erteilt oder der Rechtsanwalt vor diesem Zeitpunkt gerichtlich bestellt oder beigeordnet worden ist. [2]Ist der Rechtsanwalt am 1. Juli 2004 in derselben Angelegenheit und, wenn ein gerichtliches Verfahren anhängig ist, in demselben Rechtszug bereits tätig, gilt für das Verfahren über ein Rechtsmittel, das nach diesem Zeitpunkt eingelegt worden ist, dieses Gesetz. [3]§ 60 Abs. 2 ist entsprechend anzuwenden.

(2) [1]Auf die Vereinbarung der Vergütung sind die Vorschriften dieses Gesetzes auch dann anzuwenden, wenn nach Absatz 1 die Vorschriften der Bundesgebührenordnung für Rechtsanwälte weiterhin anzuwenden und die Willenserklärungen beider Parteien nach dem 1. Juli 2004 abgegeben worden sind.

§ 62 Verfahren nach dem Therapieunterbringungsgesetz [1]Die Regelungen des Therapieunterbringungsgesetzes zur Rechtsanwaltsvergütung bleiben unberührt.

Anlage 1
(zu § 2 Abs. 2)

Vergütungsverzeichnis

Gliederung

Unterabschnitt 4. Wiederaufnahmeverfahren

Unterabschnitt 5. Zusätzliche Gebühren

Abschnitt 2. Gebühren in der Strafvollstreckung

Abschnitt 3. Einzeltätigkeiten

Teil 5: Bußgeldsachen

Abschnitt 1. Gebühren des Verteidigers

Unterabschnitt 1. Allgemeine Gebühr

Unterabschnitt 2. Verfahren vor der Verwaltungsbehörde

Unterabschnitt 3. Gerichtliches Verfahren im ersten Rechtszug

Unterabschnitt 4. Verfahren über die Rechtsbeschwerde

Unterabschnitt 5. Zusätzliche Gebühren

Abschnitt 2. Einzeltätigkeiten

Teil 6: Sonstige Verfahren

Abschnitt 1. Verfahren nach dem Gesetz über die internationale Rechtshilfe in Strafsachen und Verfahren nach dem Gesetz über die Zusammenarbeit mit dem Internationalen Strafgerichtshof

Unterabschnitt 1. Verfahren vor der Verwaltungsbehörde

Unterabschnitt 2. Gerichtliches Verfahren

Abschnitt 2. Disziplinarverfahren, berufsgerichtliche Verfahren wegen der Verletzung einer Berufspflicht

Unterabschnitt 1. Allgemeine Gebühren

Unterabschnitt 2. Außergerichtliches Verfahren

Unterabschnitt 3. Gerichtliches Verfahren

Erster Rechtszug

Zweiter Rechtszug

Dritter Rechtszug

Unterabschnitt 4. Zusatzgebühr

Abschnitt 3. Gerichtliche Verfahren bei Freiheitsentziehung, bei Unterbringung und bei sonstigen Zwangsmaßnahmen

Abschnitt 4. Gerichtliche Verfahren nach der Wehrbeschwerdeordnung

Abschnitt 5. Einzeltätigkeiten und Verfahren auf Aufhebung oder Änderung einer Disziplinarmaßnahme

Teil 7: Auslagen

Teil 1: Allgemeine Gebühren

Nr.	Gebührentatbestand	Gebühr oder Satz der Gebühr nach § 13 RVG
Vorbemerkung 1: Die Gebühren dieses Teils entstehen neben den in anderen Teilen bestimmten Gebühren.		
1000	Einigungsgebühr .... (1) Die Gebühr entsteht für die Mitwirkung beim Abschluss eines Vertrags, durch den 1. der Streit oder die Ungewissheit über ein Rechtsverhältnis beseitigt wird oder 2. die Erfüllung des Anspruchs bei gleichzeitigem vorläufigem Verzicht auf die gerichtliche Geltendmachung und, wenn bereits ein zur Zwangsvollstreckung geeigneter Titel vorliegt, bei gleichzeitigem vorläufigem Verzicht auf Vollstreckungsmaßnahmen geregelt wird (Zahlungsvereinbarung). Die Gebühr entsteht nicht, wenn sich der Vertrag ausschließlich auf ein Anerkenntnis oder einen Verzicht beschränkt. Im Privatklageverfahren ist Nummer 4147 anzuwenden. (2) Die Gebühr entsteht auch für die Mitwirkung bei Vertragsverhandlungen, es sei denn, dass diese für den Abschluss des Vertrags im Sinne des Absatzes 1 nicht ursächlich war. (3) Für die Mitwirkung bei einem unter einer aufschiebenden Bedingung oder unter dem Vorbehalt des Widerrufs geschlossenen Vertrag entsteht die Gebühr, wenn die Bedingung eingetreten ist oder der Vertrag nicht mehr widerrufen werden kann. (4) Soweit über die Ansprüche vertraglich verfügt werden kann, gelten die Absätze 1 und 2 auch bei Rechtsverhältnissen des öffentlichen Rechts. (5) Die Gebühr entsteht nicht in Ehesachen und in Lebenspartnerschaftssachen (§ 269 Abs. 1 Nr. 1 und 2 FamFG). Wird ein Vertrag, insbesondere über den Unterhalt, im Hinblick auf die in Satz 1 genannten Verfahren geschlossen, bleibt der Wert dieser Verfahren bei der Berechnung der Gebühr außer Betracht. In Kindschaftssachen ist Absatz 1 Satz 1 und 2 auch für die Mitwirkung an einer Vereinbarung, über deren Gegenstand nicht vertraglich verfügt werden kann, entsprechend anzuwenden.	1,5
1001	Aussöhnungsgebühr .... Die Gebühr entsteht für die Mitwirkung bei der Aussöhnung, wenn der ernstliche Wille eines Ehegatten, eine Scheidungssache oder ein Verfahren auf Aufhebung der Ehe anhängig zu machen, hervorgetreten ist und die Ehegatten die eheliche Lebensgemeinschaft fortsetzen oder die eheliche Lebensgemeinschaft wieder aufnehmen. Dies gilt entsprechend bei Lebenspartnerschaften.	1,5

Nr.	Gebührentatbestand	Gebühr oder Satz der Gebühr nach § 13 RVG
1002	Erledigungsgebühr, soweit nicht Nummer 1005 gilt .... Die Gebühr entsteht, wenn sich eine Rechtssache ganz oder teilweise nach Aufhebung oder Änderung des mit einem Rechtsbehelf angefochtenen Verwaltungsakts durch die anwaltliche Mitwirkung erledigt. Das Gleiche gilt, wenn sich eine Rechtssache ganz oder teilweise durch Erlass eines bisher abgelehnten Verwaltungsakts erledigt.	1,5
1003	Über den Gegenstand ist ein anderes gerichtliches Verfahren als ein selbstständiges Beweisverfahren anhängig: Die Gebühren 1000 bis 1002 betragen .... (1) Dies gilt auch, wenn ein Verfahren über die Prozesskostenhilfe anhängig ist, soweit nicht lediglich Prozesskostenhilfe für ein selbständiges Beweisverfahren oder die gerichtliche Protokollierung des Vergleichs beantragt wird oder sich die Beiordnung auf den Abschluss eines Vertrags im Sinne der Nummer 1000 erstreckt (§ 48 Abs. 3 RVG). Die Anmeldung eines Anspruchs zum Musterverfahren nach dem KapMuG steht einem anhängigen gerichtlichen Verfahren gleich. Das Verfahren vor dem Gerichtsvollzieher steht einem gerichtlichen Verfahren gleich. (2) In Kindschaftssachen entsteht die Gebühr auch für die Mitwirkung am Abschluss eines gerichtlich gebilligten Vergleichs (§ 156 Abs. 2 FamFG) und an einer Vereinbarung, über deren Gegenstand nicht vertraglich verfügt werden kann, wenn hierdurch eine gerichtliche Entscheidung entbehrlich wird oder wenn die Entscheidung der getroffenen Vereinbarung folgt.	1,0
1004	Über den Gegenstand ist ein Berufungs- oder Revisionsverfahren, ein Verfahren über die Beschwerde gegen die Nichtzulassung eines dieser Rechtsmittel oder ein Verfahren vor dem Rechtsmittelgericht über die Zulassung des Rechtsmittels anhängig: Die Gebühren 1000 bis 1002 betragen .... (1) Dies gilt auch in den in den Vorbemerkungen 3.2.1 und 3.2.2 genannten Beschwerde- und Rechtsbeschwerdeverfahren. (2) Absatz 2 der Anmerkung zu Nummer 1003 ist anzuwenden.	1,3
1005	Einigung oder Erledigung in einem Verwaltungsverfahren in sozialrechtlichen Angelegenheiten, in denen im gerichtlichen Verfahren Betragsrahmengebühren entstehen (§ 3 RVG): Die Gebühren 1000 und 1002 entstehen .... (1) Die Gebühr bestimmt sich einheitlich nach dieser Vorschrift, wenn in die Einigung Ansprüche aus anderen Verwaltungsverfahren einbezogen werden. Ist über einen Gegenstand ein gerichtliches Verfahren anhängig, bestimmt sich die Gebühr nach Num-	in Höhe der Geschäftsgebühr

RVG

Nr.	Gebührentatbestand	Gebühr oder Satz der Gebühr nach § 13 RVG
	mer 1006. Maßgebend für die Höhe der Gebühr ist die höchste entstandene Geschäftsgebühr ohne Berücksichtigung einer Erhöhung nach Nummer 1008. Steht dem Rechtsanwalt ausschließlich eine Gebühr nach § 34 RVG zu, beträgt die Gebühr die Hälfte des in der Anmerkung zu Nummer 2302 genannten Betrags. (2) Betrifft die Einigung oder Erledigung nur einen Teil der Angelegenheit, ist der auf diesen Teil der Angelegenheit entfallende Anteil an der Geschäftsgebühr unter Berücksichtigung der in § 14 Abs. 1 RVG genannten Umstände zu schätzen.	
1006	Über den Gegenstand ist ein gerichtliches Verfahren anhängig: Die Gebühr 1005 entsteht .... (1) Die Gebühr bestimmt sich auch dann einheitlich nach dieser Vorschrift, wenn in die Einigung Ansprüche einbezogen werden, die nicht in diesem Verfahren rechtshängig sind. Maßgebend für die Höhe der Gebühr ist die im Einzelfall bestimmte Verfahrensgebühr in der Angelegenheit, in der die Einigung erfolgt. Eine Erhöhung nach Nummer 1008 ist nicht zu berücksichtigen. (2) Betrifft die Einigung oder Erledigung nur einen Teil der Angelegenheit, ist der auf diesen Teil der Angelegenheit entfallende Anteil an der Verfahrensgebühr unter Berücksichtigung der in § 14 Abs. 1 RVG genannten Umstände zu schätzen.	in Höhe der Verfahrensgebühr
1008	Auftraggeber sind in derselben Angelegenheit mehrere Personen: Die Verfahrens- oder Geschäftsgebühr erhöht sich für jede weitere Person um .... (1) Dies gilt bei Wertgebühren nur, soweit der Gegenstand der anwaltlichen Tätigkeit derselbe ist. (2) Die Erhöhung wird nach dem Betrag berechnet, an dem die Personen gemeinschaftlich beteiligt sind. (3) Mehrere Erhöhungen dürfen einen Gebührensatz von 2,0 nicht übersteigen; bei Festgebühren dürfen die Erhöhungen das Doppelte der Festgebühr und bei Betragsrahmengebühren das Doppelte des Mindest- und Höchstbetrags nicht übersteigen. (4) Im Fall der Anmerkung zu den Gebühren 2300 und 2302 erhöht sich der Gebührensatz oder Betrag dieser Gebühren entsprechend.	0,3 oder 30 % bei Festgebühren, bei Betragsrahmengebühren erhöhen sich der Mindest- und Höchstbetrag um 30 %

Nr.	Gebührentatbestand	Gebühr oder Satz der Gebühr nach § 13 RVG
1009	Hebegebühr 1. bis einschließlich 2 500,00 € .... 2. von dem Mehrbetrag bis einschließlich 10 000,00 € ..... 3. von dem Mehrbetrag über 10 000,00 € .... (1) Die Gebühr wird für die Auszahlung oder Rückzahlung von entgegengenommenen Geldbeträgen erhoben. (2) Unbare Zahlungen stehen baren Zahlungen gleich. Die Gebühr kann bei der Ablieferung an den Auftraggeber entnommen werden. (3) Ist das Geld in mehreren Beträgen gesondert ausgezahlt oder zurückgezahlt, wird die Gebühr von jedem Betrag besonders erhoben. (4) Für die Ablieferung oder Rücklieferung von Wertpapieren und Kostbarkeiten entsteht die in den Absätzen 1 bis 3 bestimmte Gebühr nach dem Wert. (5) Die Hebegebühr entsteht nicht, soweit Kosten an ein Gericht oder eine Behörde weitergeleitet oder eingezogene Kosten an den Auftraggeber abgeführt oder eingezogene Beträge auf die Vergütung verrechnet werden.	 1,0 % 0,5 % 0,25 % des aus- oder zurückgezahlten Betrags – mindestens 1,00 €
1010	Zusatzgebühr für besonders umfangreiche Beweisaufnahmen in Angelegenheiten, in denen sich die Gebühren nach Teil 3 richten und mindestens drei gerichtliche Termine stattfinden, in denen Sachverständige oder Zeugen vernommen werden .... Die Gebühr entsteht für den durch besonders umfangreiche Beweisaufnahmen anfallenden Mehraufwand.	0,3 oder bei Betragsrahmengebühren erhöhen sich der Mindest- und Höchstbetrag der Terminsgebühr um 30 %

Teil 2: Außergerichtliche Tätigkeiten einschließlich der Vertretung im Verwaltungsverfahren

Nr.	Gebührentatbestand	Gebühr oder Satz der Gebühr nach § 13 RVG
	Vorbemerkung 2: (1) Die Vorschriften dieses Teils sind nur anzuwenden, soweit nicht die §§ 34 bis 36 RVG etwas anderes bestimmen. (2) Für die Tätigkeit als Beistand für einen Zeugen oder Sachverständigen in einem Verwaltungsverfahren, für das sich die Gebühren nach diesem Teil bestimmen, entstehen die gleichen Gebühren wie für einen Bevollmächtigten in diesem Verfahren. Für die Tätigkeit als Beistand eines Zeugen oder Sachverständigen vor einem parlamentarischen Untersuchungsausschuss entstehen die gleichen Gebühren wie für die entsprechende Beistandsleistung in einem Strafverfahren des ersten Rechtszugs vor dem Oberlandesgericht.	
	Abschnitt 1 **Prüfung der Erfolgsaussicht eines Rechtsmittels**	
2100	Gebühr für die Prüfung der Erfolgsaussicht eines Rechtsmittels, soweit in Nummer 2102 nichts anderes bestimmt ist .... Die Gebühr ist auf eine Gebühr für das Rechtsmittelverfahren anzurechnen.	0,5 bis 1,0
2101	Die Prüfung der Erfolgsaussicht eines Rechtsmittels ist mit der Ausarbeitung eines schriftlichen Gutachtens verbunden: Die Gebühr 2100 beträgt	1,3
2102	Gebühr für die Prüfung der Erfolgsaussicht eines Rechtsmittels in sozialrechtlichen Angelegenheiten, in denen im gerichtlichen Verfahren Betragsrahmengebühren entstehen (§ 3 RVG), und in den Angelegenheiten, für die nach den Teilen 4 bis 6 Betragsrahmengebühren entstehen .... Die Gebühr ist auf eine Gebühr für das Rechtsmittelverfahren anzurechnen.	30,00 bis 320,00 €
2103	Die Prüfung der Erfolgsaussicht eines Rechtsmittels ist mit der Ausarbeitung eines schriftlichen Gutachtens verbunden: Die Gebühr 2102 beträgt	50,00 bis 550,00 €

Nr.	Gebührentatbestand	Gebühr oder Satz der Gebühr nach § 13 RVG
	Abschnitt 2 **Herstellung des Einvernehmens**	
2200	Geschäftsgebühr für die Herstellung des Einvernehmens nach § 28 EuRAG	in Höhe der einem Bevollmächtigten oder Verteidiger zustehenden Verfahrensgebühr
2201	Das Einvernehmen wird nicht hergestellt: Die Gebühr 2200 beträgt	0,1 bis 0,5 oder Mindestbetrag der einem Bevollmächtigten oder Verteidiger zustehenden Verfahrensgebühr

Abschnitt 3
Vertretung

Vorbemerkung 2.3:

(1) Im Verwaltungszwangsverfahren ist Teil 3 Abschnitt 3 Unterabschnitt 3 entsprechend anzuwenden.

(2) Dieser Abschnitt gilt nicht für die in den Teilen 4 bis 6 geregelten Angelegenheiten.

(3) Die Geschäftsgebühr entsteht für das Betreiben des Geschäfts einschließlich der Information und für die Mitwirkung bei der Gestaltung eines Vertrags.

(4) Soweit wegen desselben Gegenstands eine Geschäftsgebühr für eine Tätigkeit im Verwaltungsverfahren entstanden ist, wird diese Gebühr zur Hälfte, bei Wertgebühren jedoch höchstens mit einem Gebührensatz von 0,75, auf eine Geschäftsgebühr für eine Tätigkeit im weiteren Verwaltungsverfahren, das der Nachprüfung des Verwaltungsakts dient, angerechnet. Bei einer Betragsrahmengebühr beträgt der Anrechnungsbetrag höchstens 175,00 €. Bei der Bemessung einer weiteren Geschäftsgebühr innerhalb eines Rahmens ist nicht zu berücksichtigen, dass der Umfang der Tätigkeit infolge der vorangegangenen Tätigkeit geringer ist. Bei einer Wertgebühr erfolgt die Anrechnung nach dem Wert des Gegenstands, der auch Gegenstand des weiteren Verfahrens ist.

(5) Absatz 4 gilt entsprechend bei einer Tätigkeit im Verfahren nach der Wehrbeschwerdeordnung, wenn darauf eine Tätigkeit im Beschwerdeverfahren oder wenn der Tätigkeit im Beschwerdeverfahren eine Tätigkeit im Verfahren der weiteren Beschwerde vor den Diszi-

Nr.	Gebührentatbestand	Gebühr oder Satz der Gebühr nach § 13 RVG
plinarvorgesetzten folgt. (6) Soweit wegen desselben Gegenstands eine Geschäftsgebühr nach Nummer 2300 entstanden ist, wird diese Gebühr zur Hälfte, jedoch höchstens mit einem Gebührensatz von 0,75, auf eine Geschäftsgebühr nach Nummer 2303 angerechnet. Absatz 4 Satz 4 gilt entsprechend.		
2300	Geschäftsgebühr, soweit in den Nummern 2302 und 2303 nichts anderes bestimmt ist .... Eine Gebühr von mehr als 1,3 kann nur gefordert werden, wenn die Tätigkeit umfangreich oder schwierig war.	0,5 bis 2,5
2301	Der Auftrag beschränkt sich auf ein Schreiben einfacher Art: Die Gebühr 2300 beträgt .... Es handelt sich um ein Schreiben einfacher Art, wenn dieses weder schwierige rechtliche Ausführungen noch größere sachliche Auseinandersetzungen enthält.	0,3
2302	Geschäftsgebühr in 1. sozialrechtlichen Angelegenheiten, in denen im gerichtlichen Verfahren Betragsrahmengebühren entstehen (§ 3 RVG), und 2. Verfahren nach der Wehrbeschwerdeordnung, wenn im gerichtlichen Verfahren das Verfahren vor dem Truppendienstgericht oder vor dem Bundesverwaltungsgericht an die Stelle des Verwaltungsrechtswegs gemäß § 82 SG tritt .... Eine Gebühr von mehr als 300,00 € kann nur gefordert werden, wenn die Tätigkeit umfangreich oder schwierig war.	50,00 bis 640,00 €
2303	Geschäftsgebühr für 1. Güteverfahren vor einer durch die Landesjustizverwaltung eingerichteten oder anerkannten Gütestelle (§ 794 Abs. 1 Nr. 1 ZPO) oder, wenn die Parteien den Einigungsversuch einvernehmlich unternehmen, vor einer Gütestelle, die Streitbeilegung betreibt (§ 15a Abs. 3 EGZPO), 2. Verfahren vor einem Ausschuss der in § 111 Abs. 2 des Arbeitsgerichtsgesetzes bezeichneten Art, 3. Verfahren vor dem Seemannsamt zur vorläufigen Entscheidung von Arbeitssachen und 4. Verfahren vor sonstigen gesetzlich eingerichteten Einigungsstellen, Gütestellen oder Schiedsstellen	1,5

Nr.	Gebührentatbestand	Gebühr oder Satz der Gebühr nach § 13 RVG

Abschnitt 4
(weggefallen)

Abschnitt 5
Beratungshilfe

Vorbemerkung 2.5:

Im Rahmen der Beratungshilfe entstehen Gebühren ausschließlich nach diesem Abschnitt.

Nr.	Gebührentatbestand	Gebühr oder Satz der Gebühr nach § 13 RVG
2500	Beratungshilfegebühr .... Neben der Gebühr werden keine Auslagen erhoben. Die Gebühr kann erlassen werden.	15,00 €
2501	Beratungsgebühr .... (1) Die Gebühr entsteht für eine Beratung, wenn die Beratung nicht mit einer anderen gebührenpflichtigen Tätigkeit zusammenhängt. (2) Die Gebühr ist auf eine Gebühr für eine sonstige Tätigkeit anzurechnen, die mit der Beratung zusammenhängt.	35,00 €
2502	Beratungstätigkeit mit dem Ziel einer außergerichtlichen Einigung mit den Gläubigern über die Schuldenbereinigung auf der Grundlage eines Plans (§ 305 Abs. 1 Nr. 1 InsO): Die Gebühr 2501 beträgt	70,00 €
2503	Geschäftsgebühr .... (1) Die Gebühr entsteht für das Betreiben des Geschäfts einschließlich der Information oder die Mitwirkung bei der Gestaltung eines Vertrags. (2) Auf die Gebühren für ein anschließendes gerichtliches oder behördliches Verfahren ist diese Gebühr zur Hälfte anzurechnen. Auf die Gebühren für ein Verfahren auf Vollstreckbarerklärung eines Vergleichs nach den §§ 796a, 796b und 796c Abs. 2 Satz 2 ZPO ist die Gebühr zu einem Viertel anzurechnen.	85,00 €
2504	Tätigkeit mit dem Ziel einer außergerichtlichen Einigung mit den Gläubigern über die Schuldenbereinigung auf der Grundlage eines Plans (§ 305 Abs. 1 Nr. 1 InsO): Die Gebühr 2503 beträgt bei bis zu 5 Gläubigern	270,00 €
2505	Es sind 6 bis 10 Gläubiger vorhanden: Die Gebühr 2503 beträgt	405,00 €
2506	Es sind 11 bis 15 Gläubiger vorhanden: Die Gebühr 2503 beträgt	540,00 €

RVG

Nr.	Gebührentatbestand	Gebühr oder Satz der Gebühr nach § 13 RVG
2507	Es sind mehr als 15 Gläubiger vorhanden: Die Gebühr 2503 beträgt	675,00 €
2508	Einigungs- und Erledigungsgebühr .... (1) Die Anmerkungen zu Nummern 1000 und 1002 sind anzuwenden. (2) Die Gebühr entsteht auch für die Mitwirkung bei einer außergerichtlichen Einigung mit den Gläubigern über die Schuldenbereinigung auf der Grundlage eines Plans (§ 305 Abs. 1 Nr. 1 InsO).	150,00 €

Teil 3: Zivilsachen, Verfahren der öffentlich-rechtlichen Gerichtsbarkeiten, Verfahren nach dem Strafvollzugsgesetz, auch in Verbindung mit § 92 des Jugendgerichtsgesetzes, und ähnliche Verfahren

Nr.	Gebührentatbestand	Gebühr oder Satz der Gebühr nach § 13 RVG

Vorbemerkung 3:

(1) Gebühren nach diesem Teil erhält der Rechtsanwalt, dem ein unbedingter Auftrag als Prozess- oder Verfahrensbevollmächtigter, als Beistand für einen Zeugen oder Sachverständigen oder für eine sonstige Tätigkeit in einem gerichtlichen Verfahren erteilt worden ist. Der Beistand für einen Zeugen oder Sachverständigen erhält die gleichen Gebühren wie ein Verfahrensbevollmächtigter.

(2) Die Verfahrensgebühr entsteht für das Betreiben des Geschäfts einschließlich der Information.

(3) Die Terminsgebühr entsteht sowohl für die Wahrnehmung von gerichtlichen Terminen als auch für die Wahrnehmung von außergerichtlichen Terminen und Besprechungen, wenn nichts anderes bestimmt ist. Sie entsteht jedoch nicht für die Wahrnehmung eines gerichtlichen Termins nur zur Verkündung einer Entscheidung. Die Gebühr für außergerichtliche Termine und Besprechungen entsteht für

1. die Wahrnehmung eines von einem gerichtlich bestellten Sachverständigen anberaumten Termins und
2. die Mitwirkung an Besprechungen, die auf die Vermeidung oder Erledigung des Verfahrens gerichtet sind; dies gilt nicht für Besprechungen mit dem Auftraggeber.

(4) Soweit wegen desselben Gegenstands eine Geschäftsgebühr nach Teil 2 entsteht, wird diese Gebühr zur Hälfte, bei Wertgebühren jedoch höchstens mit einem Gebührensatz von 0,75, auf die Verfahrensgebühr des gerichtlichen Verfahrens angerechnet. Bei Betragsrahmengebühren beträgt der Anrechnungsbetrag höchstens 175,00 €. Sind mehrere Gebühren entstanden, ist für die Anrechnung die zuletzt entstandene Gebühr maßgebend. Bei einer Betragsrahmengebühr ist nicht zu berücksichtigen, dass der Umfang der Tätigkeit im gerichtlichen Verfahren infolge der vorangegangenen Tätigkeit geringer ist. Bei einer wertabhängigen Gebühr erfolgt die Anrechnung nach dem Wert des Gegenstands, der auch Gegenstand des gerichtlichen Verfahrens ist.

Nr.	Gebührentatbestand	Gebühr oder Satz der Gebühr nach § 13 RVG

(5) Soweit der Gegenstand eines selbstständigen Beweisverfahrens auch Gegenstand eines Rechtsstreits ist oder wird, wird die Verfahrensgebühr des selbstständigen Beweisverfahrens auf die Verfahrensgebühr des Rechtszugs angerechnet.

(6) Soweit eine Sache an ein untergeordnetes Gericht zurückverwiesen wird, das mit der Sache bereits befasst war, ist die vor diesem Gericht bereits entstandene Verfahrensgebühr auf die Verfahrensgebühr für das erneute Verfahren anzurechnen.

(7) Die Vorschriften dieses Teils sind nicht anzuwenden, soweit Teil 6 besondere Vorschriften enthält.

Abschnitt 1
Erster Rechtszug

Vorbemerkung 3.1:

(1) Die Gebühren dieses Abschnitts entstehen in allen Verfahren, für die in den folgenden Abschnitten dieses Teils keine Gebühren bestimmt sind.

(2) Dieser Abschnitt ist auch für das Rechtsbeschwerdeverfahren nach § 1065 ZPO anzuwenden.

3100	Verfahrensgebühr, soweit in Nummer 3102 nichts anderes bestimmt ist	1,3
	(1) Die Verfahrensgebühr für ein vereinfachtes Verfahren über den Unterhalt Minderjähriger wird auf die Verfahrensgebühr angerechnet, die in dem nachfolgenden Rechtsstreit entsteht (§ 255 FamFG). (2) Die Verfahrensgebühr für einen Urkunden- oder Wechselprozess wird auf die Verfahrensgebühr für das ordentliche Verfahren angerechnet, wenn dieses nach Abstandnahme vom Urkunden- oder Wechselprozess oder nach einem Vorbehaltsurteil anhängig bleibt (§§ 596, 600 ZPO). (3) Die Verfahrensgebühr für ein Vermittlungsverfahren nach § 165 FamFG wird auf die Verfahrensgebühr für ein sich anschließendes Verfahren angerechnet.	
3101	1. Endigt der Auftrag, bevor der Rechtsanwalt die Klage, den ein Verfahren einleitenden Antrag oder einen Schriftsatz, der Sachanträge, Sachvortrag, die Zurücknahme der Klage oder die Zurücknahme des Antrags enthält, eingereicht oder bevor er einen gerichtlichen Termin wahrgenommen hat; 2. soweit Verhandlungen vor Gericht zur Einigung der Parteien oder der Beteiligten oder mit Dritten über in diesem Verfahren nicht rechtshängige Ansprüche geführt werden; der Verhandlung über solche Ansprüche steht es gleich, wenn beantragt ist, eine Einigung zu Protokoll zu nehmen oder das Zustandekommen einer Einigung festzustellen (§ 278 Abs. 6 ZPO); oder	

RVG

Nr.	Gebührentatbestand	Gebühr oder Satz der Gebühr nach § 13 RVG
	3. soweit in einer Familiensache, die nur die Erteilung einer Genehmigung oder die Zustimmung des Familiengerichts zum Gegenstand hat, oder in einem Verfahren der freiwilligen Gerichtsbarkeit lediglich ein Antrag gestellt und eine Entscheidung entgegengenommen wird, beträgt die Gebühr 3100	0,8
	(1) Soweit in den Fällen der Nummer 2 der sich nach § 15 Abs. 3 RVG ergebende Gesamtbetrag der Verfahrensgebühren die Gebühr 3100 übersteigt, wird der übersteigende Betrag auf eine Verfahrensgebühr angerechnet, die wegen desselben Gegenstands in einer anderen Angelegenheit entsteht. (2) Nummer 3 ist in streitigen Verfahren der freiwilligen Gerichtsbarkeit, insbesondere in Verfahren nach dem Gesetz über das gerichtliche Verfahren in Landwirtschaftssachen, nicht anzuwenden.	
3102	Verfahrensgebühr für Verfahren vor den Sozialgerichten, in denen Betragsrahmengebühren entstehen (§ 3 RVG)	50,00 bis 550,00 €
3103	*(weggefallen)*	
3104	Terminsgebühr, soweit in Nummer 3106 nichts anderes bestimmt ist	1,2
	(1) Die Gebühr entsteht auch, wenn 1. in einem Verfahren, für das mündliche Verhandlung vorgeschrieben ist, im Einverständnis mit den Parteien oder Beteiligten oder gemäß § 307 oder § 495a ZPO ohne mündliche Verhandlung entschieden oder in einem solchen Verfahren ein schriftlicher Vergleich geschlossen wird, 2. nach § 84 Abs. 1 Satz 1 VwGO oder § 105 Abs. 1 Satz 1 SGG durch Gerichtsbescheid entschieden wird und eine mündliche Verhandlung beantragt werden kann oder 3. das Verfahren vor dem Sozialgericht, für das mündliche Verhandlung vorgeschrieben ist, nach angenommenem Anerkenntnis ohne mündliche Verhandlung endet. (2) Sind in dem Termin auch Verhandlungen zur Einigung über in diesem Verfahren nicht rechtshängige Ansprüche geführt worden, wird die Terminsgebühr, soweit sie den sich ohne Berücksichtigung der nicht rechtshängigen Ansprüche ergebenden Gebührenbetrag übersteigt, auf eine Terminsgebühr angerechnet, die wegen desselben Gegenstands in einer anderen Angelegenheit entsteht. (3) Die Gebühr entsteht nicht, soweit lediglich beantragt ist, eine Einigung der Parteien oder der Beteiligten oder mit Dritten über nicht rechtshängige Ansprüche zu Protokoll zu nehmen.	

Nr.	Gebührentatbestand	Gebühr oder Satz der Gebühr nach § 13 RVG
	(4) Eine in einem vorausgegangenen Mahnverfahren oder vereinfachten Verfahren über den Unterhalt Minderjähriger entstandene Terminsgebühr wird auf die Terminsgebühr des nachfolgenden Rechtsstreits angerechnet.	
3105	Wahrnehmung nur eines Termins, in dem eine Partei oder ein Beteiligter nicht erschienen oder nicht ordnungsgemäß vertreten ist und lediglich ein Antrag auf Versäumnisurteil, Versäumnisentscheidung oder zur Prozess-, Verfahrens- oder Sachleitung gestellt wird: Die Gebühr 3104 beträgt .... (1) Die Gebühr entsteht auch, wenn 1. das Gericht bei Säumnis lediglich Entscheidungen zur Prozess-, Verfahrens- oder Sachleitung von Amts wegen trifft oder 2. eine Entscheidung gemäß § 331 Abs. 3 ZPO ergeht. (2) § 333 ZPO ist nicht entsprechend anzuwenden.	0,5
3106	Terminsgebühr in Verfahren vor den Sozialgerichten, in denen Betragsrahmengebühren entstehen (§ 3 RVG) .... Die Gebühr entsteht auch, wenn 1. in einem Verfahren, für das mündliche Verhandlung vorgeschrieben ist, im Einverständnis mit den Parteien ohne mündliche Verhandlung entschieden oder in einem solchen Verfahren ein schriftlicher Vergleich geschlossen wird, 2. nach § 105 Abs. 1 Satz 1 SGG durch Gerichtsbescheid entschieden wird und eine mündliche Verhandlung beantragt werden kann oder 3. das Verfahren, für das mündliche Verhandlung vorgeschrieben ist, nach angenommenem Anerkenntnis ohne mündliche Verhandlung endet. In den Fällen des Satzes 1 beträgt die Gebühr 90 % der in derselben Angelegenheit dem Rechtsanwalt zustehenden Verfahrensgebühr ohne Berücksichtigung einer Erhöhung nach Nummer 1008.	50,00 bis 510,00 €

Abschnitt 2
Berufung, Revision, bestimmte Beschwerden und Verfahren vor dem Finanzgericht

Vorbemerkung 3.2:

(1) Dieser Abschnitt ist auch in Verfahren vor dem Rechtsmittelgericht über die Zulassung des Rechtsmittels anzuwenden.

(2) Wenn im Verfahren auf Anordnung eines Arrests, zur Erwirkung eines Europäischen Beschlusses zur vorläufigen Kontenpfändung oder auf Erlass einer einstweiligen Verfügung sowie im Verfahren über die Aufhebung, den Widerruf oder die Abänderung der genannten Entscheidungen das Rechtsmittelgericht als Gericht der Hauptsache anzusehen ist (§ 943, auch i.V.m. § 946 Abs. 1 Satz 2 ZPO), bestimmen sich die Gebühren nach den für die erste

Nr.	Gebührentatbestand	Gebühr oder Satz der Gebühr nach § 13 RVG

Instanz geltenden Vorschriften. Dies gilt entsprechend im Verfahren der einstweiligen Anordnung und im Verfahren auf Anordnung oder Wiederherstellung der aufschiebenden Wirkung, auf Aussetzung oder Aufhebung der Vollziehung oder Anordnung der sofortigen Vollziehung eines Verwaltungsakts. Satz 1 gilt ferner entsprechend in Verfahren über einen Antrag nach § 169 Absatz 2 Satz 5 und 6, § 173 Absatz 1 Satz 3 oder nach § 176 GWB.

Unterabschnitt 1
Berufung, bestimmte Beschwerden und Verfahren vor dem Finanzgericht

Vorbemerkung 3.2.1:

Dieser Unterabschnitt ist auch anzuwenden in Verfahren

1. vor dem Finanzgericht,
2. über Beschwerden
   a) gegen die den Rechtszug beendenden Entscheidungen in Verfahren über Anträge auf Vollstreckbarerklärung ausländischer Titel oder auf Erteilung der Vollstreckungsklausel zu ausländischen Titeln sowie über Anträge auf Aufhebung oder Abänderung der Vollstreckbarerklärung oder der Vollstreckungsklausel,
   b) gegen die Endentscheidung wegen des Hauptgegenstands in Familiensachen und in den Angelegenheiten der freiwilligen Gerichtsbarkeit,
   c) gegen die den Rechtszug beendenden Entscheidungen im Beschlussverfahren vor den Gerichten für Arbeitssachen,
   d) gegen die den Rechtszug beendenden Entscheidungen im personalvertretungsrechtlichen Beschlussverfahren vor den Gerichten der Verwaltungsgerichtsbarkeit,
   e) nach dem GWB,
   f) nach dem EnWG,
   g) nach dem KSpG,
   h) nach dem VSchDG,
   i) nach dem SpruchG,
   j) nach dem WpÜG,
3. über Beschwerden
   a) gegen die Entscheidung des Verwaltungs- oder Sozialgerichts wegen des Hauptgegenstands in Verfahren des vorläufigen oder einstweiligen Rechtsschutzes,
   b) nach dem WpHG,
   c) gegen die Entscheidung über den Widerspruch des Schuldners (§ 954 Abs. 1 Satz 1 ZPO) im Fall des Artikels 5 Buchstabe a der Verordnung (EU) Nr. 655/2014,
4. über Rechtsbeschwerden nach dem StVollzG, auch i.V.m. § 92 JGG.

3200	Verfahrensgebühr, soweit in Nummer 3204 nichts anderes bestimmt ist	1,6

Nr.	Gebührentatbestand	Gebühr oder Satz der Gebühr nach § 13 RVG
3201	Vorzeitige Beendigung des Auftrags oder eingeschränkte Tätigkeit des Anwalts: Die Gebühr 3200 beträgt .... (1) Eine vorzeitige Beendigung liegt vor, 1. wenn der Auftrag endigt, bevor der Rechtsanwalt das Rechtsmittel eingelegt oder einen Schriftsatz, der Sachanträge, Sachvortrag, die Zurücknahme der Klage oder die Zurücknahme des Rechtsmittels enthält, eingereicht oder bevor er einen gerichtlichen Termin wahrgenommen hat, oder 2. soweit Verhandlungen vor Gericht zur Einigung der Parteien oder der Beteiligten oder mit Dritten über in diesem Verfahren nicht rechtshängige Ansprüche geführt werden; der Verhandlung über solche Ansprüche steht es gleich, wenn beantragt ist, eine Einigung zu Protokoll zu nehmen oder das Zustandekommen einer Einigung festzustellen (§ 278 Abs. 6 ZPO). Soweit in den Fällen der Nummer 2 der sich nach § 15 Abs. 3 RVG ergebende Gesamtbetrag der Verfahrensgebühren die Gebühr 3200 übersteigt, wird der übersteigende Betrag auf eine Verfahrensgebühr angerechnet, die wegen desselben Gegenstands in einer anderen Angelegenheit entsteht. (2) Eine eingeschränkte Tätigkeit des Anwalts liegt vor, wenn sich seine Tätigkeit 1. in einer Familiensache, die nur die Erteilung einer Genehmigung oder die Zustimmung des Familiengerichts zum Gegenstand hat, oder 2. in einer Angelegenheit der freiwilligen Gerichtsbarkeit auf die Einlegung und Begründung des Rechtsmittels und die Entgegennahme der Rechtsmittelentscheidung beschränkt.	1,1
3202	Terminsgebühr, soweit in Nummer 3205 nichts anderes bestimmt ist .... (1) Absatz 1 Nr. 1 und 3 sowie die Absätze 2 und 3 der Anmerkung zu Nummer 3104 gelten entsprechend. (2) Die Gebühr entsteht auch, wenn nach § 79a Abs. 2, § 90a oder § 94a FGO ohne mündliche Verhandlung durch Gerichtsbescheid entschieden wird.	1,2
3203	Wahrnehmung nur eines Termins, in dem eine Partei oder ein Beteiligter, im Berufungsverfahren der Berufungskläger, im Beschwerdeverfahren der Beschwerdeführer, nicht erschienen oder nicht ordnungsgemäß vertreten ist und lediglich ein Antrag auf Versäumnisurteil, Versäumnisentscheidung oder zur Prozess-, Verfahrens- oder Sachleitung gestellt wird: Die Gebühr 3202 beträgt .... Die Anmerkung zu Nummer 3105 und Absatz 2 der Anmerkung zu Nummer 3202 gelten entsprechend.	0,5

RVG

Nr.	Gebührentatbestand	Gebühr oder Satz der Gebühr nach § 13 RVG
3204	Verfahrensgebühr für Verfahren vor den Landessozialgerichten, in denen Betragsrahmengebühren entstehen (§ 3 RVG)	60,00 bis 680,00 €
3205	Terminsgebühr in Verfahren vor den Landessozialgerichten, in denen Betragsrahmengebühren entstehen (§ 3 RVG) .... Satz 1 Nr. 1 und 3 der Anmerkung zu Nummer 3106 gilt entsprechend. In den Fällen des Satzes 1 beträgt die Gebühr 75 % der in derselben Angelegenheit dem Rechtsanwalt zustehenden Verfahrensgebühr ohne Berücksichtigung einer Erhöhung nach Nummer 1008.	50,00 bis 510,00 €

Unterabschnitt 2
Revision, bestimmte Beschwerden und Rechtsbeschwerden

Vorbemerkung 3.2.2:

Dieser Unterabschnitt ist auch anzuwenden in Verfahren

1. über Rechtsbeschwerden
   a) in den in der Vorbemerkung 3.2.1 Nr. 2 genannten Fällen und
   b) nach § 20 KapMuG,
2. vor dem Bundesgerichtshof über Berufungen, Beschwerden oder Rechtsbeschwerden gegen Entscheidungen des Bundespatentgerichts und
3. vor dem Bundesfinanzhof über Beschwerden nach § 128 Abs. 3 FGO.

Nr.	Gebührentatbestand	Gebühr oder Satz der Gebühr nach § 13 RVG
3206	Verfahrensgebühr, soweit in Nummer 3212 nichts anderes bestimmt ist	1,6
3207	Vorzeitige Beendigung des Auftrags oder eingeschränkte Tätigkeit des Anwalts: Die Gebühr 3206 beträgt .... Die Anmerkung zu Nummer 3201 gilt entsprechend.	1,1
3208	Im Verfahren können sich die Parteien oder die Beteiligten nur durch einen beim Bundesgerichtshof zugelassenen Rechtsanwalt vertreten lassen: Die Gebühr 3206 beträgt	2,3
3209	Vorzeitige Beendigung des Auftrags, wenn sich die Parteien oder die Beteiligten nur durch einen beim Bundesgerichtshof zugelassenen Rechtsanwalt vertreten lassen können: Die Gebühr 3206 beträgt .... Die Anmerkung zu Nummer 3201 gilt entsprechend.	1,8

Nr.	Gebührentatbestand	Gebühr oder Satz der Gebühr nach § 13 RVG
3210	Terminsgebühr, soweit in Nummer 3213 nichts anderes bestimmt ist .... Absatz 1 Nr. 1 und 3 sowie die Absätze 2 und 3 der Anmerkung zu Nummer 3104 und Absatz 2 der Anmerkung zu Nummer 3202 gelten entsprechend.	1,5
3211	Wahrnehmung nur eines Termins, in dem der Revisionskläger oder Beschwerdeführer nicht ordnungsgemäß vertreten ist und lediglich ein Antrag auf Versäumnisurteil, Versäumnisentscheidung oder zur Prozess-, Verfahrens- oder Sachleitung gestellt wird: Die Gebühr 3210 beträgt.. Die Anmerkung zu Nummer 3105 und Absatz 2 der Anmerkung zu Nummer 3202 gelten entsprechend.	0,8
3212	Verfahrensgebühr für Verfahren vor dem Bundessozialgericht, in denen Betragsrahmengebühren entstehen (§ 3 RVG)	80,00 bis 880,00 €
3213	Terminsgebühr in Verfahren vor dem Bundessozialgericht, in denen Betragsrahmengebühren entstehen (§ 3 RVG) .... Satz 1 Nr. 1 und 3 sowie Satz 2 der Anmerkung zu Nummer 3106 gelten entsprechend.	80,00 bis 830,00 €

Abschnitt 3
Gebühren für besondere Verfahren

Unterabschnitt 1
Besondere erstinstanzliche Verfahren

Vorbemerkung 3.3.1:

Die Terminsgebühr bestimmt sich nach Abschnitt 1.

3300	Verfahrensgebühr 1. für das Verfahren vor dem Oberlandesgericht nach § 129 VGG, 2. für das erstinstanzliche Verfahren vor dem Bundesverwaltungsgericht, dem Bundessozialgericht, dem Oberverwaltungsgericht (Verwaltungsgerichtshof) und dem Landessozialgericht sowie 3. für das Verfahren bei überlangen Gerichtsverfahren und strafrechtlichen Ermittlungsverfahren vor den Oberlandesgerichten, den Landessozialgerichten, den Oberverwaltungsgerichten, den Landesarbeitsgerichten oder einem obersten Gerichtshof des Bundes	1,6

RVG

Nr.	Gebührentatbestand	Gebühr oder Satz der Gebühr nach § 13 RVG
3301	Vorzeitige Beendigung des Auftrags: Die Gebühr 3300 beträgt .... Die Anmerkung zu Nummer 3201 gilt entsprechend.	1,0

Unterabschnitt 2
Mahnverfahren

Vorbemerkung 3.3.2:

Die Terminsgebühr bestimmt sich nach Abschnitt 1.

3305	Verfahrensgebühr für die Vertretung des Antragstellers ..... Die Gebühr wird auf die Verfahrensgebühr für einen nachfolgenden Rechtsstreit angerechnet.	1,0
3306	Beendigung des Auftrags, bevor der Rechtsanwalt den verfahrenseinleitenden Antrag oder einen Schriftsatz, der Sachanträge, Sachvortrag oder die Zurücknahme des Antrags enthält, eingereicht hat: Die Gebühr 3305 beträgt	0,5
3307	Verfahrensgebühr für die Vertretung des Antragsgegners ... Die Gebühr wird auf die Verfahrensgebühr für einen nachfolgenden Rechtsstreit angerechnet.	0,5
3308	Verfahrensgebühr für die Vertretung des Antragstellers im Verfahren über den Antrag auf Erlass eines Vollstreckungsbescheids .... Die Gebühr entsteht neben der Gebühr 3305 nur, wenn innerhalb der Widerspruchsfrist kein Widerspruch erhoben oder der Widerspruch gemäß § 703a Abs. 2 Nr. 4 ZPO beschränkt worden ist. Nummer 1008 ist nicht anzuwenden, wenn sich bereits die Gebühr 3305 erhöht.	0,5

Unterabschnitt 3
Vollstreckung und Vollziehung

Vorbemerkung 3.3.3:

(1) Dieser Unterabschnitt gilt für

1. die Zwangsvollstreckung,
2. die Vollstreckung,
3. Verfahren des Verwaltungszwangs und
4. die Vollziehung eines Arrestes oder einstweiligen Verfügung,

soweit nachfolgend keine besonderen Gebühren bestimmt sind. Er gilt auch für Verfahren auf Eintragung einer Zwangshypothek (§§ 867 und 870a ZPO).

(2) Im Verfahren nach der Verordnung (EU) Nr. 655/2014 werden Gebühren nach diesem Unterabschnitt nur im Fall des Artikels 5 Buchstabe b der Verordnung (EU) Nr. 655/2014 erhoben. In den Fällen des Artikels 5 Buchstabe a der Verordnung (EU) Nr. 655/2014 bestimmen sich die Gebühren nach den für Arrestverfahren geltenden Vorschriften.

Nr.	Gebührentatbestand	Gebühr oder Satz der Gebühr nach § 13 RVG
3309	Verfahrensgebühr	0,3
3310	Terminsgebühr .... Die Gebühr entsteht für die Teilnahme an einem gerichtlichen Termin, einem Termin zur Abgabe der Vermögensauskunft oder zur Abnahme der eidesstattlichen Versicherung.	0,3

Unterabschnitt 4
Zwangsversteigerung und Zwangsverwaltung

3311	Verfahrensgebühr .... Die Gebühr entsteht jeweils gesondert 1. für die Tätigkeit im Zwangsversteigerungsverfahren bis zur Einleitung des Verteilungsverfahrens; 2. im Zwangsversteigerungsverfahren für die Tätigkeit im Verteilungsverfahren, und zwar auch für eine Mitwirkung an einer außergerichtlichen Verteilung; 3. im Verfahren der Zwangsverwaltung für die Vertretung des Antragstellers im Verfahren über den Antrag auf Anordnung der Zwangsverwaltung oder auf Zulassung des Beitritts; 4. im Verfahren der Zwangsverwaltung für die Vertretung des Antragstellers im weiteren Verfahren einschließlich des Verteilungsverfahrens; 5. im Verfahren der Zwangsverwaltung für die Vertretung eines sonstigen Beteiligten im ganzen Verfahren einschließlich des Verteilungsverfahrens und 6. für die Tätigkeit im Verfahren über Anträge auf einstweilige Einstellung oder Beschränkung der Zwangsvollstreckung und einstweilige Einstellung des Verfahrens sowie für Verhandlungen zwischen Gläubiger und Schuldner mit dem Ziel der Aufhebung des Verfahrens.	0,4
3312	Terminsgebühr .... Die Gebühr entsteht nur für die Wahrnehmung eines Versteigerungstermins für einen Beteiligten. Im Übrigen entsteht im Verfahren der Zwangsversteigerung und der Zwangsverwaltung keine Terminsgebühr.	0,4

Unterabschnitt 5
Insolvenzverfahren, Verteilungsverfahren nach der Schifffahrtsrechtlichen Verteilungsordnung

Vorbemerkung 3.3.5:

(1) Die Gebührenvorschriften gelten für die Verteilungsverfahren nach der SVertO, soweit dies ausdrücklich angeordnet ist.

(2) Bei der Vertretung mehrerer Gläubiger, die verschiedene Forderungen geltend machen, entstehen die Gebühren jeweils besonders.

Nr.	Gebührentatbestand	Gebühr oder Satz der Gebühr nach § 13 RVG
(3) Für die Vertretung des ausländischen Insolvenzverwalters entstehen die gleichen Gebühren wie für die Vertretung des Schuldners.		
3313	Verfahrensgebühr für die Vertretung des Schuldners im Eröffnungsverfahren .... Die Gebühr entsteht auch im Verteilungsverfahren nach der SVertO.	1,0
3314	Verfahrensgebühr für die Vertretung des Gläubigers im Eröffnungsverfahren .... Die Gebühr entsteht auch im Verteilungsverfahren nach der SVertO.	0,5
3315	Tätigkeit auch im Verfahren über den Schuldenbereinigungsplan: Die Verfahrensgebühr 3313 beträgt	1,5
3316	Tätigkeit auch im Verfahren über den Schuldenbereinigungsplan: Die Verfahrensgebühr 3314 beträgt	1,0
3317	Verfahrensgebühr für das Insolvenzverfahren .... Die Gebühr entsteht auch im Verteilungsverfahren nach der SVertO und im Verfahren über Anträge nach Artikel 36 Abs. 9 der Verordnung (EU) 2015/848.	1,0
3318	Verfahrensgebühr für das Verfahren über einen Insolvenzplan	1,0
3319	Vertretung des Schuldners, der den Plan vorgelegt hat: Die Verfahrensgebühr 3318 beträgt	3,0
3320	Die Tätigkeit beschränkt sich auf die Anmeldung einer Insolvenzforderung: Die Verfahrensgebühr 3317 beträgt .... Die Gebühr entsteht auch im Verteilungsverfahren nach der SVertO.	0,5
3321	Verfahrensgebühr für das Verfahren über einen Antrag auf Versagung oder Widerruf der Restschuldbefreiung .... (1) Das Verfahren über mehrere gleichzeitig anhängige Anträge ist eine Angelegenheit. (2) Die Gebühr entsteht auch gesondert, wenn der Antrag bereits vor Aufhebung des Insolvenzverfahrens gestellt wird.	0,5
3322	Verfahrensgebühr für das Verfahren über Anträge auf Zulassung der Zwangsvollstreckung nach § 17 Abs. 4 SVertO	0,5

Nr.	Gebührentatbestand	Gebühr oder Satz der Gebühr nach § 13 RVG
3323	Verfahrensgebühr für das Verfahren über Anträge auf Aufhebung von Vollstreckungsmaßregeln (§ 8 Abs. 5 und § 41 SVertO)	0,5

Unterabschnitt 6
Sonstige besondere Verfahren

Vorbemerkung 3.3.6:

Die Terminsgebühr bestimmt sich nach Abschnitt 1, soweit in diesem Unterabschnitt nichts anderes bestimmt ist. Im Verfahren über die Prozesskostenhilfe bestimmt sich die Terminsgebühr nach den für dasjenige Verfahren geltenden Vorschriften, für das die Prozesskostenhilfe beantragt wird.

3324	Verfahrensgebühr für das Aufgebotsverfahren	1,0
3325	Verfahrensgebühr für Verfahren nach § 148 Abs. 1 und 2, §§ 246a, 319 Abs. 6 des Aktiengesetzes auch i.V.m. § 327e Abs. 2 des Aktiengesetzes, oder nach § 16 Abs. 3 UmwG	0,75
3326	Verfahrensgebühr für Verfahren vor den Gerichten für Arbeitssachen, wenn sich die Tätigkeit auf eine gerichtliche Entscheidung über die Bestimmung einer Frist (§ 102 Abs. 3 des Arbeitsgerichtsgesetzes), die Ablehnung eines Schiedsrichters (§ 103 Abs. 3 des Arbeitsgerichtsgesetzes) oder die Vornahme einer Beweisaufnahme oder einer Vereidigung (§ 106 Abs. 2 des Arbeitsgerichtsgesetzes) beschränkt	0,75
3327	Verfahrensgebühr für gerichtliche Verfahren über die Bestellung eines Schiedsrichters oder Ersatzschiedsrichters, über die Ablehnung eines Schiedsrichters oder über die Beendigung des Schiedsrichteramts, zur Unterstützung bei der Beweisaufnahme oder bei der Vornahme sonstiger richterlicher Handlungen anlässlich eines schiedsrichterlichen Verfahrens	0,75
3328	Verfahrensgebühr für Verfahren über die vorläufige Einstellung, Beschränkung oder Aufhebung der Zwangsvollstreckung oder die einstweilige Einstellung oder Beschränkung der Vollstreckung und die Anordnung, dass Vollstreckungsmaßnahmen aufzuheben sind	0,5
	Die Gebühr entsteht nur, wenn eine abgesonderte mündliche Verhandlung hierüber oder ein besonderer gerichtlicher Termin stattfindet. Wird der Antrag beim Vollstreckungsgericht und beim Prozessgericht gestellt, entsteht die Gebühr nur einmal.	
3329	Verfahrensgebühr für Verfahren auf Vollstreckbarerklärung der durch Rechtsmittelanträge nicht angefochtenen Teile eines Urteils (§§ 537, 558 ZPO)	0,5

RVG

Nr.	Gebührentatbestand	Gebühr oder Satz der Gebühr nach § 13 RVG
3330	Verfahrensgebühr für Verfahren über eine Rüge wegen Verletzung des Anspruchs auf rechtliches Gehör	in Höhe der Verfahrensgebühr für das Verfahren, in dem die Rüge erhoben wird, höchstens 0,5, bei Betragsrahmengebühren höchstens 220,00 €
3331	Terminsgebühr in Verfahren über eine Rüge wegen Verletzung des Anspruchs auf rechtliches Gehör	in Höhe der Terminsgebühr für das Verfahren, in dem die Rüge erhoben wird, höchstens 0,5, bei Betragsrahmengebühren höchstens 220,00 €
3332	Terminsgebühr in den in Nummern 3324 bis 3329 genannten Verfahren	0,5
3333	Verfahrensgebühr für ein Verteilungsverfahren außerhalb der Zwangsversteigerung und der Zwangsverwaltung .... Der Wert bestimmt sich nach § 26 Nr. 1 und 2 RVG. Eine Terminsgebühr entsteht nicht.	0,4
3334	Verfahrensgebühr für Verfahren vor dem Prozessgericht oder dem Amtsgericht auf Bewilligung, Verlängerung oder Verkürzung einer Räumungsfrist (§§ 721, 794a ZPO), wenn das Verfahren mit dem Verfahren über die Hauptsache nicht verbunden ist	1,0
3335	Verfahrensgebühr für das Verfahren über die Prozesskostenhilfe	in Höhe der Verfahrensgebühr für das Verfahren, für das die Prozesskostenhilfe beantragt wird, höchstens 1,0, bei Betragsrahmengebühren höchstens 420,00 €

Nr.	Gebührentatbestand	Gebühr oder Satz der Gebühr nach § 13 RVG
3336	*(weggefallen)*	
3337	Vorzeitige Beendigung des Auftrags im Fall der Nummern 3324 bis 3327, 3334 und 3335: Die Gebühren 3324 bis 3327, 3334 und 3335 betragen höchstens ...... Eine vorzeitige Beendigung liegt vor, 1. wenn der Auftrag endigt, bevor der Rechtsanwalt den das Verfahren einleitenden Antrag oder einen Schriftsatz, der Sachanträge, Sachvortrag oder die Zurücknahme des Antrags enthält, eingereicht oder bevor er einen gerichtlichen Termin wahrgenommen hat, oder 2. soweit lediglich beantragt ist, eine Einigung der Parteien oder der Beteiligten zu Protokoll zu nehmen oder soweit lediglich Verhandlungen vor Gericht zur Einigung geführt werden.	0,5
3338	Verfahrensgebühr für die Tätigkeit als Vertreter des Anmelders eines Anspruchs zum Musterverfahren (§ 10 Abs. 2 KapMuG)	0,8

Abschnitt 4
Einzeltätigkeiten

Vorbemerkung 3.4:

Für in diesem Abschnitt genannte Tätigkeiten entsteht eine Terminsgebühr nur, wenn dies ausdrücklich bestimmt ist.

3400	Der Auftrag beschränkt sich auf die Führung des Verkehrs der Partei oder des Beteiligten mit dem Verfahrensbevollmächtigten: Verfahrensgebühr ...... Die gleiche Gebühr entsteht auch, wenn im Einverständnis mit dem Auftraggeber mit der Übersendung der Akten an den Rechtsanwalt des höheren Rechtszugs gutachterliche Äußerungen verbunden sind.	in Höhe der dem Verfahrensbevollmächtigten zustehenden Verfahrensgebühr, höchstens 1,0, bei Betragsrahmengebühren höchstens 420,00 €

Nr.	Gebührentatbestand	Gebühr oder Satz der Gebühr nach § 13 RVG
3401	Der Auftrag beschränkt sich auf die Vertretung in einem Termin im Sinne der Vorbemerkung 3 Abs. 3: Verfahrensgebühr	in Höhe der Hälfte der dem Verfahrensbevollmächtigten zustehenden Verfahrensgebühr
3402	Terminsgebühr in dem in Nummer 3401 genannten Fall ..	in Höhe der einem Verfahrensbevollmächtigten zustehenden Terminsgebühr
3403	Verfahrensgebühr für sonstige Einzeltätigkeiten, soweit in Nummer 3406 nichts anderes bestimmt ist .... Die Gebühr entsteht für sonstige Tätigkeiten in einem gerichtlichen Verfahren, wenn der Rechtsanwalt nicht zum Prozess- oder Verfahrensbevollmächtigten bestellt ist, soweit in diesem Abschnitt nichts anderes bestimmt ist.	0,8
3404	Der Auftrag beschränkt sich auf ein Schreiben einfacher Art: Die Gebühr 3403 beträgt .... Die Gebühr entsteht insbesondere, wenn das Schreiben weder schwierige rechtliche Ausführungen noch größere sachliche Auseinandersetzungen enthält.	0,3
3405	Endet der Auftrag 1. im Fall der Nummer 3400, bevor der Verfahrensbevollmächtigte beauftragt oder der Rechtsanwalt gegenüber dem Verfahrensbevollmächtigten tätig geworden ist, 2. im Fall der Nummer 3401, bevor der Termin begonnen hat: Die Gebühren 3400 und 3401 betragen .... Im Fall der Nummer 3403 gilt die Vorschrift entsprechend.	höchstens 0,5, bei Betragsrahmengebühren höchstens 210,00 €
3406	Verfahrensgebühr für sonstige Einzeltätigkeiten in Verfahren vor Gerichten der Sozialgerichtsbarkeit, wenn Betragsrahmengebühren entstehen (§ 3 RVG) .... Die Anmerkung zu Nummer 3403 gilt entsprechend.	30,00 bis 340,00 €

Nr.	Gebührentatbestand	Gebühr oder Satz der Gebühr nach § 13 RVG
	Abschnitt 5 **Beschwerde, Nichtzulassungsbeschwerde und Erinnerung**	
	Vorbemerkung 3.5: Die Gebühren nach diesem Abschnitt entstehen nicht in den in Vorbemerkung 3.1 Abs. 2 und in den Vorbemerkungen 3.2.1 und 3.2.2 genannten Beschwerdeverfahren.	
3500	Verfahrensgebühr für Verfahren über die Beschwerde und die Erinnerung, soweit in diesem Abschnitt keine besonderen Gebühren bestimmt sind	0,5
3501	Verfahrensgebühr für Verfahren vor den Gerichten der Sozialgerichtsbarkeit über die Beschwerde und die Erinnerung, wenn in den Verfahren Betragsrahmengebühren entstehen (§ 3 RVG), soweit in diesem Abschnitt keine besonderen Gebühren bestimmt sind	20,00 bis 210,00 €
3502	Verfahrensgebühr für das Verfahren über die Rechtsbeschwerde	1,0
3503	Vorzeitige Beendigung des Auftrags: Die Gebühr 3502 beträgt .... Die Anmerkung zu Nummer 3201 ist entsprechend anzuwenden.	0,5
3504	Verfahrensgebühr für das Verfahren über die Beschwerde gegen die Nichtzulassung der Berufung, soweit in Nummer 3511 nichts anderes bestimmt ist .... Die Gebühr wird auf die Verfahrensgebühr für ein nachfolgendes Berufungsverfahren angerechnet.	1,6
3505	Vorzeitige Beendigung des Auftrags: Die Gebühr 3504 beträgt .... Die Anmerkung zu Nummer 3201 ist entsprechend anzuwenden.	1,0
3506	Verfahrensgebühr für das Verfahren über die Beschwerde gegen die Nichtzulassung der Revision oder über die Beschwerde gegen die Nichtzulassung einer der in der Vorbemerkung 3.2.2 genannten Rechtsbeschwerden, soweit in Nummer 3512 nichts anderes bestimmt ist .... Die Gebühr wird auf die Verfahrensgebühr für ein nachfolgendes Revisions- oder Rechtsbeschwerdeverfahren angerechnet.	1,6
3507	Vorzeitige Beendigung des Auftrags: Die Gebühr 3506 beträgt .... Die Anmerkung zu Nummer 3201 ist entsprechend anzuwenden.	1,1

RVG

Nr.	Gebührentatbestand	Gebühr oder Satz der Gebühr nach § 13 RVG
3508	In dem Verfahren über die Beschwerde gegen die Nichtzulassung der Revision können sich die Parteien nur durch einen beim Bundesgerichtshof zugelassenen Rechtsanwalt vertreten lassen: Die Gebühr 3506 beträgt	2,3
3509	Vorzeitige Beendigung des Auftrags, wenn sich die Parteien nur durch einen beim Bundesgerichtshof zugelassenen Rechtsanwalt vertreten lassen können: Die Gebühr 3506 beträgt .... Die Anmerkung zu Nummer 3201 ist entsprechend anzuwenden.	1,8
3510	Verfahrensgebühr für Beschwerdeverfahren vor dem Bundespatentgericht 1. nach dem Patentgesetz, wenn sich die Beschwerde gegen einen Beschluss richtet, a) durch den die Vergütung bei Lizenzbereitschaftserklärung festgesetzt wird oder Zahlung der Vergütung an das Deutsche Patent- und Markenamt angeordnet wird, b) durch den eine Anordnung nach § 50 Abs. 1 PatG oder die Aufhebung dieser Anordnung erlassen wird, c) durch den die Anmeldung zurückgewiesen oder über die Aufrechterhaltung, den Widerruf oder die Beschränkung des Patents entschieden wird, 2. nach dem Gebrauchsmustergesetz, wenn sich die Beschwerde gegen einen Beschluss richtet, a) durch den die Anmeldung zurückgewiesen wird, b) durch den über den Löschungsantrag entschieden wird, 3. nach dem Markengesetz, wenn sich die Beschwerde gegen einen Beschluss richtet, a) durch den über die Anmeldung einer Marke, einen Widerspruch oder einen Antrag auf Löschung oder über die Erinnerung gegen einen solchen Beschluss entschieden worden ist oder b) durch den ein Antrag auf Eintragung einer geographischen Angabe oder einer Ursprungsbezeichnung zurückgewiesen worden ist, 4. nach dem Halbleiterschutzgesetz, wenn sich die Beschwerde gegen einen Beschluss richtet, a) durch den die Anmeldung zurückgewiesen wird, b) durch den über den Löschungsantrag entschieden wird,	

Nr.	Gebührentatbestand	Gebühr oder Satz der Gebühr nach § 13 RVG
	5. nach dem Designgesetz, wenn sich die Beschwerde gegen einen Beschluss richtet, a) durch den die Anmeldung eines Designs zurückgewiesen worden ist, b) durch den über den Löschungsantrag gemäß § 36 DesignG entschieden worden ist, c) durch den über den Antrag auf Feststellung oder Erklärung der Nichtigkeit gemäß § 34a DesignG entschieden worden ist, 6. nach dem Sortenschutzgesetz, wenn sich die Beschwerde gegen einen Beschluss des Widerspruchsausschusses richtet	1,3
3511	Verfahrensgebühr für das Verfahren über die Beschwerde gegen die Nichtzulassung der Berufung vor dem Landessozialgericht, wenn Betragsrahmengebühren entstehen (§ 3 RVG) .... Die Gebühr wird auf die Verfahrensgebühr für ein nachfolgendes Berufungsverfahren angerechnet.	60,00 bis 680,00 €
3512	Verfahrensgebühr für das Verfahren über die Beschwerde gegen die Nichtzulassung der Revision vor dem Bundessozialgericht, wenn Betragsrahmengebühren entstehen (§ 3 RVG) .... Die Gebühr wird auf die Verfahrensgebühr für ein nachfolgendes Revisionsverfahren angerechnet.	80,00 bis 880,00 €
3513	Terminsgebühr in den in Nummer 3500 genannten Verfahren	0,5
3514	In dem Verfahren über die Beschwerde gegen die Zurückweisung des Antrags auf Anordnung eines Arrests, des Antrags auf Erlass eines Europäischen Beschlusses zur vorläufigen Kontenpfändung oder des Antrags auf Erlass einer einstweiligen Verfügung bestimmt das Beschwerdegericht Termin zur mündlichen Verhandlung: Die Gebühr 3513 beträgt	1,2
3515	Terminsgebühr in den in Nummer 3501 genannten Verfahren	20,00 bis 210,00 €
3516	Terminsgebühr in den in Nummern 3502, 3504, 3506 und 3510 genannten Verfahren	1,2

RVG

Nr.	Gebührentatbestand	Gebühr oder Satz der Gebühr nach § 13 RVG
3517	Terminsgebühr in den in Nummer 3511 genannten Verfahren	50,00 bis 510,00 €
3518	Terminsgebühr in den in Nummer 3512 genannten Verfahren	60,00 bis 660,00 €

Teil 4: Strafsachen

Nr.	Gebührentatbestand	Gebühr oder Satz der Gebühr nach § 13 oder § 49 RVG	
		Wahlanwalt	gerichtlich bestellter oder beigeordneter Rechtsanwalt

Vorbemerkung 4:

(1) Für die Tätigkeit als Beistand oder Vertreter eines Privatklägers, eines Nebenklägers, eines Einziehungs- oder Nebenbeteiligten, eines Verletzten, eines Zeugen oder Sachverständigen und im Verfahren nach dem Strafrechtlichen Rehabilitierungsgesetz sind die Vorschriften entsprechend anzuwenden.

(2) Die Verfahrensgebühr entsteht für das Betreiben des Geschäfts einschließlich der Information.

(3) Die Terminsgebühr entsteht für die Teilnahme an gerichtlichen Terminen, soweit nichts anderes bestimmt ist. Der Rechtsanwalt erhält die Terminsgebühr auch, wenn er zu einem anberaumten Termin erscheint, dieser aber aus Gründen, die er nicht zu vertreten hat, nicht stattfindet. Dies gilt nicht, wenn er rechtzeitig von der Aufhebung oder Verlegung des Termins in Kenntnis gesetzt worden ist.

(4) Befindet sich der Beschuldigte nicht auf freiem Fuß, entsteht die Gebühr mit Zuschlag.

(5) Für folgende Tätigkeiten entstehen Gebühren nach den Vorschriften des Teils 3:

1. im Verfahren über die Erinnerung oder die Beschwerde gegen einen Kostenfestsetzungsbeschluss (§ 464b StPO) und im Verfahren über die Erinnerung gegen den Kostenansatz und im Verfahren über die Beschwerde gegen die Entscheidung über diese Erinnerung,
2. in der Zwangsvollstreckung aus Entscheidungen, die über einen aus der Straftat erwachsenen vermögensrechtlichen Anspruch oder die Erstattung von Kosten ergangen sind (§§ 406b, 464b StPO), für die Mitwirkung bei der Ausübung der Veröffentlichungsbefugnis und im Beschwerdeverfahren gegen eine dieser Entscheidungen.

Nr.	Gebührentatbestand	Gebühr oder Satz der Gebühr nach § 13 oder § 49 RVG	
		Wahlanwalt	gerichtlich bestellter oder beigeordneter Rechtsanwalt

Abschnitt 1
Gebühren des Verteidigers

Vorbemerkung 4.1:

(1) Dieser Abschnitt ist auch anzuwenden auf die Tätigkeit im Verfahren über die im Urteil vorbehaltene Sicherungsverwahrung und im Verfahren über die nachträgliche Anordnung der Sicherungsverwahrung.

(2) Durch die Gebühren wird die gesamte Tätigkeit als Verteidiger entgolten. Hierzu gehören auch Tätigkeiten im Rahmen des Täter-Opfer-Ausgleichs, soweit der Gegenstand nicht vermögensrechtlich ist.

Unterabschnitt 1
Allgemeine Gebühren

4100	Grundgebühr ... (1) Die Gebühr entsteht neben der Verfahrensgebühr für die erstmalige Einarbeitung in den Rechtsfall nur einmal, unabhängig davon, in welchem Verfahrensabschnitt sie erfolgt. (2) Eine wegen derselben Tat oder Handlung bereits entstandene Gebühr 5100 ist anzurechnen.	40,00 bis 360,00 €	160,00 €
4101	Gebühr 4100 mit Zuschlag ...	40,00 bis 450,00 €	192,00 €
4102	Terminsgebühr für die Teilnahme an 1. richterlichen Vernehmungen und Augenscheinseinnahmen, 2. Vernehmungen durch die Staatsanwaltschaft oder eine andere Strafverfolgungsbehörde, 3. Terminen außerhalb der Hauptverhandlung, in denen über die Anordnung oder Fortdauer der Untersuchungshaft oder der einstweiligen Unterbringung verhandelt wird, 4. Verhandlungen im Rahmen des Täter-Opfer-Ausgleichs sowie 5. Sühneterminen nach § 380 StPO ... Mehrere Termine an einem Tag gelten als ein Termin. Die Gebühr entsteht im vorbereitenden Verfahren und in jedem Rechtszug für die Teilnahme an jeweils bis zu drei Terminen einmal.	40,00 bis 300,00 €	136,00 €

RVG

Nr.	Gebührentatbestand	Gebühr oder Satz der Gebühr nach § 13 oder § 49 RVG – Wahlanwalt	Gebühr oder Satz der Gebühr nach § 13 oder § 49 RVG – gerichtlich bestellter oder beigeordneter Rechtsanwalt
4103	Gebühr 4102 mit Zuschlag	40,00 bis 375,00 €	166,00 €

Unterabschnitt 2
Vorbereitendes Verfahren

Vorbemerkung 4.1.2:
Die Vorbereitung der Privatklage steht der Tätigkeit im vorbereitenden Verfahren gleich.

Nr.	Gebührentatbestand	Wahlanwalt	gerichtlich bestellter oder beigeordneter Rechtsanwalt
4104	Verfahrensgebühr .... Die Gebühr entsteht für eine Tätigkeit in dem Verfahren bis zum Eingang der Anklageschrift, des Antrags auf Erlass eines Strafbefehls bei Gericht oder im beschleunigten Verfahren bis zum Vortrag der Anklage, wenn diese nur mündlich erhoben wird.	40,00 bis 290,00 €	132,00 €
4105	Gebühr 4104 mit Zuschlag	40,00 bis 362,50 €	161,00 €

Unterabschnitt 3
Gerichtliches Verfahren

Erster Rechtszug

Nr.	Gebührentatbestand	Wahlanwalt	gerichtlich bestellter oder beigeordneter Rechtsanwalt
4106	Verfahrensgebühr für den ersten Rechtszug vor dem Amtsgericht	40,00 bis 290,00 €	132,00 €
4107	Gebühr 4106 mit Zuschlag	40,00 bis 362,50 €	161,00 €
4108	Terminsgebühr je Hauptverhandlungstag in den in Nummer 4106 genannten Verfahren	70,00 bis 480,00 €	220,00 €
4109	Gebühr 4108 mit Zuschlag	70,00 bis 600,00 €	268,00 €
4110	Der gerichtlich bestellte oder beigeordnete Rechtsanwalt nimmt mehr als 5 und bis 8 Stunden an der Hauptverhandlung teil: Zusätzliche Gebühr neben der Gebühr 4108 oder 4109		110,00 €

Nr.	Gebührentatbestand	Gebühr oder Satz der Gebühr nach § 13 oder § 49 RVG	
		Wahlanwalt	gerichtlich bestellter oder beigeordneter Rechtsanwalt
4111	Der gerichtlich bestellte oder beigeordnete Rechtsanwalt nimmt mehr als 8 Stunden an der Hauptverhandlung teil: Zusätzliche Gebühr neben der Gebühr 4108 oder 4109		220,00 €
4112	Verfahrensgebühr für den ersten Rechtszug vor der Strafkammer .... Die Gebühr entsteht auch für Verfahren 1. vor der Jugendkammer, soweit sich die Gebühr nicht nach Nummer 4118 bestimmt, 2. im Rehabilitierungsverfahren nach Abschnitt 2 StrRehaG.	50,00 bis 320,00 €	148,00 €
4113	Gebühr 4112 mit Zuschlag	50,00 bis 400,00 €	180,00 €
4114	Terminsgebühr je Hauptverhandlungstag in den in Nummer 4112 genannten Verfahren	80,00 bis 560,00 €	256,00 €
4115	Gebühr 4114 mit Zuschlag	80,00 bis 700,00 €	312,00 €
4116	Der gerichtlich bestellte oder beigeordnete Rechtsanwalt nimmt mehr als 5 und bis 8 Stunden an der Hauptverhandlung teil: Zusätzliche Gebühr neben der Gebühr 4114 oder 4115		128,00 €
4117	Der gerichtlich bestellte oder beigeordnete Rechtsanwalt nimmt mehr als 8 Stunden an der Hauptverhandlung teil: Zusätzliche Gebühr neben der Gebühr 4114 oder 4115		256,00 €
4118	Verfahrensgebühr für den ersten Rechtszug vor dem Oberlandesgericht, dem Schwurgericht oder der Strafkammer nach den §§ 74a und 74c GVG .... Die Gebühr entsteht auch für Verfahren vor der Jugendkammer, soweit diese in Sachen entscheidet, die nach den allgemeinen Vorschriften zur Zuständigkeit des Schwurgerichts gehören.	100,00 bis 690,00 €	316,00 €

RVG

Nr.	Gebührentatbestand	Gebühr oder Satz der Gebühr nach § 13 oder § 49 RVG Wahlanwalt	 gerichtlich bestellter oder beigeordneter Rechtsanwalt
4119	Gebühr 4118 mit Zuschlag	100,00 bis 862,50 €	385,00 €
4120	Terminsgebühr je Hauptverhandlungstag in den in Nummer 4118 genannten Verfahren	130,00 bis 930,00 €	424,00 €
4121	Gebühr 4120 mit Zuschlag	130,00 bis 1 162,50 €	517,00 €
4122	Der gerichtlich bestellte oder beigeordnete Rechtsanwalt nimmt mehr als 5 und bis 8 Stunden an der Hauptverhandlung teil: Zusätzliche Gebühr neben der Gebühr 4120 oder 4121		212,00 €
4123	Der gerichtlich bestellte oder beigeordnete Rechtsanwalt nimmt mehr als 8 Stunden an der Hauptverhandlung teil: Zusätzliche Gebühr neben der Gebühr 4120 oder 4121		424,00 €
	Berufung		
4124	Verfahrensgebühr für das Berufungsverfahren .. Die Gebühr entsteht auch für Beschwerdeverfahren nach § 13 StrRehaG.	80,00 bis 560,00 €	256,00 €
4125	Gebühr 4124 mit Zuschlag	80,00 bis 700,00 €	312,00 €
4126	Terminsgebühr je Hauptverhandlungstag im Berufungsverfahren .... Die Gebühr entsteht auch für Beschwerdeverfahren nach § 13 StrRehaG.	80,00 bis 560,00 €	256,00 €
4127	Gebühr 4126 mit Zuschlag	80,00 bis 700,00 €	312,00 €
4128	Der gerichtlich bestellte oder beigeordnete Rechtsanwalt nimmt mehr als 5 und bis 8 Stunden an der Hauptverhandlung teil: Zusätzliche Gebühr neben der Gebühr 4126 oder 4127		128,00 €

Nr.	Gebührentatbestand	Gebühr oder Satz der Gebühr nach § 13 oder § 49 RVG – Wahlanwalt	Gebühr oder Satz der Gebühr nach § 13 oder § 49 RVG – gerichtlich bestellter oder beigeordneter Rechtsanwalt
4129	Der gerichtlich bestellte oder beigeordnete Rechtsanwalt nimmt mehr als 8 Stunden an der Hauptverhandlung teil: Zusätzliche Gebühr neben der Gebühr 4126 oder 4127		256,00 €
	Revision		
4130	Verfahrensgebühr für das Revisionsverfahren ...	120,00 bis 1 110,00 €	492,00 €
4131	Gebühr 4130 mit Zuschlag	120,00 bis 1 387,50 €	603,00 €
4132	Terminsgebühr je Hauptverhandlungstag im Revisionsverfahren	120,00 bis 560,00 €	272,00 €
4133	Gebühr 4132 mit Zuschlag	120,00 bis 700,00 €	328,00 €
4134	Der gerichtlich bestellte oder beigeordnete Rechtsanwalt nimmt mehr als 5 und bis 8 Stunden an der Hauptverhandlung teil: Zusätzliche Gebühr neben der Gebühr 4132 oder 4133		136,00 €
4135	Der gerichtlich bestellte oder beigeordnete Rechtsanwalt nimmt mehr als 8 Stunden an der Hauptverhandlung teil: Zusätzliche Gebühr neben der Gebühr 4132 oder 4133		272,00 €
	Unterabschnitt 4 Wiederaufnahmeverfahren		
	Vorbemerkung 4.1.4: Eine Grundgebühr entsteht nicht.		
4136	Geschäftsgebühr für die Vorbereitung eines Antrags .... Die Gebühr entsteht auch, wenn von der Stellung eines Antrags abgeraten wird.	in Höhe der Verfahrensgebühr für den ersten Rechtszug	

RVG

Nr.	Gebührentatbestand	Gebühr oder Satz der Gebühr nach § 13 oder § 49 RVG – Wahlanwalt	gerichtlich bestellter oder beigeordneter Rechtsanwalt
4137	Verfahrensgebühr für das Verfahren über die Zulässigkeit des Antrags	in Höhe der Verfahrensgebühr für den ersten Rechtszug	
4138	Verfahrensgebühr für das weitere Verfahren	in Höhe der Verfahrensgebühr für den ersten Rechtszug	
4139	Verfahrensgebühr für das Beschwerdeverfahren (§ 372 StPO)	in Höhe der Verfahrensgebühr für den ersten Rechtszug	
4140	Terminsgebühr für jeden Verhandlungstag	in Höhe der Terminsgebühr für den ersten Rechtszug	
	Unterabschnitt 5 Zusätzliche Gebühren		
4141	Durch die anwaltliche Mitwirkung wird die Hauptverhandlung entbehrlich: Zusätzliche Gebühr .... (1) Die Gebühr entsteht, wenn 1. das Strafverfahren nicht nur vorläufig eingestellt wird oder 2. das Gericht beschließt, das Hauptverfahren nicht zu eröffnen oder 3. sich das gerichtliche Verfahren durch Rücknahme des Einspruchs gegen den Strafbefehl, der Berufung oder der Revision des Angeklagten oder eines anderen Verfahrensbeteiligten erledigt; ist bereits ein Termin zur Hauptverhandlung bestimmt, entsteht die Gebühr nur, wenn der Einspruch, die Berufung oder die Revision früher als zwei Wochen vor Beginn des Tages, der für die Hauptverhandlung vorgesehen war, zurückgenommen wird; oder 4. das Verfahren durch Beschluss nach § 411 Abs. 1 Satz 3 StPO endet. Nummer 3 ist auf den Beistand oder Vertreter eines Privatklägers entsprechend anzuwenden, wenn die Privatklage zurückgenommen wird.	in Höhe der Verfahrensgebühr	

Nr.	Gebührentatbestand	Gebühr oder Satz der Gebühr nach § 13 oder § 49 RVG – Wahlanwalt	Gebühr oder Satz der Gebühr nach § 13 oder § 49 RVG – gerichtlich bestellter oder beigeordneter Rechtsanwalt
	(2) Die Gebühr entsteht nicht, wenn eine auf die Förderung des Verfahrens gerichtete Tätigkeit nicht ersichtlich ist. Sie entsteht nicht neben der Gebühr 4147. (3) Die Höhe der Gebühr richtet sich nach dem Rechtszug, in dem die Hauptverhandlung vermieden wurde. Für den Wahlanwalt bemisst sich die Gebühr nach der Rahmenmitte. Eine Erhöhung nach Nummer 1008 und der Zuschlag (Vorbemerkung 4 Abs. 4) sind nicht zu berücksichtigen.		
4142	Verfahrensgebühr bei Einziehung und verwandten Maßnahmen	1,0	1,0
	(1) Die Gebühr entsteht für eine Tätigkeit für den Beschuldigten, die sich auf die Einziehung, dieser gleichstehende Rechtsfolgen (§ 439 StPO), die Abführung des Mehrerlöses oder auf eine diesen Zwecken dienende Beschlagnahme bezieht. (2) Die Gebühr entsteht nicht, wenn der Gegenstandswert niedriger als 30,00 € ist. (3) Die Gebühr entsteht für das Verfahren des ersten Rechtszugs einschließlich des vorbereitenden Verfahrens und für jeden weiteren Rechtszug.		
4143	Verfahrensgebühr für das erstinstanzliche Verfahren über vermögensrechtliche Ansprüche des Verletzten oder seines Erben	2,0	2,0
	(1) Die Gebühr entsteht auch, wenn der Anspruch erstmalig im Berufungsverfahren geltend gemacht wird. (2) Die Gebühr wird zu einem Drittel auf die Verfahrensgebühr, die für einen bürgerlichen Rechtsstreit wegen desselben Anspruchs entsteht, angerechnet.		
4144	Verfahrensgebühr im Berufungs- und Revisionsverfahren über vermögensrechtliche Ansprüche des Verletzten oder seines Erben	2,5	2,5
4145	Verfahrensgebühr für das Verfahren über die Beschwerde gegen den Beschluss, mit dem nach § 406 Abs. 5 Satz 2 StPO von einer Entscheidung abgesehen wird	0,5	0,5

RVG

Nr.	Gebührentatbestand	Gebühr oder Satz der Gebühr nach § 13 oder § 49 RVG – Wahlanwalt	Gebühr oder Satz der Gebühr nach § 13 oder § 49 RVG – gerichtlich bestellter oder beigeordneter Rechtsanwalt
4146	Verfahrensgebühr für das Verfahren über einen Antrag auf gerichtliche Entscheidung oder über die Beschwerde gegen eine den Rechtszug beendende Entscheidung nach § 25 Abs. 1 Satz 3 bis 5, § 13 StrRehaG	1,5	1,5
4147	Einigungsgebühr im Privatklageverfahren bezüglich des Strafanspruchs und des Kostenerstattungsanspruchs: Die Gebühr 1000 entsteht .... Für einen Vertrag über sonstige Ansprüche entsteht eine weitere Einigungsgebühr nach Teil 1. Maßgebend für die Höhe der Gebühr ist die im Einzelfall bestimmte Verfahrensgebühr in der Angelegenheit, in der die Einigung erfolgt. Eine Erhöhung nach Nummer 1008 und der Zuschlag (Vorbemerkung 4 Abs. 4) sind nicht zu berücksichtigen.	in Höhe der Verfahrensgebühr	

Abschnitt 2
Gebühren in der Strafvollstreckung

Vorbemerkung 4.2:

Im Verfahren über die Beschwerde gegen die Entscheidung in der Hauptsache entstehen die Gebühren besonders.

Nr.	Gebührentatbestand	Wahlanwalt	gerichtlich bestellter oder beigeordneter Rechtsanwalt
4200	Verfahrensgebühr als Verteidiger für ein Verfahren über 1. die Erledigung oder Aussetzung der Maßregel der Unterbringung a) in der Sicherungsverwahrung, b) in einem psychiatrischen Krankenhaus oder c) in einer Entziehungsanstalt, 2. die Aussetzung des Restes einer zeitigen Freiheitsstrafe oder einer lebenslangen Freiheitsstrafe oder 3. den Widerruf einer Strafaussetzung zur Bewährung oder den Widerruf der Aussetzung einer Maßregel der Besserung und Sicherung zur Bewährung	60,00 bis 670,00 €	292,00 €

Nr.	Gebührentatbestand	Gebühr oder Satz der Gebühr nach § 13 oder § 49 RVG	
		Wahlanwalt	gerichtlich bestellter oder beigeordneter Rechtsanwalt
4201	Gebühr 4200 mit Zuschlag	60,00 bis 837,50 €	359,00 €
4202	Terminsgebühr in den in Nummer 4200 genannten Verfahren	60,00 bis 300,00 €	144,00 €
4203	Gebühr 4202 mit Zuschlag	60,00 bis 375,00 €	174,00 €
4204	Verfahrensgebühr für sonstige Verfahren in der Strafvollstreckung	30,00 bis 300,00 €	132,00 €
4205	Gebühr 4204 mit Zuschlag	30,00 bis 375,00 €	162,00 €
4206	Terminsgebühr für sonstige Verfahren	30,00 bis 300,00 €	132,00 €
4207	Gebühr 4206 mit Zuschlag	30,00 bis 375,00 €	162,00 €

Abschnitt 3
Einzeltätigkeiten

Vorbemerkung 4.3:

(1) Die Gebühren entstehen für einzelne Tätigkeiten, ohne dass dem Rechtsanwalt sonst die Verteidigung oder Vertretung übertragen ist.

(2) Beschränkt sich die Tätigkeit des Rechtsanwalts auf die Geltendmachung oder Abwehr eines aus der Straftat erwachsenen vermögensrechtlichen Anspruchs im Strafverfahren, so erhält er die Gebühren nach den Nummern 4143 bis 4145.

(3) Die Gebühr entsteht für jede der genannten Tätigkeiten gesondert, soweit nichts anderes bestimmt ist. § 15 RVG bleibt unberührt. Das Beschwerdeverfahren gilt als besondere Angelegenheit.

(4) Wird dem Rechtsanwalt die Verteidigung oder die Vertretung für das Verfahren übertragen, werden die nach diesem Abschnitt entstandenen Gebühren auf die für die Verteidigung oder Vertretung entstehenden Gebühren angerechnet.

Nr.	Gebührentatbestand	Gebühr oder Satz der Gebühr nach § 13 oder § 49 RVG Wahlanwalt	gerichtlich bestellter oder beigeordneter Rechtsanwalt
4300	Verfahrensgebühr für die Anfertigung oder Unterzeichnung einer Schrift 1. zur Begründung der Revision, 2. zur Erklärung auf die von dem Staatsanwalt, Privatkläger oder Nebenkläger eingelegte Revision oder 3. in Verfahren nach den §§ 57a und 67e StGB ... Neben der Gebühr für die Begründung der Revision entsteht für die Einlegung der Revision keine besondere Gebühr.	60,00 bis 670,00 €	292,00 €
4301	Verfahrensgebühr für 1. die Anfertigung oder Unterzeichnung einer Privatklage, 2. die Anfertigung oder Unterzeichnung einer Schrift zur Rechtfertigung der Berufung oder zur Beantwortung der von dem Staatsanwalt, Privatkläger oder Nebenkläger eingelegten Berufung, 3. die Führung des Verkehrs mit dem Verteidiger, 4. die Beistandsleistung für den Beschuldigten bei einer richterlichen Vernehmung, einer Vernehmung durch die Staatsanwaltschaft oder eine andere Strafverfolgungsbehörde oder in einer Hauptverhandlung, einer mündlichen Anhörung oder bei einer Augenscheinseinnahme, 5. die Beistandsleistung im Verfahren zur gerichtlichen Erzwingung der Anklage (§ 172 Abs. 2 bis 4, § 173 StPO) oder 6. sonstige Tätigkeiten in der Strafvollstreckung .... Neben der Gebühr für die Rechtfertigung der Berufung entsteht für die Einlegung der Berufung keine besondere Gebühr.	40,00 bis 460,00 €	200,00 €

Nr.	Gebührentatbestand	Gebühr oder Satz der Gebühr nach § 13 oder § 49 RVG – Wahlanwalt	Gebühr oder Satz der Gebühr nach § 13 oder § 49 RVG – gerichtlich bestellter oder beigeordneter Rechtsanwalt
4302	Verfahrensgebühr für 1. die Einlegung eines Rechtsmittels, 2. die Anfertigung oder Unterzeichnung anderer Anträge, Gesuche oder Erklärungen oder 3. eine andere nicht in Nummer 4300 oder 4301 erwähnte Beistandsleistung	30,00 bis 290,00 €	128,00 €
4303	Verfahrensgebühr für die Vertretung in einer Gnadensache .... Der Rechtsanwalt erhält die Gebühr auch, wenn ihm die Verteidigung übertragen war.	30,00 bis 300,00 €	
4304	Gebühr für den als Kontaktperson beigeordneten Rechtsanwalt (§ 34a EGGVG)		3 500,00 €

Teil 5: Bußgeldsachen

Nr.	Gebührentatbestand	Gebühr oder Satz der Gebühr nach § 13 oder § 49 RVG – Wahlanwalt	Gebühr oder Satz der Gebühr nach § 13 oder § 49 RVG – gerichtlich bestellter oder beigeordneter Rechtsanwalt

Vorbemerkung 5:

(1) Für die Tätigkeit als Beistand oder Vertreter eines Einziehungs- oder Nebenbeteiligten, eines Zeugen oder eines Sachverständigen in einem Verfahren, für das sich die Gebühren nach diesem Teil bestimmen, entstehen die gleichen Gebühren wie für einen Verteidiger in diesem Verfahren.

(2) Die Verfahrensgebühr entsteht für das Betreiben des Geschäfts einschließlich der Information.

(3) Die Terminsgebühr entsteht für die Teilnahme an gerichtlichen Terminen, soweit nichts anderes bestimmt ist. Der Rechtsanwalt erhält die Terminsgebühr auch, wenn er zu einem anberaumten Termin erscheint, dieser aber aus Gründen, die er nicht zu vertreten hat, nicht stattfindet. Dies gilt nicht, wenn er rechtzeitig von der Aufhebung oder Verlegung des Termins in Kenntnis gesetzt worden ist.

(4) Für folgende Tätigkeiten entstehen Gebühren nach den Vorschriften des Teils 3:

1. für das Verfahren über die Erinnerung oder die Beschwerde gegen einen Kostenfestsetzungsbeschluss, für das Verfahren über die Erinnerung gegen den Kostenansatz, für

Nr.	Gebührentatbestand	Gebühr oder Satz der Gebühr nach § 13 oder § 49 RVG	
		Wahlanwalt	gerichtlich bestellter oder beigeordneter Rechtsanwalt

das Verfahren über die Beschwerde gegen die Entscheidung über diese Erinnerung und für Verfahren über den Antrag auf gerichtliche Entscheidung gegen einen Kostenfestsetzungsbescheid und den Ansatz der Gebühren und Auslagen (§ 108 OWiG), dabei steht das Verfahren über den Antrag auf gerichtliche Entscheidung dem Verfahren über die Erinnerung oder die Beschwerde gegen einen Kostenfestsetzungsbeschluss gleich,

2. in der Zwangsvollstreckung aus Entscheidungen, die über die Erstattung von Kosten ergangen sind, und für das Beschwerdeverfahren gegen die gerichtliche Entscheidung nach Nummer 1.

Abschnitt 1
Gebühren des Verteidigers

Vorbemerkung 5.1:

(1) Durch die Gebühren wird die gesamte Tätigkeit als Verteidiger entgolten.

(2) Hängt die Höhe der Gebühren von der Höhe der Geldbuße ab, ist die zum Zeitpunkt des Entstehens der Gebühr zuletzt festgesetzte Geldbuße maßgebend. Ist eine Geldbuße nicht festgesetzt, richtet sich die Höhe der Gebühren im Verfahren vor der Verwaltungsbehörde nach dem mittleren Betrag der in der Bußgeldvorschrift angedrohten Geldbuße. Sind in einer Rechtsvorschrift Regelsätze bestimmt, sind diese maßgebend. Mehrere Geldbußen sind zusammenzurechnen.

Unterabschnitt 1
Allgemeine Gebühr

5100	Grundgebühr .... (1) Die Gebühr entsteht neben der Verfahrensgebühr für die erstmalige Einarbeitung in den Rechtsfall nur einmal, unabhängig davon, in welchem Verfahrensabschnitt sie erfolgt. (2) Die Gebühr entsteht nicht, wenn in einem vorangegangenen Strafverfahren für dieselbe Handlung oder Tat die Gebühr 4100 entstanden ist.	30,00 bis 170,00 €	80,00 €

Unterabschnitt 2
Verfahren vor der Verwaltungsbehörde

Vorbemerkung 5.1.2:

(1) Zu dem Verfahren vor der Verwaltungsbehörde gehört auch das Verwarnungsverfahren und das Zwischenverfahren (§ 69 OWiG) bis zum Eingang der Akten bei Gericht.

(2) Die Terminsgebühr entsteht auch für die Teilnahme an Vernehmungen vor der Polizei oder der Verwaltungsbehörde.

Nr.	Gebührentatbestand	Gebühr oder Satz der Gebühr nach § 13 oder § 49 RVG – Wahlanwalt	Gebühr oder Satz der Gebühr nach § 13 oder § 49 RVG – gerichtlich bestellter oder beigeordneter Rechtsanwalt
5101	Verfahrensgebühr bei einer Geldbuße von weniger als 60,00 €	20,00 bis 110,00 €	52,00 €
5102	Terminsgebühr für jeden Tag, an dem ein Termin in den in Nummer 5101 genannten Verfahren stattfindet	20,00 bis 110,00 €	52,00 €
5103	Verfahrensgebühr bei einer Geldbuße von 60,00 € bis 5 000,00 €	30,00 bis 290,00 €	128,00 €
5104	Terminsgebühr für jeden Tag, an dem ein Termin in den in Nummer 5103 genannten Verfahren stattfindet	30,00 bis 290,00 €	128,00 €
5105	Verfahrensgebühr bei einer Geldbuße von mehr als 5 000,00 €	40,00 bis 300,00 €	136,00 €
5106	Terminsgebühr für jeden Tag, an dem ein Termin in den in Nummer 5105 genannten Verfahren stattfindet	40,00 bis 300,00 €	136,00 €

Unterabschnitt 3
Gerichtliches Verfahren im ersten Rechtszug

Vorbemerkung 5.1.3:

(1) Die Terminsgebühr entsteht auch für die Teilnahme an gerichtlichen Terminen außerhalb der Hauptverhandlung.

(2) Die Gebühren dieses Unterabschnitts entstehen für das Wiederaufnahmeverfahren einschließlich seiner Vorbereitung gesondert; die Verfahrensgebühr entsteht auch, wenn von der Stellung eines Wiederaufnahmeantrags abgeraten wird.

5107	Verfahrensgebühr bei einer Geldbuße von weniger als 60,00 €	20,00 bis 110,00 €	52,00 €
5108	Terminsgebühr je Hauptverhandlungstag in den in Nummer 5107 genannten Verfahren	20,00 bis 240,00 €	104,00 €

RVG

Nr.	Gebührentatbestand	Gebühr oder Satz der Gebühr nach § 13 oder § 49 RVG – Wahlanwalt	Gebühr oder Satz der Gebühr nach § 13 oder § 49 RVG – gerichtlich bestellter oder beigeordneter Rechtsanwalt
5109	Verfahrensgebühr bei einer Geldbuße von 60,00 bis 5 000,00 €	30,00 bis 290,00 €	128,00 €
5110	Terminsgebühr je Hauptverhandlungstag in den in Nummer 5109 genannten Verfahren	40,00 bis 470,00 €	204,00 €
5111	Verfahrensgebühr bei einer Geldbuße von mehr als 5 000,00 €	50,00 bis 350,00 €	160,00 €
5112	Terminsgebühr je Hauptverhandlungstag in den in Nummer 5111 genannten Verfahren	80,00 bis 560,00 €	256,00 €
	Unterabschnitt 4 **Verfahren über die Rechtsbeschwerde**		
5113	Verfahrensgebühr	80,00 bis 560,00 €	256,00 €
5114	Terminsgebühr je Hauptverhandlungstag	80,00 bis 560,00 €	256,00 €
	Unterabschnitt 5 **Zusätzliche Gebühren**		
5115	Durch die anwaltliche Mitwirkung wird das Verfahren vor der Verwaltungsbehörde erledigt oder die Hauptverhandlung entbehrlich: Zusätzliche Gebühr .... (1) Die Gebühr entsteht, wenn 1. das Verfahren nicht nur vorläufig eingestellt wird oder 2. der Einspruch gegen den Bußgeldbescheid zurückgenommen wird oder 3. der Bußgeldbescheid nach Einspruch von der Verwaltungsbehörde zurückgenommen und gegen einen neuen Bußgeldbescheid kein Einspruch eingelegt wird oder 4. sich das gerichtliche Verfahren durch Rücknahme des Einspruchs gegen den Bußgeldbescheid oder	in Höhe der jeweiligen Verfahrensgebühr	

Nr.	Gebührentatbestand	Gebühr oder Satz der Gebühr nach § 13 oder § 49 RVG Wahlanwalt	 gerichtlich bestellter oder beigeordneter Rechtsanwalt
	der Rechtsbeschwerde des Betroffenen oder eines anderen Verfahrensbeteiligten erledigt; ist bereits ein Termin zur Hauptverhandlung bestimmt, entsteht die Gebühr nur, wenn der Einspruch oder die Rechtsbeschwerde früher als zwei Wochen vor Beginn des Tages, der für die Hauptverhandlung vorgesehen war, zurückgenommen wird, oder 5. das Gericht nach § 72 Abs. 1 Satz 1 OWiG durch Beschluss entscheidet. (2) Die Gebühr entsteht nicht, wenn eine auf die Förderung des Verfahrens gerichtete Tätigkeit nicht ersichtlich ist. (3) Die Höhe der Gebühr richtet sich nach dem Rechtszug, in dem die Hauptverhandlung vermieden wurde. Für den Wahlanwalt bemisst sich die Gebühr nach der Rahmenmitte.		
5116	Verfahrensgebühr bei Einziehung und verwandten Maßnahmen .... (1) Die Gebühr entsteht für eine Tätigkeit für den Betroffenen, die sich auf die Einziehung oder dieser gleichstehende Rechtsfolgen (§ 46 Abs. 1 OWiG, § 439 StPO) oder auf eine diesen Zwecken dienende Beschlagnahme bezieht. (2) Die Gebühr entsteht nicht, wenn der Gegenstandswert niedriger als 30,00 € ist. (3) Die Gebühr entsteht nur einmal für das Verfahren vor der Verwaltungsbehörde und für das gerichtliche Verfahren im ersten Rechtszug. Im Rechtsbeschwerdeverfahren entsteht die Gebühr besonders.	1,0	1,0

RVG

Nr.	Gebührentatbestand	Gebühr oder Satz der Gebühr nach § 13 oder § 49 RVG	
		Wahlanwalt	gerichtlich bestellter oder beigeordneter Rechtsanwalt
	Abschnitt 2 **Einzeltätigkeiten**		
5200	Verfahrensgebühr .... (1) Die Gebühr entsteht für einzelne Tätigkeiten, ohne dass dem Rechtsanwalt sonst die Verteidigung übertragen ist. (2) Die Gebühr entsteht für jede Tätigkeit gesondert, soweit nichts anderes bestimmt ist. § 15 RVG bleibt unberührt. (3) Wird dem Rechtsanwalt die Verteidigung für das Verfahren übertragen, werden die nach dieser Nummer entstandenen Gebühren auf die für die Verteidigung entstehenden Gebühren angerechnet. (4) Der Rechtsanwalt erhält die Gebühr für die Vertretung in der Vollstreckung und in einer Gnadensache auch, wenn ihm die Verteidigung übertragen war.	20,00 bis 110,00 €	52,00 €

Teil 6: Sonstige Verfahren

Nr.	Gebührentatbestand	Gebühr	
		Wahlverteidiger oder Verfahrensbevollmächtigter	gerichtlich bestellter oder beigeordneter Rechtsanwalt
	Vorbemerkung 6: (1) Für die Tätigkeit als Beistand für einen Zeugen oder Sachverständigen in einem Verfahren, für das sich die Gebühren nach diesem Teil bestimmen, entstehen die gleichen Gebühren wie für einen Verfahrensbevollmächtigten in diesem Verfahren. (2) Die Verfahrensgebühr entsteht für das Betreiben des Geschäfts einschließlich der Information. (3) Die Terminsgebühr entsteht für die Teilnahme an gerichtlichen Terminen, soweit nichts anderes bestimmt ist. Der Rechtsanwalt erhält die Terminsgebühr auch, wenn er zu einem anberaumten Termin erscheint, dieser aber aus Gründen, die er nicht zu vertreten hat, nicht stattfindet. Dies gilt nicht, wenn er rechtzeitig von der Aufhebung oder Verlegung des Termins in Kenntnis gesetzt worden ist.		

Nr.	Gebührentatbestand	Gebühr	
		Wahlverteidiger oder Verfahrensbevollmächtigter	gerichtlich bestellter oder beigeordneter Rechtsanwalt

Abschnitt 1
Verfahren nach dem Gesetz über die internationale Rechtshilfe in Strafsachen und Verfahren nach dem Gesetz über die Zusammenarbeit mit dem Internationalen Strafgerichtshof

Unterabschnitt 1
Verfahren vor der Verwaltungsbehörde

Vorbemerkung 6.1.1:

Die Gebühr nach diesem Unterabschnitt entsteht für die Tätigkeit gegenüber der Bewilligungsbehörde in Verfahren nach Abschnitt 2 Unterabschnitt 2 des Neunten Teils des Gesetzes über die internationale Rechtshilfe in Strafsachen.

6100	Verfahrensgebühr	50,00 bis 340,00 €	156,00 €

Unterabschnitt 2
Gerichtliches Verfahren

6101	Verfahrensgebühr	100,00 bis 690,00 €	316,00 €
6102	Terminsgebühr je Verhandlungstag	130,00 bis 930,00 €	424,00 €

Abschnitt 2
Disziplinarverfahren, berufsgerichtliche Verfahren wegen der Verletzung einer Berufspflicht

Vorbemerkung 6.2:

(1) Durch die Gebühren wird die gesamte Tätigkeit im Verfahren abgegolten.

(2) Für die Vertretung gegenüber der Aufsichtsbehörde außerhalb eines Disziplinarverfahrens entstehen Gebühren nach Teil 2.

(3) Für folgende Tätigkeiten entstehen Gebühren nach Teil 3:

1. für das Verfahren über die Erinnerung oder die Beschwerde gegen einen Kostenfestsetzungsbeschluss, für das Verfahren über die Erinnerung gegen den Kostenansatz und für das Verfahren über die Beschwerde gegen die Entscheidung über diese Erinnerung,
2. in der Zwangsvollstreckung aus einer Entscheidung, die über die Erstattung von Kosten ergangen ist, und für das Beschwerdeverfahren gegen diese Entscheidung.

Nr.	Gebührentatbestand	Gebühr: Wahlverteidiger oder Verfahrensbevollmächtigter	Gebühr: gerichtlich bestellter oder beigeordneter Rechtsanwalt
	Unterabschnitt 1 Allgemeine Gebühren		
6200	Grundgebühr .... Die Gebühr entsteht neben der Verfahrensgebühr für die erstmalige Einarbeitung in den Rechtsfall nur einmal, unabhängig davon, in welchem Verfahrensabschnitt sie erfolgt.	40,00 bis 350,00 €	156,00 €
6201	Terminsgebühr für jeden Tag, an dem ein Termin stattfindet .... Die Gebühr entsteht für die Teilnahme an außergerichtlichen Anhörungsterminen und außergerichtlichen Terminen zur Beweiserhebung.	40,00 bis 370,00 €	164,00 €
	Unterabschnitt 2 Außergerichtliches Verfahren		
6202	Verfahrensgebühr .... (1) Die Gebühr entsteht gesondert für eine Tätigkeit in einem dem gerichtlichen Verfahren vorausgehenden und der Überprüfung der Verwaltungsentscheidung dienenden weiteren außergerichtlichen Verfahren. (2) Die Gebühr entsteht für eine Tätigkeit in dem Verfahren bis zum Eingang des Antrags oder der Anschuldigungsschrift bei Gericht.	40,00 bis 290,00 €	132,00 €
	Unterabschnitt 3 Gerichtliches Verfahren *Erster Rechtszug*		
	Vorbemerkung 6.2.3: Die nachfolgenden Gebühren entstehen für das Wiederaufnahmeverfahren einschließlich seiner Vorbereitung gesondert.		
6203	Verfahrensgebühr	50,00 bis 320,00 €	148,00 €
6204	Terminsgebühr je Verhandlungstag	80,00 bis 560,00 €	256,00 €

Nr.	Gebührentatbestand	Gebühr Wahlverteidiger oder Verfahrensbevollmächtigter	Gebühr gerichtlich bestellter oder beigeordneter Rechtsanwalt
6205	Der gerichtlich bestellte Rechtsanwalt nimmt mehr als 5 und bis 8 Stunden an der Hauptverhandlung teil: Zusätzliche Gebühr neben der Gebühr 6204		128,00 €
6206	Der gerichtlich bestellte Rechtsanwalt nimmt mehr als 8 Stunden an der Hauptverhandlung teil: Zusätzliche Gebühr neben der Gebühr 6204		256,00 €
	Zweiter Rechtszug		
6207	Verfahrensgebühr	80,00 bis 560,00 €	256,00 €
6208	Terminsgebühr je Verhandlungstag	80,00 bis 560,00 €	256,00 €
6209	Der gerichtlich bestellte Rechtsanwalt nimmt mehr als 5 und bis 8 Stunden an der Hauptverhandlung teil: Zusätzliche Gebühr neben der Gebühr 6208		128,00 €
6210	Der gerichtlich bestellte Rechtsanwalt nimmt mehr als 8 Stunden an der Hauptverhandlung teil: Zusätzliche Gebühr neben der Gebühr 6208		256,00 €
	Dritter Rechtszug		
6211	Verfahrensgebühr	120,00 bis 1 110,00 €	492,00 €
6212	Terminsgebühr je Verhandlungstag	120,00 bis 550,00 €	268,00 €
6213	Der gerichtlich bestellte Rechtsanwalt nimmt mehr als 5 und bis 8 Stunden an der Hauptverhandlung teil: Zusätzliche Gebühr neben der Gebühr 6212		134,00 €
6214	Der gerichtlich bestellte Rechtsanwalt nimmt mehr als 8 Stunden an der Hauptverhandlung teil: Zusätzliche Gebühr neben der Gebühr 6212		268,00 €

Nr.	Gebührentatbestand	Gebühr Wahlverteidiger oder Verfahrensbevollmächtigter	 gerichtlich bestellter oder beigeordneter Rechtsanwalt
6215	Verfahrensgebühr für das Verfahren über die Beschwerde gegen die Nichtzulassung der Revision .... Die Gebühr wird auf die Verfahrensgebühr für ein nachfolgendes Revisionsverfahren angerechnet.	70,00 bis 1 110,00 €	472,00 €
	Unterabschnitt 4 Zusatzgebühr		
6216	Durch die anwaltliche Mitwirkung wird die mündliche Verhandlung entbehrlich: Zusätzliche Gebühr .... (1) Die Gebühr entsteht, wenn eine gerichtliche Entscheidung mit Zustimmung der Beteiligten ohne mündliche Verhandlung ergeht oder einer beabsichtigten Entscheidung ohne Hauptverhandlungstermin nicht widersprochen wird. (2) Die Gebühr entsteht nicht, wenn eine auf die Förderung des Verfahrens gerichtete Tätigkeit nicht ersichtlich ist. (3) Die Höhe der Gebühr richtet sich nach dem Rechtszug, in dem die Hauptverhandlung vermieden wurde. Für den Wahlanwalt bemisst sich die Gebühr nach der Rahmenmitte.	in Höhe der jeweiligen Verfahrensgebühr	

Abschnitt 3
Gerichtliche Verfahren bei Freiheitsentziehung, bei Unterbringung und bei sonstigen Zwangsmaßnahmen

Nr.	Gebührentatbestand	Wahlverteidiger oder Verfahrensbevollmächtigter	gerichtlich bestellter oder beigeordneter Rechtsanwalt
6300	Verfahrensgebühr in Freiheitsentziehungssachen nach § 415 FamFG, in Unterbringungssachen nach § 312 FamFG und in Verfahren nach § 151 Nr. 6 und 7 FamFG .... Die Gebühr entsteht für jeden Rechtszug.	40,00 bis 470,00 €	204,00 €
6301	Terminsgebühr in den Fällen der Nummer 6300 .. Die Gebühr entsteht für die Teilnahme an gerichtlichen Terminen.	40,00 bis 470,00 €	204,00 €

Nr.	Gebührentatbestand	Gebühr: Wahlverteidiger oder Verfahrensbevollmächtigter	Gebühr: gerichtlich bestellter oder beigeordneter Rechtsanwalt
6302	Verfahrensgebühr in sonstigen Fällen .... Die Gebühr entsteht für jeden Rechtszug des Verfahrens über die Verlängerung oder Aufhebung einer Freiheitsentziehung nach den §§ 425 und 426 FamFG oder einer Unterbringungsmaßnahme nach den §§ 329 und 330 FamFG.	20,00 bis 300,00 €	128,00 €
6303	Terminsgebühr in den Fällen der Nummer 6302 ... Die Gebühr entsteht für die Teilnahme an gerichtlichen Terminen.	20,00 bis 300,00 €	128,00 €

Abschnitt 4
Gerichtliche Verfahren nach der Wehrbeschwerdeordnung

Vorbemerkung 6.4:

(1) Die Gebühren nach diesem Abschnitt entstehen in Verfahren auf gerichtliche Entscheidung nach der WBO, auch i.V.m. § 42 WDO, wenn das Verfahren vor dem Truppendienstgericht oder vor dem Bundesverwaltungsgericht an die Stelle des Verwaltungsrechtswegs gemäß § 82 SG tritt.

(2) Soweit wegen desselben Gegenstands eine Geschäftsgebühr nach Nummer 2302 für eine Tätigkeit im Verfahren über die Beschwerde oder über die weitere Beschwerde vor einem Disziplinarvorgesetzten entstanden ist, wird diese Gebühr zur Hälfte, höchstens jedoch mit einem Betrag von 175,00 €, auf die Verfahrensgebühr des gerichtlichen Verfahrens vor dem Truppendienstgericht oder dem Bundesverwaltungsgericht angerechnet. Sind mehrere Gebühren entstanden, ist für die Anrechnung die zuletzt entstandene Gebühr maßgebend. Bei der Bemessung der Verfahrensgebühr ist nicht zu berücksichtigen, dass der Umfang der Tätigkeit infolge der vorangegangenen Tätigkeit geringer ist.

6400	Verfahrensgebühr für das Verfahren auf gerichtliche Entscheidung vor dem Truppendienstgericht	80,00 bis 680,00 €	
6401	Terminsgebühr je Verhandlungstag in den in Nummer 6400 genannten Verfahren	80,00 bis 680,00 €	
6402	Verfahrensgebühr für das Verfahren auf gerichtliche Entscheidung vor dem Bundesverwaltungsgericht, im Verfahren über die Rechtsbeschwerde oder im Verfahren über die Beschwerde gegen die Nichtzulassung der Rechtsbeschwerde .... Die Gebühr für ein Verfahren über die Beschwerde gegen die Nichtzulassung der Rechtsbeschwerde wird auf	100,00 bis 790,00 €	

RVG

Nr.	Gebührentatbestand	Gebühr: Wahlverteidiger oder Verfahrensbevollmächtigter	Gebühr: gerichtlich bestellter oder beigeordneter Rechtsanwalt
	die Gebühr für ein nachfolgendes Verfahren über die Rechtsbeschwerde angerechnet.		
6403	Terminsgebühr je Verhandlungstag in den in Nummer 6402 genannten Verfahren	100,00 bis 790,00 €	

Abschnitt 5
Einzeltätigkeiten und Verfahren auf Aufhebung oder Änderung einer Disziplinarmaßnahme

Nr.	Gebührentatbestand	Wahlverteidiger oder Verfahrensbevollmächtigter	gerichtlich bestellter oder beigeordneter Rechtsanwalt
6500	Verfahrensgebühr .... (1) Für eine Einzeltätigkeit entsteht die Gebühr, wenn dem Rechtsanwalt nicht die Verteidigung oder Vertretung übertragen ist. (2) Die Gebühr entsteht für jede einzelne Tätigkeit gesondert, soweit nichts anderes bestimmt ist. § 15 RVG bleibt unberührt. (3) Wird dem Rechtsanwalt die Verteidigung oder Vertretung für das Verfahren übertragen, werden die nach dieser Nummer entstandenen Gebühren auf die für die Verteidigung oder Vertretung entstehenden Gebühren angerechnet. (4) Eine Gebühr nach dieser Vorschrift entsteht jeweils auch für das Verfahren nach der WDO vor einem Disziplinarvorgesetzten auf Aufhebung oder Änderung einer Disziplinarmaßnahme und im gerichtlichen Verfahren vor dem Wehrdienstgericht.	20,00 bis 300,00 €	128,00 €

Teil 7: Auslagen

Nr.	Auslagentatbestand	Höhe
Vorbemerkung 7: (1) Mit den Gebühren werden auch die allgemeinen Geschäftskosten entgolten. Soweit nachfolgend nichts anderes bestimmt ist, kann der Rechtsanwalt Ersatz der entstandenen Aufwendungen (§ 675 i.V.m. § 670 BGB) verlangen. (2) Eine Geschäftsreise liegt vor, wenn das Reiseziel außerhalb der Gemeinde liegt, in der sich die Kanzlei oder die Wohnung des Rechtsanwalts befindet. (3) Dient eine Reise mehreren Geschäften, sind die entstandenen Auslagen nach den Nummern 7003 bis 7006 nach dem Verhältnis der Kosten zu verteilen, die bei gesonderter Ausführung der einzelnen Geschäfte entstanden wären. Ein Rechtsanwalt, der seine Kanzlei an einen anderen Ort verlegt, kann bei Fortführung eines ihm vorher erteilten Auftrags Auslagen		

Nr.	Auslagentatbestand	Höhe
nach den Nummern 7003 bis 7006 nur insoweit verlangen, als sie auch von seiner bisherigen Kanzlei aus entstanden wären.		
7000	Pauschale für die Herstellung und Überlassung von Dokumenten: 1. für Kopien und Ausdrucke a) aus Behörden- und Gerichtsakten, soweit deren Herstellung zur sachgemäßen Bearbeitung der Rechtssache geboten war, b) zur Zustellung oder Mitteilung an Gegner oder Beteiligte und Verfahrensbevollmächtigte aufgrund einer Rechtsvorschrift oder nach Aufforderung durch das Gericht, die Behörde oder die sonst das Verfahren führende Stelle, soweit hierfür mehr als 100 Seiten zu fertigen waren, c) zur notwendigen Unterrichtung des Auftraggebers, soweit hierfür mehr als 100 Seiten zu fertigen waren, d) in sonstigen Fällen nur, wenn sie im Einverständnis mit dem Auftraggeber zusätzlich, auch zur Unterrichtung Dritter, angefertigt worden sind:	
	für die ersten 50 abzurechnenden Seiten je Seite	0,50 €
	für jede weitere Seite	0,15 €
	für die ersten 50 abzurechnenden Seiten in Farbe je Seite .	1,00 €
	für jede weitere Seite in Farbe	0,30 €
	2. Überlassung von elektronisch gespeicherten Dateien oder deren Bereitstellung zum Abruf anstelle der in Nummer 1 Buchstabe d genannten Kopien und Ausdrucke:	
	je Datei	1,50 €
	für die in einem Arbeitsgang überlassenen, bereitgestellten oder in einem Arbeitsgang auf denselben Datenträger übertragenen Dokumente insgesamt höchstens	5,00 €
	(1) Die Höhe der Dokumentenpauschale nach Nummer 1 ist in derselben Angelegenheit und in gerichtlichen Verfahren in demselben Rechtszug einheitlich zu berechnen. Eine Übermittlung durch den Rechtsanwalt per Telefax steht der Herstellung einer Kopie gleich. (2) Werden zum Zweck der Überlassung von elektronisch gespeicherten Dateien Dokumente im Einverständnis mit dem Auftraggeber zuvor von der Papierform in die elektronische Form übertragen, beträgt die Dokumentenpauschale nach Nummer 2 nicht weniger, als die Dokumentenpauschale im Fall der Nummer 1 betragen würde.	
7001	Entgelte für Post- und Telekommunikationsdienstleistungen	in voller Höhe
	Für die durch die Geltendmachung der Vergütung entstehenden Entgelte kann kein Ersatz verlangt werden.	

RVG

Nr.	Auslagentatbestand	Höhe
7002	Pauschale für Entgelte für Post- und Telekommunikationsdienstleistungen ... (1) Die Pauschale kann in jeder Angelegenheit anstelle der tatsächlichen Auslagen nach Nummer 7001 gefordert werden. (2) Werden Gebühren aus der Staatskasse gezahlt, sind diese maßgebend.	20 % der Gebühren – höchstens 20,00 €
7003	Fahrtkosten für eine Geschäftsreise bei Benutzung eines eigenen Kraftfahrzeugs für jeden gefahrenen Kilometer ... Mit den Fahrtkosten sind die Anschaffungs-, Unterhaltungs- und Betriebskosten sowie die Abnutzung des Kraftfahrzeugs abgegolten.	0,30 €
7004	Fahrtkosten für eine Geschäftsreise bei Benutzung eines anderen Verkehrsmittels, soweit sie angemessen sind ...	in voller Höhe
7005	Tage- und Abwesenheitsgeld bei einer Geschäftsreise	
	1. von nicht mehr als 4 Stunden ...	25,00 €
	2. von mehr als 4 bis 8 Stunden ...	40,00 €
	3. von mehr als 8 Stunden ... Bei Auslandsreisen kann zu diesen Beträgen ein Zuschlag von 50 % berechnet werden.	70,00 €
7006	Sonstige Auslagen anlässlich einer Geschäftsreise, soweit sie angemessen sind ...	in voller Höhe
7007	Im Einzelfall gezahlte Prämie für eine Haftpflichtversicherung für Vermögensschäden, soweit die Prämie auf Haftungsbeträge von mehr als 30 Mio. € entfällt ... Soweit sich aus der Rechnung des Versicherers nichts anderes ergibt, ist von der Gesamtprämie der Betrag zu erstatten, der sich aus dem Verhältnis der 30 Mio. € übersteigenden Versicherungssumme zu der Gesamtversicherungssumme ergibt.	in voller Höhe
7008	Umsatzsteuer auf die Vergütung ... Dies gilt nicht, wenn die Umsatzsteuer nach § 19 Abs. 1 UStG unerhoben bleibt.	in voller Höhe

Anlage 2
(zu § 13 Absatz 1 Satz 3)

Gegenstandswert bis … Euro	Gebühr … Euro	Gegenstandswert bis … Euro	Gebühr … Euro
500	45,00	**50 000**	1 163,00
1 000	80,00	**65 000**	1 248,00
1 500	115,00	**80 000**	1 333,00
2 000	150,00	**95 000**	1 418,00
3 000	201,00	**110 000**	1 503,00
4 000	252,00	**125 000**	1 588,00
5 000	303,00	**140 000**	1 673,00
6 000	354,00	**155 000**	1 758,00
7 000	405,00	**170 000**	1 843,00
8 000	456,00	**185 000**	1 928,00
9 000	507,00	**200 000**	2 013,00
10 000	558,00	**230 000**	2 133,00
13 000	604,00	**260 000**	2 253,00
16 000	650,00	**290 000**	2 373,00
19 000	696,00	**320 000**	2 493,00
22 000	742,00	**350 000**	2 613,00
25 000	788,00	**380 000**	2 733,00
30 000	863,00	**410 000**	2 853,00
35 000	938,00	**440 000**	2 973,00
40 000	1 013,00	**470 000**	3 093,00
45 000	1 088,00	**500 000**	3 213,00

Tabelle: Rechtsanwaltsgebühren nach § 13 RVG

Wert bis ... €	1,0	0,3	0,4	0,5	0,55	0,75	0,8	1,1	1,2
500	45,00	15,00*	18,00	22,50	24,75	33,75	36,00	49,50	54,00
1.000	80,00	24,00	32,00	40,00	44,00	60,00	64,00	88,00	96,00
1.500	115,00	34,50	46,00	57,50	63,25	86,25	92,00	126,50	138,00
2.000	150,00	45,00	60,00	75,00	82,50	112,50	120,00	165,00	180,00
3.000	201,00	60,30	80,40	100,50	110,55	150,75	160,80	221,10	241,20
4.000	252,00	75,60	100,80	126,00	138,60	189,00	201,60	277,20	302,40
5.000	303,00	90,90	121,20	151,50	166,65	227,25	242,40	333,30	363,60
6.000	354,00	106,20	141,60	177,00	194,70	265,50	283,20	389,40	424,80
7.000	405,00	121,50	162,00	202,50	222,75	303,75	324,00	445,50	486,00
8.000	456,00	136,80	182,40	228,00	250,80	342,00	364,80	501,60	547,20
9.000	507,00	152,10	202,80	253,50	278,85	380,25	405,60	557,70	608,40
10.000	558,00	167,40	223,20	279,00	306,90	418,50	446,40	613,80	669,60
13.000	604,00	181,20	241,60	302,00	332,20	453,00	483,20	664,40	724,80
16.000	650,00	195,00	260,00	325,00	357,50	487,50	520,00	715,00	780,00
19.000	696,00	208,80	278,40	348,00	382,80	522,00	556,80	765,60	835,20
22.000	742,00	222,60	296,80	371,00	408,10	556,50	593,60	816,20	890,40
25.000	788,00	236,40	315,20	394,00	433,40	591,00	630,40	866,80	945,60
30.000	863,00	258,90	345,20	431,50	474,65	647,25	690,40	949,30	1.035,60
35.000	938,00	281,40	375,20	469,00	515,90	703,50	750,40	1.031,80	1.125,60
40.000	1.013,00	303,90	405,20	506,50	557,15	759,75	810,40	1.114,30	1.215,60
45.000	1.088,00	326,40	435,20	544,00	598,40	816,00	870,40	1.196,80	1.305,60
50.000	1.163,00	348,90	465,20	581,50	639,65	872,25	930,40	1.279,30	1.395,60
65.000	1.248,00	374,40	499,20	624,00	686,40	936,00	998,40	1.372,80	1.497,60
80.000	1.333,00	399,90	533,20	666,50	733,15	999,75	1.066,40	1.466,30	1.599,60
95.000	1.418,00	425,40	567,20	709,00	779,90	1.063,50	1.134,40	1.559,80	1.701,60
110.000	1.503,00	450,90	601,20	751,50	826,65	1.127,25	1.202,40	1.653,30	1.803,60
125.000	1.588,00	476,40	635,20	794,00	873,40	1.191,00	1.270,40	1.746,80	1.905,60
140.000	1.673,00	501,90	669,20	836,50	920,15	1.254,75	1.338,40	1.840,30	2.007,60
155.000	1.758,00	527,40	703,20	879,00	966,90	1.318,50	1.406,40	1.933,80	2.109,60
170.000	1.843,00	552,90	737,20	921,50	1.013,65	1.382,25	1.474,40	2.027,30	2.211,60
185.000	1.928,00	578,40	771,20	964,00	1.060,40	1.446,00	1.542,40	2.120,80	2.313,60
200.000	2.013,00	603,90	805,20	1.006,50	1.107,15	1.509,75	1.610,40	2.214,30	2.415,60
230.000	2.133,00	639,90	853,20	1.066,50	1.173,15	1.599,75	1.706,40	2.346,30	2.559,60
260.000	2.253,00	675,90	901,20	1.126,50	1.239,15	1.689,75	1.802,40	2.478,30	2.703,60
290.000	2.373,00	711,90	949,20	1.186,50	1.305,15	1.779,75	1.898,40	2.610,30	2.847,60
320.000	2.493,00	747,90	997,20	1.246,50	1.371,15	1.869,75	1.994,40	2.742,30	2.991,60
350.000	2.613,00	783,90	1.045,20	1.306,50	1.437,15	1.959,75	2.090,40	2.874,30	3.135,60
380.000	2.733,00	819,90	1.093,20	1.366,50	1.503,15	2.049,75	2.186,40	3.006,30	3.279,60
410.000	2.853,00	855,90	1.141,20	1.426,50	1.569,15	2.139,75	2.282,40	3.138,30	3.423,60
440.000	2.973,00	891,90	1.189,20	1.486,50	1.635,15	2.229,75	2.378,40	3.270,30	3.567,60
470.000	3.093,00	927,90	1.237,20	1.546,50	1.701,15	2.319,75	2.474,40	3.402,30	3.711,60
500.000	3.213,00	963,90	1.285,20	1.606,50	1.767,15	2.409,75	2.570,40	3.534,30	3.855,60
550.000	3.363,00	1.008,90	1.345,20	1.681,50	1.849,65	2.522,25	2.690,40	3.699,30	4.035,60
600.000	3.513,00	1.053,90	1.405,20	1.756,50	1.932,15	2.634,75	2.810,40	3.864,30	4.215,60
650.000	3.663,00	1.098,90	1.465,20	1.831,50	2.014,65	2.747,25	2.930,40	4.029,30	4.395,60
700.000	3.813,00	1.143,90	1.525,20	1.906,50	2.097,15	2.859,75	3.050,40	4.194,30	4.575,60
750.000	3.963,00	1.188,90	1.585,20	1.981,50	2.179,65	2.972,25	3.170,40	4.359,30	4.755,60
800.000	4.113,00	1.233,90	1.645,20	2.056,50	2.262,15	3.084,75	3.290,40	4.524,30	4.935,60
850.000	4.263,00	1.278,90	1.705,20	2.131,50	2.344,65	3.197,25	3.410,40	4.689,30	5.115,60
900.000	4.413,00	1.323,90	1.765,20	2.206,50	2.427,15	3.309,75	3.530,40	4.854,30	5.295,60
950.000	4.563,00	1.368,90	1.825,20	2.281,50	2.509,65	3.422,25	3.650,40	5.019,30	5.475,60
1.000.000	4.713,00	1.413,90	1.885,20	2.356,50	2.592,15	3.534,75	3.770,40	5.184,30	5.655,60
1.050.000	4.863,00	1.458,90	1.945,20	2.431,50	2.674,65	3.647,25	3.890,40	5.349,30	5.835,60
1.100.000	5.013,00	1.503,90	2.005,20	2.506,50	2.757,15	3.759,75	4.010,40	5.514,30	6.015,60
1.150.000	5.163,00	1.548,90	2.065,20	2.581,50	2.839,65	3.872,25	4.130,40	5.679,30	6.195,60
1.200.000	5.313,00	1.593,90	2.125,20	2.656,50	2.922,15	3.984,75	4.250,40	5.844,30	6.375,60
1.250.000	5.463,00	1.638,90	2.185,20	2.731,50	3.004,65	4.097,25	4.370,40	6.009,30	6.555,60

* Mindestgebühr nach § 13 Abs. 2 RVG. Als Erhöhungswert für mehrere Auftraggeber (Nr. 1008 VV) sind 13,50 € anzusetzen (0,3 Ausgangsgebühr in Höhe von 13,50 € [und nicht die Mindestgebühr in Höhe von 15,00 €]), bei zwei Erhöhungsgebühren also 2 × 0,3 in Höhe von 13,50 € = 27,00 €.

Wert bis ... €	1,3	1,5	1,6	1,8	2,3	2,5	2,8	3,0
500	58,50	67,50	72,00	81,00	103,50	112,50	126,00	135,00
1.000	104,00	120,00	128,00	144,00	184,00	200,00	224,00	240,00
1.500	149,50	172,50	184,00	207,00	264,50	287,50	322,00	345,00
2.000	195,00	225,00	240,00	270,00	345,00	375,00	420,00	450,00
3.000	261,30	301,50	321,60	361,80	462,30	502,50	562,80	603,00
4.000	327,60	378,00	403,20	453,60	579,60	630,00	705,60	756,00
5.000	393,90	454,50	484,80	545,40	696,90	757,50	848,40	909,00
6.000	460,20	531,00	566,40	637,20	814,20	885,00	991,20	1.062,00
7.000	526,50	607,50	648,00	729,00	931,50	1.012,50	1.134,00	1.215,00
8.000	592,80	684,00	729,60	820,80	1.048,80	1.140,00	1.276,80	1.368,00
9.000	659,10	760,50	811,20	912,60	1.166,10	1.267,50	1.419,60	1.521,00
10.000	725,40	837,00	892,80	1.004,40	1.283,40	1.395,00	1.562,40	1.674,00
13.000	785,20	906,00	966,40	1.087,20	1.389,20	1.510,00	1.691,20	1.812,00
16.000	845,00	975,00	1.040,00	1.170,00	1.495,00	1.625,00	1.820,00	1.950,00
19.000	904,80	1.044,00	1.113,60	1.252,80	1.600,80	1.740,00	1.948,80	2.088,00
22.000	964,60	1.113,00	1.187,20	1.335,60	1.706,60	1.855,00	2.077,60	2.226,00
25.000	1.024,40	1.182,00	1.260,80	1.418,40	1.812,40	1.970,00	2.206,40	2.364,00
30.000	1.121,90	1.294,50	1.380,80	1.553,40	1.984,90	2.157,50	2.416,40	2.589,00
35.000	1.219,40	1.407,00	1.500,80	1.688,40	2.157,40	2.345,00	2.626,40	2.814,00
40.000	1.316,90	1.519,50	1.620,80	1.823,40	2.329,90	2.532,50	2.836,40	3.039,00
45.000	1.414,40	1.632,00	1.740,80	1.958,40	2.502,40	2.720,00	3.046,40	3.264,00
50.000	1.511,90	1.744,50	1.860,80	2.093,40	2.674,90	2.907,50	3.256,40	3.489,00
65.000	1.622,40	1.872,00	1.996,80	2.246,40	2.870,40	3.120,00	3.494,40	3.744,00
80.000	1.732,90	1.999,50	2.132,80	2.399,40	3.065,90	3.332,50	3.732,40	3.999,00
95.000	1.843,40	2.127,00	2.268,80	2.552,40	3.261,40	3.545,00	3.970,40	4.254,00
110.000	1.953,90	2.254,50	2.404,80	2.705,40	3.456,90	3.757,50	4.208,40	4.509,00
125.000	2.064,40	2.382,00	2.540,80	2.858,40	3.652,40	3.970,00	4.446,40	4.764,00
140.000	2.174,90	2.509,50	2.676,80	3.011,40	3.847,90	4.182,50	4.684,40	5.019,00
155.000	2.285,40	2.637,00	2.812,80	3.164,40	4.043,40	4.395,00	4.922,40	5.274,00
170.000	2.395,90	2.764,50	2.948,80	3.317,40	4.238,90	4.607,50	5.160,40	5.529,00
185.000	2.506,40	2.892,00	3.084,80	3.470,40	4.434,40	4.820,00	5.398,40	5.784,00
200.000	2.616,90	3.019,50	3.220,80	3.623,40	4.629,90	5.032,50	5.636,40	6.039,00
230.000	2.772,90	3.199,50	3.412,80	3.839,40	4.905,90	5.332,50	5.972,40	6.399,00
260.000	2.928,90	3.379,50	3.604,80	4.055,40	5.181,90	5.632,50	6.308,40	6.759,00
290.000	3.084,90	3.559,50	3.796,80	4.271,40	5.457,90	5.932,50	6.644,40	7.119,00
320.000	3.240,90	3.739,50	3.988,80	4.487,40	5.733,90	6.232,50	6.980,40	7.479,00
350.000	3.396,90	3.919,50	4.180,80	4.703,40	6.009,90	6.532,50	7.316,40	7.839,00
380.000	3.552,90	4.099,50	4.372,80	4.919,40	6.285,90	6.832,50	7.652,40	8.199,00
410.000	3.708,90	4.279,50	4.564,80	5.135,40	6.561,90	7.132,50	7.988,40	8.559,00
440.000	3.864,90	4.459,50	4.756,80	5.351,40	6.837,90	7.432,50	8.324,40	8.919,00
470.000	4.020,90	4.639,50	4.948,80	5.567,40	7.113,90	7.732,50	8.660,40	9.279,00
500.000	4.176,90	4.819,50	5.140,80	5.783,40	7.389,90	8.032,50	8.996,40	9.639,00
550.000	4.371,90	5.044,50	5.380,80	6.053,40	7.734,90	8.407,50	9.416,40	10.089,00
600.000	4.566,90	5.269,50	5.620,80	6.323,40	8.079,90	8.782,50	9.836,40	10.539,00
650.000	4.761,90	5.494,50	5.860,80	6.593,40	8.424,90	9.157,50	10.256,40	10.989,00
700.000	4.956,90	5.719,50	6.100,80	6.863,40	8.769,90	9.532,50	10.676,40	11.439,00
750.000	5.151,90	5.944,50	6.340,80	7.133,40	9.114,90	9.907,50	11.096,40	11.889,00
800.000	5.346,90	6.169,50	6.580,80	7.403,40	9.459,90	10.282,50	11.516,40	12.339,00
850.000	5.541,90	6.394,50	6.820,80	7.673,40	9.804,90	10.657,50	11.936,40	12.789,00
900.000	5.736,90	6.619,50	7.060,80	7.943,40	10.149,90	11.032,50	12.356,40	13.239,00
950.000	5.931,90	6.844,50	7.300,80	8.213,40	10.494,90	11.407,50	12.776,40	13.689,00
1.000.000	6.126,90	7.069,50	7.540,80	8.483,40	10.839,90	11.782,50	13.196,40	14.139,00
1.050.000	6.321,90	7.294,50	7.780,80	8.753,40	11.184,90	12.157,50	13.616,40	14.589,00
1.100.000	6.516,90	7.519,50	8.020,80	9.023,40	11.529,90	12.532,50	14.036,40	15.039,00
1.150.000	6.711,90	7.744,50	8.260,80	9.293,40	11.874,90	12.907,50	14.456,40	15.489,00
1.200.000	6.906,90	7.969,50	8.500,80	9.563,40	12.219,90	13.282,50	14.876,40	15.939,00
1.250.000	7.101,90	8.194,50	8.740,80	9.833,40	12.564,90	13.657,50	15.296,40	16.389,00

Wert bis … €	1,0	0,3	0,4	0,5	0,55	0,75	0,8	1,1	1,2
1.300.000	5.613,00	1.683,90	2.245,20	2.806,50	3.087,15	4.209,75	4.490,40	6.174,30	6.735,60
1.350.000	5.763,00	1.728,90	2.305,20	2.881,50	3.169,65	4.322,25	4.610,40	6.339,30	6.915,60
1.400.000	5.913,00	1.773,90	2.365,20	2.956,50	3.252,15	4.434,75	4.730,40	6.504,30	7.095,60
1.450.000	6.063,00	1.818,90	2.425,20	3.031,50	3.334,65	4.547,25	4.850,40	6.669,30	7.275,60
1.500.000	6.213,00	1.863,90	2.485,20	3.106,50	3.417,15	4.659,75	4.970,40	6.834,30	7.455,60
1.550.000	6.363,00	1.908,90	2.545,20	3.181,50	3.499,65	4.772,25	5.090,40	6.999,30	7.635,60
1.600.000	6.513,00	1.953,90	2.605,20	3.256,50	3.582,15	4.884,75	5.210,40	7.164,30	7.815,60
1.650.000	6.663,00	1.998,90	2.665,20	3.331,50	3.664,65	4.997,25	5.330,40	7.329,30	7.995,60
1.700.000	6.813,00	2.043,90	2.725,20	3.406,50	3.747,15	5.109,75	5.450,40	7.494,30	8.175,60
1.750.000	6.963,00	2.088,90	2.785,20	3.481,50	3.829,65	5.222,25	5.570,40	7.659,30	8.355,60
1.800.000	7.113,00	2.133,90	2.845,20	3.556,50	3.912,15	5.334,75	5.690,40	7.824,30	8.535,60
1.850.000	7.263,00	2.178,90	2.905,20	3.631,50	3.994,65	5.447,25	5.810,40	7.989,30	8.715,60
1.900.000	7.413,00	2.223,90	2.965,20	3.706,50	4.077,15	5.559,75	5.930,40	8.154,30	8.895,60
1.950.000	7.563,00	2.268,90	3.025,20	3.781,50	4.159,65	5.672,25	6.050,40	8.319,30	9.075,60
2.000.000	7.713,00	2.313,90	3.085,20	3.856,50	4.242,15	5.784,75	6.170,40	8.484,30	9.255,60
2.050.000	7.863,00	2.358,90	3.145,20	3.931,50	4.324,65	5.897,25	6.290,40	8.649,30	9.435,60
2.100.000	8.013,00	2.403,90	3.205,20	4.006,50	4.407,15	6.009,75	6.410,40	8.814,30	9.615,60
2.150.000	8.163,00	2.448,90	3.265,20	4.081,50	4.489,65	6.122,25	6.530,40	8.979,30	9.795,60
2.200.000	8.313,00	2.493,90	3.325,20	4.156,50	4.572,15	6.234,75	6.650,40	9.144,30	9.975,60
2.250.000	8.463,00	2.538,90	3.385,20	4.231,50	4.654,65	6.347,25	6.770,40	9.309,30	10.155,60
2.300.000	8.613,00	2.583,90	3.445,20	4.306,50	4.737,15	6.459,75	6.890,40	9.474,30	10.335,60
2.350.000	8.763,00	2.628,90	3.505,20	4.381,50	4.819,65	6.572,25	7.010,40	9.639,30	10.515,60
2.400.000	8.913,00	2.673,90	3.565,20	4.456,50	4.902,15	6.684,75	7.130,40	9.804,30	10.695,60
2.450.000	9.063,00	2.718,90	3.625,20	4.531,50	4.984,65	6.797,25	7.250,40	9.969,30	10.875,60
2.500.000	9.213,00	2.763,90	3.685,20	4.606,50	5.067,15	6.909,75	7.370,40	10.134,30	11.055,60

Zwischenwerte

50.000	150,00	45,00	60,00	75,00	82,50	112,50	120,00	165,00	180,00
100.000	300,00	90,00	120,00	150,00	165,00	225,00	240,00	330,00	360,00
150.000	450,00	135,00	180,00	225,00	247,50	337,50	360,00	495,00	540,00
200.000	600,00	180,00	240,00	300,00	330,00	450,00	480,00	660,00	720,00
250.000	750,00	225,00	300,00	375,00	412,50	562,50	600,00	825,00	900,00
300.000	900,00	270,00	360,00	450,00	495,00	675,00	720,00	990,00	1.080,00
350.000	1.050,00	315,00	420,00	525,00	577,50	787,50	840,00	1.155,00	1.260,00
400.000	1.200,00	360,00	480,00	600,00	660,00	900,00	960,00	1.320,00	1.440,00
450.000	1.350,00	405,00	540,00	675,00	742,50	1.012,50	1.080,00	1.485,00	1.620,00
500.000	1.500,00	450,00	600,00	750,00	825,00	1.125,00	1.200,00	1.650,00	1.800,00
550.000	1.650,00	495,00	660,00	825,00	907,50	1.237,50	1.320,00	1.815,00	1.980,00
600.000	1.800,00	540,00	720,00	900,00	990,00	1.350,00	1.440,00	1.980,00	2.160,00
650.000	1.950,00	585,00	780,00	975,00	1.072,50	1.462,50	1.560,00	2.145,00	2.340,00
700.000	2.100,00	630,00	840,00	1.050,00	1.155,00	1.575,00	1.680,00	2.310,00	2.520,00
750.000	2.250,00	675,00	900,00	1.125,00	1.237,50	1.687,50	1.800,00	2.475,00	2.700,00
800.000	2.400,00	720,00	960,00	1.200,00	1.320,00	1.800,00	1.920,00	2.640,00	2.880,00
850.000	2.550,00	765,00	1.020,00	1.275,00	1.402,50	1.912,50	2.040,00	2.805,00	3.060,00
900.000	2.700,00	810,00	1.080,00	1.350,00	1.485,00	2.025,00	2.160,00	2.970,00	3.240,00
950.000	2.850,00	855,00	1.140,00	1.425,00	1.567,50	2.137,50	2.280,00	3.135,00	3.420,00
1.000.000	3.000,00	900,00	1.200,00	1.500,00	1.650,00	2.250,00	2.400,00	3.300,00	3.600,00

Die Gebühren für über 2.500.000 € von dem auf 50.000 € aufgerundeten Gesamtwert:

‰	3,00	0,90	1,20	1,50	1,65	2,25	2,40	3,30	3,60
+ €	1.713,00	513,90	685,20	856,50	942,15	1.284,75	1.370,40	1.884,30	2.055,60

Wert bis … €	1,3	1,5	1,6	1,8	2,3	2,5	2,8	3,0
1.300.000	7.296,90	8.419,50	8.980,80	10.103,40	12.909,90	14.032,50	15.716,40	16.839,00
1.350.000	7.491,90	8.644,50	9.220,80	10.373,40	13.254,90	14.407,50	16.136,40	17.289,00
1.400.000	7.686,90	8.869,50	9.460,80	10.643,40	13.599,90	14.782,50	16.556,40	17.739,00
1.450.000	7.881,90	9.094,50	9.700,80	10.913,40	13.944,90	15.157,50	16.976,40	18.189,00
1.500.000	8.076,90	9.319,50	9.940,80	11.183,40	14.289,90	15.532,50	17.396,40	18.639,00
1.550.000	8.271,90	9.544,50	10.180,80	11.453,40	14.634,90	15.907,50	17.816,40	19.089,00
1.600.000	8.466,90	9.769,50	10.420,80	11.723,40	14.979,90	16.282,50	18.236,40	19.539,00
1.650.000	8.661,90	9.994,50	10.660,80	11.993,40	15.324,90	16.657,50	18.656,40	19.989,00
1.700.000	8.856,90	10.219,50	10.900,80	12.263,40	15.669,90	17.032,50	19.076,40	20.439,00
1.750.000	9.051,90	10.444,50	11.140,80	12.533,40	16.014,90	17.407,50	19.496,40	20.889,00
1.800.000	9.246,90	10.669,50	11.380,80	12.803,40	16.359,90	17.782,50	19.916,40	21.339,00
1.850.000	9.441,90	10.894,50	11.620,80	13.073,40	16.704,90	18.157,50	20.336,40	21.789,00
1.900.000	9.636,90	11.119,50	11.860,80	13.343,40	17.049,90	18.532,50	20.756,40	22.239,00
1.950.000	9.831,90	11.344,50	12.100,80	13.613,40	17.394,90	18.907,50	21.176,40	22.689,00
2.000.000	10.026,90	11.569,50	12.340,80	13.883,40	17.739,90	19.282,50	21.596,40	23.139,00
2.050.000	10.221,90	11.794,50	12.580,80	14.153,40	18.084,90	19.657,50	22.016,40	23.589,00
2.100.000	10.416,90	12.019,50	12.820,80	14.423,40	18.429,90	20.032,50	22.436,40	24.039,00
2.150.000	10.611,90	12.244,50	13.060,80	14.693,40	18.774,90	20.407,50	22.856,40	24.489,00
2.200.000	10.806,90	12.469,50	13.300,80	14.963,40	19.119,90	20.782,50	23.276,40	24.939,00
2.250.000	11.001,90	12.694,50	13.540,80	15.233,40	19.464,90	21.157,50	23.696,40	25.389,00
2.300.000	11.196,90	12.919,50	13.780,80	15.503,40	19.809,90	21.532,50	24.116,40	25.839,00
2.350.000	11.391,90	13.144,50	14.020,80	15.773,40	20.154,90	21.907,50	24.536,40	26.289,00
2.400.000	11.586,90	13.369,50	14.260,80	16.043,40	20.499,90	22.282,50	24.956,40	26.739,00
2.450.000	11.781,90	13.594,50	14.500,80	16.313,40	20.844,90	22.657,50	25.376,40	27.189,00
2.500.000	11.976,90	13.819,50	14.740,80	16.583,40	21.189,90	23.032,50	25.796,40	27.639,00
50.000	195,00	225,00	240,00	270,00	345,00	375,00	420,00	450,00
100.000	390,00	450,00	480,00	540,00	690,00	750,00	840,00	900,00
150.000	585,00	675,00	720,00	810,00	1.035,00	1.125,00	1.260,00	1.350,00
200.000	780,00	900,00	960,00	1.080,00	1.380,00	1.500,00	1.680,00	1.800,00
250.000	975,00	1.125,00	1.200,00	1.350,00	1.725,00	1.875,00	2.100,00	2.250,00
300.000	1.170,00	1.350,00	1.440,00	1.620,00	2.070,00	2.250,00	2.520,00	2.700,00
350.000	1.365,00	1.575,00	1.680,00	1.890,00	2.415,00	2.625,00	2.940,00	3.150,00
400.000	1.560,00	1.800,00	1.920,00	2.160,00	2.760,00	3.000,00	3.360,00	3.600,00
450.000	1.755,00	2.025,00	2.160,00	2.430,00	3.105,00	3.375,00	3.780,00	4.050,00
500.000	1.950,00	2.250,00	2.400,00	2.700,00	3.450,00	3.750,00	4.200,00	4.500,00
550.000	2.145,00	2.475,00	2.640,00	2.970,00	3.795,00	4.125,00	4.620,00	4.950,00
600.000	2.340,00	2.700,00	2.880,00	3.240,00	4.140,00	4.500,00	5.040,00	5.400,00
650.000	2.535,00	2.925,00	3.120,00	3.510,00	4.485,00	4.875,00	5.460,00	5.850,00
700.000	2.730,00	3.150,00	3.360,00	3.780,00	4.830,00	5.250,00	5.880,00	6.300,00
750.000	2.925,00	3.375,00	3.600,00	4.050,00	5.175,00	5.625,00	6.300,00	6.750,00
800.000	3.120,00	3.600,00	3.840,00	4.320,00	5.520,00	6.000,00	6.720,00	7.200,00
850.000	3.315,00	3.825,00	4.080,00	4.590,00	5.865,00	6.375,00	7.140,00	7.650,00
900.000	3.510,00	4.050,00	4.320,00	4.860,00	6.210,00	6.750,00	7.560,00	8.100,00
950.000	3.705,00	4.275,00	4.560,00	5.130,00	6.555,00	7.125,00	7.980,00	8.550,00
1.000.000	3.900,00	4.500,00	4.800,00	5.400,00	6.900,00	7.500,00	8.400,00	9.000,00
‰	3,90	4,50	4,80	5,40	6,90	7,50	8,40	9,00
+ €	2.226,90	2.569,50	2.740,80	3.083,40	3.939,90	4.282,50	4.796,40	5.139,00

Vergütungsverordnung für Steuerberater, Steuerbevollmächtigte und Steuerberatungsgesellschaften (Steuerberatervergütungsverordnung – StBVV) – Auszug –

Vom 17. Dezember 1981, BGBl. I S. 1442
BGBl. III 610-10-7

Zuletzt geändert durch Artikel 7 der Verordnung
vom 12. Juli 2017, BGBl. I S. 2360

Inhaltsübersicht

§ 10 Wertgebühren (1) [1]Die Wertgebühren bestimmen sich nach den der Verordnung als Anlage beigefügten Tabellen A bis E. [2]Sie werden nach dem Wert berechnet, den der Gegenstand der beruflichen Tätigkeit hat. [3]Maßgebend ist, soweit diese Verordnung nichts anderes bestimmt, der Wert des Interesses.

(2) [1]In derselben Angelegenheit werden die Werte mehrerer Gegenstände zusammengerechnet; dies gilt nicht für die in den §§ 24 bis 27, 30, 35 und 37 bezeichneten Tätigkeiten.

§ 13 Zeitgebühr [1]Die Zeitgebühr ist zu berechnen

1. in den Fällen, in denen diese Verordnung dies vorsieht,
2. wenn keine genügenden Anhaltspunkte für eine Schätzung des Gegenstandswerts vorliegen; dies gilt nicht für Tätigkeiten nach § 23 sowie für die Vertretung im außergerichtlichen Rechtsbehelfsverfahren (§ 40), im

Verwaltungsvollstreckungsverfahren (§ 44) und in gerichtlichen und anderen Verfahren (§§ 45, 46).
[2]Sie beträgt 30 bis 70 Euro je angefangene halbe Stunde.

§ 23 Sonstige Einzeltätigkeiten [1]Die Gebühr beträgt für

1.	die Berichtigung einer Erklärung	2/10 bis 10/10
2.	einen Antrag auf Stundung	2/10 bis 8/10
3.	einen Antrag auf Anpassung der Vorauszahlungen	2/10 bis 8/10
4.	einen Antrag auf abweichende Steuerfestsetzung aus Billigkeitsgründen	2/10 bis 8/10
5.	einen Antrag auf Erlaß von Ansprüchen aus dem Steuerschuldverhältnis oder aus zollrechtlichen Bestimmungen	2/10 bis 8/10
6.	einen Antrag auf Erstattung (§ 37 Abs. 2 der Abgabenordnung)	2/10 bis 8/10
7.	einen Antrag auf Aufhebung oder Änderung eines Steuerbescheides oder einer Steueranmeldung	2/10 bis 10/10
8.	einen Antrag auf volle oder teilweise Rücknahme oder auf vollen oder teilweisen Widerruf eines Verwaltungsaktes	4/10 bis 10/10
9.	einen Antrag auf Wiedereinsetzung in den vorigen Stand außerhalb eines Rechtsbehelfsverfahrens	4/10 bis 10/10
10.	sonstige Anträge, soweit sie nicht in Steuererklärungen gestellt werden	2/10 bis 10/10

einer vollen Gebühr nach Tabelle A (Anlage 1). [2]Soweit Tätigkeiten nach den Nummern 1 bis 10 denselben Gegenstand betreffen, ist nur eine Tätigkeit maßgebend, und zwar die mit dem höchsten oberen Gebührenrahmen.

§ 24 Steuererklärungen (1) [1]Der Steuerberater erhält für die Anfertigung

1.	der Einkommensteuererklärung ohne Ermittlung der einzelnen Einkünfte einer vollen Gebühr nach Tabelle A (Anlage 1); Gegenstandswert ist die Summe der positiven Einkünfte, jedoch mindestens 8 000 Euro;	1/10 bis 6/10
2.	der Erklärung zur gesonderten Feststellung der Einkünfte ohne Ermittlung der Einkünfte einer vollen Gebühr nach Tabelle A (Anlage 1); Gegenstandswert ist die Summe der positiven Einkünfte, jedoch mindestens 8 000 Euro;	1/10 bis 5/10

3. der Körperschaftsteuererklärung — 2/10 bis 8/10
einer vollen Gebühr nach Tabelle A (Anlage 1); Gegenstandswert ist das Einkommen vor Berücksichtigung eines Verlustabzugs, jedoch mindestens 16 000 Euro; bei der Anfertigung einer Körperschaftsteuererklärung für eine Organgesellschaft ist das Einkommen der Organgesellschaft vor Zurechnung maßgebend; das entsprechende Einkommen ist bei der Gegenstandswertberechnung des Organträgers zu kürzen;
4. (weggefallen)
5. der Erklärung zur Gewerbesteuer — 1/10 bis 6/10
einer vollen Gebühr nach Tabelle A (Anlage 1); Gegenstandswert ist der Gewerbeertrag vor Berücksichtigung des Freibetrags und eines Gewerbeverlustes, jedoch mindestens 8 000 Euro;
6. der Gewerbesteuerzerlegungserklärung — 1/10 bis 6/10
einer vollen Gebühr nach Tabelle A (Anlage 1); Gegenstandswert sind 10 Prozent der als Zerlegungsmaßstab erklärten Arbeitslöhne, jedoch mindestens 4 000 Euro;
7. der Umsatzsteuer-Voranmeldung sowie hierzu ergänzender Anträge und Meldungen einer vollen Gebühr nach Tabelle A (Anlage 1); Gegenstandswert sind 10 Prozent der Summe aus dem Gesamtbetrag der Entgelte und der Entgelte, für die der Leistungsempfänger Steuerschuldner ist, jedoch mindestens 650 Euro; — 1/10 bis 6/10
8. der Umsatzsteuererklärung für das Kalenderjahr einschließlich ergänzender Anträge und Meldungen — 1/10 bis 8/10
einer vollen Gebühr nach Tabelle A (Anlage 1); Gegenstandswert sind 10 Prozent der Summe aus dem Gesamtbetrag der Entgelte und der Entgelte, für die der Leistungsempfänger Steuerschuldner ist, jedoch mindestens 8 000 Euro;
9. (weggefallen)
10. der Vermögensteuererklärung oder der Erklärung zur gesonderten Feststellung des Vermögens von Gemeinschaften — 1/20 bis 18/20
einer vollen Gebühr nach Tabelle A (Anlage 1); Gegenstandswert ist das Rohvermögen, jedoch bei natürlichen Personen mindestens 12 500 Euro und bei Körperschaften, Personenvereinigungen und Vermögensmassen mindestens 25 000 Euro;

11. der Erklärung zur Feststellung nach dem Bewertungsgesetz oder dem Erbschaftsteuer- und Schenkungsteuergesetz	1/20 bis 18/20
einer vollen Gebühr nach Tabelle A (Anlage 1); Gegenstandswert ist der erklärte Wert, jedoch mindestens 25 000 Euro;	
12. der Erbschaftsteuererklärung ohne Ermittlung der Zugewinnausgleichsforderung nach § 5 des Erbschaftsteuer- und Schenkungsteuergesetzes	2/10 bis 10/10
einer vollen Gebühr nach Tabelle A (Anlage 1); Gegenstandswert ist der Wert des Erwerbs von Todes wegen vor Abzug der Schulden und Lasten, jedoch mindestens 16 000 Euro;	
13. der Schenkungsteuererklärung	2/10 bis 10/10
einer vollen Gebühr nach Tabelle A (Anlage 1); Gegenstandswert ist der Rohwert der Schenkung, jedoch mindestens 16 000 Euro;	
14. der Kapitalertragsteueranmeldung sowie für jede weitere Erklärung in Zusammenhang mit Kapitalerträgen	1/20 bis 6/20
einer vollen Gebühr nach Tabelle A (Anlage 1); Gegenstandswert ist die Summe der kapitalertragsteuerpflichtigen Kapitalerträge, jedoch mindestens 4 000 Euro;	
15. der Lohnsteuer-Anmeldung	1/20 bis 6/20
einer vollen Gebühr nach Tabelle A (Anlage 1); Gegenstandswert sind 20 Prozent der Arbeitslöhne einschließlich sonstiger Bezüge, jedoch mindestens 1 000 Euro;	
16. von Steuererklärungen auf dem Gebiet der Einfuhr- und Ausfuhrabgaben und der Verbrauchsteuern, die als Einfuhrabgaben erhoben werden,	1/10 bis 3/10
einer vollen Gebühr nach Tabelle A (Anlage 1); Gegenstandswert ist der Betrag, der sich bei Anwendung der höchsten in Betracht kommenden Abgabensätze auf die den Gegenstand der Erklärung bildenden Waren ergibt, jedoch mindestens 1 000 Euro;	
17. von Anmeldungen oder Erklärungen auf dem Gebiete der Verbrauchsteuern, die nicht als Einfuhrabgaben geschuldet werden,	1/10 bis 3/10
einer vollen Gebühr nach Tabelle A (Anlage 1); Gegenstandswert ist für eine Steueranmeldung der angemeldete Betrag und für eine Steuererklärung der festgesetzte Betrag, jedoch mindestens 1 000 Euro;	

18. von Anträgen auf Gewährung einer Verbrauchsteuervergütung oder einer einzelgesetzlich geregelten Verbrauchsteuererstattung, sofern letztere nicht in der monatlichen Steuererklärung oder Steueranmeldung geltend zu machen ist, einer vollen Gebühr nach Tabelle A (Anlage 1); Gegenstandswert ist die beantragte Vergütung oder Erstattung, jedoch mindestens 1 000 Euro;	1/10 bis 3/10
19. von Anträgen auf Gewährung einer Investitionszulage einer vollen Gebühr nach Tabelle A (Anlage 1); Gegenstandswert ist die Bemessungsgrundlage;	1/10 bis 6/10
20. von Anträgen auf Steuervergütung nach § 4a des Umsatzsteuergesetzes einer vollen Gebühr nach Tabelle A (Anlage 1); Gegenstandswert ist die beantragte Vergütung;	1/10 bis 6/10
21. von Anträgen auf Vergütung der abziehbaren Vorsteuerbeträge einer vollen Gebühr nach Tabelle A (Anlage 1); Gegenstandswert ist die beantragte Vergütung, jedoch mindestens 1 300 Euro;	1/10 bis 6/10
22. von Anträgen auf Erstattung von Kapitalertragsteuer und Vergütung der anrechenbaren Körperschaftsteuer einer vollen Gebühr nach Tabelle A (Anlage 1); Gegenstandswert ist die beantragte Erstattung, jedoch mindestens 1 000 Euro;	1/10 bis 6/10
23. von Anträgen nach Abschnitt X des Einkommensteuergesetzes einer vollen Gebühr nach Tabelle A Anlage 1; Gegenstandswert ist das beantragte Jahreskindergeld;	2/10 bis 10/10
24. (weggefallen)	
25. der Anmeldung über den Steuerabzug von Bauleistungen einer vollen Gebühr nach Tabelle A (Anlage 1); Gegenstandswert ist der angemeldete Steuerabzugsbetrag (§§ 48 ff. des Einkommensteuergesetzes), jedoch mindestens 1 000 Euro;	1/10 bis 6/10
26. sonstiger Steuererklärungen einer vollen Gebühr nach Tabelle A (Anlage 1); Gegenstandswert ist die jeweilige Bemessungsgrundlage, jedoch mindestens 8 000 Euro.	1/10 bis 6/10

(2) [1]Für die Ermittlung der Zugewinnausgleichsforderung nach § 5 des Erbschaftsteuer- und Schenkungsteuergesetzes erhält der Steuerberater 5 Zehntel bis 15 Zehntel einer vollen Gebühr nach Tabelle A (Anlage 1); Gegenstandswert ist der ermittelte Betrag, jedoch mindestens 12 500 Euro.

(3) [1]Für einen Antrag auf Lohnsteuer-Ermäßigung (Antrag auf Eintragung von Freibeträgen) erhält der Steuerberater 1/20 bis 4/20 einer vollen Gebühr nach Tabelle A (Anlage 1); Gegenstandswert ist der voraussichtliche Jahresarbeitslohn; er beträgt mindestens 4 500 Euro.

(4) [1]Der Steuerberater erhält die Zeitgebühr

1. (weggefallen)
2. für Arbeiten zur Feststellung des verrechenbaren Verlustes gemäß § 15a des Einkommensteuergesetzes;
3. für die Anfertigung einer Meldung über die Beteiligung an ausländischen Körperschaften, Vermögensmassen und Personenvereinigungen und an ausländischen Personengesellschaften;
4. (weggefallen)
5. für sonstige Anträge und Meldungen nach dem Einkommensteuergesetz;
6. (weggefallen)
7. (weggefallen)
8. (weggefallen)
9. (weggefallen)
10. (weggefallen)
11. (weggefallen)
12. (weggefallen)
13. für die Überwachung und Meldung der Lohnsumme sowie der Behaltensfrist im Sinne von § 13a Absatz 1 in Verbindung mit Absatz 6 Satz 1, Absatz 5 in Verbindung mit Absatz 6 Satz 2 des Erbschaftsteuer- und Schenkungsteuergesetzes;
14. für die Berechnung des Begünstigungsgewinnes im Sinne von § 34a Absatz 1 Satz 1 des Einkommensteuergesetzes (Begünstigung der nicht entnommenen Gewinne).

§ 25 Ermittlung des Überschusses der Betriebseinnahmen über die Betriebsausgaben (1) [1]Die Gebühr für die Ermittlung des Überschusses der Betriebseinnahmen über die Betriebsausgaben bei den Einkünften aus Land- und Forstwirtschaft, Gewerbebetrieb oder selbständiger Arbeit beträgt 5 Zehntel bis 20 Zehntel einer vollen Gebühr nach Tabelle B (Anlage 2). [2]Gegenstandswert ist der jeweils höhere Betrag, der sich aus der Summe der

Betriebseinnahmen oder der Summe der Betriebsausgaben ergibt, jedoch mindestens 12 500 Euro.

(2) [1]Für Vorarbeiten, die über das übliche Maß erheblich hinausgehen, erhält der Steuerberater die Zeitgebühr.

(3) [1]Sind bei mehreren Einkünften aus derselben Einkunftsart die Überschüsse getrennt zu ermitteln, so erhält der Steuerberater die Gebühr nach Absatz 1 für jede Überschußrechnung.

(4) [1]Für die Aufstellung eines schriftlichen Erläuterungsberichts zur Ermittlung des Überschusses der Betriebseinnahmen über die Betriebsausgaben erhält der Steuerberater 2/10 bis 12/10 einer vollen Gebühr nach Tabelle B (Anlage 2). [2]Der Gegenstandswert bemisst sich nach Absatz 1 Satz 2.

§ 26 Ermittlung des Gewinns aus Land- und Forstwirtschaft nach Durchschnittsätzen (1) [1]Die Gebühr für die Ermittlung des Gewinns nach Durchschnittsätzen beträgt 5 Zehntel bis 20 Zehntel einer vollen Gebühr nach Tabelle B (Anlage 2). [2]Gegenstandswert ist der Durchschnittssatzgewinn nach § 13a Abs. 3 Satz 1 des Einkommensteuergesetzes.

(2) [1]Sind für mehrere land- und forstwirtschaftliche Betriebe desselben Auftraggebers die Gewinne nach Durchschnittsätzen getrennt zu ermitteln, so erhält der Steuerberater die Gebühr nach Absatz 1 für jede Gewinnermittlung.

§ 27 Ermittlung des Überschusses der Einnahmen über die Werbungskosten (1) [1]Die Gebühr für die Ermittlung des Überschusses der Einnahmen über die Werbungskosten bei den Einkünften aus nichtselbständiger Arbeit, Kapitalvermögen, Vermietung und Verpachtung oder sonstigen Einkünften beträgt 1 Zwanzigstel bis 12 Zwanzigstel einer vollen Gebühr nach Tabelle A (Anlage 1). [2]Gegenstandswert ist der jeweils höhere Betrag, der sich aus der Summe der Einnahmen oder der Summe der Werbungskosten ergibt, jedoch mindestens 8 000 Euro.

(2) [1]Beziehen sich die Einkünfte aus Vermietung und Verpachtung auf mehrere Grundstücke oder sonstige Wirtschaftsgüter und ist der Überschuß der Einnahmen über die Werbungskosten jeweils getrennt zu ermitteln, so erhält der Steuerberater die Gebühr nach Absatz 1 für jede Überschußrechnung.

(3) [1]Für Vorarbeiten, die über das übliche Maß erheblich hinausgehen, erhält der Steuerberater die Zeitgebühr.

§ 28 Prüfung von Steuerbescheiden [1]Für die Prüfung eines Steuerbescheids erhält der Steuerberater die Zeitgebühr.

§ 29 Teilnahme an Prüfungen [1]Der Steuerberater erhält

1. für die Teilnahme an einer Prüfung, insbesondere an einer Außen- oder Zollprüfung (§ 193 der Abgabenordnung, Artikel 48 der Verordnung (EU) Nr. 952/2013 des Europäischen Parlaments und des Rates vom

9. Oktober 2013 zur Festlegung des Zollkodex der Union (ABl. L 269 vom 10.10.2013, S. 1; L 287 vom 29.10.2013, S. 90), die durch die Verordnung (EU) 2016/2339 (ABl. L 354 vom 23.12.2016, S. 32) geändert worden ist, in der jeweils geltenden Fassung) einschließlich der Schlussbesprechung und der Prüfung des Prüfungsberichts, für die Teilnahme an einer Ermittlung der Besteuerungsgrundlagen (§ 208 der Abgabenordnung) oder für die Teilnahme an einer Maßnahme der Steueraufsicht (§§ 209 bis 217 der Abgabenordnung) die Zeitgebühr;;

2. für schriftliche Einwendungen gegen den Prüfungsbericht 5 Zehntel bis 10 Zehntel einer vollen Gebühr nach Tabelle A (Anlage 1).

§ 30 Selbstanzeige (1) [1]Für die Tätigkeit im Verfahren der Selbstanzeige (§§ 371 und 378 Absatz 3 der Abgabenordnung) einschließlich der Ermittlungen zur Berichtigung, Ergänzung oder Nachholung der Angaben erhält der Steuerberater 10/10 bis 30/10 einer vollen Gebühr nach Tabelle A (Anlage 1).

(2) [1]Der Gegenstandswert bestimmt sich nach der Summe der berichtigten, ergänzten und nachgeholten Angaben, er beträgt jedoch mindestens 8 000 Euro.

§ 31 Besprechungen (1) [1]Für Besprechungen mit Behörden oder mit Dritten in abgaberechtlichen Sachen erhält der Steuerberater 5/10 bis 10/10 einer vollen Gebühr nach Tabelle A (Anlage 1).

(2) [1]Die Besprechungsgebühr entsteht, wenn der Steuerberater an einer Besprechung über tatsächliche oder rechtliche Fragen mitwirkt, die von der Behörde angeordnet ist oder im Einverständnis mit dem Auftraggeber mit der Behörde oder mit einem Dritten geführt wird. [2]Der Steuerberater erhält diese Gebühr nicht für die Beantwortung einer mündlichen oder fernmündlichen Nachfrage der Behörde.

§ 32 Einrichtung einer Buchführung [1]Für die Hilfeleistung bei der Einrichtung einer Buchführung im Sinne der §§ 33 und 34 erhält der Steuerberater die Zeitgebühr.

§ 33 Buchführung (1) [1]Für die Buchführung oder das Führen steuerlicher Aufzeichnungen 2/10 bis 12/10 einschließlich des Kontierens der Belege beträgt die Monatsgebühr einer vollen Gebühr nach Tabelle C (Anlage 3).

(2) [1]Für das Kontieren der Belege beträgt die Monatsgebühr 1/10 bis 6/10 einer vollen Gebühr nach Tabelle C (Anlage 3).

(3) [1]Für die Buchführung oder das Führen steuerlicher Aufzeichnungen nach vom Auftraggeber kontierten Belegen oder erstellten Kontierungsunterlagen beträgt die Monatsgebühr 1/10 bis 6/10 einer vollen Gebühr nach Tabelle C (Anlage 3).

(4) [1]Für die Buchführung oder das Führen steuerlicher Aufzeichnungen nach vom Auftraggeber erstellten Eingaben für die Datenverarbeitung und mit beim Auftraggeber eingesetzten Datenverarbeitungsprogrammen des Steuerberaters erhält der Steuerberater neben der Vergütung für die Datenverarbeitung und für den Einsatz der Datenverarbeitungsprogramme eine Monatsgebühr von 1/20 bis 10/20 einer vollen Gebühr nach Tabelle C (Anlage 3).

(5) [1]Für die laufende Überwachung der Buchführung oder der steuerlichen Aufzeichnungen des Auftraggebers beträgt die Monatsgebühr 1/10 bis 6/10 einer vollen Gebühr nach Tabelle C (Anlage 3).

(6) [1]Gegenstandswert ist der jeweils höchste Betrag, der sich aus dem Jahresumsatz oder aus der Summe des Aufwandes ergibt.

(7) [1]Für die Hilfeleistung bei sonstigen Tätigkeiten im Zusammenhang mit der Buchführung oder dem Führen steuerlicher Aufzeichnungen erhält der Steuerberater die Zeitgebühr.

(8) [1]Mit der Gebühr nach den Absätzen 1, 3 und 4 sind die Gebühren für die Umsatzsteuervoranmeldung (§ 24 Abs. 1 Nr. 7) abgegolten.

§ 34 Lohnbuchführung (1) [1]Für die erstmalige Einrichtung von Lohnkonten und die Aufnahme der Stammdaten erhält der Steuerberater eine Gebühr von 5 bis 16 Euro je Arbeitnehmer.

(2) [1]Für die Führung von Lohnkonten und die Anfertigung der Lohnabrechnung erhält der Steuerberater eine Gebühr von 5 bis 25 Euro je Arbeitnehmer und Abrechnungszeitraum.

(3) [1]Für die Führung von Lohnkonten und die Anfertigung der Lohnabrechnung nach vom Auftraggeber erstellten Buchungsunterlagen erhält der Steuerberater eine Gebühr von 2 bis 9 Euro je Arbeitnehmer und Abrechnungszeitraum.

(4) [1]Für die Führung von Lohnkonten und die Anfertigung der Lohnabrechnung nach vom Auftraggeber erstellten Eingaben für die Datenverarbeitung und mit beim Auftraggeber eingesetzten Datenverarbeitungsprogrammen des Steuerberaters erhält der Steuerberater neben der Vergütung für die Datenverarbeitung und für den Einsatz der Datenverarbeitungsprogramme eine Gebühr von 1 bis 4 Euro je Arbeitnehmer und Abrechnungszeitraum.

(5) [1]Für die Hilfeleistung bei sonstigen Tätigkeiten im Zusammenhang mit dem Lohnsteuerabzug und der Lohnbuchführung erhält der Steuerberater die Zeitgebühr.

(6) [1]Mit der Gebühr nach den Absätzen 2 bis 4 sind die Gebühren für die Lohnsteueranmeldung (§ 24 Abs. 1 Nr. 15) abgegolten.

§ 35 Abschlußarbeiten (1) [1]Die Gebühr beträgt für

1.	a)	die Aufstellung eines Jahresabschlusses (Bilanz und Gewinn- und Verlustrechnung)	10/10 bis 40/10
	b)	die Erstellung eines Anhangs	2/10 bis 12/10
	c)	(weggefallen)	
2.		die Aufstellung eines Zwischenabschlusses oder eines vorläufigen Abschlusses (Bilanz und Gewinn- und Verlustrechnung)	10/10 bis 40/10
3.	a)	die Ableitung des steuerlichen Ergebnisses aus dem Handelsbilanzergebnis 2/10 bis 10/10	2/10 bis 10/10
	b)	die Entwicklung einer Steuerbilanz aus der Handelsbilanz	5/10 bis 12/10
4.		die Aufstellung einer Eröffnungsbilanz	5/10 bis 12/10
5.		die Aufstellung einer Auseinandersetzungsbilanz	5/10 bis 20/10
6.		den schriftlichen Erläuterungsbericht zu Tätigkeiten nach den Nummern 1 bis 5	2/10 bis 12/10
7.	a)	die beratende Mitwirkung bei der Aufstellung eines Jahresabschlusses (Bilanz und Gewinn- und Verlustrechnung)	2/10 bis 10/10
	b)	die beratende Mitwirkung bei der Erstellung eines Anhangs	2/10 bis 4/10
	c)	die beratende Mitwirkung bei der Erstellung eines Lageberichts	2/10 bis 4/10
8.		(weggefallen)	

einer vollen Gebühr nach Tabelle B (Anlage 2).

(2) [1]Gegenstandswert ist

1. in den Fällen des Absatzes 1 Nummer 1 bis 3 und 7 das Mittel zwischen der berichtigten Bilanzsumme und der betrieblichen Jahresleistung;
2. in den Fällen des Absatzes 1 Nr. 4 und 5 die berichtigte Bilanzsumme;
3. in den Fällen des Absatzes 1 Nr. 6 der Gegenstandswert, der für die dem Erläuterungsbericht zugrunde liegenden Abschlußarbeiten maßgeblich ist.

[2]Die berichtigte Bilanzsumme ergibt sich aus der Summe der Posten der Aktivseite der Bilanz zuzüglich Privatentnahmen und offener Ausschüttungen, abzüglich Privateinlagen, Kapitalerhöhungen durch Einlagen und Wertberichtigungen. [3]Die betriebliche Jahresleistung umfaßt Umsatzerlöse, sonstige betriebliche Erträge, Erträge aus Beteiligungen, Erträge aus anderen Wertpapieren und Ausleihungen des Finanzanlagevermögens, sonstige Zinsen und ähnliche Erträge, Veränderungen des Bestands an fertigen und

unfertigen Erzeugnissen, andere aktivierte Eigenleistungen sowie außerordentliche Erträge. [4]Ist der betriebliche Jahresaufwand höher als die betriebliche Jahresleistung, so ist dieser der Berechnung des Gegenstandswerts zugrunde zu legen. [5]Betrieblicher Jahresaufwand ist die Summe der Betriebsausgaben einschließlich der Abschreibungen. [6]Bei der Berechnung des Gegenstandswerts ist eine negative berichtigte Bilanzsumme als positiver Wert anzusetzen. [7]Übersteigen die betriebliche Jahresleistung oder der höhere betriebliche Jahresaufwand das 5fache der berichtigten Bilanzsumme, so bleibt der übersteigende Betrag bei der Ermittlung des Gegenstandswerts außer Ansatz. [8]Der Gegenstandswert besteht nur aus der berichtigten Bilanzsumme, wenn die betriebliche Jahresleistung geringer als 3 000 Euro ist. [9]Der Gegenstandswert besteht nur aus der betrieblichen Jahresleistung, wenn die berichtigte Bilanzsumme geringer als 3 000 Euro ist.

(3) [1]Für die Anfertigung oder Berichtigung von Inventurunterlagen und für sonstige Abschlußvorarbeiten bis zur abgestimmten Saldenbilanz erhält der Steuerberater die Zeitgebühr.

§ 36 Steuerliches Revisionswesen (1) [1]Der Steuerberater erhält für die Prüfung einer Buchführung, einzelner Konten, einzelner Posten des Jahresabschlusses, eines Inventars, einer Überschussrechnung oder von Bescheinigungen für steuerliche Zwecke und für die Berichterstattung hierüber die Zeitgebühr.

(2) [1]Der Steuerberater erhält

1. für die Prüfung einer Bilanz, einer Gewinn- und Verlustrechnung, eines Anhangs, eines Lageberichts oder einer sonstigen Vermögensrechnung für steuerliche Zwecke 2/10 bis 10/10 einer vollen Gebühr nach Tabelle B (Anlage 2) sowie die Zeitgebühr; der Gegenstandswert bemisst sich nach § 35 Absatz 2;
2. für die Berichterstattung über eine Tätigkeit nach Nummer 1 die Zeitgebühr.

§ 37 Vermögensstatus, Finanzstatus für steuerliche Zwecke
[1]Die Gebühr beträgt für

1.	die Erstellung eines Vermögensstatus oder Finanzstatus	5/10 bis 15/10
2.	die Erstellung eines Vermögensstatus oder Finanzstatus aus übergebenen Endzahlen (ohne Vornahme von Prüfungsarbeiten)	2/10 bis 6/10
3.	den schriftlichen Erläuterungsbericht zu den Tätigkeiten nach Nummer 1	1/10 bis 6/10

einer vollen Gebühr nach Tabelle B (Anlage 2). [2]Gegenstandswert ist für die Erstellung eines Vermögensstatus die Summe der Vermögenswerte, für die Erstellung eines Finanzstatus die Summe der Finanzwerte.

§ 38 Erteilung von Bescheinigungen (1) [1]Der Steuerberater erhält für die Erteilung einer Bescheinigung über die Beachtung steuerrechtlicher Vorschriften in Vermögensübersichten und Erfolgsrechnungen 1 Zehntel bis 6 Zehntel einer vollen Gebühr nach Tabelle B (Anlage 2). [2]Der Gegenstandswert bemißt sich nach § 35 Abs. 2.

(2) [1]Der Steuerberater erhält für die Mitwirkung an der Erteilung von Steuerbescheinigungen die Zeitgebühr.

§ 39 Buchführungs- und Abschlußarbeiten für land- und forstwirtschaftliche Betriebe (1) [1]Für Angelegenheiten, die sich auf land- und forstwirtschaftliche Betriebe beziehen, gelten abweichend von den §§ 32, 33, 35 und 36 die Absätze 2 bis 7.

(2) [1]Die Gebühr beträgt für

1.	laufende Buchführungsarbeiten einschließlich Kontieren der Belege jährlich	3/10 bis 20/10
2.	die Buchführung nach vom Auftraggeber kontierten Belegen oder erstellten Kontierungsunterlagen jährlich	3/20 bis 20/20
3.	die Buchführung nach vom Auftraggeber erstellten Datenträgern oder anderen Eingabemitteln für die Datenverarbeitung neben der Vergütung für die Datenverarbeitung und für den Einsatz der Datenverarbeitungsprogramme jährlich	1/20 bis 16/20
4.	die laufende Überwachung der Buchführung jährlich	1/10 bis 6/10

einer vollen Gebühr nach Tabelle D (Anlage 4). [2]Die volle Gebühr ist die Summe der Gebühren nach Tabelle D Teil a und Tabelle D Teil b.

(3) [1]Die Gebühr beträgt für

1.	die Abschlußvorarbeiten	1/10 bis 5/10
2.	die Aufstellung eines Abschlusses	3/10 bis 10/10
3.	die Entwicklung eines steuerlichen Abschlusses aus dem betriebswirtschaftlichen Abschluß oder aus der Handelsbilanz oder die Ableitung des steuerlichen Ergebnisses vom Ergebnis des betriebswirtschaftlichen Abschlusses oder der Handelsbilanz	3/20 bis 10/20
4.	die beratende Mitwirkung bei der Erstellung eines Abschlusses	1/20 bis 10/20
5.	die Prüfung eines Abschlusses für steuerliche Zwecke	1/10 bis 8/10
6.	den schriftlichen Erläuterungsbericht zum Abschluß	1/10 bis 8/10

einer vollen Gebühr nach Tabelle D (Anlage 4). [2]Die volle Gebühr ist die Summe der Gebühren nach Tabelle D Teil a und Tabelle D Teil b.

(4) [1]Die Gebühr beträgt für

1. die Hilfeleistung bei der Einrichtung einer Buchführung 1/10 bis 6/10
2. die Erfassung der Anfangswerte bei Buchführungsbeginn 3/10 bis 15/10

einer vollen Gebühr nach Tabelle D Teil a (Anlage 4).

(5) [1]Gegenstandswert ist für die Anwendung der Tabelle D Teil a die Betriebsfläche. [2]Gegenstandswert für die Anwendung der Tabelle D Teil b ist der Jahresumsatz zuzüglich der Privateinlagen, mindestens jedoch die Höhe der Aufwendungen zuzüglich der Privatentnahmen. [3]Im Falle des Absatzes 3 vermindert sich der 100 000 Euro übersteigende Betrag auf die Hälfte.

(6) [1]Bei der Errechnung der Betriebsfläche (Absatz 5) ist

1. bei einem Jahresumsatz bis zu 1 000 Euro je Hektar das Einfache,
2. bei einem Jahresumsatz über 1 000 Euro je Hektar das Vielfache, das sich aus dem durch 1 000 geteilten Betrag des Jahresumsatzes je Hektar ergibt,
3. bei forstwirtschaftlich genutzten Flächen die Hälfte,
4. bei Flächen mit bewirtschafteten Teichen die Hälfte,
5. bei durch Verpachtung genutzten Flächen ein Viertel

der tatsächlich genutzten Flächen anzusetzen.

(7) [1]Mit der Gebühr nach Absatz 2 Nr. 1, 2 und 3 ist die Gebühr für die Umsatzsteuervoranmeldungen (§ 24 Abs. 1 Nr. 7) abgegolten.

Anlage 1

Tabelle A
(Beratungstabelle)

Gegenstandswert bis … Euro	Volle Gebühr ($^{10}/_{10}$) Euro	Gegenstandswert bis … Euro	Volle Gebühr ($^{10}/_{10}$) Euro
300	26	125 000	1 503
600	47	140 000	1 583
900	68	155 000	1 664
1 200	89	170 000	1 745
1 500	110	185 000	1 826
2 000	140	200 000	1 907
2 500	169	230 000	2 031
3 000	198	260 000	2 155
3 500	228	290 000	2 279
4 000	257	320 000	2 408
4 500	287	350 000	2 464
5 000	316	380 000	2 519
6 000	355	410 000	2 573
7 000	394	440 000	2 624
8 000	433	470 000	2 674
9 000	471	500 000	2 724
10 000	510	550 000	2 796
13 000	552	600 000	2 867
16 000	594	von Mehrbetrag bis 5 000 000 Euro je angefangene 50 000 Euro	126
19 000	636		
22 000	678		
25 000	720		
30 000	796	vom Mehrbetrag über 5 000 000 Euro bis 25 000 000 Euro je angefangene 50 000 Euro	95
35 000	872		
40 000	947		
45 000	1 023		
50 000	1 098		
65 000	1 179	vom Mehrbetrag über 25 000 000 Euro je angefangene 50 000 Euro	74
80 000	1 260		
95 000	1 341		
110 000	1 422		

Anlage 2

Tabelle B
(Abschlusstabelle)

Gegenstandswert bis … Euro	Volle Gebühr ($^{10}/_{10}$) Euro	Gegenstandswert bis … Euro	Volle Gebühr ($^{10}/_{10}$) Euro
3 000	41	1 250 000	1 005
3 500	48	1 500 000	1 115
4 000	57	1 750 000	1 212
4 500	64	2 000 000	1 299
5 000	72	2 250 000	1 377
6 000	81	2 500 000	1 447
7 000	88	3 000 000	1 513
8 000	97	3 500 000	1 644
9 000	102	4 000 000	1 760
10 000	108	4 500 000	1 865
12 500	113	5 000 000	1 961
15 000	127	7 500 000	2 291
17 500	140	10 000 000	2 663
20 000	150	12 500 000	2 965
22 500	161	15 000 000	3 217
25 000	170	17 500 000	3 431
37 500	181	20 000 000	3 616
50 000	221	22 500 000	3 852
62 500	255	25 000 000	4 070
75 000	285	30 000 000	4 477
87 500	297	35 000 000	4 851
100 000	311	40 000 000	5 199
125 000	356	45 000 000	5 524
150 000	396	50 000 000	5 832
175 000	431	von Mehrbetrag bis 125 000 000 Euro je angefangene 5 000 000 Euro	230
200 000	462		
225 000	490		
250 000	516		
300 000	540	vom Mehrbetrag über 125 000 000 Euro bis 250 000 000 Euro je angefangene 12 500 000 Euro	402
350 000	587		
400 000	629		
450 000	666		
500 000	701		
625 000	734	vom Mehrbetrag über 250 000 000 Euro je angefangene 25 000 000 Euro	573
750 000	815		
875 000	885		
1 000 000	948		

Anlage 3

Tabelle C
(Buchführungstabelle)

Gegenstandswert bis … Euro	Volle Gebühr ($^{10}/_{10}$) Euro
15 000	61
17 500	67
20 000	74
22 500	79
25 000	85
30 000	91
35 000	98
40 000	103
45 000	109
50 000	116
62 500	122
75 000	133
87 500	146
100 000	158
125 000	176
150 000	194
200 000	231
250 000	267
300 000	303
350 000	340
400 000	371
450 000	400
500 000	431
vom Mehrbetrag über 500 000 Euro je angefangene 50 000 Euro	30

Gesetz über Rechtsberatung und Vertretung für Bürger mit geringem Einkommen (Beratungshilfegesetz – BerHG)

Vom 18. Juni 1980, BGBl. I S. 689
BGBl. III 303-15

Zuletzt geändert durch Zehnte Zuständigkeitsanpassungsverordnung vom 31. August 2015, BGBl. I S. 1474

§ 1 (1) [1]Hilfe für die Wahrnehmung von Rechten außerhalb eines gerichtlichen Verfahrens und im obligatorischen Güteverfahren nach § 15a des Gesetzes betreffend die Einführung der Zivilprozessordnung (Beratungshilfe) wird auf Antrag gewährt, wenn

1. der Rechtsuchende die erforderlichen Mittel nach seinen persönlichen und wirtschaftlichen Verhältnissen nicht aufbringen kann,
2. nicht andere Möglichkeiten für eine Hilfe zur Verfügung stehen, deren Inanspruchnahme dem Rechtsuchenden zuzumuten ist,
3. die Inanspruchnahme der Beratungshilfe nicht mutwillig erscheint.

(2) [1]Die Voraussetzungen des Absatzes 1 Nr. 1 sind gegeben, wenn dem Rechtsuchenden Prozeßkostenhilfe nach den Vorschriften der Zivilprozessordnung ohne einen eigenen Beitrag zu den Kosten zu gewähren wäre. [2]Die Möglichkeit, sich durch einen Rechtsanwalt unentgeltlich oder gegen Vereinbarung eines Erfolgshonorars beraten oder vertreten zu lassen, ist keine andere Möglichkeit der Hilfe im Sinne des Absatzes 1 Nummer 2.

(3) [1]Mutwilligkeit liegt vor, wenn Beratungshilfe in Anspruch genommen wird, obwohl ein Rechtsuchender, der keine Beratungshilfe beansprucht, bei verständiger Würdigung aller Umstände der Rechtsangelegenheit davon absehen würde, sich auf eigene Kosten rechtlich beraten oder vertreten zu lassen. [2]Bei der Beurteilung der Mutwilligkeit sind die Kenntnisse und Fähigkeiten des Antragstellers sowie seine besondere wirtschaftliche Lage zu berücksichtigen.

§ 2 (1) [1]Die Beratungshilfe besteht in Beratung und, soweit erforderlich, in Vertretung. [2]Eine Vertretung ist erforderlich, wenn der Rechtsuchende nach der Beratung angesichts des Umfangs, der Schwierigkeit oder der Bedeutung der Rechtsangelegenheit für ihn seine Rechte nicht selbst wahrnehmen kann.

(2) [1]Beratungshilfe nach diesem Gesetz wird in allen rechtlichen Angelegenheiten gewährt. [2]In Angelegenheiten des Strafrechts und des Ordnungswidrigkeitenrechts wird nur Beratung gewährt.

(3) [1]Beratungshilfe nach diesem Gesetz wird nicht gewährt in Angelegenheiten, in denen das Recht anderer Staaten anzuwenden ist, sofern der Sachverhalt keine Beziehung zum Inland aufweist.

§ 3 (1) [1]Die Beratungshilfe wird durch Rechtsanwälte und durch Rechtsbeistände, die Mitglied einer Rechtsanwaltskammer sind, gewährt. [2]Im Umfang ihrer jeweiligen Befugnis zur Rechtsberatung wird sie auch gewährt durch

1. Steuerberater und Steuerbevollmächtigte,
2. Wirtschaftsprüfer und vereidigte Buchprüfer sowie
3. Rentenberater.

[3]Sie kann durch die in den Sätzen 1 und 2 genannten Personen (Beratungspersonen) auch in Beratungsstellen gewährt werden, die auf Grund einer Vereinbarung mit der Landesjustizverwaltung eingerichtet sind.

(2) [1]Die Beratungshilfe kann auch durch das Amtsgericht gewährt werden, soweit dem Anliegen durch eine sofortige Auskunft, einen Hinweis auf andere Möglichkeiten für Hilfe oder die Aufnahme eines Antrags oder einer Erklärung entsprochen werden kann.

§ 4 (1) [1]Über den Antrag auf Beratungshilfe entscheidet das Amtsgericht, in dessen Bezirk der Rechtsuchende seinen allgemeinen Gerichtsstand hat. [2]Hat der Rechtsuchende im Inland keinen allgemeinen Gerichtsstand, so ist das Amtsgericht zuständig, in dessen Bezirk ein Bedürfnis für Beratungshilfe auftritt.

(2) [1]Der Antrag kann mündlich oder schriftlich gestellt werden. [2]Der Sachverhalt, für den Beratungshilfe beantragt wird, ist anzugeben.

(3) [1]Dem Antrag sind beizufügen:

1. eine Erklärung des Rechtsuchenden über seine persönlichen und wirtschaftlichen Verhältnisse, insbesondere Angaben zu Familienstand, Beruf, Vermögen, Einkommen und Lasten, sowie entsprechende Belege und
2. eine Versicherung des Rechtsuchenden, dass ihm in derselben Angelegenheit Beratungshilfe bisher weder gewährt noch durch das Gericht versagt worden ist, und dass in derselben Angelegenheit kein gerichtliches Verfahren anhängig ist oder war.

(4) [1]Das Gericht kann verlangen, dass der Rechtsuchende seine tatsächlichen Angaben glaubhaft macht, und kann insbesondere auch die Abgabe einer Versicherung an Eides statt fordern. [2]Es kann Erhebungen anstellen, insbesondere die Vorlegung von Urkunden anordnen und Auskünfte einholen. [3]Zeugen und Sachverständige werden nicht vernommen.

(5) [1]Hat der Rechtsuchende innerhalb einer von dem Gericht gesetzten Frist Angaben über seine persönlichen und wirtschaftlichen Verhältnisse nicht

glaubhaft gemacht oder bestimmte Fragen nicht oder ungenügend beantwortet, so lehnt das Gericht die Bewilligung von Beratungshilfe ab.

(6) [1]In den Fällen nachträglicher Antragstellung (§ 6 Absatz 2) kann die Beratungsperson vor Beginn der Beratungshilfe verlangen, dass der Rechtsuchende seine persönlichen und wirtschaftlichen Verhältnisse belegt und erklärt, dass ihm in derselben Angelegenheit Beratungshilfe bisher weder gewährt noch durch das Gericht versagt worden ist, und dass in derselben Angelegenheit kein gerichtliches Verfahren anhängig ist oder war.

§ 5 [1]Für das Verfahren gelten die Vorschriften des Gesetzes über das Verfahren in Familiensachen und in den Angelegenheiten der freiwilligen Gerichtsbarkeit entsprechend, soweit in diesem Gesetz nichts anderes bestimmt ist. [2]§ 185 Abs. 3 und § 189 Abs. 3 des Gerichtsverfassungsgesetzes gelten entsprechend.

§ 6 (1) [1]Sind die Voraussetzungen für die Gewährung von Beratungshilfe gegeben und wird die Angelegenheit nicht durch das Amtsgericht erledigt, stellt das Amtsgericht dem Rechtsuchenden unter genauer Bezeichnung der Angelegenheit einen Berechtigungsschein für Beratungshilfe durch eine Beratungsperson seiner Wahl aus.

(2) [1]Wenn sich der Rechtsuchende wegen Beratungshilfe unmittelbar an eine Beratungsperson wendet, kann der Antrag auf Bewilligung der Beratungshilfe nachträglich gestellt werden. [2]In diesem Fall ist der Antrag spätestens vier Wochen nach Beginn der Beratungshilfetätigkeit zu stellen.

§ 6a (1) [1]Das Gericht kann die Bewilligung von Amts wegen aufheben, wenn die Voraussetzungen für die Beratungshilfe zum Zeitpunkt der Bewilligung nicht vorgelegen haben und seit der Bewilligung nicht mehr als ein Jahr vergangen ist.

(2) [1]Die Beratungsperson kann die Aufhebung der Bewilligung beantragen, wenn der Rechtsuchende auf Grund der Beratung oder Vertretung, für die ihm Beratungshilfe bewilligt wurde, etwas erlangt hat. [2]Der Antrag kann nur gestellt werden, wenn die Beratungsperson

1. noch keine Beratungshilfevergütung nach § 44 Satz 1 des Rechtsanwaltsvergütungsgesetzes beantragt hat und
2. den Rechtsuchenden bei der Mandatsübernahme auf die Möglichkeit der Antragstellung und der Aufhebung der Bewilligung sowie auf die sich für die Vergütung nach § 8a Absatz 2 ergebenden Folgen in Textform hingewiesen hat.

[3]Das Gericht hebt den Beschluss über die Bewilligung von Beratungshilfe nach Anhörung des Rechtsuchenden auf, wenn dieser auf Grund des Erlangten die Voraussetzungen hinsichtlich der persönlichen und wirtschaftlichen Verhältnisse für die Bewilligung von Beratungshilfe nicht mehr erfüllt.

§ 7 [1]Gegen den Beschluss, durch den der Antrag auf Bewilligung von Beratungshilfe zurückgewiesen oder durch den die Bewilligung von Amts wegen oder auf Antrag der Beratungsperson wieder aufgehoben wird, ist nur die Erinnerung statthaft.

§ 8 (1) [1]Die Vergütung der Beratungsperson richtet sich nach den für die Beratungshilfe geltenden Vorschriften des Rechtsanwaltsvergütungsgesetzes. [2]Die Beratungsperson, die nicht Rechtsanwalt ist, steht insoweit einem Rechtsanwalt gleich.

(2) [1]Die Bewilligung von Beratungshilfe bewirkt, dass die Beratungsperson gegen den Rechtsuchenden keinen Anspruch auf Vergütung mit Ausnahme der Beratungshilfegebühr (§ 44 Satz 2 des Rechtsanwaltsvergütungsgesetzes) geltend machen kann. [2]Dies gilt auch in den Fällen nachträglicher Antragstellung (§ 6 Absatz 2) bis zur Entscheidung durch das Gericht.

§ 8a (1) [1]Wird die Beratungshilfebewilligung aufgehoben, bleibt der Vergütungsanspruch der Beratungsperson gegen die Staatskasse unberührt. [2]Dies gilt nicht, wenn die Beratungsperson

1. Kenntnis oder grob fahrlässige Unkenntnis davon hatte, dass die Bewilligungsvoraussetzungen im Zeitpunkt der Beratungshilfeleistung nicht vorlagen, oder
2. die Aufhebung der Beratungshilfe selbst beantragt hat (§ 6a Absatz 2).

(2) [1]Die Beratungsperson kann vom Rechtsuchenden Vergütung nach den allgemeinen Vorschriften verlangen, wenn sie

1. keine Vergütung aus der Staatskasse fordert oder einbehält und
2. den Rechtsuchenden bei der Mandatsübernahme auf die Möglichkeit der Aufhebung der Bewilligung sowie auf die sich für die Vergütung ergebenden Folgen hingewiesen hat.

[2]Soweit der Rechtsuchende die Beratungshilfegebühr (Nummer 2500 der Anlage 1 des Rechtsanwaltsvergütungsgesetzes) bereits geleistet hat, ist sie auf den Vergütungsanspruch anzurechnen.

(3) [1]Wird die Bewilligung der Beratungshilfe aufgehoben, weil die persönlichen und wirtschaftlichen Voraussetzungen hierfür nicht vorgelegen haben, kann die Staatskasse vom Rechtsuchenden Erstattung des von ihr an die Beratungsperson geleisteten und von dieser einbehaltenen Betrages verlangen.

(4) [1]Wird im Fall nachträglicher Antragstellung Beratungshilfe nicht bewilligt, kann die Beratungsperson vom Rechtsuchenden Vergütung nach den allgemeinen Vorschriften verlangen, wenn sie ihn bei der Mandatsübernahme hierauf hingewiesen hat. [2]Absatz 2 Satz 2 gilt entsprechend.

§ 9 [1]Ist der Gegner verpflichtet, dem Rechtsuchenden die Kosten der Wahrnehmung seiner Rechte zu ersetzen, hat er für die Tätigkeit der Beratungsperson die Vergütung nach den allgemeinen Vorschriften zu zahlen. [2]Der Anspruch geht auf die Beratungsperson über. [3]Der Übergang kann nicht zum Nachteil des Rechtsuchenden geltend gemacht werden.

§ 10 (1) [1]Bei Streitsachen mit grenzüberschreitendem Bezug nach der Richtlinie 2003/8/EG des Rates vom 27. Januar 2003 zur Verbesserung des Zugangs zum Recht bei Streitsachen mit grenzüberschreitendem Bezug durch Festlegung gemeinsamer Mindestvorschriften für die Prozesskostenhilfe in derartigen Streitsachen (ABl. EG Nr. L 26 S. 41, ABl. EU Nr. L 32 S. 15) wird Beratungshilfe gewährt

1. für die vorprozessuale Rechtsberatung im Hinblick auf eine außergerichtliche Streitbeilegung,
2. für die Unterstützung bei einem Antrag nach § 1077 der Zivilprozessordnung, bis das Ersuchen im Mitgliedstaat des Gerichtsstands eingegangen ist.

(2) [1]§ 2 Abs. 3 findet keine Anwendung.

(3) [1]Für die Übermittlung von Anträgen auf grenzüberschreitende Beratungshilfe gilt § 1077 der Zivilprozessordnung entsprechend.

(4) [1]Für eingehende Ersuchen um grenzüberschreitende Beratungshilfe ist das in § 4 Abs. 1 Satz 2 bezeichnete Amtsgericht zuständig. [2]§ 1078 Abs. 1 Satz 2, Abs. 2 Satz 2 und Abs. 3 der Zivilprozessordnung gilt entsprechend.

§ 10a (1) [1]Bei Unterhaltssachen nach der Verordnung (EG) Nr. 4/2009 des Rates vom 18. Dezember 2008 (ABl. L 7 vom 10.1.2009, S. 1) erfolgt die Gewährung der Beratungshilfe in den Fällen der Artikel 46 und 47 Absatz 2 dieser Verordnung unabhängig von den persönlichen und wirtschaftlichen Verhältnissen des Antragstellers.

(2) [1]Für ausgehende Anträge in Unterhaltssachen auf grenzüberschreitende Beratungshilfe nach § 10 Absatz 1 ist das Amtsgericht am Sitz des Oberlandesgerichts, in dessen Bezirk der Antragsteller seinen gewöhnlichen Aufenthalt hat, zuständig. [2]Für eingehende Ersuchen ist das in § 4 Absatz 1 Satz 2 bezeichnete Gericht zuständig.

§ 11 [1]Das Bundesministerium der Justiz und für Verbraucherschutz wird ermächtigt, zur Vereinfachung und Vereinheitlichung des Verfahrens durch Rechtsverordnung mit Zustimmung des Bundesrats Formulare für den Antrag auf Gewährung von Beratungshilfe und auf Zahlung der Vergütung der Beratungsperson nach Abschluß der Beratungshilfe einzuführen und deren Verwendung vorzuschreiben.

§ 12 (1) [1]In den Ländern Bremen und Hamburg tritt die eingeführte öffentliche Rechtsberatung an die Stelle der Beratungshilfe nach diesem Gesetz, wenn und soweit das Landesrecht nichts anderes bestimmt.

(2) [1]Im Land Berlin hat der Rechtsuchende die Wahl zwischen der Inanspruchnahme der dort eingeführten öffentlichen Rechtsberatung und Beratungshilfe nach diesem Gesetz, wenn und soweit das Landesrecht nichts anderes bestimmt.

(3) [1]Die Länder können durch Gesetz die ausschließliche Zuständigkeit von Beratungsstellen nach § 3 Absatz 1 zur Gewährung von Beratungshilfe bestimmen.

(4) [1]Die Berater der öffentlichen Rechtsberatung, die über die Befähigung zum Richteramt verfügen, sind in gleicher Weise wie ein beauftragter Rechtsanwalt zur Verschwiegenheit verpflichtet und mit schriftlicher Zustimmung des Ratsuchenden berechtigt, Auskünfte aus Akten zu erhalten und Akteneinsicht zu nehmen.

§ 13 [1]Ist der Antrag auf Beratungshilfe vor dem 1. Januar 2014 gestellt worden oder ist die Beratungshilfe vor dem 1. Januar 2014 gewährt worden, ist dieses Gesetz in der bis zum 31. Dezember 2013 geltenden Fassung anzuwenden.

§ 14 [Inkrafttreten] [1]Dieses Gesetz tritt mit Ausnahme des § 14 am 1. Januar 1981 in Kraft. [2]§ 14 tritt am Tag nach der Verkündung in Kraft.

C. Strafrecht und Geldwäsche

Strafgesetzbuch (StGB)
– Auszug –

Vom 15. Mai 1871, RGBl. S. 127
BGBl. III 450-2

In der Fassung der Bekanntmachung vom
13. November 1998, BGBl. I S. 3322

Zuletzt geändert durch Artikel 2 des Gesetzes
vom 19. Juni 2019, BGBl. I S. 844

Inhaltsübersicht

§ 203 Verletzung von Privatgeheimnissen (1) [1]Wer unbefugt ein fremdes Geheimnis, namentlich ein zum persönlichen Lebensbereich gehörendes Geheimnis oder ein Betriebs- oder Geschäftsgeheimnis, offenbart, das ihm als

1. Arzt, Zahnarzt, Tierarzt, Apotheker oder Angehörigen eines anderen Heilberufs, der für die Berufsausübung oder die Führung der Berufsbezeichnung eine staatlich geregelte Ausbildung erfordert,
2. Berufspsychologen mit staatlich anerkannter wissenschaftlicher Abschlußprüfung,
3. Rechtsanwalt, Kammerrechtsbeistand, Patentanwalt, Notar, Verteidiger in einem gesetzlich geordneten Verfahren, Wirtschaftsprüfer, vereidigtem Buchprüfer, Steuerberater, Steuerbevollmächtigten oder Organ oder Mitglied eines Organs einer Rechtsanwalts-, Patentanwalts-, Wirtschaftsprüfungs-, Buchprüfungs- oder Steuerberatungsgesellschaft,
4. Ehe-, Familien-, Erziehungs- oder Jugendberater sowie Berater für Suchtfragen in einer Beratungsstelle, die von einer Behörde oder Körperschaft, Anstalt oder Stiftung des öffentlichen Rechts anerkannt ist,
5. Mitglied oder Beauftragten einer anerkannten Beratungsstelle nach den §§ 3 und 8 des Schwangerschaftskonfliktgesetzes,
6. staatlich anerkanntem Sozialarbeiter oder staatlich anerkanntem Sozialpädagogen oder

7. Angehörigen eines Unternehmens der privaten Kranken-, Unfall- oder Lebensversicherung oder einer privatärztlichen, steuerberaterlichen oder anwaltlichen Verrechnungsstelle

anvertraut worden oder sonst bekanntgeworden ist, wird mit Freiheitsstrafe bis zu einem Jahr oder mit Geldstrafe bestraft.

(2) [1]Ebenso wird bestraft, wer unbefugt ein fremdes Geheimnis, namentlich ein zum persönlichen Lebensbereich gehörendes Geheimnis oder ein Betriebs- oder Geschäftsgeheimnis, offenbart, das ihm als

1. Amtsträger,
2. für den öffentlichen Dienst besonders Verpflichteten,
3. Person, die Aufgaben oder Befugnisse nach dem Personalvertretungsrecht wahrnimmt,
4. Mitglied eines für ein Gesetzgebungsorgan des Bundes oder eines Landes tätigen Untersuchungsausschusses, sonstigen Ausschusses oder Rates, das nicht selbst Mitglied des Gesetzgebungsorgans ist, oder als Hilfskraft eines solchen Ausschusses oder Rates,
5. öffentlich bestelltem Sachverständigen, der auf die gewissenhafte Erfüllung seiner Obliegenheiten auf Grund eines Gesetzes förmlich verpflichtet worden ist, oder
6. Person, die auf die gewissenhafte Erfüllung ihrer Geheimhaltungspflicht bei der Durchführung wissenschaftlicher Forschungsvorhaben auf Grund eines Gesetzes förmlich verpflichtet worden ist,

anvertraut worden oder sonst bekanntgeworden ist. [2]Einem Geheimnis im Sinne des Satzes 1 stehen Einzelangaben über persönliche oder sachliche Verhältnisse eines anderen gleich, die für Aufgaben der öffentlichen Verwaltung erfaßt worden sind; Satz 1 ist jedoch nicht anzuwenden, soweit solche Einzelangaben anderen Behörden oder sonstigen Stellen für Aufgaben der öffentlichen Verwaltung bekanntgegeben werden und das Gesetz dies nicht untersagt.

(2a) (weggefallen)

(3) [1]Kein Offenbaren im Sinne dieser Vorschrift liegt vor, wenn die in den Absätzen 1 und 2 genannten Personen Geheimnisse den bei ihnen berufsmäßig tätigen Gehilfen oder den bei ihnen zur Vorbereitung auf den Beruf tätigen Personen zugänglich machen. [2]Die in den Absätzen 1 und 2 Genannten dürfen fremde Geheimnisse gegenüber sonstigen Personen offenbaren, die an ihrer beruflichen oder dienstlichen Tätigkeit mitwirken, soweit dies für die Inanspruchnahme der Tätigkeit der sonstigen mitwirkenden Personen erforderlich ist; das Gleiche gilt für sonstige mitwirkende Personen, wenn diese sich weiterer Personen bedienen, die an der beruflichen oder dienstlichen Tätigkeit der in den Absätzen 1 und 2 Genannten mitwirken.

(4) [1]Mit Freiheitsstrafe bis zu einem Jahr oder mit Geldstrafe wird bestraft, wer unbefugt ein fremdes Geheimnis offenbart, das ihm bei der Ausübung oder bei Gelegenheit seiner Tätigkeit als mitwirkende Person oder als bei den in den Absätzen 1 und 2 genannten Personen tätiger Beauftragter für den Datenschutz bekannt geworden ist. Ebenso wird bestraft, wer

1. als in den Absätzen 1 und 2 genannte Person nicht dafür Sorge getragen hat, dass eine sonstige mitwirkende Person, die unbefugt ein fremdes, ihr bei der Ausübung oder bei Gelegenheit ihrer Tätigkeit bekannt gewordenes Geheimnis offenbart, zur Geheimhaltung verpflichtet wurde; dies gilt nicht für sonstige mitwirkende Personen, die selbst eine in den Absätzen 1 oder 2 genannte Person sind,
2. als im Absatz 3 genannte mitwirkende Person sich einer weiteren mitwirkenden Person, die unbefugt ein fremdes, ihr bei der Ausübung oder bei Gelegenheit ihrer Tätigkeit bekannt gewordenes Geheimnis offenbart, bedient und nicht dafür Sorge getragen hat, dass diese zur Geheimhaltung verpflichtet wurde; dies gilt nicht für sonstige mitwirkende Personen, die selbst eine in den Absätzen 1 oder 2 genannte Person sind, oder
3. nach dem Tod der nach Satz 1 oder nach den Absätzen 1 oder 2 verpflichteten Person ein fremdes Geheimnis unbefugt offenbart, das er von dem Verstorbenen erfahren oder aus dessen Nachlass erlangt hat.

(5) [1]Die Absätze 1 bis 4 sind auch anzuwenden, wenn der Täter das fremde Geheimnis nach dem Tod des Betroffenen unbefugt offenbart.

(6) [1]Handelt der Täter gegen Entgelt oder in der Absicht, sich oder einen anderen zu bereichern oder einen anderen zu schädigen, so ist die Strafe Freiheitsstrafe bis zu zwei Jahren oder Geldstrafe.

§ 258 Strafvereitelung (1) [1]Wer absichtlich oder wissentlich ganz oder zum Teil vereitelt, dass ein anderer dem Strafgesetz gemäß wegen einer rechtswidrigen Tat bestraft oder einer Maßnahme (§ 11 Abs. 1 Nr. 8) unterworfen wird, wird mit Freiheitsstrafe bis zu fünf Jahren oder mit Geldstrafe bestraft.

(2) [1]Ebenso wird bestraft, wer absichtlich oder wissentlich die Vollstreckung einer gegen einen anderen verhängten Strafe oder Maßnahme ganz oder zum Teil vereitelt.

(3) [1]Die Strafe darf nicht schwerer sein als die für die Vortat angedrohte Strafe.

(4) [1]Der Versuch ist strafbar.

(5) [1]Wegen Strafvereitelung wird nicht bestraft, wer durch die Tat zugleich ganz oder zum Teil vereiteln will, daß er selbst bestraft oder einer Maß-

nahme unterworfen wird oder daß eine gegen ihn verhängte Strafe oder Maßnahme vollstreckt wird.

(6) [1]Wer die Tat zugunsten eines Angehörigen begeht, ist straffrei.

§ 261 Geldwäsche; Verschleierung unrechtmäßig erlangter Vermögenswerte (1) [1]Wer einen Gegenstand, der aus einer in Satz 2 genannten rechtswidrigen Tat herrührt, verbirgt, dessen Herkunft verschleiert oder die Ermittlung der Herkunft, das Auffinden, die Einziehung oder die Sicherstellung eines solchen Gegenstandes vereitelt oder gefährdet, wird mit Freiheitsstrafe von drei Monaten bis zu fünf Jahren bestraft. [2]Rechtswidrige Taten im Sinne des Satzes 1 sind

1. Verbrechen,
2. Vergehen nach
   a) den §§ 108e, 332 Absatz 1 und 3 sowie § 334, jeweils auch in Verbindung mit § 335a,
   b) § 29 Abs. 1 Satz 1 Nr. 1 des Betäubungsmittelgesetzes und § 19 Abs. 1 Nr. 1 des Grundstoffüberwachungsgesetzes,
3. Vergehen nach § 373 und nach § 374 Abs. 2 der Abgabenordnung, jeweils auch in Verbindung mit § 12 Abs. 1 des Gesetzes zur Durchführung der Gemeinsamen Marktorganisationen und der Direktzahlungen,
4. Vergehen
   a) nach den §§ 152a, 181a, 232 Absatz 1 bis 3 Satz 1 und Absatz 4, § 232a Absatz 1 und 2, § 232b Absatz 1 und 2, § 233 Absatz 1 bis 3, § 233a Absatz 1 und 2, den §§ 242, 246, 253, 259, 263 bis 264, 266, 267, 269, 271, 284, 299, 326 Abs. 1, 2 und 4, § 328 Abs. 1, 2 und 4 sowie § 348,
   b) nach § 96 des Aufenthaltsgesetzes, § 84 des Asylgesetzes, nach § 370 der Abgabenordnung, nach § 119 Absatz 1 bis 4 des Wertpapierhandelsgesetzes sowie nach den §§ 143, 143a und 144 des Markengesetzes, den §§ 106 bis 108b des Urheberrechtsgesetzes, § 25 des Gebrauchsmustergesetzes, den §§ 51 und 65 des Designgesetzes, § 142 des Patentgesetzes, § 10 des Halbleiterschutzgesetzes und § 39 des Sortenschutzgesetzes,

   die gewerbsmäßig oder von einem Mitglied einer Bande, die sich zur fortgesetzten Begehung solcher Taten verbunden hat, begangen worden sind, und
5. Vergehen nach den §§ 89a und 89c und nach den §§ 129 und 129a Abs. 3 und 5, jeweils auch in Verbindung mit § 129b Abs. 1, sowie von einem Mitglied einer kriminellen oder terroristischen Vereinigung (§§ 129, 129a, jeweils auch in Verbindung mit § 129b Abs. 1) begangene Vergehen.

[3]Satz 1 gilt in den Fällen der gewerbsmäßigen oder bandenmäßigen Steuerhinterziehung nach § 370 der Abgabenordnung für die durch die Steuerhin-

terziehung ersparten Aufwendungen und unrechtmäßig erlangten Steuererstattungen und -vergütungen sowie in den Fällen des Satzes 2 Nr. 3 auch für einen Gegenstand, hinsichtlich dessen Abgaben hinterzogen worden sind.

(2) [1]Ebenso wird bestraft, wer einen in Absatz 1 bezeichneten Gegenstand

1. sich oder einem Dritten verschafft oder*
2. verwahrt oder für sich oder einen Dritten verwendet, wenn er die Herkunft des Gegenstandes zu dem Zeitpunkt gekannt hat, zu dem er ihn erlangt hat.

(3) [1]Der Versuch ist strafbar.

(4) [1]In besonders schweren Fällen ist die Strafe Freiheitsstrafe von sechs Monaten bis zu zehn Jahren. [2]Ein besonders schwerer Fall liegt in der Regel vor, wenn der Täter gewerbsmäßig oder als Mitglied einer Bande handelt, die sich zur fortgesetzten Begehung einer Geldwäsche verbunden hat.

(5) [1]Wer in den Fällen des Absatzes 1 oder 2 leichtfertig nicht erkennt, daß der Gegenstand aus einer in Absatz 1 genannten rechtswidrigen Tat herrührt, wird mit Freiheitsstrafe bis zu zwei Jahren oder mit Geldstrafe bestraft.

(6) [1]Die Tat ist nicht nach Absatz 2 strafbar, wenn zuvor ein Dritter den Gegenstand erlangt hat, ohne hierdurch eine Straftat zu begehen.

(7) [1]Gegenstände, auf die sich die Straftat bezieht, können eingezogen werden. [2]§ 74a ist anzuwenden.

(8) [1]Den in den Absätzen 1, 2 und 5 bezeichneten Gegenständen stehen solche gleich, die aus einer im Ausland begangenen Tat der in Absatz 1 bezeichneten Art herrühren, wenn die Tat auch am Tatort mit Strafe bedroht ist.

(9) [1]Nach den Absätzen 1 bis 5 wird nicht bestraft, wer

1. wer die Tat freiwillig bei der zuständigen Behörde anzeigt oder freiwillig eine solche Anzeige veranlasst, wenn nicht die Tat zu diesem Zeitpunkt bereits ganz oder zum Teil entdeckt war und der Täter dies wusste oder bei verständiger Würdigung der Sachlage damit rechnen musste, und

---

* Siehe dazu Urteil des Bundesverfassungsgerichts vom 30. März 2004 – 2 BvR 1520/01, 2 BvR 1521/01 – mit folgender Entscheidungsformel, die gem. § 31 Abs. 2 BVerfGG Gesetzeskraft hat: § 261 Absatz 2 Nummer 1 des Strafgesetzbuchs ist mit dem Grundgesetz vereinbar, soweit Strafverteidiger nur dann mit Strafe bedroht werden, wenn sie im Zeitpunkt der Annahme ihres Honorars sichere Kenntnis von dessen Herkunft hatten.
Außerdem hat das BVerfG mit Beschluss vom 28. Juli 2015 – 2 BvR 2558/14, 2 BvR 2573/14 – zu § 261 Absatz 1 Satz 1 StGB entschieden, dass nur dann ein gerechtfertigter Eingriff in die Berufsausübungsfreiheit vorliegt, wenn der Strafverteidiger im Zeitpunkt der Entgegennahme des Honorars (oder Vorschusses) sicher weiß, dass dieses aus einer von § 261 StGB umfassten Vortat herrührt.

2. in den Fällen des Absatzes 1 oder des Absatzes 2 unter den in Nummer 1 genannten Voraussetzungen die Sicherstellung des Gegenstandes bewirkt, auf den sich die Straftat bezieht.

[2]Nach den Absätzen 1 bis 5 wird außerdem nicht bestraft, wer wegen Beteiligung an der Vortat strafbar ist. [3]Eine Straflosigkeit nach Satz 2 ist ausgeschlossen, wenn der Täter oder Teilnehmer einen Gegenstand, der aus einer in Absatz 1 Satz 2 genannten rechtswidrigen Tat herrührt, in den Verkehr bringt und dabei die rechtswidrige Herkunft des Gegenstandes verschleiert.

(10) (weggefallen)

§ 352 Gebührenüberhebung (1) [1]Ein Amtsträger, Anwalt oder sonstiger Rechtsbeistand, welcher Gebühren oder andere Vergütungen für amtliche Verrichtungen zu seinem Vorteil zu erheben hat, wird, wenn er Gebühren oder Vergütungen erhebt, von denen er weiß, daß der Zahlende sie überhaupt nicht oder nur in geringerem Betrag schuldet, mit Freiheitsstrafe bis zu einem Jahr oder mit Geldstrafe bestraft.

(2) [1]Der Versuch ist strafbar.

§ 356 Parteiverrat (1) [1]Ein Anwalt oder ein anderer Rechtsbeistand, welcher bei den ihm in dieser Eigenschaft anvertrauten Angelegenheiten in derselben Rechtssache beiden Parteien durch Rat oder Beistand pflichtwidrig dient, wird mit Freiheitsstrafe von drei Monaten bis zu fünf Jahren bestraft.

(2) [1]Handelt derselbe im Einverständnis mit der Gegenpartei zum Nachteil seiner Partei, so tritt Freiheitsstrafe von einem Jahr bis zu fünf Jahren ein.

Gesetz über das Aufspüren von Gewinnen aus schweren Straftaten (Geldwäschegesetz – GwG)

Vom 23. Juni 2017, BGBl. I S. 1822

Geändert durch Artikel 5 des Gesetzes vom 21. Juni 2019, BGBl. I S. 846

Inhaltsübersicht

Abschnitt 1: Begriffsbestimmungen und Verpflichtete

§ 1 Begriffsbestimmungen (1) [1]Geldwäsche im Sinne dieses Gesetzes ist eine Straftat nach § 261 des Strafgesetzbuchs.

(2) [1]Terrorismusfinanzierung im Sinne dieses Gesetzes ist

1. die Bereitstellung oder Sammlung von Vermögensgegenständen mit dem Wissen oder in der Absicht, dass diese Vermögensgegenstände ganz oder teilweise dazu verwendet werden oder verwendet werden sollen, eine oder mehrere der folgenden Straftaten zu begehen:
   a) eine Tat nach § 129a des Strafgesetzbuchs, auch in Verbindung mit § 129b des Strafgesetzbuchs, oder
   b) eine andere der Straftaten, die in den Artikeln 1 bis 3 des Rahmenbeschlusses 2002/475/JI des Rates vom 13. Juni 2002 zur Terrorismusbekämpfung (ABl. L 164 vom 22.6.2002, S. 3), zuletzt geändert durch den Rahmenbeschluss 2008/919/JI des Rates vom 28. November 2008 (ABl. L 330 vom 9.12.2008, S. 21), umschrieben sind,
2. die Begehung einer Tat nach § 89c des Strafgesetzbuchs oder
3. die Anstiftung oder Beihilfe zu einer Tat nach Nummer 1 oder 2.

(3) [1]Identifizierung im Sinne dieses Gesetzes besteht aus

1. der Feststellung der Identität durch Erheben von Angaben und
2. der Überprüfung der Identität.

(4) [1]Geschäftsbeziehung im Sinne dieses Gesetzes ist jede Beziehung, die unmittelbar in Verbindung mit den gewerblichen oder beruflichen Aktivitäten der Verpflichteten steht und bei der beim Zustandekommen des Kontakts davon ausgegangen wird, dass sie von gewisser Dauer sein wird.

(5) [1]Transaktion im Sinne dieses Gesetzes ist oder sind eine oder, soweit zwischen ihnen eine Verbindung zu bestehen scheint, mehrere Handlungen, die eine Geldbewegung oder eine sonstige Vermögensverschiebung bezweckt oder bezwecken oder bewirkt oder bewirken.

(6) [1]Trust im Sinne dieses Gesetzes ist eine Rechtgestaltung, die als Trust errichtet wurde, wenn das für die Errichtung anwendbare Recht das Rechtsinstitut des Trusts vorsieht. [2]Sieht das für die Errichtung anwendbare Recht ein Rechtsinstitut vor, das dem Trust nachgebildet ist, so gelten auch Rechtsgestaltungen, die unter Verwendung dieses Rechtsinstituts errichtet wurden, als Trust.

(7) [1]Vermögensgegenstand im Sinne dieses Gesetzes ist

1. jeder Vermögenswert, ob körperlich oder nichtkörperlich, beweglich oder unbeweglich, materiell oder immateriell, sowie
2. Rechtstitel und Urkunden in jeder Form, einschließlich der elektronischen und digitalen Form, die das Eigentumsrecht oder sonstige Rechte an Vermögenswerten nach Nummer 1 verbriefen.

(8) [1]Glücksspiel im Sinne dieses Gesetzes ist jedes Spiel, bei dem ein Spieler für den Erwerb einer Gewinnchance ein Entgelt entrichtet und der Eintritt von Gewinn oder Verlust ganz oder überwiegend vom Zufall abhängt.

(9) [1]Güterhändler im Sinne dieses Gesetzes ist jede Person, die gewerblich Güter veräußert, unabhängig davon, in wessen Namen oder auf wessen Rechnung sie handelt.

(10) [1]Hochwertige Güter im Sinne dieses Gesetzes sind Gegenstände,

1. die sich aufgrund ihrer Beschaffenheit, ihres Verkehrswertes oder ihres bestimmungsgemäßen Gebrauchs von Gebrauchsgegenständen des Alltags abheben oder
2. die aufgrund ihres Preises keine Alltagsanschaffung darstellen.

[2]Zu ihnen gehören insbesondere

1. Edelmetalle wie Gold, Silber und Platin,
2. Edelsteine,
3. Schmuck und Uhren,
4. Kunstgegenstände und Antiquitäten,
5. Kraftfahrzeuge, Schiffe und Motorboote sowie Luftfahrzeuge.

(11) [1]Immobilienmakler im Sinne dieses Gesetzes ist jede Person, die gewerblich den Kauf oder Verkauf von Grundstücken oder grundstücksgleichen Rechten vermittelt.

(12) [1]Politisch exponierte Person im Sinne dieses Gesetzes ist jede Person, die ein hochrangiges wichtiges öffentliches Amt auf internationaler, europäischer oder nationaler Ebene ausübt oder ausgeübt hat oder ein öffentliches Amt unterhalb der nationalen Ebene, dessen politische Bedeutung vergleichbar ist, ausübt oder ausgeübt hat. [2]Zu den politisch exponierten Personen gehören insbesondere

1. Staatschefs, Regierungschefs, Minister, Mitglieder der Europäischen Kommission, stellvertretende Minister und Staatssekretäre,
2. Parlamentsabgeordnete und Mitglieder vergleichbarer Gesetzgebungsorgane,
3. Mitglieder der Führungsgremien politischer Parteien,
4. Mitglieder von obersten Gerichtshöfen, Verfassungsgerichtshöfen oder sonstigen hohen Gerichten, gegen deren Entscheidungen im Regelfall kein Rechtsmittel mehr eingelegt werden kann,
5. Mitglieder der Leitungsorgane von Rechnungshöfen,
6. Mitglieder der Leitungsorgane von Zentralbanken,
7. Botschafter, Geschäftsträger und Verteidigungsattachés,
8. Mitglieder der Verwaltungs-, Leitungsund Aufsichtsorgane staatseigener Unternehmen,
9. Direktoren, stellvertretende Direktoren, Mitglieder des Leitungsorgans oder sonstige Leiter mit vergleichbarer Funktion in einer zwischenstaatlichen internationalen oder europäischen Organisation.

(13) [1]Familienmitglied im Sinne dieses Gesetzes ist ein naher Angehöriger einer politisch exponierten Person, insbesondere

1. der Ehepartner oder eingetragene Lebenspartner,
2. ein Kind und dessen Ehepartner oder eingetragener Lebenspartner sowie
3. jeder Elternteil.

(14) [1]Bekanntermaßen nahestehende Person im Sinne dieses Gesetzes ist eine natürliche Person, bei der der Verpflichtete Grund zu der Annahme haben muss, dass diese Person

1. gemeinsam mit einer politisch exponierten Person
   a) wirtschaftlich Berechtigter einer Vereinigung nach § 20 Absatz 1 ist oder
   b) wirtschaftlich Berechtigter einer Rechtsgestaltung nach § 21 ist,

2. zu einer politisch exponierten Person sonstige enge Geschäftsbeziehungen unterhält oder
3. alleiniger wirtschaftlich Berechtigter
   a) einer Vereinigung nach § 20 Absatz 1 ist oder
   b) einer Rechtsgestaltung nach § 21 ist,

   bei der der Verpflichtete Grund zu der Annahme haben muss, dass die Errichtung faktisch zugunsten einer politisch exponierten Person erfolgte.

(15) [1]Mitglied der Führungsebene im Sinne dieses Gesetzes ist eine Führungskraft oder ein leitender Mitarbeiter eines Verpflichteten mit ausreichendem Wissen über die Risiken, denen der Verpflichtete in Bezug auf Geldwäsche und Terrorismusfinanzierung ausgesetzt ist, und mit der Befugnis, insoweit Entscheidungen zu treffen.

(16) [1]Gruppe im Sinne dieses Gesetzes ist ein Zusammenschluss von Unternehmen, der besteht aus

1. einem Mutterunternehmen,
2. den Tochterunternehmen des Mutterunternehmens,
3. den Unternehmen, an denen das Mutterunternehmen oder seine Tochterunternehmen eine Beteiligung halten, und
4. Unternehmen, die untereinander verbunden sind durch eine Beziehung im Sinne des Artikels 22 Absatz 1 der Richtlinie 2013/34/EU des Europäischen Parlaments und des Rates vom 26. Juni 2013 über den Jahresabschluss, den konsolidierten Abschluss und damit verbundene Berichte von Unternehmen bestimmter Rechtsformen und zur Änderung der Richtlinie 2006/43/EG des Europäischen Parlaments und des Rates und zur Aufhebung der Richtlinien 78/660/EWG und 83/349/EWG des Rates (ABl. L 182 vom 29.6.2013, S. 19).

(17) [1]Drittstaat im Sinne dieses Gesetzes ist ein Staat,

1. der nicht Mitgliedstaat der Europäischen Union ist und
2. der nicht Vertragsstaat des Abkommens über den Europäischen Wirtschaftsraum ist.

(18) [1]E-Geld im Sinne dieses Gesetzes ist E-Geld nach § 1a Absatz 3 des Zahlungsdiensteaufsichtsgesetzes.

(19) [1]Aufsichtsbehörde im Sinne dieses Gesetzes ist die zuständige Aufsichtsbehörde nach § 50.

(20) [1]Die Zuverlässigkeit eines Mitarbeiters im Sinne dieses Gesetzes liegt vor, wenn der Mitarbeiter die Gewähr dafür bietet, dass er

1. die in diesem Gesetz geregelten Pflichten, sonstige geldwäscherechtliche Pflichten und die beim Verpflichteten eingeführten Strategien, Kon-

trollen und Verfahren zur Verhinderung von Geldwäsche und von Terrorismusfinanzierung sorgfältig beachtet,

2. Tatsachen nach § 43 Absatz 1 dem Vorgesetzten oder dem Geldwäschebeauftragten, sofern ein Geldwäschebeauftragter bestellt ist, meldet und
3. sich weder aktiv noch passiv an zweifelhaften Transaktionen oder Geschäftsbeziehungen beteiligt.

(21) [1]Korrespondenzbeziehung im Sinne dieses Gesetzes ist eine Geschäftsbeziehung, in deren Rahmen folgende Leistungen erbracht werden:

1. Bankdienstleistungen, wie die Unterhaltung eines Kontokorrentoder eines anderen Zahlungskontos und die Erbringung damit verbundener Leistungen wie die Verwaltung von Barmitteln, die Durchführung von internationalen Geldtransfers oder Devisengeschäften und die Vornahme von Scheckverrechnungen, durch Verpflichtete nach § 2 Absatz 1 Nummer 1 (Korrespondenten) für CRR-Kreditinstitute oder für Unternehmen in einem Drittstaat, die Tätigkeiten ausüben, die denen solcher Kreditinstitute gleichwertig sind (Respondenten), oder
2. andere Leistungen als Bankdienstleistungen, soweit diese anderen Leistungen nach den jeweiligen gesetzlichen Vorschriften durch Verpflichtete nach § 2 Absatz 1 Nummer 1 bis 3 und 6 bis 9 (Korrespondenten) erbracht werden dürfen
   a) für andere CRR-Kreditinstitute oder Finanzinstitute im Sinne des Artikels 3 Nummer 2 der Richtlinie (EU) 2015/849 oder
   b) für Unternehmen oder Personen in einem Drittstaat, die Tätigkeiten ausüben, die denen solcher Kreditinstitute oder Finanzinstitute gleichwertig sind (Respondenten).

(22) [1]Bank-Mantelgesellschaft im Sinne dieses Gesetzes ist

1. ein CRR-Kreditinstitut oder ein Finanzinstitut nach Artikel 3 Nummer 2 der Richtlinie (EU) 2015/849 oder
2. ein Unternehmen,
   a) das Tätigkeiten ausübt, die denen eines solchen Kreditinstituts oder Finanzinstituts gleichwertig sind, und das in einem Land in ein Handelsregister oder ein vergleichbares Register eingetragen ist, in dem die tatsächliche Leitung und Verwaltung nicht erfolgen, und
   b) das keiner regulierten Gruppe von Kredit- oder Finanzinstituten angeschlossen ist.

§ 2 Verpflichtete, Verordnungsermächtigung (1) [1]Verpflichtete im Sinne dieses Gesetzes sind, soweit sie in Ausübung ihres Gewerbes oder Berufs handeln,

1. Kreditinstitute nach § 1 Absatz 1 des Kreditwesengesetzes, mit Ausnahme der in § 2 Absatz 1 Nummer 3 bis 8 des Kreditwesengesetzes genannten Unternehmen, und im Inland gelegene Zweigstellen und Zweigniederlassungen von Kreditinstituten mit Sitz im Ausland,
2. Finanzdienstleistungsinstitute nach § 1 Absatz 1a des Kreditwesengesetzes, mit Ausnahme der in § 2 Absatz 6 Satz 1 Nummer 3 bis 10 und 12 und Absatz 10 des Kreditwesengesetzes genannten Unternehmen, und im Inland gelegene Zweigstellen und Zweigniederlassungen von Finanzdienstleistungsinstituten mit Sitz im Ausland,
3. Zahlungsinstitute und E-Geld-Institute nach § 1 Absatz 2a des Zahlungsdiensteaufsichtsgesetzes und im Inland gelegene Zweigstellen und Zweigniederlassungen von vergleichbaren Instituten mit Sitz im Ausland,
4. Agenten nach § 1 Absatz 7 des Zahlungsdiensteaufsichtsgesetzes und E-Geld-Agenten nach § 1a Absatz 6 des Zahlungsdiensteaufsichtsgesetzes,
5. selbständige Gewerbetreibende, die E-Geld eines Kreditinstituts nach § 1a Absatz 1 Nummer 1 des Zahlungsdiensteaufsichtsgesetzes vertreiben oder rücktauschen,
6. Finanzunternehmen nach § 1 Absatz 3 des Kreditwesengesetzes, die nicht unter Nummer 1 oder Nummer 4 fallen und deren Haupttätigkeit einer der in§1 Absatz3 Satz 1 des Kreditwesengesetzes genannten Haupttätigkeiten oder einer Haupttätigkeit eines durch Rechtsverordnung nach § 1 Absatz 3 Satz 2 des Kreditwesengesetzes bezeichneten Unternehmens entspricht, und im Inland gelegene Zweigstellen und Zweigniederlassungen solcher Unternehmen mit Sitz im Ausland,
7. Versicherungsunternehmen nach Artikel 13 Nummer 1 der Richtlinie 2009/138/EG des Europäischen Parlaments und des Rates vom 25. November 2009 betreffend die Aufnahme und Ausübung der Versicherungs- und der Rückversicherungstätigkeit (Solvabilität II) (ABl. L 335 vom 17.12.2009, S. 1) und im Inland gelegene Niederlassungen solcher Unternehmen mit Sitz im Ausland, soweit sie jeweils
   a) Lebensversicherungstätigkeiten, die unter diese Richtlinie fallen, anbieten,
   b) Unfallversicherungen mit Prämienrückgewähr anbieten oder
   c) Darlehen im Sinne von § 1 Absatz 1 Satz 2 Nummer 2 des Kreditwesengesetzes vergeben,

8. Versicherungsvermittler nach § 59 des Versicherungsvertragsgesetzes, soweit sie die unter Nummer 7 fallenden Tätigkeiten, Geschäfte, Produkte oder Dienstleistungen vermitteln, mit Ausnahme der gemäß § 34d Absatz 3 oder Absatz 4 der Gewerbeordnung tätigen Versicherungsvermittler, und im Inland gelegene Niederlassungen entsprechender Versicherungsvermittler mit Sitz im Ausland,
9. Kapitalverwaltungsgesellschaften nach § 17 Absatz 1 des Kapitalanlagegesetzbuchs, im Inland gelegene Zweigniederlassungen von EU-Verwaltungsgesellschaften und ausländischen AIF-Verwaltungsgesellschaften sowie ausländische AIF-Verwaltungsgesellschaften, für die die Bundesrepublik Deutschland Referenzmitgliedstaat ist und die der Aufsicht der Bundesanstalt für Finanzdienstleistungsaufsicht gemäß § 57 Absatz 1 Satz 3 des Kapitalanlagegesetzbuchs unterliegen,
10. Rechtsanwälte, Kammerrechtsbeistände, Patentanwälte sowie Notare, soweit sie
    a) für ihren Mandanten an der Planung oder Durchführung von folgenden Geschäften mitwirken:
        aa) Kauf und Verkauf von Immobilien oder Gewerbebetrieben,
        bb) Verwaltung von Geld, Wertpapieren oder sonstigen Vermögenswerten,
        cc) Eröffnung oder Verwaltung von Bank-, Spar- oder Wertpapierkonten,
        dd) Beschaffung der zur Gründung, zum Betrieb oder zur Verwaltung von Gesellschaften erforderlichen Mittel,
        ee) Gründung, Betrieb oder Verwaltung von Treuhandgesellschaften, Gesellschaften oder ähnlichen Strukturen oder
    b) im Namen und auf Rechnung des Mandanten Finanz- oder Immobilientransaktionen durchführen,
11. Rechtsbeistände, die nicht Mitglied einer Rechtsanwaltskammer sind, und registrierte Personen nach § 10 des Rechtsdienstleistungsgesetzes, soweit sie für ihren Mandanten an der Planung oder Durchführung von Geschäften nach Nummer 10 Buchstabe a mitwirken oder im Namen und auf Rechnung des Mandanten Finanz- oder Immobilientransaktionen durchführen,
12. Wirtschaftsprüfer, vereidigte Buchprüfer, Steuerberater und Steuerbevollmächtigte,
13. Dienstleister für Gesellschaften und für Treuhandvermögen oder Treuhänder, die nicht den unter den Nummern 10 bis 12 genannten Berufen

angehören, wenn sie für Dritte eine der folgenden Dienstleistungen erbringen:

a) Gründung einer juristischen Person oder Personengesellschaft,
b) Ausübung der Leitungs- oder Geschäftsführungsfunktion einer juristischen Person oder einer Personengesellschaft, Ausübung der Funktion eines Gesellschafters einer Personengesellschaft oder Ausübung einer vergleichbaren Funktion,
c) Bereitstellung eines Sitzes, einer Geschäfts-, Verwaltungs- oder Postadresse und anderer damit zusammenhängender Dienstleistungen für eine juristische Person, für eine Personengesellschaft oder für eine Rechtsgestaltung nach § 3 Absatz 3,
d) Ausübung der Funktion eines Treuhänders für eine Rechtsgestaltung nach § 3 Absatz 3,
e) Ausübung der Funktion eines nominellen Anteilseigners für eine andere Person, bei der es sich nicht um eine auf einem organisierten Markt notierte Gesellschaft nach § 2 Absatz 11 des Wertpapierhandelsgesetzes handelt, die den Gemeinschaftsrecht entsprechenden Transparenzanforderungen im Hinblick auf Stimmrechtsanteile oder gleichwertigen internationalen Standards unterliegt,
f) Schaffung der Möglichkeit für eine andere Person, die in den Buchstaben b, d und e genannten Funktionen auszuüben,

14. Immobilienmakler,

15. Veranstalter und Vermittler von Glücksspielen, soweit es sich nicht handelt um
    a) Betreiber von Geldspielgeräten nach § 33c der Gewerbeordnung,
    b) Vereine, die das Unternehmen eines Totalisatoren nach § 1 des Rennwett- und Lotteriegesetzes betreiben,
    c) Lotterien, die nicht im Internet veranstaltet werden und für die die Veranstalter und Vermittler über eine staatliche Erlaubnis der in Deutschland jeweils zuständigen Behörde verfügen,
    d) Soziallotterien und

16. Güterhändler.

(2) [1]Das Bundesministerium der Finanzen kann durch Rechtsverordnung ohne Zustimmung des Bundesrates Verpflichtete gemäß Absatz 1 Nummer 1 bis 9 und 16, die Finanztätigkeiten, die keinen Finanztransfer im Sinne von § 1 Absatz 2 Nummer 6 des Zahlungsdiensteaufsichtsgesetzes darstellen, nur gelegentlich oder in sehr begrenztem Umfang ausüben und bei denen ein geringes Risiko der Geldwäsche oder der Terrorismusfinanzierung besteht, vom Anwendungsbereich dieses Gesetzes ausnehmen, wenn

1. die Finanztätigkeit auf einzelne Transaktionen beschränkt ist, die in absoluter Hinsicht je Kunde und einzelne Transaktion den Betrag von 1 000 Euro nicht überschreitet,

2. der Umsatz der Finanztätigkeit insgesamt nicht über 5 Prozent des jährlichen Gesamtumsatzes der betroffenen Verpflichteten hinausgeht,
3. die Finanztätigkeit lediglich eine mit der ausgeübten Haupttätigkeit zusammenhängende Nebentätigkeit darstellt und
4. die Finanztätigkeit nur für Kunden der Haupttätigkeit und nicht für die allgemeine Öffentlichkeit erbracht wird.

§ 3 Wirtschaftlich Berechtigter (1) [1]Wirtschaftlich Berechtigter im Sinne dieses Gesetzes ist

1. die natürliche Person, in deren Eigentum oder unter deren Kontrolle der Vertragspartner letztlich steht, oder
2. die natürliche Person, auf deren Veranlassung eine Transaktion letztlich durchgeführt oder eine Geschäftsbeziehung letztlich begründet wird.

[2]Zu den wirtschaftlich Berechtigten zählen insbesondere die in den Absätzen 2 bis 4 aufgeführten natürlichen Personen.

(2) [1]Bei juristischen Personen außer rechtsfähigen Stiftungen und bei sonstigen Gesellschaften, die nicht an einem organisierten Markt nach § 2 Absatz 11 des Wertpapierhandelsgesetzes notiert sind und keinen dem Gemeinschaftsrecht entsprechenden Transparenzanforderungen im Hinblick auf Stimmrechtsanteile oder gleichwertigen internationalen Standards unterliegen, zählt zu den wirtschaftlich Berechtigten jede natürliche Person, die unmittelbar oder mittelbar

1. mehr als 25 Prozent der Kapitalanteile hält,
2. mehr als 25 Prozent der Stimmrechte kontrolliert oder
3. auf vergleichbare Weise Kontrolle ausübt.

[2]Mittelbare Kontrolle liegt insbesondere vor, wenn entsprechende Anteile von einer oder mehreren Vereinigungen nach § 20 Absatz 1 gehalten werden, die von einer natürlichen Person kontrolliert werden. [3]Kontrolle liegt insbesondere vor, wenn die natürliche Person unmittelbar oder mittelbar einen beherrschenden Einfluss auf die Vereinigung nach § 20 Absatz 1 ausüben kann. [4]Für das Bestehen eines beherrschenden Einflusses gilt § 290 Absatz 2 bis 4 des Handelsgesetzbuchs entsprechend. [5]Wenn auch nach Durchführung umfassender Prüfungen und, ohne dass Tatsachen nach § 43 Absatz 1 vorliegen, keine natürliche Person ermittelt worden ist oder wenn Zweifel daran bestehen, dass die ermittelte Person wirtschaftlich Berechtigter ist, gilt als wirtschaftlich Berechtigter der gesetzliche Vertreter, geschäftsführende Gesellschafter oder Partner des Vertragspartners.

(3) [1]Bei rechtsfähigen Stiftungen und Rechtsgestaltungen, mit denen treuhänderisch Vermögen verwaltet oder verteilt oder die Verwaltung oder Ver-

teilung durch Dritte beauftragt wird, oder bei diesen vergleichbaren Rechtsformen zählt zu den wirtschaftlich Berechtigten:

1. jede natürliche Person, die als Treugeber, Verwalter von Trusts (Trustee) oder Protektor, sofern vorhanden, handelt,
2. jede natürliche Person, die Mitglied des Vorstands der Stiftung ist,
3. jede natürliche Person, die als Begünstigte bestimmt worden ist,
4. die Gruppe von natürlichen Personen, zu deren Gunsten das Vermögen verwaltet oder verteilt werden soll, sofern die natürliche Person, die Begünstigte des verwalteten Vermögens werden soll, noch nicht bestimmt ist, und
5. jede natürliche Person, die auf sonstige Weise unmittelbar oder mittelbar beherrschenden Einfluss auf die Vermögensverwaltung oder Ertragsverteilung ausübt.

(4) [1]Bei Handeln auf Veranlassung zählt zu den wirtschaftlich Berechtigten derjenige, auf dessen Veranlassung die Transaktion durchgeführt wird.[2] Soweit der Vertragspartner als Treuhänder handelt, handelt er ebenfalls auf Veranlassung.

Abschnitt 2: Risikomanagement

§ 4 Risikomanagement (1) [1]Die Verpflichteten müssen zur Verhinderung von Geldwäsche und von Terrorismusfinanzierung über ein wirksames Risikomanagement verfügen, das im Hinblick auf Art und Umfang ihrer Geschäftstätigkeit angemessen ist.

(2) [1]Das Risikomanagement umfasst eine Risikoanalyse nach § 5 sowie interne Sicherungsmaßnahmen nach § 6.

(3) [1]Verantwortlich für das Risikomanagement sowie für die Einhaltung der geldwäscherechtlichen Bestimmungen in diesem und anderen Gesetzen sowie in den aufgrund dieses und anderer Gesetze ergangenen Rechtsverordnungen ist ein zu benennendes Mitglied der Leitungsebene. [2]Die Risikoanalyse und interne Sicherungsmaßnahmen bedürfen der Genehmigung dieses Mitglieds.

(4) [1]Verpflichtete nach § 2 Absatz 1 Nummer 16 müssen über ein wirksames Risikomanagement verfügen, soweit sie im Rahmen einer Transaktion Barzahlungen über mindestens 10 000 Euro tätigen oder entgegennehmen.

§ 5 Risikoanalyse (1) [1]Die Verpflichteten haben diejenigen Risiken der Geldwäsche und der Terrorismusfinanzierung zu ermitteln und zu bewerten, die für Geschäfte bestehen, die von ihnen betrieben werden. [2]Dabei haben sie insbesondere die in den Anlagen 1 und 2 genannten Risikofaktoren sowie die Informationen, die auf Grundlage der nationalen Risikoanalyse zur

Verfügung gestellt werden, zu berücksichtigen. [3]Der Umfang der Risikoanalyse richtet sich nach Art und Umfang der Geschäftstätigkeit der Verpflichteten.

(2) [1]Die Verpflichteten haben

1. die Risikoanalyse zu dokumentieren,
2. die Risikoanalyse regelmäßig zu überprüfen und gegebenenfalls zu aktualisieren und
3. der Aufsichtsbehörde auf Verlangen die jeweils aktuelle Fassung der Risikoanalyse zur Verfügung zu stellen.

(3) [1]Für Verpflichtete als Mutterunternehmen einer Gruppe gelten die Absätze 1 und 2 in Bezug auf die gesamte Gruppe.

(4) [1]Die Aufsichtsbehörde kann einen Verpflichteten auf dessen Antrag von der Dokumentation der Risikoanalyse befreien, wenn der Verpflichtete darlegen kann, dass die in dem jeweiligen Bereich bestehenden konkreten Risiken klar erkennbar sind und sie verstanden werden.

§ 6 Interne Sicherungsmaßnahmen (1) [1]Verpflichtete haben angemessene geschäfts- und kundenbezogene interne Sicherungsmaßnahmen zu schaffen, um die Risiken von Geldwäsche und von Terrorismusfinanzierung in Form von Grundsätzen, Verfahren und Kontrollen zu steuern und zu mindern. [2]Angemessen sind solche Maßnahmen, die der jeweiligen Risikosituation des einzelnen Verpflichteten entsprechen und diese hinreichend abdecken. [3]Die Verpflichteten haben die Funktionsfähigkeit der internen Sicherungsmaßnahmen zu überwachen und sie bei Bedarf zu aktualisieren.

(2) [1]Interne Sicherungsmaßnahmen sind insbesondere:

1. die Ausarbeitung von internen Grundsätzen, Verfahren und Kontrollen in Bezug auf
   a) den Umgang mit Risiken nach Absatz 1,
   b) die Kundensorgfaltspflichten nach den §§ 10 bis 17,
   c) die Erfüllung der Meldepflicht nach § 43 Absatz 1,
   d) die Aufzeichnung von Informationen und die Aufbewahrung von Dokumenten nach § 8 und
   e) die Einhaltung der sonstigen geldwäscherechtlichen Vorschriften,
2. die Bestellung eines Geldwäschebeauftragten und seines Stellvertreters gemäß § 7,
3. für Verpflichtete, die Mutterunternehmen einer Gruppe sind, die Schaffung von gruppenweiten Verfahren gemäß § 9,
4. die Schaffung und Fortentwicklung geeigneter Maßnahmen zur Verhinderung des Missbrauchs von neuen Produkten und Technologien zur Begehung von Geldwäsche und von Terrorismusfinanzierung oder für

Zwecke der Begünstigung der Anonymität von Geschäftsbeziehungen oder von Transaktionen,

5. die Überprüfung der Mitarbeiter auf ihre Zuverlässigkeit durch geeignete Maßnahmen, insbesondere durch Personalkontroll- und Beurteilungssysteme der Verpflichteten,
6. die erstmalige und laufende Unterrichtung der Mitarbeiter in Bezug auf Typologien und aktuelle Methoden der Geldwäsche und der Terrorismusfinanzierung sowie die insoweit einschlägigen Vorschriften und Pflichten, einschließlich Datenschutzbestimmungen, und
7. die Überprüfung der zuvor genannten Grundsätze und Verfahren durch eine unabhängige Prüfung, soweit diese Überprüfung angesichts der Art und des Umfangs der Geschäftstätigkeit angemessen ist.

(3) [1]Soweit ein Verpflichteter nach § 2 Absatz 1 Nummer 10 bis 14 und 16 seine berufliche Tätigkeit als Angestellter eines Unternehmens ausübt, obliegen die Verpflichtungen nach den Absätzen 1 und 2 diesem Unternehmen.

(4) [1]Verpflichtete nach § 2 Absatz 1 Nummer 15 haben über die in Absatz 2 genannten Maßnahmen hinaus Datenverarbeitungssysteme zu betreiben, mittels derer sie in der Lage sind, sowohl Geschäftsbeziehungen als auch einzelne Transaktionen im Spielbetrieb und über ein Spielerkonto nach § 16 zu erkennen, die als zweifelhaft oder ungewöhnlich anzusehen sind aufgrund des öffentlich verfügbaren oder im Unternehmen verfügbaren Erfahrungswissens über die Methoden der Geldwäsche und der Terrorismusfinanzierung. [2]Sie haben diese Datenverarbeitungssysteme zu aktualisieren. [3]Die Aufsichtsbehörde kann Kriterien bestimmen, bei deren Erfüllung Verpflichtete nach § 2 Absatz 1 Nummer 15 vom Einsatz von Datenverarbeitungssystemen nach Satz 1 absehen können.

(5) [1]Die Verpflichteten haben im Hinblick auf ihre Art und Größe angemessene Vorkehrungen zu treffen, damit es ihren Mitarbeitern und Personen in einer vergleichbaren Position unter Wahrung der Vertraulichkeit ihrer Identität möglich ist, Verstöße gegen geldwäscherechtliche Vorschriften geeigneten Stellen zu berichten.

(6) [1]Die Verpflichteten treffen Vorkehrungen, um auf Anfrage der Zentralstelle für Finanztransaktionsuntersuchungen oder auf Anfrage anderer zuständiger Behörden Auskunft darüber zu geben, ob sie während eines Zeitraums von fünf Jahren vor der Anfrage mit bestimmten Personen eine Geschäftsbeziehung unterhalten haben und welcher Art diese Geschäftsbeziehung war. [2]Sie haben sicherzustellen, dass die Informationen sicher und vertraulich an die anfragende Stelle übermittelt werden. [3]Verpflichtete nach § 2 Absatz 1 Nummer 10 und 12 können die Auskunft verweigern, wenn sich die Anfrage auf Informationen bezieht, die sie im Rahmen eines der

Schweigepflicht unterliegenden Mandatsverhältnisses erhalten haben. [4]Die Pflicht zur Auskunft bleibt bestehen, wenn der Verpflichtete weiß, dass sein Mandant das Mandatsverhältnis für den Zweck der Geldwäsche oder der Terrorismusfinanzierung genutzt hat oder nutzt.

(7) [1]Die Verpflichteten dürfen die internen Sicherungsmaßnahmen im Rahmen von vertraglichen Vereinbarungen durch einen Dritten durchführen lassen, wenn sie dies vorher der Aufsichtsbehörde angezeigt haben. [2]Die Aufsichtsbehörde kann die Übertragung dann untersagen, wenn

1. der Dritte nicht die Gewähr dafür bietet, dass die Sicherungsmaßnahmen ordnungsgemäß durchgeführt werden,
2. die Steuerungsmöglichkeiten der Verpflichteten beeinträchtigt werden oder
3. die Aufsicht durch die Aufsichtsbehörde beeinträchtigt wird.

[3]Die Verpflichteten haben in ihrer Anzeige darzulegen, dass die Voraussetzungen für eine Untersagung der Übertragung nach Satz 2 nicht vorliegen. Die Verantwortung für die Erfüllung der Sicherungsmaßnahmen bleibt bei den Verpflichteten.

(8) [1]Die Aufsichtsbehörde kann im Einzelfall Anordnungen erteilen, die geeignet und erforderlich sind, damit der Verpflichtete die erforderlichen internen Sicherungsmaßnahmen schafft.

(9) [1]Die Aufsichtsbehörde kann anordnen, dass auf einzelne Verpflichtete oder Gruppen von Verpflichteten wegen der Art der von diesen betriebenen Geschäfte und wegen der Größe des Geschäftsbetriebs unter Berücksichtigung der Risiken in Bezug auf Geldwäsche oder Terrorismusfinanzierung die Vorschriften der Absätze 1 bis 6 risikoangemessen anzuwenden sind.

§ 7 Geldwäschebeauftragter (1) [1]Verpflichtete nach § 2 Absatz 1 Nummer 1 bis 3, 6, 7, 9 und 15 haben einen Geldwäschebeauftragten auf Führungsebene sowie einen Stellvertreter zu bestellen. [2]Der Geldwäschebeauftragte ist für die Einhaltung der geldwäscherechtlichen Vorschriften zuständig. Er ist der Geschäftsleitung unmittelbar nachgeordnet.

(2) [1]Die Aufsichtsbehörde kann einen Verpflichteten von der Pflicht, einen Geldwäschebeauftragten zu bestellen, befreien, wenn sichergestellt ist, dass

1. die Gefahr von Informationsverlusten und -defiziten aufgrund arbeitsteiliger Unternehmensstruktur nicht besteht und
2. nach risikobasierter Bewertung anderweitige Vorkehrungen getroffen werden, um Geschäftsbeziehungen und Transaktionen zu verhindern, die mit Geldwäsche oder Terrorismusfinanzierung zusammenhängen.

(3) [1]Die Aufsichtsbehörde kann anordnen, dass Verpflichtete nach § 2 Absatz 1 Nummer 4, 5, 8, 10 bis 14 und 16 einen Geldwäschebeauftragten zu bestellen haben, wenn sie dies für angemessen erachtet. [2]Bei Verpflichteten nach § 2 Absatz 1 Nummer 16 soll die Anordnung erfolgen, wenn die Haupttätigkeit des Verpflichteten im Handel mit hochwertigen Gütern besteht.

(4) [1]Die Verpflichteten haben der Aufsichtsbehörde die Bestellung des Geldwäschebeauftragten und seines Stellvertreters oder ihre Entpflichtung vorab anzuzeigen. [2]Die Bestellung einer Person zum Geldwäschebeauftragten oder zu seinem Stellvertreter muss auf Verlangen der Aufsichtsbehörde widerrufen werden, wenn die Person nicht die erforderliche Qualifikation oder Zuverlässigkeit aufweist.

(5) [1]Der Geldwäschebeauftragte muss seine Tätigkeit im Inland ausüben. Er muss Ansprechpartner sein für die Strafverfolgungsbehörden, für die für Aufklärung, Verhütung und Beseitigung von Gefahren zuständigen Behörden, für die Zentralstelle für Finanztransaktionsuntersuchungen und für die Aufsichtsbehörde in Bezug auf die Einhaltung der einschlägigen Vorschriften. [2]Ihm sind ausreichende Befugnisse und die für eine ordnungsgemäße Durchführung seiner Funktion notwendigen Mittel einzuräumen. [3]Insbesondere ist ihm ungehinderter Zugang zu sämtlichen Informationen, Daten, Aufzeichnungen und Systemen zu gewähren oder zu verschaffen, die im Rahmen der Erfüllung seiner Aufgaben von Bedeutung sein können. [4]Der Geldwäschebeauftragte hat der Geschäftsleitung unmittelbar zu berichten. [5]Soweit der Geldwäschebeauftragte die Erstattung einer Meldung nach § 43 Absatz 1 beabsichtigt oder ein Auskunftsersuchen der Zentralstelle für Finanztransaktionsuntersuchungen nach § 30 Absatz 3 beantwortet, unterliegt er nicht dem Direktionsrecht durch die Geschäftsleitung.

(6) [1]Der Geldwäschebeauftragte darf Daten und Informationen ausschließlich zur Erfüllung seiner Aufgaben verwenden.

(7) [1]Dem Geldwäschebeauftragten und dem Stellvertreter darf wegen der Erfüllung ihrer Aufgaben keine Benachteiligung im Beschäftigungsverhältnis entstehen. [2]Die Kündigung des Arbeitsverhältnisses ist unzulässig, es sei denn, dass Tatsachen vorliegen, welche die verantwortliche Stelle zur Kündigung aus wichtigem Grund ohne Einhaltung einer Kündigungsfrist berechtigen. [3]Nach der Abberufung als Geldwäschebeauftragter oder als Stellvertreter ist die Kündigung innerhalb eines Jahres nach der Beendigung der Bestellung unzulässig, es sei denn, dass die verantwortliche Stelle zur Kündigung aus wichtigem Grund ohne Einhaltung einer Kündigungsfrist berechtigt ist.

§ 8 Aufzeichnungs- und Aufbewahrungspflicht (1) [1]Vom Verpflichteten aufzuzeichnen und aufzubewahren sind

1. die im Rahmen der Erfüllung der Sorgfaltspflichten erhobenen Angaben und eingeholten Informationen
   a) über Vertragspartner, gegebenenfalls über die für die Vertragspartner auftretenden Personen und wirtschaftlich Berechtigten,
   b) über Geschäftsbeziehungen und Transaktionen, insbesondere Transaktionsbelege, soweit sie für die Untersuchung von Transaktionen erforderlich sein können,
2. hinreichende Informationen über die Durchführung und über die Ergebnisse der Risikobewertung nach§ 10 Absatz 2, § 14 Absatz 1 und § 15 Absatz 2 und über die Angemessenheit der auf Grundlage dieser Ergebnisse ergriffenen Maßnahmen,
3. die Ergebnisse der Untersuchung nach § 15 Absatz 5Nummer 1 und
4. die Erwägungsgründe und eine nachvollziehbare Begründung des Bewertungsergebnisses eines Sachverhalts hinsichtlich der Meldepflicht nach § 43 Absatz 1.

[2]Die Aufzeichnungen nach Satz 1 Nummer 1 Buchstabe a schließen Aufzeichnungen über die getroffenen Maßnahmen zur Ermittlung des wirtschaftlich Berechtigten bei juristischen Personen im Sinne von § 3 Absatz 2 Satz 1 ein.

(2) [1]Zur Erfüllung der Pflicht nach Absatz 1 Satz 1 Nummer 1 Buchstabe a sind in den Fällen des § 12 Absatz 1 Satz 1 Nummer 1 auch die Art, die Nummer und die Behörde, die das zur Überprüfung der Identität vorgelegte Dokument ausgestellt hat, aufzuzeichnen. [2]Soweit zur Überprüfung der Identität einer natürlichen Person Dokumente nach § 12 Absatz 1 Satz 1 Nummer 1 oder 4 vorgelegt oder zur Überprüfung der Identität einer juristischen Person Unterlagen nach § 12 Absatz 2 vorgelegt oder soweit Dokumente, die aufgrund einer Rechtsverordnung nach § 12 Absatz 3 bestimmt sind, vorgelegt oder herangezogen werden, haben die Verpflichteten das Recht und die Pflicht, vollständige Kopien dieser Dokumente oder Unterlagen anzufertigen oder sie vollständig optisch digitalisiert zu erfassen. [3]Diese gelten als Aufzeichnung im Sinne des Satzes 1. [4]Wird nach § 11 Absatz 3 Satz 1 von einer erneuten Identifizierung abgesehen, so sind der Name des zu Identifizierenden und der Umstand, dass er bei früherer Gelegenheit identifiziert worden ist, aufzuzeichnen. [5]Im Fall des § 12 Absatz 1 Satz 1 Nummer 2 ist anstelle der Art, der Nummer und der Behörde, die das zur Überprüfung der Identität vorgelegte Dokument ausgestellt hat, das dienste- und kartenspezifische Kennzeichen und die Tatsache, dass die Prüfung anhand eines elektronischen Identitätsnachweises erfolgt ist, aufzuzeichnen. [6]Bei der Überprüfung der Identität anhand einer qualifizierten Signatur nach § 12 Absatz 1 Satz 1 Nummer 3 ist auch deren Validierung aufzuzeichnen.

[7]Bei Einholung von Angaben und Informationen durch Einsichtnahme in elektronisch geführte Register oder Verzeichnisse gemäß § 12 Absatz 2 gilt die Anfertigung eines Ausdrucks als Aufzeichnung der darin enthaltenen Angaben oder Informationen.

(3) [1]Die Aufzeichnungen können auch digital auf einem Datenträger gespeichert werden. Die Verpflichteten müssen sicherstellen, dass die gespeicherten Daten

1. mit den festgestellten Angaben und Informationen übereinstimmen,
2. während der Dauer der Aufbewahrungsfrist verfügbar sind und
3. jederzeit innerhalb einer angemessenen Frist lesbar gemacht werden können.

(4) [1]Die Aufzeichnungen und sonstige Belege nach den Absätzen 1 bis 3 sind fünf Jahre aufzubewahren und danach unverzüglich zu vernichten. Andere gesetzliche Bestimmungen über Aufzeichnungs- und Aufbewahrungspflichten bleiben hiervon unberührt. [2]Die Aufbewahrungsfrist im Fall des § 10 Absatz 3 Satz 1 Nummer 1 beginnt mit dem Schluss des Kalenderjahres, in dem die Geschäftsbeziehung endet. In den übrigen Fällen beginnt sie mit dem Schluss des Kalenderjahres, in dem die jeweilige Angabe festgestellt worden ist.

(5) [1]Soweit aufzubewahrende Unterlagen einer öffentlichen Stelle vorzulegen sind, gilt für die Lesbarmachung der Unterlagen § 147 Absatz 5 der Abgabenordnung entsprechend.

§ 9 Gruppenweite Einhaltung von Pflichten (1) [1]Verpflichtete, die Mutterunternehmen einer Gruppe sind, haben eine Risikoanalyse für alle gruppenangehörigen Unternehmen, Zweigstellen und Zweigniederlassungen, die geldwäscherechtlichen Pflichten unterliegen, durchzuführen. [2]Auf Grundlage dieser Risikoanalyse haben sie gruppenweit folgende Maßnahmen zu ergreifen:

1. gruppenweit einheitliche interne Sicherungsmaßnahmen gemäß § 6 Absatz 1 und 2,
2. die Bestellung eines Geldwäschebeauftragten, der für die Erstellung einer gruppenweiten Strategie zur Verhinderung von Geldwäsche und Terrorismusfinanzierung sowie für die Koordinierung und Überwachung ihrer Umsetzung zuständig ist,
3. Verfahren für den Informationsaustausch innerhalb der Gruppe zur Verhinderung von Geldwäsche und von Terrorismusfinanzierung sowie
4. Vorkehrungen zum Schutz von personenbezogenen Daten.

[3]Sie haben sicherzustellen, dass die Pflichten und Maßnahmen nach den Sätzen 1 und 2 von ihren nachgeordneten Unternehmen, Zweigstellen oder

Zweigniederlassungen, soweit diese geldwäscherechtlichen Pflichten unterliegen, wirksam umgesetzt werden.

(2) [1]Soweit sich gruppenangehörige Unternehmen in einem anderen Mitgliedstaat der Europäischen Union befinden, haben die Mutterunternehmen sicherzustellen, dass diese gruppenangehörigen Unternehmen die dort geltenden nationalen Rechtsvorschriften zur Umsetzung der Richtlinie (EU) 2015/849 einhalten.

(3) [1]Soweit sich gruppenangehörige Unternehmen in einem Drittstaat befinden, in dem weniger strenge Anforderungen an Maßnahmen zur Verhinderung von Geldwäsche oder von Terrorismusfinanzierung gelten, gilt Absatz 1, soweit das Recht des Drittstaats dies zulässt. [2]Soweit die in Absatz 1 genannten Maßnahmen nach dem Recht des Drittstaats nicht durchgeführt werden dürfen, sind die Mutterunternehmen verpflichtet,

1. sicherzustellen, dass ihre dort ansässigen gruppenangehörigen Unternehmen zusätzliche Maßnahmen ergreifen, um dem Risiko der Geldwäsche und der Terrorismusfinanzierung wirksam zu begegnen, und
2. die Aufsichtsbehörde über die getroffenen Maßnahmen zu informieren.

[3]Reichen die getroffenen Maßnahmen nicht aus, so ordnet die Aufsichtsbehörde an, dass die Mutterunternehmen sicherstellen, dass ihre nachgeordneten Unternehmen, Zweigstellen oder Zweigniederlassungen in diesem Drittstaat keine Geschäftsbeziehung begründen oder fortsetzen und keine Transaktionen durchführen. [4]Soweit eine Geschäftsbeziehung bereits besteht, hat das Mutterunternehmen sicherzustellen, dass diese Geschäftsbeziehung ungeachtet anderer gesetzlicher oder vertraglicher Bestimmungen durch Kündigung oder auf andere Weise beendet wird.

Abschnitt 3: Sorgfaltspflichten in Bezug auf Kunden

§ 10 Allgemeine Sorgfaltspflichten (1) [1]Die allgemeinen Sorgfaltspflichten sind:

1. die Identifizierung des Vertragspartners und gegebenenfalls der für ihn auftretenden Person nach Maßgabe des § 11 Absatz 4 und des § 12 Absatz 1 und 2 sowie die Prüfung, ob die für den Vertragspartner auftretende Person hierzu berechtigt ist,
2. die Abklärung, ob der Vertragspartner für einen wirtschaftlich Berechtigten handelt, und, soweit dies der Fall ist, die Identifizierung des wirtschaftlich Berechtigten nach Maßgabe des § 11 Absatz 5; dies umfasst in Fällen, in denen der Vertragspartner keine natürliche Person ist, die Pflicht, die Eigentums- und Kontrollstruktur des Vertragspartners mit angemessenen Mitteln in Erfahrung zu bringen,

3. die Einholung und Bewertung von Informationen über den Zweck und über die angestrebte Art der Geschäftsbeziehung, soweit sich diese Informationen im Einzelfall nicht bereits zweifelsfrei aus der Geschäftsbeziehung ergeben,
4. die Feststellung mit angemessenen, risikoorientierten Verfahren, ob es sich bei dem Vertragspartner oder dem wirtschaftlich Berechtigten um eine politisch exponierte Person, um ein Familienmitglied oder um eine bekanntermaßen nahestehende Person handelt, und
5. die kontinuierliche Überwachung der Geschäftsbeziehung einschließlich der Transaktionen, die in ihrem Verlauf durchgeführt werden, zur Sicherstellung, dass diese Transaktionen übereinstimmen
   a) mit den beim Verpflichteten vorhandenen Dokumenten und Informationen über den Vertragspartner und gegebenenfalls über den wirtschaftlich Berechtigten, über deren Geschäftstätigkeit und Kundenprofil und,
   b) soweit erforderlich, mit den beim Verpflichteten vorhandenen Informationen über die Herkunft der Vermögenswerte;

   im Rahmen der kontinuierlichen Überwachung haben die Verpflichteten sicherzustellen, dass die jeweiligen Dokumente, Daten oder Informationen unter Berücksichtigung des jeweiligen Risikos im angemessenen zeitlichen Abstand aktualisiert werden.

(2) [1]Der konkrete Umfang der Maßnahmen nach Absatz 1 Nummer 2 bis 5 muss dem jeweiligen Risiko der Geldwäsche oder Terrorismusfinanzierung, insbesondere in Bezug auf den Vertragspartner, die Geschäftsbeziehung oder Transaktion, entsprechen. [2]Die Verpflichteten berücksichtigen dabei insbesondere die in den Anlagen 1 und 2 genannten Risikofaktoren. [3]Darüber hinaus zu berücksichtigen haben sie bei der Bewertung der Risiken zumindest

1. den Zweck des Kontos oder der Geschäftsbeziehung,
2. die Höhe der von Kunden eingezahlten Vermögenswerte oder den Umfang der ausgeführten Transaktionen sowie
3. die Regelmäßigkeit oder die Dauer der Geschäftsbeziehung.

[4]Verpflichtete müssen gegenüber den Aufsichtsbehörden auf deren Verlangen darlegen, dass der Umfang der von ihnen getroffenen Maßnahmen im Hinblick auf die Risiken der Geldwäsche und der Terrorismusfinanzierung angemessen ist.

(3) [1]Die allgemeinen Sorgfaltspflichten sind von Verpflichteten zu erfüllen:

1. bei der Begründung einer Geschäftsbeziehung,

2. bei Transaktionen, die außerhalb einer Geschäftsbeziehung durchgeführt werden, wenn es sich handelt um
   a) Geldtransfers nach Artikel 3 Nummer 9 der Verordnung (EU) 2015/847 des Europäischen Parlaments und des Rates vom 20. Mai 2015 über die Übermittlung von Angaben bei Geldtransfers und zur Aufhebung der Verordnung (EU) Nr. 1781/2006 (ABl. L 141 vom 5.6.2015, S. 1) und dieser Geldtransfer einen Betrag von 1 000 Euro oder mehr ausmacht,
   b) die Durchführung einer sonstigen Transaktion im Wert von 15 000 Euro oder mehr,
3. ungeachtet etwaiger nach diesem Gesetz oder anderen Gesetzen bestehender Ausnahmeregelungen, Befreiungen oder Schwellenbeträge beim Vorliegen von Tatsachen, die darauf hindeuten, dass
   a) es sich bei Vermögensgegenständen, die mit einer Transaktion oder Geschäftsbeziehung im Zusammenhang stehen, um den Gegenstand von Geldwäsche handelt oder
   b) die Vermögensgegenstände im Zusammenhang mit Terrorismusfinanzierung stehen,
4. bei Zweifeln, ob die aufgrund von Bestimmungen dieses Gesetzes erhobenen Angaben zu der Identität des Vertragspartners, zu der Identität einer für den Vertragspartner auftretenden Person oder zu der Identität des wirtschaftlich Berechtigten zutreffend sind.

[2]Die Verpflichteten müssen die allgemeinen Sorgfaltspflichten bei allen neuen Kunden erfüllen. [3]Bei bereits bestehenden Geschäftsbeziehungen müssen sie die allgemeinen Sorgfaltspflichten zu geeigneter Zeit auf risikobasierter Grundlage erfüllen, insbesondere dann, wenn sich bei einem Kunden maßgebliche Umstände ändern.

(4) [1]Nehmen Verpflichtete nach § 2 Absatz 1 Nummer 3 bis 5 Bargeld bei der Erbringung von Zahlungsdiensten nach § 1 Absatz 2 des Zahlungsdiensteaufsichtsgesetzes an, so haben sie die allgemeinen Sorgfaltspflichten nach Absatz 1 Nummer 1 und 2 zu erfüllen.

(5) [1]Verpflichtete nach § 2 Absatz 1 Nummer 15 haben die allgemeinen Sorgfaltspflichten bei Gewinnen oder Einsätzen eines Spielers in Höhe von 2 000 Euro oder mehr zu erfüllen, es sei denn, das Glücksspiel wird im Internet angeboten oder vermittelt. [2]Der Identifizierungspflicht kann auch dadurch nachgekommen werden, dass der Spieler bereits beim Betreten der Spielbank oder der sonstigen örtlichen Glücksspielstätte identifiziert wird, wenn vom Verpflichteten zusätzlich sichergestellt wird, dass Transaktionen im Wert von 2 000 Euro oder mehr einschließlich des Kaufs oder Rücktauschs von Spielmarken dem jeweiligen Spieler zugeordnet werden können.

(6) [1]Verpflichtete nach § 2 Absatz 1 Nummer 16 haben Sorgfaltspflichten in den Fällen des Absatzes 3 Satz 1 Nummer 3 sowie bei Transaktionen, bei welchen sie Barzahlungen über mindestens 10 000 Euro tätigen oder entgegennehmen, zu erfüllen.

(7) [1]Für Verpflichtete nach § 2 Absatz 1 Nummer 4 und 5, die bei der Ausgabe von E-Geld tätig sind, gilt § 25i Absatz 1 des Kreditwesengesetzes mit der Maßgabe, dass lediglich die Pflichten nach Absatz 1 Nummer 1 und 4 zu erfüllen sind. § 25i Absatz 2 und 4 des Kreditwesengesetzes gilt entsprechend.

(8) [1]Versicherungsvermittler nach § 2 Absatz 1 Nummer 8, die für ein Versicherungsunternehmen nach § 2 Absatz 1 Nummer 7 Prämien einziehen, haben diesem Versicherungsunternehmen mitzuteilen, wenn Prämienzahlungen in bar erfolgen und den Betrag von 15 000 Euro innerhalb eines Kalenderjahres übersteigen.

(9) [1]Ist der Verpflichtete nicht in der Lage, die allgemeinen Sorgfaltspflichten nach Absatz 1 Nummer 1 bis 4 zu erfüllen, so darf die Geschäftsbeziehung nicht begründet oder nicht fortgesetzt werden und darf keine Transaktion durchgeführt werden. [2]Soweit eine Geschäftsbeziehung bereits besteht, ist sie vom Verpflichteten ungeachtet anderer gesetzlicher oder vertraglicher Bestimmungen durch Kündigung oder auf andere Weise zu beenden. [3]Die Sätze 1 und 2 gelten nicht für Verpflichtete nach § 2 Absatz 1 Nummer 10 und 12, wenn der Mandant eine Rechtsberatung oder Prozessvertretung erstrebt, es sei denn, der Verpflichtete weiß, dass der Mandant die Rechtsberatung bewusst für den Zweck der Geldwäsche oder der Terrorismusfinanzierung in Anspruch nimmt.

§ 11 Identifizierung (1) [1]Verpflichtete haben Vertragspartner, gegebenenfalls für diese auftretende Personen und wirtschaftlich Berechtigte vor Begründung der Geschäftsbeziehung oder vor Durchführung der Transaktion zu identifizieren. [2]Die Identifizierung kann auch noch während der Begründung der Geschäftsbeziehung abgeschlossen werden, wenn dies erforderlich ist, um den normalen Geschäftsablauf nicht zu unterbrechen, und wenn ein geringes Risiko der Geldwäsche und der Terrorismusfinanzierung besteht.

(2) [1]Abweichend von Absatz 1 hat ein Verpflichteter nach § 2 Absatz 1 Nummer 14 die Vertragsparteien des Kaufgegenstandes zu identifizieren, sobald der Vertragspartner des Maklervertrages ein ernsthaftes Interesse an der Durchführung des Immobilienkaufvertrages äußert und die Kaufvertragsparteien hinreichend bestimmt sind.

(3) [1]Von einer Identifizierung kann abgesehen werden, wenn der Verpflichtete die zu identifizierende Person bereits bei früherer Gelegenheit im Rahmen der Erfüllung seiner Sorgfaltspflichten identifiziert hat und die dabei erhobenen Angaben aufgezeichnet hat. [2]Muss der Verpflichtete aufgrund der äußeren Umstände Zweifel hegen, ob die bei der früheren Identifizie-

rung erhobenen Angaben weiterhin zutreffend sind, hat er eine erneute Identifizierung durchzuführen.

(4) [1]Bei der Identifizierung hat der Verpflichtete folgende Angaben zu erheben:

1. bei einer natürlichen Person:
   a) Vorname und Nachname,
   b) Geburtsort,
   c) Geburtsdatum,
   d) Staatsangehörigkeit und
   e) eine Wohnanschrift oder, sofern kein fester Wohnsitz mit rechtmäßigem Aufenthalt in der Europäischen Union besteht und die Überprüfung der Identität im Rahmen des Abschlusses eines Basiskontovertrags im Sinne von § 38 des Zahlungskontengesetzes erfolgt, die postalische Anschrift, unter der der Vertragspartner sowie die gegenüber dem Verpflichteten auftretende Person erreichbar ist;
2. bei einer juristischen Person oder bei einer Personengesellschaft:
   a) Firma, Name oder Bezeichnung,
   b) Rechtsform,
   c) Registernummer, falls vorhanden,
   d) Anschrift des Sitzes oder der Hauptniederlassung und
   e) die Namen der Mitglieder des Vertretungsorgans oder die Namen der gesetzlichen Vertreter und, sofern ein Mitglied des Vertretungsorgans oder der gesetzliche Vertreter eine juristische Person ist, von dieser juristischen Person die Daten nach den Buchstaben a bis d.

(5) [1]Bei einem wirtschaftlich Berechtigten hat der Verpflichtete abweichend von Absatz 4 zur Feststellung der Identität zumindest dessen Name und, soweit dies in Ansehung des im Einzelfall bestehenden Risikos der Geldwäsche oder der Terrorismusfinanzierung angemessen ist, weitere Identifizierungsmerkmale zu erheben. Geburtsdatum, Geburtsort und Anschrift des wirtschaftlich Berechtigten dürfen unabhängig vom festgestellten Risiko erhoben werden. [2]Der Verpflichtete hat sich durch risikoangemessene Maßnahmen zu vergewissern, dass die zur Identifizierung erhobenen Angaben zutreffend sind; dabei darf sich der Verpflichtete nicht ausschließlich auf die Angaben im Transparenzregister verlassen.

(6) [1]Der Vertragspartner eines Verpflichteten hat dem Verpflichteten die Informationen und Unterlagen zur Verfügung zu stellen, die zur Identifizierung erforderlich sind. Ergeben sich im Laufe der Geschäftsbeziehung Änderungen, hat er diese Änderungen unverzüglich dem Verpflichteten anzuzeigen. [2]Der Vertragspartner hat gegenüber dem Verpflichteten offenzulegen, ob er die Geschäftsbeziehung oder die Transaktion für einen wirtschaftlich Berechtigten begründen, fortsetzen oder durchführen will. [3]Mit

der Offenlegung hat er dem Verpflichteten auch die Identität des wirtschaftlich Berechtigten nachzuweisen.

§ 12 Identitätsüberprüfung, Verordnungsermächtigung (1) [1]Die Identitätsüberprüfung hat in den Fällen des § 10 Absatz 1 Nummer 1 bei natürlichen Personen zu erfolgen anhand

1. eines gültigen amtlichen Ausweises, der ein Lichtbild des Inhabers enthält und mit dem die Pass- und Ausweispflicht im Inland erfüllt wird, insbesondere anhand eines inländischen oder nach ausländerrechtlichen Bestimmungen anerkannten oder zugelassenen Passes, Personalausweises oder Pass- oder Ausweisersatzes,
2. eines elektronischen Identitätsnachweises nach § 18 des Personalausweisgesetzes oder nach § 78 Absatz 5 des Aufenthaltsgesetzes,

Fassung ab dem 1. November 2019:

2. *eines elektronischen Identitätsnachweises nach § 18 des Personalausweisgesetzes, nach § 12 des eID-Karte-Gesetzes oder nach § 78 Absatz 5 des Aufenthaltsgesetzes,*
3. einer qualifizierten elektronischen Signatur nach Artikel 3 Nummer 12 der Verordnung (EU) Nr. 910/2014 des Europäischen Parlaments und des Rates vom 23. Juli 2014 über elektronische Identifizierung und Vertrauensdienste für elektronische Transaktionen im Binnenmarkt und zur Aufhebung der Richtlinie 1999/93/EG (ABl. L 257 vom 28.8.2014, S. 73),
4. eines nach Artikel 8 Absatz 2 Buchstabe c in Verbindung mit Artikel 9 der Verordnung (EU) Nr. 910/2014 notifizierten elektronischen Identifizierungssystems oder
5. von Dokumenten nach § 1 Absatz 1 der Verordnung über die Bestimmung von Dokumenten, die zur Identifizierung einer nach dem Geldwäschegesetz zu identifizierenden Person zum Zwecke des Abschlusses eines Zahlungskontovertrags zugelassen werden.

[2]Im Fall der Identitätsüberprüfung anhand einer qualifizierten elektronischen Signatur gemäß Satz 1 Nummer 3 hat der Verpflichtete eine Validierung der qualifizierten elektronischen Signatur nach Artikel 32 Absatz 1 der Verordnung (EU) Nr. 910/2014 vorzunehmen. [3]Er hat in diesem Falle auch sicherzustellen, dass eine Transaktion unmittelbar von einem Zahlungskonto im Sinne des § 1 Absatz 3 des Zahlungsdiensteaufsichtsgesetzes erfolgt, das auf den Namen des Vertragspartners lautet, bei einem Verpflichteten nach § 2 Absatz 1 Satz 1 Nummer 1 oder Nummer 3 oder bei einem Kreditinstitut, das ansässig ist in einem

1. anderen Mitgliedstaat der Europäischen Union,

2. Vertragsstaat des Abkommens über den Europäischen Wirtschaftsraum oder
3. Drittstaat, in dem das Kreditinstitut Sorgfalts- und Aufbewahrungspflichten unterliegt, die den in der Richtlinie (EU) 2015/849 festgelegten Sorgfalts- und Aufbewahrungspflichten entsprechen und deren Einhaltung in einer mit Kapitel IV Abschnitt 2 der Richtlinie (EU) 2015/849 im Einklang stehenden Weise beaufsichtigt wird.

(2) [1]Die Identitätsüberprüfung hat in den Fällen des § 10 Absatz 1 Nummer 1 bei juristischen Personen zu erfolgen anhand

1. eines Auszuges aus dem Handels- oder Genossenschaftsregister oder aus einem vergleichbaren amtlichen Register oder Verzeichnis,
2. von Gründungsdokumenten oder von gleichwertigen beweiskräftigen Dokumenten oder
3. einer eigenen dokumentierten Einsichtnahme des Verpflichteten in die Register- oder Verzeichnisdaten.

(3) [1]Das Bundesministerium der Finanzen kann im Einvernehmen mit dem Bundesministerium des Innern durch Rechtsverordnung ohne Zustimmung des Bundesrates weitere Dokumente bestimmen, die zur Überprüfung der Identität geeignet sind.

§ 13 Verfahren zur Identitätsüberprüfung, Verordnungsermächtigung

(1) [1]Verpflichtete überprüfen die Identität der natürlichen Personen mit einem der folgenden Verfahren:

1. durch angemessene Prüfung des vor Ort vorgelegten Dokuments oder
2. mittels eines sonstigen Verfahrens, das zur geldwäscherechtlichen Überprüfung der Identität geeig net ist und ein Sicherheitsniveau aufweist, das dem in Nummer 1 genannten Verfahren gleichwertig ist.

(2) [1]Das Bundesministerium der Finanzen kann im Einvernehmen mit dem Bundesministerium des Innern durch Rechtsverordnung, die nicht der Zustimmung des Bundesrates bedarf,

1. Konkretisierungen oder weitere Anforderungen an das in Absatz 1 genannte Verfahren sowie an die sich dieses bedienenden Verpflichteten festlegen und
2. Verfahren bestimmen, die zur geldwäscherechtlichen Identifizierung nach Absatz 1 Nummer 2 geeignet sind.

§ 14 Vereinfachte Sorgfaltspflichten, Verordnungsermächtigung

(1) [1]Verpflichtete müssen nur vereinfachte Sorgfaltspflichten erfüllen, soweit sie unter Berücksichtigung der in den Anlagen 1 und 2 genannten Risikofaktoren feststellen, dass in bestimmten Bereichen, insbesondere im Hinblick auf Kunden, Transaktionen und Dienstleistungen oder Produkte, nur

ein geringes Risiko der Geldwäsche oder der Terrorismusfinanzierung besteht. [2]Vor der Anwendung vereinfachter Sorgfaltspflichten haben sich die Verpflichteten zu vergewissern, dass die Geschäftsbeziehung oder Transaktion tatsächlich mit einem geringeren Risiko der Geldwäsche oder Terrorismusfinanzierung verbunden ist. [3]Für die Darlegung der Angemessenheit gilt § 10 Absatz 2 Satz 4 entsprechend.

(2) Bei Anwendbarkeit der vereinfachten Sorgfaltspflichten können Verpflichtete

1. den Umfang der Maßnahmen, die zur Erfüllung der allgemeinen Sorgfaltspflichten zu treffen sind, angemessen reduzieren und
2. insbesondere die Überprüfung der Identität abweichend von den §§ 12 und 13 auf der Grundlage von sonstigen Dokumenten, Daten oder Informationen durchführen, die von einer glaubwürdigen und unabhängigen Quelle stammen und für die Überprüfung geeignet sind.

[4]Die Verpflichteten müssen in jedem Fall die Überprüfung von Transaktionen und die Überwachung von Geschäftsbeziehungen in einem Umfang sicherstellen, der es ihnen ermöglicht, ungewöhnliche oder verdächtige Transaktionen zu erkennen und zu melden.

(3) [1]Ist der Verpflichtete nicht in der Lage, die vereinfachten Sorgfaltspflichten zu erfüllen, so gilt § 10 Absatz 9 entsprechend.

(4) [1]Das Bundesministerium der Finanzen kann im Einvernehmen mit dem Bundesministerium des Innern durch Rechtsverordnung ohne Zustimmung des Bundesrates Fallkonstellationen festlegen, in denen insbesondere im Hinblick auf Kunden, Produkte, Dienstleistungen, Transaktionen oder Vertriebskanäle ein geringeres Risiko der Geldwäsche oder der Terrorismusfinanzierung bestehen kann und die Verpflichteten unter den Voraussetzungen von Absatz 1 nur vereinfachte Sorgfaltspflichten in Bezug auf Kunden erfüllen müssen. [2]Bei der Festlegung sind die in den Anlagen 1 und 2 genannten Risikofaktoren zu berücksichtigen.

(5) [1]Die Verordnung (EU) 2015/847 findet keine Anwendung auf Inlandsgeldtransfers auf ein Zahlungskonto eines Begünstigten, auf das ausschließlich Zahlungen für die Lieferung von Gütern oder Dienstleistungen vorgenommen werden können, wenn

1. der Zahlungsdienstleister des Begünstigten den Verpflichtungen dieses Gesetzes unterliegt,
2. der Zahlungsdienstleister des Begünstigten in der Lage ist, anhand einer individuellen Transaktionskennziffer über den Begünstigten den Geldtransfer bis zu der Person zurückzuverfolgen, die mit dem Begünstigten eine Vereinbarung über die Lieferung von Gütern und Dienstleistungen getroffen hat, und
3. der überwiesene Betrag höchstens 1 000 Euro beträgt.

§ 15 Verstärkte Sorgfaltspflichten, Verordnungsermächtigung (1) [1]Die verstärkten Sorgfaltspflichten sind zusätzlich zu den allgemeinen Sorgfaltspflichten zu erfüllen.

(2) [1]Verpflichtete haben verstärkte Sorgfaltspflichten zu erfüllen, wenn sie im Rahmen der Risikoanalyse oder im Einzelfall unter Berücksichtigung der in den Anlagen 1 und 2 genannten Risikofaktoren feststellen, dass ein höheres Risiko der Geldwäsche oder Terrorismusfinanzierung bestehen kann. [2]Die Verpflichteten bestimmen den konkreten Umfang der zu ergreifenden Maßnahmen entsprechend dem jeweiligen höheren Risiko der Geldwäsche oder der Terrorismusfinanzierung. [3]Für die Darlegung der Angemessenheit gilt § 10 Absatz 2 Satz 4 entsprechend.

(3) [1]Ein höheres Risiko liegt insbesondere vor, wenn

1. es sich bei einem Vertragspartner des Verpflichteten oder bei einem wirtschaftlich Berechtigten handelt um
   a) eine politisch exponierte Person, ein Familienmitglied oder um eine bekanntermaßen nahestehende Person oder
   b) eine natürliche oder juristische Person, die in einem von der Europäischen Kommission nach Artikel 9 der Richtlinie (EU) 2015/849 ermittelten Drittstaat mit hohem Risiko niedergelassen ist; dies gilt nicht für Zweigstellen von in der Europäischen Union niedergelassenen Verpflichteten gemäß Artikel 2 Absatz 1 der Richtlinie (EU) 2015/849 und für mehrheitlich im Besitz dieser Verpflichteten befindliche Tochterunternehmen, die ihren Standort in einem Drittstaat mit hohem Risiko haben, sofern sie sich uneingeschränkt an die von ihnen anzuwendenden gruppenweiten Strategien und Verfahren nach Artikel 45 Absatz 1 der Richtlinie (EU) 2015/849 halten,
2. es sich um eine Transaktion handelt, die im Verhältnis zu vergleichbaren Fällen
   a) besonders komplex oder groß ist,
   b) ungewöhnlich abläuft oder
   c) ohne offensichtlichen wirtschaftlichen oder rechtmäßigen Zweck erfolgt, oder
3. es sich für Verpflichtete nach§2 Absatz1 Nummer1 bis 3 und 6 bis 8 um eine grenzüberschreitende Korrespondenzbeziehung mit Respondenten mit Sitz in einem Drittstaat oder, vorbehaltlich einer Beurteilung durch die Verpflichteten als erhöhtes Risiko, in einem Staat des Europäischen Wirtschaftsraums handelt.

(4) [1]In den Absätzen 2 und 3 Nummer 1 genannten Fällen sind mindestens folgende verstärkte Sorgfaltspflichten zu erfüllen:

1. die Begründung oder Fortführung einer Geschäftsbeziehung bedarf der Zustimmung eines Mitglieds der Führungsebene,

2. es sind angemessene Maßnahmen zu ergreifen, mit denen die Herkunft der Vermögenswerte bestimmt werden kann, die im Rahmen der Geschäftsbeziehung oder der Transaktion eingesetzt werden, und
3. die Geschäftsbeziehung ist einer verstärkten kontinuierlichen Überwachung zu unterziehen.

[2]Wenn im Fall des Absatzes 3 Nummer 1 Buchstabe a der Vertragspartner oder der wirtschaftlich Berechtigte erst im Laufe der Geschäftsbeziehung ein wichtiges öffentliches Amt auszuüben begonnen hat oder der Verpflichtete erst nach Begründung der Geschäftsbeziehung von der Ausübung eines wichtigen öffentlichen Amts durch den Vertragspartner oder den wirtschaftlich Berechtigten Kenntnis erlangt, so hat der Verpflichtete sicherzustellen, dass die Fortführung der Geschäftsbeziehung nur mit Zustimmung eines Mitglieds der Führungsebene erfolgt.

(5) [1]In dem in Absatz 3 Nummer 2 genannten Fall sind mindestens folgende verstärkte Sorgfaltspflichten zu erfüllen:

1. die Transaktion ist zu untersuchen, um das Risiko der jeweiligen Geschäftsbeziehung oder Transaktionen in Bezug auf Geldwäsche oder auf Terrorismusfinanzierung überwachen und einschätzen zu können und um gegebenenfalls prüfen zu können, ob die Pflicht zu einer Meldung nach § 43 Absatz 1 vorliegt, und
2. die der Transaktion zugrunde liegende Geschäftsbeziehung, soweit vorhanden, ist einer verstärkten kontinuierlichen Überwachung zu unterziehen, um das mit der Geschäftsbeziehung verbundene Risiko in Bezug auf Geldwäsche oder auf Terrorismusfinanzierung einschätzen und bei höherem Risiko überwachen zu können.

(6) [1]In dem in Absatz 3 Nummer 3 genannten Fall haben Verpflichtete nach § 2 Absatz 1 Nummer 1 bis 3 und 6 bis 9 mindestens folgende verstärkte Sorgfaltspflichten zu erfüllen:

1. es sind ausreichende Informationen über den Respondenten einzuholen, um die Art seiner Geschäftstätigkeit in vollem Umfang verstehen und seine Reputation, seine Kontrollen zur Verhinderung der Geldwäsche und Terrorismusfinanzierung sowie die Qualität der Aufsicht bewerten zu können,
2. es ist vor Begründung einer Geschäftsbeziehung mit dem Respondenten die Zustimmung eines Mitglieds der Führungsebene einzuholen,
3. es sind vor Begründung einer solchen Geschäftsbeziehung die jeweiligen Verantwortlichkeiten der Beteiligten in Bezug auf die Erfüllung der Sorgfaltspflichten festzulegen und nach Maßgabe des § 8 zu dokumentieren,

4. es sind Maßnahmen zu ergreifen, um sicherzustellen, dass sie keine Geschäftsbeziehung mit einem Respondenten begründen oder fortsetzen, von dem bekannt ist, dass seine Konten von einer Bank-Mantelgesellschaft genutzt werden, und
5. es sind Maßnahmen zu ergreifen, um sicherzustellen, dass der Respondent keine Transaktionen über Durchlaufkonten zulässt.

(7) [1]Bei einer ehemaligen politisch exponierten Person haben die Verpflichteten für mindestens zwölf Monate nach Ausscheiden aus dem öffentlichen Amt das Risiko zu berücksichtigen, das spezifisch für politisch exponierte Personen ist, und so lange angemessene und risikoorientierte Maßnahmen zu treffen, bis anzunehmen ist, dass dieses Risiko nicht mehr besteht.

(8) [1]Liegen Tatsachen oder Bewertungen nationaler oder internationaler für die Verhinderung oder Bekämpfung der Geldwäsche oder der Terrorismusfinanzierung zuständiger Stellen vor, die die Annahme rechtfertigen, dass über die in Absatz 3 genannten Fälle hinaus ein höheres Risiko besteht, so kann die Aufsichtsbehörde anordnen, dass die Verpflichteten die Transaktionen oder Geschäftsbeziehungen einer verstärkten Überwachung unterziehen und zusätzliche, dem Risiko angemessene Sorgfaltspflichten zu erfüllen haben.

(9) [1]Ist der Verpflichtete nicht in der Lage, die verstärkten Sorgfaltspflichten zu erfüllen, so gilt § 10 Absatz 9 entsprechend.

(10) [1]Das Bundesministerium der Finanzen kann durch Rechtsverordnung ohne Zustimmung des Bundesrates Fallkonstellationen bestimmen, in denen insbesondere im Hinblick auf Kunden, Produkte, Dienstleistungen, Transaktionen oder Vertriebskanäle ein potenziell höheres Risiko der Geldwäsche oder der Terrorismusfinanzierung besteht und die Verpflichteten bestimmte verstärkte Sorgfaltspflichten zu erfüllen haben. Bei der Bestimmung sind die in den Anlagen 1 und 2 genannten Risikofaktoren zu berücksichtigen.

§ 16 Besondere Vorschriften für das Glücksspiel im Internet (1) [1]Für Verpflichtete nach § 2 Absatz 1 Nummer 15 gelten, soweit sie das Glücksspiel im Internet anbieten oder vermitteln, die besonderen Vorschriften der Absätze 2 bis 8.

(2) [1]Der Verpflichtete darf einen Spieler erst zu einem Glücksspiel im Internet zulassen, wenn er zuvor für den Spieler auf dessen Namen ein Spielerkonto eingerichtet hat.

(3) [1]Der Verpflichtete darf auf dem Spielerkonto weder Einlagen noch andere rückzahlbare Gelder vom Spieler entgegennehmen. [2]Das Guthaben auf dem Spielerkonto darf nicht verzinst werden. [3]Für die entgegengenommenen Geldbeträge gilt § 2 Absatz 2 Satz 3 des Zahlungsdiensteaufsichtsgesetzes entsprechend.

(4) [1]Der Verpflichtete muss sicherstellen, dass Transaktionen des Spielers auf das Spielerkonto nur erfolgen

1. durch die Ausführung eines Zahlungsvorgangs
   a) mittels einer Lastschrift nach § 1 Absatz 2 Nummer 2a des Zahlungsdiensteaufsichtsgesetzes,
   b) mittels einer Überweisung nach § 1 Absatz 2 Nummer 2b des Zahlungsdiensteaufsichtsgesetzes oder
   c) mittels einer auf den Namen des Spielers ausgegebenen Zahlungskarte nach § 1 Absatz 2 Nummer 2c oder 3 des Zahlungsdiensteaufsichtsgesetzes und
2. von einem Zahlungskonto nach § 1 Absatz 3 des Zahlungsdiensteaufsichtsgesetzes, das auf den Namen des Spielers bei einem Verpflichteten nach § 2 Absatz 1 Nummer 1 oder 3 errichtet worden ist.

[2]Von der Erfüllung der Verpflichtung nach Satz 1 Nummer 1 Buchstabe c und Nummer 2 kann der Verpflichtete absehen, wenn gewährleistet ist, dass die Zahlung zur Teilnahme am Spiel für eine einzelne Transaktion 25 Euro und für mehrere Transaktionen innerhalb eines Kalendermonats 100 Euro nicht überschreitet.

(5) [1]Der Verpflichtete hat die Aufsichtsbehörde unverzüglich zu informieren über die Eröffnung und Schließung eines Zahlungskontos nach § 1 Absatz 3 des Zahlungsdiensteaufsichtsgesetzes, das auf seinen eigenen Namen bei einem Verpflichteten nach § 2 Absatz 1 Nummer 1 oder 3 eingerichtet ist und auf dem Gelder eines Spielers zur Teilnahme an Glücksspielen im Internet entgegengenommen werden.

(6) [1]Wenn der Verpflichtete oder ein anderer Emittent einem Spieler für Transaktionen auf einem Spielerkonto monetäre Werte ausstellt, die auf einem Instrument nach § 1 Absatz 10 Nummer 10 des Zahlungsdiensteaufsichtsgesetzes gespeichert sind, hat der Verpflichtete oder der andere Emittent sicherzustellen, dass der Inhaber des monetären Werts mit dem Inhaber des Spielerkontos identisch ist.

(7) [1]Der Verpflichtete darf Transaktionen an den Spieler nur vornehmen

1. durch die Ausführung eines Zahlungsvorgangs nach Absatz 4 und
2. auf ein Zahlungskonto, das auf den Namen des Spielers bei einem Verpflichteten nach § 2 Absatz 1 Nummer 1 oder 3 eingerichtet worden ist.

[2]Bei der Transaktion hat der Verpflichtete den Verwendungszweck dahingehend zu spezifizieren, dass für einen Außenstehenden erkennbar ist, aus welchem Grund der Zahlungsvorgang erfolgt ist. [3]Für diesen Verwendungszweck können die Aufsichtsbehörden Standardformulierungen festlegen, die vom Verpflichteten zu verwenden sind.

(8) [1]Abweichend von § 11 kann der Verpflichtete bei einem Spieler, für den er ein Spielerkonto einrichtet, eine vorläufige Identifizierung durchführen. [2]Die vorläufige Identifizierung kann anhand einer elektronisch oder auf dem Postweg übersandten Kopie eines Dokuments nach § 12 Absatz 1 Satz 1 Nummer 1 erfolgen. [3]Eine vollständige Identifizierung ist unverzüglich nachzuholen. Sowohl die vorläufige als auch die vollständige Identifizierung kann auch anhand der glücksspielrechtlichen Anforderungen an Identifizierung und Authentifizierung erfolgen.

§ 17 Ausführung der Sorgfaltspflichten durch Dritte, vertragliche Auslagerung (1) [1]Zur Erfüllung der allgemeinen Sorgfaltspflichten nach § 10 Absatz 1 Nummer 1 bis 4 kann ein Verpflichteter auf Dritte zurückgreifen. Dritte dürfen nur sein

1. Verpflichtete nach § 2 Absatz 1,
2. Verpflichtete gemäß Artikel 2 Absatz 1 der Richtlinie (EU) 2015/849 in einem anderen Mitgliedstaat der Europäischen Union,
3. Mitgliedsorganisationen oder Verbände von Verpflichteten nach Nummer 2 oder in einem Drittstaat ansässige Institute und Personen, sofern diese Sorgfalts- und Aufbewahrungspflichten unterliegen,
   a) die den in der Richtlinie (EU) 2015/849 festgelegten Sorgfalts- und Aufbewahrungspflichten entsprechen und
   b) deren Einhaltung in einer mit Kapitel IV Abschnitt 2 der Richtlinie (EU) 2015/849 im Einklang stehenden Weise beaufsichtigt wird.

[2]Die Verantwortung für die Erfüllung der allgemeinen Sorgfaltspflichten bleibt bei dem Verpflichteten.

(2) [1]Verpflichtete dürfen nicht auf einen Dritten zurückgreifen, der in einem Drittstaat mit hohem Risiko niedergelassen ist. Ausgenommen hiervon sind

1. Zweigstellen von in der Europäischen Union niedergelassenen Verpflichteten nach Artikel 2 Absatz 1 der Richtlinie (EU) 2015/849, wenn die Zweigstelle sich uneingeschränkt an die gruppenweit anzuwendenden Strategien und Verfahren gemäß Artikel 45 der Richtlinie (EU) 2015/849 hält, und
2. Tochterunternehmen, die sich im Mehrheitsbesitz von in der Europäischen Union niedergelassenen Verpflichteten nach Artikel 2 Absatz 1 der Richtlinie (EU) 2015/849 befinden, wenn das Tochterunternehmen sich uneingeschränkt an die gruppenweit anzuwendenden Strategien und Verfahren gemäß Artikel 45 der Richtlinie (EU) 2015/849 hält.

(3) [1]Wenn ein Verpflichteter auf Dritte zurückgreift, so muss er sicherstellen, dass die Dritten

1. die Informationen einholen, die für die Durchführung der Sorgfaltspflichten nach § 10 Absatz 1 Nummer 1 bis 3 notwendig sind, und
2. ihm diese Informationen unverzüglich und unmittelbar übermitteln.

[2]Er hat zudem angemessene Schritte zu unternehmen, um zu gewährleisten, dass die Dritten ihm auf seine Anforderung hin unverzüglich Kopien derjenigen Dokumente, die maßgeblich zur Feststellung und Überprüfung der Identität des Vertragspartners und eines etwaigen wirtschaftlich Berechtigten sind, sowie andere maßgebliche Unterlagen vorlegen. [3]Die Dritten sind befugt, zu diesem Zweck Kopien von Ausweisdokumenten zu erstellen und weiterzuleiten.

(4) [1]Die Voraussetzungen der Absätze 1 und 3 gelten als erfüllt, wenn

1. der Verpflichtete auf Dritte zurückgreift, die derselben Gruppe angehören wie er selbst,
2. die in dieser Gruppe angewandten Sorgfaltspflichten, Aufbewahrungsvorschriften, Strategien und Verfahren zur Verhinderung von Geldwäsche und von Terrorismusfinanzierung mit den Vorschriften der Richtlinie (EU) 2015/849 oder gleichwertigen Vorschriften im Einklang stehen und
3. die effektive Umsetzung dieser Anforderungen auf Gruppenebene von einer Behörde beaufsichtigt wird.

(5) [1]Ein Verpflichteter kann die Durchführung der Maßnahmen, die zur Erfüllung der Sorgfaltspflichten nach § 10 Absatz 1 Nummer 1 bis 4 erforderlich sind, auf andere geeignete Personen und Unternehmen als die in Absatz 1 genannten Dritten übertragen. [2]Die Übertragung bedarf einer vertraglichen Vereinbarung. [3]Die Maßnahmen der Personen oder der Unternehmen werden dem Verpflichteten als eigene Maßnahmen zugerechnet. Absatz 3 gilt entsprechend.

(6) [1]Durch die Übertragung nach Absatz 5 dürfen nicht beeinträchtigt werden

1. die Erfüllung der Pflichten nach diesem Gesetz durch den Verpflichteten,
2. die Steuerungs- oder Kontrollmöglichkeiten der Geschäftsleitung des Verpflichteten und
3. die Aufsicht der Aufsichtsbehörde über den Verpflichteten.

(7) [1]Vor der Übertragung nach Absatz 5 hat sich der Verpflichtete von der Zuverlässigkeit der Personen oder der Unternehmen, denen er Maßnahmen übertragen will, zu überzeugen. [2]Während der Zusammenarbeit muss er sich durch Stichproben von der Angemessenheit und Ordnungsmäßigkeit der Maßnahmen überzeugen, die diese Personen oder Unternehmen getroffen haben.

(8) [1]Soweit eine vertragliche Vereinbarung nach Absatz 5 mit deutschen Botschaften, Auslandshandelskammern oder Konsulaten geschlossen wird,

gelten diese kraft Vereinbarung als geeignet. Absatz 7 findet keine Anwendung.

(9) [1]Bei der Übertragung nach Absatz 5 bleiben die Vorschriften über die Auslagerung von Aktivitäten und Prozessen nach § 25b des Kreditwesengesetzes unberührt.

Abschnitt 4 Transparenzregister

§ 18 Einrichtung des Transparenzregisters und registerführende Stelle

(1) [1]Es wird ein Register zur Erfassung und Zugänglichmachung von Angaben über den wirtschaftlich Berechtigten (Transparenzregister) eingerichtet.

(2) [1]Das Transparenzregister wird als hoheitliche Aufgabe des Bundes von der registerführenden Stelle elektronisch geführt. Daten, die im Transparenzregister gespeichert sind, werden als chronologische Datensammlung angelegt.

(3) [1]Ist eine Mitteilung nach § 20 unklar oder bestehen Zweifel, welcher Vereinigung nach § 20 Absatz 1 die in der Mitteilung enthaltenen Angaben zum wirtschaftlich Berechtigten zuzuordnen sind, kann die registerführende Stelle von der in der Mitteilung genannten Vereinigung verlangen, dass diese die für eine Eintragung in das Transparenzregister erforderlichen Informationen innerhalb einer angemessenen Frist übermittelt. [2]Dies gilt entsprechend für Mitteilungen von Rechtsgestaltungen nach § 21.

(4) [1]Die registerführende Stelle erstellt auf Antrag Ausdrucke von Daten, die im Transparenzregister gespeichert sind, und Bestätigungen, dass im Transparenzregister keine aktuelle Eintragung aufgrund einer Mitteilung nach § 20 Absatz 1 oder § 21 vorliegt. [2]Sie beglaubigt auf Antrag, dass die übermittelten Daten mit dem Inhalt des Transparenzregisters übereinstimmen. [3]Mit der Beglaubigung ist keine Gewähr für die Richtigkeit und Vollständigkeit der Angaben zum wirtschaftlich Berechtigten verbunden. [4]Ein Antrag auf Ausdruck von Daten, die lediglich über das Transparenzregister gemäß § 22 Absatz 1 Satz 1 Nummer 4 bis 8 zugänglich gemacht werden, kann auch über das Transparenzregister an das Gericht vermittelt werden. [5]Dies gilt entsprechend für die Vermittlung eines Antrags auf Ausdruck von Daten, die gemäß § 22 Absatz 1 Satz 1 Nummer 2 und 3 zugänglich gemacht werden, an den Betreiber des Unternehmensregisters.

(5) [1]Die registerführende Stelle erstellt ein Informationssicherheitskonzept für das Transparenzregister, aus dem sich die getroffenen technischen und organisatorischen Maßnahmen zum Datenschutz ergeben.

(6) [1]Das Bundesministerium der Finanzen wird ermächtigt, durch Rechtsverordnung, die nicht der Zustimmung des Bundesrates bedarf, die technischen Einzelheiten zu Einrichtung und Führung des Transparenzregisters einschließlich der Speicherung historischer Datensätze sowie die Einhaltung

von Löschungsfristen für die im Transparenzregister gespeicherten Daten zu regeln.

§ 19 Angaben zum wirtschaftlich Berechtigten (1) [1]Über das Transparenzregister sind im Hinblick auf Vereinigungen nach § 20 Absatz 1 Satz 1 und Rechtsgestaltungen nach § 21 folgende Angaben zum wirtschaftlich Berechtigten nach Maßgabe des § 23 zugänglich:

1. Vor- und Nachname,
2. Geburtsdatum,
3. Wohnort und
4. Art und Umfang des wirtschaftlichen Interesses.

(2) [1]Für die Bestimmung des wirtschaftlich Berechtigten von Vereinigungen im Sinne des § 20 Absatz 1 Satz 1 mit Ausnahme der rechtsfähigen Stiftungen gilt § 3 Absatz 1 und 2 entsprechend. [2]Für die Bestimmung des wirtschaftlich Berechtigten von Rechtsgestaltungen nach § 21 und rechtsfähigen Stiftungen gilt § 3 Absatz 1 und 3 entsprechend.

(3) [1]Die Angaben zu Art und Umfang des wirtschaftlichen Interesses nach Absatz 1 Nummer 4 zeigen, woraus die Stellung als wirtschaftlich Berechtigter folgt, und zwar

1. bei Vereinigungen nach § 20 Absatz 1 Satz 1 mit Ausnahme der rechtsfähigen Stiftungen aus
   a) der Beteiligung an der Vereinigung selbst, insbesondere der Höhe der Kapitalanteile oder der Stimmrechte,
   b) der Ausübung von Kontrolle auf sonstige Weise, insbesondere aufgrund von Absprachen zwischen einem Dritten und einem Anteilseigner oder zwischen mehreren Anteilseignern untereinander, oder aufgrund der einem Dritten eingeräumten Befugnis zur Ernennung von gesetzlichen Vertretern oder anderen Organmitgliedern oder
   c) der Funktion des gesetzlichen Vertreters, geschäftsführenden Gesellschafters oder Partners,
2. bei Rechtsgestaltungen nach § 21 und rechtsfähigen Stiftungen aus einer der in § 3 Absatz 3 aufgeführten Funktionen.

§ 20 Transparenzpflichten im Hinblick auf bestimmte Vereinigungen (1) [1]Juristische Personen des Privatrechts und eingetragene Personengesellschaften haben die in § 19 Absatz 1 aufgeführten Angaben zu den wirtschaftlich Berechtigten dieser Vereinigungen einzuholen, aufzubewahren, auf aktuellem Stand zu halten und der registerführenden Stelle unverzüglich zur Eintragung in das Transparenzregister mitzuteilen. [2]Die Mitteilung hat elektronisch in einer Form zu erfolgen, die ihre elektronische Zugänglichmachung ermöglicht. Bei den Angaben zu Art und Umfang des wirtschaftlichen Interesses nach § 19 Absatz 1 Nummer 4 ist anzugeben, woraus nach

§ 19 Absatz 3 die Stellung als wirtschaftlich Berechtigter folgt, sofern nicht Absatz 2 Satz 2 einschlägig ist.

(2) [1]Die Pflicht zur Mitteilung an das Transparenzregister nach Absatz 1 Satz 1 gilt als erfüllt, wenn sich die in § 19 Absatz 1 aufgeführten Angaben zum wirtschaftlich Berechtigten bereits aus den in § 22 Absatz 1 aufgeführten Dokumenten und Eintragungen ergeben, die elektronisch abrufbar sind aus:

1. dem Handelsregister (§ 8 des Handelsgesetzbuchs),
2. dem Partnerschaftsregister (§ 5 des Partnerschaftsgesellschaftsgesetzes),
3. dem Genossenschaftsregister (§ 10 des Genossenschaftsgesetzes),
4. dem Vereinsregister (§ 55 des Bürgerlichen Gesetzbuchs) oder
5. dem Unternehmensregister (§ 8b Absatz 2 des Handelsgesetzbuchs).

[2]Bei Gesellschaften, die an einem organisierten Markt nach § 2 Absatz 11 des Wertpapierhandelsgesetzes notiert sind oder dem Gemeinschaftsrecht entsprechenden Transparenzanforderungen im Hinblick auf Stimmrechtsanteile oder gleichwertigen internationalen Standards unterliegen, gilt die Pflicht zur Mitteilung an das Transparenzregister stets als erfüllt. [3]Eine gesonderte Angabe im Hinblick auf Art und Umfang des wirtschaftlichen Interesses nach § 19 Absatz 1 Nummer 4 ist nicht erforderlich, wenn sich aus den in § 22 Absatz 1 aufgeführten Dokumenten und Eintragungen ergibt, woraus nach § 19 Absatz 3 die Stellung als wirtschaftlich Berechtigter folgt. [4]Ist eine Mitteilung nach Absatz 1 Satz 1 an das Transparenzregister erfolgt und ändert sich danach der wirtschaftlich Berechtigte, so dass sich die Angaben zu ihm nun aus den in Satz 1 aufgeführten Registern ergeben, ist dies der registerführenden Stelle nach Absatz 1 Satz 1 unverzüglich zur Berücksichtigung im Transparenzregister mitzuteilen.

(3) [1]Anteilseigner, die wirtschaftlich Berechtigte sind oder von dem wirtschaftlich Berechtigten unmittelbar kontrolliert werden, haben den Vereinigungen nach Absatz 1 die zur Erfüllung der in Absatz 1 statuierten Pflichten notwendigen Angaben und jede Änderung dieser Angaben unverzüglich mitzuteilen. [2]Kontrolliert ein Mitglied eines Vereins oder einer Genossenschaft mehr als 25 Prozent der Stimmrechte, so trifft die Pflicht nach Satz 1 diese Mitglieder. Bei Stiftungen trifft die Pflicht die Personen nach § 3 Absatz 3. [3]Dasselbe gilt für Angabepflichtige im Sinne der Sätze 2 und 3, die unter der unmittelbaren Kontrolle eines wirtschaftlich Berechtigten stehen. Stehen Angabepflichtige im Sinne der Sätze 1 bis 3 unter der mittelbaren Kontrolle eines wirtschaftlich Berechtigten, so trifft die Pflicht nach Satz 1 den wirtschaftlich Berechtigten.

(4) [1]Die Angabepflicht nach Absatz 3 entfällt, wenn die Meldepflicht nach Absatz 1 gemäß Absatz 2 als erfüllt gilt oder wenn die Anteilseigner, Mit-

glieder und wirtschaftlich Berechtigten die erforderlichen Angaben bereits in anderer Form mitgeteilt haben.

(5) [1]Die Zentralstelle für Finanztransaktionsuntersuchungen und die Aufsichtsbehörden können im Rahmen ihrer Aufgaben und Befugnisse die nach Absatz 1 aufbewahrten Angaben einsehen oder sich vorlegen lassen.

§ 21 Transparenzpflichten im Hinblick auf bestimmte Rechtsgestaltungen (1) [1]Verwalter von Trusts (Trustees) mit Wohnsitz oder Sitz in Deutschland haben die in § 19 Absatz 1 aufgeführten Angaben zu den wirtschaftlich Berechtigten des Trusts, den sie verwalten, und die Staatsangehörigkeit der wirtschaftlich Berechtigten einzuholen, aufzubewahren, auf aktuellem Stand zu halten und der registerführenden Stelle unverzüglich zur Eintragung in das Transparenzregister mitzuteilen. [2]Die Mitteilung hat elektronisch in einer Form zu erfolgen, die ihre elektronische Zugänglichmachung ermöglicht. [3]Der Trust ist in der Mitteilung eindeutig zu bezeichnen. Bei den Angaben zu Art und Umfang des wirtschaftlichen Interesses nach § 19 Absatz 1 Nummer 4 ist anzugeben, woraus nach § 19 Absatz 3 Nummer 2 die Stellung als wirtschaftlich Berechtigter folgt.

(2) [1]Die Pflichten des Absatzes 1 gelten entsprechend auch für Treuhänder mit Wohnsitz oder Sitz in Deutschland folgender Rechtsgestaltungen:

1. nichtrechtsfähige Stiftungen, wenn der Stiftungszweck aus Sicht des Stifters eigennützig ist, und
2. Rechtsgestaltungen, die solchen Stiftungen in ihrer Struktur und Funktion entsprechen.

(3) [1]Die Zentralstelle für Finanztransaktionsuntersuchungen und die Aufsichtsbehörden können im Rahmen ihrer Aufgaben und Befugnisse die von Trustees nach Absatz 1 und von Treuhändern nach Absatz 2 aufbewahrten Angaben einsehen oder sich vorlegen lassen.

§ 22 Zugängliche Dokumente und Datenübermittlung an das Transparenzregister, Verordnungsermächtigung (1) [1]Über die Internetseite des Transparenzregisters sind nach Maßgabe des § 23 zugänglich:

1. Eintragungen im Transparenzregister zu Meldungen nach § 20 Absatz 1 Satz 1, Absatz 2 Satz 4 und nach § 21,
2. Bekanntmachungen des Bestehens einer Beteiligung nach § 20 Absatz 6 des Aktiengesetzes,
3. Stimmrechtsmitteilungen nach den §§ 40 und 41 des Wertpapierhandelsgesetzes,
4. Listen der Gesellschafter von Gesellschaften mit beschränkter Haftung und Unternehmergesellschaften nach § 8 Absatz 1 Nummer 3, § 40 des Gesetzes betreffend die Gesellschaften mit beschränkter Haftung sowie Gesellschafterverträge gemäß § 8 Absatz 1 Nummer 1 in Verbindung

mit § 2 Absatz 1a Satz 2 des Gesetzes betreffend die Gesellschaften mit beschränkter Haftung, sofern diese als Gesellschafterliste gelten, nach § 2 Absatz 1a Satz 4 des Gesetzes betreffend die Gesellschaften mit beschränkter Haftung,

5. Eintragungen im Handelsregister,
6. Eintragungen im Partnerschaftsregister,
7. Eintragungen im Genossenschaftsregister,
8. Eintragungen im Vereinsregister.

Zugänglich in dem nach den besonderen registerrechtlichen Vorschriften für die Einsicht geregelten Umfang sind nur solche Dokumente und Eintragungen nach Satz 1 Nummer 2 bis 8, die aus den in § 20 Absatz 2 Satz 1 genannten öffentlichen Registern elektronisch abrufbar sind.

(2) [1]Um die Eröffnung des Zugangs zu den Originaldaten nach Absatz 1 Satz 1 Nummer 2 bis 8 über die Internetseite des Transparenzregisters zu ermöglichen, sind dem Transparenzregister die dafür erforderlichen Daten (Indexdaten) zu übermitteln. [2]Der Betreiber des Unternehmensregisters übermittelt die Indexdaten zu den Originaldaten nach Absatz 1 Satz 1 Nummer 2 und 3 dem Transparenzregister. [3]Die Landesjustizverwaltungen übermitteln die Indexdaten zu den Originaldaten nach Absatz 1 Satz 1 Nummer 4 bis 8 dem Transparenzregister. [4]Die Indexdaten dienen nur der Zugangsvermittlung und dürfen nicht zugänglich gemacht werden.

(3) [1]Das Bundesministerium der Finanzen wird ermächtigt, im Benehmen mit dem Bundesministerium der Justiz und für Verbraucherschutz für die Datenübermittlung nach Absatz 2 Satz 3 durch Rechtsverordnung, die der Zustimmung des Bundesrates bedarf, technische Einzelheiten der Datenübermittlung zwischen den Behörden der Länder und dem Transparenzregister einschließlich der Vorgaben für die zu verwendenden Datenformate und zur Sicherstellung von Datenschutz und Datensicherheit zu regeln. Abweichungen von den Verfahrensregelungen durch Landesrecht sind ausgeschlossen.

(4) [1]Das Bundesministerium der Finanzen wird ermächtigt, im Benehmen mit dem Bundesministerium der Justiz und für Verbraucherschutz durch Rechtsverordnung, die nicht der Zustimmung des Bundesrates bedarf, Registrierungsverfahren für die Mitteilungsverpflichteten nach den §§ 20 und 21 sowie technische Einzelheiten der Datenübermittlung nach Absatz 2 Satz 2 sowie nach den §§ 20 und 21 einschließlich der Vorgaben für die zu verwendenden Datenformate und Formulare sowie zur Sicherstellung von Datenschutz und Datensicherheit zu regeln.

§ 23 Einsichtnahme in das Transparenzregister, Verordnungsermächtigung (1) [1]Bei Vereinigungen nach § 20 Absatz 1 Satz 1 und Rechtsgestaltungen nach § 21 ist die Einsichtnahme gestattet

1. den folgenden Behörden, soweit sie zur Erfüllung ihrer gesetzlichen Aufgaben erforderlich ist:
   a) den Aufsichtsbehörden,
   b) der Zentralstelle für Finanztransaktionsuntersuchungen,
   c) den gemäß § 13 des Außenwirtschaftsgesetzes zuständigen Behörden,
   d) den Strafverfolgungsbehörden,
   e) dem Bundeszentralamt für Steuern sowie den örtlichen Finanzbehörden nach § 6 Absatz 2 Nummer 5 der Abgabenordnung und
   f) den für Aufklärung, Verhütung und Beseitigung von Gefahren zuständigen Behörden,
2. den Verpflichteten, sofern sie der registerführenden Stelle darlegen, dass die Einsichtnahme zur Erfüllung ihrer Sorgfaltspflichten in einem der in § 10 Absatz 3 genannten Fälle erfolgt, und
3. jedem, der der registerführenden Stelle darlegt, dass er ein berechtigtes Interesse an der Einsichtnahme hat.

[2]Im Fall des Satzes 1 Nummer 3 sind neben den Angaben nach § 19 Absatz 1 Nummer 1 und 4 nur Monat und Jahr der Geburt des wirtschaftlich Berechtigten und sein Wohnsitzland der Einsicht zugänglich, sofern sich nicht alle Angaben nach § 19 Absatz 1 bereits aus anderen öffentlichen Registern ergeben.

(2) [1]Auf Antrag des wirtschaftlich Berechtigten beschränkt die registerführende Stelle die Einsichtnahme in das Transparenzregister vollständig oder teilweise, wenn ihr der wirtschaftlich Berechtigte darlegt, dass der Einsichtnahme unter Berücksichtigung aller Umstände des Einzelfalls überwiegende schutzwürdige Interessen des wirtschaftlich Berechtigten entgegenstehen. Schutzwürdige Interessen liegen vor, wenn

1. Tatsachen die Annahme rechtfertigen, dass die Einsichtnahme den wirtschaftlich Berechtigten der Gefahr aussetzen würde, Opfer einer der folgenden Straftaten zu werden:
   a) eines Betrugs (§ 263 des Strafgesetzbuchs),
   b) eines erpresserischen Menschenraubs (§ 239a des Strafgesetzbuchs),
   c) einer Geiselnahme (§ 239b des Strafgesetzbuchs),
   d) einer Erpressung oder räuberischen Erpressung (§§ 253, 255 des Strafgesetzbuchs),
   e) einer strafbaren Handlung gegen Leib oder Leben (§§ 211, 212, 223, 224, 226, 227 des Strafgesetzbuchs), f) einer Nötigung (§ 240 des Strafgesetzbuchs),
   g) einer Bedrohung (§ 241 des Strafgesetzbuchs)

oder

2. der wirtschaftlich Berechtigte minderjährig oder geschäftsunfähig ist.

[2]Schutzwürdige Interessen des wirtschaftlich Berechtigten liegen nicht vor, wenn sich die Daten bereits aus anderen öffentlichen Registern ergeben. [3]Die Beschränkung der Einsichtnahme nach Satz 1 ist nicht möglich gegenüber den in Absatz 1 Satz 1 Nummer 1 aufgeführten Behörden und gegenüber Verpflichteten nach § 2 Absatz 1 Nummer 1 bis 3 und 7 sowie gegenüber Notaren.

(3) [1]Die Einsichtnahme ist nur nach vorheriger Online-Registrierung des Nutzers möglich und kann zum Zweck der Kontrolle, wer Einsicht genommen hat, protokolliert werden.

(4) [1]Das Transparenzregister erlaubt die Suche nach Vereinigungen nach § 20 Absatz 1 Satz 1 und Rechtsgestaltungen nach § 21 über alle eingestellten Daten sowie über sämtliche Indexdaten.

(5) [1]Das Bundesministerium der Finanzen wird ermächtigt, durch Rechtsverordnung, die nicht der Zustimmung des Bundesrates bedarf, die Einzelheiten der Einsichtnahme, insbesondere der Online-Registrierung und der Protokollierung wie die zu protokollierenden Daten und die Löschungsfrist für die protokollierten Daten nach Absatz 3, der Darlegungsanforderungen für die Einsichtnahme nach Absatz 1 Satz 1 Nummer 2 und 3 und der Darlegungsanforderungen für die Beschränkung der Einsichtnahme nach Absatz 2 zu bestimmen.

§ 24 Gebühren und Auslagen, Verordnungsermächtigung (1) [1]Für die Führung des Transparenzregisters erhebt die registerführende Stelle von Vereinigungen nach § 20 und von Rechtsgestaltungen nach § 21 Gebühren.

(2) [1]Für die Einsichtnahme in die dem Transparenzregister nach § 20 Absatz 1 und § 21 mitgeteilten Daten erhebt die registerführende Stelle zur Deckung des Verwaltungsaufwands Gebühren und Auslagen. [2]Dasselbe gilt für die Erstellung von Ausdrucken, Bestätigungen und Beglaubigungen nach § 18 Absatz 4. § 7 Nummer 2 und 3 des Bundesgebührengesetzes ist nicht anwendbar. Für Behörden gilt § 8 des Bundesgebührengesetzes.

(3) [1]Das Bundesministerium der Finanzen wird ermächtigt, durch Rechtsverordnung, die nicht der Zustimmung des Bundesrates bedarf, Einzelheiten zu Folgendem näher zu regeln:

1. die gebührenpflichtigen Tatbestände,
2. die Gebührenschuldner,
3. die Gebührensätze nach festen Sätzen oder als Rahmengebühren und
4. die Auslagenerstattung.

§ 25 Übertragung der Führung des Transparenzregisters, Verordnungsermächtigung (1) [1]Das Bundesministerium der Finanzen wird ermächtigt, durch Rechtsverordnung, die nicht der Zustimmung des Bundesrates bedarf, eine juristische Person des Privatrechts mit den Aufgaben der registerführenden Stelle und mit den hierfür erforderlichen Befugnissen zu beleihen.

(2) [1]Eine juristische Person des Privatrechts darf nur beliehen werden, wenn sie die Gewähr für die ordnungsgemäße Erfüllung der ihr übertragenen Aufgaben, insbesondere für den langfristigen und sicheren Betrieb des Transparenzregisters, bietet. Sie bietet die notwendige Gewähr, wenn

1. die natürlichen Personen, die nach Gesetz, dem Gesellschaftsvertrag oder der Satzung die Geschäftsführung und Vertretung ausüben, zuverlässig und fachlich geeignet sind,
2. sie grundlegende Erfahrungen mit der Zugänglichmachung von registerrechtlichen Informationen, insbesondere von Handelsregisterdaten, Gesellschaftsbekanntmachungen und kapitalmarktrechtlichen Informationen, hat,
3. sie die zur Erfüllung ihrer Aufgaben notwendige Organisation sowie technische und finanzielle Ausstattung hat und
4. sie sicherstellt, dass sie die Vorschriften zum Schutz personenbezogener Daten einhält.

(3) [1]Die Dauer der Beleihung ist zu befristen. Sie soll fünf Jahre nicht unterschreiten. Die Möglichkeit, bei Vorliegen eines wichtigen Grundes die Beleihung vor Ablauf der Frist zu beenden, ist vorzusehen. Haben die Voraussetzungen für die Beleihung nicht vorgelegen oder sind sie nachträglich entfallen, soll die Beleihung jederzeit beendet werden können. Es ist sicherzustellen, dass mit Beendigung der Beleihung dem Bundesministerium der Finanzen oder einer von ihm bestimmten Stelle alle für den ordnungsgemäßen Weiterbetrieb des Transparenzregisters erforderlichen Softwareprogramme und Daten unverzüglich zur Verfügung gestellt werden und die Rechte an diesen Softwareprogrammen und an der für das Transparenzregister genutzten Internetadresse übertragen werden.

(4) [1]Der Beliehene ist berechtigt, das kleine Bundessiegel zu führen. [2]Es wird vom Bundesministerium der Finanzen zur Verfügung gestellt. [3]Das kleine Bundessiegel darf ausschließlich zur Beglaubigung von Ausdrucken aus dem Transparenzregister und zu Bestätigungen nach § 18 Absatz 4 genutzt werden.

(5) [1]Der Beliehene ist befugt, die Gebühren nach § 24 zu erheben. [2]Das Gebührenaufkommen steht ihm zu. [3]In der Rechtsverordnung kann das Bundesministerium der Finanzen die Vollstreckung der Gebührenbescheide dem Beliehenen übertragen.

(6) [1]Der Beliehene untersteht der Rechts- und Fachaufsicht durch das Bundesverwaltungsamt. [2]Das Bundesverwaltungsamt kann sich zur Wahrnehmung seiner Aufsichtstätigkeit jederzeit über die Angelegenheiten des Beliehenen unterrichten, insbesondere durch Einholung von Auskünften und Berichten sowie durch das Verlangen nach Vorlage von Aufzeichnungen aller Art, rechtswidrige Maßnahmen beanstanden sowie entsprechende Abhilfe verlangen. [3]Der Beliehene ist verpflichtet, den Weisungen des Bundesverwaltungsamts nachzukommen. [4]Dieses kann, wenn der Beliehene den Weisungen nicht oder nicht fristgerecht nachkommt, die erforderlichen Maßnahmen an Stelle und auf Kosten des Beliehenen selbst durchführen oder durch einen anderen durchführen lassen. [5]Die Bediensteten und sonstigen Beauftragten des Bundesverwaltungsamts sind befugt, zu den Betriebs- und Geschäftszeiten Betriebsstätten, Geschäfts- und Betriebsräume des Beliehenen zu betreten, zu besichtigen und zu prüfen, soweit dies zur Erfüllung ihrer Aufgaben erforderlich ist. Gegenstände oder geschäftliche Unterlagen können im erforderlichen Umfang eingesehen und in Verwahrung genommen werden.

(7) [1]Für den Fall, dass keine juristische Person des Privatrechts beliehen wird, oder für den Fall, dass die Beleihung beendet wird, kann das Bundesministerium der Finanzen die Führung des Transparenzregisters auf eine Bundesoberbehörde in seinem Geschäftsbereich oder im Einvernehmen mit dem zuständigen Bundesministerium auf eine Bundesoberbehörde in dessen Geschäftsbereich übertragen.

§ 26 Europäisches System der Registervernetzung, Verordnungsermächtigung (1) [1]Die in § 22 Absatz 1 Satz 1 aufgeführten Daten sind, soweit sie juristische Personen des Privatrechts, eingetragene Personengesellschaften oder Rechtsgestaltungen nach § 21 betreffen, auch über das Europäische Justizportal zugänglich; § 23 Absatz 1 bis 3 gilt entsprechend. [2]Zur Zugänglichmachung über das Europäische Justizportal übermittelt die registerführende Stelle die dem Transparenzregister nach § 20 Absatz 1 und § 21 mitgeteilten Daten sowie die Indexdaten nach § 22 Absatz 2 an die zentrale Europäische Plattform nach Artikel 4a Absatz 1 der Richtlinie 2009/101/EG des Europäischen Parlaments und des Rates vom 16. September 2009 zur Koordinierung der Schutzbestimmungen, die in den Mitgliedstaaten den Gesellschaften im Sinne des Artikels 48 Absatz 2 des Vertrags im Interesse der Gesellschafter sowie Dritter vorgeschrieben sind, um diese Bestimmungen gleichwertig zu gestalten (ABl. L 258 vom 1.10.2009, S. 11), die zuletzt durch die Richtlinie 2013/24/EU (ABl. L 158 vom 10.6.2013, S. 365) geändert worden ist, soweit die Übermittlung für die Eröffnung eines Zugangs zu den Originaldaten über den Suchdienst auf der Internetseite des Europäischen Justizportals erforderlich ist.

(2) [1]Das Bundesministerium der Finanzen wird im Benehmen mit dem Bundesministerium der Justiz und für Verbraucherschutz ermächtigt, durch

Rechtsverordnung, die der Zustimmung des Bundesrates bedarf, die erforderlichen Bestimmungen über die Einzelheiten des elektronischen Datenverkehrs und seiner Abwicklung nach Absatz 1 einschließlich Vorgaben über Datenformate und Zahlungsmodalitäten zu treffen, soweit keine Regelungen in den von der Europäischen Kommission gemäß Artikel 4c der Richtlinie 2009/101/EG erlassenen Durchführungsrechtsakten enthalten sind.

Abschnitt 5 Zentralstelle für Finanztransaktionsuntersuchungen

§ 27 Zentrale Meldestelle (1) [1]Zentrale Meldestelle zur Verhinderung, Aufdeckung und Unterstützung bei der Bekämpfung von Geldwäsche und Terrorismusfinanzierung nach Artikel 32 Absatz 1 der Richtlinie (EU) 2015/849 ist die Zentralstelle für Finanztransaktionsuntersuchungen.

(2) [1]Die Zentralstelle für Finanztransaktionsuntersuchungen ist organisatorisch eigenständig und arbeitet im Rahmen ihrer Aufgaben und Befugnisse fachlich unabhängig.

§ 28 Aufgaben, Aufsicht und Zusammenarbeit (1) [1]Die Zentralstelle für Finanztransaktionsuntersuchungen hat die Aufgabe der Erhebung und Analyse von Informationen im Zusammenhang mit Geldwäsche oder Terrorismusfinanzierung und der Weitergabe dieser Informationen an die zuständigen inländischen öffentlichen Stellen zum Zwecke der Aufklärung, Verhinderung oder Verfolgung solcher Taten. Ihr obliegen in diesem Zusammenhang:

1. die Entgegennahme und Sammlung von Meldungen nach diesem Gesetz,
2. die Durchführung von operativen Analysen einschließlich der Bewertung von Meldungen und sonstigen Informationen,
3. der Informationsaustausch und die Koordinierung mit inländischen Aufsichtsbehörden,
4. die Zusammenarbeit und der Informationsaustausch mit zentralen Meldestellen anderer Staaten,
5. die Untersagung von Transaktionen und die Anordnung von sonstigen Sofortmaßnahmen,
6. die Übermittlung der sie betreffenden Ergebnisse der operativen Analyse nach Nummer 2 und zusätzlicher relevanter Informationen an die zuständigen inländischen öffentlichen Stellen,
7. die Rückmeldung an den Verpflichteten, der eine Meldung nach § 43 Absatz 1 abgegeben hat,

8. die Durchführung von strategischen Analysen und Erstellung von Berichten aufgrund dieser Analysen,
9. der Austausch mit den Verpflichteten sowie mit den inländischen Aufsichtsbehörden und für die Aufklärung, Verhinderung oder Verfolgung der Geldwäsche und der Terrorismusfinanzierung zuständigen inländischen öffentlichen Stellen insbesondere über entsprechende Typologien und Methoden,
10. die Erstellung von Statistiken zu den in Artikel 44 Absatz 2 der Richtlinie (EU) 2015/849 genannten Zahlen und Angaben,
11. die Veröffentlichung eines Jahresberichts über die erfolgten operativen Analysen,
12. die Teilnahme an Treffen nationaler und internationaler Arbeitsgruppen und
13. die Wahrnehmung der Aufgaben, die ihr darüber hinaus nach anderen Bestimmungen übertragen worden sind.

(2) [1]Die Zentralstelle für Finanztransaktionsuntersuchungen untersteht der Aufsicht des Bundesministeriums der Finanzen, die sich in den Fällen des Absatzes 1 Nummer 1, 2, 5 und 6 auf die Rechtsaufsicht beschränkt.

(3) [1]Die Zentralstelle für Finanztransaktionsuntersuchungen sowie die sonstigen für die Aufklärung, Verhütung und Verfolgung der Geldwäsche, Terrorismusfinanzierung und sonstiger Straftaten sowie die zur Gefahrenabwehr zuständigen inländischen öffentlichen Stellen und die inländischen Aufsichtsbehörden arbeiten zur Durchführung dieses Gesetzes zusammen und unterstützen sich gegenseitig.

(4) [1]Die Zentralstelle für Finanztransaktionsuntersuchungen informiert, soweit erforderlich, die für das Besteuerungsverfahren oder den Schutz der sozialen Sicherungssysteme zuständigen Behörden über Sachverhalte, die ihr bei der Wahrnehmung ihrer Aufgaben bekannt werden und die sie nicht an eine andere zuständige staatliche Stelle übermittelt hat.

§ 29 Datenverarbeitung und weitere Verwendung (1) [1]Die Zentralstelle für Finanztransaktionsuntersuchungen darf personenbezogene Daten verarbeiten, soweit dies zur Erfüllung ihrer Aufgaben erforderlich ist.

(2) [1]Die Zentralstelle für Finanztransaktionsuntersuchungen darf personenbezogene Daten, die sie zur Erfüllung ihrer Aufgaben gespeichert hat, mit anderen Daten abgleichen, wenn dies nach diesem Gesetz oder nach einem anderen Gesetz zulässig ist.

(3) [1]Die Zentralstelle für Finanztransaktionsuntersuchungen darf personenbezogene Daten, die bei ihr vorhanden sind, zu Fortbildungszwecken oder zu statistischen Zwecken verarbeiten, soweit eine Verarbeitung anonymisierter Daten zu diesen Zwecken nicht möglich ist.

§ 30 Entgegennahme und Analyse von Meldungen (1) [1]Die Zentralstelle für Finanztransaktionsuntersuchungen hat zur Erfüllung ihrer Aufgaben folgende Meldungen und Informationen entgegenzunehmen und zu verarbeiten:

1. Meldungen von Verpflichteten nach § 43 sowie Meldungen von Aufsichtsbehörden nach § 44,
2. Mitteilungen von Finanzbehörden nach § 31b der Abgabenordnung,
3. Informationen, die ihr übermittelt werden
   a) nach Artikel 5 Absatz 1 der Verordnung (EG) Nr. 1889/2005 des Europäischen Parlaments und des Rates vom 26. Oktober 2005 über die Überwachung von Barmitteln, die in die Gemeinschaft oder aus der Gemeinschaft verbracht werden (ABl. L 309 vom 25.11.2005, S. 9), und
   b) nach § 12a des Zollverwaltungsgesetzes, und
4. sonstige Informationen aus öffentlichen und nicht öffentlichen Quellen im Rahmen ihres Aufgabenbereiches.

(2) [1]Die Zentralstelle für Finanztransaktionsuntersuchungen analysiert die Meldungen nach den §§ 43 und 44 sowie die Mitteilungen nach § 31b der Abgabenordnung, um zu prüfen, ob der gemeldete Sachverhalt im Zusammenhang mit Geldwäsche, mit Terrorismusfinanzierung oder mit einer sonstigen Straftat steht.

(3) [1]Die Zentralstelle für Finanztransaktionsuntersuchungen kann unabhängig vom Vorliegen einer Meldung Informationen von Verpflichteten einholen, soweit dies zur Erfüllung ihrer Aufgaben erforderlich ist. [2]Zur Beantwortung ihres Auskunftsverlangens gewährt sie dem Verpflichteten eine angemessene Frist. Verpflichtete nach § 2 Absatz 1 Nummer 10 und 12 können die Auskunft verweigern, soweit sich das Auskunftsverlangen auf Informationen bezieht, die sie im Rahmen der Rechtsberatung oder der Prozessvertretung des Vertragspartners erhalten haben. [3]Die Auskunftspflicht bleibt jedoch bestehen, wenn der Verpflichtete weiß, dass der Vertragspartner die Rechtsberatung für den Zweck der Geldwäsche oder der Terrorismusfinanzierung in Anspruch genommen hat oder nimmt.

§ 31 Auskunftsrecht gegenüber inländischen öffentlichen Stellen, Datenzugriffsrecht (1) [1]Die Zentralstelle für Finanztransaktionsuntersuchungen kann, soweit es zur Erfüllung ihrer Aufgaben erforderlich ist, bei inländischen öffentlichen Stellen Daten erheben. [2]Die inländischen öffentlichen Stellen erteilen der Zentralstelle für Finanztransaktionsuntersuchungen zur Erfüllung von deren Aufgaben auf deren Ersuchen Auskunft, soweit der Auskunft keine Übermittlungsbeschränkungen entgegenstehen.

(2) [1]Die Anfragen sind von der inländischen öffentlichen Stelle unverzüglich zu beantworten. Daten, die mit der Anfrage im Zusammenhang stehen, sind zur Verfügung zu stellen.

(3) [1]Die Zentralstelle für Finanztransaktionsuntersuchungen soll ein automatisiertes Verfahren für die Übermittlung personenbezogener Daten, die bei anderen inländischen öffentlichen Stellen gespeichert sind und zu deren Erhalt die Zentralstelle für Finanztransaktionsuntersuchungen gesetzlich berechtigt ist, durch Abruf einrichten, soweit gesetzlich nichts anderes bestimmt ist und diese Form der Datenübermittlung unter Berücksichtigung der schutzwürdigen Interessen der betroffenen Personen wegen der Vielzahl der Übermittlungen oder wegen ihrer besonderen Eilbedürftigkeit angemessen ist. [2]Zur Kontrolle der Zulässigkeit des automatisierten Abrufverfahrens hat die Zentralstelle für Finanztransaktionsuntersuchungen schriftlich festzulegen:

1. den Anlass und den Zweck des Abgleich- oder Abrufverfahrens,
2. die Dritten, an die übermittelt wird,
3. die Art der zu übermittelnden Daten und
4. die technischen und organisatorischen Maßnahmen zur Gewährleistung des Datenschutzes.

(4) [1]Die Zentralstelle für Finanztransaktionsuntersuchungen ist berechtigt, soweit dies zur Erfüllung ihrer Aufgaben nach § 28 Absatz 1 Satz 2 Nummer 2 erforderlich ist, die in ihrem Informationssystem gespeicherten, personenbezogenen Daten mit den im polizeilichen Informationssystem nach § 13 in Verbindung mit § 29 Absatz 1 und 2 des Bundeskriminalamtgesetzes enthaltenen, personenbezogenen Daten automatisiert abzugleichen. [2]Wird im Zuge des Abgleichs nach Satz 1 eine Übereinstimmung übermittelter Daten mit im polizeilichen Informationssystem gespeicherten Daten festgestellt, so erhält die Zentralstelle für Finanztransaktionsuntersuchungen automatisiert die Information über das Vorliegen eines Treffers und ist berechtigt, die dazu im polizeilichen Informationssystem vorhandenen Daten automatisiert abzurufen. [3]Haben die Teilnehmer am polizeilichen Informationssystem Daten als besonders schutzwürdig eingestuft und aus diesem Grund einen Datenabruf der Zentralstelle für Finanztransaktionsuntersuchungen nach Satz 2 ausgeschlossen, erhält der datenbesitzende Teilnehmer am polizeilichen Informationssystem automatisiert die Information über das Vorliegen eines Treffers. [4]In diesem Fall obliegt es dem jeweiligen datenbesitzenden Teilnehmer des polizeilichen Informationssystems, mit der Zentralstelle für Finanztransaktionsuntersuchungen unverzüglich Kontakt aufzunehmen und ihr die Daten zu übermitteln, soweit dem keine Übermittlungsbeschränkungen entgegenstehen. [5]Die Regelungen der Sätze 1 bis 4 gehen der Regelung des § 29 Absatz 8 des Bundeskriminalamtgesetzes vor. [6]Die Einrichtung eines weitergehenden automatisierten Abrufverfahrens für

die Zentralstelle für Finanztransaktionsuntersuchungen ist mit Zustimmung des Bundesministeriums des Innern, des Bundesministeriums der Finanzen und der Innenministerien und Senatsinnenverwaltungen der Länder zulässig, soweit diese Form der Datenübermittlung unter Berücksichtigung der schutzwürdigen Interessen der Betroffenen wegen der Vielzahl der Übermittlungen oder wegen der besonderen Eilbedürftigkeit angemessen ist.

(5) [1]Finanzbehörden erteilen der Zentralstelle für Finanztransaktionsuntersuchungen nach Maßgabe des § 31b Absatz 1 Nummer 5 der Abgabenordnung Auskunft und teilen ihr nach § 31b Absatz 2 der Abgabenordnung die dort genannten Informationen mit. [2]Die Zentralstelle für Finanztransaktionsuntersuchungen darf zur Vorbereitung von Auskunftsersuchen gegenüber Finanzämtern unter Angabe des Vornamens, des Nachnamens und der Anschrift oder des Geburtsdatums einer natürlichen Person aus der Datenbank nach § 139b der Abgabenordnung automatisiert abrufen, bei welchem Finanzamt und unter welcher Steuernummer diese natürliche Person geführt wird. [3]Ein automatisierter Abruf anderer Daten, die bei den Finanzbehörden gespeichert sind und die nach § 30 der Abgabenordnung dem Steuergeheimnis unterliegen, durch die Zentralstelle für Finanztransaktionsuntersuchungen ist nur möglich, soweit dies nach der Abgabenordnung oder den Steuergesetzen zugelassen ist. [4]Abweichend von Satz 3 findet für den automatisierten Abruf von Daten, die bei den Finanzbehörden der Zollverwaltung gespeichert sind und für deren Erhalt die Zentralstelle für Finanztransaktionsuntersuchungen die gesetzliche Berechtigung hat, Absatz 3 Anwendung.

(6) [1]Die Zentralstelle für Finanztransaktionsuntersuchungen darf zur Erfüllung ihrer Aufgaben bei den Kreditinstituten nach § 2 Absatz 1 Nummer 1 und bei den Instituten nach § 2 Absatz 1 Nummer 3 Daten aus den von ihnen nach § 24c Absatz 1 des Kreditwesengesetzes zu führenden Dateien im automatisierten Verfahren abrufen. [2]Für die Datenübermittlung gilt § 24c Absatz 4 bis 8 des Kreditwesengesetzes entsprechend.

(7) [1]Soweit zur Überprüfung der Personalien des Betroffenen erforderlich, darf die Zentralstelle für Finanztransaktionsuntersuchungen im automatisierten Abrufverfahren nach § 38 des Bundesmeldegesetzes über die in § 38 Absatz 1 des Bundesmeldegesetzes aufgeführten Daten hinaus folgende Daten abrufen:

1. derzeitige Staatsangehörigkeiten,
2. frühere Anschriften, gekennzeichnet nach Haupt- und Nebenwohnung, und
3. Ausstellungsbehörde, Ausstellungsdatum, Gültigkeitsdauer, Seriennummer des Personalausweises, vorläufigen Personalausweises oder Ersatzpersonalausweises, des anerkannten und gültigen Passes oder Passersatzpapiers.

§ 32 Datenübermittlungsverpflichtung an inländische öffentliche Stellen (1) [1]Meldungen nach § 43 Absatz 1, § 44 sind von der Zentralstelle für Finanztransaktionsuntersuchungen unverzüglich an das Bundesamt für Verfassungsschutz zu übermitteln, soweit tatsächliche Anhaltspunkte dafür bestehen, dass die Übermittlung dieser Informationen für die Erfüllung der Aufgaben des Bundesamtes für Verfassungsschutz erforderlich ist.

(2) [1]Stellt die Zentralstelle für Finanztransaktionsuntersuchungen bei der operativen Analyse fest, dass ein Vermögensgegenstand mit Geldwäsche, mit Terrorismusfinanzierung oder mit einer sonstigen Straftat im Zusammenhang steht, übermittelt sie das Ergebnis ihrer Analyse sowie alle sachdienlichen Informationen unverzüglich an die zuständigen Strafverfolgungsbehörden. [2]Die in Satz 1 genannten Informationen sind außerdem an den Bundesnachrichtendienst zu übermitteln, soweit tatsächliche Anhaltspunkte vorliegen, dass diese Übermittlung für die Erfüllung der Aufgaben des Bundesnachrichtendienstes erforderlich ist. [3]Im Fall von Absatz 1 übermittelt die Zentralstelle für Finanztransaktionsuntersuchungen außerdem dem Bundesamt für Verfassungsschutz zu der zuvor übermittelten Meldung auch das entsprechende Ergebnis ihrer operativen Analyse sowie alle sachdienlichen Informationen.

(3) [1]Die Zentralstelle für Finanztransaktionsuntersuchungen übermittelt auf Ersuchen personenbezogene Daten an die Strafverfolgungsbehörden, das Bundesamt für Verfassungsschutz, den Bundesnachrichtendienst oder den Militärischen Abschirmdienst des Bundesministeriums der Verteidigung, soweit dies erforderlich ist für

1. die Aufklärung von Geldwäsche und Terrorismusfinanzierung oder die Durchführung von diesbezüglichen Strafverfahren oder
2. die Aufklärung sonstiger Gefahren und die Durchführung von anderen, nicht von Nummer 1 erfassten Strafverfahren.

[2]Die Zentralstelle für Finanztransaktionsuntersuchungen übermittelt von Amts wegen oder auf Ersuchen personenbezogene Daten an andere als in Satz 1 benannte, zuständige inländische öffentliche Stellen, soweit dies erforderlich ist für

1. Besteuerungsverfahren,
2. Verfahren zum Schutz der sozialen Sicherungssysteme oder
3. die Aufgabenwahrnehmung der Aufsichtsbehörden.

(4) [1]In den Fällen des Absatzes 3 Satz 1 Nummer 1 und 2 sind die Strafverfolgungsbehörden und das Bundesamt für Verfassungsschutz berechtigt, die Daten zur Erfüllung ihrer Aufgaben automatisiert bei der Zentralstelle für Finanztransaktionsuntersuchungen abzurufen, soweit dem keine Übermittlungsbeschränkungen entgegenstehen. [2]Zur Kontrolle der Zulässigkeit des

automatisierten Abrufverfahrens haben die jeweiligen Strafverfolgungsbehörden und das Bundesamt für Verfassungsschutz schriftlich festzulegen:

1. den Anlass und den Zweck des Abrufverfahrens,
2. die Dritten, an die übermittelt wird,
3. die Art der zu übermittelnden Daten und
4. die technischen und organisatorischen Maßnahmen zur Gewährleistung des Datenschutzes.

(5) [1]Die Übermittlung personenbezogener Daten nach Absatz 3 unterbleibt, soweit

1. sich die Bereitstellung der Daten negativ auf den Erfolg laufender Ermittlungen der zuständigen inländischen öffentlichen Stellen auswirken könnte oder
2. die Weitergabe der Daten unverhältnismäßig wäre.

[2]Soweit ein Abruf nach Absatz 4 zu Daten erfolgt, zu denen Übermittlungsbeschränkungen dem automatisierten Abruf grundsätzlich entgegenstehen, wird die Zentralstelle für Finanztransaktionsuntersuchungen automatisiert durch Übermittlung aller Anfragedaten über die Abfrage unterrichtet. [3]Ihr obliegt es in diesem Fall, unverzüglich mit der anfragenden Behörde Kontakt aufzunehmen, um im Einzelfall zu klären, ob Erkenntnisse nach Absatz 3 übermittelt werden können.

(6) [1]Falls die Strafverfolgungsbehörde ein Strafverfahren aufgrund eines nach Absatz 2 übermittelten Sachverhalts eingeleitet hat, teilt sie den Sachverhalt zusammen mit den zugrunde liegenden Tatsachen der zuständigen Finanzbehörde mit, wenn eine Transaktion festgestellt wird, die für die Finanzverwaltung für die Einleitung oder Durchführung von Besteuerungs- oder Steuerstrafverfahren Bedeutung haben könnte. [2]Zieht die Strafverfolgungsbehörde im Strafverfahren Aufzeichnungen nach § 11 Absatz 1 heran, dürfen auch diese der Finanzbehörde übermittelt werden. [3]Die Mitteilungen und Aufzeichnungen dürfen für Besteuerungsverfahren und für Strafverfahren wegen Steuerstraftaten verwendet werden.

(7) [1]Der Empfänger darf die ihm übermittelten personenbezogenen Daten nur zu dem Zweck verwenden, zu dem sie ihm übermittelt worden sind. [2]Eine Verwendung für andere Zwecke ist zulässig, soweit die Daten auch dafür hätten übermittelt werden dürfen.

§ 33 Datenaustausch mit Mitgliedstaaten der Europäischen Union

(1) [1]Der Datenaustausch mit den für die Verhinderung, Aufdeckung und Bekämpfung von Geldwäsche und von Terrorismusfinanzierung zuständigen zentralen Meldestellen anderer Mitgliedstaaten der Europäischen Union ist unabhängig von der Art der Vortat der Geldwäsche und auch dann, wenn die Art der Vortat nicht feststeht, zu gewährleisten. [2]Insbesondere steht eine

im Einzelfall abweichende Definition der Steuerstraftaten, die nach nationalem Recht eine taugliche Vortat zur Geldwäsche sein können, einem Informationsaustausch mit zentralen Meldestellen anderer Mitgliedstaaten der Europäischen Union nicht entgegen. [3]Geht bei der Zentralstelle für Finanztransaktionsuntersuchungen eine Meldung nach § 43 Absatz 1 ein, die die Zuständigkeit eines anderen Mitgliedstaates betrifft, so leitet sie diese Meldung umgehend an die zentrale Meldestelle des betreffenden Mitgliedstaates weiter.

(2) [1]Für die Übermittlung der Daten gelten die Vorschriften über die Datenübermittlung im internationalen Bereich nach § 35 Absatz 2 bis 6 entsprechend. [2]Die Verantwortung für die Zulässigkeit der Datenübermittlung trägt die Zentralstelle für Finanztransaktionsuntersuchungen.

(3) [1]Sind zusätzliche Informationen über einen in Deutschland tätigen Verpflichteten, der in einem anderen Mitgliedstaat der Europäischen Union in einem öffentlichen Register eingetragen ist, erforderlich, richtet die Zentralstelle für Finanztransaktionsuntersuchungen ihr Ersuchen an die zentrale Meldestelle dieses anderen Mitgliedstaates der Europäischen Union.

(4) [1]Die Zentralstelle für Finanztransaktionsuntersuchungen darf ein Ersuchen um Informationsübermittlung, das eine zentrale Meldestelle eines Mitgliedstaates der Europäischen Union im Rahmen ihrer Aufgabenerfüllung an sie gerichtet hat, nur ablehnen, wenn

1. durch die Informationsübermittlung die innere oder äußere Sicherheit oder andere wesentliche Interessen der Bundesrepublik Deutschland gefährdet werden könnten,
2. im Einzelfall, auch unter Berücksichtigung des öffentlichen Interesses an der Datenübermittlung, aufgrund wesentlicher Grundprinzipien deutschen Rechts die schutzwürdigen Interessen der betroffenen Person überwiegen,
3. durch die Informationsübermittlung strafrechtliche Ermittlungen oder die Durchführung eines Gerichts verfahrens behindert oder gefährdet werden könnten oder
4. rechtshilferechtliche Bedingungen ausländischer Stellen entgegenstehen, die von den zuständigen Behörden zu beachten sind.

[2]Die Gründe für die Ablehnung des Informationsersuchens legt die Zentralstelle für Finanztransaktionsuntersuchungen der ersuchenden zentralen Meldestelle angemessen schriftlich dar, außer wenn die operative Analyse noch nicht abgeschlossen ist oder soweit die Ermittlungen hierdurch gefährdet werden könnten.

(5) [1]Übermittelt die Zentralstelle für Finanztransaktionsuntersuchungen einer zentralen Meldestelle eines Mitgliedstaates der Europäischen Union auf deren Ersuchen Informationen, so soll sie in der Regel umgehend ihre Ein-

willigung dazu erklären, dass diese Informationen an andere Behörden dieses Mitgliedstaates weitergeleitet werden dürfen. [2]Die Einwilligung darf von ihr verweigert werden, wenn der im Ersuchen dargelegte Sachverhalt nach deutschem Recht nicht den Straftatbestand der Geldwäsche oder der Terrorismusfinanzierung erfüllen würde. [3]Die Gründe für die Verweigerung der Einwilligung legt die Zentralstelle für Finanztransaktionsuntersuchungen angemessen dar. [4]Die Verwendung der Informationen zu anderen Zwecken bedarf der vorherigen Zustimmung der Zentralstelle für Finanztransaktionsuntersuchungen.

§ 34 Informationsersuchen im Rahmen der internationalen Zusammenarbeit (1) [1]Die Zentralstelle für Finanztransaktionsuntersuchungen kann die zentralen Meldestellen anderer Staaten, die mit der Verhinderung, Aufdeckung und Bekämpfung von Geldwäsche, von Vortaten der Geldwäsche sowie von Terrorismusfinanzierung befasst sind, um die Erteilung von Auskünften einschließlich der personenbezogenen Daten oder der Übermittlung von Unterlagen ersuchen, wenn diese Informationen und Unterlagen erforderlich sind zur Erfüllung ihrer Aufgaben.

(2) [1]Für ein Ersuchen kann die Zentralstelle für Finanztransaktionsuntersuchungen personenbezogene Daten übermitteln, soweit dies erforderlich ist, um ein berechtigtes Interesse an der begehrten Information glaubhaft zu machen und wenn überwiegende berechtigte Interessen des Betroffenen nicht entgegenstehen.

(3) [1]In dem Ersuchen muss die Zentralstelle für Finanztransaktionsuntersuchungen den Zweck der Datenerhebung offenlegen und die beabsichtigte Weitergabe der Daten an andere inländische öffentliche Stellen mitteilen. [2]Die Zentralstelle für Finanztransaktionsuntersuchungen darf die von einer zentralen Meldestelle eines anderen Staates übermittelten Daten nur verwenden

1. zu den Zwecken, zu denen um die Daten ersucht wurde, und
2. zu den Bedingungen, unter denen die Daten zur Verfügung gestellt wurden.

[3]Sollen die übermittelten Daten nachträglich an eine andere öffentliche Stelle weitergegeben werden oder für einen Zweck genutzt werden, der über die ursprünglichen Zwecke hinausgeht, so ist vorher die Zustimmung der übermittelnden zentralen Meldestelle einzuholen.

§ 35 Datenübermittlung im Rahmen der internationalen Zusammenarbeit (1) [1]Geht bei der Zentralstelle für Finanztransaktionsuntersuchungen eine Meldung nach § 43 Absatz 1 ein, die die Zuständigkeit eines anderen Staates betrifft, so kann sie diese Meldung umgehend an die zentrale Meldestelle des betreffenden Staates weiterleiten. [2]Sie weist die zentrale Meldestelle des betreffenden Staates darauf hin, dass die personenbezogenen Daten nur zu dem Zweck genutzt werden dürfen, zu dem sie übermittelt worden sind.

(2) [1]Die Zentralstelle für Finanztransaktionsuntersuchungen kann einer zentralen Meldestelle eines anderen Staates auf deren Ersuchen personenbezogene Daten übermitteln

1. für eine von der zentralen Meldestelle des anderen Staates durchzuführende operative Analyse,
2. im Rahmen einer beabsichtigten Sofortmaßnahme nach § 40, soweit Tatsachen darauf hindeuten, dass der Vermögensgegenstand
   a) sich in Deutschland befindet und
   b) im Zusammenhang steht mit einem Sachverhalt, der der zentralen Meldestelle des anderen Staates vorliegt, oder
3. zur Erfüllung der Aufgaben einer anderen ausländischen öffentlichen Stelle, die der Verhinderung, Aufdeckung und Bekämpfung von Geldwäsche oder von Vortaten der Geldwäsche oder von Terrorismusfinanzierung dient.

[2]Sie kann zur Beantwortung des Ersuchens auf ihr vorliegende Informationen zurückgreifen. Enthalten diese Informationen auch Daten, die von anderen in- oder ausländischen Behörden erhoben oder von diesen übermittelt wurden, so ist eine Weitergabe dieser Daten nur mit Zustimmung dieser Behörden zulässig, es sei denn, die Informationen stammen aus öffentlich zugänglichen Quellen. [3]Zur Beantwortung des Ersuchens kann die Zentralstelle für Finanztransaktionsuntersuchungen nach Maßgabe der §§ 28, 30 und 31 andere inländische öffentliche Stellen um Auskunft ersuchen oder von Verpflichteten Auskunft verlangen. [4]Ersuchen um Auskunft und Verlangen nach Auskunft sind zeitnah zu beantworten.

(3) [1]Die Übermittlung personenbezogener Daten an eine zentrale Meldestelle eines anderen Staates ist nur zulässig, wenn das Ersuchen mindestens folgende Angaben enthält:

1. die Bezeichnung, die Anschrift und sonstige Kontaktdaten der ersuchenden Behörde,
2. die Gründe des Ersuchens und die Benennung des Zwecks, zu dem die Daten verwendet werden sollen, nach Absatz 2,
3. erforderliche Einzelheiten zur Identität der betroffenen Person, sofern sich das Ersuchen auf eine bekannte Person bezieht,
4. die Beschreibung des Sachverhalts, der dem Ersuchen zugrunde liegt, sowie die Behörde, an die die Daten gegebenenfalls weitergeleitet werden sollen, und

5. die Angabe, inwieweit der Sachverhalt mit Geldwäsche oder mit Terrorismusfinanzierung im Zusammenhang steht, und die Angabe der mutmaßlich begangenen Vortat.

(4) [1]Die Zentralstelle für Finanztransaktionsuntersuchungen kann auch ohne Ersuchen personenbezogene Daten an eine zentrale Meldestelle eines anderen Staates übermitteln, wenn Tatsachen darauf hindeuten, dass natürliche oder juristische Personen auf dem Hoheitsgebiet dieses Staates Handlungen, die wegen Geldwäsche oder Terrorismusfinanzierung strafbar sind, begangen haben.

(5) [1]Die Verantwortung für die Zulässigkeit der Übermittlung trägt die Zentralstelle für Finanztransaktionsuntersuchungen. [2]Sie kann bei der Übermittlung von Daten an eine ausländische zentrale Meldestelle Einschränkungen und Auflagen für die Verwendung der übermittelten Daten festlegen.

(6) [1]Der Empfänger personenbezogener Daten ist darauf hinzuweisen, dass die personenbezogenen Daten nur zu dem Zweck genutzt werden dürfen, zu dem sie übermittelt worden sind. [2]Sollen die Daten von der ersuchenden ausländischen zentralen Meldestelle an eine andere Behörde in dem Staat weitergeleitet werden, muss die Zentralstelle für Finanztransaktionsuntersuchungen dem unter Berücksichtigung des Zwecks und der schutzwürdigen Interessen des Betroffenen an den Daten zuvor zustimmen. [3]Soweit die Informationen als Beweismittel in einem Strafverfahren verwendet werden sollen, gelten die Regeln der grenzüberschreitenden Zusammenarbeit in Strafsachen.

(7) [1]Die Übermittlung personenbezogener Daten an eine ausländische zentrale Meldestelle unterbleibt, soweit

1. durch die Übermittlung die innere oder äußere Sicherheit oder andere wesentliche Interessen der Bundesrepublik Deutschland verletzt werden könnten,
2. einer Übermittlung besondere bundesgesetzlicheÜbermittlungsvorschriften entgegenstehen oder
3. im Einzelfall, auch unter Berücksichtigung des besonderen öffentlichen Interesses an der Datenübermittlung, die schutzwürdigen Interessen der betroffenen Person überwiegen.

[2]Zu den schutzwürdigen Interessen der betroffenen Person gehört auch das Vorhandensein eines angemessenen Datenschutzniveaus im Empfängerstaat. [3]Die schutzwürdigen Interessen der betroffenen Person können auch dadurch gewahrt werden, dass der Empfängerstaat oder die empfangende zwischen- oder überstaatliche Stelle im Einzelfall einen angemessenen Schutz der übermittelten Daten garantiert.

(8) [1]Die Übermittlung personenbezogener Daten soll unterbleiben, wenn

1. strafrechtliche Ermittlungen oder die Durchführung eines Gerichtsverfahrens durch die Übermittlung behindert oder gefährdet werden könnten oder
2. nicht gewährleistet ist, dass die ersuchende ausländische zentrale Meldestelle einem gleichartigen deutschen Ersuchen entsprechen würde.

(9) [1]Die Gründe für die Ablehnung eines Informationsersuchens sollen der ersuchenden zentralen Meldestelle angemessen dargelegt werden.

(10) [1]Die Zentralstelle für Finanztransaktionsuntersuchungen hat den Zeitpunkt, die übermittelten Daten sowie die empfangende zentrale Meldestelle aufzuzeichnen. Unterbleibt die Datenübermittlung, so ist dies entsprechend aufzuzeichnen. [2]Sie hat diese Daten drei Jahre aufzubewahren und danach zu löschen.

§ 36 Automatisierter Datenabgleich im europäischen Verbund [1]Die Zentralstelle für Finanztransaktionsuntersuchungen kann im Verbund mit zentralen Meldestellen anderer Mitgliedstaaten der Europäischen Union ein System zum verschlüsselten automatisierten Abgleich von dazu geeigneten Daten, die die nationalen zentralen Meldestellen im Rahmen ihrer Aufgabenerfüllung erhoben haben, einrichten und betreiben. [2]Zweck dieses Systems ist es, Kenntnis davon zu erlangen, ob zu einer betreffenden Person bereits durch zentrale Meldestellen anderer Mitgliedstaaten der Europäischen Union eine Analyse nach § 30 durchgeführt wurde oder anderweitige Informationen zu dieser Person dort vorliegen.

§ 37 Berichtigung, Einschränkung der Verarbeitung und Löschung personenbezogener Daten aus automatisierter Verarbeitung und bei Speicherung in automatisierten Dateien (1) [1]Die Zentralstelle für Finanztransaktionsuntersuchungen berichtigt unrichtig gespeicherte personenbezogene Daten, die sie automatisiert verarbeitet.

(2) [1]Die Zentralstelle für Finanztransaktionsuntersuchungen löscht gespeicherte personenbezogene Daten, wenn die Speicherung dieser Daten unzulässig ist oder die Kenntnis dieser Daten für die Aufgabenerfüllung nicht mehr erforderlich ist.

(3) [1]An die Stelle einer Löschung tritt eine Einschränkung der Verarbeitung der gespeicherten personenbezogenen Daten, wenn

1. Anhaltspunkte vorliegen, dass durch die Löschung schutzwürdige Interessen eines Betroffenen beeinträchtigt würden,
2. die Daten für laufende Forschungsarbeiten benötigt werden oder
3. eine Löschung wegen der besonderen Art der Speicherung nur mit unverhältnismäßigem Aufwand möglich ist.

[2]Der eingeschränkten Verarbeitung unterliegende Daten dürfen nur für den Zweck verarbeitet werden, für den die Löschung unterblieben ist. [3]Sie dürfen auch verarbeitet werden, soweit dies zur Durchführung eines laufenden Strafverfahrens unerlässlich ist oder der Betroffene einer Verarbeitung zustimmt.

(4) [1]Die Zentralstelle für Finanztransaktionsuntersuchungen prüft bei der Einzelfallbearbeitung und nach festgesetzten Fristen, ob gespeicherte personenbezogene Daten zu berichtigen, zu löschen oder in der Verarbeitung einzuschränken sind.

(5) [1]Die Fristen beginnen mit dem Tag, an dem die Zentralstelle für Finanztransaktionsuntersuchungen die operative Analyse nach § 30 abgeschlossen hat.

(6) [1]Die Zentralstelle für Finanztransaktionsuntersuchungen ergreift angemessene Maßnahmen, um zu gewährleisten, dass personenbezogene Daten, die unrichtig, unvollständig oder in der Verarbeitung eingeschränkt sind, nicht übermittelt werden. [2]Zu diesem Zweck überprüft sie, soweit durchführbar, die Qualität der Daten vor ihrer Übermittlung. [3]Bei jeder Übermittlung von personenbezogenen Daten fügt sie nach Möglichkeit Informationen bei, die es dem Empfänger gestatten, die Richtigkeit, die Vollständigkeit und die Zuverlässigkeit der personenbezogenen Daten zu beurteilen.

(7) [1]Stellt die Zentralstelle für Finanztransaktionsuntersuchungen fest, dass sie unrichtige, zu löschende oder in der Verarbeitung einzuschränkende personenbezogene Daten übermittelt hat, so teilt sie dem Empfänger dieser Daten die Berichtigung, Löschung oder Einschränkung der Verarbeitung mit, wenn eine Mitteilung erforderlich ist, um schutzwürdige Interessen des Betroffenen zu wahren.

§ 38 Berichtigung, Einschränkung der Verarbeitung und Vernichtung personenbezogener Daten, die weder automatisiert verarbeitet werden noch in einer automatisierten Datei gespeichert sind (1) [1]Die Zentralstelle für Finanztransaktionsuntersuchungen hält in geeigneter Weise fest, wenn

1. sie feststellt, dass personenbezogene Daten, die weder automatisiert verarbeitet werden noch in einer automatisierten Datei gespeichert sind, unrichtig sind, oder
2. die Richtigkeit der personenbezogenen Daten, die weder automatisiert verarbeitet werden noch in einer automatisierten Datei gespeichert sind, von dem Betroffenen bestritten wird.

(2) [1]Die Zentralstelle für Finanztransaktionsuntersuchungen schränkt die Verarbeitung personenbezogener Daten, die weder automatisiert verarbeitet

werden noch in einer automatisierten Datei gespeichert sind, ein, wenn sie im Einzelfall feststellt, dass

1. ohne die Einschränkung der Verarbeitung schutzwürdige Interessen des Betroffenen beeinträchtigt würden und
2. die Daten für die Aufgabenerfüllung nicht mehr erforderlich sind.

[2]Die personenbezogenen Daten sind auch dann in der Verarbeitung einzuschränken, wenn für sie eine Löschungsverpflichtung nach § 37 Absatz 2 besteht.

(3) [1]Die Zentralstelle für Finanztransaktionsuntersuchungen vernichtet die Unterlagen mit personenbezogenen Daten entsprechend den Bestimmungen über die Aufbewahrung von Akten, wenn diese Unterlagen insgesamt zur Erfüllung der Aufgaben der Zentralstelle für Finanztransaktionsuntersuchungen nicht mehr erforderlich sind.

(4) [1]Die Vernichtung unterbleibt, wenn

1. Anhaltspunkte vorliegen, dass anderenfalls schutzwürdige Interessen des Betroffenen beeinträchtigt würden, oder
2. die Daten für laufende Forschungsarbeiten benötigt werden.

[2]In diesen Fällen schränkt die Zentralstelle für Finanztransaktionsuntersuchungen die Verarbeitung der Daten ein und versieht die Unterlagen mit einem Einschränkungsvermerk. Für die Einschränkung gilt § 37 Absatz 3 Satz 2 und 3 entsprechend.

(5) [1]Anstelle der Vernichtung nach Absatz 3 sind die Unterlagen an das zuständige Archiv abzugeben, sofern diesen Unterlagen ein bleibender Wert nach § 3 des Bundesarchivgesetzes in der Fassung der Bekanntmachung vom 6. Januar 1988 (BGBl. I S. 62), das zuletzt durch das Gesetz vom 13. März 1992 (BGBl. I S. 506) geändert worden ist, in der jeweils geltenden Fassung zukommt.

(6) [1]Für den Fall, dass unrichtige, zu löschende oder in der Verarbeitung einzuschränkende personenbezogene Daten übermittelt worden sind, gilt § 37 Absatz 7 entsprechend.

§ 39 Errichtungsanordnung (1) [1]Die Zentralstelle für Finanztransaktionsuntersuchungen erlässt für jede automatisierte Datei mit personenbezogenen Daten, die sie zur Erfüllung ihrer Aufgaben führt, eine Errichtungsanordnung. [2]Die Errichtungsanordnung bedarf der Zustimmung des Bundesministeriums der Finanzen. [3]Vor Erlass einer Errichtungsanordnung ist die oder der Bundesbeauftragte für den Datenschutz und die Informationsfreiheit anzuhören.

(2) [1]In der Errichtungsanordnung sind festzulegen:

1. die Bezeichnung der Datei,
2. die Rechtsgrundlage und Zweck der Verarbeitung,
3. der Personenkreis, über den Daten gespeichert werden,
4. die Art der zu speichernden personenbezogenen Daten,
5. die Arten der personenbezogenen Daten, die der Erschließung der Datei dienen,
6. die Anlieferung oder Eingabe der zu speichernden Daten,
7. die Voraussetzungen, unter denen in der Datei gespeicherte personenbezogene Daten an welche Empfänger und in welchem Verfahren übermittelt werden,
8. die Fristen für die Überprüfung der gespeicherten Daten und die Dauer der Speicherung,
9. die Protokollierung.

[2]Die Fristen für die Überprüfung der gespeicherten Daten dürfen fünf Jahre nicht überschreiten. [3]Diese richten sich nach dem Zweck der Speicherung sowie nach Art und Bedeutung des Sachverhalts, wobei nach dem Zweck der Speicherung sowie nach Art und Bedeutung des Sachverhalts zu unterscheiden ist.

(3) [1]Ist im Hinblick auf die Dringlichkeit der Aufgabenerfüllung der Zentralstelle für Finanztransaktionsuntersuchungen eine Mitwirkung der in Absatz 1 genannten Stellen nicht möglich, so kann die Generalzolldirektion eine Sofortanordnung treffen. [2]Gleichzeitig unterrichtet die Generalzolldirektion das Bundesministerium der Finanzen und legt ihm die Sofortanordnung vor. [3]Das Verfahren nach Absatz 1 ist unverzüglich nachzuholen.

(4) [1]In angemessenen Abständen ist die Notwendigkeit der Weiterführung oder der Änderung der Errichtungsanordnung zu überprüfen.

§ 40 Sofortmaßnahmen (1) [1]Liegen der Zentralstelle für Finanztransaktionsuntersuchungen Anhaltspunkte dafür vor, dass eine Transaktion im Zusammenhang mit Geldwäsche steht oder der Terrorismusfinanzierung dient, so kann sie die Durchführung der Transaktion untersagen, um den Anhaltspunkten nachzugehen und die Transaktion zu analysieren. [2]Außerdem kann sie unter den Voraussetzungen des Satzes 1

1. einem Verpflichteten nach § 2 Absatz 1 Nummer 1 bis 3 untersagen,
   a) Verfügungen von einem bei ihm geführten Konto oder Depot auszuführen und
   b) sonstige Finanztransaktionen durchzuführen,

2. einen Verpflichteten nach § 2 Absatz 1 Nummer 1 anweisen, dem Vertragspartner und allen sonstigen Verfügungsberechtigten den Zugang zu einem Schließfach zu verweigern, oder
3. gegenüber einem Verpflichteten anderweitige Anordnungen in Bezug auf eine Transaktion treffen.

(2) [1]Maßnahmen nach Absatz 1 können von der Zentralstelle für Finanztransaktionsuntersuchungen aufgrund des Ersuchens einer zentralen Meldestelle eines anderen Staates getroffen werden. [2]Ein Ersuchen hat die Angaben entsprechend § 35 Absatz 3 zu enthalten. [3]Die Zentralstelle für Finanztransaktionsuntersuchungen soll die Gründe für die Ablehnung eines Ersuchens angemessen darlegen.

(3) [1]Maßnahmen nach Absatz 1 werden von der Zentralstelle für Finanztransaktionsuntersuchungen aufgehoben, sobald oder soweit die Voraussetzungen für die Maßnahmen nicht mehr vorliegen.

(4) [1]Maßnahmen nach Absatz 1 enden

1. spätestens mit Ablauf eines Monats nach Anordnung der Maßnahmen durch die Zentralstelle für Finanztransaktionsuntersuchungen,
2. mit Ablauf des fünften Werktages nach Abgabe des Sachverhalts an die zuständige Strafverfolgungsbehörde, wobei der Samstag nicht als Werktag gilt, oder
3. zu einem früheren Zeitpunkt, wenn ein solcher von der Zentralstelle für Finanztransaktionsuntersuchungen festgelegt wurde.

(5) [1]Die Zentralstelle für Finanztransaktionsuntersuchungen kann Vermögensgegenstände, die einer Maßnahme nach Absatz 1 Satz 2 unterliegen, auf Antrag der betroffenen Person oder einer nichtrechtsfähigen Personenvereinigung freigeben, soweit diese Vermögensgegenstände einem der folgenden Zwecke dienen:

1. der Deckung des notwendigen Lebensunterhalts der Person oder ihrer Familienmitglieder,
2. der Bezahlung von Versorgungsleistungen oder Unterhaltsleistungen oder
3. vergleichbaren Zwecken.

(6) [1]Gegen Maßnahmen nach Absatz 1 kann der Verpflichtete oder ein anderer Beschwerter Widerspruch erheben. [2]Der Widerspruch hat keine aufschiebende Wirkung.

§ 41 Rückmeldung an den meldenden Verpflichteten (1) [1]Die Zentralstelle für Finanztransaktionsuntersuchungen bestätigt dem Verpflichteten, der eine Meldung nach § 43 Absatz 1 durch elektronische Datenübermittlung abgegeben hat, unverzüglich den Eingang seiner Meldung.

(2) [1]Die Zentralstelle für Finanztransaktionsuntersuchungen gibt dem Verpflichteten in angemessener Zeit Rückmeldung zur Relevanz seiner Meldung. [2]Der Verpflichtete darf hierdurch erlangte personenbezogene Daten nur zur Verbesserung seines Risikomanagements, der Erfüllung seiner Sorgfaltspflichten und seines Meldeverhaltens nutzen. [3]Er hat diese Daten zu löschen, wenn sie für den jeweiligen Zweck nicht mehr erforderlich sind, spätestens jedoch nach einem Jahr.

§ 42 Benachrichtigung von inländischen öffentlichen Stellen an die Zentralstelle für Finanztransaktionsuntersuchungen (1) [1]In Strafverfahren, in denen die Zentralstelle für Finanztransaktionsuntersuchungen Informationen weitergeleitet hat, teilt die zuständige Staatsanwaltschaft der Zentralstelle für Finanztransaktionsuntersuchungen die Erhebung der öffentlichen Klage und den Ausgang des Verfahrens einschließlich aller Einstellungsentscheidungen mit. [2]Die Mitteilung erfolgt durch Übersendung einer Kopie der Anklageschrift, der begründeten Einstellungsentscheidung oder des Urteils.

(2) [1]Leitet die Zentralstelle für Finanztransaktionsuntersuchungen Informationen an sonstige inländische öffentliche Stellen weiter, so benachrichtigt die empfangende Stelle die Zentralstelle für Finanztransaktionsuntersuchungen über die abschließende Verwendung der bereitgestellten Informationen und über die Ergebnisse der auf Grundlage der bereitgestellten Informationen durchgeführten Maßnahmen, soweit andere Rechtsvorschriften der Benachrichtigung nicht entgegenstehen.

Abschnitt 6 Pflichten im Zusammenhang mit Meldungen von Sachverhalten

§ 43 Meldepflicht von Verpflichteten (1) [1]Liegen Tatsachen vor, die darauf hindeuten, dass

1. ein Vermögensgegenstand, der mit einer Geschäftsbeziehung, einem Maklergeschäft oder einer Transaktion im Zusammenhang steht, aus einer strafbaren Handlung stammt, die eine Vortat der Geldwäsche darstellen könnte,
2. ein Geschäftsvorfall, eine Transaktion oder ein Vermögensgegenstand im Zusammenhang mit Terrorismusfinanzierung steht oder
3. der Vertragspartner seine Pflicht nach § 11 Absatz 6 Satz 3, gegenüber dem Verpflichteten offenzulegen, ob er die Geschäftsbeziehung oder die Transaktion für einen wirtschaftlich Berechtigten begründen, fortsetzen oder durchführen will, nicht erfüllt hat,

so hat der Verpflichtete diesen Sachverhalt unabhängig vom Wert des betroffenen Vermögensgegenstandes oder der Transaktionshöhe unverzüglich der Zentralstelle für Finanztransaktionsuntersuchungen zu melden.

(2) [1]Abweichend von Absatz 1 sind Verpflichtete nach § 2 Absatz 1 Nummer 10 und 12 nicht zur Meldung verpflichtet, wenn sich der meldepflichtige Sachverhalt auf Informationen bezieht, die sie im Rahmen eines der Schweigepflicht unterliegenden Mandatsverhältnisses erhalten haben. [2]Die Meldepflicht bleibt jedoch bestehen, wenn der Verpflichtete weiß, dass der Vertragspartner das Mandatsverhältnis für den Zweck der Geldwäsche, der Terrorismusfinanzierung oder einer anderen Straftat genutzt hat oder nutzt.

(3) [1]Ein Mitglied der Führungsebene eines Verpflichteten hat eine Meldung nach Absatz 1 an die Zentralstelle für Finanztransaktionsuntersuchungen abzugeben, wenn

1. der Verpflichtete über eine Niederlassung in Deutschland verfügt und
2. der zu meldende Sachverhalt im Zusammenhang mit einer Tätigkeit der deutschen Niederlassung steht.

(4) [1]Die Pflicht zur Meldung nach Absatz 1 schließt die Freiwilligkeit der Meldung nach § 261 Absatz 9 des Strafgesetzbuchs nicht aus.

(5) [1]Die Zentralstelle für Finanztransaktionsuntersuchungen kann im Benehmen mit den Aufsichtsbehörden typisierte Transaktionen bestimmen, die stets nach Absatz 1 zu melden sind.

§ 44 Meldepflicht von Aufsichtsbehörden (1) [1]Liegen Tatsachen vor, die darauf hindeuten, dass ein Vermögensgegenstand mit Geldwäsche oder mit Terrorismusfinanzierung im Zusammenhang steht, meldet die Aufsichtsbehörde diese Tatsachen unverzüglich der Zentralstelle für Finanztransaktionsuntersuchungen.

(2) [1]Absatz 1 gilt entsprechend für Behörden, die für die Überwachung der Aktien-, Devisen- und Finanzderivatemärkte zuständig sind.

§ 45 Form der Meldung, Verordnungsermächtigung (1) [1]Die Meldung nach § 43 Absatz 1 oder § 44 hat elektronisch zu erfolgen. [2]Bei einer Störung der elektronischen Datenübermittlung ist die Übermittlung auf dem Postweg zulässig. [3]Meldungen nach § 44 sind aufgrund des besonderen Bedürfnisses nach einem einheitlichen Datenübermittlungsverfahren auch für die aufsichtsführenden Landesbehörden bindend.

(2) [1]Auf Antrag kann die Zentralstelle für Finanztransaktionsuntersuchungen zur Vermeidung von unbilligen Härten auf die elektronische Übermittlung einer Meldung eines Verpflichteten verzichten und die Übermittlung auf dem Postweg genehmigen. [2]Die Ausnahmegenehmigung kann befristet werden.

(3) [1]Für die Übermittlung auf dem Postweg ist der amtliche Vordruck zu verwenden.

(4) [1]Das Bundesministerium der Finanzen kann durch Rechtsverordnung ohne Zustimmung des Bundesrates nähere Bestimmungen über die Form der Meldung nach § 43 Absatz 1 oder § 44 erlassen. [2]Von Absatz 1 und den Regelungen einer Rechtsverordnung nach Satz 1 kann durch Landesrecht nicht abgewichen werden.

§ 46 Durchführung von Transaktionen (1) [1]Eine Transaktion, wegen der eine Meldung nach § 43 Absatz 1 erfolgt ist, darf frühestens durchgeführt werden, wenn

1. dem Verpflichteten die Zustimmung der Zentralstelle für Finanztransaktionsuntersuchungen oder der Staatsanwaltschaft zur Durchführung übermittelt wurde oder
2. der dritte Werktag nach dem Abgangstag der Meldung verstrichen ist, ohne dass die Durchführung der Transaktion durch die Zentralstelle für Finanztransaktionsuntersuchungen oder die Staatsanwaltschaft untersagt worden ist.

[2]Für die Berechnung der Frist gilt der Samstag nicht als Werktag.

(2) [1]Ist ein Aufschub der Transaktion, bei der Tatsachen vorliegen, die auf einen Sachverhalt nach § 43 Absatz 1 hindeuten, nicht möglich oder könnte durch den Aufschub die Verfolgung einer mutmaßlichen strafbaren Handlung behindert werden, so darf die Transaktion durchgeführt werden. [2]Die Meldung nach § 43 Absatz 1 ist vom Verpflichteten unverzüglich nachzuholen.

§ 47 Verbot der Informationsweitergabe, Verordnungsermächtigung (1) [1]Ein Verpflichteter darf den Vertragspartner, den Auftraggeber der Transaktion und sonstige Dritte nicht in Kenntnis setzen von

1. einer beabsichtigten oder erstatteten Meldung nach § 43 Absatz 1,
2. einem Ermittlungsverfahren, das aufgrund einer Meldung nach § 43 Absatz 1 eingeleitet worden ist, und
3. einem Auskunftsverlangen nach § 30 Absatz 3 Satz 1.

(2) [1]Das Verbot gilt nicht für eine Informationsweitergabe

1. an staatliche Stellen,
2. zwischen Verpflichteten, die derselben Gruppe angehören,
3. zwischen Verpflichteten nach § 2 Absatz 1 Nummer 1 bis 3 und 6 bis 8 und ihren nachgeordneten Gruppenunternehmen in Drittstaaten, sofern die Gruppe einem Gruppenprogramm nach § 9 unterliegt,
4. zwischen Verpflichteten nach § 2 Absatz 1 Nummer 10 bis 12 aus Mitgliedstaaten der Europäischen Union oder aus Drittstaaten, in denen die Anforderungen an ein System zur Verhinderung von Geldwäsche und

von Terrorismusfinanzierung denen der Richtlinie (EU) 2015/849 entsprechen, sofern die betreffenden Personen ihre berufliche Tätigkeit
   a) selbständig ausüben,
   b) angestellt in derselben juristischen Person ausüben oder
   c) angestellt in einer Struktur ausüben, die einen gemeinsamen Eigentümer oder eine gemeinsame Leitung hat oder über eine gemeinsame Kontrolle in Bezug auf die Einhaltung der Vorschriften zur Verhinderung der Geldwäsche oder der Terrorismusfinanzierung verfügt,
5. zwischen Verpflichteten nach § 2 Absatz 1 Nummer 1 bis 3, 6, 7, 9, 10 und 12 in Fällen, die sich auf denselben Vertragspartner und auf dieselbe Transaktion beziehen, an der zwei oder mehr Verpflichtete beteiligt sind, wenn
   a) die Verpflichteten ihren Sitz in einem Mitgliedstaat der Europäischen Union oder in einem Drittstaat haben, in dem die Anforderungen an ein System zur Verhinderung von Geldwäsche und Terrorismusfinanzierung den Anforderungen der Richtlinie (EU) 2015/849 entsprechen,
   b) die Verpflichteten derselben Berufskategorie angehören und
   c) für die Verpflichteten vergleichbare Verpflichtungen in Bezug auf das Berufsgeheimnis und auf den Schutz personenbezogener Daten gelten.

[2]Nach Satz 1 Nummer 2 bis 5 weitergegebene Informationen dürfen ausschließlich zum Zweck der Verhinderung der Geldwäsche oder der Terrorismusfinanzierung verwendet werden.

(3) [1]Soweit in diesem oder anderen Gesetzen nicht etwas anderes geregelt ist, dürfen andere staatliche Stellen als die Zentralstelle für Finanztransaktionsuntersuchungen, die Kenntnis von einer nach § 43 Absatz 1 abgegebenen Meldung erlangt haben, diese Informationen nicht weitergeben an

1. den Vertragspartner des Verpflichteten,
2. den Auftraggeber der Transaktion,
3. den wirtschaftlich Berechtigten,
4. eine Person, die von einer der in den Nummern 1 bis 3 genannten Personen als Vertreter oder Bote eingesetzt worden ist, und
5. den Rechtsbeistand, der von einer der in den Nummern 1 bis 4 genannten Personen mandatiert worden ist.

[2]Eine Weitergabe dieser Informationen an diese Personen ist nur zulässig, wenn die Zentralstelle für Finanztransaktionsuntersuchungen vorher ihr Einverständnis erklärt hat.

(4) [1]Nicht als Informationsweitergabe gilt, wenn sich Verpflichtete nach § 2 Absatz 1 Nummer 10 bis 12 bemühen, einen Mandanten davon abzuhalten, eine rechtswidrige Handlung zu begehen.

(5) [1]Verpflichtete nach § 2 Absatz 1 Nummer 1 bis 9 dürfen einander andere als die in Absatz 1 genannten Informationen über konkrete Sachverhalte, die auf Geldwäsche, eine ihrer Vortaten oder Terrorismusfinanzierung hindeutende Auffälligkeiten oder Ungewöhnlichkeiten enthalten, zur Kenntnis geben, wenn sie davon ausgehen können, dass andere Verpflichtete diese Informationen benötigen für

1. die Risikobeurteilung einer entsprechenden oder ähnlichen Transaktion oder Geschäftsbeziehung oder
2. die Beurteilung, ob eine Meldung nach § 43 Absatz 1 oder eine Strafanzeige nach § 158 der Strafprozessordnung erstattet werden sollte.

[2]Die Informationen dürfen auch unter Verwendung von Datenbanken zur Kenntnis gegeben werden, unabhängig davon, ob diese Datenbanken von den Verpflichteten nach § 2 Absatz 1 Nummer 1 bis 9 selbst oder von Dritten betrieben werden. [3]Die weitergegebenen Informationen dürfen ausschließlich zum Zweck der Verhinderung der Geldwäsche, ihrer Vortaten oder der Terrorismusfinanzierung und nur unter den durch den übermittelnden Verpflichteten vorgegebenen Bedingungen verwendet werden.

(6) [1]Das Bundesministerium der Finanzen kann im Einvernehmen mit dem Bundesministerium des Innern, dem Bundesministerium der Justiz und für Verbraucherschutz und dem Bundesministerium für Wirtschaft und Energie durch Rechtsverordnung ohne Zustimmung des Bundesrates weitere Regelungen treffen, nach denen in Bezug auf Verpflichtete aus Drittstaaten mit erhöhtem Risiko nach Artikel 9 der Richtlinie (EU) 2015/849 keine Informationen weitergegeben werden dürfen.

§ 48 Freistellung von der Verantwortlichkeit (1) [1]Wer Sachverhalte nach § 43 Absatz 1 meldet oder eine Strafanzeige nach § 158 der Strafprozessordnung erstattet, darf wegen dieser Meldung oder Strafanzeige nicht verantwortlich gemacht werden, es sei denn, die Meldung oder Strafanzeige ist vorsätzlich oder grob fahrlässig unwahr erstattet worden.

(2) [1]Absatz 1 gilt auch, wenn

1. ein Beschäftigter einen Sachverhalt nach § 43 Absatz 1 seinem Vorgesetzten meldet oder einer Stelle meldet, die unternehmensintern für die Entgegennahme einer solchen Meldung zuständig ist, und
2. ein Verpflichteter oder einer seiner Beschäftigten einem Auskunftsverlangen der Zentralstelle für Finanztransaktionsuntersuchungen nach § 30 Absatz 3 Satz 1 nachkommt.

§ 49 Informationszugang und Schutz der meldenden Beschäftigten

(1) [1]Ist die Analyse aufgrund eines nach § 43 gemeldeten Sachverhalts noch nicht abgeschlossen, so kann die Zentralstelle für Finanztransaktionsuntersuchungen dem Betroffenen auf Anfrage Auskunft über die zu ihm vorliegenden Informationen geben, wenn dadurch der Analysezweck nicht beeinträchtigt wird. [2]Gibt sie dem Betroffenen Auskunft, so macht sie die personenbezogenen Daten der Einzelperson, die die Meldung nach § 43 Absatz 1 abgegeben hat, unkenntlich.

(2) [1]Ist die Analyse aufgrund eines nach § 43 gemeldeten Sachverhalts abgeschlossen, aber nicht an die Strafverfolgungsbehörde übermittelt worden, so kann die Zentralstelle für Finanztransaktionsuntersuchungen auf Anfrage des Betroffenen über die zu ihm vorliegenden Informationen Auskunft geben. [2]Sie verweigert die Auskunft, wenn ein Bekanntwerden dieser Informationen negative Auswirkungen hätte auf

1. internationale Beziehungen,
2. Belange der inneren oder äußeren Sicherheit der Bundesrepublik Deutschland,
3. die Durchführung eines anderen strafrechtlichen Ermittlungsverfahrens oder
4. die Durchführung eines laufenden Gerichtsverfahrens.

[3]In der Auskunft macht sie personenbezogene Daten der Einzelperson, die eine Meldung nach § 43 Absatz 1 abgegeben hat oder die einem Auskunftsverlangen der Zentralstelle für Finanztransaktionsuntersuchungen nachgekommen ist, unkenntlich. [4]Auf Antrag des Betroffenen kann sie Ausnahmen von Satz 3 zulassen, wenn schutzwürdige Interessen des Betroffenen überwiegen.

(3) [1]Die Zentralstelle für Finanztransaktionsuntersuchungen ist nicht mehr befugt, dem Betroffenen Auskunft zu geben, nachdem sie den jeweiligen Sachverhalt an die Strafverfolgungsbehörde übermittelt hat. [2]Ist das Verfahren durch die Staatsanwaltschaft oder das Gericht abgeschlossen worden, ist die Zentralstelle für Finanztransaktionsuntersuchungen wieder befugt, dem Betroffenen Auskunft zu erteilen. In diesem Fall gilt Absatz 2 entsprechend.

(4) [1]Steht die Person, die eine Meldung nach § 43 Absatz 1 abgegeben hat oder die dem Verpflichteten intern einen solchen Sachverhalt gemeldet hat, in einem Beschäftigungsverhältnis zum Verpflichteten, so darf ihr aus der Meldung keine Benachteiligung im Beschäftigungsverhältnis entstehen.

Abschnitt 7 Aufsicht, Zusammenarbeit, Bußgeldvorschriften, Datenschutz

§ 50 Zuständige Aufsichtsbehörde [1]Zuständige Aufsichtsbehörde für die Durchführung dieses Gesetzes ist

1. die Bundesanstalt für Finanzdienstleistungsaufsicht für
   a) Kreditinstitute mit Ausnahme der Deutschen Bundesbank,
   b) Finanzdienstleistungsinstitute sowie Zahlungsinstitute und E-Geld-Institute nach § 1 Absatz 2a des Zahlungsdiensteaufsichtsgesetzes,
   c) im Inland gelegene Zweigstellen und Zweigniederlassungen von Kreditinstituten mit Sitz im Ausland, von Finanzdienstleistungsinstituten mit Sitz im Ausland und Zahlungsinstituten mit Sitz im Ausland,
   d) Kapitalverwaltungsgesellschaften nach § 17 Absatz 1 des Kapitalanlagegesetzbuchs,
   e) im Inland gelegene Zweigniederlassungen von EU-Verwaltungsgesellschaften nach § 1 Absatz 17 des Kapitalanlagegesetzbuchs sowie von ausländischen AIF-Verwaltungsgesellschaften nach § 1 Absatz 18 des Kapitalanlagegesetzbuchs,
   f) ausländische AIF-Verwaltungsgesellschaften, für die die Bundesrepublik Deutschland Referenzmitgliedstaat ist und die der Aufsicht der Bundesanstalt für Finanzdienstleistungsaufsicht nach § 57 Absatz 1 Satz 3 des Kapitalanlagegesetzbuchs unterliegen,
   g) Agenten und E-Geld-Agenten nach § 2 Absatz 1 Nummer 4,
   h) Unternehmen und Personen nach § 2 Absatz 1 Nummer 5 und
   i) die Kreditanstalt für Wiederaufbau,
2. für Versicherungsunternehmen nach § 2 Absatz 1 Nummer 7 die jeweils zuständige Aufsichtsbehörde für das Versicherungswesen,
3. für Rechtsanwälte und Kammerrechtsbeistände nach § 2 Absatz 1 Nummer 10 die jeweils örtlich zuständige Rechtsanwaltskammer (§§ 60, 61 der Bundesrechtsanwaltsordnung),
4. für Patentanwälte nach § 2 Absatz 1 Nummer 10 die Patentanwaltskammer (§ 53 der Patentanwaltsordnung),
5. für Notare nach § 2 Absatz 1 Nummer 10 der jeweilige Präsident des Landgerichts, in dessen Bezirk der Notar seinen Sitz hat (§ 92 Nummer 1 der Bundesnotarordnung),
6. für Wirtschaftsprüfer und vereidigte Buchprüfer nach § 2 Absatz 1 Nummer 12 die Wirtschaftsprüferkammer (§ 57 Absatz 2 Nummer 17 der Wirtschaftsprüferordnung),
7. für Steuerberater und Steuerbevollmächtigte nach § 2 Absatz 1 Nummer 12 die jeweils örtlich zustän dige Steuerberaterkammer (§ 76 des Steuerberatungsgesetzes),

8. für die Veranstalter und Vermittler von Glücksspielen nach § 2 Absatz 1 Nummer 15, soweit das Landesrecht nichts anderes bestimmt, die für die Erteilung der glücksspielrechtlichen Erlaubnis zuständige Behörde und
9. im Übrigen die jeweils nach Bundes- oder Landesrecht zuständige Stelle.

§ 51 Aufsicht (1) [1]Die Aufsichtsbehörden üben die Aufsicht über die Verpflichteten aus.

(2) [1]Die Aufsichtsbehörden können im Rahmen der ihnen gesetzlich zugewiesenen Aufgaben die geeigneten und erforderlichen Maßnahmen und Anordnungen treffen, um die Einhaltung der in diesem Gesetz und der in aufgrund dieses Gesetzes ergangenen Rechtsverordnungen festgelegten Anforderungen sicherzustellen. [2]Sie können hierzu auch die ihnen für sonstige Aufsichtsaufgaben eingeräumten Befugnisse ausüben. Widerspruch und Anfechtungsklage gegen diese Maßnahmen haben keine aufschiebende Wirkung.

(3) [1]Die Aufsichtsbehörde nach § 50 Nummer 1, soweit sich die Aufsichtstätigkeit auf die in § 50 Nummer 1 Buchstabe g und h genannten Verpflichteten bezieht, und die Aufsichtsbehörden nach § 50 Nummer 3 bis 9 können bei den Verpflichteten Prüfungen zur Einhaltung der in diesem Gesetz festgelegten Anforderungen durchführen. [2]Die Prüfungen können ohne besonderen Anlass erfolgen. [3]Die Aufsichtsbehörden können die Durchführung der Prüfungen vertraglich auf sonstige Personen und Einrichtungen übertragen. Häufigkeit und Intensität der Prüfungen haben sich am Risikoprofil der Verpflichteten im Hinblick auf Geldwäsche und Terrorismusfinanzierung zu orientieren, das in regelmäßigen Abständen und bei Eintritt wichtiger Ereignisse oder Entwicklungen in deren Geschäftsleitung und Geschäftstätigkeit neu zu bewerten ist.

(4) [1]Für Maßnahmen und Anordnungen nach dieser Vorschrift kann die Aufsichtsbehörde nach § 50 Nummer 8 und 9 zur Deckung des Verwaltungsaufwands Kosten erheben.

(5) [1]Die Aufsichtsbehörde nach § 50 Nummer 1, soweit sich die Aufsichtstätigkeit auf die in § 50 Nummer 1 Buchstabe g und h genannten Verpflichteten bezieht, und die Aufsichtsbehörden nach § 50 Nummer 3 bis 9 können einem Verpflichteten, dessen Tätigkeit einer Zulassung bedarf und durch die Aufsichtsbehörde zugelassen wurde, die Ausübung des Geschäfts oder Berufs vorübergehend untersagen oder ihm gegenüber die Zulassung widerrufen, wenn der Verpflichtete vorsätzlich oder fahrlässig

1. gegen die Bestimmungen dieses Gesetzes, gegen die zur Durchführung dieses Gesetzes erlassenen Verordnungen oder gegen Anordnungen der zuständigen Aufsichtsbehörde verstoßen hat,

2. trotz Verwarnung durch die zuständige Aufsichtsbehörde dieses Verhalten fortsetzt und
3. der Verstoß nachhaltig ist.

[2]Hat ein Mitglied der Führungsebene oder ein anderer Beschäftigter eines Verpflichteten vorsätzlich oder fahrlässig einen Verstoß nach Satz 1 begangen, kann die Aufsichtsbehörde nach § 50 Nummer 1, soweit sich die Aufsichtstätigkeit auf die in § 50 Nummer 1 Buchstabe g und h genannten Verpflichteten bezieht, und können die Aufsichtsbehörden nach § 50 Nummer 3 bis 9 dem Verstoßenden gegenüber ein vorübergehendes Verbot zur Ausübung einer Leitungsposition bei Verpflichteten nach § 2 Absatz 1 aussprechen. [3]Handelt es sich bei der Aufsichtsbehörde nicht um die Behörde, die dem Verpflichteten für die Ausübung seiner Tätigkeit die Zulassung erteilt hat, führt die Zulassungsbehörde auf Verlangen derjenigen Aufsichtsbehörde, die einen Verstoß nach Satz 1 festgestellt hat, das Verfahren entsprechend Satz 1 oder 2 durch.

(6) [1]Die nach § 50 Nummer 9 zuständige Aufsichtsbehörde übt zudem die Aufsicht aus, die ihr übertragen ist nach Artikel 55 Absatz 1 der Verordnung (EU) Nr. 1031/2010 der Kommission vom 12. November 2010 über den zeitlichen und administrativen Ablauf sowie sonstige Aspekte der Versteigerung von Treibhausgasemissionszertifikaten gemäß der Richtlinie 2003/87/EG des Europäischen Parlaments und des Rates über ein System für den Handel mit Treibhausgasemissionszertifikaten in der Gemeinschaft (ABl. L 302 vom 18.11.2010, S. 1).

(7) [1]Die nach § 50 Nummer 8 und 9 zuständige Aufsichtsbehörde für Verpflichtete nach § 2 Absatz 1 Nummer 15 kann zur Erfüllung ihrer Aufgaben im Einzelfall bei einem Verpflichteten nach § 2 Absatz 1 Nummer 1 oder Nummer 3 Auskünfte einholen zu Zahlungskonten nach § 1 Absatz 3 des Zahlungsdiensteaufsichtsgesetzes und zu darüber ausgeführten Zahlungsvorgängen

1. eines Veranstalters oder Vermittlers von Glücksspielen im Internet, unabhängig davon, ob er im Besitz einer glücksspielrechtlichen Erlaubnis ist, sowie
2. eines Spielers.

(8) [1]Die Aufsichtsbehörde stellt den Verpflichteten regelmäßig aktualisierte Auslegungs- und Anwendungshinweise für die Umsetzung der Sorgfaltspflichten und der internen Sicherungsmaßnahmen nach den gesetzlichen Bestimmungen zur Verhinderung von Geldwäsche und von Terrorismusfinanzierung zur Verfügung. [2]Sie kann diese Pflicht auch dadurch erfüllen, dass sie solche Hinweise, die durch Verbände der Verpflichteten erstellt worden sind, genehmigt.

(9) [1]Die Aufsichtsbehörden haben zur Dokumentation ihrer Aufsichtstätigkeit folgende Daten in Form einer Statistik vorzuhalten:

1. Daten zur Aufsichtstätigkeit pro Kalenderjahr, insbesondere:
   a) die Anzahl der in der Aufsichtsbehörde beschäftigten Personen, gemessen in Vollzeitäquivalenten, die mit der Aufsicht über die Verpflichteten nach § 2 Absatz 1 betraut sind;
   b) die Anzahl der durchgeführten Vor-Ort-Prüfungen und der sonstigen ergriffenen Prüfungsmaßnahmen, differenziert nach den betroffenen Verpflichteten nach § 2 Absatz 1;
   c) die Anzahl der Maßnahmen nach Buchstabe b, bei denen die Aufsichtsbehörde eine Pflichtverletzung nach diesem Gesetz oder nach einer auf der Grundlage dieses Gesetzes erlassenen Rechtsverordnung festgestellt hat, sowie die Anzahl der Fälle, in denen die Aufsichtsbehörde anderweitig Kenntnis von einer solchen Pflichtverletzung erlangt hat, und
   d) Art und Umfang der daraufhin von der Aufsichtsbehörde rechtskräftig ergriffenen Maßnahmen; dazu gehören die Anzahl
      aa) der erteilten Verwarnungen,
      bb) der festgesetzten Bußgelder einschließlich der jeweiligen Höhe, differenziert danach, ob und inwieweit eine Bekanntmachung nach § 57 erfolgte,
      cc) der angeordneten Abberufungen von Geldwäschebeauftragten oder Mitgliedern der Geschäftsführung,
      dd) der angeordneten Erlaubnisentziehungen,
      ee) der sonstigen ergriffenen Maßnahmen;
   e) Art und Umfang der Maßnahmen, um die Verpflichteten nach § 2 Absatz 1 über die von ihnen einzuhaltenden Sorgfaltspflichten und internen Sicherungsmaßnahmen zu informieren;
2. die Anzahl der von der Aufsichtsbehörde nach § 44 abgegebenen Verdachtsmeldungen pro Kalenderjahr, differenziert nach den betroffenen Verpflichteten nach § 2 Absatz 1.

[2]Die Aufsichtsbehörden haben dem Bundesministerium der Finanzen die Daten nach Satz 1 mit Stand zum 31. Dezember des Berichtsjahres bis zum 31. März des Folgejahres in elektronischer Form zu übermitteln. [3]Das Bundesministerium der Finanzen kann dazu einen Vordruck vorsehen.

§ 52 Mitwirkungspflichten (1) [1]Ein Verpflichteter, die Mitglieder seiner Organe und seine Beschäftigten haben der nach § 50 Nummer 1 zuständigen Aufsichtsbehörde, soweit sich die Aufsichtstätigkeit auf die in § 50 Nummer 1 Buchstabe g und h genannten Verpflichteten bezieht, der nach § 50 Nummer 3 bis 9 zuständigen Aufsichtsbehörde sowie den Personen und Einrichtungen, derer sich diese Aufsichtsbehörden zur Durchführung ihrer Aufgaben bedienen, auf Verlangen unentgeltlich

1. Auskunft über alle Geschäftsangelegenheiten und Transaktionen zu erteilen und
2. Unterlagen vorzulegen,

die für die Einhaltung der in diesem Gesetz festgelegten Anforderungen von Bedeutung sind.

(2) [1]Bei den Prüfungen nach § 51 Absatz 3 ist es den Bediensteten der Aufsichtsbehörde und den sonstigen Personen, derer sich die zuständige Aufsichtsbehörde bei der Durchführung der Prüfungen bedient, gestattet, die Geschäftsräume des Verpflichteten innerhalb der üblichen Betriebs- und Geschäftszeiten zu betreten und zu besichtigen.

(3) [1]Die Betroffenen haben Maßnahmen nach Absatz 2 zu dulden.

(4) [1]Der zur Erteilung einer Auskunft Verpflichtete kann die Auskunft auf solche Fragen verweigern, deren Beantwortung ihn selbst oder einen der in § 383 Absatz 1 Nummer 1 bis 3 der Zivilprozessordnung bezeichneten Angehörigen der Gefahr strafrechtlicher Verfolgung oder eines Verfahrens nach dem Gesetz über Ordnungswidrigkeiten aussetzen würde.

(5) [1]Verpflichtete nach § 2 Absatz 1 Nummer 10 und 12 können die Auskunft auch auf Fragen verweigern, wenn sich diese Fragen auf Informationen beziehen, die sie im Rahmen der Rechtsberatung oder der Prozessvertretung des Vertragspartners erhalten haben. [2]Die Pflicht zur Auskunft bleibt bestehen, wenn der Verpflichtete weiß, dass sein Mandant seine Rechtsberatung für den Zweck der Geldwäsche oder der Terrorismusfinanzierung in Anspruch genommen hat oder nimmt.

§ 53 Hinweise auf Verstöße (1) [1]Die Aufsichtsbehörden errichten ein System zur Annahme von Hinweisen zu potenziellen oder tatsächlichen Verstößen gegen dieses Gesetz und gegen auf Grundlage dieses Gesetzes erlassene Rechtsverordnungen und gegen andere Bestimmungen zur Verhinderung von Geldwäsche und von Terrorismusfinanzierung, bei denen es die Aufgabe der Aufsichtsbehörde ist, die Einhaltung der genannten Rechtsvorschriften sicherzustellen oder Verstöße gegen die genannten Rechtsvorschriften zu ahnden. [2]Die Hinweise können auch anonym abgegeben werden.

(2) [1]Die Aufsichtsbehörden sind zu diesem Zweck befugt, personenbezogene Daten zu verarbeiten, soweit dies zur Erfüllung ihrer Aufgaben erforderlich ist.

(3) [1]Die Aufsichtsbehörden machen die Identität einer Person, die einen Hinweis abgegeben hat, nur bekannt, wenn sie zuvor die ausdrückliche Zustimmung dieser Person eingeholt haben. [2]Sie geben die Identität einer Person, die Gegenstand eines Hinweises ist, nicht bekannt. [3]Die Sätze 1 und 2 gelten nicht, wenn

1. eine Weitergabe der Information im Kontext weiterer Ermittlungen oder nachfolgender Verwaltungs- oder Gerichtsverfahren aufgrund eines Gesetzes erforderlich ist oder
2. die Offenlegung durch einen Gerichtsbeschluss oder in einem Gerichtsverfahren angeordnet wird.

(4) [1]Das Informationsfreiheitsgesetz findet auf die Vorgänge nach dieser Vorschrift keine Anwendung.

(5) [1]Mitarbeiter, die bei Unternehmen und Personen beschäftigt sind, die von den zuständigen Aufsichtsbehörden nach Absatz 1 beaufsichtigt werden, oder bei anderen Unternehmen oder Personen beschäftigt sind, auf die Tätigkeiten von beaufsichtigten Unternehmen oder Personen ausgelagert wurden, und die einen Hinweis nach Absatz 1 abgeben, dürfen wegen dieses Hinweises weder nach arbeitsrechtlichen oder nach strafrechtlichen Vorschriften verantwortlich gemacht noch zum Ersatz von Schäden herangezogen werden. [2]Satz 1 gilt nicht, wenn der Hinweis vorsätzlich unwahr oder grob fahrlässig unwahr abgegeben worden ist.

(6) [1]Nicht vertraglich eingeschränkt werden darf die Berechtigung zur Abgabe von Hinweisen nach Absatz 1 durch Mitarbeiter, die beschäftigt sind bei

1. Unternehmen und Personen, die von den Aufsichtsbehörden nach Absatz 1 beaufsichtigt werden, oder
2. anderen Unternehmen oder Personen, auf die Tätigkeiten von beaufsichtigten Unternehmen oder Personen ausgelagert wurden.

[3]Dem entgegenstehende Vereinbarungen sind unwirksam.

(7) [1]Durch die Einrichtung und Führung des Systems zur Abgabe von Hinweisen zu Verstößen werden die Rechte einer Person, die Gegenstand eines Hinweises ist, nicht eingeschränkt, insbesondere nicht die Rechte nach den

1. §§ 28 und 29 des Verwaltungsverfahrensgesetzes,
2. §§ 68 bis 71 der Verwaltungsgerichtsordnung und
3. §§ 137, 140, 141 und 147 der Strafprozessordnung.

§ 54 Verschwiegenheitspflicht (1) [1]Soweit Personen, die bei den Aufsichtsbehörden beschäftigt sind oder für die Aufsichtsbehörden tätig sind, Aufgaben nach § 51 Absatz 1 erfüllen, dürfen sie die ihnen bei ihrer Tätigkeit bekannt gewordenen Tatsachen nicht unbefugt offenbaren oder verwerten, wenn die Geheimhaltung dieser Tatsachen, insbesondere Geschäfts- und Betriebsgeheimnisse, im Interesse eines von ihnen beaufsichtigten Verpflichteten oder eines Dritten liegt. [2]Satz 1 gilt auch, wenn sie nicht mehr im Dienst sind oder ihre Tätigkeit beendet ist. [3]Die datenschutzrechtlichen Bestimmungen, die von den beaufsichtigten Verpflichteten zu beachten sind, bleiben unberührt.

(2) [1]Absatz 1 gilt auch für andere Personen, die durch dienstliche Berichterstattung Kenntnis von den in Absatz 1 Satz 1 bezeichneten Tatsachen erhalten.

(3) [1]Ein unbefugtes Offenbaren oder Verwerten liegt insbesondere nicht vor, wenn Tatsachen an eine der folgenden Stellen weitergegeben werden, soweit diese Stellen die Informationen zur Erfüllung ihrer Aufgaben benötigen und soweit der Weitergabe keine anderen Rechtsvorschriften entgegenstehen:

1. an Strafverfolgungsbehörden, Behörden nach § 56 Absatz 5 oder an für Straf- und Bußgeldsachen zuständige Gerichte,
2. an andere Stellen, die kraft Gesetzes oder im öffentlichen Auftrag mit der Aufklärung und Verhinderung von Geldwäsche oder von Terrorismusfinanzierung betraut sind, sowie an Personen, die von diesen Stellen beauftragt sind,
3. an die Zentralstelle für Finanztransaktionsuntersuchungen,
4. an andere Stellen, die kraft Gesetzes oder im öffentlichen Auftrag mit der Aufsicht über das allgemeine Risikomanagement oder über die Compliance von Verpflichteten betraut sind, sowie an Personen, die von diesen Stellen beauftragt sind.

(4) [1]Befindet sich eine Stelle in einem anderen Staat oder handelt es sich um eine supranationale Stelle, so dürfen die Tatsachen nur weitergegeben werden, wenn die bei dieser Stelle beschäftigten Personen oder die von dieser Stelle beauftragten Personen einer Verschwiegenheitspflicht unterliegen, die der Verschwiegenheitspflicht nach den Absätzen 1 bis 3 weitgehend entspricht. [2]Die ausländische oder supranationale Stelle ist darauf hinzuweisen, dass sie Informationen nur zu dem Zweck verwenden darf, zu dessen Erfüllung ihr die Informationen übermittelt werden. Informationen, die aus einem anderen Staat stammen, dürfen weitergegeben werden

1. nur mit ausdrücklicher Zustimmung der zuständigen Stellen, die diese Informationen mitgeteilt haben, und
2. nur für solche Zwecke, denen die zuständigen Stellen zugestimmt haben.

§ 55 Zusammenarbeit mit anderen Behörden (1) [1]Die Aufsichtsbehörden arbeiten zur Verhinderung und zur Bekämpfung von Geldwäsche und von Terrorismusfinanzierung bei der Wahrnehmung ihrer Aufgaben nach § 51 untereinander sowie mit den in § 54 Absatz 3 genannten Stellen umfassend zusammen. [2]Im Rahmen dieser Zusammenarbeit sind die Aufsichtsbehörden verpflichtet, einander von Amts wegen und auf Ersuchen Informationen einschließlich personenbezogener Daten und die Ergebnisse der Prüfungen zu übermitteln, soweit deren Kenntnis für die Erfüllung der Aufgaben der Aufsichtsbehörden nach§ 51 erforderlich ist.

(2) [1]Die nach § 155 Absatz 2 der Gewerbeordnung in Verbindung mit dem jeweiligen Landesrecht nach § 14 Absatz 1 der Gewerbeordnung zuständigen Behörden übermitteln auf Ersuchen den nach § 50 Nummer 9 zuständigen Aufsichtsbehörden kostenfrei die Daten aus der Gewerbeanzeige gemäß den Anlagen 1 bis 3 der Gewerbeanzeigenverordnung über Verpflichtete nach § 2 Absatz 1, soweit die Kenntnis dieser Daten zur Wahrnehmung der Aufgaben der Aufsichtsbehörden nach § 51 erforderlich ist.

(3) [1]Die Registerbehörde nach § 11a Absatz 1 der Gewerbeordnung übermittelt auf Ersuchen den nach § 50 Nummer 9 zuständigen Aufsichtsbehörden kostenfrei die in § 6 der Finanzanlagenvermittlungsverordnung und die in § 5 der Versicherungsvermittlungsverordnung genannten Daten, soweit die Kenntnis dieser Daten zur Wahrnehmung der Aufgaben der Aufsichtsbehörden nach § 51 erforderlich ist.

(4) [1]Weitergehende Befugnisse der Aufsichtsbehörden zur Verarbeitung von personenbezogenen Daten nach anderen Rechtsvorschriften bleiben unberührt.

(5) [1]In grenzüberschreitenden Fällen koordinieren die zusammenarbeitenden Aufsichtsbehörden und die in § 54 Absatz 3 genannten Stellen ihre Maßnahmen.

(6) [1]Soweit die Aufsichtsbehörden die Aufsicht über die Verpflichteten nach § 2 Absatz 1 Nummer 1 bis 3 und 6 bis 9 ausüben, stellen sie den folgenden Behörden auf deren Verlangen alle Informationen zur Verfügung, die erforderlich sind zur Durchführung von deren Aufgaben aufgrund der Richtlinie (EU) 2015/849 sowie der Verordnung (EU) Nr. 1093/2010 des Europäischen Parlaments und des Rates vom 24. November 2010 zur Errichtung einer Europäischen Aufsichtsbehörde (Europäische Bankenaufsichtsbehörde), zur Änderung des Beschlusses Nr. 716/2009/EG und zur Aufhebung des Beschlusses 2009/78/EG der Kommission, der Verordnung (EU) Nr. 1094/2010 des Europäischen Parlaments und des Rates vom 24. November 2010 zur Errichtung einer Europäischen Aufsichtsbehörde (Europäische Aufsichtsbehörde für das Versicherungswesen und die betriebliche Altersversorgung), zur Änderung des Beschlusses Nr. 716/2009/EG und zur Aufhebung des Beschlusses 2009/79/EG der Kommission und der Verordnung (EU) Nr. 1095/2010 des Europäischen Parlaments und des Rates vom 24. November 2010 zur Errichtung einer Europäischen Aufsichtsbehörde (Europäische Wertpapier- und Marktaufsichtsbehörde), zur Änderung des Beschlusses Nr. 716/2009/EG und zur Aufhebung des Beschlusses 2009/77/EG der Kommission:

1. der Europäischen Bankenaufsichtsbehörde,
2. der Europäischen Aufsichtsbehörde für das Versicherungswesen und die betriebliche Altersversorgung sowie
3. der Europäischen Wertpapier- und Marktaufsichtsbehörde.

[2]Die Informationen sind zur Verfügung zu stellen nach Maßgabe des Artikels 35 der Verordnung (EU) Nr. 1093/2010, des Artikels 35 der Verordnung (EU) Nr. 1094/2010 und des Artikels 35 der Verordnung (EU) Nr. 1095/2010.

§ 56 Bußgeldvorschriften (1) [1]Ordnungswidrig handelt, wer vorsätzlich oder leichtfertig

1. entgegen § 4 Absatz 3 Satz 1 kein Mitglied der Leitungsebene benennt,
2. entgegen § 5 Absatz 1 Satz 1 Risiken nicht ermittelt oder nicht bewertet,
3. entgegen § 5 Absatz 2 die Risikoanalyse nicht dokumentiert oder regelmäßig überprüft und gegebenenfalls aktualisiert,
4. entgegen § 6 Absatz 1 keine angemessenen geschäfts- und kundenbezogenen internen Sicherungsmaßnahmen schafft oder entgegen § 6 Absatz 1 Satz 3 die Funktionsfähigkeit der Sicherungsmaßnahmen nicht überwacht oder wer geschäfts- und kundenbezogene interne Sicherungsmaßnahmen nicht regelmäßig oder nicht bei Bedarf aktualisiert,
5. entgegen § 6 Absatz 4 keine Datenverarbeitungssysteme betreibt oder sie nicht aktualisiert,
6. einer vollziehbaren Anordnung nach § 6 Absatz 9 nicht nachkommt,
7. entgegen § 7 Absatz 1 keinen Geldwäschebeauftragten oder keinen Stellvertreter bestellt,
8. einer vollziehbaren Anordnung nach § 7 Absatz 3 nicht oder nicht rechtzeitig nachkommt,
9. entgegen § 8 Absatz 1 und 2 eine Angabe, eine Information, Ergebnisse der Untersuchung, Erwägungsgründe oder eine nachvollziehbare Begründung des Bewertungsergebnisses nicht, nicht richtig oder nicht vollständig aufzeichnet oder aufbewahrt,
10. entgegen § 8 Absatz 4 Satz 1 eine Aufzeichnung oder einen sonstigen Beleg nicht fünf Jahre aufbewahrt,
11. entgegen § 9 Absatz 1 Satz 2 keine gruppenweit einheitlichen Vorkehrungen, Verfahren und Maßnahmen schafft,
12. entgegen § 9 Absatz 1 Satz 3 nicht die wirksame Umsetzung der gruppenweit einheitlichen Pflichten und Maßnahmen sicherstellt,
13. entgegen § 9 Absatz 2 nicht sicherstellt, dass die gruppenangehörigen Unternehmen die geltenden Rechtsvorschriften einhalten,

14. entgegen § 9 Absatz 3 Satz 2 nicht sicherstellt, dass die in einem Drittstaat ansässigen gruppenangehörigen Unternehmen zusätzliche Maßnahmen ergreifen, um dem Risiko der Geldwäsche oder der Terrorismusfinanzierung wirksam zu begegnen,
15. einer vollziehbaren Anordnung nach § 9 Absatz 3 Satz 3 zuwiderhandelt,
16. entgegen § 10 Absatz 1 Nummer 1 eine Identifizierung des Vertragspartners oder einer für den Vertragspartner auftretenden Person nicht, nicht richtig, nicht vollständig oder nicht in der vorgeschriebenen Weise vornimmt,
17. entgegen § 10 Absatz 1 Nummer 2 nicht prüft, ob der Vertragspartner für einen wirtschaftlich Berechtigten handelt,
18. entgegen § 10 Absatz 1 Nummer 2 den wirtschaftlich Berechtigten nicht identifiziert,
19. entgegen § 10 Absatz 1 Nummer 3 keine Informationen über den Zweck und die angestrebte Art der Geschäftsbeziehung einholt oder diese Informationen nicht bewertet,
20. entgegen § 10 Absatz 1 Nummer 4 nicht oder nicht richtig feststellt, ob es sich bei dem Vertragspartner oder bei dem wirtschaftlich Berechtigten um eine politisch exponierte Person, um ein Familienmitglied oder um eine bekanntermaßen nahestehende Person handelt,
21. entgegen § 10 Absatz 1 Nummer 5 die Geschäftsbeziehung, einschließlich der in ihrem Verlauf durchgeführten Transaktionen, nicht oder nicht richtig kontinuierlich überwacht,
22. entgegen § 10 Absatz 2 Satz 1 den konkreten Umfang der allgemeinen Sorgfaltspflichten nicht entsprechend dem jeweiligen Risiko der Geldwäsche oder der Terrorismusfinanzierung bestimmt,
23. entgegen § 10 Absatz 2 Satz 4 oder entgegen § 14 Absatz 1 Satz 2 nicht darlegt, dass der Umfang der von ihm getroffenen Maßnahmen im Hinblick auf die Risiken der Geldwäsche und der Terrorismusfinanzierung als angemessen anzusehen ist,
24. entgegen § 10 Absatz 6 den Sorgfaltspflichten nicht nachkommt,
25. entgegen § 10 Absatz 8 keine Mitteilung macht,
26. entgegen § 10 Absatz 9, § 14 Absatz 3 oder § 15 Absatz 9 die Geschäftsbeziehung begründet, fortsetzt, sie nicht kündigt oder nicht auf andere Weise beendet oder die Transaktion durchführt,
27. entgegen § 11 Absatz 1 Vertragspartner, für diese auftretende Personen oder wirtschaftlich Berechtigte nicht rechtzeitig identifiziert,

28. entgegen § 11 Absatz 2 die Vertragsparteien nicht rechtzeitig identifiziert,
29. entgegen § 11 Absatz 3 Satz 2 keine erneute Identifizierung durchführt,
30. entgegen § 11 Absatz 4 Nummer 1 oder 2 die Angaben nicht oder nicht vollständig erhebt,
31. entgegen § 11 Absatz 5 Satz 1 zur Feststellung der Identität des wirtschaftlich Berechtigten dessen Namen nicht erhebt,
32. entgegen § 14 Absatz 2 Satz 2 nicht die Überprüfung von Transaktionen und die Überwachung von Geschäftsbeziehungen in einem Umfang sicherstellt, der es ermöglicht, ungewöhnliche oder verdächtige Transaktionen zu erkennen und zu melden,
33. entgegen § 15 Absatz 2 keine verstärkten Sorgfaltspflichten erfüllt,
34. entgegen § 15 Absatz 4 Satz 1 Nummer 1 in Verbindung mit Absatz 2 oder Absatz 3 Nummer 1 vor der Begründung oder Fortführung einer Geschäftsbeziehung nicht die Zustimmung eines Mitglieds der Führungsebene einholt,
35. entgegen § 15 Absatz 4 Satz 1 Nummer 2 in Verbindung mit Absatz 2 oder Absatz 3 Nummer 1 keine Maßnahmen ergreift,
36. entgegen § 15 Absatz 4 Satz 1 Nummer 3 in Verbindung mit Absatz 2 oder Absatz 3 Nummer 1 die Geschäftsbeziehung keiner verstärkten kontinuierlichen Überwachung unterzieht,
37. entgegen § 15 Absatz 5 Nummer 1 in Verbindung mit Absatz 3 Nummer 2 die Transaktion nicht untersucht,
38. entgegen § 15 Absatz 5 Nummer 2 in Verbindung mit Absatz 3 Nummer 2 die zugrunde liegende Geschäftsbeziehung keiner verstärkten kontinuierlichen Überwachung unterzieht,
39. entgegen § 15 Absatz 6 Nummer 1 in Verbindung mit Absatz 3 Nummer 3 keine ausreichenden Informationen einholt,
40. entgegen § 15 Absatz 6 Nummer 2 in Verbindung mit Absatz 3 Nummer 3 nicht die Zustimmung eines Mitglieds der Führungsebene einholt,
41. entgegen § 15 Absatz 6 Nummer 3 in Verbindung mit Absatz 3 Nummer 3 die Verantwortlichkeiten nicht festlegt oder nicht dokumentiert,
42. entgegen § 15 Absatz 6 Nummer 4 oder Nummer 5 in Verbindung mit Absatz 3 Nummer 3 keine Maßnahmen ergreift,
43. entgegen § 15 Absatz 8 einer vollziehbaren Anordnung der Aufsichtsbehörde zuwiderhandelt,
44. entgegen § 16 Absatz 2 einen Spieler zum Glücksspiel zulässt,

45. entgegen § 16 Absatz 3 Einlagen oder andere rückzahlbare Gelder entgegennimmt,
46. entgegen § 16 Absatz 4 Transaktionen des Spielers an den Verpflichteten auf anderen als den in § 16 Absatz 4 Nummer 1 und 2 genannten Wegen zulässt,
47. entgegen § 16 Absatz 5 seinen Informationspflichten nicht nachkommt,
48. entgegen § 16 Absatz 7 Satz 1 Nummer 2 Transaktionen auf ein Zahlungskonto vornimmt,
49. entgegen § 16 Absatz 7 Satz 2 trotz Aufforderung durch die Aufsichtsbehörde den Verwendungszweck nicht hinreichend spezifiziert,
50. entgegen § 16 Absatz 8 Satz 3 die vollständige Identifizierung nicht oder nicht rechtzeitig durchführt,
51. entgegen § 17 Absatz 2 die Erfüllung der Sorgfaltspflichten durch einen Dritten ausführen lässt, der in einem Drittstaat mit hohem Risiko ansässig ist,
52. entgegen § 18 Absatz 3 Informationen nicht oder nicht rechtzeitig zur Verfügung stellt,
53. entgegen § 20 Absatz 1 Angaben zu den wirtschaftlich Berechtigten
    a) nicht einholt,
    b) nicht, nicht richtig oder nicht vollständig aufbewahrt,
    c) nicht auf aktuellem Stand hält oder
    d) nicht, nicht richtig, nicht vollständig oder nicht rechtzeitig der registerführenden Stelle mitteilt,
54. entgegen § 20 Absatz 3 seine Mitteilungspflicht nicht, nicht richtig, nicht vollständig oder nicht rechtzeitig erfüllt,
55. entgegen § 21 Absatz 1 oder 2 Angaben zu den wirtschaftlich Berechtigten
    a) nicht einholt,
    b) nicht, nicht richtig oder nicht vollständig aufbewahrt,
    c) nicht auf aktuellem Stand hält oder
    d) nicht, nicht richtig, nicht vollständig oder nicht rechtzeitig der registerführenden Stelle mitteilt,
56. die Einsichtnahme in das Transparenzregister nach § 23 Absatz 1 Satz 1 Nummer 2 oder Nummer 3 unter Vorspiegelung falscher Tatsachen erschleicht oder sich auf sonstige Weise widerrechtlich Zugriff auf das Transparenzregister verschafft,
57. entgegen § 30 Absatz 3 einem Auskunftsverlangen nicht, nicht richtig, nicht vollständig oder nicht rechtzeitig nachkommt,

58. entgegen § 40 Absatz 1 Satz 1 oder 2 einer Anordnung oder Weisung nicht, nicht rechtzeitig oder nicht vollständig nachkommt,
59. entgegen § 43 Absatz 1 eine Meldung nicht, nicht richtig, nicht vollständig oder nicht rechtzeitig abgibt,
60. entgegen § 47 Absatz 1 in Verbindung mit Absatz 2 den Vertragspartner, den Auftraggeber oder einen Dritten in Kenntnis setzt,
61. eine Untersagung nach § 51 Absatz 5 nicht beachtet,
62. Auskünfte nach § 51 Absatz 7 nicht, nicht richtig, nicht vollständig oder nicht rechtzeitig gibt,
63. entgegen § 52 Absatz 1 Auskünfte nicht, nicht richtig, nicht vollständig oder nicht rechtzeitig gibt oder
64. entgegen § 52 Absatz 3 eine Prüfung nicht duldet.

(2) [1]Die Ordnungswidrigkeit kann geahndet werden mit einer

1. Geldbuße bis zu einer Million Euro oder
2. Geldbuße bis zum Zweifachen des aus dem Verstoß gezogenen wirtschaftlichen Vorteils,

wenn es sich um einen schwerwiegenden, wiederholten oder systematischen Verstoß handelt. [2]Der wirtschaft liche Vorteil umfasst erzielte Gewinne und vermiedene Verluste und kann geschätzt werden. Gegenüber Verpflichteten gemäß § 2 Absatz 1 Nummer 1 bis 3 und 6 bis 9, die juristische Personen oder Personenvereinigungen sind, kann über Satz 1 hinaus eine höhere Geldbuße verhängt werden. [3]In diesen Fällen darf die Geldbuße den höheren der folgenden Beträge nicht übersteigen:

1. fünf Millionen Euro oder
2. 10 Prozent des Gesamtumsatzes, den die juristische Person oder die Personenvereinigung im Geschäftsjahr, das der Behördenentscheidung vorausgegangen ist, erzielt hat.

[4]Gegenüber Verpflichteten gemäß § 2 Absatz 1 Nummer 1 bis 3 und 6 bis 9, die natürliche Personen sind, kann über Satz 1 hinaus eine Geldbuße bis zu fünf Millionen Euro verhängt werden.

(3) [1]In den übrigen Fällen kann die Ordnungswidrigkeit mit einer Geldbuße bis zu einhunderttausend Euro geahndet werden.

(4) [1]Gesamtumsatz im Sinne des Absatzes 2 Satz 4 Nummer 2 ist

1. bei Kreditinstituten, Zahlungsinstituten und Finanzdienstleistungsinstituten nach § 340 des Handelsgesetzbuchs der Gesamtbetrag, der sich ergibt aus dem auf das Institut anwendbaren nationalen Recht im Einklang mit Artikel 27 Nummer 1, 3, 4, 6 und 7 oder Artikel 28 Abschnitt B Nummer 1 bis 4 und 7 der Richtlinie 86/635/EWG des Rates

vom 8. Dezember 1986 über den Jahresabschluss und den konsolidierten Abschluss von Banken und anderen Finanzinstituten (ABl. L 372 vom 31.12.1986, S. 1), abzüglich der Umsatzsteuer und sonstiger direkt auf diese Erträge erhobener Steuern,

2. bei Versicherungsunternehmen der Gesamtbetrag, der sich ergibt aus dem auf das Versicherungsunternehmen anwendbaren nationalen Recht im Einklang mit Artikel 63 der Richtlinie 91/674/EWG des Rates vom 19. Dezember 1991 über den Jahresabschluss und den konsolidierten Abschluss von Versicherungsunternehmen (ABl. L 374 vom 31.12.1991, S. 7), abzüglich der Umsatzsteuer und sonstiger direkt auf diese Erträge erhobener Steuern,
3. im Übrigen der Betrag der Nettoumsatzerlöse nach Maßgabe des auf das Unternehmen anwendbaren nationalen Rechts im Einklang mit Artikel 2 Nummer 5 der Richtlinie 2013/34/EU.

[2]Handelt es sich bei der juristischen Person oder Personenvereinigung um ein Mutterunternehmen oder um ein Tochterunternehmen, so ist anstelle des Gesamtumsatzes der juristischen Person oder Personenvereinigung der jeweilige Gesamtbetrag in demjenigen Konzernabschluss des Mutterunternehmens maßgeblich, der für den größten Kreis von Unternehmen aufgestellt wird. [3]Wird der Konzernabschluss für den größten Kreis von Unternehmen nicht nach den in Satz 1 genannten Vorschriften aufgestellt, ist der Gesamtumsatz nach Maßgabe der den in Satz 1 Nummer 1 bis 3 vergleichbaren Posten des Konzernabschlusses zu ermitteln. [4]Ist ein Jahresabschluss oder Konzernabschluss für das maßgebliche Geschäftsjahr nicht verfügbar, so ist der Jahresabschluss oder Konzernabschluss für das unmittelbar vorausgehende Geschäftsjahr maßgeblich. [5]Ist auch unmittelbar vorausgehende Geschäftsjahr nicht verfügbar, so kann der Gesamtumsatz geschätzt werden.

(5) [1]Die in § 50 Nummer 1 genannte Aufsichtsbehörde ist auch Verwaltungsbehörde nach § 36 Absatz 1 Nummer 1 des Gesetzes über Ordnungswidrigkeiten. [2]Für Ordnungswidrigkeiten nach Absatz 1 Nummer 52 bis 56 ist Verwaltungsbehörde nach § 36 Absatz 1 Nummer 1 des Gesetzes über Ordnungswidrigkeiten das Bundesverwaltungsamt. [3]Für Steuerberater und Steuerbevollmächtigte ist Verwaltungsbehörde nach § 36 Absatz 1 Nummer 1 des Gesetzes über Ordnungswidrigkeiten das Finanzamt. [4]Die nach § 50 Nummer 8 und 9 zuständige Aufsichtsbehörde ist auch Verwaltungsbehörde nach § 36 Absatz 1 Nummer 1 des Gesetzes über Ordnungswidrigkeiten.

(6) [1]Soweit nach Absatz 5 Satz 3 das Finanzamt Verwaltungsbehörde ist, gelten § 387 Absatz 2, § 410 Absatz 1 Nummer 1, 2, 6 bis 11, Absatz 2 und § 412 der Abgabenordnung sinngemäß.

(7) [1]Die Aufsichtsbehörden überprüfen im Bundeszentralregister, ob eine einschlägige Verurteilung der betreffenden Person vorliegt.

(8) [1]Die zuständigen Aufsichtsbehörden nach § 50 Nummer 1, 2 und 9 informieren die jeweils zuständige Europäische Aufsichtsbehörde hinsichtlich der Verpflichteten nach § 2 Absatz 1 Nummer 1 bis 3 und 6 bis 9 über

1. die gegen diese Verpflichteten verhängten Geldbußen,
2. sonstige Maßnahmen aufgrund von Verstößen gegen Vorschriften dieses Gesetzes oder anderer Gesetze zur Verhinderung von Geldwäsche oder von Terrorismusfinanzierung und
3. diesbezügliche Rechtsmittelverfahren und deren Ergebnisse.

§ 57 Bekanntmachung von bestandskräftigen Maßnahmen und von unanfechtbaren Bußgeldentscheidungen (1) [1]Die Aufsichtsbehörden haben bestandskräftige Maßnahmen und unanfechtbare Bußgeldentscheidungen, die sie wegen eines Verstoßes gegen dieses Gesetz oder die auf seiner Grundlage erlassenen Rechtsverordnungen verhängt haben, nach Unterrichtung des Adressaten der Maßnahme oder Bußgeldentscheidung auf ihrer Internetseite bekannt zu machen. [2]In der Bekanntmachung sind Art und Charakter des Verstoßes und die für den Verstoß verantwortlichen natürlichen Personen und juristischen Personen oder Personenvereinigungen zu benennen.

(2) [1]Die Bekanntmachung nach Absatz 1 ist aufzuschieben, solange die Bekanntmachung

1. das Persönlichkeitsrecht natürlicher Personen verletzen würde oder eine Bekanntmachung personenbezogener Daten aus sonstigen Gründen unverhältnismäßig wäre,
2. die Stabilität der Finanzmärkte der Bundesrepublik Deutschland oder eines oder mehrerer Vertragsstaaten des Abkommens über den Europäischen Wirtschaftsraum gefährden würde oder
3. laufende Ermittlungen gefährden würde.

Anstelle einer Aufschiebung kann die Bekanntmachung auf anonymisierter Basis erfolgen, wenn hierdurch ein wirksamer Schutz nach Satz 1 Nummer 1 gewährleistet ist. [2]Ist vorhersehbar, dass die Gründe der anonymisierten Bekanntmachung innerhalb eines überschaubaren Zeitraums wegfallen werden, so kann die Bekanntmachung der Informationen nach Satz 1 Nummer 1 entsprechend aufgeschoben werden. [3]Die Bekanntmachung erfolgt, wenn die Gründe für den Aufschub entfallen sind.

(3) [1]Eine Bekanntmachung darf nicht erfolgen, wenn die Maßnahmen nach Absatz 2 nicht ausreichend sind, um eine Gefährdung der Finanzmarktstabilität auszuschließen oder die Verhältnismäßigkeit der Bekanntmachung sicherzustellen.

(4) [1]Eine Bekanntmachung muss fünf Jahre auf der Internetseite der Aufsichtsbehörde veröffentlicht bleiben. [2]Abweichend von Satz 1 sind personenbezogene Daten zu löschen, sobald die Bekanntmachung nicht mehr erforderlich ist.

§ 58 Datenschutz [1]Personenbezogene Daten dürfen von Verpflichteten auf Grundlage dieses Gesetzes ausschließlich für die Verhinderung von Geldwäsche und von Terrorismusfinanzierung verarbeitet werden.

§ 59 Übergangsregelung (1) [1]Die Mitteilungen nach § 20 Absatz 1 und § 21 haben erstmals bis zum 1. Oktober 2017 an das Transparenzregister zu erfolgen.

(2) [1]Die Eröffnung des Zugangs zu Eintragungen im Vereinsregister, welche § 22 Absatz 1 Satz 1 Nummer 8 vorsieht, erfolgt ab dem 26. Juni 2018. [2]Bis zum 25. Juni 2018 werden die technischen Voraussetzungen geschaffen, um diejenigen Indexdaten nach § 22 Absatz 2 zu übermitteln, welche für die Eröffnung des Zugangs zu den Originaldaten nach § 22 Absatz 1 Satz 1 Nummer 8 erforderlich sind. [3]Für den Übergangszeitraum vom 26. Juni 2017 bis zum 25. Juni 2018 enthält das Transparenzregister stattdessen einen Link auf das gemeinsame Registerportal der Länder.

(3) [1]§ 23 Absatz 1 bis 3 findet ab dem 27. Dezember 2017 Anwendung.

(4) [1]Gewährte Befreiungen der Aufsichtsbehörden nach § 50 Nummer 8 gegenüber Verpflichteten nach § 2 Absatz 1 Nummer 15, soweit sie Glücksspiele im Internet veranstalten oder vermitteln, bleiben in Abweichung zu § 16 bis zum 30. Juni 2018 wirksam.

(5) [1]Ist am 25. Juni 2015 ein Gerichtsverfahren betreffend die Verhinderung, Aufdeckung, Ermittlung oder Verfolgung von mutmaßlicher Geldwäsche oder Terrorismusfinanzierung anhängig gewesen und besitzt ein Verpflichteter Informationen oder Unterlagen im Zusammenhang mit diesem anhängigen Verfahren, so darf der Verpflichtete diese Informationen oder Unterlagen bis zum 25. Juni 2020 aufbewahren.

Anlage 1
(zu den §§ 5, 10, 14, 15)

Faktoren für ein potenziell geringeres Risiko

Die Liste ist eine nicht abschließende Aufzählung von Faktoren und möglichen Anzeichen für ein potenziell geringeres Risiko nach § 14:

1. Faktoren bezüglich des Kundenrisikos:
   a) öffentliche, an einer Börse notierte Unternehmen, die (aufgrund von Börsenordnungen oder von Gesetzes wegen oder aufgrund durchsetzbarer Instrumente) solchen Offenlegungspflichten unterliegen,

die Anforderungen an die Gewährleistung einer angemessenen Transparenz hinsichtlich des wirtschaftlichen Eigentümers auferlegen,
b) öffentliche Verwaltungen oder Unternehmen,
c) Kunden mit Wohnsitz in geografischen Gebieten mit geringerem Risiko nach Nummer 3.

2. Faktoren bezüglich des Produkt-, Dienstleistungs-, Transaktions- oder Vertriebskanalrisikos:
   a) Lebensversicherungspolicen mit niedriger Prämie,
   b) Versicherungspolicen für Rentenversicherungsverträge, sofern die Verträge weder eine Rückkaufklausel enthalten noch als Sicherheit für Darlehen dienen können,
   c) Rentensysteme und Pensionspläne oder vergleichbare Systeme, die den Arbeitnehmern Altersversorgungsleistungen bieten, wobei die Beiträge vom Gehalt abgezogen werden und die Regeln des Systems den Begünstigten nicht gestatten, ihre Rechte zu übertragen,
   d) Finanzprodukte oder -dienste, die bestimmten Kunden angemessen definierte und begrenzte Dienstleistungen mit dem Ziel der Einbindung in das Finanzsystem („financial inclusion") anbieten,
   e) Produkte, bei denen die Risiken der Geldwäsche und der Terrorismusfinanzierung durch andere Faktoren wie etwa Beschränkungen der elektronischen Geldbörse oder die Transparenz der Eigentumsverhältnisse gesteuert werden (z. B. bestimmte Arten von E-Geld).

3. Faktoren bezüglich des geografischen Risikos:
   a) Mitgliedstaaten,
   b) Drittstaaten mit gut funktionierenden Systemen zur Verhinderung, Aufdeckung und Bekämpfung von Geldwäsche und von Terrorismusfinanzierung,
   c) Drittstaaten, in denen Korruption und andere kriminelle Tätigkeiten laut glaubwürdigen Quellen schwach ausgeprägt sind,
   d) Drittstaaten, deren Anforderungen an die Verhinderung, Aufdeckung und Bekämpfung von Geldwäsche und von Terrorismusfinanzierung laut glaubwürdigen Quellen (z. B. gegenseitige Evaluierungen, detaillierte Bewertungsberichte oder veröffentlichte Follow-up-Berichte) den überarbeiteten FATF (Financial Action Task Force)-Empfehlungen entsprechen und die diese Anforderungen wirksam umsetzen.

Anlage 2
(zu den §§ 5, 10, 14, 15)

Faktoren für ein potenziell höheres Risiko

Die Liste ist eine nicht erschöpfende Aufzählung von Faktoren und möglichen Anzeichen für ein potenziell höheres Risiko nach § 15:

1. Faktoren bezüglich des Kundenrisikos:
   a) außergewöhnliche Umstände der Geschäftsbeziehung,
   b) Kunden, die in geografischen Gebieten mit hohem Risiko gemäß Nummer 3 ansässig sind,
   c) juristische Personen oder Rechtsvereinbarungen, die als Instrumente für die private Vermögensverwaltung dienen,
   d) Unternehmen mit nominellen Anteilseignern oder als Inhaberpapiere emittierten Aktien,
   e) bargeldintensive Unternehmen,
   f) angesichts der Art der Geschäftstätigkeit als ungewöhnlich oder übermäßig kompliziert erscheinende Eigentumsstruktur des Unternehmens;
2. Faktoren bezüglich des Produkt-, Dienstleistungs-, Transaktions- oder Vertriebskanalrisikos:
   a) Betreuung vermögender Privatkunden,
   b) Produkte oder Transaktionen, die Anonymität begünstigen könnten,
   c) Geschäftsbeziehungen oder Transaktionen ohne persönliche Kontakte und ohne bestimmte Sicherungsmaßnahmen wie z. B. elektronische Unterschriften,
   d) Eingang von Zahlungen unbekannter oder nicht verbundener Dritter,
   e) neue Produkte und neue Geschäftsmodelle einschließlich neuer Vertriebsmechanismen sowie Nutzung neuer oder in der Entwicklung begriffener Technologien für neue oder bereits bestehende Produkte;
3. Faktoren bezüglich des geografischen Risikos:
   a) unbeschadet des Artikels 9 der Richtlinie (EU) 2015/849 ermittelte Länder, deren Finanzsysteme laut glaubwürdigen Quellen (z. B. gegenseitige Evaluierungen, detaillierte Bewertungsberichte oder veröffentlichte Follow-up-Berichte) nicht über hinreichende Systeme zur Verhinderung, Aufdeckung und Bekämpfung von Geldwäsche und Terrorismusfinanzierung verfügen,
   b) Drittstaaten, in denen Korruption oder andere kriminelle Tätigkeiten laut glaubwürdigen Quellen signifikant stark ausgeprägt sind,
   c) Staaten, gegen die beispielsweise die Europäische Union oder die Vereinten Nationen Sanktionen, Embargos oder ähnliche Maßnahmen verhängt hat oder haben,

d) Staaten, die terroristische Aktivitäten finanziell oder anderweitig unterstützen oder in denen bekannte terroristische Organisationen aktiv sind.

D. Internationales Berufsrecht

Gesetz über die Tätigkeit europäischer Rechtsanwälte in Deutschland (EuRAG)*

Vom 9. März 2000, BGBl. I S. 182, BGBl. III 303-19

Zuletzt geändert durch Artikel 6 des Gesetzes vom 30. Oktober 2017, BGBl. I S. 3618

Inhaltsübersicht

* Das EuRAG dient der Umsetzung der Richtlinien 98/5/EG, 89/48/EWG und 77/249/EWG. Zur Umsetzung dieser Richtlinien im Europäischen Ausland und zur Tätigkeit deutscher Rechtsanwälte im Ausland wird verwiesen auf das Dokumentationszentrum für Europäisches Anwalts- und Notarrecht an der Universität zu Köln (http://legalprofession.uni-koeln.de) sowie die Dokumentation durch die CCBE (www.ccbe.org).

Teil 1: Allgemeine Vorschriften

§ 1 Persönlicher Anwendungsbereich [1]Dieses Gesetz regelt für natürliche Personen, die berechtigt sind, als Rechtsanwalt unter einer der in der Anlage zu dieser Vorschrift genannten Berufsbezeichnungen selbständig tätig zu sein (europäische Rechtsanwälte), die Berufsausübung und die Zulassung zur Rechtsanwaltschaft in Deutschland.

Teil 2: Berufsausübung als niedergelassener europäischer Rechtsanwalt

Abschnitt 1 Allgemeine Voraussetzungen

§ 2 Niederlassung (1) [1]Wer als europäischer Rechtsanwalt auf Antrag in die für den Ort seiner Niederlassung zuständige Rechtsanwaltskammer aufgenommen wurde, ist berechtigt, in Deutschland unter der Berufsbezeichnung des Herkunftsstaates die Tätigkeit eines Rechtsanwalts gemäß §§ 1 bis 3 der Bundesrechtsanwaltsordnung auszuüben (niedergelassener europäischer Rechtsanwalt).

(2) [1]Die Aufnahme in die Rechtsanwaltskammer setzt voraus, dass der Antragsteller bei der zuständigen Stelle des Herkunftsstaates als europäischer Rechtsanwalt eingetragen ist.

§ 3 Antrag (1) [1]Über den Antrag auf Aufnahme in die Rechtsanwaltskammer entscheidet die Rechtsanwaltskammer.

(2) [1]Dem Antrag ist eine Bescheinigung der im Herkunftsstaat zuständigen Stelle über die Zugehörigkeit des europäischen Rechtsanwalts zu diesem Beruf beizufügen. [2]Die Rechtsanwaltskammer kann verlangen, dass diese Bescheinigung zum Zeitpunkt ihrer Vorlage nicht älter als drei Monate ist.

§ 4 Verfahren (1) [1]Für die Aufnahme in die Rechtsanwaltskammer gelten mit Ausnahme des § 12 Absatz 4 sowie der §§ 17 und 46a Absatz 1 Satz 1 Nummer 1 der Bundesrechtsanwaltsordnung die §§ 6 bis 36, 46a bis 46c

Absatz 1, 4 und 5 der Bundesrechtsanwaltsordnung sinngemäß sowie die aufgrund von § 31c der Bundesrechtsanwaltsordnung erlassene Rechtsverordnung.

(2) [1]Die Aufnahme in die Rechtsanwaltskammer ist auch dann zu widerrufen, wenn die Berechtigung zur Berufsausübung im Herkunftsstaat dauernd entzogen wird. [2]Wird die Berechtigung zur Berufsausübung im Herkunftsstaat vorläufig oder zeitweilig entzogen, so kann die Aufnahme in die Rechtsanwaltskammer widerrufen werden.

(3) [1]Die Rechtsanwaltskammer setzt die zuständige Stelle des Herkunftsstaates von der Aufnahme in die Rechtsanwaltskammer sowie von der Rücknahme und dem Widerruf der Aufnahme in Kenntnis, um dieser die Ausübung der Berufsaufsicht zu ermöglichen.

Abschnitt 2: Berufliche Rechte und Pflichten

§ 5 Berufsbezeichnung (1) [1]Der niedergelassene europäische Rechtsanwalt hat die Berufsbezeichnung zu verwenden, die er im Herkunftsstaat nach dem dort geltenden Recht zu führen berechtigt ist. [2]Wer danach berechtigt ist, die Berufsbezeichnung „Rechtsanwalt" zu führen, hat zusätzlich die Berufsorganisation anzugeben, der er im Herkunftsstaat angehört. [3]Der niedergelassene europäische Rechtsanwalt, der als Syndikusrechtsanwalt in die Rechtsanwaltskammer aufgenommen wurde, hat der Berufsbezeichnung nach den Sätzen 1 und 2 die Bezeichnung „Syndikus" in Klammern nachzustellen.

(2) [1]Der niedergelassene europäische Rechtsanwalt ist berechtigt, im beruflichen Verkehr zugleich die Bezeichnung „Mitglied der Rechtsanwaltskammer" zu verwenden. [2]Die Bezeichnung „europäischer Rechtsanwalt" darf als Berufsbezeichnung und in der Werbung nicht verwendet werden.

§ 6 Berufliche Stellung (1) [1]Für die Rechtsstellung nach Aufnahme in die Rechtsanwaltskammer gelten die Vorschriften des Dritten, Vierten, Sechsten, Siebenten, Neunten bis Elften und Dreizehnten Teils der Bundesrechtsanwaltsordnung.

(2) [1]Vertretungsverbote nach § 114 Abs. 1 Nr. 4 sowie nach den §§ 150 und 161a der Bundesrechtsanwaltsordnung sind für das Bundesgebiet auszusprechen. [2]An die Stelle der Ausschließung aus der Rechtsanwaltschaft nach § 114 Abs. 1 Nr. 5 der Bundesrechtsanwaltsordnung tritt das Verbot, in Deutschland fremde Rechtsangelegenheiten zu besorgen; mit der Rechtskraft dieser Entscheidung verliert der Verurteilte die Mitgliedschaft in der Rechtsanwaltskammer.

(3) [1]Der niedergelassene europäische Rechtsanwalt hat seine Berufsausübung in Deutschland einzustellen, wenn ihm seitens der zuständigen Stelle

Internat. Recht

des Herkunftsstaates die Berechtigung zur Ausübung seiner beruflichen Tätigkeit vorläufig, zeitweilig oder dauernd entzogen worden ist.

§ 7 Berufshaftpflichtversicherung (1) [1]Von der Verpflichtung, eine Berufshaftpflichtversicherung nach § 51 der Bundesrechtsanwaltsordnung zu unterhalten, ist der niedergelassene europäische Rechtsanwalt befreit, wenn er der Rechtsanwaltskammer eine nach den Vorschriften des Herkunftsstaates geschlossene Versicherung oder Garantie nachweist, die hinsichtlich der Bedingungen und des Deckungsumfangs einer Versicherung gemäß § 51 der Bundesrechtsanwaltsordnung gleichwertig ist. [2]Bei fehlender Gleichwertigkeit ist durch eine Zusatzversicherung oder ergänzende Garantie ein Schutz zu schaffen, der den Anforderungen des § 51 der Bundesrechtsanwaltsordnung gleichkommt.

(2) [1]Der niedergelassene europäische Rechtsanwalt hat im Fall des Absatzes 1 der Rechtsanwaltskammer jährlich eine Bescheinigung des Versicherers vorzulegen, aus der sich die Versicherungsbedingungen und der Deckungsumfang ergeben. [2]Darüber hinaus hat er die Beendigung oder Kündigung des Versicherungsvertrages sowie jede Änderung des Versicherungsvertrages, die den nach § 51 der Bundesrechtsanwaltsordnung vorgeschriebenen Versicherungsschutz beeinträchtigt, der Rechtsanwaltskammer unverzüglich mitzuteilen. [3]Kommt er den Pflichten gemäß Satz 1 oder Satz 2 nicht nach, so kann die Aufnahme in die Rechtsanwaltskammer widerrufen werden. [4]§ 14 Abs. 2 Nr. 9 der Bundesrechtsanwaltsordnung bleibt unberührt.

(3) [1]Die Absätze 1 und 2 gelten für Rechtsanwälte, die nach Teil 3 oder 4 dieses Gesetzes in Verbindung mit § 4 Satz 1 Nummer 2 oder 3 der Bundesrechtsanwaltsordnung zugelassen sind, entsprechend.

§ 8 Sozietät im Herkunftsstaat (1) [1]Gehört der niedergelassene europäische Rechtsanwalt im Herkunftsstaat einem Zusammenschluss zur gemeinschaftlichen Berufsausübung an, so hat er dies der Rechtsanwaltskammer mitzuteilen. [2]Er hat die Bezeichnung des Zusammenschlusses und die Rechtsform anzugeben. [3]Die Rechtsanwaltskammer kann ihm auferlegen, weitere zweckdienliche Auskünfte über den betreffenden Zusammenschluss zu geben.

(2) [1]Die persönliche Haftung des niedergelassenen europäischen Rechtsanwalts für Ansprüche des Auftraggebers auf Ersatz eines schuldhaft verursachten Schadens wird durch die Rechtsform eines Zusammenschlusses, dem er im Herkunftsstaat angehört, nur ausgeschlossen oder beschränkt, soweit eine Berufshaftpflichtversicherung oder Garantie besteht, die den Voraussetzungen des § 59j der Bundesrechtsanwaltsordnung entspricht. [2]§ 7 gilt entsprechend.

(3) [1]Der niedergelassene europäische Rechtsanwalt kann im Rechtsverkehr die Bezeichnung eines Zusammenschlusses zur gemeinschaftlichen Berufsausübung angeben, dem er im Herkunftsstaat angehört. [2]Er hat in diesem Fall auch die Rechtsform des Zusammenschlusses im Herkunftsstaat anzugeben.

Abschnitt 3: Anwaltsgerichtliches Verfahren, Zustellungen

§ 9 Mitteilungspflichten, rechtliches Gehör (1) [1]Für Zwecke der Prüfung, ob berufsrechtliche Maßnahmen zu ergreifen sind, teilt die ermittelnde Staatsanwaltschaft nach Abschluss der Ermittlungen und vor Einreichung der Anschuldigungsschrift bei dem Anwaltsgericht der zuständigen Stelle des Herkunftsstaates die ermittelten Tatsachen mit, soweit dies aus ihrer Sicht zur Durchführung solcher Maßnahmen erforderlich ist. [2]Die Mitteilung wird durch unmittelbare Übersendung einer Abschrift der Anschuldigungsschrift an die zuständige Stelle des Herkunftsstaates bewirkt.

(2) [1]Für Zwecke der Prüfung, ob berufsrechtliche Maßnahmen zu ergreifen sind, sind in anwaltsgerichtlichen Verfahren der zuständigen Stelle des Herkunftsstaates mitzuteilen:

1. die Entscheidung über die Eröffnung des Hauptverfahrens,
2. die Urteile,
3. die Verhängung vorläufiger anwaltsgerichtlicher Maßnahmen, deren Außerkrafttreten und deren Aufhebung,
4. die Verteidigungsschriften,
5. die Berufungsschriften,
6. die Revisionsschriften,
7. die Beschwerdeschriften.

[2]Mitteilungspflichtig ist das Gericht, das die mitzuteilende Entscheidung gefällt hat oder bei dem der mitzuteilende Schriftsatz eingereicht worden ist. [3]Die Mitteilung wird durch unmittelbare Übersendung einer Abschrift der mitzuteilenden Entscheidung an die zuständige Stelle des Herkunftsstaates bewirkt.

(3) [1]Sind personenbezogene Daten, die nach Absatz 1 oder Absatz 2 übermittelt werden dürfen, mit weiteren personenbezogenen Daten des Betroffenen oder eines Dritten so verbunden, dass sie nicht oder nur mit unvertretbarem Aufwand getrennt werden können, ist auch die Übermittlung dieser Daten zulässig, soweit nicht berechtigte Interessen des Betroffenen oder des Dritten an deren Geheimhaltung offensichtlich überwiegen. [2]Eine Verwendung dieser Daten ist unzulässig. [3]Der Empfänger ist darauf hinzuweisen, dass eine Verwendung der Daten des Dritten unzulässig ist und die

Daten des Betroffenen nur zu dem Zweck verwendet werden dürfen, der in den Absätzen 1 und 2 genannt ist.

(4) [1]In anwaltsgerichtlichen Verfahren hat das Gericht der zuständigen Stelle des Herkunftsstaates Gelegenheit zur Äußerung zu geben. [2]Zu nichtöffentlichen Verhandlungen ist Vertretern der zuständigen Stelle des Herkunftsstaates der Zutritt gestattet.

§ 10 Zustellungen [1]Kann in anwaltsgerichtlichen Verfahren und in Verfahren nach den §§ 56, 57, 74, 74a der Bundesrechtsanwaltsordnung gegen einen niedergelassenen europäischen Rechtsanwalt eine Zustellung nicht in der vorgeschriebenen Weise in Deutschland bewirkt werden und erscheint die Befolgung der Vorschriften für Zustellungen im Ausland unausführbar oder voraussichtlich erfolglos, so gilt die Zustellung als erfolgt, wenn eine Abschrift des zuzustellenden Schriftstücks der zuständigen Stelle des Herkunftsstaates übersandt wird und seit der Aufgabe zur Post vier Wochen verstrichen sind.

Teil 3: Eingliederung

Abschnitt 1: Zulassung zur Rechtsanwaltschaft nach dreijähriger Tätigkeit

§ 11 Voraussetzungen (1) [1]Wer eine mindestens dreijährige effektive und regelmäßige Tätigkeit als niedergelassener europäischer Rechtsanwalt in Deutschland auf dem Gebiet des deutschen Rechts, einschließlich des Gemeinschaftsrechts, gemäß § 12 nachweist, wird nach den Vorschriften der §§ 6 bis 36, 46a bis 46c Absatz 1, 4 und 5 der Bundesrechtsanwaltsordnung zur Rechtsanwaltschaft zugelassen. [2]Effektive und regelmäßige Tätigkeit ist die tatsächliche Ausübung des Berufs ohne Unterbrechung; Unterbrechungen auf Grund von Ereignissen des täglichen Lebens bleiben außer Betracht.

(2) [1]Unterbrechungen bis zu einer Dauer von drei Wochen sind in der Regel Unterbrechungen auf Grund von Ereignissen des täglichen Lebens. [2]Bei längeren Unterbrechungen sind die Umstände des Einzelfalls maßgeblich. [3]Bei der Beurteilung berücksichtigt die Rechtsanwaltskammer den Grund, die Dauer und die Häufigkeit der Unterbrechung.

(3) [1]Hat eine Unterbrechung stattgefunden, die nicht auf Grund von Ereignissen des täglichen Lebens eingetreten ist, so wird die bis dahin ausgeübte Tätigkeit nach Absatz 1 Satz 1 berücksichtigt, wenn insgesamt eine mindestens dreijährige Tätigkeit nachgewiesen wird und die Unterbrechung einer Beurteilung der Tätigkeit als effektiv und regelmäßig nicht entgegensteht. [2]Die Dauer einer solchen Unterbrechung wird bei der Berechnung des Dreijahreszeitraums nicht berücksichtigt.

§ 12 Nachweis der Tätigkeit (1) [1]Der Antragsteller hat die Anzahl und die Art der von ihm im deutschen Recht bearbeiteten Rechtssachen sowie die Dauer seiner Tätigkeit nachzuweisen. [2]Er erteilt der Rechtsanwaltskammer alle Auskünfte und übermittelt ihr alle Unterlagen, die für den Nachweis geeignet sind. [3]Die Rechtsanwaltskammer kann den Antragsteller auffordern, seine Angaben und Unterlagen zu erläutern.

(2) [1]Zum Nachweis der im deutschen Recht bearbeiteten Rechtssachen sind Falllisten vorzulegen, die regelmäßig folgende Angaben enthalten müssen: Aktenzeichen, Gegenstand, Zeitraum, Art und Umfang der Tätigkeit, Sachstand. [2]Ferner sind auf Verlangen der Rechtsanwaltskammer anonymisierte Arbeitsproben vorzulegen.

Abschnitt 2: Zulassung bei kürzerer Tätigkeit im deutschen Recht

§ 13 Voraussetzungen (1) [1]Wer mindestens drei Jahre effektiv und regelmäßig als niedergelassener europäischer Rechtsanwalt in Deutschland tätig war, sich dabei im deutschen Recht jedoch nur für kürzere Zeit betätigt hat, wird nach den Vorschriften der §§ 6 bis 36, 46a bis 46c Absatz 1, 4 und 5 der Bundesrechtsanwaltsordnung zur Rechtsanwaltschaft zugelassen, wenn er seine Fähigkeit, die Tätigkeit weiter auszuüben, gemäß §§ 14 und 15 nachweist.

(2) [1]Bei ihrer Entscheidung berücksichtigt die Rechtsanwaltskammer Art und Umfang der beruflichen Tätigkeit sowie sämtliche Kenntnisse und Berufserfahrungen im deutschen Recht, ferner die Teilnahme an Kursen und Seminaren über das deutsche Recht einschließlich des Berufsrechts der Rechtsanwälte. [2]§ 11 Abs. 1 Satz 2, Abs. 2, 3 gilt entsprechend.

§ 14 Nachweise [1]Der Antragsteller hat die Nachweise gemäß § 12 zu erbringen. [2]Darüber hinaus hat er der Rechtsanwaltskammer alle Auskünfte zu erteilen und alle Unterlagen zu übermitteln, die als Nachweis für seine Kenntnisse und Berufserfahrungen im deutschen Recht geeignet sind.

§ 15 Gespräch [1]Die Rechtsanwaltskammer überprüft in einem Gespräch, ob der Antragsteller effektiv und regelmäßig als niedergelassener europäischer Rechtsanwalt in Deutschland auf dem Gebiet des deutschen Rechts tätig war und ob er imstande ist, diese Tätigkeit weiter auszuüben. [2]Die Gegenstände des Gesprächs sind der nachgewiesenen beruflichen Praxis des Antragstellers und seinen sonstigen Erfahrungen im deutschen Recht zu entnehmen.

Teil 4: Feststellung einer gleichwertigen Berufsqualifikation*

§ 16 Antrag auf Feststellung einer gleichwertigen Berufsqualifikation

(1) [1]Eine Person, die eine Ausbildung abgeschlossen hat, die zum unmittelbaren Zugang zum Beruf eines europäischen Rechtsanwalts (§ 1) berechtigt, kann zum Zweck der Zulassung zur Rechtsanwaltschaft ohne Eingliederung nach Teil 3 die Feststellung beantragen, dass die von ihr erworbene Berufsqualifikation die Voraussetzungen erfüllt, die für die Ausübung des Berufs des Rechtsanwalts in Deutschland erforderlich sind. [2]Der Antrag kann bei jedem der nach § 18 Absatz 1 und 2 zuständigen Prüfungsämter, jedoch nicht bei mehreren gleichzeitig gestellt werden.

(2) [1]Beruht die Zugangsberechtigung zum Beruf eines europäischen Rechtsanwalts auf einem Ausbildungsnachweis,

1. dessen zu Grunde liegende Ausbildung nicht überwiegend in einem Mitgliedstaat der Europäischen Union oder einem anderen Vertragsstaat des Europäischen Wirtschaftsraums oder der Schweiz durchgeführt wurde oder
2. der nicht von einem der in Nummer 1 genannten Staaten ausgestellt wurde, so muss die antragstellende Person in dem Staat, in dem der Nachweis ausgestellt oder anerkannt wurde, ausweislich einer Bescheinigung der dort zuständigen Behörde den Beruf des europäischen Rechtsanwalts mindestens drei Jahre ausgeübt haben.

(3) [1]Dem Antrag nach Absatz 1 sind beizufügen:

1. ein tabellarischer Lebenslauf;
2. ein Ausbildungsnachweis, der die Berechtigung zum unmittelbaren Zugang zum Beruf eines europäischen Rechtsanwalts bescheinigt, im Original oder in Kopie;
3. ein Nachweis darüber, dass mehr als die Hälfte der Mindestausbildungszeit in einem der in Absatz 2 Nummer 1 genannten Staaten durchgeführt wurde, oder in den Fällen des Absatzes 2 eine Bescheinigung über die mindestens dreijährige Berufsausübung;
4. eine Erklärung darüber, ob und gegebenenfalls bei welchen Prüfungsämtern schon einmal ein Antrag nach Absatz 1 gestellt oder eine Eignungsprüfung abgelegt wurde;
5. für den Fall, dass geltend gemacht wird, dass Unterschiede nach § 16a Absatz 3 Satz 1 Nummer 1 nach § 16a Absatz 3 Satz 1 Nummer 2 vollständig ausgeglichen wurden, geeignete Nachweise hierüber.

---

* Siehe dazu die Verordnung über die Eignungsprüfung für die Zulassung zur Rechtsanwaltschaft (RAEigPrV) vom 18.12.1990 (BGBl. I S. 2881), zuletzt geändert durch Artikel 3 des Gesetzes vom 12. Mai 2017, BGBl. I S. 1121.

(4) [1]Der Antrag und die nach Absatz 3 Nummer 1 und 4 beizufügenden Dokumente sind in deutscher Sprache abzufassen.

§ 16a Entscheidung über den Antrag

(1) [1]Das Prüfungsamt bestätigt den Eingang des Antrags nach § 16 Absatz 1 innerhalb eines Monats. Innerhalb dieser Frist teilt es der antragstellenden Person auch mit, ob Dokumente fehlen oder von Dokumenten einfache oder beglaubigte Übersetzungen vorzulegen sind. [2]Das Prüfungsamt entscheidet über den Antrag spätestens vier Monate nach Eingang aller erforderlichen Dokumente.

(2) [1]Das Prüfungsamt lehnt den Antrag ab, wenn die antragstellende Person keine Zugangsberechtigung im Sinne des § 16 Absatz 1 und 2 besitzt oder die erforderlichen Dokumente nicht vorlegt.

(3) [1]Das Prüfungsamt erlegt der antragstellenden Person die Ablegung einer Eignungsprüfung auf, wenn

1. sich ihre Ausbildung auf Fächer bezog, die sich wesentlich von denen unterscheiden, die für die Ausübung des Berufs des Rechtsanwalts in Deutschland erforderlich sind, und
2. diese Unterschiede nicht anderweitig, insbesondere durch Berufspraxis oder Weiterbildungsmaßnahmen, ausgeglichen wurden.

[2]Die Auferlegung einer Eignungsprüfung gilt als Entscheidung nach Absatz 1 Satz 3. [3]Beabsichtigt das Prüfungsamt, von der Auferlegung einer Eignungsprüfung abzusehen, so hat es zuvor eine Stellungnahme der Rechtsanwaltskammer einzuholen, in deren Bezirk es gelegen ist.

(4) [1]Das Prüfungsamt hat die Auferlegung einer Eignungsprüfung zu begründen und der antragstellenden Person dabei mitzuteilen,

1. welchem Qualifikationsniveau nach Artikel 11 der Richtlinie 2005/36/EG des Europäischen Parlaments und des Rates vom 7. September 2005 über die Anerkennung von Berufsqualifikationen (ABl. L 255 vom 30.9.2005, S. 22; L 271 vom 16.10.2007, S. 18; L 93 vom 4.4.2008, S. 28; L 33 vom 3.2.2009, S. 49; L 305 vom 24.10.2014, S. 115), die zuletzt durch die Richtlinie 2013/55/EU (ABl. L 354 vom 28.12.2013, S. 132; L 268 vom 15.10.2015, S. 35; L 95 vom 9.4.2016, S. 20) geändert worden ist, in der jeweils geltenden Fassung zum einen die von ihr erlangte Berufsqualifikation und zum anderen die zur Erlangung der Befähigung zum Richteramt nach dem Deutschen Richtergesetz geforderte Berufsqualifikation entspricht und
2. worin die Unterschiede nach Absatz 3 Satz 1 Nummer 1 liegen und warum diese nicht nach Absatz 3 Satz 1 Nummer 2 als ausgeglichen anzusehen sind.

(5) [1]Wer die Voraussetzungen des § 16 unmittelbar erfüllt oder die Eignungsprüfung besteht, erhält hierüber vom Prüfungsamt eine Bescheinigung und wird nach den §§ 6 bis 36 und 46a bis 46c Absatz 1, 4 und 5 der Bundesrechtsanwaltsordnung von der Rechtsanwaltskammer zur Rechtsanwaltschaft zugelassen.

(6) [1]Das Verwaltungsverfahren nach dieser Vorschrift und § 16 kann elektronisch und über eine einheitliche Stelle nach den §§ 71a bis 71e des Verwaltungsverfahrensgesetzes abgewickelt werden.

§ 17 Zweck der Eignungsprüfung [1]Die Eignungsprüfung ist eine staatliche Prüfung, die ausschließlich die beruflichen Kenntnisse und Kompetenzen des Antragstellers betrifft und mit der seine Fähigkeit, den Beruf eines Rechtsanwalts in Deutschland auszuüben, beurteilt werden soll. [2]Die Eignungsprüfung muss dem Umstand Rechnung tragen, dass der Antragsteller in einem Mitgliedstaat der Europäischen Union oder einem anderen Vertragsstaat des Abkommens über den Europäischen Wirtschaftsraum oder der Schweiz über eine berufliche Qualifikation zur Ausübung eines Rechtsanwaltsberufes verfügt.

§ 18 Prüfungsamt (1) [1]Die Eignungsprüfung wird von dem Prüfungsamt durchgeführt, das für die zweite juristische Staatsprüfung zuständig ist.

(2) [1]Mehrere Länder können durch Vereinbarung ein gemeinsames Prüfungsamt bilden. [2]Die Zuständigkeit eines Prüfungsamts kann durch Vereinbarung auf die Eignungsprüfung von Antragstellern aus einzelnen Herkunftsstaaten beschränkt werden.

(3) [1]Soweit nicht in diesem Gesetz oder in einer auf der Grundlage dieses Gesetzes erlassenen Rechtsverordnung Abweichendes bestimmt ist, gelten für die Eignungsprüfung die Vorschriften für die zweite juristische Staatsprüfung desjenigen Landes entsprechend, in dem das Prüfungsamt eingerichtet ist.

(4) [1]Die Prüfung wird von einer Kommission mit mindestens drei Prüfern abgenommen. [2]Bei Stimmengleichheit entscheidet die Stimme des Vorsitzenden. [3]Das Landesrecht kann vorsehen, dass die schriftlichen Leistungen statt von der Kommission auch von zwei Prüfern bewertet werden, die der Kommission nicht angehören müssen. [4]Können die beiden Prüfer sich nicht einigen, ob eine Aufsichtsarbeit den Anforderungen genügt, so entscheidet ein dritter Prüfer, der vom Prüfungsamt bestimmt wird.

(5) [1]Die Prüfer sind in der Ausübung ihres Amtes unabhängig.

§ 19 (weggefallen)

§ 20 Prüfungsfächer (1) [1]Prüfungsfächer sind das Pflichtfach Zivilrecht, zwei Wahlfächer und das Recht für das berufliche Verhalten der Rechtsanwälte. [2]Der Antragsteller bestimmt je ein Wahlfach aus den beiden Wahlfachgruppen

1. Öffentliches Recht oder Strafrecht,
2. Handelsrecht, Arbeitsrecht, durch das Pflichtfach nicht abgedeckte weitere Bereiche des Zivilrechts, Öffentliches Recht oder Strafrecht.

[3]Der Antragsteller darf nicht dasselbe Wahlfach in beiden Wahlfachgruppen bestimmen.

(2) [1]Prüfungsinhalte sind durch Rechtsverordnung näher zu bestimmende Bereiche des Pflichtfaches und der beiden Wahlfächer sowie das dazugehörige Verfahrensrecht einschließlich der Grundlagen im Gerichtsverfassungsrecht und die Grundzüge des Zwangsvollstreckungsrechts und des Insolvenzrechts.

§ 21 Prüfungsleistungen (1) [1]Die Prüfung besteht aus einem schriftlichen und einem mündlichen Teil. [2]Sie wird in deutscher Sprache abgelegt.

(2) [1]Das Prüfungsamt erlässt der antragstellenden Person auf Antrag einzelne Prüfungsleistungen ganz oder teilweise, wenn sie nachweist, dass sie durch ihre berufliche Ausbildung oder anderweitig, insbesondere durch Berufspraxis oder Weiterbildungsmaßnahmen, in einem Prüfungsgebiet die für die Ausübung des Rechtsanwaltsberufs in Deutschland erforderlichen materiellrechtlichen und verfahrensrechtlichen Kenntnisse im deutschen Recht erworben hat. [2]Ein Antrag nach Satz 1 soll möglichst zusammen mit dem Antrag nach § 16 Absatz 1 gestellt werden. [3]Das Prüfungsamt kann vor dem Erlass von Prüfungsleistungen eine Stellungnahme der Rechtsanwaltskammer einholen, in deren Bezirk es gelegen ist.

(3) [1]Die schriftliche Prüfung umfasst zwei Aufsichtsarbeiten. [2]Eine Aufsichtsarbeit bezieht sich auf das Pflichtfach, die andere auf das vom Antragsteller bestimmte Wahlfach.

(4) [1]Der Antragsteller wird zur mündlichen Prüfung nur zugelassen, wenn mindestens eine Aufsichtsarbeit den Anforderungen genügt; andernfalls gilt die Prüfung als nicht bestanden. [2]Satz 1 gilt nicht, wenn der antragstellenden Person eine Aufsichtsarbeit nach Absatz 2 erlassen wurde.

(5) [1]Die mündliche Prüfung besteht aus einem Kurzvortrag und einem Prüfungsgespräch. [2]Sie hat zum Gegenstand das Recht für das berufliche Verhalten der Rechtsanwälte, das Wahlfach, in dem der Antragsteller keine Aufsichtsarbeit geschrieben hat, und, falls eine Aufsichtsarbeit den Anforderungen nicht genügt, zusätzlich das Fach dieser Arbeit.

§ 22 Prüfungsentscheidung [1]Die Prüfungskommission entscheidet auf Grund des Gesamteindrucks der Leistungen in der schriftlichen und mündlichen Prüfung mit Stimmenmehrheit, ob der Antragsteller über die nach § 17 erforderlichen Kenntnisse verfügt.

§ 23 Einwendungen (1) [1]Der Antragsteller kann schriftlich oder elektronisch Einwendungen gegen die Bewertung seiner Prüfungsleistungen erheben.

(2) [1]Ist der Antragsteller zur mündlichen Prüfung zugelassen, so muss er die Einwendungen gegen die Bewertung der schriftlichen Aufsichtsarbeiten spätestens binnen eines Monats nach Bekanntgabe der Prüfungsentscheidung, die Einwendungen gegen die Bewertung der mündlichen Prüfung unverzüglich nach Bekanntgabe der Prüfungsentscheidung beim Prüfungsamt (§ 18) geltend machen. [2]Die Einwendungen gegen die Bewertung der schriftlichen Aufsichtsarbeiten sind spätestens binnen zwei Monaten nach Bekanntgabe der Prüfungsentscheidung, die Einwendungen gegen die Bewertung der mündlichen Prüfung sind spätestens binnen eines Monats nach Bekanntgabe der Prüfungsentscheidung im Einzelnen und nachvollziehbar zu begründen.

(3) [1]Ist der Antragsteller nicht zur mündlichen Prüfung zugelassen, so muss er die Einwendungen gegen die Bewertung der schriftlichen Aufsichtsarbeiten spätestens binnen eines Monats nach Bekanntgabe der Prüfungsentscheidung beim Prüfungsamt geltend machen und binnen zwei Monaten nach deren Bekanntgabe im Einzelnen und nachvollziehbar schriftlich begründen.

(4) [1]Entsprechen die Einwendungen nicht den Absätzen 1 bis 3, so werden sie vom Prüfungsamt zurückgewiesen. [2]Im Übrigen werden die Einwendungen den jeweiligen Prüfern zur Überprüfung ihrer Bewertung zugeleitet.

§ 24 Wiederholung der Prüfung [1]Die Prüfung kann wiederholt werden.

Teil 5: Vorübergehende Dienstleistung

§ 25 Vorübergehende Tätigkeit (1) [1]Ein europäischer Rechtsanwalt darf die Tätigkeiten eines Rechtsanwalts in Deutschland nach den folgenden Vorschriften vorübergehend und gelegentlich ausüben (dienstleistender europäischer Rechtsanwalt). [2]Ob die Tätigkeiten vorübergehend und gelegentlich erbracht werden, ist insbesondere anhand ihrer Dauer, Häufigkeit, regelmäßigen Wiederkehr und Kontinuität zu beurteilen.

(2) [1]Absatz 1 gilt nicht für europäische Rechtsanwälte, die den Beruf des Rechtsanwalts nicht ausüben dürfen, weil

1. sie aus einem der Gründe nach § 7 Nr. 1, 2, 4 bis 6 der Bundesrechtsanwaltsordnung in nicht mehr anfechtbarer Weise zur Rechtsanwaltschaft nicht zugelassen sind oder ihre Zulassung aus einem dieser Gründe nach § 14 Abs. 1 der Bundesrechtsanwaltsordnung in nicht mehr anfechtbarer Weise zurückgenommen worden ist, solange der Grund für die Nichtzulassung oder die Rücknahme der Zulassung besteht,
2. ihre Zulassung nach § 14 Abs. 2 Nr. 1 und 2 der Bundesrechtsanwaltsordnung in nicht mehr anfechtbarer Weise widerrufen worden ist,
3. gegen sie die Maßnahme der Ausschließung aus der Rechtsanwaltschaft nach § 114 Abs. 1 Nr. 5 der Bundesrechtsanwaltsordnung rechtskräftig verhängt worden ist.

[2]Ist einem europäischen Rechtsanwalt nach § 70 des Strafgesetzbuches, § 132a der Strafprozessordnung oder § 150 der Bundesrechtsanwaltsordnung die Ausübung des Rechtsanwaltsberufs verboten, so ist Absatz 1 für die Dauer des Verbots nicht anzuwenden. [3]Ist gegen eine Person nach § 114 Abs. 1 Nr. 4, §§ 150 oder 161a der Bundesrechtsanwaltsordnung ein Vertretungsverbot verhängt worden, so ist Absatz 1 in dem Umfang nicht anzuwenden, in dem das Vertretungsverbot besteht.

Internat. Recht

§ 26 Berufsbezeichnung, Nachweis der Rechtsanwaltseigenschaft
(1) [1]Für die Führung der Berufsbezeichnung ist § 5 Absatz 1 Satz 1 und 2 und Absatz 2 Satz 2 entsprechend anzuwenden.

(2) [1]Der dienstleistende europäische Rechtsanwalt hat der nach § 32 Abs. 4 zuständigen Rechtsanwaltskammer, dem Gericht oder der Behörde, vor der er auftritt, auf Verlangen nachzuweisen, dass er berechtigt ist, den Beruf im Staat der Niederlassung auszuüben. [2]Wird dieses Verlangen gestellt, darf er die Tätigkeiten nach diesem Teil des Gesetzes erst ausüben, wenn der Nachweis erbracht ist.

§ 27 Rechte und Pflichten (1) [1]Der dienstleistende europäische Rechtsanwalt hat im Zusammenhang mit der Vertretung oder Verteidigung eines Mandanten im Bereich der Rechtspflege oder vor Behörden die Stellung eines Rechtsanwalts, insbesondere dessen Rechte und Pflichten, soweit diese nicht die Zugehörigkeit zu einer Rechtsanwaltskammer sowie die Kanzlei betreffen. [2]Beschränkungen der Vertretungsbefugnis, die sich aus dem Erfordernis der Zulassung bei dem Bundesgerichtshof ergeben, bleiben unberührt.

(2) [1]Bei der Ausübung sonstiger Tätigkeiten sind die für einen Rechtsanwalt geltenden Regeln einzuhalten; hierbei sind insbesondere die beruflichen Pflichten zu befolgen, die sich aus den §§ 43, 43a, 43b, 43d, 43e und 45 der

Bundesrechtsanwaltsordnung ergeben. [2]Diese Regeln gelten nur insoweit, als sie nicht mit der Niederlassung in Deutschland untrennbar verbunden sind, sie wegen ihrer allgemeinen Bedeutung beachtet werden können und das Verlangen, sie einzuhalten, gerechtfertigt ist, um eine ordnungsgemäße Ausübung der Tätigkeiten des Rechtsanwalts sowie die Wahrung des Ansehens und des Vertrauens zu gewährleisten, welche die Stellung des Rechtsanwalts erfordert.

(3) [1]Der dienstleistende europäische Rechtsanwalt ist verpflichtet, eine Berufshaftpflichtversicherung zur Deckung der sich aus seiner Berufstätigkeit in Deutschland ergebenden Haftpflichtgefahren für Vermögensschäden abzuschließen, die nach Art und Umfang den durch seine berufliche Tätigkeit entstehenden Risiken angemessen ist. [2]Ist dem Rechtsanwalt der Abschluss einer solchen Versicherung nicht möglich oder unzumutbar, hat er seinen Mandanten auf diese Tatsache und deren Folgen vor seiner Mandatierung in Textform hinzuweisen. [3]Die Sätze 1 und 2 gelten nicht, soweit die Tätigkeit eines Syndikusrechtsanwalts ausgeübt wird.

§ 27a Besonderes elektronisches Anwaltspostfach (1) [1]Der dienstleistende europäische Rechtsanwalt kann bei der nach § 32 Absatz 4 zuständigen Rechtsanwaltskammer die Einrichtung eines besonderen elektronischen Anwaltspostfachs beantragen. [2]Liegen die Voraussetzungen für die Einrichtung vor, wird er nur zu diesem Zweck in das Verzeichnis der Rechtsanwaltskammer und das Gesamtverzeichnis der Bundesrechtsanwaltskammer eingetragen. [3]Für die Eintragung in diese Verzeichnisse gilt § 31 Absatz 1 Satz 3, 5 und 6, Absatz 3 Nummer 1, 2 und 5, Absatz 4 Satz 1 und 2 sowie Absatz 5 Satz 1 und 2 der Bundesrechtsanwaltsordnung sinngemäß mit der Maßgabe, dass an die Stelle der Beendigung der Mitgliedschaft in der Rechtsanwaltskammer der Verlust der Zulassung zur Rechtsanwaltschaft im Herkunftsstaat oder der Antrag auf Löschung des besonderen elektronischen Anwaltspostfachs tritt. [4]Zudem gilt für die Eintragung in diese Verzeichnisse die auf Grund von § 31c der Bundesrechtsanwaltsordnung erlassene Rechtsverordnung.

(2) [1]Nach der Eintragung im Gesamtverzeichnis richtet die Bundesrechtsanwaltskammer für den dienstleistenden europäischen Rechtsanwalt ein besonderes elektronisches Anwaltspostfach ein. [2]§ 31a Absatz 1 Satz 2, Absatz 2 bis 4 und 6 der Bundesrechtsanwaltsordnung gilt sinngemäß mit der Maßgabe nach Absatz 1 Satz 3. [3]Zudem gilt die auf Grund von § 31c der Bundesrechtsanwaltsordnung erlassene Rechtsverordnung.

(3) [1]Die Rechtsanwaltskammer kann zur Deckung des Verwaltungsaufwands für die Einrichtung und den Betrieb des besonderen elektronischen Anwaltspostfachs von dem dienstleistenden europäischen Rechtsanwalt Gebühren nach festen Sätzen sowie Auslagen erheben. [2]Sie bestimmt die Gebühren- und Auslagentatbestände sowie die Höhe und die Fälligkeit der Ge-

bühren und Auslagen durch Satzung; § 192 Satz 2 der Bundesrechtsanwaltsordnung gilt entsprechend. [3]Die Gebühren und Auslagen dürfen die von den Mitgliedern der Rechtsanwaltskammer für die Einrichtung und den Betrieb des besonderen elektronischen Anwaltspostfachs erhobenen Beträge nicht übersteigen. [4]Die Höhe der Gebühren ist regelmäßig zu überprüfen. [5]Die Satzung ist der Aufsichtsbehörde anzuzeigen. [6]Für die Einziehung rückständiger Gebühren und Auslagen gilt § 84 der Bundesrechtsanwaltsordnung entsprechend. [7]Ab dem in § 84 Absatz 2 der Bundesrechtsanwaltsordnung bezeichneten Zeitpunkt sind § 31 Absatz 5 Satz 1 und 2 und § 31a Absatz 4 der Bundesrechtsanwaltsordnung sinngemäß anwendbar.

§ 28 Vertretung und Verteidigung im Bereich der Rechtspflege (1) [1]Der dienstleistende europäische Rechtsanwalt darf in gerichtlichen Verfahren sowie in behördlichen Verfahren wegen Straftaten, Ordnungswidrigkeiten, Dienstvergehen oder Berufspflichtverletzungen, in denen der Mandant nicht selbst den Rechtsstreit führen oder sich verteidigen kann, als Vertreter oder Verteidiger eines Mandanten nur im Einvernehmen mit einem Rechtsanwalt (Einvernehmensanwalt) handeln.

(2) [1]Der Einvernehmensanwalt muss zur Vertretung oder Verteidigung bei dem Gericht oder der Behörde befugt sein. [2]Ihm obliegt es, gegenüber dem dienstleistenden europäischen Rechtsanwalt darauf hinzuwirken, dass dieser bei der Vertretung oder Verteidigung die Erfordernisse einer geordneten Rechtspflege beachtet.

(3) [1]Zwischen dem Einvernehmensanwalt und dem Mandanten kommt kein Vertragsverhältnis zustande, wenn die Beteiligten nichts anderes bestimmt haben.

§ 29 Nachweis des Einvernehmens, Widerruf (1) [1]Das Einvernehmen ist bei der ersten Handlung gegenüber dem Gericht oder der Behörde schriftlich nachzuweisen.

(2) [1]Ein Widerruf des Einvernehmens ist schriftlich gegenüber dem Gericht oder der Behörde zu erklären. [2]Er hat Wirkung nur für die Zukunft.

(3) [1]Handlungen, für die der Nachweis des Einvernehmens zum Zeitpunkt ihrer Vornahme nicht vorliegt, sind unwirksam.

§ 30 Besonderheiten bei Verteidigung (1) [1]Der dienstleistende europäische Rechtsanwalt darf einen Mandanten, dem in einem Strafverfahren die Freiheit auf Grund gerichtlicher oder behördlicher Anordnung entzogen ist, nur in Begleitung eines Einvernehmensanwalts nach § 28 Abs. 1 besuchen und mit dem Mandanten nur über einen solchen schriftlich verkehren. [2]Mit dem Einvernehmensanwalt ist das Einvernehmen über die Ausübung des Besuchs- und Schriftverkehrs herzustellen.

Internat. Recht

(2) [1]Das Gericht oder die Behörde kann den Besuch ohne Begleitung oder den unmittelbaren schriftlichen Verkehr gestatten, wenn eine Gefährdung der Sicherheit nicht zu besorgen ist.

(3) [1]Die §§ 138a bis 138d, 146, 146a und 148 der Strafprozessordnung sowie §§ 26, 27 Abs. 3, § 29 Abs. 1 und § 31 Abs. 4 des Strafvollzugsgesetzes sind auf den Einvernehmensanwalt entsprechend anzuwenden.

§ 31 Zustellungen in behördlichen und gerichtlichen Verfahren (1) [1]Der dienstleistende europäische Rechtsanwalt hat einen Zustellungsbevollmächtigten, der im Inland wohnt oder dort einen Geschäftsraum hat, zu benennen, sobald er in Verfahren vor Gerichten oder Behörden tätig wird. [2]Die Benennung erfolgt gegenüber der Behörde oder dem Gericht. [3]Zustellungen, die für den dienstleistenden europäischen Rechtsanwalt bestimmt sind, sind an den Zustellungsbevollmächtigten zu bewirken. [4]An ihn kann auch von Anwalt zu Anwalt (§§ 174 und 195 der Zivilprozessordnung) zugestellt werden.

(2) [1]Ist ein Zustellungsbevollmächtigter nicht benannt, so gilt in den in § 28 Abs. 1 aufgeführten Verfahren der Einvernehmensanwalt als Zustellungsbevollmächtigter; kann nicht an einen Zustellungsbevollmächtigten im Geltungsbereich dieses Gesetzes zugestellt werden, so kann die Zustellung durch Aufgabe zur Post bewirkt werden (§ 184 der Zivilprozessordnung).

(3) [1]Die Absätze 1 und 2 gelten nicht, sofern ein Gericht oder eine Behörde bei einem dienstleistenden europäischen Rechtsanwalt, der einen sicheren Übermittlungsweg für die Zustellung elektronischer Dokumente eröffnet hat, auf die Bestellung eines Zustellungsbevollmächtigten verzichtet.

§ 32 Aufsicht, zuständige Rechtsanwaltskammer (1) [1]Dienstleistende europäische Rechtsanwälte werden durch die zuständigen Rechtsanwaltskammern beaufsichtigt. [2]Dem Vorstand der Rechtsanwaltskammer obliegt es insbesondere,

1. in Fragen der Berufspflichten eines Rechtsanwalts zu beraten und zu belehren;
2. die Erfüllung der beruflichen Pflichten zu überwachen und das Recht der Rüge zu handhaben;
3. die zuständige Stelle des Staates der Niederlassung über Entscheidungen zu unterrichten, die hinsichtlich eines dienstleistenden europäischen Rechtsanwalts getroffen worden sind;
4. die erforderlichen Auskünfte beruflicher Art über dienstleistende europäische Rechtsanwälte einzuholen;
5. auf Antrag bei Streitigkeiten zwischen dienstleistenden europäischen Rechtsanwälten und inländischen Rechtsanwälten zu vermitteln; dies umfasst die Befugnis, Schlichtungsvorschläge zu unterbreiten;

6. auf Antrag bei Streitigkeiten zwischen dienstleistenden europäischen Rechtsanwälten und ihrer Mandantschaft zu vermitteln; dies umfasst die Befugnis, Schlichtungsvorschläge zu unterbreiten.

(2) [1]Der Vorstand kann die in Absatz 1 Nr. 1, 3 bis 6 bezeichneten Aufgaben einzelnen Mitgliedern des Vorstands übertragen.

(3) [1]Die §§ 56, 57 und 73 Absatz 3 sowie die §§ 74, 74a, 195, 197a bis 199, 205 und 205a der Bundesrechtsanwaltsordnung gelten entsprechend.

(4) [1]Die Zuständigkeit der Rechtsanwaltskammer für die Aufsicht nach Absatz 1 richtet sich nach dem Staat der Niederlassung des dienstleistenden europäischen Rechtsanwalts. [2]Die Aufsicht wird ausgeübt für dienstleistende europäische Rechtsanwälte aus

1. Belgien und den Niederlanden durch die Rechtsanwaltskammer Düsseldorf in Düsseldorf,
2. Frankreich und Luxemburg durch die Rechtsanwaltskammer Koblenz in Koblenz,
3. dem Vereinigten Königreich, Irland, Finnland und Schweden durch die Hanseatische Rechtsanwaltskammer in Hamburg,
4. Italien und Österreich durch die Rechtsanwaltskammer für den Oberlandesgerichtsbezirk München in München,
5. Dänemark, Norwegen und Island durch die Schleswig-Holsteinische Rechtsanwaltskammer in Schleswig,
6. Liechtenstein und der Schweiz durch die Rechtsanwaltskammer in Freiburg,
7. Griechenland und der Republik Zypern durch die Rechtsanwaltskammer in Celle,
8. Spanien und Estland durch die Rechtsanwaltskammer Stuttgart in Stuttgart,
9. Portugal durch die Rechtsanwaltskammer Oldenburg in Oldenburg,
10. der Tschechischen Republik und der Slowakei durch die Rechtsanwaltskammer Sachsen in Dresden,
11. Polen durch die Rechtsanwaltskammer des Landes Brandenburg in Brandenburg an der Havel,
12. Lettland und Litauen durch die Rechtsanwaltskammer Mecklenburg-Vorpommern in Schwerin,
13. Ungarn durch die Rechtsanwaltskammer Nürnberg in Nürnberg,
14. Malta durch die Rechtsanwaltskammer des Landes Sachsen-Anhalt in Magdeburg,
15. Slowenien durch die Rechtsanwaltskammer Thüringen in Erfurt,

16. Bulgarien durch die Rechtsanwaltskammer Berlin in Berlin,
17. Rumänien durch die Rechtsanwaltskammer Frankfurt am Main in Frankfurt am Main,
18. Kroatien durch die Rechtsanwaltskammer Tübingen in Tübingen.

§ 33 Anwaltsgerichtsbarkeit, Zustellungen (1) [1]Der dienstleistende europäische Rechtsanwalt untersteht hinsichtlich der Erfüllung seiner Berufspflichten der Anwaltsgerichtsbarkeit. [2]Die örtliche Zuständigkeit des Anwaltsgerichts bestimmt sich nach dem Sitz der Rechtsanwaltskammer, welche die Aufsicht nach § 32 ausübt.

(2) [1]§ 10 gilt entsprechend.

§ 34 Anwaltsgerichtliche Ahndung von Pflichtverletzungen, vorläufige anwaltsgerichtliche Maßnahmen [1]Für die anwaltsgerichtliche Ahndung von Pflichtverletzungen und die Verhängung vorläufiger anwaltsgerichtlicher Maßnahmen gelten für den dienstleistenden europäischen Rechtsanwalt die Vorschriften des Sechsten und des Siebenten Teils, des Dritten Abschnitts des Zehnten Teils und des Elften Teils der Bundesrechtsanwaltsordnung mit folgenden Maßgaben:

1. das Verbot nach § 114 Abs. 1 Nr. 4 sowie die vorläufigen Maßnahmen nach § 150 Abs. 1 und § 161a dürfen nur für das Bundesgebiet ausgesprochen werden;
2. an die Stelle der Ausschließung aus der Rechtsanwaltschaft (§ 114 Absatz 1 Nummer 5) tritt das Verbot, in Deutschland Dienstleistungen zu erbringen;
3. die Mitteilung nach § 160 Abs. 1 Satz 1, § 161a Abs. 2 ist an alle Rechtsanwaltskammern zu richten;
4. § 161 ist nicht anzuwenden;
5. an die Stelle der Rechtsanwaltskammer nach § 198 tritt die nach § 32 dieses Gesetzes zuständige Rechtsanwaltskammer.

§ 34a Mitteilungspflichten [1]Gerichte und Behörden übermitteln personenbezogene Daten, die zur Einleitung eines Rügeverfahrens oder eines anwaltsgerichtlichen Verfahrens aus der Sicht der übermittelnden Stelle erforderlich sind, den für die Einleitung dieser Verfahren zuständigen Stellen, soweit hierdurch schutzwürdige Interessen des Betroffenen nicht beeinträchtigt werden oder das öffentliche Interesse das Geheimhaltungsinteresse des Betroffenen überwiegt. [2]§ 36 Abs. 2 Satz 2 der Bundesrechtsanwaltsordnung gilt entsprechend.

Teil 6: Rechtsweg in verwaltungsrechtlichen Anwaltssachen und allgemeine Vorschriften für das Verwaltungsverfahren

§ 35 Rechtsweg in verwaltungsrechtlichen Anwaltssachen [1]Für öffentlich-rechtliche Streitigkeiten nach den Teilen 2, 3, 5 und 6 dieses Gesetzes oder nach einer in Bezug auf diese Teile erlassenen Rechtsverordnung, soweit sie nicht anwaltsgerichtlicher Art sind oder einem anderen Gericht ausdrücklich zugewiesen sind, gelten die Bestimmungen der Bundesrechtsanwaltsordnung für verwaltungsrechtliche Anwaltssachen entsprechend.

§ 36 Bescheinigungen des Heimat- oder Herkunftsstaates [1]Sofern für eine Entscheidung über die Aufnahme in die Rechtsanwaltskammer nach Teil 2 oder über die Zulassung zur Rechtsanwaltschaft nach den Teilen 3 oder 4 dieses Gesetzes

1. Bescheinigungen darüber, dass keine schwerwiegenden beruflichen Verfehlungen, Straftaten oder sonstigen Umstände bekannt sind, die die Eignung der Person für den Beruf des Rechtsanwalts in Frage stellen,
2. Bescheinigungen darüber, dass über das Vermögen der Person kein Insolvenzverfahren anhängig ist und die Person nicht für insolvent erklärt wurde,
3. Bescheinigungen über die körperliche oder geistige Gesundheit der Person oder
4. Bescheinigungen über das Bestehen und den Umfang einer Haftpflichtversicherung

erforderlich sind, genügen Bescheinigungen des Heimat- oder Herkunftsstaates, die den Anforderungen des Artikels 50 Absatz 1 in Verbindung mit Anhang VII Nummer 1 Buchstabe d bis f der Richtlinie 2005/36/EG entsprechen.

§ 37 Europäische Verwaltungszusammenarbeit; Bescheinigungen (1) [1]Für die europäische Verwaltungszusammenarbeit gelten die §§ 8a bis 8e des Verwaltungsverfahrensgesetzes mit der Maßgabe, dass ausgehende Ersuchen auch in anderen Sprachen verfasst werden dürfen und eingehende Ersuchen auch erledigt werden dürfen, wenn sich ihr Inhalt nicht in deutscher Sprache aus den Akten ergibt.

(2) [1]Benötigt ein Rechtsanwalt, um auf der Grundlage eines Rechtsakts der Europäischen Union in einem anderen Staat tätig sein zu können, eine Bescheinigung der Rechtsanwaltskammer, so stellt ihm die Rechtsanwaltskammer diese innerhalb eines Monats aus.

§ 38 Mitteilungspflichten gegenüber anderen Staaten (1) [1]Ist ein Rechtsanwalt auch in einem anderen Mitgliedstaat der Europäischen Union, einem anderen Vertragsstaat des Europäischen Wirtschaftsraums oder der

Internat. Recht

Schweiz tätig, so teilt die Rechtsanwaltskammer der zuständigen Stelle des anderen Staates über das Binnenmarkt-Informationssystem der Europäischen Union Folgendes mit:

1. berufsrechtliche Sanktionen,
2. strafrechtliche oder in Ordnungswidrigkeitenverfahren verhängte Sanktionen, die sich auf die Ausübung der anwaltlichen Tätigkeit auswirken können, und
3. sonstige schwerwiegende Sachverhalte, die sich auf die Ausübung der anwaltlichen Tätigkeit auswirken können.

[2]Satz 1 gilt auch für niedergelassene europäische Rechtsanwälte, sofern die Mitteilung nicht schon nach § 9 erfolgt ist. [3]Ist der Rechtsanwaltskammer nach § 112h der Bundesrechtsanwaltsordnung eine Entscheidung übermittelt worden, hat sie den anderen Mitgliedstaaten der Europäischen Union, den anderen Vertragsstaaten des Europäischen Wirtschaftsraums und der Schweiz binnen drei Tagen nach Rechtskraft der Entscheidung über das Binnenmarkt-Informationssystem der Europäischen Union die Angaben zur Identität des Rechtsanwalts und die Tatsache, dass er einen gefälschten Berufsqualifikationsnachweis verwendet hat, mitzuteilen.

(2) [1]Unverzüglich nach einer Mitteilung nach Absatz 1 hat eine Mitteilung nach § 8d Absatz 2 des Verwaltungsverfahrensgesetzes zu erfolgen. [2]In ihr ist auf die zulässigen Rechtsbehelfe gegen die Entscheidung, die Mitteilung nach Absatz 1 zu veranlassen, hinzuweisen. [3]Wird ein Rechtsbehelf gegen die Entscheidung eingelegt, ergänzt die Rechtsanwaltskammer die Mitteilung nach Absatz 1 um einen entsprechenden Hinweis.

(3) [1]Die Vorschriften des § 9 sind entsprechend anzuwenden auf Rechtsanwälte, die in Deutschland zugelassen und in einem der anderen in Absatz 1 Satz 1 genannten Staaten unter ihrer ursprünglichen Berufsbezeichnung niedergelassen sind. [2]Absatz 1 Satz 1 gilt in diesem Fall nur insoweit, als die Mitteilung nicht schon nach Satz 1 erfolgt.

(4) [1]Absatz 1 Satz 1 gilt für dienstleistende europäische Rechtsanwälte entsprechend.

(5) [1]Hat die zuständige Stelle eines der anderen in Absatz 1 Satz 1 genannten Staaten der Rechtsanwaltskammer zu einem Rechtsanwalt Sanktionen oder Sachverhalte im Sinne des Absatzes 1 Satz 1 mitgeteilt, so unterrichtet die Rechtsanwaltskammer diese Stelle über die aufgrund der Mitteilung getroffenen Maßnahmen.

§ 38a Statistik [1]Über Verfahren nach Teil 4 dieses Gesetzes wird eine Bundesstatistik durchgeführt. [2]§ 17 des Berufsqualifikationsfeststellungsgesetzes mit Ausnahme von Absatz 2 Nummer 4 ist anzuwenden.

§ 39 Gebühren und Auslagen [1]Auf die Erhebung und Beitreibung von Gebühren und Auslagen für Amtshandlungen nach diesem Gesetz sind die Vorschriften der Bundesrechtsanwaltsordnung entsprechend anzuwenden.

Teil 7: Ermächtigungen, Übertragung von Befugnissen

§ 40 Ermächtigungen (1) [1]Das Bundesministerium der Justiz und für Verbraucherschutz wird ermächtigt, durch Rechtsverordnung, die nicht der Zustimmung des Bundesrates bedarf, die Anlage zu § 1 anzupassen, wenn sich der Kreis oder die Bezeichnungen der aufgeführten Berufe oder der Kreis der Mitgliedstaaten der Europäischen Union oder der Vertragsstaaten des Abkommens über den Europäischen Wirtschaftsraum ändern.

(2) [1]Das Bundesministerium der Justiz und für Verbraucherschutz wird ermächtigt, durch Rechtsverordnung mit Zustimmung des Bundesrates die Einzelheiten der Eignungsprüfung zu regeln, insbesondere

1. die Bereiche des Pflichtfaches und der Wahlfächer,
2. die prüfenden Personen,
3. den Ablauf des Prüfungsverfahrens,
4. die Prüfungsleistungen,
5. die Folgen eines ordnungswidrigen Verhaltens,
6. den Erlass von Prüfungsleistungen,
7. die Wiederholung der Prüfung und die Zahl der Wiederholungsmöglichkeiten,
8. die Erhebung einer Gebühr.

§ 41 Übertragung von Befugnissen (1) [1]Die Landesregierungen werden ermächtigt, die Aufgaben und Befugnisse, die den Landesjustizverwaltungen nach diesem Gesetz zustehen, durch Rechtsverordnung auf nachgeordnete Behörden zu übertragen. [2]Die Landesregierungen können diese Ermächtigung durch Rechtsverordnung auf die Landesjustizverwaltungen übertragen.

(2) [1]Die Landesregierungen werden ermächtigt, durch Rechtsverordnung die Durchführung des Antragsverfahrens und der Eignungsprüfung nach Teil 4 dieses Gesetzes ganz oder teilweise auf die Rechtsanwaltskammern zu übertragen. [2]Die Landesregierungen können diese Ermächtigung durch Rechtsverordnung auf die Landesjustizverwaltungen übertragen. [3]In diesem Fall gilt § 73 Abs. 1 Satz 2 und Abs. 3 der Bundesrechtsanwaltsordnung entsprechend.

Teil 8: Übergangs- und Schlussbestimmungen

§ 42 Anwendung von Vorschriften des Strafgesetzbuches (1) [1]Für die Anwendung der Vorschriften des Strafgesetzbuches über die Straflosigkeit der Nichtanzeige geplanter Straftaten (§ 139 Abs. 3 Satz 2), Verletzung von Privatgeheimnissen (§ 203 Absatz 1 Nummer 3, Absatz 3 bis 6, §§ 204, 205), Gebührenüberhebung (§ 352) und Parteiverrat (§ 356) stehen europäische Rechtsanwälte den Rechtsanwälten und Anwälten gleich.

(2) [1]Zum Schutz der in der Anlage zu § 1 genannten Berufsbezeichnungen ist die Vorschrift des § 132a Abs. 1 Nr. 2, Abs. 2 des Strafgesetzbuches über den Schutz der Berufsbezeichnung Rechtsanwalt entsprechend anzuwenden.

Anlage
(zu § 1)

Rechtsanwaltsberufe in Mitgliedstaaten der Europäischen Union, anderen Vertragsstaaten des Abkommens über den Europäischen Wirtschaftsraum und der Schweiz

- in Belgien: Avocat/Advocaat/Rechtsanwalt
- in Bulgarien: АДВОКАТ (Advokat)
- in Dänemark: Advokat
- in Estland: Vandeadvokaat
- in Finnland: Asianajaja/Advokat
- in Frankreich*: Avocat
- in Griechenland: Δικηγόρος (Dikigoros)
- in Großbritannien*: Advocate/Barrister/Solicitor
- in Irland: Barrister/Solicitor
- in Island: Lögmaur
- in Italien*: Avvocato
- in Kroatien: Odvjetnik
- in Lettland: Zvērināts advokāts
- in Liechtenstein: Rechtsanwalt
- in Litauen: Advokatas
- in Luxemburg: Avocat
- in Malta: Avukat / Prokuratur Legali
- in den Niederlanden: Advocaat

- in Norwegen: Advokat
- in Österreich: Rechtsanwalt
- in Polen: Adwokat/Radca prawny
- in Portugal: Advogado
- in Rumänien: Avocat
- in Schweden: Advokat
- in der Schweiz: Advokat, Rechtsanwalt, Anwalt, Fürsprecher, Fürsprech / Avocat / Avvocato
- in der Slowakei: Advokát/Komerčný právnik
- in Slowenien: Odvetnik/Odvetnica
- in Spanien*: Abogado/Advocat/Avogado/Abokatu
- in der Tschechischen Republik: Advokát
- in Ungarn: Ügyvéd
- in Zypern: Δικηγόρος (Dikigoros)

* Die Regeln zur Dienstleistungs- und Niederlassungsfreiheit nach europäischem Recht gelten nicht im Verhältnis zu Andorra, Monaco und San Marino, obwohl diese Länder von Spanien, Frankreich und Italien umschlossen werden. Die europäischen Kleinstaaten gehören weder der Europäischen Union und dem Europäischen Wirtschaftsraum noch der Welthandelsorganisation an; sie sind bislang auch nicht in die VO zu § 206 BRAO (Nr. 16 dieser Sammlung) einbezogen worden. Die Kanalinseln (Guernsey, Jersey u.a.) sowie die Isle of Man unterstehen unmittelbar der britischen Krone (crown dependencies) und sind als solche nicht Mitglieder der Europäischen Union; ihr Verhältnis zur Europäischen Union unterliegt der Sonderregelung in Art. 355 Abs. 5 lit. c AUEV.

Verordnung zur Durchführung des § 206 der Bundesrechtsanwaltsordnung

Vom 18. Juli 2002, BGBl. I S. 2886
BGBl. III 303-8-3

Zuletzt geändert durch Achte Verordnung zur Änderung der Verordnung zur Durchführung des § 206 der Bundesrechtsanwaltsordnung vom 12. November 2015, BGBl. I S. 2074

§ 1 (1) [1]§ 206 Abs. 1 Satz 1 der Bundesrechtsanwaltsordnung ist auf die in der Anlage 1 zu dieser Verordnung aufgeführten Berufsangehörigen der dort bezeichneten Staaten und Gebiete anzuwenden.

(2) [1]§ 206 Abs. 2 Satz 1 der Bundesrechtsanwaltsordnung ist auf die in der Anlage 2 zu dieser Verordnung aufgeführten Berufsangehörigen der dort bezeichneten Staaten anzuwenden.

§ 2 [1]Diese Verordnung tritt am Tag nach der Verkündung in Kraft.

Anlage 1
(zu § 1 Abs. 1)

Anwaltsberufe in Staaten und Gebieten, die Mitglieder der Welthandelsorganisation sind

- in Ägypten: Muhami
- in Albanien: Avokat
- in Argentinien: Abogado
- in Australien: Barrister, Solicitor, Legal Practitioner
- in Bolivien: Abogado
- in Brasilien: Advogado
- in Chile: Abogado
- in China: Lü shi
- in Chinesisch Taipei: Lü shi
- in Ecuador: Abogado
- in El Salvador: Abogado
- in Georgien: Adwokati
- in Ghana: Lawyer, Legal Practitioner, Solicitor, Barrister
- in Hong Kong, China: Barrister, Solicitor
- in Indien: Advocate
- in Indonesien: Advokat

- in Israel: Orech-Din
- in Japan: Bengoshi
- in Kamerun: Avocat, Advocate
- in Kanada: Barrister, Solicitor
- in Kolumbien: Abogado
- in der Republik Korea: Byeonhosa, Lawyer
- in Malaysia: Peguambela & Peguamcara, Advocate and Solicitor
- in Marokko: Mohamin
- in Mazedonien: Advokat
- in Mexiko: Abogado
- in Moldau: Avocat
- in Namibia: Legal Practitioner, Advocate, Attorney
- in Neuseeland: Barrister, Solicitor
- in Nigeria: Legal Practitioner
- in Pakistan: Wakeel, Advocate
- in Panama: Abogado
- in Peru: Abogado
- in den Philippinen: Attorney
- in der Russischen Föderation: Advokat
- in Singapur: Advocate and Solicitor
- in Sri Lanka: Attorney at law
- in Südafrika: Attorney, Prokureur, Advocate, Advokaat
- in Thailand: Tanaaykwaam
- in der Türkei: Avukat
- in Tunesien: Avocat
- in der Ukraine: Advokat
- in Uruguay: Abogado
- in Venezuela: Abogado
- in den Vereinigten Staaten von Amerika: Attorney at law

Anlage 2
(zu § 1 Abs. 2)

Anwaltsberufe in anderen Staaten

- in Serbien: Advokat

Richtlinie des Rates vom 22. März 1977 zur Erleichterung der tatsächlichen Ausübung des freien Dienstleistungsverkehrs der Rechtsanwälte (77/249/EWG)

(ABl. Nr. L 78 S. 17)

Zuletzt geändert durch RL 2013/25/EU des Rates
vom 13. Mai 2013
(ABl. Nr. L 158 S. 368, 375)

DER RAT DER EUROPAISCHEN GEMEINSCHAFTEN –

gestützt auf den Vertrag zur Gründung der Europäischen Wirtschaftsgemeinschaft, insbesondere auf die Artikel 57 und 66,

auf Vorschlag der Kommission,

nach Stellungnahme des Europäischen Parlaments,

nach Stellungnahme des Wirtschafts- und Sozialausschusses,

in Erwägung nachstehender Gründe:

Nach dem Vertrag ist jegliche Beschränkung des freien Dienstleistungsverkehrs, die sich auf die Staatsangehörigkeit oder auf das Erfordernis eines Wohnsitzes gründet, seit Ablauf der Übergangszeit untersagt.

Diese Richtlinie betrifft nur die Maßnahmen zur Erleichterung der tatsächlichen Ausübung der Rechtsanwalttätigkeiten im freien Dienstleistungsverkehr.

Eingehendere Maßnahmen werden erforderlich sein, um die tatsächliche Ausübung der Niederlassungsfreiheit zu erleichtern.

Die tatsächliche Ausübung der Rechtsanwalttätigkeiten im freien Dienstleistungsverkehr setzt voraus, daß der Aufnahmestaat die Personen, die diesen Beruf in den einzelnen Mitgliedstaaten ausüben, als Rechtsanwälte anerkennt.

Da die vorliegende Richtlinie nur den Dienstleistungsverkehr betrifft und Vorschriften über die gegenseitige Anerkennung der Diplome noch nicht erlassen worden sind, hat der von der Richtlinie Begünstigte die Berufsbezeichnung des Mitgliedstaats zu verwenden, in dem er niedergelassen ist und der im folgenden

als „Herkunftsstaat“ bezeichnet wird –

HAT FOLGENDE RICHTLINIE ERLASSEN:

Artikel 1 [Gegenstand und Begriffsbestimmung] (1) [1]Diese Richtlinie gilt innerhalb der darin festgelegten Grenzen und unter den darin vorgesehenen Bedingungen für die in Form der Dienstleistung ausgeübten Tätigkeiten der Rechtsanwälte. [2]Unbeschadet der Bestimmungen dieser Richtlinie können die Mitgliedstaaten die Abfassung förmlicher Urkunden, mit denen das Recht auf Verwaltung des Vermögens verstorbener Personen verliehen oder mit denen ein Recht an Grundstücken geschaffen oder übertragen wird, bestimmten Gruppen von Rechtsanwälten vorbehalten.

(2) [1]Unter „Rechtsanwalt" ist jede Person zu verstehen, die ihre beruflichen Tätigkeiten unter einer der folgenden Bezeichnungen auszuüben berechtigt ist:

Belgien:	Avocat/Advocaat
Dänemark:	Advokat
Deutschland:	Rechtsanwalt
Frankreich:	Avocat
Kroatien:	Odvjetnik/Odvjetnica
Irland:	Barrister
	Solicitor
Italien:	Avvocato
Luxemburg:	Avocat-avoué
Niederlande:	Advocaat
Vereinigtes Königreich:	Advocate
	Barrister
	Solicitor
Griechenland:	δικηγόρος
Spanien:	Abogado
Portugal:	Advogado
Österreich:	Rechtsanwalt
Finnland:	Asianajaja/Advokat
Schweden:	Advokat
Tschechische Republik:	Advokát
Estland:	Vandeadvokaat
Zypern:	Δικηγόρος
Lettland:	Zvērināts advokāts

Litauen:	Advokatas
Ungarn:	Ügyvéd
Malta:	Avukat/Prokuratur Legali
Polen:	Adwokat/Radca prawny
Slowenien:	Odvetnik/Odvetnica
Slowakei:	Advokát/Komerčný právnik
Bulgarien:	Адвокат
Rumänien:	Avocat

Artikel 2 [Gegenseitige Anerkennung] [1]Jeder Mitgliedstaat erkennt für die Ausübung der in Artikel 1 Absatz 1 genannten Tätigkeiten alle unter Artikel 1 Absatz 2 fallenden Personen als Rechtsanwalt an.

Artikel 3 [Berufsbezeichnung] [1]Jede unter Artikel 1 fallende Person verwendet die in der Sprache oder in einer der Sprachen des Herkunftsstaats gültige Berufsbezeichnung unter Angabe der Berufsorganisation, deren Zuständigkeit sie unterliegt, oder des Gerichtes, bei dem sie nach Vorschriften dieses Staates zugelassen ist.

Artikel 4 [Standesregeln des Aufnahmestaats] (1) [1]Die mit der Vertretung oder der Verteidigung eines Mandanten im Bereich der Rechtspflege oder vor Behörden zusammenhängenden Tätigkeiten des Rechtsanwalts werden im jeweiligen Aufnahmestaat unter den für die in diesem Staat niedergelassenen Rechtsanwälte vorgesehenen Bedingungen ausgeübt, wobei jedoch das Erfordernis eines Wohnsitzes sowie das der Zugehörigkeit zu einer Berufsorganisation in diesem Staat ausgeschlossen sind.

(2) [1]Bei der Ausübung dieser Tätigkeit hält der Rechtsanwalt die Standesregeln des Aufnahmestaats neben den ihm im Herkunftsstaat obliegenden Verpflichtungen ein.

(3) [1]Bei der Ausübung dieser Tätigkeiten im Vereinigten Königreich sind unter den „Standesregeln des Aufnahmestaats" die Standesregeln des „solicitors" zu verstehen, wenn die gesamten Tätigkeiten nicht den „barristers" oder den „advocates" vorbehalten sind. [2]Andernfalls finden die Standesregeln der letztgenannten Berufsstände Anwendung. [3]„Barristers" aus Irland unterliegen jedoch immer den Standesregeln der „barristers" oder „advocates" im Vereinigten Königreich. [4]Bei der Ausübung dieser Tätigkeiten in Irland sind unter den „Standesregeln des Aufnahmestaats", soweit sie die mündliche Vertretung eines Falles vor Gericht regeln, die Standesregeln der „barristers" zu verstehen. [5]In allen anderen Fällen finden die Standesregeln der „solicitors" Anwendung. „Barristers" und „advocates" aus dem Vereinigten Königreich unterliegen jedoch immer den Standesregeln der „barristers" in Irland.

(4) [1]Für die Ausübung anderer als der in Absatz 1 genannten Tätigkeiten bleibt der Rechtsanwalt den im Herkunftsstaat geltenden Bedingungen und Standesregeln unterworfen; daneben hält er die im Aufnahmestaat geltenden Regeln über die Ausübung des Berufes, gleich welchen Ursprungs, insbesondere in bezug auf die Unvereinbarkeit zwischen den Tätigkeiten des Rechtsanwalts und anderen Tätigkeiten in diesem Staat, das Berufsgeheimnis, die Beziehungen zu Kollegen, das Verbot des Beistands für Parteien mit gegensätzlichen Interessen durch denselben Rechtsanwalt und die Werbung ein. [2]Diese Regeln sind nur anwendbar, wenn sie von einem Rechtsanwalt beachtet werden können, der nicht in dem Aufnahmestaat niedergelassen ist, und nur insoweit, als ihre Einhaltung in diesem Staat objektiv gerechtfertigt ist, um eine ordnungsgemäße Ausübung der Tätigkeiten des Rechtsanwalts sowie die Beachtung der Würde des Berufes und der Unvereinbarkeiten zu gewährleisten.

Artikel 5 [Zusätzliche Bedingungen] [1]Für die Ausübung der Tätigkeiten, die mit der Vertretung und der Verteidigung von Mandanten im Bereich der Rechtspflege verbunden sind, kann ein Mitgliedstaat den unter Artikel 1 fallenden Rechtsanwälten als Bedingung auferlegen,

– daß sie nach den örtlichen Regeln oder Gepflogenheiten beim Präsidenten des Gerichtes und gegebenenfalls beim zuständigen Vorsitzenden der Anwaltskammer des Aufnahmestaats eingeführt sind;
– daß sie im Einvernehmen entweder mit einem bei dem angerufenen Gericht zugelassenen Rechtsanwalt, der gegebenenfalls diesem Gericht gegenüber die Verantwortung trägt, oder mit einem bei diesem Gericht tätigen „avoué“ oder „procuratore“ handeln.

Artikel 6 [Ausschlussgründe] [1]Jeder Mitgliedstaat kann die im Gehaltsverhältnis stehenden Rechtsanwälte, die durch einen Arbeitsvertrag an ein staatliches oder privates Unternehmen gebunden sind, von der Ausübung der Tätigkeiten der Vertretung und Verteidigung im Bereich der Rechtspflege für dieses Unternehmen insoweit ausschließen als die in diesem Staat ansässigen Rechtsanwälte diese Tätigkeiten nicht ausüben dürfen.

Artikel 7 [Nachweis; Rechtsfolgen bei Verstoß gegen die Standesregeln] (1) [1]Die zuständige Stelle des Aufnahmestaats kann von dem Dienstleistungserbringer verlangen, daß er seine Eigenschaft als Rechtsanwalt nachweist.

(2) [1]Bei Verletzung der im Aufnahmestaat geltenden Verpflichtungen im Sinne des Artikels 4 entscheidet die zuständige Stelle des Aufnahmestaats nach den eigenen Rechts- und Verfahrensregeln über die rechtlichen Folgen dieses Verhaltens; sie kann zu diesem Zweck Auskünfte beruflicher Art über den Dienstleistungserbringer einholen. [2]Sie unterrichtet die zuständige Stelle des Herkunftsstaats von jeder Entscheidung, die sie getroffen hat.

[3]Diese Unterrichtung berührt nicht die Pflicht zur Geheimhaltung der Auskünfte.

Artikel 8 [Einzelstaatliche Maßnahmen] (1) [1]Die Mitgliedstaaten treffen die erforderlichen Maßnahmen, um dieser Richtlinie binnen zwei Jahren nach ihrer Bekanntgabe nachzukommen und setzen die Kommission unverzüglich davon in Kenntnis.

(2) [1]Die Mitgliedstaaten teilen der Kommission den Wortlaut der wichtigsten innerstaatlichen Rechtsvorschriften mit, die sie auf dem unter diese Richtlinie fallenden Gebiet erlassen.

Artikel 9 [Adressaten] [1]Diese Richtlinie ist an die Mitgliedstaaten gerichtet.

Geschehen zu Brüssel am 22. März 1977.

Richtlinie 98/5/EG des Europäischen Parlaments und des Rates vom 16. Februar 1998 zur Erleichterung der ständigen Ausübung des Rechtsanwaltsberufs in einem anderen Mitgliedstaat als dem, in dem die Qualifikation erworben wurde

(ABl. Nr. L 77 S. 36)

Zuletzt geändert durch RL 2013/25/EU des Rates
vom 13. Mai 2013
(ABl. Nr. L 158 S. 368, 375)

DAS EUROPÄISCHE PARLAMENT UND DER RAT DER EUROPÄISCHEN UNION –

gestützt auf den Vertrag zur Gründung der Europäischen Gemeinschaft, insbesondere auf Artikel 49 und Artikel 57 Absatz 1 und Absatz 2 Sätze 1 und 3, auf Vorschlag der Kommission,

nach Stellungnahme des Wirtschafts- und Sozialausschusses, gemäß dem Verfahren des Artikels 189b des Vertrags,

in Erwägung nachstehender Gründe:

(1) [1]Nach Artikel 7a des Vertrags umfaßt der Binnenmarkt einen Raum ohne Binnengrenzen. [2]Nach Artikel 3 Buchstabe c) des Vertrags ist die Beseitigung der Hindernisse für den freien Personen- und Dienstleistungsverkehr zwischen den Mitgliedstaaten eines der Ziele der Gemeinschaft. [3]Für die Angehörigen der Mitgliedstaaten bedeutet die Beseitigung dieser Hindernisse insbesondere, daß sie als Selbständige oder als abhängig Beschäftigte die Möglichkeit haben, einen Beruf in einem anderen Mitgliedstaat als dem auszuüben, in dem sie ihre berufliche Qualifikation erworben haben.

(2) [1]Ein in einem Mitgliedstaat voll qualifizierter Rechtsanwalt kann aufgrund der Richtlinie 89/48/EWG des Rates vom 21. Dezember 1988 über eine allgemeine Regelung zur Anerkennung der Hochschuldiplome, die eine mindestens dreijährige Berufsausbildung abschließen, bereits die Anerkennung seines Diploms beantragen, um sich in einem anderen Mitgliedstaat zwecks Ausübung des Rechtsanwaltsberufs unter der Berufsbezeichnung dieses Mitgliedstaats niederzulassen. [2]Zweck der genannten Richtlinie ist die Integration des Rechtsanwalts in den Berufsstand des Aufnahmestaats. Sie zielt weder darauf ab, daß die dort geltenden Berufs- und Standesregeln geändert werden, noch daß der betreffende Anwalt ihrer Anwendung entzogen wird.

(3) [1]Während sich einige Rechtsanwälte insbesondere durch erfolgreiche Ablegung der in der Richtlinie 89/48/EWG vorgesehenen Eignungsprüfung

rasch in den Berufsstand des Aufnahmestaats integrieren können, sollten andere vollständig qualifizierte Rechtsanwälte diese Integration nach einem bestimmten Zeitraum der Berufsausübung im Aufnahmestaat unter ihrer ursprünglichen Berufsbezeichnung erreichen oder aber ihre Tätigkeit unter der ursprünglichen Berufsbezeichnung fortsetzen können.

(4) [1]Dieser Zeitraum soll dem Rechtsanwalt die Eingliederung in den Berufsstand im Aufnahmestaat ermöglichen, wenn nachgeprüft wurde, daß er Berufserfahrung in diesem Mitgliedstaat erworben hat.

(5) [1]Ein Tätigwerden auf Gemeinschaftsebene ist nicht nur gerechtfertigt, weil damit den Rechtsanwälten neben der allgemeinen Anerkennungsregelung eine leichtere Möglichkeit der Eingliederung in den Berufsstand des Aufnahmestaats geboten wird, sondern auch weil dadurch, daß ihnen ermöglicht wird, ihren Beruf ständig unter ihrer ursprünglichen Berufsbezeichnung in einem Aufnahmestaat auszuüben, gleichzeitig den Erfordernissen der Rechtsuchenden entsprochen wird, die aufgrund des zunehmenden Geschäftsverkehrs insbesondere im Zuge der Verwirklichung des Binnenmarktes einer Beratung bei grenzübergreifenden Transaktionen bedürfen, bei denen das internationale Recht, das Gemeinschaftsrecht und nationale Rechtsordnungen häufig miteinander verschränkt sind.

(6) [1]Ein Tätigwerden auf Gemeinschaftsebene ist auch deswegen gerechtfertigt, weil bisher erst einige Mitgliedstaaten gestatten, daß Rechtsanwälte aus anderen Mitgliedstaaten unter ihrer ursprünglichen Berufsbezeichnung eine Anwaltstätigkeit in anderer Form denn als Dienstleistung in ihrem Gebiet ausüben. [2]In den Mitgliedstaaten, in denen diese Möglichkeit gegeben ist, gelten sehr unterschiedliche Modalitäten, beispielsweise was das Tätigkeitsfeld und die Pflicht zur Eintragung bei den zuständigen Stellen betrifft. [3]Solche unterschiedlichen Situationen führen zu Ungleichheiten und Wettbewerbsverzerrungen im Verhältnis zwischen den Rechtsanwälten der Mitgliedstaaten und bilden ein Hindernis für die Freizügigkeit. [4]Nur durch eine Richtlinie zur Regelung der Bedingungen, unter denen Rechtsanwälte, die unter ihrer ursprünglichen Berufsbezeichnung tätig sind, ihren Beruf in anderer Form denn als Dienstleistung ausüben dürfen, können diese Probleme gelöst und in allen Mitgliedstaaten den Rechtsanwälten und Rechtsuchenden die gleichen Möglichkeiten geboten werden.

(7) [1]Diese Richtlinie sieht entsprechend ihrer Zielsetzung davon ab, rein innerstaatliche Situationen zu regeln, und berührt die nationalen Berufsregeln nur insoweit als dies notwendig ist, damit sie ihren Zweck tatsächlich erreichen kann. [2]Insbesondere berührt diese Richtlinie nicht die nationalen Regelungen für den Zugang zum Rechtsanwaltsberuf und für die Ausübung dieses Berufs unter der Berufsbezeichnung des Aufnahmestaats.

(8) [1]Für die unter diese Richtlinie fallenden Rechtsanwälte ist eine Pflicht zur Eintragung bei der zuständigen Stelle des Aufnahmestaats vorzusehen,

damit sich diese Stelle vergewissern kann, daß die Rechtsanwälte die Berufs- und Standesregeln des Aufnahmestaats beachten. [2]Die Wirkung dieser Eintragung bezüglich der Gerichtsbezirke und der Stufen und Arten der Gerichtsbarkeit, für die die Rechtsanwälte zugelassen sind, richtet sich nach dem für die Rechtsanwälte des Aufnahmestaats geltenden Recht.

(9) [1]Die Rechtsanwälte, die nicht in den Berufsstand des Aufnahmestaats integriert sind, sind gehalten, ihre Anwalttätigkeit in diesem Mitgliedstaat unter ihrer ursprünglichen Berufsbezeichnung auszuüben, damit die Information der Verbraucher gesichert ist und eine Unterscheidung von den Rechtsanwälten des Aufnahmestaats, die unter der Berufsbezeichnung dieses Mitgliedstaats tätig sind, ermöglicht wird.

(10) [2]Den unter diese Richtlinie fallenden Rechtsanwälten ist zu gestatten, Rechtsberatung insbesondere im Recht des Herkunftsstaats, im Gemeinschaftsrecht, im internationalen Recht und im Recht des Aufnahmestaats zu erteilen. [2]Diese Möglichkeit war für die Dienstleistung bereits mit der Richtlinie 77/249/EWG des Rates vom 22. März 1977 zur Erleichterung der tatsächlichen Ausübung des freien Dienstleistungsverkehrs der Rechtsanwälte eröffnet worden. [3]Wie in der Richtlinie 77/249/EWG ist indessen die Möglichkeit vorzusehen, bestimmte grundstücks- und erbschaftsrechtliche Handlungen aus dem Tätigkeitsbereich der Rechtsanwälte, die im Vereinigten Königreich und in Irland unter ihrer ursprünglichen Berufsbezeichnung tätig sind, auszuschließen. [4]Die vorliegende Richtlinie berührt nicht die Vorschriften, mit denen in jedem Mitgliedstaat bestimmte Tätigkeiten anderen Berufen als dem des Rechtsanwalts vorbehalten sind. [5]Auch ist aus der Richtlinie 77/249/EWG die Bestimmung zu übernehmen, wonach der Aufnahmestaat verlangen kann, daß der unter seiner ursprünglichen Berufsbezeichnung tätige Rechtsanwalt für die Vertretung und Verteidigung von Mandanten vor Gericht im Einvernehmen mit einem einheimischen Rechtsanwalt handelt. [6]Die Verpflichtung zum einvernehmlichen Handeln gilt entsprechend der diesbezüglichen Auslegung durch den Gerichtshof der Europäischen Gemeinschaften, insbesondere in dessen Urteil vom 25. Februar 1988 in der Rechtssache 427/85 (Kommission gegen Deutschland).

(11) [1]Um das ordnungsgemäße Funktionieren der Rechtspflege sicherzustellen, muß den Mitgliedstaaten die Möglichkeit belassen werden, den Zugang zu den höchsten Gerichten im Rahmen besonderer Vorschriften spezialisierten Rechtsanwälten vorzubehalten, ohne dadurch die Integration der Rechtsanwälte der Mitgliedstaaten zu behindern, die die geforderten Voraussetzungen hierfür erfüllen.

(12) [1]Der im Aufnahmestaat unter seiner ursprünglichen Berufsbezeichnung eingetragene Rechtsanwalt muß bei der zuständigen Stelle des Herkunftsstaats eingetragen bleiben, um seinen Status als Rechtsanwalt zu behalten und diese Richtlinie in Anspruch nehmen zu können. [2]Aus diesem Grund ist

eine enge Zusammenarbeit zwischen den zuständigen Stellen, insbesondere bei etwaigen Disziplinarverfahren, unerläßlich.

(13) [1]Die unter diese Richtlinie fallenden Rechtsanwälte können unabhängig davon, ob sie im Herkunftsstaat als abhängig Beschäftigte oder als Selbständige tätig sind, im Aufnahmestaat als abhängig Beschäftigte praktizieren, sofern der betreffende Aufnahmestaat den eigenen Rechtsanwälten diese Möglichkeit bietet.

(14) [1]Wenn diese Richtlinie es den Rechtsanwälten gestattet, in einem anderen Mitgliedstaat unter der ursprünglichen Berufsbezeichnung tätig zu sein, soll ihnen dadurch auch erleichtert werden, die Berufsbezeichnung des Aufnahmestaats zu erlangen. [2]Aufgrund der Artikel 48 und 52 des Vertrags in der Auslegung durch den Gerichtshof ist der Aufnahmestaat stets verpflichtet, in seinem Gebiet erworbene Berufserfahrung zu berücksichtigen. [3]Nach dreijähriger effektiver und regelmäßiger Tätigkeit im Aufnahmestaat im Recht dieses Mitgliedstaats, einschließlich des Gemeinschaftsrechts, darf angenommen werden, daß der betreffende Rechtsanwalt die erforderliche Eignung erworben hat, um sich voll in den Berufsstand des Aufnahmestaats zu integrieren. [4]Am Ende dieses Zeitraums muß der Rechtsanwalt, sofern er – vorbehaltlich einer Überprüfung – den Nachweis der beruflichen Befähigung im Aufnahmestaat erbringen kann, die Befugnis zur Führung der Berufsbezeichnung dieses Mitgliedstaats erhalten können. [5]War der betreffende Rechtsanwalt während der mindestens dreijährigen effektiven und regelmäßigen Tätigkeit nur während eines kürzeren Zeitraums im Recht des Aufnahmestaats tätig, so hat die Stelle alle seine sonstigen Kenntnisse in diesem Recht zu berücksichtigen; sie kann diese in einem Gespräch überprüfen. [6]Wird der Nachweis der Erfüllung dieser Voraussetzungen nicht erbracht, so muß die Entscheidung der zuständigen Stelle des Aufnahmestaats, die Zuerkennung der Berufsbezeichnung dieses Mitgliedstaats nach den mit diesen Voraussetzungen verbundenen erleichterten Modalitäten zu verweigern, begründet werden; gegen diese Entscheidung kann ein gerichtliches Rechtsmittel nach dem innerstaatlichen Recht eingelegt werden.

(15) [1]Die Wirtschafts- und Berufsentwicklung in der Gemeinschaft zeigt, daß die Möglichkeit der gemeinsamen Ausübung des Rechtsanwaltsberufs – auch in Form eines Zusammenschlusses – eine Realität wird. [2]Es muß vermieden werden, daß die Ausübung des Rechtsanwaltberufs in einer Gruppe im Herkunftsstaat als Vorwand benutzt wird, um die Niederlassung der zu dieser Gruppe gehörenden Rechtsanwälte im Aufnahmestaat zu verhindern oder zu erschweren. [3]Die Mitgliedstaaten müssen indessen geeignete Maßnahmen treffen können, um das legitime Ziel der Wahrung der Unabhängigkeit des Berufsstands zu erreichen. [4]In allen Mitgliedstaaten, die die gemeinsame Berufsausübung erlauben, sind bestimmte Garantien vorzusehen –

HABEN FOLGENDE RICHTLINIE ERLASSEN:

Artikel 1 Gegenstand, Anwendungsbereich und Begriffsbestimmungen

(1) [I]Diese Richtlinie soll die ständige Ausübung des Rechtsanwaltsberufs als Selbständiger oder abhängig Beschäftigter in einem anderen Mitgliedstaat als dem, in dem die Berufsqualifikation erworben wurde, erleichtern.

(2) [I]Für die Zwecke dieser Richtlinie bezeichnet

a) „Rechtsanwalt" jede Person, die Angehörige eines Mitgliedstaats ist und ihre beruflichen Tätigkeiten unter einer der folgenden Berufsbezeichnungen auszuüben berechtigt ist:

Belgien:	Avocat/Advocaat/Rechtsanwalt
Bulgarien :	Адвокат
Tschechische Republik:	Advokát
Dänemark:	Advokat
Deutschland:	Rechtsanwalt
Estland:	Vandeadvokaat
Griechenland:	Δικηγόρος
Spanien:	Abogado/Advocat/Avogado/Abokatu
Frankreich:	Avocat
Kroatien:	Odvjetnik/Odvjetnica
Irland:	Barrister/Solicitor
Italien:	Avvocato
Zypern:	Δικηγόρος
Lettland:	Zvērināts advokāts
Litauen:	Advokatas
Luxemburg:	Avocat
Ungarn:	Ügyvéd
Malta:	Avukat/Prokuratur Legali
Niederlande:	Advocaat
Österreich:	Rechtsanwalt
Polen:	Adwokat/Radca prawny
Portugal:	Advogado
Rumänien:	Avocat
Slowenien:	Odvetnik/Odvetnica

Slowakei:	Advokát/Komerčný právnik
Finnland:	Asianajaja/Advokat
Schweden:	Advokat
Vereinigtes Königreich:	Advocate/Barrister/Solicitor;

b) „Herkunftsstaat“ den Mitgliedstaat, in dem der Rechtsanwalt vor Ausübung der Anwaltstätigkeit in einem anderen Mitgliedstaat das Recht erworben hat, eine der unter Buchstabe a) genannten Berufsbezeichnungen zu führen;

c) „Aufnahmestaat“ den Mitgliedstaat, in dem der Rechtsanwalt seinen Beruf gemäß den Bestimmungen dieser Richtlinie ausübt;

d) „ursprüngliche Berufsbezeichnung“ die Berufsbezeichnung des Mitgliedstaats, in dem der Rechtsanwalt vor Ausübung der Anwaltstätigkeit im Aufnahmestaat das Recht erworben hat, diese Bezeichnung zu führen;

e) „Gruppe“ jeden nach dem Recht eines Mitgliedstaats errichteten Zusammenschluß mit oder ohne Rechtspersönlichkeit, in dem Rechtsanwälte ihre Berufstätigkeit gemeinsam und unter einem gemeinsamen Namen ausüben;

f) „jeweilige Berufsbezeichnung“ oder „jeweiliger Beruf“ jede Berufsbezeichnung oder jeden Beruf, die in den Aufgabenbereich der zuständigen Stelle fallen, bei der sich der Rechtsanwalt gemäß Artikel 3 hat eintragen lassen, und „zuständige Stelle“ diese Stelle.

(3) [1]Diese Richtlinie gilt sowohl für selbständige als auch für abhängig beschäftigte Rechtsanwälte, die im Herkunftsstaat und vorbehaltlich des Artikels 8 im Aufnahmestaat eine Rechtsanwaltstätigkeit ausüben.

(4) [1]Die Ausübung des Rechtsanwaltsberufs im Sinne dieser Richtlinie berührt nicht die Erbringung von Dienstleistungen, die unter die Richtlinie 77/249/EWG fallen.

Artikel 2 Recht auf Berufsausübung unter der ursprünglichen Berufsbezeichnung [1]Jeder Rechtsanwalt hat das Recht, die in Artikel 5 genannten Anwaltstätigkeiten auf Dauer in jedem anderen Mitgliedstaat unter seiner ursprünglichen Berufsbezeichnung auszuüben. [2]Die Eingliederung in den Berufsstand des Aufnahmestaats wird in Artikel 10 geregelt.

Artikel 3 Eintragung bei der zuständigen Stelle (1) [1]Jeder Rechtsanwalt, der seinen Beruf in einem anderen Mitgliedstaat ausüben möchte als dem, in dem er seine Berufsqualifikation erworben hat, hat sich bei der zuständigen Stelle dieses Mitgliedstaats eintragen zu lassen.

(2) [1]Die zuständige Stelle des Aufnahmestaats nimmt die Eintragung des Rechtsanwalts anhand einer Bescheinigung über dessen Eintragung bei der

zuständigen Stelle des Herkunftsstaats vor. [2]Sie kann verlangen, daß diese von der zuständigen Stelle des Herkunftsstaats erteilte Bescheinigung im Zeitpunkt ihrer Vorlage nicht älter als drei Monate ist. [3]Sie setzt die zuständige Stelle des Herkunftsstaats von der Eintragung in Kenntnis.

(3) [1]Für die Anwendung von Absatz 1:

– im Vereinigten Königreich und in Irland trägt sich der Rechtsanwalt, der unter einer anderen Berufsbezeichnung als denjenigen des Vereinigten Königreichs oder Irlands tätig ist, entweder bei der für den Beruf des „barrister“ oder „advocate“ zuständigen Stelle oder bei der für den Beruf des „solicitor“ zuständigen Stelle ein;
– im Vereinigten Königreich ist die für einen irischen „barrister“ zuständige Stelle die Stelle für den Beruf des „barrister“ oder „advocate“ und die für einen irischen „solicitor“ zuständige Stelle die Stelle für den Beruf des „solicitor“;
– in Irland ist die für einen „barrister“ oder einen „advocate“ aus dem Vereinigten Königreich zuständige Stelle die Stelle für den Beruf des „barrister“ und die für einen „solicitor“ aus dem Vereinigten Königreich zuständige Stelle die Stelle für den Beruf des „solicitor“.

(4) [1]Veröffentlicht die zuständige Stelle des Aufnahmestaats die Namen der bei ihr eingetragenen Rechtsanwälte, so veröffentlicht sie auch die Namen der gemäß dieser Richtlinie eingetragenen Rechtsanwälte.

Artikel 4 Ausübung der Anwaltstätigkeit unter der ursprünglichen Berufsbezeichnung (1) [1]Der im Aufnahmestaat unter seiner ursprünglichen Berufsbezeichnung tätige Rechtsanwalt hat diese Berufsbezeichnung in der Amtssprache oder in einer der Amtssprachen des Herkunftsstaats zu führen; die Bezeichnung muß verständlich und so formuliert sein, daß keine Verwechslung mit der Berufsbezeichnung des Aufnahmestaats möglich ist.

(2) [1]Für die Anwendung von Absatz 1 kann der Aufnahmestaat verlangen, daß der unter seiner ursprünglichen Berufsbezeichnung tätige Rechtsanwalt zusätzlich die Berufsorganisation, der er im Herkunftsstaat angehört, oder das Gericht angibt, bei dem er nach den Vorschriften des Herkunftsstaats zugelassen ist. [2]Der Aufnahmestaat kann auch verlangen, daß der unter seiner ursprünglichen Berufsbezeichnung tätige Rechtsanwalt die Eintragung bei der zuständigen Stelle dieses Mitgliedstaats angibt.

Artikel 5 Tätigkeitsfeld (1) [1]Vorbehaltlich der Absätze 2 und 3 übt der unter seiner ursprünglichen Berufsbezeichnung tätige Rechtsanwalt die gleichen beruflichen Tätigkeiten wie der unter der jeweiligen Berufsbezeichnung des Aufnahmestaats niedergelassene Rechtsanwalt aus und kann insbesondere Rechtsberatung im Recht seines Herkunftsstaats, im Gemeinschaftsrecht, im internationalen Recht und im Recht des Aufnahmestaats erteilen. [2]Er hat in jedem Fall die vor den nationalen Gerichten geltenden Verfahrensvorschriften einzuhalten.

(2) [1]Mitgliedstaaten, die in ihrem Gebiet einer bestimmten Gruppe von Rechtsanwälten die Abfassung von Urkunden gestatten, mit denen das Recht auf Verwaltung des Vermögens verstorbener Personen verliehen oder Rechte an Grundstücken begründet oder übertragen werden und die in anderen Mitgliedstaaten anderen Berufen als dem des Rechtsanwalts vorbehalten sind, können den unter seiner ursprünglichen Berufsbezeichnung tätigen Rechtsanwalt aus einem dieser anderen Mitgliedstaaten von diesen Tätigkeiten ausschließen.

(3) [1]Für die Ausübung der Tätigkeiten, die mit der Vertretung und der Verteidigung von Mandanten vor Gerichten verbunden sind, kann der Aufnahmestaat, soweit er diese Tätigkeiten den unter der Berufsbezeichnung des Aufnahmestaats tätigen Rechtsanwälten vorbehält, den unter ihrer ursprünglichen Berufsbezeichnung tätigen Rechtsanwälten als Bedingung auferlegen, daß sie im Einvernehmen mit einem bei dem angerufenen Gericht zugelassenen Rechtsanwalt, der gegebenenfalls diesem Gericht gegenüber die Verantwortung trägt, oder mit einem bei diesem Gericht tätigen „avoué" handeln. [2]Um das ordnungsgemäße Funktionieren der Rechtspflege sicherzustellen, können die Mitgliedstaaten jedoch besondere Regeln für den Zugang zu den höchsten Gerichten vorsehen und zum Beispiel nur spezialisierte Rechtsanwälte zulassen.

Artikel 6 Berufs- und Standesregeln (1) [1]Der unter seiner ursprünglichen Berufsbezeichnung tätige Rechtsanwalt unterliegt neben den im Herkunftsstaat geltenden Berufs- und Standesregeln hinsichtlich aller Tätigkeiten, die er im Aufnahmestaat ausübt, den gleichen Berufs- und Standesregeln wie die Rechtsanwälte, die unter der jeweiligen Berufsbezeichnung des Aufnahmestaats praktizieren.

(2) [1]Für die unter ihrer ursprünglichen Berufsbezeichnung tätigen Rechtsanwälte ist eine angemessene Vertretung in den Berufsorganisationen des Aufnahmestaats sicherzustellen. [2]Diese Vertretung umfaßt mindestens das aktive Wahlrecht bei der Wahl der Organe dieser Berufsorganisationen.

(3) [1]Der Aufnahmestaat kann dem unter seiner ursprünglichen Berufsbezeichnung tätigen Rechtsanwalt zur Auflage machen, nach den Regeln, die er für die in seinem Gebiet ausgeübten Berufstätigkeiten festlegt, entweder eine Berufshaftpflichtversicherung abzuschließen oder einer Berufsgarantiekasse beizutreten. [2]Der unter seiner ursprünglichen Berufsbezeichnung tätige Rechtsanwalt ist von dieser Verpflichtung jedoch befreit, wenn er eine nach den Regeln des Herkunftsstaats geschlossene Versicherung oder Garantie nachweist, die hinsichtlich der Modalitäten und des Deckungsumfangs gleichwertig ist. [3]Bei nur partieller Gleichwertigkeit kann die zuständige Stelle des Aufnahmestaats den Abschluß einer Zusatzversicherung

oder einer ergänzenden Garantie zur Abdeckung der Teile verlangen, die nicht durch die nach den Regeln des Herkunftsstaats geschlossene Versicherung oder Garantie abgedeckt sind.

Artikel 7 Disziplinarverfahren (1) [1]Verletzt der unter seiner ursprünglichen Berufsbezeichnung tätige Rechtsanwalt die im Aufnahmestaat geltenden Verpflichtungen, so sind die in diesem Mitgliedstaat geltenden Bestimmungen über Verfahren, Ahndung und Rechtsmittel anwendbar.

(2) [1]Vor Einleitung eines Disziplinarverfahrens gegen den unter seiner ursprünglichen Berufsbezeichnung tätigen Rechtsanwalt setzt die zuständige Stelle des Aufnahmestaats unverzüglich die zuständige Stelle des Herkunftsstaats unter Angabe aller zweckdienlichen Einzelheiten davon in Kenntnis. [2]Unterabsatz 1 gilt entsprechend, wenn die zuständige Stelle des Herkunftsstaats ein Disziplinarverfahren einleitet; diese setzt die zuständige Stelle des oder der Aufnahmestaaten davon in Kenntnis.

(3) [1]Unbeschadet ihrer Entscheidungsbefugnis arbeitet die zuständige Stelle des Aufnahmestaats während der gesamten Dauer des Disziplinarverfahrens mit der zuständigen Stelle des Herkunftsstaats zusammen. [2]Insbesondere trifft der Aufnahmestaat die notwendigen Vorkehrungen, damit sich die zuständige Stelle des Herkunftsstaats vor den Rechtsmittelinstanzen Gehör verschaffen kann.

(4) [1]Die zuständige Stelle des Herkunftsstaats entscheidet nach den eigenen Rechts- und Verfahrensregeln über die Folgen der von der zuständigen Stelle des Aufnahmestaats gegen den unter seiner ursprünglichen Berufsbezeichnung tätigen Rechtsanwalt getroffenen Entscheidung.

(5) [1]Die zeitweilige oder endgültige Rücknahme der Genehmigung zur Berufsausübung seitens der zuständigen Stelle des Herkunftsstaats zieht für den betreffenden Rechtsanwalt automatisch das einstweilige oder endgültige Verbot nach sich, seine Anwaltstätigkeit im Aufnahmestaat unter seiner ursprünglichen Berufsbezeichnung auszuüben; sie ist jedoch keine Vorbedingung für die Entscheidung der zuständigen Stelle des Aufnahmestaats.

Artikel 8 Berufsausübung im abhängigen Beschäftigungsverhältnis [1]Der im Aufnahmestaat unter seiner ursprünglichen Berufsbezeichnung eingetragene Rechtsanwalt kann als abhängig Beschäftigter eines anderen Rechtsanwalts, eines Zusammenschlusses von Anwälten oder einer Anwaltssozietät oder eines öffentlichen oder privaten Unternehmens tätig sein, wenn der Aufnahmestaat dies für die unter der Berufsbezeichnung dieses Mitgliedstaats eingetragenen Rechtsanwälte gestattet.

Artikel 9 Begründung und Rechtsmittel [1]Entscheidungen über die Verweigerung der Eintragung nach Artikel 3 oder über die Rücknahme dieser Eintragung sowie Entscheidungen zur Verhängung von Disziplinarstrafen müssen begründet werden. [2]Gegen diese Entscheidungen kann ein gerichtliches Rechtsmittel nach dem innerstaatlichen Recht eingelegt werden.

Artikel 10 Gleichstellung mit den Rechtsanwälten des Aufnahmestaats
(1) [1]Der Rechtsanwalt, der unter seiner ursprünglichen Berufsbezeichnung tätig ist und eine mindestens dreijährige effektive und regelmäßige Tätigkeit im Aufnahmestaat im Recht dieses Mitgliedstaats, einschließlich des Gemeinschaftsrechts, nachweist, wird für den Zugang zum Rechtsanwaltsberuf im Aufnahmestaat von den in Artikel 4 Absatz 1 Buchstabe b) der Richtlinie 89/48/EWG vorgesehenen Voraussetzungen freigestellt. [2]Unter „effektiver und regelmäßiger Tätigkeit" ist die tatsächliche Ausübung des Berufs ohne Unterbrechung zu verstehen; Unterbrechungen aufgrund von Ereignissen des täglichen Lebens bleiben außer Betracht. [3]Den Nachweis einer mindestens dreijährigen effektiven und regelmäßigen Tätigkeit im Recht des Aufnahmestaats hat der betreffende Rechtsanwalt bei der zuständigen Stelle dieses Mitgliedstaats zu erbringen. Hierzu

a) legt er der zuständigen Stelle des Aufnahmemitgliedstaats alle zweckdienlichen Informationen und Dokumente, insbesondere über die Zahl und die Art der von ihm bearbeiteten Rechtssachen, vor;
b) kann die zuständige Stelle des Aufnahmestaats überprüfen, ob die Tätigkeit effektiv und regelmäßig ausgeübt wurde, und den Rechtsanwalt erforderlichenfalls auffordern, in mündlicher oder schriftlicher Form zusätzliche klärende oder präzisierende Angaben zu den unter Buchstabe a) genannten Informationen und Dokumenten zu machen.

[2]Die Entscheidung der zuständigen Stelle des Aufnahmestaats, die Freistellung nicht zu gewähren, wenn der Nachweis nicht erbracht wurde, daß die in Unterabsatz 1 genannten Anforderungen erfüllt sind, muß begründet werden; gegen diese Entscheidung kann ein gerichtliches Rechtsmittel nach dem innerstaatlichen Recht eingelegt werden.

(2) [1]Der in einem Aufnahmestaat unter seiner ursprünglichen Berufsbezeichnung tätige Rechtsanwalt kann jederzeit die Anerkennung seines Diploms nach der Richtlinie 89/48/EWG beantragen, um zum Rechtsanwaltsberuf im Aufnahmestaat zugelassen zu werden und ihn unter der entsprechenden Berufsbezeichnung dieses Mitgliedstaats auszuüben.

(3) [1]Der unter seiner ursprünglichen Berufsbezeichnung tätige Rechtsanwalt, der den Nachweis einer mindestens dreijährigen effektiven und regelmäßigen Tätigkeit im Aufnahmestaat erbringt, im Recht des Aufnahmestaats jedoch nur während eines kürzeren Zeitraums tätig war, kann bei der zuständigen Stelle dieses Mitgliedstaats die Zulassung zum Rechtsanwaltsberuf im Aufnahmestaat und das Recht erlangen, diesen unter der entsprechenden Berufsbezeichnung dieses Mitgliedstaats auszuüben, ohne daß die Voraussetzungen der Richtlinie 89/48/EWG Artikel 4 Absatz 1 Buchstabe b) auf ihn Anwendung finden. [2]Dafür gilt folgendes:

a) Die zuständige Stelle des Aufnahmestaats berücksichtigt die effektive und regelmäßige Tätigkeit während des genannten Zeitraums sowie sämtliche Kenntnisse und Berufserfahrungen im Recht des Aufnahmestaats, ferner die Teilnahme an Kursen und Seminaren über das Recht des Aufnahmestaats einschließlich des Berufs- und Standesrechts.

b) Der Rechtsanwalt legt der zuständigen Stelle des Aufnahmestaats alle zweckdienlichen Informationen und Unterlagen, insbesondere über die von ihm bearbeiteten Rechtssachen vor. Ob er seine Tätigkeit im Aufnahmestaat effektiv und regelmäßig ausgeübt hat und ob er imstande ist, diese Tätigkeit weiterhin auszuüben, wird in einem Gespräch mit der zuständigen Stelle des Aufnahmestaats überprüft.

[3]Die Entscheidung der zuständigen Stelle des Aufnahmestaats, die Genehmigung nicht zu erteilen, wenn der Nachweis nicht erbracht wurde, daß die in Unterabsatz 1 genannten Anforderungen erfüllt sind, muß begründet werden; gegen diese Entscheidung kann ein gerichtliches Rechtsmittel nach dem innerstaatlichen Recht eingelegt werden.

(4) [1]Die zuständige Stelle des Aufnahmestaats kann durch begründete Entscheidung, gegen die ein gerichtliches Rechtsmittel nach dem innerstaatlichen Recht eingelegt werden kann, einem Rechtsanwalt die Inanspruchnahme der Bestimmungen dieses Artikels verweigern, wenn sie den Eindruck hat, daß sonst insbesondere aufgrund von Disziplinarverfahren, Beschwerden oder Zwischenfällen die öffentliche Ordnung beeinträchtigt würde.

(5) [1]Die mit der Prüfung des Antrags befaßten Vertreter der zuständigen Stelle gewährleisten die Vertraulichkeit der erlangten Informationen.

(6) [1]Der Rechtsanwalt, der im Aufnahmestaat gemäß den Absätzen 1, 2 und 3 zum Rechtsanwaltsberuf zugelassen wird, ist berechtigt, neben der Berufsbezeichnung, die dem Rechtsanwaltsberuf im Aufnahmestaat entspricht, auch die ursprüngliche Berufsbezeichnung in der Amtssprache oder einer der Amtssprachen des Herkunftsstaats zu führen.

Artikel 11 Gemeinsame Ausübung des Rechtsanwaltsberufs [1]Sofern die gemeinsame Berufsausübung für Rechtsanwälte, die unter der jeweiligen Berufsbezeichnung tätig sind, im Aufnahmestaat gestattet ist, gelten die folgenden Bestimmungen für Rechtsanwälte, die unter dieser Berufsbezeichnung tätig bleiben wollen oder sich bei der zuständigen Stelle eintragen lassen:

1. Ein oder mehrere in einem Aufnahmestaat unter ihrer ursprünglichen Berufsbezeichnung tätige Rechtsanwälte, die Mitglied ein und derselben Gruppe im Herkunftsstaat sind, können ihre beruflichen Tätigkeiten im Rahmen einer Zweigstelle oder Niederlassung ihrer Gruppe im Aufnahmestaat ausüben. Sind die für diese Gruppe im Herkunftsstaat gel-

tenden grundlegenden Regeln jedoch mit den grundlegenden Regeln nach den Rechts- und Verwaltungsvorschriften des Aufnahmestaats unvereinbar, so finden letztere Vorschriften Anwendung, soweit ihre Beachtung im allgemeinen Interesse zum Schutz der Mandanten und Dritter gerechtfertigt ist.

2. Jeder Mitgliedstaat bietet zwei oder mehr Rechtsanwälten, die ein und derselben Gruppe angehören oder aus ein und demselben Herkunftsstaat kommen und unter ihrer ursprünglichen Berufsbezeichnung in seinem Gebiet tätig sind, die Möglichkeit des Zugangs zu einer Form der gemeinsamen Berufsausübung. Stellt der Aufnahmestaat seinen Rechtsanwälten verschiedene Formen der gemeinsamen Berufsausübung zur Verfügung, so müssen diese auch den in Satz 1 genannten Rechtsanwälten zugänglich sein. Die Modalitäten, nach denen diese Rechtsanwälte ihre Tätigkeiten im Aufnahmestaat gemeinsam ausüben, richten sich nach den Rechts- und Verwaltungsvorschriften dieses Mitgliedstaats.

3. Der Aufnahmestaat trifft die erforderlichen Maßnahmen, um auch eine gemeinsame Berufsausübung
   a) mehrerer unter ihrer ursprünglichen Berufsbezeichnung tätigen Rechtsanwälte aus verschiedenen Mitgliedstaaten,
   b) eines oder mehrerer Rechtsanwälte im Sinne von Buchstabe a) und eines oder mehrerer Rechtsanwälte des Aufnahmestaats

   zu gestatten.

   Die Modalitäten, nach denen diese Rechtsanwälte ihre Tätigkeiten im Aufnahmestaat gemeinsam ausüben, richten sich nach den Rechts- und Verwaltungsvorschriften dieses Mitgliedstaats.

4. Der Rechtsanwalt, der unter seiner ursprünglichen Berufsbezeichnung tätig sein möchte, setzt die zuständige Stelle des Aufnahmestaats davon in Kenntnis, daß er Mitglied einer Gruppe in seinem Herkunftsstaat ist, und erteilt alle zweckdienlichen Auskünfte über diese Gruppe.

5. Abweichend von den Nummern 1 bis 4 kann der Aufnahmestaat in jenem Ausmaß, in dem er Rechtsanwälten, die unter ihrer jeweiligen Berufsbezeichnung tätig sind, die Ausübung des Rechtsanwaltsberufs in einer Gruppe untersagt, der standesfremde Personen angehören, einem unter seiner ursprünglichen Berufsbezeichnung eingetragenen Rechtsanwalt das Recht verweigern, sich im Aufnahmestaat als Mitglied seiner Gruppe zu betätigen. Eine Gruppe gilt als Gruppe, der standesfremde Personen angehören, wenn Personen, die nicht die Qualifikation eines Rechtsanwalts gemäß Artikel 1 Absatz 2 besitzen,

   - ganz oder teilweise das Kapital dieser Gruppe halten oder
   - die Bezeichnung, unter der die Gruppe tätig ist, benutzen oder
   - de facto oder de jure die Entscheidungsbefugnis darin ausüben.

[2]Sind die für eine solche Gruppe von Rechtsanwälten im Herkunftsstaat geltenden grundlegenden Regeln entweder mit denen des Aufnahmestaats oder mit Unterabsatz 1 unvereinbar, so kann der Aufnahmestaat ohne die Einschränkungen nach Nummer 1 die Eröffnung einer Zweigstelle oder Niederlassung auf seinem Hoheitsgebiet ablehnen.

Artikel 12 Bezeichnung der Gruppe [1]Unabhängig von den Einzelheiten der Ausübung ihrer Tätigkeit können die im Aufnahmestaat unter ihrer ursprünglichen Berufsbezeichnung tätigen Rechtsanwälte die Bezeichnung der Gruppe angeben, der sie im Herkunftsstaat angehören. [2]Der Aufnahmestaat kann verlangen, daß neben der Bezeichnung der Gruppe nach Unterabsatz 1 auch deren Rechtsform im Herkunftsstaat und/oder die Namen der im Aufnahmestaat tätigen Mitglieder der Gruppe angegeben werden.

Artikel 13 Zusammenarbeit zwischen den zuständigen Stellen des Aufnahme- und des Herkunftsstaats und Vertraulichkeit [1]Die zuständige Stelle des Aufnahmestaats und die zuständige Stelle des Herkunftsstaats arbeiten eng zusammen und leisten einander Amtshilfe, um die Anwendung dieser Richtlinie zu erleichtern und zu vermeiden, daß die Bestimmungen dieser Richtlinie gegebenenfalls zwecks Umgehung der im Aufnahmestaat geltenden Regeln mißbräuchlich angewendet werden. [2]Sie gewährleisten die Vertraulichkeit der Informationen, die sie austauschen.

Artikel 14 Benennung der zuständigen Stellen [1]Die Mitgliedstaaten benennen spätestens am 14. März 2000 die zuständigen Stellen, die befugt sind, die in dieser Richtlinie genannten Anträge entgegenzunehmen und die in dieser Richtlinie vorgesehenen Entscheidungen zu treffen. [2]Sie setzen die übrigen Mitgliedstaaten und die Kommission davon in Kenntnis.

Artikel 15 Bericht der Kommission [1]Spätestens zehn Jahre nach Inkrafttreten dieser Richtlinie erstattet die Kommission dem Europäischen Parlament und dem Rat über den Stand der Anwendung dieser Richtlinie Bericht. [2]Nach Durchführung der erforderlichen Anhörungen legt sie bei dieser Gelegenheit ihre Schlußfolgerungen sowie Vorschläge für etwaige Änderungen an dem geltenden System vor.

Artikel 16 Umsetzung (1) [1]Die Mitgliedstaaten erlassen die erforderlichen Rechts- und Verwaltungsvorschriften, um dieser Richtlinie spätestens am 14. März 2000 nachzukommen. [2]Sie setzen die Kommission unverzüglich davon in Kenntnis. [3]Wenn die Mitgliedstaaten derartige Vorschriften erlassen, nehmen sie in den Vorschriften selbst oder durch einen Hinweis bei der amtlichen Veröffentlichung auf diese Richtlinie Bezug. [4]Die Mitgliedstaaten regeln die Einzelheiten dieser Bezugnahme.

(2) [1]Die Mitgliedstaaten teilen der Kommission den Wortlaut der wichtigsten innerstaatlichen Rechtsvorschriften mit, die sie auf dem unter diese Richtlinie fallenden Gebiet erlassen.

Artikel 17 [Inkrafttreten] [1]Diese Richtlinie tritt am Tag ihrer Veröffentlichung im Amtsblatt der Europäischen Gemeinschaften in Kraft.

Artikel 18 Adressaten [1]Diese Richtlinie ist an die Mitgliedstaaten gerichtet.

Geschehen zu Brüssel am 16. Februar 1998.

Berufsregeln der Rechtsanwälte der Europäischen Union (CCBE)*

Vom 28. Oktober 1988

Zuletzt geändert am 19. Mai 2006

Den Änderungen der CCBE-Statuten, die förmlich auf einer außerordentlichen Vollversammlung am 20. August 2007 verabschiedet wurden, wird ebenfalls Rechnung getragen

Inhaltsübersicht

Internat. Recht

* Die CCBE-Regeln waren früher in die Berufsordnung inkorporiert (§ 29 BORA a.F.). Stattdessen gelten jetzt §§ 29a/b BORA (siehe dort). Die CCBE-Regeln sind damit als solche nicht mehr Teil des deutschen Berufsrechts; denn die Satzungsversammlung hat keine Kompetenz, für die grenzüberschreitende Tätigkeit eine in sich abgeschlossene anwaltliche Berufsordnung zu erlassen, sondern kann nur bei der einzelnen Berufspflicht an die Spezifika grenzüberschreitender Tätigkeit anknüpfen. Zur Klarstellung hat die Satzungsversammlung auf ihrer Sitzung am 15.4.2013 durch Beschluss festgestellt, „dass alle Fragen, die in den einzelnen Bestimmungen des CCBE Code of Conduct behandelt sind, im deutschen Berufsrecht entweder gesetzlich bzw. durch Satzung geregelt oder durch die Rechtsprechung der Gerichte geklärt sind".

1. Vorspruch

1.1. Der Rechtsanwalt in der Gesellschaft

In einer auf die Achtung des Rechtes gegründeten Gesellschaft hat der Rechtsanwalt eine besonders wichtige Funktion. Seine Aufgabe beschränkt sich nicht auf die gewissenhafte Ausführung eines Auftrages im Rahmen des Gesetzes. Der Rechtsanwalt hat dafür Sorge zu tragen, dass sowohl der Rechtsstaat als auch die Interessen des Rechtsuchenden, dessen Rechte und Freiheiten er vertritt, gewahrt werden. Der Rechtsanwalt ist verpflichtet, nicht nur für die Sache seines Mandanten einzutreten, sondern auch der Berater seines Mandanten zu sein. Die Achtung der mit dem Rechtsanwaltsberuf verbundenen Funktion ist eine unabdingbare Voraussetzung für einen Rechtsstaat und eine demokratische Gesellschaft.

Bei der Ausführung seines Auftrages unterliegt der Rechtsanwalt daher zahlreichen gesetzlichen und berufsrechtlichen Pflichten, (die zum Teil zueinander in Widerspruch zu stehen scheinen), gegenüber:

- dem Mandanten.
- Gerichten und Behörden, denen gegenüber der Rechtsanwalt seinem Mandanten beisteht und ihn vertritt,
- seinem Berufsstand im Allgemeinen und jedem Kollegen im Besonderen,
- der Gesellschaft, für die ein freier, unabhängiger und durch sich selbst auferlegte Regeln integerer Berufsstand ein wesentliches Mittel zur Verteidigung der Rechte des Einzelnen gegenüber dem Staat und gegenüber Interessengruppen ist.

1.2. Gegenstand des Berufsrechtes

1.2.1. Die freiwillige Unterwerfung unter die Berufsregeln all jener, auf die diese Anwendung finden, dient dem Zweck, die ordnungsgemäße Wahrnehmung seiner für die Gemeinschaft unerlässlichen Aufgaben durch den Rechtsanwalt sicherzustellen. Beachtet der Rechtsanwalt die Berufsregeln nicht, kann dies schließlich zu Disziplinarmaßnahmen führen.

1.2.2. Jede Anwaltschaft hat eigene auf ihrer besonderen Tradition beruhende Regeln. Diese entsprechen der Organisation des Berufsstandes und dem anwaltlichen Tätigkeitsbereich, dem Verfahren vor den Gerichten und Behörden sowie den Gesetzen des betreffenden Mitgliedstaates. Es ist weder möglich noch wünschenswert, sie aus diesem Zusammenhang herauszureißen oder Regeln zu verallgemeinern, die dafür nicht geeignet sind. Die einzelnen Berufsregeln jeder Anwaltschaft beruhen jedoch auf den gleichen Grundwerten und sind ganz überwiegend Ausdruck einer gemeinsamen Grundüberzeugung.

1.3. Ziel und Zweck der Europäischen Berufsregeln

1.3.1. Durch die Entwicklung der Europäischen Union und des Europäischen Wirtschaftsraumes und die im Rahmen des Europäischen Wirtschaftsraumes immer stärker werdende grenzüberschreitende Tätigkeit des Rechtsanwaltes ist es im Interesse der Rechtsuchenden notwendig geworden, für diese grenzüberschreitende Tätigkeit einheitliche, auf jeden Rechtsanwalt des Europäischen Wirtschaftsraumes anwendbare Regeln festzulegen, unabhängig davon, welcher Anwaltschaft der Rechtsanwalt angehört. Die Aufstellung solcher Berufsregeln hat insbesondere zum Ziel, die sich aus der konkurrierenden Anwendung mehrerer Berufsrechte – die insbesondere in den Artikeln 4 und 7.2 der Richtlinie Nr. 77/249/EWG sowie in den Artikeln 6 und 7 der Richtlinie Nr. 98/5/EG vorgesehen ist – ergebenden Schwierigkeiten zu verringern.

1.3.2. Die im CCBE zusammengeschlossenen, den anwaltlichen Berufsstand repräsentierenden Organisationen sprechen den Wunsch aus, dass die nachstehenden Berufsregeln

- bereits jetzt als Ausdruck der Übereinkunft aller Anwaltschaften der Europäischen Union und des Europäischen Wirtschaftsraumes anerkannt werden,
- in kürzester Zeit durch nationales und/oder EWR – Recht für die grenzüberschreitende Tätigkeit des Rechtsanwaltes in der Europäischen Union und dem Europäischen Wirtschaftsraum verbindlich erklärt werden,
- bei jeder Reform des nationalen Berufsrechtes im Hinblick auf dessen allmähliche Harmonisierung berücksichtigt werden.

Sie verbinden damit weiter den Wunsch, dass die nationalen Berufsregeln soweit wie möglich in einer Weise ausgelegt und angewendet werden, die mit den Europäischen Berufsregeln in Einklang steht.

Wenn die Europäischen Berufsregeln hinsichtlich der grenzüberschreitenden anwaltlichen Tätigkeit verbindlich geworden sind, untersteht der Rechtsanwalt weiter den Berufsregeln der Anwaltschaft, der er angehört, soweit diese zu den Europäischen Berufsregeln nicht in Widerspruch stehen.

1.4. Persönlicher Anwendungsbereich

Die nachstehenden Berufsregeln sind auf alle Rechtsanwälte im Sinne der Richtlinie Nr. 77/249/EWG und der Richtlinie Nr. 98/5/EG sowie auf die Rechtsanwälte in den CCBE-Mitgliedsländern mit Beobachterstatus anwendbar.

1.5. Sachlicher Anwendungsbereich

Unbeschadet des Zieles einer allmählichen Vereinheitlichung des innerstaatlich geltenden Berufsrechtes sind die nachstehenden Berufsregeln auf die grenzüberschreitende Tätigkeit des Rechtsanwaltes innerhalb der Europäischen Union und des Europäischen Wirtschaftsraumes anwendbar. Als grenzüberschreitende Tätigkeit gilt:

a) jede Tätigkeit gegenüber Rechtsanwälten anderer Mitgliedstaaten anlässlich anwaltlicher Berufsausübung,

b) die berufliche Tätigkeit eines Rechtsanwaltes in einem anderen Mitgliedstaat, gleichgültig ob er dort anwesend ist oder nicht.

1.6. Definitionen

Für die nachstehenden Berufsregeln haben folgende Ausdrücke folgende Bedeutung:

„Mitgliedstaat" bezeichnet einen Mitgliedstaat der EU oder jeden anderen Staat, dessen Anwaltschaft unter Artikel 1.4 fällt.

„Herkunftsstaat" bezeichnet den Mitgliedstaat, in dem der Rechtsanwalt das Recht zur Führung seines Berufstitels erworben hat.

„Aufnahmestaat" bezeichnet den Mitgliedstaat, in dem der Rechtsanwalt eine grenzüberschreitende Tätigkeit verrichtet.

„Zuständige Stelle" bezeichnet die berufsspezifischen Organisationen oder Behörden der Mitgliedstaaten, die für die Erlassung von Berufsregeln und Disziplinaraufsicht zuständig sind.

„Richtlinie Nr. 77/249/EWG" bezeichnet die Richtlinie 77/249/EWG des Rates vom 22. März 1977 zur Erleichterung der tatsächlichen Ausübung des freien Dienstleistungsverkehrs der Rechtsanwälte.

„Richtlinie Nr. 98/5/EG" bezeichnet die Richtlinie 98/5/EG des Europäischen Parlaments und des Rates vom 16. Februar 1998 zur Erleichterung der ständigen Ausübung des Rechtsanwaltsberufs in einem anderen Mitgliedstaat als dem, in dem die Qualifikation erworben wurde.

2. Allgemeine Grundsätze

2.1. Unabhängigkeit

2.1.1. Die Vielfältigkeit der dem Rechtsanwalt obliegenden Pflichten setzt seine Unabhängigkeit von sachfremden Einflüssen voraus; dies gilt insbesondere für die eigenen Interessen des Rechtsanwaltes und die Einflussnahme Dritter. Diese Unabhängigkeit ist für das Vertrauen in die Justiz ebenso wichtig wie die Unparteilichkeit des Richters. Der Rechtsanwalt hat daher Beeinträchtigungen seiner Unabhängigkeit zu vermeiden und darf nicht aus Gefälligkeit gegenüber seinem Mandanten, dem Richter oder einem Dritten das Berufsrecht außer acht lassen.

2.1.2. Die Wahrung der Unabhängigkeit ist für die außergerichtliche Tätigkeit ebenso wichtig wie für die Tätigkeit vor Gericht. Der anwaltliche Rat verliert für den Mandanten an Wert, wenn er aus Gefälligkeit, aus persönlichem Interesse oder unter dem Druck dritter Personen erteilt wird.

2.2. Vertrauen und Würde

Das Vertrauensverhältnis setzt voraus, dass keine Zweifel über die Ehrenhaftigkeit, die Unbescholtenheit und die Rechtschaffenheit des Rechtsanwaltes bestehen. Diese traditionellen Werte des Anwaltsstandes sind für den Rechtsanwalt gleichzeitig Berufspflichten.

2.3. Berufsgeheimnis

2.3.1. Es gehört zum Wesen der Berufstätigkeit des Rechtsanwaltes, dass sein Mandant ihm Geheimnisse anvertraut und er sonstige vertrauliche Mitteilungen erhält. Ist die Vertraulichkeit nicht gewährleistet, kann kein Vertrauen entstehen. Aus diesem Grund ist das Berufsgeheimnis gleichzeitig ein Grundrecht und eine Grundpflicht des Rechtsanwaltes von besonderer Bedeutung.

Die Pflicht des Rechtsanwaltes zur Wahrung des Berufsgeheimnisses dient dem Interesse der Rechtspflege ebenso wie dem Interesse des Mandanten. Daher verdient sie besonderen Schutz durch den Staat.

2.3.2. Der Rechtsanwalt hat die Vertraulichkeit aller Informationen zu wahren, die ihm im Rahmen seiner beruflichen Tätigkeit bekannt werden.

2.3.3. Die Pflicht zur Wahrung des Berufsgeheimnisses ist zeitlich unbegrenzt.

2.3.4. Der Rechtsanwalt achtet auf die Wahrung der Vertraulichkeit durch seine Mitarbeiter und alle Personen, die bei seiner beruflichen Tätigkeit mitwirken.

2.4. Achtung des Berufsrechtes anderer Anwaltschaften

Bei grenzüberschreitender Tätigkeit, kann der Rechtsanwalt verpflichtet sein, das Berufsrecht eines Aufnahmestaates zu beachten. Der Rechtsanwalt hat die Pflicht, sich über die bei Ausübung einer bestimmten Tätigkeit anwendbaren berufsrechtlichen Regeln zu informieren.

Die Mitgliedsorganisationen des CCBE sind verpflichtet, ihre Berufsregeln im Sekretariat des CCBE zu hinterlegen, so dass jeder Rechtsanwalt die Möglichkeit hat, eine Kopie der geltenden Berufsregeln bei dem Sekretariat anzufordern.

2.5. Unvereinbare Tätigkeiten

2.5.1. Damit die erforderliche Unabhängigkeit des Rechtsanwaltes und seine Pflicht zur Mitwirkung bei der Rechtspflege nicht beeinträchtigt werden, kann dem Rechtsanwalt die Ausübung bestimmter Berufe und Tätigkeiten verboten werden.

2.5.2. Bei der Vertretung oder Verteidigung eines Mandanten vor den Gerichten oder Behörden eines Aufnahmestaates beachtet der Rechtsanwalt die für Rechtsanwälte dieses Staates geltenden Regeln über die Unvereinbarkeit des Berufes des Rechtsanwaltes mit anderen Berufen oder Tätigkeiten.

2.5.3. Beabsichtigt der in einem Aufnahmestaat niedergelassene Rechtsanwalt, dort unmittelbar eine kaufmännische oder sonstige vom Beruf des Rechtsanwaltes verschiedene Tätigkeit auszuüben, so ist er dabei auch verpflichtet, die für die Rechtsanwälte dieses Staates geltenden Regeln über die Unvereinbarkeit des Berufes des Rechtsanwalts mit anderen Berufen oder Tätigkeiten zu beachten.

2.6. Persönliche Werbung

2.6.1. Der Rechtsanwalt darf die Öffentlichkeit über seine Dienste informieren unter der Voraussetzung, dass die Information korrekt und nicht irreführend ist und die Verschwiegenheitspflicht und andere Grundwerte der Anwaltschaft gewahrt bleiben.

2.6.2. Persönliche Werbung des Rechtsanwalts über jegliche Art von Medien wie Presse, Radio, Fernsehen, durch elektronische kommerzielle Kommunikation oder auf andere Weise ist insoweit gestattet, als dies den in 2.6.1. gestellten Anforderungen entspricht.

2.7. Interesse der Mandanten

Vorbehaltlich der strikten Einhaltung der gesetzlichen und berufsrechtlichen Vorschriften ist der Rechtsanwalt verpflichtet, seinen Mandanten immer in solcher Weise zu vertreten und/oder zu verteidigen, dass das Mandanteninteresse dem Interesse des Rechtsanwaltes oder der Kollegen vorgeht.

2.8. Begrenzung der Haftung des Rechtsanwaltes gegenüber seinem Mandanten

In dem von dem Recht des Herkunftsstaates und des Aufnahmestaates zulässigen Umfang und in Übereinstimmung mit den berufsrechtlichen Bestimmungen, denen er unterliegt, kann der Rechtsanwalt seine Haftung gegenüber seinem Mandanten begrenzen.

3. Das Verhalten gegenüber den Mandanten

3.1. Beginn und Ende des Mandats

3.1.1. Der Rechtsanwalt darf nur im Auftrag seines Mandanten tätig werden. Der Rechtsanwalt darf jedoch auch in einer Angelegenheit tätig werden, wenn er von einem anderen den Mandanten vertretenden Rechtsanwalt beauftragt oder der Fall ihm durch eine sachlich zuständige Stelle übertragen wird.

Der Rechtsanwalt sollte sich bemühen, die Identität, Zuständigkeit und Befugnis der ihn beauftragenden Person oder Stelle festzustellen, wenn die spezifischen Umstände zeigen, dass Identität, Zuständigkeit und Befugnis unklar sind.

3.1.2. Der Rechtsanwalt berät und vertritt seinen Mandanten unverzüglich, gewissenhaft und sorgfältig. Er ist für die Ausführung des ihm erteilten Mandats persönlich verantwortlich und unterrichtet seinen Mandanten vom Fortgang der ihm übertragenen Angelegenheit.

3.1.3. Der Rechtsanwalt hat ein Mandat abzulehnen, wenn er weiß oder wissen muss, dass es ihm an den erforderlichen Kenntnissen fehlt, es sei denn, er arbeitet mit einem Rechtsanwalt zusammen, der diese Kenntnisse besitzt.

Der Rechtsanwalt darf ein Mandat nur annehmen, wenn er die Sache im Hinblick auf seine sonstigen Verpflichtungen unverzüglich bearbeiten kann.

3.1.4. Der Rechtsanwalt darf sein Recht zur Mandatsniederlegung nur derart ausüben, dass der Mandant in der Lage ist, ohne Schaden den Beistand eines anderen Kollegen in Anspruch zu nehmen.

3.2. Interessenkonflikt

3.2.1. Der Rechtsanwalt darf mehr als einen Mandanten in der gleichen Sache nicht beraten, vertreten oder verteidigen, wenn ein Interessenkonflikt zwischen den Mandanten oder die ernsthafte Gefahr eines solchen Konfliktes besteht.

3.2.2. Der Rechtsanwalt muss das Mandat gegenüber zwei oder allen betroffenen Mandanten niederlegen, wenn es zu einem Interessenkonflikt zwischen diesen Mandanten kommt, wenn die Gefahr der Verletzung der Berufsverschwiegenheit besteht oder die Unabhängigkeit des Rechtsanwaltes beeinträchtigt zu werden droht.

3.2.3. Der Rechtsanwalt darf ein neues Mandat dann nicht übernehmen, wenn die Gefahr der Verletzung der Verschwiegenheitspflicht bezüglich der von einem früheren Mandanten anvertrauten Information besteht oder die Kenntnis der Angelegenheit eines früheren Mandanten dem neuen Mandanten zu einem ungerechtfertigten Vorteil gereichen würde.

3.2.4. Üben Rechtsanwälte ihren Beruf gemeinsam aus, so sind die Bestimmungen der Artikel 3.2.1. bis 3.2.3. auf die Sozietät und alle ihre Mitglieder anzuwenden.

3.3. Quota-litis-Vereinbarung

3.3.1. Der Rechtsanwalt darf hinsichtlich seines Honorars keine quota-litis-Vereinbarung abschließen.

3.3.2. Quota-litis-Vereinbarung im Sinne dieser Bestimmung ist ein vor Abschluss der Rechtssache geschlossener Vertrag, der das an den Rechtsanwalt zu zahlende Honorar ausschließlich von dem Ergebnis abhängig macht und in dem sich der Mandant verpflichtet, dem Anwalt einen Teil des Ergebnisses zu zahlen.

3.3.3. Eine quota-litis-Vereinbarung liegt dann nicht vor, wenn die Vereinbarung die Berechnung des Honorars aufgrund des Streitwertes vorsieht und einem amtlichen oder von der für den Rechtsanwalt zuständigen Stelle genehmigten Tarif entspricht.

3.4. Honorarabrechnung

Der Rechtsanwalt hat seinem Mandanten die Grundlagen seiner gesamten Honorarforderungen offen zu legen; der Betrag des Honorars muss angemessen sein, den gesetzlichen Vorschriften und den Berufsregeln entsprechen, denen der Rechtsanwalt unterworfen ist.

3.5. Vorschuss auf Honorar und Kosten

Verlangt der Rechtsanwalt einen Vorschuss auf seine Kosten und/oder sein Honorar, darf dieser nicht über einen unter Berücksichtigung der voraussichtlichen Höhe des Honorars und der Kosten angemessenen Betrag hinausgehen. Wird der Vorschuss nicht gezahlt, kann der Rechtsanwalt das Mandat niederlegen oder ablehnen, unbeschadet der Vorschrift des Artikels 3.1.4.

3.6. Honorarteilung mit anderen Personen als Anwälten

3.6.1. Vorbehaltlich der nachstehenden Regel ist es dem Rechtsanwalt verboten, sein Honorar mit einer Person zu teilen, die nicht selbst Rechtsanwalt ist, es sei denn, die gemeinschaftliche Berufsausübung ist vom Gesetz und nach den Berufsregeln, denen der Rechtsanwalt unterworfen ist, gestattet.

3.6.2. Artikel 3.6.1. gilt nicht für Zahlungen oder Leistungen eines Anwaltes an die Erben eines verstorbenen Kollegen oder an einen früheren Rechtsanwalt als Vergütung für die Übernahme einer Praxis.

3.7. Prozess- und Beratungskostenhilfe

3.7.1. Der Rechtsanwalt sollte immer danach trachten, den Streitfall des Mandanten so kostengünstig wie möglich zu lösen und sollte den Mandanten zum geeigneten Zeitpunkt dahingehend beraten, ob es wünschenswert ist, eine Streitbeilegung zu versuchen oder auf ein alternatives Streitbeilegungsverfahren zu verweisen.

3.7.2. Hat der Mandant Anspruch auf Prozess- oder Beratungskostenhilfe, so hat der Rechtsanwalt ihn darauf hinzuweisen.

3.8. Mandantengelder

3.8.1. Werden dem Rechtsanwalt zu irgendeinem Zeitpunkt Gelder anvertraut, die für seine Mandanten oder Dritte bestimmt sind (nachstehend „Mandantengelder"), müssen diese Gelder immer auf ein Konto (nachstehend „Anderkonto") bei einem Kreditinstitut oder einer ähnlichen Einrichtung, die öffentlicher Aufsicht unterliegt, eingezahlt werden. Ein Anderkonto muss getrennt von allen anderen Konten des Rechtsanwaltes geführt werden. Alle von einem Rechtsanwalt empfangenen Mandantengelder sind auf ein solches Konto einzuzahlen, es sei denn, der Eigentümer dieser Gelder hat eine andere Verwendung genehmigt.

3.8.2. Der Rechtsanwalt hat über alle die Mandantengelder betreffenden Vorgänge vollständig und genau Buch zu führen, wobei Mandantengelder von sonstigen Guthaben des Rechtsanwaltes zu trennen sind. Die Buchführung muss über einen den nationalen Vorschriften entsprechenden Zeitraum aufbewahrt werden.

3.8.3. Anderkonten dürfen nicht belastet werden, es sei denn, es liegt ein Ausnahmefall vor, wo dies gemäß den nationalen Vorschriften ausdrücklich erlaubt ist, oder es handelt sich um Bankgebühren, auf die der Rechtsanwalt keinen Einfluss hat. Ein Anderkonto darf in keinem Fall als Garantie oder als Sicherheit verwendet werden.

Zwischen einem Anderkonto und einem weiteren Bankkonto sind weder Ausgleichszahlungen, noch ist eine Zusammenlegung gestattet und ebenso wenig dürfen Mandantengelder von einem Anderkonto zur Zahlung von Bankschulden des Rechtsanwaltes verwendet werden.

3.8.4. Mandantengelder sind an die Eigentümer dieser Gelder schnellstmöglich oder gemäß den Bedingungen zu überweisen, die mit ihnen vereinbart wurden.

3.8.5. Der Rechtsanwalt kann keine Gelder von einem Anderkonto als Honorarzahlung oder Kostenersatz auf sein eigenes Konto transferieren, ohne den Mandanten davon schriftlich zu informieren.

3.8.6. Die zuständigen Stellen der Mitgliedstaaten sind berechtigt, alle Unterlagen bezüglich Mandantengelder unter Wahrung der Berufsverschwiegenheit einzusehen und zu überprüfen.

3.9. Berufshaftpflichtversicherung

3.9.1. Der Rechtsanwalt muss gegen Berufshaftpflicht in einer Weise versichert sein, die nach Art und Umfang den durch rechtsanwaltliche Tätigkeit entstehenden Risiken angemessen ist.

3.9.2. Ist dies nicht möglich, hat der Rechtsanwalt den Mandanten über die Situation sowie über die Folgen zu informieren.

4. Das Verhalten gegenüber den Gerichten

4.1. Auf die Prozesstätigkeit anwendbares Berufsrecht

Der vor einem Gericht eines Mitgliedstaates auftretende oder an einem vor einem solchen Gericht anhängigen Verfahren beteiligte Rechtsanwalt hat die vor diesem Gericht geltenden Berufsregeln zu beachten.

4.2. Wahrung der Chancengleichheit im Prozess

Der Rechtsanwalt hat jederzeit auf eine faire Verfahrensführung zu achten.

4.3. Achtung des Gerichtes

Im Rahmen der dem Richteramt gebührenden Achtung und Höflichkeit hat der Rechtsanwalt die Interessen seines Mandanten gewissenhaft und furchtlos, ungeachtet eigener Interessen und/oder ihm oder anderen Personen entstehenden Folgen zu vertreten.

4.4. Mitteilung falscher oder irreführender Tatsachen

Der Rechtsanwalt darf dem Gericht niemals vorsätzlich unwahre oder irreführende Angaben machen.

4.5. Anwendung auf Schiedsrichter und Personen mit ähnlichen Aufgaben

Die Vorschriften über das Verhältnis des Rechtsanwaltes zum Richter gelten auch für sein Verhältnis zu Schiedsrichtern oder sonstigen Personen, die dauernd oder auch nur gelegentlich richterliche oder quasi-richterliche Funktionen ausüben.

5. Das Verhalten gegenüber den Kollegen

5.1. Kollegialität

5.1.1. Im Interesse des Mandanten und zur Vermeidung unnötiger Streitigkeiten und anderen Verhaltens, das das Ansehen des Berufsstandes schädigen könnte, setzt Kollegialität ein Vertrauensverhältnis und Bereitschaft zur Zusammenarbeit zwischen Rechtsanwälten voraus. Kollegialität darf jedoch unter keinen Umständen dazu führen, die Interessen der Anwälte denen des Mandanten entgegenzustellen.

5.1.2. Jeder Rechtsanwalt hat Rechtsanwälte eines anderen Mitgliedstaates als Kollegen anzuerkennen und ihnen gegenüber fair und höflich aufzutreten.

5.2. Zusammenarbeit von Anwälten aus verschiedenen Mitgliedstaaten

5.2.1. Der Rechtsanwalt, an den sich ein Kollege aus einem anderen Mitgliedstaat wendet, ist verpflichtet, in einer Sache nicht tätig zu werden, wenn er nicht hinreichend qualifiziert ist; er hat in diesem Fall seinem Kollegen dabei behilflich zu sein, einen Rechtsanwalt zu finden, der in der Lage ist, die erwartete Leistung zu erbringen.

5.2.2. Arbeiten Rechtsanwälte aus verschiedenen Mitgliedstaaten zusammen, haben beide die sich möglicherweise aus den verschiedenen Rechtssystemen, Berufsorganisationen, Zuständigkeiten und Berufspflichten ergebenden Unterschiede zu berücksichtigen.

5.3. Korrespondenz unter Rechtsanwälten

5.3.1. Der Rechtsanwalt, der an einen Kollegen aus einem anderen Mitgliedstaat Mitteilungen senden möchte, die nach dem Willen des Absenders vertraulich oder „ohne Präjudiz“ sein sollen, muss diesen seinen Willen vor Absendung der ersten dieser Mitteilungen klar zum Ausdruck bringen.

5.3.2. Ist der zukünftige Empfänger der Mitteilungen nicht in der Lage, diese als vertraulich oder „ohne Präjudiz“ im vorstehenden Sinne zu behandeln, so hat er den Absender unverzüglich entsprechend zu unterrichten.

5.4. Vermittlungshonorar

5.4.1. Es ist dem Rechtsanwalt untersagt, von einem anderen Rechtsanwalt oder einem sonstigen Dritten für die Namhaftmachung oder Empfehlung des Rechtsanwaltes an einen Mandanten ein Honorar, eine Provision oder jede andere Gegenleistung zu verlangen oder anzunehmen.

5.4.2. Der Rechtsanwalt darf niemand für die Vermittlung eines Mandanten ein Honorar, eine Provision oder eine sonstige Gegenleistung gewähren.

5.5. Umgehung des Gegenanwaltes

Es ist dem Rechtsanwalt untersagt, sich bezüglich einer bestimmten Sache mit einer Person in Verbindung zu setzen, von der er weiß, dass sie einen Rechtsanwalt mit ihrer Vertretung beauftragt oder seinen Beistand in Anspruch genommen hat, es sei denn, dieser Rechtsanwalt hat zugestimmt und er hält ihn unterrichtet.

5.6. (Gestrichen per Beschluss der CCBE-Vollversammlung am 6. Dezember 2002 in Dublin)

5.7. Haftung für Honorarforderungen unter Kollegen

Im beruflichen Verkehr zwischen Rechtsanwälten verschiedener Mitgliedstaaten ist der Rechtsanwalt, der sich nicht darauf beschränkt, seinem Mandanten einen ausländischen Kollegen zu benennen oder das Mandat zu vermitteln, sondern eine Angelegenheit einem ausländischen Kollegen überträgt oder diesen um Rat bittet, persönlich dann zur Zahlung des Honorars, der Kosten und der Auslagen des ausländischen Kollegen verpflichtet, selbst wenn Zahlung von dem Mandanten nicht erlangt werden kann. Die betreffenden Rechtsanwälte können jedoch zu Beginn ihrer Zusammenarbeit anderweitige Vereinbarungen treffen. Der beauftragende Rechtsanwalt kann ferner zu jeder Zeit seine persönliche Verpflichtung auf das Honorar und die Kosten und Auslagen beschränken, die bis zu dem Zeitpunkt angefallen sind, in welchem er seinem ausländischen Kollegen mitteilt, dass er nicht mehr haften werde.

5.8. Fortbildung

Rechtsanwälte müssen ihre beruflichen Kenntnisse und Fähigkeiten aufrechterhalten und ausbauen unter Berücksichtigung der europäischen Dimension ihres Berufes.

5.9. Streitschlichtung zwischen Kollegen aus verschiedenen Mitgliedstaaten

5.9.1. Ist ein Rechtsanwalt der Auffassung, dass ein Kollege aus einem anderen Mitgliedstaat gegen das Berufsrecht verstoßen hat, hat er diesen darauf hinzuweisen.

5.9.2. Kommt es zwischen Rechtsanwälten aus verschiedenen Mitgliedstaaten zum Streit in Fragen der Berufsausübung, haben sie sich zunächst um eine gütliche Regelung zu bemühen.

5.9.3. Der Rechtsanwalt, der beabsichtigt, gegen einen Kollegen aus einem anderen Mitgliedstaat wegen Angelegenheiten, auf die Artikel 5.9.1. oder 5.9.2. Bezug nehmen, ein Verfahren einzuleiten, hat davon zuvor seine und seines Kollegen Berufsorganisationen zu benachrichtigen, damit diese sich um eine gütliche Regelung bemühen können.

Charter of core principles of the European legal profession*

„In a society founded on respect for the rule of law the lawyer fulfils a special role. The lawyer's duties do not begin and end with the faithful performance of what he or she is instructed to do so far as the law permits. A lawyer must serve the interests of justice as well as those whose rights and liberties he or she is trusted to assert and defend and it is the lawyer's duty not only to plead the client's cause but to be the client's adviser. Respect for the lawyer's professional function is an essential condition for the rule of law and democracy in Society."

– the CCBE's Code of Conduct for European Lawyers, article 1.1

There are core principles which are common to the whole European legal profession, even though these principles are expressed in slightly different ways in different jurisdictions. The core principles underlie the various national and international codes which govern the conduct of lawyers. European lawyers are committed to these principles, which are essential for the proper administration of justice, access to justice and the right to a fair trial, as required under the European Convention of Human Rights. Bars and law societies, courts, legislators, governments and international organisations should seek to uphold and protect the core principles in the public interest.

The core principles are, in particular:

(a) the independence of the lawyer, and the freedom of the lawyer to pursue the client's case;

(b) the right and duty of the lawyer to keep clients' matters confidential and to respect professional secrecy;

(c) avoidance of conflicts of interest, whether between different clients or between the client and the lawyer;

(d) the dignity and honour of the legal profession, and the integrity and good repute of the individual lawyer;

(e) loyalty to the client;

(f) fair treatment of clients in relation to fees;

(g) the lawyer's professional competence;

(h) respect towards professional colleagues;

(i) respect for the rule of law and the fair administration of justice; and

(j) the self-regulation of the legal profession.

---

* Verabschiedet auf der CCBE-Vollversammlung vom 25.11.2006.

Charter of core principles of the European legal profession

E. Berufliche Zusammenarbeit

Gesetz über Partnerschaftsgesellschaften Angehöriger Freier Berufe (Partnerschaftsgesellschaftsgesetz – PartGG)

Vom 25. Juli 1994, BGBl. I S. 1744
BGBl. III 4127-1

Zuletzt geändert durch Gesetz zur Änderung des Aktiengesetzes (Aktienrechtsnovelle 2016) vom 22. Dezember 2015, BGBl. I S. 2565

Inhaltsübersicht

§ 1 Voraussetzungen der Partnerschaft (1) [1]Die Partnerschaft ist eine Gesellschaft, in der sich Angehörige Freier Berufe zur Ausübung ihrer Berufe zusammenschließen. [2]Sie übt kein Handelsgewerbe aus. [3]Angehörige einer Partnerschaft können nur natürliche Personen sein.

(2) [1]Die Freien Berufe haben im allgemeinen auf der Grundlage besonderer beruflicher Qualifikation oder schöpferischer Begabung die persönliche, eigenverantwortliche und fachlich unabhängige Erbringung von Dienstleistungen höherer Art im Interesse der Auftraggeber und der Allgemeinheit zum Inhalt. [2]Ausübung eines Freien Berufs im Sinne dieses Gesetzes ist die selbständige Berufstätigkeit der Ärzte, Zahnärzte, Tierärzte, Heilpraktiker, Krankengymnasten, Hebammen, Heilmasseure, Diplom-Psychologen, Mitglieder der Rechtsanwaltskammern, Patentanwälte, Wirtschaftsprüfer, Steuerberater, beratenden Volks- und Betriebswirte, vereidigten Buchprüfer (vereidigte Buchrevisoren), Steuerbevollmächtigten, Ingenieure, Architekten, Handelschemiker, Lotsen, hauptberuflichen Sachverständigen, Journalisten, Bildberichterstatter, Dolmetscher, Übersetzer und ähnlicher Berufe sowie der Wissenschaftler, Künstler, Schriftsteller, Lehrer und Erzieher.

(3) [1]Die Berufsausübung in der Partnerschaft kann in Vorschriften über einzelne Berufe ausgeschlossen oder von weiteren Voraussetzungen abhängig gemacht werden.

(4) [1]Auf die Partnerschaft finden, soweit in diesem Gesetz nichts anderes bestimmt ist, die Vorschriften des Bürgerlichen Gesetzbuchs über die Gesellschaft Anwendung.

§ 2 Name der Partnerschaft (1) [1]Der Name der Partnerschaft muß den Namen mindestens eines Partners, den Zusatz „und Partner" oder „Partnerschaft" sowie die Berufsbezeichnungen aller in der Partnerschaft vertretenen Berufe enthalten. [2]Die Beifügung von Vornamen ist nicht erforderlich. [3]Die Namen anderer Personen als der Partner dürfen nicht in den Namen der Partnerschaft aufgenommen werden.

(2) [1]§ 18 Abs. 2, §§ 21, 22 Abs. 1, §§ 23, 24, 30, 31 Abs. 2, §§ 32 und 37 des Handelsgesetzbuchs sind entsprechend anzuwenden; § 24 Abs. 2 des Handelsgesetzbuchs gilt auch bei Umwandlung einer Gesellschaft bürgerlichen Rechts in eine Partnerschaft.

§ 3 Partnerschaftsvertrag (1) [1]Der Partnerschaftsvertrag bedarf der Schriftform.

(2) [1]Der Partnerschaftsvertrag muß enthalten

1. den Namen und den Sitz der Partnerschaft;
2. den Namen und den Vornamen sowie den in der Partnerschaft ausgeübten Beruf und den Wohnort jedes Partners;
3. den Gegenstand der Partnerschaft.

§ 4 Anmeldung der Partnerschaft (1) [1]Auf die Anmeldung der Partnerschaft in das Partnerschaftsregister* sind § 106 Abs. 1 und § 108 Satz 1 des Handelsgesetzbuchs entsprechend anzuwenden. [2]Die Anmeldung hat die in § 3 Abs. 2 vorgeschriebenen Angaben, das Geburtsdatum jedes Partners und die Vertretungsmacht der Partner zu enthalten. [3]Änderungen dieser Angaben sind gleichfalls zur Eintragung in das Partnerschaftsregister anzumelden.

(2) [1]In der Anmeldung ist die Zugehörigkeit jedes Partners zu dem Freien Beruf, den er in der Partnerschaft ausübt, anzugeben. [2]Das Registergericht legt bei der Eintragung die Angaben der Partner zugrunde, es sei denn, ihm ist deren Unrichtigkeit bekannt.

(3) [1]Der Anmeldung einer Partnerschaft mit beschränkter Berufshaftung nach § 8 Absatz 4 muss eine Versicherungsbescheinigung gemäß § 113 Absatz 2 des Gesetzes über den Versicherungsvertrag beigefügt sein.

---

* Verordnung über die Einrichtung und Führung des Partnerschaftsregisters (Partnerschaftsregisterverordnung – PRV) vom 16.6.1995 (BGBl. I S. 808), zuletzt geändert durch Gesetz über elektronische Handelsregister und Genossenschaftsregister sowie das Unternehmensregister vom 10.11.2006 (BGBl. I S. 2553).

§ 5 Inhalt der Eintragung; anzuwendende Vorschriften (1) [1]Die Eintragung hat die in § 3 Abs. 2 genannten Angaben, das Geburtsdatum jedes Partners und die Vertretungsmacht der Partner zu enthalten.

(2) [1]Auf das Partnerschaftsregister und die registerrechtliche Behandlung von Zweigniederlassungen sind die §§ 8, 8a, 9, 10 bis 12, 13, 13d, 13h und 14 bis 16 des Handelsgesetzbuchs über das Handelsregister entsprechend anzuwenden; eine Pflicht zur Anmeldung einer inländischen Geschäftsanschrift besteht nicht.

§ 6 Rechtsverhältnis der Partner untereinander (1) [1]Die Partner erbringen ihre beruflichen Leistungen unter Beachtung des für sie geltenden Berufsrechts.

(2) [1]Einzelne Partner können im Partnerschaftsvertrag nur von der Führung der sonstigen Geschäfte ausgeschlossen werden.

(3) [1]Im übrigen richtet sich das Rechtsverhältnis der Partner untereinander nach dem Partnerschaftsvertrag. [2]Soweit der Partnerschaftsvertrag keine Bestimmungen enthält, sind die §§ 110 bis 116 Abs. 2, §§ 117 bis 119 des Handelsgesetzbuchs entsprechend anzuwenden.

§ 7 Wirksamkeit im Verhältnis zu Dritten; rechtliche Selbständigkeit; Vertretung (1) [1]Die Partnerschaft wird im Verhältnis zu Dritten mit ihrer Eintragung in das Partnerschaftsregister wirksam.

(2) [1]§ 124 des Handelsgesetzbuchs ist entsprechend anzuwenden.

(3) [1]Auf die Vertretung der Partnerschaft sind die Vorschriften des § 125 Abs. 1 und 2 sowie der §§ 126 und 127 des Handelsgesetzbuchs entsprechend anzuwenden.

(4) [1]Die Partnerschaft kann als Prozess- oder Verfahrensbevollmächtigte beauftragt werden. [2]Sie handelt durch ihre Partner und Vertreter, in deren Person die für die Erbringung rechtsbesorgender Leistungen gesetzlich vorgeschriebenen Voraussetzungen im Einzelfalle vorliegen müssen, und ist in gleichem Umfang wie diese postulationsfähig. [3]Verteidiger im Sinne der §§ 137 ff. der Strafprozessordnung ist nur die für die Partnerschaft handelnde Person.

(5) [1]Für die Angabe auf Geschäftsbriefen der Partnerschaft ist § 125a Absatz 1 Satz 1, Absatz 2 des Handelsgesetzbuchs mit der Maßgabe entsprechend anzuwenden, dass bei einer Partnerschaft mit beschränkter Berufshaftung auch der von dieser gewählte Namenszusatz im Sinne des § 8 Absatz 4 Satz 3 anzugeben ist.

§ 8 Haftung für Verbindlichkeiten der Partnerschaft (1) [1]Für Verbindlichkeiten der Partnerschaft haften den Gläubigern neben dem Vermögen der Partnerschaft die Partner als Gesamtschuldner. [2]Die §§ 129 und 130 des Handelsgesetzbuchs sind entsprechend anzuwenden.

(2) [1]Waren nur einzelne Partner mit der Bearbeitung eines Auftrags befaßt, so haften nur sie gemäß Absatz 1 für berufliche Fehler neben der Partnerschaft; ausgenommen sind Bearbeitungsbeiträge von untergeordneter Bedeutung.

(3) [1]Durch Gesetz kann für einzelne Berufe eine Beschränkung der Haftung für Ansprüche aus Schäden wegen fehlerhafter Berufsausübung auf einen bestimmten Höchstbetrag zugelassen werden, wenn zugleich eine Pflicht zum Abschluß einer Berufshaftpflichtversicherung der Partner oder der Partnerschaft begründet wird.

(4) [1]Für Verbindlichkeiten der Partnerschaft aus Schäden wegen fehlerhafter Berufsausübung haftet den Gläubigern nur das Gesellschaftsvermögen, wenn die Partnerschaft eine zu diesem Zweck durch Gesetz vorgegebene Berufshaftpflichtversicherung unterhält. [2]Für die Berufshaftpflichtversicherung gelten § 113 Absatz 3 und die §§ 114 bis 124 des Versicherungsvertragsgesetzes entsprechend. [3]Der Name der Partnerschaft muss den Zusatz „mit beschränkter Berufshaftung“ oder die Abkürzung „mbB“ oder eine andere allgemein verständliche Abkürzung dieser Bezeichnung enthalten; anstelle der Namenszusätze nach § 2 Absatz 1 Satz 1 kann der Name der Partnerschaft mit beschränkter Berufshaftung den Zusatz „Part“ oder „PartG“ enthalten.

§ 9 Ausscheiden eines Partners; Auflösung der Partnerschaft (1) [1]Auf das Ausscheiden eines Partners und die Auflösung der Partnerschaft sind, soweit im folgenden nichts anderes bestimmt ist, die §§ 131 bis 144 des Handelsgesetzbuchs entsprechend anzuwenden.

(2) (weggefallen)

(3) [1]Verliert ein Partner eine erforderliche Zulassung zu dem Freien Beruf, den er in der Partnerschaft ausübt, so scheidet er mit deren Verlust aus der Partnerschaft aus.

(4) [1]Die Beteiligung an einer Partnerschaft ist nicht vererblich. [2]Der Partnerschaftsvertrag kann jedoch bestimmen, daß sie an Dritte vererblich ist, die Partner im Sinne des § 1 Abs. 1 und 2 sein können. [3]§ 139 des Handelsgesetzbuchs ist nur insoweit anzuwenden, als der Erbe der Beteiligung befugt ist, seinen Austritt aus der Partnerschaft zu erklären.

§ 10 Liquidation der Partnerschaft; Nachhaftung (1) [1]Für die Liquidation der Partnerschaft sind die Vorschriften über die Liquidation der offenen Handelsgesellschaft entsprechend anwendbar.

(2) [1]Nach der Auflösung der Partnerschaft oder nach dem Ausscheiden des Partners bestimmt sich die Haftung der Partner aus Verbindlichkeiten der Partnerschaft nach den §§ 159, 160 des Handelsgesetzbuchs.

§ 11 Übergangsvorschriften (1) [1]Den Zusatz „Partnerschaft“ oder „und Partner“ dürfen nur Partnerschaften nach diesem Gesetz führen. [2]Gesellschaften, die eine solche Bezeichnung bei Inkrafttreten dieses Gesetzes in ihrem Namen führen, ohne Partnerschaft im Sinne dieses Gesetzes zu sein, dürfen diese Bezeichnung noch bis zum Ablauf von zwei Jahren nach Inkrafttreten dieses Gesetzes weiterverwenden. [3]Nach Ablauf dieser Frist dürfen sie eine solche Bezeichnung nur noch weiterführen, wenn sie in ihrem Namen der Bezeichnung „Partnerschaft“ oder „und Partner“ einen Hinweis auf die andere Rechtsform hinzufügen.

(2) [1]Die Anmeldung und Eintragung einer dem gesetzlichen Regelfall entsprechenden Vertretungsmacht der Partner und der Abwickler muss erst erfolgen, wenn eine vom gesetzlichen Regelfall abweichende Bestimmung des Partnerschaftsvertrages über die Vertretungsmacht angemeldet und eingetragen wird oder wenn erstmals die Abwickler zur Eintragung angemeldet und eingetragen werden. [2]Das Registergericht kann die Eintragung einer dem gesetzlichen Regelfall entsprechenden Vertretungsmacht auch von Amts wegen vornehmen. [3]Die Anmeldung und Eintragung des Geburtsdatums bereits eingetragener Partner muss erst bei einer Anmeldung und Eintragung bezüglich eines der Partner erfolgen.

(3) [1]Die Landesregierungen können durch Rechtsverordnung bestimmen, dass Anmeldungen und alle oder einzelne Dokumente bis zum 31. Dezember 2009 auch in Papierform zum Partnerschaftsregister eingereicht werden können. [2]Soweit eine Rechtsverordnung nach Satz 1 erlassen wird, gelten die Vorschriften über die Anmeldung und die Einreichung von Dokumenten zum Partnerschaftsregister in ihrer bis zum Inkrafttreten des Gesetzes über elektronische Handelsregister und Genossenschaftsregister sowie das Unternehmensregister vom 10. November 2006 (BGBl. I S. 2553) am 1. Januar 2007 geltenden Fassung. [3]Die Landesregierungen können durch Rechtsverordnung die Ermächtigung nach Satz 1 auf die Landesjustizverwaltungen übertragen.

Gesetz zur Ausführung der EWG-Verordnung über die Europäische wirtschaftliche Interessenvereinigung (EWIV-Ausführungsgesetz)

Vom 14. April 1988, BGBl. I S. 514
BGBl. III 4101-8

Zuletzt geändert durch Gesetz zur Modernisierung des GmbH-Rechts und zur Bekämpfung von Missbräuchen (MoMiG) vom 23. Oktober 2008, BGBl. I S. 2026

Inhaltsübersicht

§ 1 Anzuwendende Vorschriften [1]Soweit nicht die Verordnung (EWG) Nr. 2137/85 des Rates vom 25. Juli 1985 über die Schaffung einer Europäischen wirtschaftlichen Interessenvereinigung (EWIV) – ABl. EG Nr. L 199 S. 1 – (Verordnung) gilt, sind auf eine Europäische wirtschaftliche Interessenvereinigung (EWIV) mit Sitz im Geltungsbereich dieses Gesetzes (Vereinigung) die folgenden Vorschriften, im übrigen entsprechend die für eine offene Handelsgesellschaft geltenden Vorschriften anzuwenden; die Vereinigung gilt als Handelsgesellschaft im Sinne des Handelsgesetzbuchs.

§ 2 Anmeldung zum Handelsregister (1) [1]Die Vereinigung ist bei dem Gericht, in dessen Bezirk sie ihren im Gründungsvertrag genannten Sitz hat, zur Eintragung in das Handelsregister anzumelden.

(2) [1]Die Anmeldung zur Eintragung der Vereinigung in das Handelsregister hat zu enthalten:

1. die Firma der Vereinigung mit den voran- oder nachgestellten Worten „Europäische wirtschaftliche Interessenvereinigung" oder der Abkürzung „EWIV", es sei denn, daß diese Worte oder die Abkürzung bereits in der Firma enthalten sind;
2. den Sitz der Vereinigung;
3. den Unternehmensgegenstand;

4. den Namen, das Geburtsdatum, die Firma, die Rechtsform, den Wohnsitz oder den Sitz sowie gegebenenfalls die Nummer und den Ort der Registereintragung eines jeden Mitglieds der Vereinigung;
5. die Geschäftsführer mit Namen, Geburtsdatum und Wohnsitz sowie mit der Angabe, welche Vertretungsbefugnis sie haben;
6. die Dauer der Vereinigung, sofern die Dauer nicht unbestimmt ist.

(3) [1]Zur Eintragung in das Handelsregister sind ferner anzumelden:

1. Änderungen der Angaben nach Absatz 2;
2. die Nichtigkeit der Vereinigung;
3. die Errichtung und die Aufhebung jeder Zweigniederlassung der Vereinigung;
4. die Auflösung der Vereinigung;
5. die Abwickler mit den in Absatz 2 Nr. 5 genannten Angaben sowie Änderungen der Personen der Abwickler und der Angaben;
6. der Schluß der Abwicklung der Vereinigung;
7. eine Klausel, die ein neues Mitglied gemäß Artikel 26 Abs. 2 der Verordnung von der Haftung für Verbindlichkeiten befreit, die vor seinem Beitritt entstanden sind.

(4) [1]Die Verpflichtung zur Anmeldung weiterer Tatsachen auf Grund des § 1 bleibt unberührt.

§ 3 Besonderheiten der Handelsregisteranmeldung (1) [1]Die Anmeldungen zur Eintragung in das Handelsregister sind von den Geschäftsführern oder den Abwicklern vorzunehmen. [2]Die Anmeldung zur Eintragung einer Vereinigung ist durch sämtliche Geschäftsführer, die Anmeldung zur Eintragung des Schlusses der Abwicklung durch sämtliche Abwickler zu bewirken.

(2) [1]Das Ausscheiden eines Mitglieds aus der Vereinigung und die Auflösung der Vereinigung durch Beschluß ihrer Mitglieder kann jeder Beteiligte anmelden. [2]Die Klausel nach § 2 Abs. 3 Nr. 7 kann auch das neue Mitglied anmelden.

(3) [1]In der Anmeldung zur Eintragung haben die Geschäftsführer zu versichern, daß keine Umstände vorliegen, die nach Artikel 19 Abs. 1 der Verordnung ihrer Bestellung entgegenstehen, und daß sie über ihre unbeschränkte Auskunftspflicht gegenüber dem Gericht belehrt worden sind. [2]Die Belehrung nach § 53 Abs. 2 des Bundeszentralregistergesetzes kann schriftlich vorgenommen werden; sie kann auch durch einen Notar oder einen im Ausland bestellten Notar, durch einen Vertreter eines vergleichbaren rechtsberatenden Berufs oder einen Konsularbeamten erfolgen.

(4) [1]Absatz 3 gilt auch für neu bestellte Geschäftsführer.

§ 4 Bekanntmachungen (1) [1]Das Gericht hat einen Verlegungsplan nach Artikel 14 Abs. 1 der Verordnung sowie die Abtretung der gesamten oder eines Teils der Beteiligung an der Vereinigung durch ein Mitglied nach Artikel 22 Abs. 1 der Verordnung gemäß § 10 des Handelsgesetzbuchs durch einen Hinweis auf die Einreichung der Urkunden beim Handelsregister bekanntzumachen.

(2) [1]Das Gericht hat die nach Artikel 11 der Verordnung im Amtsblatt der Europäischen Gemeinschaften zu veröffentlichenden Angaben binnen eines Monats nach der Bekanntmachung nach § 10 des Handelsgesetzbuchs dem Amt für amtliche Veröffentlichungen der Europäischen Gemeinschaften mitzuteilen.

§ 5 Sorgfaltspflicht und Verantwortlichkeit der Geschäftsführer (1) [1]Die Geschäftsführer haben bei ihrer Geschäftsführung die Sorgfalt eines ordentlichen und gewissenhaften Geschäftsleiters anzuwenden. [2]Über vertrauliche Angaben und Geheimnisse der Vereinigung, namentlich Betriebs- und Geschäftsgeheimnisse, die ihnen durch ihre Tätigkeit bekanntgeworden sind, haben sie Stillschweigen zu bewahren.

(2) [1]Geschäftsführer, die ihre Pflichten verletzen, sind der Vereinigung zum Ersatz des daraus entstehenden Schadens als Gesamtschuldner verpflichtet. [2]Ist streitig, ob sie die Sorgfalt eines ordentlichen und gewissenhaften Geschäftsleiters angewandt haben, so trifft sie die Beweislast.

(3) [1]Die Ansprüche aus Absatz 2 verjähren in fünf Jahren.

§ 6 Aufstellung des Jahresabschlusses [1]Die Geschäftsführer sind verpflichtet, für die ordnungsmäßige Buchführung der Vereinigung zu sorgen und den Jahresabschluß aufzustellen.

§ 7 Entlassung der Geschäftsführer [1]Sind die Bedingungen für die Entlassung der Geschäftsführer nicht gemäß Artikel 19 Abs. 3 der Verordnung festgelegt, so ist die Bestellung der Geschäftsführer zu jeder Zeit widerruflich, unbeschadet der Entschädigungsansprüche aus bestehenden Verträgen.

§ 8 Ausscheiden eines Mitglieds [1]Ein Mitglied scheidet außer aus den Gründen nach Artikel 28 Abs. 1 Satz 1 der Verordnung aus der Vereinigung aus, wenn über sein Vermögen das Insolvenzverfahren eröffnet wird.

§ 9 (weggefallen)

§ 10 Abwicklung der Vereinigung (1) [1]In den Fällen der Auflösung der Vereinigung außer im Fall des Insolvenzverfahrens über das Vermögen der Vereinigung erfolgt die Abwicklung durch die Geschäftsführer, wenn sie nicht durch den Gründungsvertrag oder durch Beschluß der Mitglieder der Vereinigung anderen Personen übertragen ist.

(2) [1]Auf die Auswahl der Abwickler ist Artikel 19 Abs. 1 Satz 2 der Verordnung, auf die Anmeldung zur Eintragung in das Handelsregister § 3 Abs. 3 entsprechend anzuwenden.

§ 11 Eröffnung des Insolvenzverfahrens [1]Den Antrag auf Eröffnung des Insolvenzverfahrens können auch die Geschäftsführer stellen. [2]Im Fall des § 15a Abs. 1 Satz 2 der Insolvenzordnung sind die Geschäftsführer und die Abwickler verpflichtet, diesen Antrag zu stellen.

§ 12 Zwangsgelder [1]Geschäftsführer oder Abwickler, die Artikel 25 der Verordnung nicht befolgen, sind hierzu vom Registergericht durch Festsetzung von Zwangsgeld anzuhalten; § 14 des Handelsgesetzbuchs bleibt unberührt. [2]Das einzelne Zwangsgeld darf den Betrag von fünftausend Euro nicht übersteigen.

§ 13 Falsche Angaben [1]Mit Freiheitsstrafe bis zu drei Jahren oder mit Geldstrafe wird bestraft, wer als Geschäftsführer in der nach § 3 Abs. 3 Satz 1, auch in Verbindung mit Absatz 5, abzugebenden Versicherung oder als Abwickler in der nach § 3 Abs. 3 Satz 1 in Verbindung mit § 10 Abs. 2 zweiter Halbsatz abzugebenden Versicherung falsche Angaben macht.

§ 14 Verletzung der Geheimhaltungspflicht (1) [1]Mit Freiheitsstrafe bis zu einem Jahr oder mit Geldstrafe wird bestraft, wer ein Geheimnis der Vereinigung, namentlich ein Betriebs- oder Geschäftsgeheimnis, das ihm in seiner Eigenschaft als Geschäftsführer oder Abwickler bekanntgeworden ist, unbefugt offenbart.

(2) [1]Handelt der Täter gegen Entgelt oder in der Absicht, sich oder einen anderen zu bereichern oder einen anderen zu schädigen, so ist die Strafe Freiheitsstrafe bis zu zwei Jahren oder Geldstrafe. [2]Ebenso wird bestraft, wer ein Geheimnis der in Absatz 1 bezeichneten Art, namentlich ein Betriebs- oder Geschäftsgeheimnis, das ihm unter den Voraussetzungen des Absatzes 1 bekanntgeworden ist, unbefugt verwertet.

(3) [1]Die Tat wird nur auf Antrag der Vereinigung verfolgt. [2]Antragsberechtigt sind von den Mitgliedern bestellte besondere Vertreter.

§ 15 (weggefallen)

§ 16 Änderung von Gesetzen

§ 17 Berlin-Klausel [1]Dieses Gesetz gilt nach Maßgabe des § 13 Abs. 1 des Dritten Überleitungsgesetzes auch im Land Berlin.

§ 18 Inkrafttreten

Dieses Gesetz tritt am 1. Januar 1989 in Kraft.

F. Rechtsberatungsrecht

Gesetz über außergerichtliche Rechtsdienstleistungen (Rechtsdienstleistungsgesetz – RDG)

Vom 12. Dezember 2007, BGBl. I S. 2840

Zuletzt geändert durch Artikel 6 des Gesetzes vom 12. Mai 2017, BGBl. I S. 1121

Inhaltsübersicht

Teil 1: Allgemeine Vorschriften

§ 1 Anwendungsbereich (1) [1]Dieses Gesetz regelt die Befugnis, in der Bundesrepublik Deutschland außergerichtliche Rechtsdienstleistungen zu erbringen. [2]Es dient dazu, die Rechtsuchenden, den Rechtsverkehr und die Rechtsordnung vor unqualifizierten Rechtsdienstleistungen zu schützen.

(2) [1]Wird eine Rechtsdienstleistung ausschließlich aus einem anderen Staat heraus erbracht, gilt dieses Gesetz nur, wenn ihr Gegenstand deutsches Recht ist.

(3) [1]Regelungen in anderen Gesetzen über die Befugnis, Rechtsdienstleistungen zu erbringen, bleiben unberührt.

RDG

§ 2 Begriff der Rechtsdienstleistung (1) [1]Rechtsdienstleistung ist jede Tätigkeit in konkreten fremden Angelegenheiten, sobald sie eine rechtliche Prüfung des Einzelfalls erfordert.

(2) [1]Rechtsdienstleistung ist, unabhängig vom Vorliegen der Voraussetzungen des Absatzes 1, die Einziehung fremder oder zum Zweck der Einziehung auf fremde Rechnung abgetretener Forderungen, wenn die Forderungseinziehung als eigenständiges Geschäft betrieben wird (Inkassodienstleistung). [2]Abgetretene Forderungen gelten für den bisherigen Gläubiger nicht als fremd.

(3) [1]Rechtsdienstleistung ist nicht:

1. die Erstattung wissenschaftlicher Gutachten,
2. die Tätigkeit von Einigungs- und Schlichtungsstellen, Schiedsrichterinnen und Schiedsrichtern,
3. die Erörterung der die Beschäftigten berührenden Rechtsfragen mit ihren gewählten Interessenvertretungen, soweit ein Zusammenhang zu den Aufgaben dieser Vertretungen besteht,
4. die Mediation und jede vergleichbare Form der alternativen Streitbeilegung, sofern die Tätigkeit nicht durch rechtliche Regelungsvorschläge in die Gespräche der Beteiligten eingreift,
5. die an die Allgemeinheit gerichtete Darstellung und Erörterung von Rechtsfragen und Rechtsfällen in den Medien,
6. die Erledigung von Rechtsangelegenheiten innerhalb verbundener Unternehmen (§ 15 des Aktiengesetzes).

§ 3 Befugnis zur Erbringung außergerichtlicher Rechtsdienstleistungen [1]Die selbständige Erbringung außergerichtlicher Rechtsdienstleistungen ist nur in dem Umfang zulässig, in dem sie durch dieses Gesetz oder durch
oder aufgrund anderer Gesetze erlaubt wird.

§ 4 Unvereinbarkeit mit einer anderen Leistungspflicht [1]Rechtsdienstleistungen, die unmittelbaren Einfluss auf die Erfüllung einer anderen Leistungspflicht haben können, dürfen nicht erbracht werden, wenn hierdurch die ordnungsgemäße Erbringung der Rechtsdienstleistung gefährdet wird.

§ 5 Rechtsdienstleistungen im Zusammenhang mit einer anderen Tätigkeit (1) [1]Erlaubt sind Rechtsdienstleistungen im Zusammenhang mit einer anderen Tätigkeit, wenn sie als Nebenleistung zum Berufs- oder Tätigkeitsbild gehören. [2]Ob eine Nebenleistung vorliegt, ist nach ihrem Inhalt, Umfang und sachlichen Zusammenhang mit der Haupttätigkeit unter Berücksichtigung der Rechtskenntnisse zu beurteilen, die für die Haupttätigkeit erforderlich sind.

(2) [1]Als erlaubte Nebenleistungen gelten Rechtsdienstleistungen, die im Zusammenhang mit einer der folgenden Tätigkeiten erbracht werden:

1. Testamentsvollstreckung,
2. Haus- und Wohnungsverwaltung,
3. Fördermittelberatung.

Teil 2: Rechtsdienstleistungen durch nicht registrierte Personen

§ 6 Unentgeltliche Rechtsdienstleistungen (1) [1]Erlaubt sind Rechtsdienstleistungen, die nicht im Zusammenhang mit einer entgeltlichen Tätigkeit stehen (unentgeltliche Rechtsdienstleistungen).

(2) [1]Wer unentgeltliche Rechtsdienstleistungen außerhalb familiärer, nachbarschaftlicher oder ähnlich enger persönlicher Beziehungen erbringt, muss sicherstellen, dass die Rechtsdienstleistung durch eine Person, der die entgeltliche Erbringung dieser Rechtsdienstleistung erlaubt ist, durch eine Person mit Befähigung zum Richteramt oder unter Anleitung einer solchen Person erfolgt. [2]Anleitung erfordert eine an Umfang und Inhalt der zu erbringenden Rechtsdienstleistungen ausgerichtete Einweisung und Fortbildung sowie eine Mitwirkung bei der Erbringung der Rechtsdienstleistung, soweit dies im Einzelfall erforderlich ist.

§ 7 Berufs- und Interessenvereinigungen, Genossenschaften (1) [1]Erlaubt sind Rechtsdienstleistungen, die

1. berufliche oder andere zur Wahrung gemeinschaftlicher Interessen gegründete Vereinigungen und deren Zusammenschlüsse,
2. Genossenschaften, genossenschaftliche Prüfungsverbände und deren Spitzenverbände sowie genossenschaftliche Treuhandstellen und ähnliche genossenschaftliche Einrichtungen

im Rahmen ihres satzungsmäßigen Aufgabenbereichs für ihre Mitglieder oder für die Mitglieder der ihnen angehörenden Vereinigungen oder Einrichtungen erbringen, soweit sie gegenüber der Erfüllung ihrer übrigen satzungsmäßigen Aufgaben nicht von übergeordneter Bedeutung sind. [2]Die Rechtsdienstleistungen können durch eine im alleinigen wirtschaftlichen Eigentum der in Satz 1 genannten Vereinigungen oder Zusammenschlüsse stehende juristische Person erbracht werden.

(2) [1]Wer Rechtsdienstleistungen nach Absatz 1 erbringt, muss über die zur sachgerechten Erbringung dieser Rechtsdienstleistungen erforderliche personelle, sachliche und finanzielle Ausstattung verfügen und sicherstellen, dass die Rechtsdienstleistung durch eine Person, der die entgeltliche Erbringung dieser Rechtsdienstleistung erlaubt ist, durch eine Person mit Befähi-

gung zum Richteramt oder unter Anleitung einer solchen Person erfolgt. [2]§ 6 Abs. 2 Satz 2 gilt entsprechend.

§ 8 Öffentliche und öffentlich anerkannte Stellen (1) [1]Erlaubt sind Rechtsdienstleistungen, die

1. gerichtlich oder behördlich bestellte Personen,
2. Behörden und juristische Personen des öffentlichen Rechts einschließlich der von ihnen zur Erfüllung ihrer öffentlichen Aufgaben gebildeten Unternehmen und Zusammenschlüsse,
3. nach Landesrecht als geeignet anerkannte Personen oder Stellen im Sinn des § 305 Abs. 1 Nr. 1 der Insolvenzordnung,
4. Verbraucherzentralen und andere mit öffentlichen Mitteln geförderte Verbraucherverbände,
5. Verbände der freien Wohlfahrtspflege im Sinn des § 5 des Zwölften Buches Sozialgesetzbuch, anerkannte Träger der freien Jugendhilfe im Sinn des § 75 des Achten Buches Sozialgesetzbuch und anerkannte Verbände zur Förderung der Belange von Menschen mit Behinderungen im Sinne des § 15 Absatz 3 des Behindertengleichstellungsgesetzes

im Rahmen ihres Aufgaben- und Zuständigkeitsbereichs erbringen.

(2) [1]Für die in Absatz 1 Nr. 4 und 5 genannten Stellen gilt § 7 Abs. 2 entsprechend.

§ 9 Untersagung von Rechtsdienstleistungen (1) [1]Die für den Wohnsitz einer Person oder den Sitz einer Vereinigung zuständige Behörde kann den in den §§ 6, 7 Abs. 1 und § 8 Abs. 1 Nr. 4 und 5 genannten Personen und Vereinigungen die weitere Erbringung von Rechtsdienstleistungen für längstens fünf Jahre untersagen, wenn begründete Tatsachen die Annahme dauerhaft unqualifizierter Rechtsdienstleistungen zum Nachteil der Rechtsuchenden oder des Rechtsverkehrs rechtfertigen. [2]Das ist insbesondere der Fall, wenn erhebliche Verstöße gegen die Pflichten nach § 6 Abs. 2, § 7 Abs. 2 oder § 8 Abs. 2 vorliegen.

(2) [1]Die bestandskräftige Untersagung ist bei der zuständigen Behörde zu registrieren und im Rechtsdienstleistungsregister nach § 16 öffentlich bekanntzumachen.

(3) [1]Von der Untersagung bleibt die Befugnis, unentgeltliche Rechtsdienstleistungen innerhalb familiärer, nachbarschaftlicher oder ähnlich enger persönlicher Beziehungen zu erbringen, unberührt.

Teil 3: Rechtsdienstleistungen durch registrierte Personen

§ 10 Rechtsdienstleistungen aufgrund besonderer Sachkunde (1) [1]Natürliche und juristische Personen sowie Gesellschaften ohne Rechtspersönlichkeit, die bei der zuständigen Behörde registriert sind (registrierte Personen), dürfen aufgrund besonderer Sachkunde Rechtsdienstleistungen in folgenden Bereichen erbringen:

1. Inkassodienstleistungen (§ 2 Abs. 2 Satz 1),
2. Rentenberatung auf dem Gebiet der gesetzlichen Renten- und Unfallversicherung, des sozialen Entschädigungsrechts, des übrigen Sozialversicherungs- und Schwerbehindertenrechts mit Bezug zu einer gesetzlichen Rente sowie der betrieblichen und berufsständischen Versorgung,
3. Rechtsdienstleistungen in einem ausländischen Recht; ist das ausländische Recht das Recht eines Mitgliedstaates der Europäischen Union, eines anderen Vertragsstaates des Abkommens über den Europäischen Wirtschaftsraum oder der Schweiz, darf auch auf dem Gebiet des Rechts der Europäischen Union und des Rechts des Europäischen Wirtschaftsraums beraten werden.

[2]Die Registrierung kann auf einen Teilbereich der in Satz 1 genannten Bereiche beschränkt werden, wenn sich der Teilbereich von den anderen in den Bereich fallenden Tätigkeiten trennen lässt und der Registrierung für den Teilbereich keine zwingenden Gründe des Allgemeininteresses entgegenstehen.

(2) [1]Die Registrierung erfolgt auf Antrag. [2]Soll die Registrierung nach Absatz 1 Satz 2 für einen Teilbereich erfolgen, ist dieser im Antrag zu bezeichnen.

(3) [1]Die Registrierung kann, wenn dies zum Schutz der Rechtsuchenden oder des Rechtsverkehrs erforderlich ist, von Bedingungen abhängig gemacht oder mit Auflagen verbunden werden. [2]Im Bereich der Inkassodienstleistungen soll die Auflage angeordnet werden, fremde Gelder unverzüglich an eine empfangsberechtigte Person weiterzuleiten oder auf ein gesondertes Konto einzuzahlen. [3]Auflagen können jederzeit angeordnet oder geändert werden. [4]Ist die Registrierung auf einen Teilbereich beschränkt, muss der Umfang der beruflichen Tätigkeit den Rechtsuchenden gegenüber eindeutig angegeben werden.

§ 11 Besondere Sachkunde, Berufsbezeichnungen (1) [1]Inkassodienstleistungen erfordern besondere Sachkunde in den für die beantragte Inkassotätigkeit bedeutsamen Gebieten des Rechts, insbesondere des Bürgerlichen Rechts, des Handels-, Wertpapier- und Gesellschaftsrechts, des Zivilprozessrechts einschließlich des Zwangsvollstreckungs- und Insolvenzrechts sowie des Kostenrechts.

(2) [1]Rentenberatung erfordert besondere Sachkunde im Recht der gesetzlichen Renten- und Unfallversicherung und in den übrigen Teilbereichen des § 10 Abs. 1 Satz 1 Nr. 2, für die eine Registrierung beantragt wird, Kenntnisse über Aufbau, Gliederung und Strukturprinzipien der sozialen Sicherung sowie Kenntnisse der gemeinsamen, für alle Sozialleistungsbereiche geltenden Rechtsgrundsätze einschließlich des sozialrechtlichen Verwaltungsverfahrens und des sozialgerichtlichen Verfahrens.

(3) [1]Rechtsdienstleistungen in einem ausländischen Recht erfordern besondere Sachkunde in dem ausländischen Recht oder in den Teilbereichen des ausländischen Rechts, für die eine Registrierung beantragt wird.

(4) [1]Berufsbezeichnungen, die den Begriff „Inkasso" enthalten, sowie die Berufsbezeichnung „Rentenberaterin" oder „Rentenberater" oder diesen zum Verwechseln ähnliche Bezeichnungen dürfen nur von entsprechend registrierten Personen geführt werden.

(5) [1]Personen, die eine Berufsqualifikation im Sinne des § 12 Absatz 3 Satz 4 besitzen und nur für einen Teilbereich nach § 10 Absatz 1 Satz 2 registriert sind, haben ihre Berufstätigkeit unter der in die deutsche Sprache übersetzten Berufsbezeichnung ihres Herkunftsstaates auszuüben.

§ 11a Darlegungs- und Informationspflichten bei Inkassodienstleistungen (1) [1]Registrierte Personen, die Inkassodienstleistungen erbringen, müssen, wenn sie eine Forderung gegenüber einer Privatperson geltend machen, mit der ersten Geltendmachung folgende Informationen klar und verständlich übermitteln:

1. den Namen oder die Firma ihrer Auftraggeberin oder ihres Auftraggebers,
2. den Forderungsgrund, bei Verträgen unter konkreter Darlegung des Vertragsgegenstands und des Datums des Vertragsschlusses,
3. wenn Zinsen geltend gemacht werden, eine Zinsberechnung unter Darlegung der zu verzinsenden Forderung, des Zinssatzes und des Zeitraums, für den die Zinsen berechnet werden,
4. wenn ein Zinssatz über dem gesetzlichen Verzugszinssatz geltend gemacht wird, einen gesonderten Hinweis hierauf und die Angabe, aufgrund welcher Umstände der erhöhte Zinssatz gefordert wird,
5. wenn eine Inkassovergütung oder sonstige Inkassokosten geltend gemacht werden, Angaben zu deren Art, Höhe und Entstehungsgrund,
6. wenn mit der Inkassovergütung Umsatzsteuerbeträge geltend gemacht werden, eine Erklärung, dass die Auftraggeberin oder der Auftraggeber diese Beträge nicht als Vorsteuer abziehen kann.

[2]Auf Anfrage sind der Privatperson folgende Informationen ergänzend mitzuteilen:

1. eine ladungsfähige Anschrift der Auftraggeberin oder des Auftraggebers, wenn nicht dargelegt wird, dass dadurch schutzwürdige Interessen der Auftraggeberin oder des Auftraggebers beeinträchtigt werden,
2. der Name oder die Firma desjenigen, in dessen Person die Forderung entstanden ist,
3. bei Verträgen die wesentlichen Umstände des Vertragsschlusses.

(2) [1]Privatperson im Sinne des Absatzes 1 ist jede natürliche Person, gegen die eine Forderung geltend gemacht wird, die nicht im Zusammenhang mit ihrer gewerblichen oder selbständigen beruflichen Tätigkeit steht.

§ 12 Registrierungsvoraussetzungen (1) [1]Voraussetzungen für die Registrierung sind

1. persönliche Eignung und Zuverlässigkeit; die Zuverlässigkeit fehlt in der Regel,
   a) wenn die Person in den letzten drei Jahren vor Antragstellung wegen eines Verbrechens oder eines die Berufsausübung betreffenden Vergehens rechtskräftig verurteilt worden ist,
   b) wenn die Vermögensverhältnisse der Person ungeordnet sind,
   c) wenn in den letzten drei Jahren vor Antragstellung eine Registrierung nach § 14 oder eine Zulassung zur Rechtsanwaltschaft nach § 14 Abs. 2 Nr. 1 bis 3 und 7 bis 9 der Bundesrechtsanwaltsordnung widerrufen, die Zulassung zur Rechtsanwaltschaft nach § 14 Abs. 1 der Bundesrechtsanwaltsordnung zurückgenommen oder nach § 7 der Bundesrechtsanwaltsordnung versagt worden oder ein Ausschluss aus der Rechtsanwaltschaft erfolgt ist,
2. theoretische und praktische Sachkunde in dem Bereich oder den Teilbereichen des § 10 Abs. 1, in denen die Rechtsdienstleistungen erbracht werden sollen,
3. eine Berufshaftpflichtversicherung mit einer Mindestversicherungssumme von 250 000 Euro für jeden Versicherungsfall.

(2) [1]Die Vermögensverhältnisse einer Person sind in der Regel ungeordnet, wenn über ihr Vermögen das Insolvenzverfahren eröffnet worden oder sie in das vom Vollstreckungsgericht zu führende Verzeichnis (§ 26 Abs. 2 der Insolvenzordnung, § 882b der Zivilprozessordnung) eingetragen ist. [2]Ungeordnete Vermögensverhältnisse liegen nicht vor, wenn im Fall der Insolvenzeröffnung die Gläubigerversammlung einer Fortführung des Unternehmens auf der Grundlage eines Insolvenzplans zugestimmt und das Gericht den Plan bestätigt hat, oder wenn die Vermögensinteressen der Rechtsuchenden aus anderen Gründen nicht konkret gefährdet sind.

(3) [1]Die theoretische Sachkunde ist gegenüber der zuständigen Behörde durch Zeugnisse nachzuweisen. [2]Praktische Sachkunde setzt in der Regel eine mindestens zwei Jahre unter Anleitung erfolgte Berufsausübung oder praktische Berufsausbildung voraus. [3]In der Regel müssen im Fall des § 10 Absatz 1 Satz 1 Nummer 1 zumindest zwölf Monate, im Fall des § 10 Absatz 1 Satz 1 Nummer 2 zumindest 18 Monate der Berufsausübung oder -ausbildung im Inland erfolgen. [4]Ist die Person berechtigt, in einem anderen Mitgliedstaat der Europäischen Union, einem anderen Vertragsstaat des Abkommens über den Europäischen Wirtschaftsraum oder der Schweiz einen der in § 10 Absatz 1 Satz 1 Nummer 1 oder 2 genannten Berufe oder einen vergleichbaren Beruf auszuüben, und liegen die Voraussetzungen des § 1 Absatz 2 und 3 des Gesetzes über die Tätigkeit europäischer Patentanwälte in Deutschland sinngemäß vor, so kann die Sachkunde unter Berücksichtigung der bestehenden Berufsqualifikation auch durch einen mindestens sechsmonatigen Anpassungslehrgang nachgewiesen werden.

(4) [1]Juristische Personen und Gesellschaften ohne Rechtspersönlichkeit müssen mindestens eine natürliche Person benennen, die alle nach Absatz 1 Nr. 1 und 2 erforderlichen Voraussetzungen erfüllt (qualifizierte Person). [2]Die qualifizierte Person muss in dem Unternehmen dauerhaft beschäftigt, in allen Angelegenheiten, die Rechtsdienstleistungen des Unternehmens betreffen, weisungsunabhängig und weisungsbefugt sowie zur Vertretung nach außen berechtigt sein. [3]Registrierte Einzelpersonen können qualifizierte Personen benennen.

(5) [1]Das Bundesministerium der Justiz und für Verbraucherschutz wird ermächtigt, durch Rechtsverordnung mit Zustimmung des Bundesrates die Einzelheiten zu den Voraussetzungen der Registrierung nach den §§ 11 und 12 zu regeln, insbesondere die Anforderungen an die Sachkunde und ihren Nachweis einschließlich der Anerkennung und Zertifizierung privater Anbieter von Sachkundelehrgängen, an die Anerkennung ausländischer Berufsqualifikationen und den Anpassungslehrgang sowie, auch abweichend von den Vorschriften des Versicherungsvertragsgesetzes für die Pflichtversicherung, an Inhalt und Ausgestaltung der Berufshaftpflichtversicherung.

§ 13 Registrierungsverfahren (1) [1]Der Antrag auf Registrierung ist an die für den Ort der inländischen Hauptniederlassung zuständige Behörde zu richten. [2]Hat eine Person im Inland keine Niederlassung, so kann sie den Antrag an jede nach § 19 für die Durchführung dieses Gesetzes zuständige Behörde richten. [3]Das Registrierungsverfahren kann auch über eine einheitliche Stelle nach den Vorschriften des Verwaltungsverfahrensgesetzes abgewickelt werden. [4]Mit dem Antrag, der alle nach § 16 Absatz 2 Satz 1 Nummer 1 Buchstabe a bis d in das Rechtsdienstleistungsregister einzutragenden Angaben enthalten muss, sind zur Prüfung der Voraussetzungen nach § 12 Abs. 1 Nr. 1 und 2 sowie Abs. 4 beizubringen:

1. eine zusammenfassende Darstellung des beruflichen Ausbildungsgangs und der bisherigen Berufsausübung,
2. ein Führungszeugnis nach § 30 Abs. 5 des Bundeszentralregistergesetzes,
3. eine Erklärung, ob ein Insolvenzverfahren anhängig oder in den letzten drei Jahren vor Antragstellung eine Eintragung in ein Schuldnerverzeichnis (§ 26 Abs. 2 der Insolvenzordnung, § 882b der Zivilprozessordnung) erfolgt ist,
4. eine Erklärung, ob in den letzten drei Jahren vor Antragstellung eine Registrierung oder eine Zulassung zur Rechtsanwaltschaft versagt, zurückgenommen oder widerrufen wurde oder ein Ausschluss aus der Rechtsanwaltschaft erfolgt ist, und, wenn dies der Fall ist, eine Kopie des Bescheids,
5. Unterlagen zum Nachweis der theoretischen und praktischen Sachkunde.

[5]In den Fällen des § 12 Abs. 4 müssen die in Satz 3 genannten Unterlagen sowie Unterlagen zum Nachweis der in § 12 Abs. 4 Satz 2 genannten Voraussetzungen für jede qualifizierte Person gesondert beigebracht werden.

(2) [1]Über den Antrag ist innerhalb einer Frist von drei Monaten zu entscheiden; § 42a Absatz 2 Satz 2 bis 4 des Verwaltungsverfahrensgesetzes gilt entsprechend. [2]Wenn die Registrierungsvoraussetzungen nach § 12 Absatz 1 Nummer 1 und 2 sowie Absatz 4 vorliegen, fordert die zuständige Behörde den Antragsteller vor Ablauf der Frist nach Satz 1 auf, den Nachweis über die Berufshaftpflichtversicherung sowie über die Erfüllung von Bedingungen (§ 10 Absatz 3 Satz 1) zu erbringen.

(3) [1]Registrierte Personen oder ihre Rechtsnachfolger müssen alle Änderungen, die sich auf die Registrierung oder den Inhalt des Rechtsdienstleistungsregisters auswirken, der zuständigen Behörde unverzüglich in Textform mitteilen. [2]Diese veranlasst die notwendigen Registrierungen und ihre öffentliche Bekanntmachung im Rechtsdienstleistungsregister. [3]Wirkt sich eine Verlegung der Hauptniederlassung auf die Zuständigkeit nach Absatz 1 Satz 1 aus, so gibt die Behörde den Vorgang an die Behörde ab, die für den Ort der neuen Hauptniederlassung zuständig ist. [4]Diese unterrichtet die registrierte Person über die erfolgte Übernahme, registriert die Änderung und veranlasst ihre öffentliche Bekanntmachung im Rechtsdienstleistungsregister.

(4) [1]Das Bundesministerium der Justiz und für Verbraucherschutz wird ermächtigt, durch Rechtsverordnung mit Zustimmung des Bundesrates die Einzelheiten des Registrierungsverfahrens zu regeln. [2]Dabei sind insbesondere Aufbewahrungs- und Löschungsfristen vorzusehen.

§ 13a Aufsichtsmaßnahmen (1) [1]Die zuständige Behörde übt die Aufsicht über die Einhaltung dieses Gesetzes aus.

(2) [1]Die zuständige Behörde trifft gegenüber Personen, die Rechtsdienstleistungen erbringen, Maßnahmen, um die Einhaltung dieses Gesetzes sicherzustellen. [2]Sie kann insbesondere Auflagen nach § 10 Absatz 3 Satz 3 anordnen oder ändern.

(3) [1]Die zuständige Behörde kann einer Person, die Rechtsdienstleistungen erbringt, den Betrieb vorübergehend ganz oder teilweise untersagen, wenn begründete Tatsachen die Annahme rechtfertigen, dass

1. eine Voraussetzung für die Registrierung nach § 12 weggefallen ist oder
2. erheblich oder dauerhaft gegen Pflichten verstoßen wird.

(4) [1]Soweit es zur Erfüllung der der zuständigen Behörde als Aufsichtsbehörde übertragenen Aufgaben erforderlich ist, hat die Person, die Rechtsdienstleistungen erbringt, der zuständigen Behörde und den in ihrem Auftrag handelnden Personen das Betreten der Geschäftsräume während der üblichen Betriebszeiten zu gestatten, auf Verlangen die in Betracht kommenden Bücher, Aufzeichnungen, Belege, Schriftstücke und sonstigen Unterlagen in geeigneter Weise zur Einsicht vorzulegen, auch soweit sie elektronisch geführt werden, Auskunft zu erteilen und die erforderliche Unterstützung zu gewähren. [2]Der zur Erteilung einer Auskunft Verpflichtete kann die Auskunft verweigern, wenn er sich damit selbst oder einen der in § 383 Absatz 1 Nummer 1 bis 3 der Zivilprozessordnung bezeichneten Angehörigen der Gefahr der Verfolgung wegen einer Straftat oder eines Verfahrens nach dem Gesetz über Ordnungswidrigkeiten aussetzen würde. [3]Er ist auf dieses Recht hinzuweisen.

§ 14 Widerruf der Registrierung [1]Die zuständige Behörde widerruft die Registrierung unbeschadet des § 49 des Verwaltungsverfahrensgesetzes oder entsprechender landesrechtlicher Vorschriften,

1. wenn begründete Tatsachen die Annahme rechtfertigen, dass die registrierte Person oder eine qualifizierte Person die erforderliche persönliche Eignung oder Zuverlässigkeit nicht mehr besitzt; dies ist in der Regel der Fall, wenn einer der in § 12 Abs. 1 Nr. 1 genannten Gründe nachträglich eintritt oder die registrierte Person beharrlich Änderungsmitteilungen nach § 13 Abs. 3 Satz 1 unterlässt,
2. wenn die registrierte Person keine Berufshaftpflichtversicherung nach § 12 Abs. 1 Nr. 3 mehr unterhält,
3. wenn begründete Tatsachen die Annahme dauerhaft unqualifizierter Rechtsdienstleistungen zum Nachteil der Rechtsuchenden oder des Rechtsverkehrs rechtfertigen; dies ist in der Regel der Fall, wenn die registrierte Person in erheblichem Umfang Rechtsdienstleistungen über

die eingetragene Befugnis hinaus erbringt oder beharrlich gegen Auflagen oder Darlegungs- und Informationspflichten nach § 11a verstößt,

4. wenn eine juristische Person oder eine Gesellschaft ohne Rechtspersönlichkeit, die keine weitere qualifizierte Person benannt hat, bei Ausscheiden der qualifizierten Person nicht innerhalb von sechs Monaten eine qualifizierte Person benennt.

§ 14a Bestellung eines Abwicklers für Rentenberater (1) [1]Ist eine als Rentenberater registrierte Person (§ 10 Absatz 1 Satz 1 Nummer 2) verstorben oder wurde ihre Registrierung zurückgenommen oder widerrufen, so kann die für die Registrierung zuständige Behörde einen Abwickler für ihre Praxis bestellen. [2]Der Abwickler muss Rechtsanwalt sein oder eine Registrierung für denselben Bereich besitzen wie die registrierte Person, deren Praxis abzuwickeln ist.

(2) [1]Für die Bestellung und Durchführung der Abwicklung gelten § 53 Absatz 5 Satz 3, Absatz 9 und 10 Satz 1 bis 6 sowie § 55 Absatz 1 Satz 4 und 5, Absatz 2 Satz 1 und 4, Absatz 3 Satz 2 und Absatz 4 der Bundesrechtsanwaltsordnung entsprechend mit der Maßgabe, dass an die Stelle des Vorstands der Rechtsanwaltskammer die Behörde tritt, die den Abwickler bestellt hat.

§ 15 Vorübergehende Rechtsdienstleistungen (1) [1]Natürliche und juristische Personen sowie Gesellschaften ohne Rechtspersönlichkeit, die in einem anderen Mitgliedstaat der Europäischen Union, in einem anderen Vertragsstaat des Abkommens über den Europäischen Wirtschaftsraum oder in der Schweiz zur Ausübung eines in § 10 Absatz 1 Satz 1 Nummer 1 oder 2 genannten oder eines vergleichbaren Berufs rechtmäßig niedergelassen sind, dürfen diesen Beruf in der Bundesrepublik Deutschland mit denselben Rechten und Pflichten wie eine nach § 10 Absatz 1 Satz 1 Nummer 1 oder 2 registrierte Person vorübergehend und gelegentlich ausüben (vorübergehende Rechtsdienstleistungen). [2]Wenn weder der Beruf noch die Ausbildung zu diesem Beruf im Staat der Niederlassung reglementiert sind, gilt dies nur, wenn die Person oder Gesellschaft den Beruf in den in Satz 1 genannten Staaten während der vorhergehenden zehn Jahre mindestens ein Jahr ausgeübt hat. [3]Ob Rechtsdienstleistungen vorübergehend und gelegentlich erbracht werden, ist insbesondere anhand ihrer Dauer, Häufigkeit, regelmäßigen Wiederkehr und Kontinuität zu beurteilen.

(2) [1]Vorübergehende Rechtsdienstleistungen sind nur zulässig, wenn die Person oder Gesellschaft vor der ersten Erbringung von Dienstleistungen im Inland einer nach § 19 zuständigen Behörde in Textform eine Meldung mit dem Inhalt nach Satz 2 erstattet. [2]Das Registrierungsverfahren kann auch über eine einheitliche Stelle nach den §§ 71a bis 71e des Verwaltungsverfahrensgesetzes abgewickelt werden. [3]Die Meldung muss neben den nach

RDG

§ 16 Absatz 2 Satz 1 Nummer 1 Buchstabe a bis c im Rechtsdienstleistungsregister öffentlich bekanntzumachenden Angaben enthalten:

1. eine Bescheinigung darüber, dass die Person oder Gesellschaft in einem Mitgliedstaat der Europäischen Union, in einem anderen Vertragsstaat des Abkommens über den Europäischen Wirtschaftsraum oder in der Schweiz rechtmäßig zur Ausübung eines der in § 10 Absatz 1 Satz 1 Nummer 1 oder 2 genannten Berufe oder eines vergleichbaren Berufs niedergelassen ist und dass ihr die Ausübung dieser Tätigkeit zum Zeitpunkt der Vorlage der Bescheinigung nicht, auch nicht vorübergehend, untersagt ist,
2. einen Nachweis darüber, dass die Person oder Gesellschaft den Beruf in den in Nummer 1 genannten Staaten während der vorhergehenden zehn Jahre mindestens ein Jahr rechtmäßig ausgeübt hat, wenn der Beruf dort nicht reglementiert ist,
3. sofern der Beruf auf dem Gebiet der Bundesrepublik Deutschland ausgeübt wird, einen Nachweis über das Bestehen einer Berufshaftpflichtversicherung nach Absatz 5 oder Angaben dazu, warum der Abschluss einer solchen Versicherung nicht möglich oder unzumutbar ist; anderenfalls eine Erklärung darüber, dass der Beruf ausschließlich aus dem Niederlassungsstaat heraus ausgeübt wird,
4. die Angabe der Berufsbezeichnung, unter der die Tätigkeit im Inland zu erbringen ist.

[3]§ 13 Abs. 3 Satz 1 gilt entsprechend. [4]Die Meldung ist jährlich zu wiederholen, wenn die Person oder Gesellschaft nach Ablauf eines Jahres erneut vorübergehende Rechtsdienstleistungen im Inland erbringen will. [4]In diesem Fall ist der Nachweis oder die Erklärung nach Satz 3 Nummer 3 erneut beizufügen.

(3) [1]Sobald die Meldung nach Absatz 2 vollständig vorliegt, nimmt die zuständige Behörde eine vorübergehende Registrierung oder ihre Verlängerung um ein Jahr vor und veranlasst die öffentliche Bekanntmachung im Rechtsdienstleistungsregister. [2]Das Verfahren ist kostenfrei.

(4) [1]Vorübergehende Rechtsdienstleistungen sind unter der in der Sprache des Niederlassungsstaats für die Tätigkeit bestehenden Berufsbezeichnung zu erbringen. [2]Eine Verwechslung mit den in § 11 Abs. 4 aufgeführten Berufsbezeichnungen muss ausgeschlossen sein.

(5) [1]Vorübergehend registrierte Personen oder Gesellschaften, die ihren Beruf auf dem Gebiet der Bundesrepublik Deutschland ausüben, sind verpflichtet, eine Berufshaftpflichtversicherung zur Deckung der sich aus ihrer Berufstätigkeit in Deutschland ergebenden Haftpflichtgefahren für Vermögensschäden abzuschließen, die nach Art und Umfang den durch ihre berufliche Tätigkeit entstehenden Risiken angemessen ist. [2]Ist der Person oder

Gesellschaft der Abschluss einer solchen Versicherung nicht möglich oder unzumutbar, hat sie ihre Auftraggeberin oder ihren Auftraggeber vor ihrer Beauftragung auf diese Tatsache und deren Folgen in Textform hinzuweisen.

(6) [1]Die zuständige Behörde kann einer vorübergehend registrierten Person oder Gesellschaft die weitere Erbringung von Rechtsdienstleistungen untersagen, wenn aufgrund begründeter Tatsachen anzunehmen ist, dass sie dauerhaft unqualifizierte Rechtsdienstleistungen zum Nachteil der Rechtsuchenden oder des Rechtsverkehrs erbringen wird oder wenn sie in erheblichem Maß gegen Berufspflichten verstoßen hat. [2]Die Voraussetzungen nach Satz 1 sind regelmäßig erfüllt, wenn die Person oder Gesellschaft

1. im Staat der Niederlassung nicht mehr rechtmäßig niedergelassen ist oder ihr die Ausübung der Tätigkeit dort untersagt ist,
2. in erheblichem Umfang Rechtsdienstleistungen über die eingetragene Befugnis hinaus erbringt,
3. beharrlich gegen Darlegungs- und Informationspflichten nach § 11a verstößt,
4. nicht über die für die Ausübung der Berufstätigkeit im Inland erforderlichen deutschen Sprachkenntnisse verfügt,
5. beharrlich entgegen Absatz 4 eine unrichtige Berufsbezeichnung führt oder
6. beharrlich gegen die Vorgaben des Absatzes 5 über die Berufshaftpflichtversicherung verstößt.

(7) [1]Natürliche und juristische Personen sowie Gesellschaften ohne Rechtspersönlichkeit, die in einem in Absatz 1 Satz 1 genannten Staat zur Erbringung von Rechtsdienstleistungen in einem ausländischen Recht (§ 10 Absatz 1 Satz 1 Nummer 3) rechtmäßig niedergelassen sind, dürfen diese Rechtsdienstleistungen in der Bundesrepublik Deutschland mit denselben Befugnissen wie eine nach § 10 Absatz 1 Satz 1 Nummer 3 registrierte Person vorübergehend und gelegentlich ausüben (vorübergehende Rechtsdienstleistungen). [2]Absatz 1 Satz 2 und 3 sowie die Absätze 2 bis 6 gelten entsprechend.

§ 15a Statistik [1]Über Verfahren nach § 12 Absatz 3 Satz 4 und § 15 wird eine Bundesstatistik durchgeführt. [2]§ 17 des Berufsqualifikationsfeststellungsgesetzes ist anzuwenden.

§ 15b Betrieb ohne Registrierung [1]Werden Rechtsdienstleistungen ohne erforderliche Registrierung oder vorübergehende Registrierung erbracht, so kann die zuständige Behörde die Fortsetzung des Betriebs verhindern.

Teil 4: Rechtsdienstleistungsregister

§ 16 Inhalt des Rechtsdienstleistungsregisters (1) [1]Das Rechtsdienstleistungsregister dient der Information der Rechtsuchenden, der Personen, die Rechtsdienstleistungen anbieten, des Rechtsverkehrs und öffentlicher Stellen. [2]Die Einsicht in das Rechtsdienstleistungsregister steht jedem unentgeltlich zu.

(2) [1]Im Rechtsdienstleistungsregister werden unter Angabe der nach § 9 Abs. 1 oder § 13 Abs. 1 zuständigen Behörde und des Datums der jeweiligen Registrierung nur öffentlich bekanntgemacht:

1. die Registrierung von Personen, denen Rechtsdienstleistungen in einem oder mehreren der in § 10 Abs. 1 genannten Bereiche oder Teilbereiche erlaubt sind, unter Angabe
   a) ihres Familiennamens und Vornamens, ihres Namens oder ihrer Firma einschließlich ihrer gesetzlichen Vertreter sowie des Registergerichts und der Registernummer, unter der sie in das Handels-, Partnerschafts-, Genossenschafts- oder Vereinsregister eingetragen sind,
   b) ihres Gründungsjahres,
   c) ihrer Geschäftsanschrift einschließlich der Anschriften aller Zweigstellen,
   d) der für sie nach § 12 Abs. 4 benannten qualifizierten Personen unter Angabe des Familiennamens und Vornamens,
   e) des Inhalts und Umfangs der Rechtsdienstleistungsbefugnis einschließlich erteilter Auflagen sowie der Angabe, ob es sich um eine vorübergehende Registrierung nach § 15 handelt und unter welcher Berufsbezeichnung die Rechtsdienstleistungen nach § 15 Abs. 4 im Inland zu erbringen sind,
2. die Registrierung von Personen oder Vereinigungen, denen die Erbringung von Rechtsdienstleistungen nach § 9 Abs. 1 bestandskräftig untersagt worden ist, unter Angabe
   a) ihres Familiennamens und Vornamens, ihres Namens oder ihrer Firma einschließlich ihrer gesetzlichen Vertreter sowie des Registergerichts und der Registernummer, unter der sie in das Handels-, Partnerschafts-, Genossenschafts- oder Vereinsregister eingetragen sind,
   b) ihres Gründungsjahres,
   c) ihrer Anschrift,
   d) der Dauer der Untersagung.

[2]Bei öffentlichen Bekanntmachungen nach Satz 1 Nummer 1 werden mit der Geschäftsanschrift auch die Telefonnummer und die E-Mail-Adresse der registrierten Person veröffentlicht, wenn sie in die Veröffentlichung dieser Daten schriftlich eingewilligt hat. [3]Wird ein Abwickler bestellt, ist auch

dies unter Angabe von Familienname, Vorname und Anschrift des Abwicklers zu veröffentlichen.

(3) [1]Die öffentliche Bekanntmachung erfolgt durch eine zentrale und länderübergreifende Veröffentlichung im Internet unter der Adresse www.rechts dienstleistungsregister.de. [2]Die nach § 9 Abs. 1 oder § 13 Abs. 1 zuständige Behörde trägt die datenschutzrechtliche Verantwortung für die von ihr im Rechtsdienstleistungsregister veröffentlichten Daten, insbesondere für die Rechtmäßigkeit ihrer Erhebung, die Zulässigkeit ihrer Veröffentlichung und ihre Richtigkeit. [3]Das Bundesministerium der Justiz und für Verbraucherschutz wird ermächtigt, durch Rechtsverordnung mit Zustimmung des Bundesrates die Einzelheiten der öffentlichen Bekanntmachung im Internet zu regeln.

§ 17 Löschung von Veröffentlichungen (1) [1]Die im Rechtsdienstleistungsregister öffentlich bekanntgemachten Daten sind zu löschen

1. bei registrierten Personen mit dem Verzicht auf die Registrierung,
2. bei natürlichen Personen mit ihrem Tod,
3. bei juristischen Personen und Gesellschaften ohne Rechtspersönlichkeit mit ihrer Beendigung,
4. bei Personen, deren Registrierung zurückgenommen oder widerrufen worden ist, mit der Bestandskraft der Entscheidung,
5. bei Personen oder Vereinigungen, denen die Erbringung von Rechtsdienstleistungen nach § 9 Abs. 1 untersagt ist, nach Ablauf der Dauer der Untersagung,
6. bei Personen oder Gesellschaften nach § 15 mit Ablauf eines Jahres nach der vorübergehenden Registrierung oder ihrer letzten Verlängerung, im Fall der Untersagung nach § 15 Absatz 6 mit Bestandskraft der Untersagung.

Wird im Fall des Satzes 1 Nummer 20 oder 4 ein Abwickler bestellt, erfolgt eine Löschung erst nach Beendigung der Abwicklung.

(2) [1]Das Bundesministerium der Justiz und für Verbraucherschutz wird ermächtigt, durch Rechtsverordnung mit Zustimmung des Bundesrates die Einzelheiten des Löschungsverfahrens zu regeln.

Teil 5: Datenübermittlung und Zuständigkeiten, Bußgeldvorschriften

§ 18 Umgang mit personenbezogenen Daten (1) [1]Die zuständigen Behörden dürfen einander und anderen für die Durchführung dieses Gesetzes zuständigen Behörden Daten über Registrierungen nach § 9 Abs. 2, § 10 Abs. 1 und § 15 Abs. 3 übermitteln, soweit die Kenntnis der Daten zur Durchführung dieses Gesetzes erforderlich ist. [2]Sie dürfen die nach § 16

RDG

Abs. 2 öffentlich bekanntzumachenden Daten längstens für die Dauer von drei Jahren nach Löschung der Veröffentlichung zentral und länderübergreifend in einer Datenbank speichern und aus dieser im automatisierten Verfahren abrufen; § 16 Abs. 3 Satz 2 gilt entsprechend. [3]Gerichte und Behörden dürfen der zuständigen Behörde personenbezogene Daten übermitteln, soweit deren Kenntnis für folgende Zwecke erforderlich ist:

1. die Registrierung oder die Rücknahme oder den Widerruf der Registrierung,
2. eine Untersagung nach § 9 Absatz 1 oder § 15 Absatz 6,
3. eine Aufsichtsmaßnahme nach § 13a,
4. eine Maßnahme nach § 15b oder
5. die europäische Verwaltungszusammenarbeit nach Absatz 2.

[4]Satz 3 gilt nur, soweit durch die Übermittlung der Daten schutzwürdige Interessen der Person nicht beeinträchtigt werden oder soweit das öffentliche Interesse das Geheimhaltungsinteresse der Person überwiegt.

(2) [1]Für die europäische Verwaltungszusammenarbeit gelten die §§ 8a bis 8e des Verwaltungsverfahrensgesetzes. [2]Die zuständige Behörde nutzt für die europäische Verwaltungszusammenarbeit das Binnenmarkt-Informationssystem der Europäischen Union.

(2a) [1]Wird in einem verwaltungsgerichtlichen Verfahren festgestellt, dass eine Person bei einem Antrag auf Anerkennung ihrer Berufsqualifikation nach der Richtlinie 2005/36/EG des Europäischen Parlaments und des Rates vom 7. September 2005 über die Anerkennung von Berufsqualifikationen (ABl. L 255 vom 30.9.2005, S. 22; L 271 vom 16.10.2007, S. 18; L 93 vom 4.4.2008, S. 28; L 33 vom 3.2.2009, S. 49; L 305 vom 24.10.2014, S. 115), die zuletzt durch die Richtlinie 2013/55/EU (ABl. L 354 vom 28.12.2013, S. 132; L 268 vom 15.10.2015, S. 35; L 95 vom 9.4.2016, S. 20) geändert worden ist, in der jeweils geltenden Fassung einen gefälschten Berufsqualifikationsnachweis verwendet hat, hat die zuständige Behörde die Angaben zur Identität der Person und die Tatsache, dass sie einen gefälschten Berufsqualifikationsnachweis verwendet hat, binnen drei Tagen nach Rechtskraft der gerichtlichen Entscheidung über das Binnenmarkt-Informationssystem den anderen Mitgliedstaaten der Europäischen Union, den anderen Vertragsstaaten des Abkommens über den Europäischen Wirtschaftsraum und der Schweiz mitzuteilen. [2]§ 38 Absatz 2 des Gesetzes über die Tätigkeit europäischer Rechtsanwälte in Deutschland gilt entsprechend.

(3) [1]Das Bundesministerium der Justiz und für Verbraucherschutz wird ermächtigt, die Einzelheiten des Umgangs mit personenbezogenen Daten, insbesondere der Veröffentlichung in dem Rechtsdienstleistungsregister, der Einsichtnahme in das Register, der Datenübermittlung einschließlich des automatisierten Datenabrufs und der Amtshilfe, durch Rechtsverordnung

mit Zustimmung des Bundesrates zu regeln. [2]Dabei ist sicherzustellen, dass die Veröffentlichungen auch während der Datenübermittlung unversehrt, vollständig und aktuell bleiben und jederzeit ihrem Ursprung nach zugeordnet werden können.

§ 19 Zuständigkeit und Übertragung von Befugnissen (1) [1]Zuständig für die Durchführung dieses Gesetzes sind die Landesjustizverwaltungen, die zugleich zuständige Stellen im Sinn des § 117 Abs. 2 des Gesetzes über den Versicherungsvertrag sind.

(2) [1]Die Landesregierungen werden ermächtigt, die Aufgaben und Befugnisse, die den Landesjustizverwaltungen nach diesem Gesetz zustehen, durch Rechtsverordnung auf diesen nachgeordnete Behörden zu übertragen. [2]Die Landesregierungen können diese Ermächtigung durch Rechtsverordnung auf die Landesjustizverwaltungen übertragen.

§ 20 Bußgeldvorschriften (1) [1]Ordnungswidrig handelt, wer

1. einer vollziehbaren Anordnung nach § 9 Absatz 1 Satz 1 oder § 15 Absatz 6 Satz 1, auch in Verbindung mit Absatz 7, zuwiderhandelt,
2. ohne Registrierung nach § 10 Absatz 1 eine dort genannte Rechtsdienstleistung erbringt,
3. einer vollziehbaren Auflage nach § 10 Absatz 3 Satz 1 zuwiderhandelt oder
4. entgegen § 11 Absatz 4 eine dort genannte Berufsbezeichnung oder Bezeichnung führt.

(2) [1]Ordnungswidrig handelt, wer vorsätzlich oder fahrlässig

1. entgegen § 11a Absatz 1 Satz 1 eine dort genannte Information nicht, nicht richtig, nicht vollständig oder nicht rechtzeitig übermittelt,
2. entgegen § 11a Absatz 1 Satz 2 eine Mitteilung nicht, nicht richtig, nicht vollständig oder nicht rechtzeitig macht,
3. entgegen § 15 Absatz 2 Satz 1, auch in Verbindung mit Absatz 7, eine vorübergehende Rechtsdienstleistung erbringt oder
4. entgegen § 15 Absatz 2 Satz 5, auch in Verbindung mit Absatz 7, eine dort genannte Meldung nicht, nicht richtig, nicht vollständig oder nicht rechtzeitig wiederholt.

(3) [1]Die Ordnungswidrigkeit kann mit einer Geldbuße bis zu fünfzigtausend Euro geahndet werden.

Einführungsgesetz zum Rechtsdienstleistungsgesetz (RDGEG)

Vom 12. Dezember 2007, BGBl. I S. 2840

Zuletzt geändert durch Artikel 8 des Gesetzes vom 12. Mai 2017, BGBl. I S. 1121

Inhaltsübersicht

§ 1 Erlaubnisinhaber nach dem Rechtsberatungsgesetz (1) [1]Behördliche Erlaubnisse zur Besorgung fremder Rechtsangelegenheiten von Erlaubnisinhabern, die nicht Mitglied einer Rechtsanwaltskammer sind, erlöschen sechs Monate nach Inkrafttreten dieses Gesetzes. [2]Erlaubnisinhaber können unter Vorlage ihrer Erlaubnisurkunde die Registrierung nach § 13 des Rechtsdienstleistungsgesetzes beantragen. [3]Wird der Antrag innerhalb von sechs Monaten nach Inkrafttreten dieses Gesetzes gestellt, bleibt die Erlaubnis abweichend von Satz 1 bis zur Entscheidung über den Antrag gültig.

(2) [1]Behördliche Erlaubnisse zur Besorgung fremder Rechtsangelegenheiten von Erlaubnisinhabern, die nach § 209 der Bundesrechtsanwaltsordnung in eine Rechtsanwaltskammer aufgenommen sind (Kammerrechtsbeistände), erlöschen mit ihrem Ausscheiden aus der Rechtsanwaltskammer. [2]Kammerrechtsbeistände, deren Aufnahme in die Rechtsanwaltskammer nach § 209 Abs. 2 der Bundesrechtsanwaltsordnung auf eigenen Antrag widerrufen wird, können die Registrierung nach § 13 des Rechtsdienstleistungsgesetzes beantragen. [3]Wird der Antrag innerhalb von drei Monaten nach dem Widerruf gestellt, bleibt die Erlaubnis abweichend von Satz 1 bis zur Entscheidung über den Antrag gültig.

(3) [1]Inhaber einer Erlaubnis nach Artikel 1 § 1 Abs. 1 Satz 2 Nr. 1, 5 oder Nr. 6 des Rechtsberatungsgesetzes werden unter Angabe des Umfangs ihrer Erlaubnis als registrierte Personen nach § 10 Abs. 1 Satz 1 Nr. 1, 2 oder Nr. 3 des Rechtsdienstleistungsgesetzes registriert. [2]Erlaubnisinhaber, deren Erlaubnis sich auf andere Bereiche erstreckt oder deren Befugnisse über die in § 10 Abs. 1 des Rechtsdienstleistungsgesetzes geregelten Befugnisse hinausgehen, werden gesondert oder zusätzlich zu ihrer Registrierung nach Satz 1 als Rechtsbeistände oder Erlaubnisinhaber registriert (registrierte Erlaubnisinhaber). [3]Sie dürfen unter ihrer bisher geführten Berufsbezeichnung Rechtsdienstleistungen in allen Bereichen des Rechts erbringen, auf die sich ihre bisherige Erlaubnis erstreckt. [4]Rechtsdienstleistungen auf den Gebieten

des Steuerrechts und des gewerblichen Rechtsschutzes dürfen sie nur erbringen, soweit die bisherige Erlaubnis diese Gebiete ausdrücklich umfasst.

(4) [1]Abweichend von § 13 des Rechtsdienstleistungsgesetzes prüft die zuständige Behörde vor der Registrierung nur, ob eine ausreichende Berufshaftpflichtversicherung nach § 12 Abs. 1 Nr. 3 des Rechtsdienstleistungsgesetzes besteht. [2]Als qualifizierte Personen werden die zur Zeit der Antragstellung in der Erlaubnisurkunde bezeichneten Ausübungsberechtigten registriert. [3]Kosten werden für die Registrierung und ihre öffentliche Bekanntmachung nicht erhoben. [4]Die spätere Benennung qualifizierter Personen ist nur für registrierte Personen nach § 10 Abs. 1 des Rechtsdienstleistungsgesetzes und nicht für registrierte Erlaubnisinhaber möglich.

(5) [1]Der Widerruf einer Erlaubnis nach dem Rechtsberatungsgesetz steht dem Widerruf der Registrierung nach § 12 Abs. 1 Nr. 1 Buchstabe c und § 13 Abs. 1 Satz 3 Nr. 4 des Rechtsdienstleistungsgesetzes gleich.

(6) [1]Ist ein registrierter Erlaubnisinhaber, der nach Maßgabe des § 3 Absatz 2 zur gerichtlichen Vertretung oder zum Auftreten in der Verhandlung befugt ist, verstorben oder wurde seine Registrierung zurückgenommen oder widerrufen, so kann die für die Registrierung zuständige Behörde einen Abwickler für seine Praxis bestellen. [2]§ 14a Absatz 1 Satz 2 und Absatz 2 des Rechtsdienstleistungsgesetzes gilt entsprechend.

§ 2 Versicherungsberater [1]Abweichend von § 1 Abs. 1 Satz 2 können Personen mit einer Erlaubnis zur Besorgung fremder Rechtsangelegenheiten auf dem Gebiet der Versicherungsberatung (Artikel 1 § 1 Abs. 1 Satz 2 Nr. 2 des Rechtsberatungsgesetzes) nur eine Erlaubnis als Versicherungsberater nach § 34e Abs. 1 der Gewerbeordnung beantragen.

§ 3 Gerichtliche Vertretung (1) [1]Kammerrechtsbeistände stehen in den nachfolgenden Vorschriften einem Rechtsanwalt gleich:

1. § 79 Abs. 2 Satz 1, § 88 Abs. 2, § 121 Abs. 2, § 130a Absatz 4 Nummer 2, §§ 130d, 133 Abs. 2, §§ 135, 157, 169 Abs. 2, §§ 174, 195, 317 Abs. 4 Satz 2, § 397 Abs. 2 und § 811 Nr. 7 der Zivilprozessordnung,
2. § 10 Abs. 2 Satz 1, § 11 Satz 3, § 14 Absatz 2 Satz 2 und § 14b des Gesetzes über das Verfahren in Familiensachen und in den Angelegenheiten der freiwilligen Gerichtsbarkeit,
3. § 11 Abs. 2 Satz 1, § 46c Absatz 4 Nummer 2, § 46g des Arbeitsgerichtsgesetzes,
4. § 65a Absatz 4 Nummer 2, §§ 65d und 73 Absatz 2 Satz 1 und Abs. 6 Satz 5 des Sozialgerichtsgesetzes, wenn nicht die Erlaubnis das Sozial- und Sozialversicherungsrecht ausschließt,
5. § 55a Absatz 4 Nummer 2, §§ 55d, 67 Absatz 2 Satz 1 und Abs. 6 Satz 4 der Verwaltungsgerichtsordnung,

6. § 52a Absatz 4 Nummer 2, §§ 52d, 62 Absatz 2 Satz 1 und Abs. 6 Satz 4 der Finanzgerichtsordnung, wenn die Erlaubnis die geschäftsmäßige Hilfeleistung in Steuersachen umfasst.

(2) [1]Registrierte Erlaubnisinhaber stehen im Sinn von § 79 Abs. 2 Satz 1 der Zivilprozessordnung, § 10 Abs. 2 Satz 1 des Gesetzes über das Verfahren in Familiensachen und in den Angelegenheiten der freiwilligen Gerichtsbarkeit, § 11 Abs. 2 Satz 1 des Arbeitsgerichtsgesetzes, § 73 Abs. 2 Satz 1 des Sozialgerichtsgesetzes, § 67 Abs. 2 Satz 1 der Verwaltungsgerichtsordnung und § 62 Abs. 2 Satz 1 der Finanzgerichtsordnung einem Rechtsanwalt gleich, soweit ihnen die gerichtliche Vertretung oder das Auftreten in der Verhandlung

1. nach dem Umfang ihrer bisherigen Erlaubnis,
2. als Prozessagent durch Anordnung der Justizverwaltung nach § 157 Abs. 3 der Zivilprozessordnung in der bis zum 30. Juni 2008 geltenden Fassung,
3. durch eine für die Erteilung der Erlaubnis zum mündlichen Verhandeln vor den Sozialgerichten zuständige Stelle,
4. nach § 67 der Verwaltungsgerichtsordnung in der bis zum 30. Juni 2008 geltenden Fassung oder
5. nach § 13 des Gesetzes über die Angelegenheiten der freiwilligen Gerichtsbarkeit in der bis zum 30. Juni 2008 geltenden Fassung

gestattet war. [2]In den Fällen der Nummern 1 bis 3 ist der Umfang der Befugnis zu registrieren und im Rechtsdienstleistungsregister bekanntzumachen.

(3) [1]Das Gericht weist registrierte Erlaubnisinhaber, soweit sie nicht nach Maßgabe des Absatzes 2 zur gerichtlichen Vertretung oder zum Auftreten in der Verhandlung befugt sind, durch unanfechtbaren Beschluss zurück. [2]Prozesshandlungen eines nicht vertretungsbefugten Bevollmächtigten und Zustellungen oder Mitteilungen an diesen Bevollmächtigten sind bis zu seiner Zurückweisung wirksam. [3]Das Gericht kann registrierten Erlaubnisinhabern durch unanfechtbaren Beschluss die weitere Vertretung oder das weitere Auftreten in der Verhandlung untersagen, wenn sie nicht in der Lage sind, das Sach- und Streitverhältnis sachgerecht darzustellen. [4]§ 335 Abs. 1 Nr. 5 der Zivilprozessordnung gilt entsprechend.

§ 4 Vergütung der registrierten Personen (1) [1]Das Rechtsanwaltsvergütungsgesetz gilt für die Vergütung der Rentenberaterinnen und Rentenberater (registrierte Personen nach § 10 Abs. 1 Satz 1 Nr. 2 des Rechtsdienstleistungsgesetzes) sowie der registrierten Erlaubnisinhaber mit Ausnahme der Frachtprüferinnen und Frachtprüfer entsprechend. [2]Richtet sich ihre Vergütung nach dem Gegenstandswert, haben sie den Auftraggeber vor Übernahme des Auftrags hierauf hinzuweisen.

(2) [1]Den in Absatz 1 Satz 1 genannten Personen ist es untersagt, geringere Gebühren und Auslagen zu vereinbaren oder zu fordern, als das Rechtsanwaltsvergütungsgesetz vorsieht, soweit dieses nichts anderes bestimmt. [2]Die Vereinbarung eines Erfolgshonorars (§ 49b Abs. 2 Satz 1 der Bundesrechtsanwaltsordnung) ist unzulässig, soweit das Rechtsanwaltsvergütungsgesetz nichts anderes bestimmt; Verpflichtungen, die Gerichtskosten, Verwaltungskosten oder Kosten anderer Beteiligter zu tragen, sind unzulässig. [3]Im Einzelfall darf besonderen Umständen in der Person des Auftraggebers, insbesondere dessen Bedürftigkeit, Rechnung getragen werden durch Ermäßigung oder Erlass von Gebühren oder Auslagen nach Erledigung des Auftrags.

(3) [1]Für die Erstattung der Vergütung der in Absatz 1 Satz 1 genannten Personen und der Kammerrechtsbeistände in einem gerichtlichen Verfahren gelten die Vorschriften der Verfahrensordnungen über die Erstattung der Vergütung eines Rechtsanwalts entsprechend.

(4) [1]Die Erstattung der Vergütung von Personen, die Inkassodienstleistungen erbringen (registrierte Personen nach § 10 Abs. 1 Satz 1 Nr. 1 des Rechtsdienstleistungsgesetzes), für die Vertretung im Zwangsvollstreckungsverfahren richtet sich nach § 788 der Zivilprozessordnung. [2]Ihre Vergütung für die Vertretung im gerichtlichen Mahnverfahren ist bis zu einem Betrag von 25 Euro nach § 91 Abs. 1 der Zivilprozessordnung erstattungsfähig.

(5) [1]Die Inkassokosten von Personen, die Inkassodienstleistungen erbringen (registrierte Personen nach § 10 Absatz 1 Satz 1 Nummer 1 des Rechtsdienstleistungsgesetzes), für außergerichtliche Inkassodienstleistungen, die eine nicht titulierte Forderung betreffen, sind nur bis zur Höhe der einem Rechtsanwalt nach den Vorschriften des Rechtsanwaltsvergütungsgesetzes zustehenden Vergütung erstattungsfähig.

§ 5 Diplom-Juristen aus dem Beitrittsgebiet [1]Personen, die in dem in Artikel 3 des Einigungsvertrags genannten Gebiet ein rechtswissenschaftliches Studium als Diplom-Jurist an einer Universität oder wissenschaftlichen Hochschule abgeschlossen haben und nach dem 3. Oktober 1990 zum Richter, Staatsanwalt oder Notar ernannt, im höheren Verwaltungsdienst beschäftigt oder als Rechtsanwalt zugelassen wurden, stehen in den nachfolgenden Vorschriften einer Person mit Befähigung zum Richteramt gleich:

1. § 6 Abs. 2 Satz 1 und § 7 Abs. 2 Satz 1 des Rechtsdienstleistungsgesetzes,
2. § 78 Abs. 4 und § 79 Abs. 2 Satz 2 Nr. 2 der Zivilprozessordnung,

3. § 10 Abs. 2 Satz 2 Nr. 2 des Gesetzes über das Verfahren in Familiensachen und in den Angelegenheiten der freiwilligen Gerichtsbarkeit,
4. § 11 Abs. 2 Satz 2 Nr. 2, Abs. 4 Satz 3 des Arbeitsgerichtsgesetzes,
5. § 73 Abs. 2 Satz 2 Nr. 2, Abs. 4 Satz 3 und 4 des Sozialgerichtsgesetzes,
6. § 67 Abs. 2 Satz 2 Nr. 2, Abs. 4 Satz 4 der Verwaltungsgerichtsordnung,
7. § 62 Abs. 2 Satz 2 Nr. 2, Abs. 4 Satz 4 der Finanzgerichtsordnung,
8. § 97 Abs. 2 Satz 2 Nr. 2 des Patentgesetzes,
9. § 81 Abs. 2 Satz 2 Nr. 2 des Markengesetzes.

§ 6 Schutz der Berufsbezeichnung [1]Die Berufsbezeichnung „Rechtsbeistand“ oder eine ihr zum Verwechseln ähnliche Bezeichnung darf nur von Kammerrechtsbeiständen und registrierten Rechtsbeiständen geführt werden.

Verordnung zum Rechtsdienstleistungsgesetz (Rechtsdienstleistungsverordnung – RDV)

Vom 19. Juni 2008, BGBl. I S. 1069

Zuletzt geändert durch Artikel 7 des Gesetzes vom 12. Mai 2017, BGBl. I S. 1121

Inhaltsübersicht

§ 1 (weggefallen)

§ 2 Nachweis der theoretischen Sachkunde (1) [1]In den Bereichen Inkassodienstleistungen und Rentenberatung wird die nach § 12 Abs. 3 Satz 1 des Rechtsdienstleistungsgesetzes erforderliche theoretische Sachkunde in der Regel durch ein Zeugnis über einen erfolgreich abgeschlossenen Sachkundelehrgang im Sinn des § 4 nachgewiesen. [2]Zum Nachweis der theoretischen Sachkunde genügt auch das Zeugnis über die erste Prüfung nach § 5d Abs. 2 des Deutschen Richtergesetzes. [3]Die zuständige Behörde kann als Nachweis der theoretischen Sachkunde auch andere Zeugnisse anerkennen, insbesondere das Abschlusszeugnis einer deutschen Hochschule oder Fachhochschule über einen mindestens dreijährigen Hochschul- oder Fachhochschulstudiengang mit überwiegend rechtlichen Studieninhalten, wenn der Studiengang die nach § 11 Abs. 1 oder 2 des Rechtsdienstleistungsgesetzes erforderlichen Rechtskenntnisse vermittelt.

(2) [1]In den Fällen des § 12 Absatz 3 Satz 4 des Rechtsdienstleistungsgesetzes ist durch geeignete Unterlagen, insbesondere das Zeugnis einer ausländischen Behörde, nachzuweisen, dass die Voraussetzungen des § 12 Absatz 3 Satz 4 des Rechtsdienstleistungsgesetzes vorliegen. [2]Daneben ist ein gesonderter Nachweis der theoretischen Sachkunde nicht erforderlich.

(3) [1]Im Bereich der Rechtsdienstleistungen in einem ausländischen Recht wird die theoretische Sachkunde in der Regel durch das Zeugnis einer ausländischen Behörde darüber nachgewiesen, dass die zu registrierende Person in dem ausländischen Land rechtmäßig zur Ausübung des Rechtsanwaltsberufs oder eines vergleichbaren rechtsberatenden Berufs niedergelassen ist oder war. [2]Zum Nachweis der theoretischen Sachkunde genügt auch das Abschlusszeugnis einer ausländischen Hochschule über den erfolgrei-

chen Abschluss eines Studiengangs, der nach Umfang und Inhalten den in Absatz 1 Satz 3 genannten Studiengängen entspricht.

(4) [1]Ist der Antrag in den Fällen des Absatzes 3 auf einen Teilbereich beschränkt, so genügt zum Nachweis der theoretischen Sachkunde das Zeugnis einer ausländischen Behörde darüber, dass die zu registrierende Person in dem ausländischen Staat rechtmäßig zur Ausübung eines Berufs, der den beantragten Teilbereich umfasst, niedergelassen ist oder war.

(5) [1]Der Nachweis der Sachkunde in einem ausländischen Recht erstreckt sich nur auf das Recht, auf das sich die vorgelegten Zeugnisse beziehen.

§ 3 Nachweis der praktischen Sachkunde (1) [1]Die nach § 12 Abs. 3 Satz 2 des Rechtsdienstleistungsgesetzes erforderliche praktische Sachkunde wird in der Regel durch Arbeitszeugnisse und sonstige Zeugnisse über die bisherige praktische Tätigkeit der zu registrierenden Person in dem Bereich des Rechts nachgewiesen, für den eine Registrierung beantragt wird. [2]Über die erforderliche praktische Sachkunde verfügt auch, wer die Befähigung zum Richteramt nach dem Deutschen Richtergesetz besitzt.

(2) [1]Im Bereich der Rechtsdienstleistungen in einem ausländischen Recht genügt zum Nachweis der praktischen Sachkunde auch das Zeugnis einer ausländischen Behörde darüber, dass die zu registrierende Person in dem ausländischen Land rechtmäßig zur Ausübung des Rechtsanwaltsberufs oder eines vergleichbaren rechtsberatenden Berufs, in den Fällen § 2 Absatz 4 zur Ausübung eines Berufs, der den beantragten Teilbereich umfasst, niedergelassen ist oder war. [2]§ 2 Abs. 5 gilt entsprechend.

(3) [1]In den Fällen des § 12 Absatz 3 Satz 4 des Rechtsdienstleistungsgesetzes ist das von einer registrierten Person oder einem Mitglied einer Rechtsanwaltskammer ausgestellte Zeugnis darüber vorzulegen, dass die zu registrierende Person in dem Bereich, für den sie die Registrierung beantragt, mindestens sechs Monate unter der Verantwortung der registrierten oder einer für sie tätigen qualifizierten Person oder des Mitglieds einer Rechtsanwaltskammer im Inland tätig gewesen ist.

§ 4 Sachkundelehrgang (1) [1]Der Sachkundelehrgang muss geeignet sein, alle nach § 11 Abs. 1 oder 2 des Rechtsdienstleistungsgesetzes für die jeweilige Registrierung erforderlichen Kenntnisse zu vermitteln. [2]Die Gesamtdauer des Lehrgangs muss im Bereich Inkassodienstleistungen mindestens 120 Zeitstunden und im Bereich Rentenberatung mindestens 150 Zeitstunden betragen. [3]Erlaubnisinhaber nach dem Rechtsberatungsgesetz, deren Registrierung nach § 1 Abs. 3 des Einführungsgesetzes zum Rechtsdienstleistungsgesetz auf den Umfang ihrer bisherigen Erlaubnis zu beschränken ist, können zum Nachweis ihrer theoretischen Sachkunde in den nicht von der Erlaubnis erfassten Teilbereichen einen abgekürzten

Sachkundelehrgang absolvieren, dessen Gesamtdauer 50 Zeitstunden nicht unterschreiten darf.

(2) [1]Die Anbieter von Sachkundelehrgängen müssen gewährleisten, dass nur qualifizierte Lehrkräfte eingesetzt werden. [2]Qualifiziert sind insbesondere Richterinnen und Richter aus der mit dem jeweiligen Bereich vorrangig befassten Gerichtsbarkeit, Mitglieder einer Rechtsanwaltskammer, Hochschullehrerinnen und Hochschullehrer sowie registrierte und qualifizierte Personen mit mindestens fünfjähriger Berufserfahrung in dem jeweiligen Bereich.

(3) [1]Die Lehrgangsteilnehmerinnen und -teilnehmer müssen mindestens eine schriftliche Aufsichtsarbeit ablegen und darin ihre Kenntnisse aus verschiedenen Bereichen des Lehrgangs nachweisen. [2]Die Gesamtdauer der erfolgreich abgelegten schriftlichen Aufsichtsarbeiten darf fünf Zeitstunden nicht unterschreiten.

(4) [1]Die Lehrgangsteilnehmerinnen und -teilnehmer müssen eine abschließende mündliche Prüfung erfolgreich ablegen. [2]Die mündliche Prüfung besteht aus einem Fachgespräch, das sich auf verschiedene Bereiche des Lehrgangs erstrecken muss und im Bereich Rentenberatung auch eine fallbezogene Präsentation beinhalten soll. [3]Die Prüfungskommission soll mit mindestens einer Richterin oder einem Richter aus der mit dem jeweiligen Bereich vorrangig befassten Gerichtsbarkeit und mindestens einer registrierten oder qualifizierten Person mit mindestens fünfjähriger Berufserfahrung in dem jeweiligen Bereich besetzt sein.

(5) [1]Das Zeugnis über den erfolgreich abgelegten Sachkundelehrgang muss enthalten:

1. die Bestätigung, dass die Teilnehmerin oder der Teilnehmer an einem Lehrgang, der den Anforderungen der Absätze 1 und 2 entspricht, erfolgreich teilgenommen hat,
2. Zeitraum und Ort des Lehrgangs sowie die Namen und Berufsbezeichnungen aller Lehrkräfte,
3. Anzahl, jeweilige Dauer und Ergebnis aller abgelegten schriftlichen Aufsichtsarbeiten,
4. Zeit, Ort und Ergebnis der abschließenden mündlichen Prüfung sowie die Namen und Berufsbezeichnungen der Mitglieder der Prüfungskommission.

[2]Die schriftlichen Aufsichtsarbeiten und ihre Bewertung sowie eine detaillierte Beschreibung von Inhalten und Ablauf des Lehrgangs sind dem Zeugnis beizufügen.

§ 5 Berufshaftpflichtversicherung (1) [1]Die nach § 12 Abs. 1 Nr. 3 des Rechtsdienstleistungsgesetzes von der registrierten Person zu unterhaltende Berufshaftpflichtversicherung muss bei einem im Inland zum Geschäftsbetrieb befugten Versicherungsunternehmen zu den nach Maßgabe des Versicherungsaufsichtsgesetzes eingereichten Allgemeinen Versicherungsbedingungen genommen werden. [2]Der Versicherungsvertrag muss Deckung für die sich aus der beruflichen Tätigkeit der registrierten Person ergebenden Haftpflichtgefahren für Vermögensschäden gewähren und sich auch auf solche Vermögensschäden erstrecken, für die die registrierte Person nach § 278 oder § 831 des Bürgerlichen Gesetzbuchs einzustehen hat.

(2) [1]Der Versicherungsvertrag hat Versicherungsschutz für jede einzelne Pflichtverletzung zu gewähren, die gesetzliche Haftpflichtansprüche privatrechtlichen Inhalts gegen die registrierte Person zur Folge haben könnte; dabei kann vereinbart werden, dass sämtliche Pflichtverletzungen bei Erledigung eines einheitlichen Auftrags, mögen diese auf dem Verhalten der registrierten Person oder einer von ihr herangezogenen Hilfsperson beruhen, als ein Versicherungsfall gelten.

(3) [1]Von der Versicherung kann die Haftung ausgeschlossen werden:

1. für Ersatzansprüche aus wissentlicher Pflichtverletzung,
2. für Ersatzansprüche aus Tätigkeiten über Kanzleien oder Büros, die in anderen Staaten eingerichtet sind oder unterhalten werden,
3. für Ersatzansprüche aus Tätigkeiten im Zusammenhang mit der Beratung und Beschäftigung mit einem außereuropäischem Recht, soweit sich nicht die Registrierung nach § 10 Abs. 1 Satz 1 Nr. 3 des Rechtsdienstleistungsgesetzes auf dieses Recht erstreckt,
4. für Ersatzansprüche aus Tätigkeiten vor außereuropäischen Gerichten,
5. für Ersatzansprüche wegen Veruntreuung durch Personal oder Angehörige der registrierten Person.

(4) [1]Die Leistungen des Versicherers für alle innerhalb eines Versicherungsjahres verursachten Schäden können auf den vierfachen Betrag der gesetzlichen Mindestversicherungssumme begrenzt werden.

(5) [1]Die Vereinbarung eines Selbstbehalts bis zu 1 Prozent der Mindestversicherungssumme ist zulässig. [2]Ein Selbstbehalt des Versicherungsnehmers kann dem Dritten nicht entgegengehalten und gegenüber einer mitversicherten Person nicht geltend gemacht werden.

(6) [1]Im Versicherungsvertrag ist der Versicherer zu verpflichten, der nach § 19 des Rechtsdienstleistungsgesetzes zuständigen Behörde die Beendigung oder Kündigung des Versicherungsvertrages sowie jede Änderung des Versicherungsvertrages, die den vorgeschriebenen Versicherungsschutz beeinträchtigt, unverzüglich mitzuteilen. [2]Die nach § 19 des Rechtsdienstleis-

tungsgesetzes zuständige Behörde erteilt Dritten zur Geltendmachung von Schadensersatzansprüchen auf Antrag Auskunft über den Namen und die Adresse der Berufshaftpflichtversicherung der registrierten Person sowie die Versicherungsnummer, soweit das Auskunftsinteresse das schutzwürdige Interesse der registrierten Person an der Nichterteilung dieser Auskunft überwiegt.

§ 6 Registrierungsverfahren (1) [1]Anträge nach § 13 Abs. 1 des Rechtsdienstleistungsgesetzes sind schriftlich oder elektronisch zu stellen. [2]Dabei ist anzugeben, für welchen Bereich oder Teilbereich die Registrierung erfolgen soll, und ob die Einwilligung zur Veröffentlichung von Telefonnummer und E-Mail-Adresse erteilt wird.

(2) [1]Im Bereich der Rechtsdienstleistungen in einem ausländischen Recht ist das ausländische Recht anzugeben, auf das sich die Registrierung beziehen soll.

(3) [1]Erlaubnisinhaber nach dem Rechtsberatungsgesetz, die eine Registrierung als registrierte Erlaubnisinhaber nach § 1 Abs. 3 Satz 2 des Einführungsgesetzes zum Rechtsdienstleistungsgesetz beantragen, haben den Umfang dieser Registrierung in dem Antrag genau zu bezeichnen.

(4) [1]Von Zeugnissen und Nachweisen, die nicht in deutscher Sprache ausgestellt sind, kann die Vorlage einer Übersetzung verlangt werden.

§ 7 Aufbewahrungsfristen (1) [1]Die nach § 13 des Rechtsdienstleistungsgesetzes für die Registrierung zuständigen Behörden haben Akten und elektronische Akten über registrierte Personen für einen Zeitraum von zehn Jahren nach der Löschung der im Rechtsdienstleistungsregister öffentlich bekannt gemachten Daten gemäß § 17 Absatz 1 Satz 1 Nummer 1 bis 4 sowie 6 des Rechtsdienstleistungsgesetzes aufzubewahren.

(2) [1]Akten und elektronische Akten über Personen oder Vereinigungen, denen die Erbringung von Rechtsdienstleistungen untersagt worden ist, sind für einen Zeitraum von fünf Jahren nach Ablauf der Dauer der Untersagung aufzubewahren.

(3) [1]Akten und elektronische Akten, in denen eine beantragte Registrierung bestandskräftig abgelehnt worden oder eine Untersagung nicht erfolgt ist, sind für einen Zeitraum von fünf Jahren nach der Beendigung des Verfahrens aufzubewahren.

§ 8 Öffentliche Bekanntmachungen im Rechtsdienstleistungsregister (1) [1]Für öffentliche Bekanntmachungen nach § 16 Absatz 2 Satz 1 Nummer 1 des Rechtsdienstleistungsgesetzes und solche nach § 16 Absatz 2 Satz 1 Nummer 2 des Rechtsdienstleistungsgesetzes sind innerhalb des Rechtsdienstleistungsregisters zwei getrennte Bereiche vorzusehen. [2]Eine

Suche nach den eingestellten Daten darf nur anhand eines oder mehrerer der folgenden Suchkriterien erfolgen:

1. Bundesland,
2. zuständige Behörde,
3. behördliches Aktenzeichen,
4. Datum der Veröffentlichung,
5. Registrierungsbereich in den Fällen des § 16 Absatz 2 Satz 1 Nummer 1 des Rechtsdienstleistungsgesetzes,
6. Familienname, Vorname, Firma oder Name
   a) der registrierten Person, ihrer gesetzlichen Vertreter oder einer qualifizierten Person in den Fällen des § 16 Absatz 2 Satz 1 Nummer 1 des Rechtsdienstleistungsgesetzes,
   b) der Person oder Vereinigung, der die Erbringung von Rechtsdienstleistungen untersagt ist, oder ihrer gesetzlichen Vertreter in den Fällen des § 16 Absatz 2 Satz 1 Nummer 2 des Rechtsdienstleistungsgesetzes oder
7. Anschrift.

[3]Die Angaben nach Satz 2 können unvollständig sein, sofern sie Unterscheidungskraft besitzen.

(2) [1]Die öffentlich bekanntzumachenden Daten werden von der nach § 9 Abs. 1 oder § 13 Abs. 1 des Rechtsdienstleistungsgesetzes für die Untersagung oder für das Registrierungsverfahren zuständigen Behörde unverzüglich nach der Registrierung im Wege der Datenfernübertragung an die zentrale Veröffentlichungsstelle weitergegeben. [2]Durch technische und organisatorische Maßnahmen ist sicherzustellen, dass die Daten dabei und während der Veröffentlichung unversehrt, vollständig und aktuell bleiben sowie jederzeit ihrem Ursprung nach zugeordnet werden können.

§ 9 Löschung von Veröffentlichungen (1) [1]Die zuständige Behörde hat die Löschung der nach § 16 Abs. 2 des Rechtsdienstleistungsgesetzes öffentlich bekanntgemachten Daten aus dem Rechtsdienstleistungsregister unverzüglich nach Bekanntwerden des Löschungstatbestands zu veranlassen.

(2) [1]Soweit Daten in einer zentralen Datenbank nach § 18 Abs. 1 Satz 2 des Rechtsdienstleistungsgesetzes gespeichert sind, ist durch technische und organisatorische Maßnahmen sicherzustellen, dass ein Datenabruf insoweit nur durch die hierzu befugten Behörden erfolgt. § 10 Abs. 2 und 4 des Bundesdatenschutzgesetzes findet Anwendung.

§ 10 Inkrafttreten [1]Diese Verordnung tritt am 1. Juli 2008 in Kraft.

G. Ausbildung der Fachangestellten

Verordnung über die Berufsausbildungen zum Rechtsanwaltsfachangestellten und zur Rechtsanwaltsfachangestellten, zum Notarfachangestellten und zur Notarfachangestellten, zum Rechtsanwalts- und Notarfachangestellten und zur Rechtsanwalts- und Notarfachangestellten sowie zum Patentanwaltsfachangestellten und zur Patentanwaltsfachangestellten

– Anlage: Vom Abdruck wurde abgesehen –

Vom 29. August 2014, BGBl. I S. 1490

Inhaltsübersicht

§ 1 Staatliche Anerkennung der Ausbildungsberufe [1]Die Ausbildungsberufe Rechtsanwaltsfachangestellter und Rechtsanwaltsfachangestellte, Notarfachangestellter und Notarfachangestellte, Rechtsanwalts- und Notarfachangestellter und Rechtsanwalts- und Notarfachangestellte sowie Patentanwaltsfachangestellter und Patentanwaltsfachangestellte werden nach § 4 Absatz 1 des Berufsbildungsgesetzes staatlich anerkannt.

§ 2 Dauer der Berufsausbildungen [1]Die Berufsausbildungen dauern jeweils drei Jahre.

§ 3 Ausbildungsrahmenplan (1) [1]Gegenstand der Berufsausbildungen sind mindestens die im Ausbildungsrahmenplan (Anlage) genannten Fertigkeiten, Kenntnisse und Fähigkeiten (berufliche Handlungsfähigkeit).

(2) [1]Eine vom Ausbildungsrahmenplan abweichende Organisation der Berufsausbildungen ist insbesondere dann zulässig, wenn betriebspraktische Besonderheiten die Abweichung erfordern.

§ 4 Struktur der Berufsausbildungen, Ausbildungsberufsbilder (1) [1]Die Berufsausbildungen gliedern sich in

1. berufsübergreifende berufsprofilgebende Fertigkeiten, Kenntnisse und Fähigkeiten,
2. weitere berufsprofilgebende Fertigkeiten, Kenntnisse und Fähigkeiten des jeweiligen Ausbildungsberufes sowie
3. berufsübergreifende integrative Fertigkeiten, Kenntnisse und Fähigkeiten.

(2) [1]Berufsübergreifende berufsprofilgebende Fertigkeiten, Kenntnisse und Fähigkeiten sind

1. Mandanten- oder Beteiligtenbetreuung
   a) Mandanten- oder beteiligtenorientierte Kommunikation und serviceorientierte Betreuung
   b) Konferenz- und Besprechungsmanagement
   c) Fachbezogene Anwendung der englischen Sprache
2. Büro- und Arbeitsorganisation
   a) Betriebs- und Arbeitsabläufe; Qualitätssicherung
   b) Büro- und Verwaltungsarbeiten; Aktenverwaltung und Dokumentation
   c) Fristen- und Terminmanagement
   d) Arbeiten im Team
   e) Textgestaltung
   f) Informations- und Kommunikationssysteme
   g) Elektronischer Rechtsverkehr
   h) Datenschutz und Datensicherheit
3. Rechnungswesen und -kontrolle
   a) Rechnungs- und Finanzwesen; Zahlungsverkehr
   b) Aktenbuchhaltung
4. Gesetze und Verordnungen in der Rechtspflege
   a) Handhabung von Gesetzen und Verordnungen; Europarecht
   b) Zivilrecht
      aa) Allgemeiner Teil des bürgerlichen Rechts
      bb) Schuld- und Sachenrecht
      cc) Handels- und Gesellschaftsrecht
   c) Zivilverfahrensrecht; Zwangsvollstreckungsrecht.

(3) [1]Weitere berufsprofilgebende Fertigkeiten, Kenntnisse und Fähigkeiten im Ausbildungsberuf Rechtsanwaltsfachangestellter und Rechtsanwaltsfachangestellte sind

1. Zivilrechtliches Mandat
   a) Rechtsanwendung im Bereich des bürgerlichen Rechts
   b) Rechtsanwendung in den Bereichen des Wirtschafts- und Europarechts
   c) Rechtsanwendung im Bereich des Zivilprozesses
2. Zwangsvollstreckungsrechtliches Mandat
3. Vergütung und Kosten im zivilrechtlichen Mandat
   a) Vergütungsgrundsätze
   b) Vergütung im Zivilprozess
   c) Vergütung in Prozesskosten- und Beratungshilfeverfahren
   d) Vergütung in der Zwangsvollstreckung
   e) Kostentragung und Kostenfestsetzung
   f) Gerichtskosten
4. Zahlungsverkehr.

(4) [1]Weitere berufsprofilgebende Fertigkeiten, Kenntnisse und Fähigkeiten im Ausbildungsberuf Notarfachangestellter und Notarfachangestellte sind

1. Notariatsgeschäfte
   a) Rechtsanwendung in den Bereichen des bürgerlichen Rechts und des Zivilverfahrensrechts
   b) Rechtsanwendung im Bereich des Liegenschaftsrechts
   c) Rechtsanwendung in den Bereichen des Familien- und Erbrechts
   d) Rechtsanwendung in den Bereichen des Handels- und Gesellschaftsrechts
2. Notarielles Berufs- und Verfahrensrecht
   a) Stellung und Amtspflichten des Notars
   b) Urkundswesen
   c) Verwahrungsgeschäfte
3. Kostenrecht
4. Elektronischer Rechtsverkehr im Notariat.

(5) [1]Weitere berufsprofilgebende Fertigkeiten, Kenntnisse und Fähigkeiten im Ausbildungsberuf Rechtsanwalts- und Notarfachangestellter und Rechtsanwalts- und Notarfachangestellte sind

1. Rechtsanwendung in den Bereichen des bürgerlichen Rechts sowie des Handels- und Gesellschaftsrechts
2. Rechtsanwendung in den Bereichen des Zivilprozesses und der Zwangsvollstreckung

3. Notariatsgeschäfte
   a) Rechtsanwendung im Bereich des Liegenschaftsrechts
   b) Rechtsanwendung in den Bereichen des Familien- und Erbrechts
   c) Rechtsanwendung im Bereich des Registerrechts
4. Vergütung und Kosten
   a) Anwaltsvergütung
   b) Notarkosten
   c) Gerichtskosten
5. Elektronischer Rechts- und Zahlungsverkehr
6. Notarielles Berufs- und Verfahrensrecht.

(6) [1]Weitere berufsprofilgebende Fertigkeiten, Kenntnisse und Fähigkeiten im Ausbildungsberuf Patentanwaltsfachangestellter und Patentanwaltsfachangestellte sind

1. Grundlagen des Rechts des geistigen Eigentums
2. Nationaler gewerblicher Rechtsschutz
   a) Nationale gesetzliche Vorschriften
   b) Anmeldung nationaler gewerblicher Schutzrechte
   c) Erteilungs- und Eintragungsverfahren
   d) Rechtsmittel und Rechtsbehelfe
3. Internationaler, regionaler und europäischer gewerblicher Rechtsschutz
   a) Internationale Zusammenarbeit
   b) Anmeldung gewerblicher Schutzrechte auf Grund internationaler, regionaler und europäischer Verträge und Abkommen
   c) Anmeldung gewerblicher Schutzrechte im Ausland
   d) Erteilungs- und Eintragungsverfahren
   e) Rechtsmittel und Rechtsbehelfe
4. Büro- und Verwaltungsaufgaben im gewerblichen Rechtsschutz
   a) Fristenmanagement
   b) Aufrechterhaltung und Umschreibung von Schutzrechten
5. Verfahren nach Erteilung oder Eintragung von Schutzrechten
   a) Erstinstanzliche Verfahren
   b) Rechtsmittel und Rechtsbehelfe
6. Vergütungs- und Kostenrecht.

(7) [1]Berufsübergreifende integrative Fertigkeiten, Kenntnisse und Fähigkeiten sind

1. Stellung des Ausbildungsbetriebes im Rechtswesen und im Wirtschaftssystem
2. Aufbau, Organisationsstruktur und Rechtsform des Ausbildungsbetriebes

3. Berufsbildung, Arbeits-, Sozial- und Tarifrecht
4. Sicherheit und Gesundheitsschutz bei der Arbeit; Maßnahmen der Gesundheitsförderung
5. Umweltschutz.

§ 5 Durchführung der Berufsausbildungen (1) [1]Die in dieser Verordnung genannten Fertigkeiten, Kenntnisse und Fähigkeiten sollen so vermittelt werden, dass die Auszubildenden zur Ausübung einer qualifizierten beruflichen Tätigkeit im Sinne des § 1 Absatz 3 des Berufsbildungsgesetzes befähigt werden, was insbesondere selbständiges Planen, Durchführen und Kontrollieren einschließt.[2] Diese Befähigung ist auch in den Prüfungen nach den §§ 6 bis 10 nachzuweisen.

(2) [1]Die Ausbildenden haben unter Zugrundelegung des Ausbildungsrahmenplans für die Auszubildenden einen Ausbildungsplan zu erstellen.

(3) [1]Die Auszubildenden haben einen schriftlichen Ausbildungsnachweis zu führen. Ihnen ist Gelegenheit zu geben, den schriftlichen Ausbildungsnachweis während der Ausbildungszeit zu führen. [2]Die Ausbildenden haben den schriftlichen Ausbildungsnachweis regelmäßig durchzusehen.

§ 6 Zwischenprüfung (1) [1]Zur Ermittlung des Ausbildungsstandes ist eine Zwischenprüfung durchzuführen. [2]Sie soll am Anfang des zweiten Ausbildungsjahres stattfinden.

(2) [1]Die Zwischenprüfung erstreckt sich auf

1. die in der Anlage Abschnitt A für das erste Ausbildungsjahr genannten berufsübergreifenden berufsprofilgebenden Fertigkeiten, Kenntnisse und Fähigkeiten,
2. die in der Anlage Abschnitt F genannten berufsübergreifenden integrativen Fertigkeiten, Kenntnisse und Fähigkeiten sowie
3. den im Berufsschulunterricht zu vermittelnden Lehrstoff, soweit er für die Berufsausbildung wesentlich ist.

(3) [1]Die Zwischenprüfung findet in den folgenden Prüfungsbereichen statt:

1. Kommunikation und Büroorganisation sowie
2. Rechtsanwendung.

(4) [1]Für den Prüfungsbereich Kommunikation und Büroorganisation bestehen folgende Vorgaben:

1. der Prüfling soll nachweisen, dass er in der Lage ist,
   a) Arbeitsaufgaben zu planen, durchzuführen und zu kontrollieren,
   b) Post zu bearbeiten und Akten zu verwalten,
   c) Vorschriften des Datenschutzes zu beachten,
   d) Konferenzen und Besprechungen zu managen,

   e) Fristen und Termine zu überwachen,
   f) Mandanten oder Beteiligte serviceorientiert zu empfangen und zu betreuen;
2. der Prüfling soll fallbezogene Aufgaben schriftlich bearbeiten;
3. die Prüfungszeit beträgt 60 Minuten.

(5) [1]Für den Prüfungsbereich Rechtsanwendung bestehen folgende Vorgaben:

1. der Prüfling soll nachweisen, dass er in der Lage ist,
   a) Stellung und Hauptpflichten des Rechtsanwalts, des Notars und des Patentanwalts im Rechtssystem zu beachten,
   b) Gesetze und Verordnungen zu handhaben,
   c) Entstehung und Wirksamkeit von Rechtsgeschäften zu prüfen,
   d) Leistungsstörungen beim Kaufvertrag festzustellen,
   e) Arten von Kaufleuten und Unternehmensformen zu unterscheiden,
   f) Mahnschreiben zu erstellen;
2. der Prüfling soll fallbezogene Aufgaben schriftlich bearbeiten;
3. die Prüfungszeit beträgt 60 Minuten.

§ 7 Abschlussprüfung für den Ausbildungsberuf Rechtsanwaltsfachangestellter und Rechtsanwaltsfachangestellte (1) [1]Die Abschlussprüfung erstreckt sich auf

1. die in der Anlage Abschnitt A genannten berufsübergreifenden berufsprofilgebenden Fertigkeiten, Kenntnisse und Fähigkeiten,
2. die in der Anlage Abschnitt B genannten weiteren berufsprofilgebenden Fertigkeiten, Kenntnisse und Fähigkeiten,
3. die in der Anlage Abschnitt F genannten berufsübergreifenden integrativen Fertigkeiten, Kenntnisse und Fähigkeiten sowie
4. den im Berufsschulunterricht zu vermittelnden Lehrstoff, soweit er für die Berufsausbildung wesentlich ist.

(2) [1]Die Abschlussprüfung besteht aus den Prüfungsbereichen

1. Geschäfts- und Leistungsprozesse,
2. Mandantenbetreuung,
3. Rechtsanwendung im Rechtsanwaltsbereich,
4. Vergütung und Kosten sowie
5. Wirtschafts- und Sozialkunde.

(3) [1]Für den Prüfungsbereich Geschäfts- und Leistungsprozesse bestehen folgende Vorgaben:

1. der Prüfling soll nachweisen, dass er in der Lage ist,
   a) arbeitsorganisatorische Prozesse zu planen, durchzuführen und zu kontrollieren,
   b) zur Qualitätsverbesserung betrieblicher Prozesse beizutragen,
   c) Büro- und Verwaltungsaufgaben zu planen, durchzuführen und zu kontrollieren,
   d) elektronischen Rechtsverkehr zu nutzen,
   e) Auskünfte aus Registern einzuholen und zu verarbeiten,
   f) Aktenbuchhaltung zu führen,
   g) Aufgaben im Bereich des Rechnungs- und Finanzwesens auszuführen;
2. der Prüfling soll fallbezogene Aufgaben schriftlich bearbeiten;
3. die Prüfungszeit beträgt 60 Minuten.

(4) [1]Für den Prüfungsbereich Mandantenbetreuung bestehen folgende Vorgaben:

1. der Prüfling soll nachweisen, dass er in der Lage ist,
   a) Mandanten serviceorientiert zu betreuen,
   b) Anliegen von Mandanten zu erfassen,
   c) Gespräche mit Mandanten adressatenorientiert zu führen,
   d) Auskünfte einzuholen und zu erteilen,
   e) Konfliktsituationen zu bewältigen;
2. für die Prüfung wählt der Prüfungsausschuss eines der folgenden Gebiete aus:
   a) zivilrechtliches Mandat,
   b) zwangsvollstreckungsrechtliches Mandat,
   c) Vergütung und Kosten im zivilrechtlichen Mandat oder
   d) Zahlungsverkehr;
3. mit dem Prüfling soll ein fallbezogenes Fachgespräch geführt werden;
4. die fachbezogene Anwendung der englischen Sprache ist zu berücksichtigen;
5. die Prüfungszeit beträgt 15 Minuten.

(5) [1]Für den Prüfungsbereich Rechtsanwendung im Rechtsanwaltsbereich bestehen folgende Vorgaben:

1. der Prüfling soll nachweisen, dass er in der Lage ist,
   a) Sachverhalte, insbesondere in den Bereichen des bürgerlichen Rechts sowie des Gesellschafts-, Wirtschafts- und Europarechts, rechtlich zu erfassen und zu beurteilen,

   b) Maßnahmen im Zivilprozess- und Zwangsvollstreckungsrecht vorzubereiten, durchzuführen und zu kontrollieren,
   c) fachkundliche Texte zu formulieren und zu gestalten;
2. der Prüfling soll fallbezogene Aufgaben schriftlich bearbeiten;
3. die fachbezogene Anwendung der englischen Sprache ist zu berücksichtigen;
4. die Prüfungszeit beträgt 150 Minuten.

(6) [1]Für den Prüfungsbereich Vergütung und Kosten bestehen folgende Vorgaben:

1. der Prüfling soll nachweisen, dass er in der Lage ist,
   a) Werte, Gebühren und Auslagen für Vergütungsrechnungen zu ermitteln,
   b) Vergütungsrechnungen im außergerichtlichen und gerichtlichen Bereich sowie im Zwangsvollstreckungsverfahren zu erstellen,
   c) Kostenfestsetzungsanträge und Anträge auf Vergütung im Prozesskostenhilfeverfahren zu erstellen,
   d) Gerichtskostenvorschüsse zu berechnen und Gerichtskostenrechnungen zu kontrollieren;
2. der Prüfling soll fallbezogene Aufgaben schriftlich bearbeiten;
3. die Prüfungszeit beträgt 90 Minuten.

(7) [1]Für den Prüfungsbereich Wirtschafts- und Sozialkunde bestehen folgende Vorgaben:

1. der Prüfling soll nachweisen, dass er in der Lage ist, allgemeine wirtschaftliche und gesellschaftliche Zusammenhänge der Berufs- und Arbeitswelt darzustellen und zu beurteilen;
2. der Prüfling soll fallbezogene Aufgaben schriftlich bearbeiten;
3. die Prüfungszeit beträgt 60 Minuten.

(8) [1]Die einzelnen Prüfungsbereiche sind wie folgt zu gewichten:

1. Geschäfts- und Leistungsprozesse mit 15 Prozent,
2. Mandantenbetreuung mit 15 Prozent,
3. Rechtsanwendung im Rechtsanwaltsbereich mit 30 Prozent,
4. Vergütung und Kosten mit 30 Prozent,
5. Wirtschafts- und Sozialkunde mit 10 Prozent.

(9) [1]Die Abschlussprüfung ist bestanden, wenn die Leistungen wie folgt bewertet worden sind:

1. im Gesamtergebnis mit mindestens „ausreichend“,

2. im Prüfungsbereich Rechtsanwendung im Rechtsanwaltsbereich mit mindestens „ausreichend“,
3. in mindestens drei weiteren Prüfungsbereichen mit mindestens „ausreichend“,
4. in keinem Prüfungsbereich mit „ungenügend“.

(10) [1]Auf Antrag des Prüflings ist die Prüfung in einem der Prüfungsbereiche „Geschäfts- und Leistungsprozesse“, „Rechtsanwendung im Rechtsanwaltsbereich“, „Vergütung und Kosten“ oder „Wirtschafts- und Sozialkunde“ durch eine mündliche Prüfung von etwa 15 Minuten zu ergänzen, wenn

1. der Prüfungsbereich schlechter als mit „ausreichend“ bewertet worden ist und
2. die mündliche Ergänzungsprüfung für das Bestehen der Abschlussprüfung den Ausschlag geben kann.

[2]Bei der Ermittlung des Ergebnisses für diesen Prüfungsbereich sind das bisherige Ergebnis und das Ergebnis der mündlichen Ergänzungsprüfung im Verhältnis 2:1 zu gewichten.

§ 8 Abschlussprüfung für den Ausbildungsberuf Notarfachangestellter und Notarfachangestellte (1) [1]Die Abschlussprüfung erstreckt sich auf

1. die in der Anlage Abschnitt A genannten berufsübergreifenden berufsprofilgebenden Fertigkeiten, Kenntnisse und Fähigkeiten,
2. die in der Anlage Abschnitt C genannten weiteren berufsprofilgebenden Fertigkeiten, Kenntnisse und Fähigkeiten,
3. die in der Anlage Abschnitt F genannten berufsübergreifenden integrativen Fertigkeiten, Kenntnisse und Fähigkeiten sowie
4. den im Berufsschulunterricht zu vermittelnden Lehrstoff, soweit er für die Berufsausbildung wesentlich ist.

(2) [1]Die Abschlussprüfung besteht aus den Prüfungsbereichen

1. Geschäfts- und Leistungsprozesse,
2. Beteiligtenbetreuung,
3. Rechtsanwendung im Notarbereich,
4. Kosten sowie
5. Wirtschafts- und Sozialkunde.

(3) [1]Für den Prüfungsbereich Geschäfts- und Leistungsprozesse bestehen folgende Vorgaben:

1. der Prüfling soll nachweisen, dass er in der Lage ist,
   a) arbeitsorganisatorische Prozesse zu planen, durchzuführen und zu kontrollieren,

   b) zur Qualitätsverbesserung betrieblicher Prozesse beizutragen,
   c) Büro- und Verwaltungsaufgaben zu planen, durchzuführen und zu kontrollieren,
   d) elektronischen Rechtsverkehr zu nutzen,
   e) Auskünfte aus Registern einzuholen und zu verarbeiten,
   f) Aktenbuchhaltung zu führen,
   g) Aufgaben im Bereich des Rechnungs- und Finanzwesens auszuführen;
2. der Prüfling soll fallbezogene Aufgaben schriftlich bearbeiten;
3. die Prüfungszeit beträgt 60 Minuten.

(4) [1]Für den Prüfungsbereich Beteiligtenbetreuung bestehen folgende Vorgaben:

1. der Prüfling soll nachweisen, dass er in der Lage ist,
   a) Beteiligte serviceorientiert zu betreuen,
   b) Anliegen von Beteiligten zu erfassen,
   c) Gespräche mit Beteiligten adressatenorientiert zu führen,
   d) Auskünfte einzuholen und zu erteilen,
   e) Konfliktsituationen zu bewältigen;
2. für die Prüfung wählt der Prüfungsausschuss eines der folgenden Gebiete aus:
   a) Notariatsgeschäfte,
   b) notarielles Berufs- und Verfahrensrecht,
   c) Kostenrecht oder
   d) elektronischer Rechtsverkehr im Notariat;
3. mit dem Prüfling soll ein fallbezogenes Fachgespräch geführt werden;
4. die fachbezogene Anwendung der englischen Sprache ist zu berücksichtigen;
5. die Prüfungszeit beträgt 15 Minuten.

(5) [1]Für den Prüfungsbereich Rechtsanwendung im Notarbereich bestehen folgende Vorgaben:

1. der Prüfling soll nachweisen, dass er in der Lage ist,
   a) Sachverhalte, insbesondere in den Bereichen des bürgerlichen Rechts sowie des Handels-, Gesellschafts- und Registerrechts, rechtlich zu erfassen und zu beurteilen,
   b) Notariatsgeschäfte unter Berücksichtigung des Beurkundungs- und Berufsrechts einschließlich des dazugehörigen materiellen Rechts vorzubereiten, durchzuführen und zu kontrollieren,
   c) fachkundliche Texte zu formulieren und zu gestalten;
2. der Prüfling soll fallbezogene Aufgaben schriftlich bearbeiten;

3. die fachbezogene Anwendung der englischen Sprache ist zu berücksichtigen;
4. die Prüfungszeit beträgt 150 Minuten.

(6) [1]Für den Prüfungsbereich Kosten bestehen folgende Vorgaben:

1. der Prüfling soll nachweisen, dass er in der Lage ist,
   a) Kosten zu ermitteln und Kostenberechnungen unter Berücksichtigung der Geschäftswert- und Gebührenvorschriften zu erstellen,
   b) die Kosteneinziehung unter Berücksichtigung der Fälligkeits- und Verjährungsvorschriften vorzubereiten und zu kontrollieren;
2. der Prüfling soll fallbezogene Aufgaben schriftlich bearbeiten;
3. die Prüfungszeit beträgt 90 Minuten.

(7) [1]Für den Prüfungsbereich Wirtschafts- und Sozialkunde bestehen folgende Vorgaben:

1. der Prüfling soll nachweisen, dass er in der Lage ist, allgemeine wirtschaftliche und gesellschaftliche Zusammenhänge der Berufs- und Arbeitswelt darzustellen und zu beurteilen;
2. der Prüfling soll fallbezogene Aufgaben schriftlich bearbeiten;
3. die Prüfungszeit beträgt 60 Minuten.

(8) [1]Die einzelnen Prüfungsbereiche sind wie folgt zu gewichten:

1. Geschäfts- und Leistungsprozesse mit 15 Prozent,
2. Beteiligtenbetreuung mit 15 Prozent,
3. Rechtsanwendung im Notarbereich mit 30 Prozent,
4. Kosten mit 30 Prozent,
5. Wirtschafts- und Sozialkunde mit 10 Prozent.

(9) [1]Die Abschlussprüfung ist bestanden, wenn die Leistungen wie folgt bewertet worden sind:

1. im Gesamtergebnis mit mindestens „ausreichend“,
2. im Prüfungsbereich Rechtsanwendung im Notarbereich mit mindestens „ausreichend“,
3. in mindestens drei weiteren Prüfungsbereichen mit mindestens „ausreichend“,
4. in keinem Prüfungsbereich mit „ungenügend“.

(10) [1]Auf Antrag des Prüflings ist die Prüfung in einem der Prüfungsbereiche „Geschäfts- und Leistungsprozesse“, „Rechtsanwendung im Notarbereich“, „Kosten“ oder „Wirtschafts- und Sozialkunde“ durch eine mündliche Prüfung von etwa 15 Minuten zu ergänzen, wenn

1. der Prüfungsbereich schlechter als mit „ausreichend“ bewertet worden ist und
2. die mündliche Ergänzungsprüfung für das Bestehen der Abschlussprüfung den Ausschlag geben kann.

[2]Bei der Ermittlung des Ergebnisses für diesen Prüfungsbereich sind das bisherige Ergebnis und das Ergebnis der mündlichen Ergänzungsprüfung im Verhältnis 2:1 zu gewichten.

§ 9 Abschlussprüfung für den Ausbildungsberuf Rechtsanwalts- und Notarfachangestellter und Rechtsanwalts- und Notarfachangestellte

(1) [1]Die Abschlussprüfung erstreckt sich auf

1. die in der Anlage Abschnitt A genannten berufsübergreifenden berufsprofilgebenden Fertigkeiten, Kenntnisse und Fähigkeiten,
2. die in der Anlage Abschnitt D genannten weiteren berufsprofilgebenden Fertigkeiten, Kenntnisse und Fähigkeiten,
3. die in der Anlage Abschnitt F genannten berufsübergreifenden integrativen Fertigkeiten, Kenntnisse und Fähigkeiten sowie
4. den im Berufsschulunterricht zu vermittelnden Lehrstoff, soweit er für die Berufsausbildung wesentlich ist.

(2) [1]Die Abschlussprüfung besteht aus den Prüfungsbereichen

1. Geschäfts- und Leistungsprozesse,
2. Mandanten- und Beteiligtenbetreuung,
3. Rechtsanwendung im Rechtsanwalts- und Notarbereich,
4. Vergütung und Kosten sowie
5. Wirtschafts- und Sozialkunde.

(3) [1]Für den Prüfungsbereich Geschäfts- und Leistungsprozesse bestehen folgende Vorgaben:

1. der Prüfling soll nachweisen, dass er in der Lage ist,
   a) arbeitsorganisatorische Prozesse zu planen, durchzuführen und zu kontrollieren,
   b) zur Qualitätsverbesserung betrieblicher Prozesse beizutragen,
   c) Büro- und Verwaltungsaufgaben zu planen, durchzuführen und zu kontrollieren,
   d) elektronischen Rechtsverkehr zu nutzen,
   e) Auskünfte aus Registern einzuholen und zu verarbeiten,
   f) Aktenbuchhaltung zu führen,
   g) Aufgaben im Bereich des Rechnungs- und Finanzwesens auszuführen;
2. der Prüfling soll fallbezogene Aufgaben schriftlich bearbeiten;
3. die Prüfungszeit beträgt 60 Minuten.

(4) [1]Für den Prüfungsbereich Mandanten- und Beteiligtenbetreuung bestehen folgende Vorgaben:

1. der Prüfling soll nachweisen, dass er in der Lage ist,
   a) Mandanten und Beteiligte serviceorientiert zu betreuen,
   b) Anliegen von Mandanten und Beteiligten zu erfassen,
   c) Gespräche mit Mandanten und Beteiligten adressatenorientiert zu führen,
   d) Auskünfte einzuholen und zu erteilen,
   e) Konfliktsituationen zu bewältigen;
2. für die Prüfung wählt der Prüfungsausschuss eines der folgenden Gebiete aus:
   a) Rechtsanwendung in den Bereichen des bürgerlichen Rechts sowie des Handels- und Gesellschaftsrechts,
   b) Rechtsanwendung in den Bereichen des Zivilprozesses und der Zwangsvollstreckung,
   c) Notariatsgeschäfte,
   d) Vergütung und Kosten,
   e) elektronischer Rechts- und Zahlungsverkehr oder
   f) notarielles Berufs- und Verfahrensrecht;
3. mit dem Prüfling soll ein fallbezogenes Fachgespräch geführt werden;
4. die fachbezogene Anwendung der englischen Sprache ist zu berücksichtigen;
5. die Prüfungszeit beträgt 15 Minuten.

(5) [1]Für den Prüfungsbereich Rechtsanwendung im Rechtsanwalts- und Notarbereich bestehen folgende Vorgaben:

1. der Prüfling soll nachweisen, dass er in der Lage ist,
   a) Sachverhalte, insbesondere in den Bereichen des bürgerlichen Rechts sowie des Handels-, Gesellschafts- und Registerrechts, rechtlich zu erfassen und zu beurteilen,
   b) Maßnahmen im Zivilprozess- und Zwangsvollstreckungsrecht vorzubereiten, durchzuführen und zu kontrollieren,
   c) Notariatsgeschäfte unter Berücksichtigung des Beurkundungs- und Berufsrechts einschließlich des dazugehörigen materiellen Rechts vorzubereiten, durchzuführen und zu kontrollieren,
   d) fachkundliche Texte zu formulieren und zu gestalten;
2. der Prüfling soll fallbezogene Aufgaben schriftlich bearbeiten;
3. die fachbezogene Anwendung der englischen Sprache ist zu berücksichtigen;
4. die Prüfungszeit beträgt 150 Minuten.

(6) [1]Für den Prüfungsbereich Vergütung und Kosten bestehen folgende Vorgaben:

1. der Prüfling soll nachweisen, dass er in der Lage ist,
   a) Werte, Gebühren und Auslagen für Vergütungsrechnungen und Kostenberechnungen zu ermitteln,
   b) Vergütungsrechnungen und Kostenberechnungen zu erstellen,
   c) Kostenfestsetzungsanträge und Anträge auf Vergütung im Prozesskostenhilfeverfahren zu erstellen,
   d) die Kosteneinziehung vorzubereiten und zu kontrollieren,
   e) Gerichtskostenvorschüsse zu berechnen und Gerichtskostenrechnungen zu kontrollieren;
2. der Prüfling soll fallbezogene Aufgaben schriftlich bearbeiten;
3. die Prüfungszeit beträgt 90 Minuten.

(7) [1]Für den Prüfungsbereich Wirtschafts- und Sozialkunde bestehen folgende Vorgaben:

1. der Prüfling soll nachweisen, dass er in der Lage ist, allgemeine wirtschaftliche und gesellschaftliche Zusammenhänge der Berufs- und Arbeitswelt darzustellen und zu beurteilen;
2. der Prüfling soll fallbezogene Aufgaben schriftlich bearbeiten;
3. die Prüfungszeit beträgt 60 Minuten.

(8) [1]Die einzelnen Prüfungsbereiche sind wie folgt zu gewichten:

1. Geschäfts- und Leistungsprozesse mit 15 Prozent,
2. Mandanten- und Beteiligtenbetreuung mit 15 Prozent,
3. Rechtsanwendung im Rechtsanwalts- und Notarbereich mit 30 Prozent,
4. Vergütung und Kosten mit 30 Prozent,
5. Wirtschafts- und Sozialkunde mit 10 Prozent.

(9) [1]Die Abschlussprüfung ist bestanden, wenn die Leistungen wie folgt bewertet worden sind:

1. im Gesamtergebnis mit mindestens „ausreichend“,
2. im Prüfungsbereich Rechtsanwendung im Rechtsanwalts- und Notarbereich mit mindestens „ausreichend“,
3. in mindestens drei weiteren Prüfungsbereichen mit mindestens „ausreichend“,
4. in keinem Prüfungsbereich mit „ungenügend“.

(10) [1]Auf Antrag des Prüflings ist die Prüfung in einem der Prüfungsbereiche „Geschäfts- und Leistungsprozesse“, „Rechtsanwendung im Rechtsanwalts- und Notarbereich“, „Vergütung und Kosten“ oder „Wirtschafts- und

Sozialkunde“ durch eine mündliche Prüfung von etwa 15 Minuten zu ergänzen, wenn

1. der Prüfungsbereich schlechter als mit „ausreichend“ bewertet worden ist und
2. die mündliche Ergänzungsprüfung für das Bestehen der Abschlussprüfung den Ausschlag geben kann.

[2]Bei der Ermittlung des Ergebnisses für diesen Prüfungsbereich sind das bisherige Ergebnis und das Ergebnis der mündlichen Ergänzungsprüfung im Verhältnis 2:1 zu gewichten.

§ 10 Abschlussprüfung für den Ausbildungsberuf Patentanwaltsfachangestellter und Patentanwaltsfachangestellte (1) [1]Die Abschlussprüfung erstreckt sich auf

1. die in der Anlage Abschnitt A genannten berufsübergreifenden berufsprofilgebenden Fertigkeiten, Kenntnisse und Fähigkeiten,
2. die in der Anlage Abschnitt E genannten weiteren berufsprofilgebenden Fertigkeiten, Kenntnisse und Fähigkeiten,
3. die in der Anlage Abschnitt F genannten berufsübergreifenden integrativen Fertigkeiten, Kenntnisse und Fähigkeiten sowie
4. den im Berufsschulunterricht zu vermittelnden Lehrstoff, soweit er für die Berufsausbildung wesentlich ist.

(2) [1]Die Abschlussprüfung besteht aus den Prüfungsbereichen

1. Geschäfts- und Leistungsprozesse,
2. Mandantenbetreuung,
3. Rechtsanwendung im Bereich des internationalen, regionalen und europäischen gewerblichen Rechtsschutzes,
4. Rechtsanwendung im Bereich des nationalen gewerblichen Rechtsschutzes sowie
5. Wirtschafts- und Sozialkunde.

(3) [1]Für den Prüfungsbereich Geschäfts- und Leistungsprozesse bestehen folgende Vorgaben:

1. der Prüfling soll nachweisen, dass er in der Lage ist,
   a) arbeitsorganisatorische Prozesse zu planen, durchzuführen und zu kontrollieren,
   b) zur Qualitätsverbesserung betrieblicher Prozesse beizutragen,
   c) Büro- und Verwaltungsaufgaben zu planen, durchzuführen und zu kontrollieren,
   d) elektronischen Rechtsverkehr zu nutzen,
   e) Auskünfte aus Registern einzuholen und zu verarbeiten,

   f) Aktenbuchhaltung zu führen,
   g) Aufgaben im Bereich des Rechnungs- und Finanzwesens auszuführen;
2. der Prüfling soll fallbezogene Aufgaben schriftlich bearbeiten;
3. die Prüfungszeit beträgt 60 Minuten.

(4) [1]Für den Prüfungsbereich Mandantenbetreuung bestehen folgende Vorgaben:

1. der Prüfling soll nachweisen, dass er in der Lage ist,
   a) Mandanten serviceorientiert zu betreuen,
   b) Anliegen von Mandanten zu erfassen,
   c) Gespräche mit Mandanten adressatenorientiert zu führen,
   d) Auskünfte einzuholen und zu erteilen,
   e) Konfliktsituationen zu bewältigen;
2. für die Prüfung wählt der Prüfungsausschuss eines der folgenden Gebiete aus:
   a) nationaler gewerblicher Rechtsschutz oder
   b) internationaler, regionaler und europäischer gewerblicher Rechtsschutz;
3. mit dem Prüfling soll ein fallbezogenes Fachgespräch geführt werden;
4. die fachbezogene Anwendung der englischen Sprache ist zu berücksichtigen;
5. die Prüfungszeit beträgt 15 Minuten.

(5) [1]Für den Prüfungsbereich Rechtsanwendung im Bereich des internationalen, regionalen und europäischen gewerblichen Rechtsschutzes bestehen folgende Vorgaben:

1. der Prüfling soll nachweisen, dass er in der Lage ist,
   a) Schutzrechtsanmeldungen vorzubereiten und vorzunehmen,
   b) den Rechtsweg zur Erlangung, Verteidigung und Vernichtung von Schutzrechten zu ermitteln und Verfahren zu betreiben,
   c) Rechtsmittel und Rechtsbehelfe auszuwählen,
   d) Fristen zu berechnen,
   e) Kosten der Behörden und Gerichte zu unterscheiden und zu berechnen,
   f) fachkundliche Texte zu formulieren und zu gestalten;
2. der Prüfling soll fallbezogene Aufgaben schriftlich bearbeiten;
3. die fachbezogene Anwendung der englischen Sprache ist zu berücksichtigen;
4. die Prüfungszeit beträgt 105 Minuten.

(6) [1]Für den Prüfungsbereich Rechtsanwendung im Bereich des nationalen gewerblichen Rechtsschutzes bestehen folgende Vorgaben:

1. der Prüfling soll nachweisen, dass er in der Lage ist,
   a) Schutzrechtsanmeldungen vorzubereiten und vorzunehmen,
   b) den Rechtsweg zur Erlangung, Verteidigung und Vernichtung von Schutzrechten zu ermitteln und Verfahren zu betreiben,
   c) Rechtsmittel und Rechtsbehelfe auszuwählen,
   d) Fristen zu berechnen,
   e) Vergütung und Kosten der Patentanwälte, Behörden und Gerichte zu unterscheiden und zu berechnen,
   f) fachkundliche Texte zu formulieren und zu gestalten;
2. der Prüfling soll fallbezogene Aufgaben schriftlich bearbeiten;
3. die Prüfungszeit beträgt 135 Minuten.

(7) [1]Für den Prüfungsbereich Wirtschafts- und Sozialkunde bestehen folgende Vorgaben:

1. der Prüfling soll nachweisen, dass er in der Lage ist, allgemeine wirtschaftliche und gesellschaftliche Zusammenhänge der Berufs- und Arbeitswelt darzustellen und zu beurteilen;
2. der Prüfling soll fallbezogene Aufgaben schriftlich bearbeiten;
3. die Prüfungszeit beträgt 60 Minuten.

(8) [1]Die einzelnen Prüfungsbereiche sind wie folgt zu gewichten:

1. Geschäfts- und Leistungsprozesse mit 15 Prozent,
2. Mandantenbetreuung mit 15 Prozent,
3. Rechtsanwendung im Bereich des internationalen, regionalen und europäischen gewerblichen Rechtsschutzes mit 30 Prozent,
4. Rechtsanwendung im Bereich des nationalen gewerblichen Rechtsschutzes mit 30 Prozent,
5. Wirtschafts- und Sozialkunde mit 10 Prozent.

(9) [1]Die Abschlussprüfung ist bestanden, wenn die Leistungen wie folgt bewertet worden sind:

1. im Gesamtergebnis mit mindestens „ausreichend“,
2. in mindestens vier Prüfungsbereichen mit mindestens „ausreichend“,
3. in keinem Prüfungsbereich mit „ungenügend“.

(10) [1]Auf Antrag des Prüflings ist die Prüfung in einem der Prüfungsbereiche „Geschäfts- und Leistungsprozesse“, „Rechtsanwendung im Bereich des internationalen, regionalen und europäischen gewerblichen Rechtsschutzes“, „Rechtsanwendung im Bereich des nationalen gewerblichen

Rechtsschutzes“ oder „Wirtschafts- und Sozialkunde“ durch eine mündliche Prüfung von etwa 15 Minuten zu ergänzen, wenn

1. der Prüfungsbereich schlechter als mit „ausreichend“ bewertet worden ist und
2. die mündliche Ergänzungsprüfung für das Bestehen der Abschlussprüfung den Ausschlag geben kann.

[2]Bei der Ermittlung des Ergebnisses für diesen Prüfungsbereich sind das bisherige Ergebnis und das Ergebnis der mündlichen Ergänzungsprüfung im Verhältnis 2:1 zu gewichten.

§ 11 Bestehende Berufsausbildungsverhältnisse [1]Berufsausbildungsverhältnisse, die bei Inkrafttreten dieser Verordnung bestehen, können unter Anrechnung der bisher zurückgelegten Ausbildungszeit nach den Vorschriften dieser Verordnung fortgesetzt werden, wenn die Vertragsparteien dies vereinbaren und noch keine Zwischenprüfung abgelegt wurde.

§ 12 Inkrafttreten, Außerkrafttreten [1]Diese Verordnung tritt am 1. August 2015 in Kraft. [2]Gleichzeitig tritt die ReNoPat-Ausbildungsverordnung vom 23. November 1987 (BGBl. I S. 2392), die zuletzt durch Artikel 35 des Gesetzes vom 23. Juli 2013 (BGBl. I S. 2586) geändert worden ist, außer Kraft.

Anlage (zu § 3 Absatz 1): Ausbildungsrahmenplan für die Berufsausbildungen (vom Abdruck wurde abgesehen)

Verordnung über die Prüfung zum anerkannten Abschluss Geprüfter Rechtsfachwirt/Geprüfte Rechtsfachwirtin (RechtsfachwPrV)

– Anlagen: Vom Abdruck wurde abgesehen –

Vom 23. August 2001, BGBl. I S. 2250

Zuletzt geändert durch Fünfte Verordnung zur Änderung von Fortbildungsprüfungsverordnungen vom 26. März 2014, BGBl. I S. 274

Inhaltsübersicht

§ 1 Ziel der Prüfung und Bezeichnung des Abschlusses (1) [1]Zum Nachweis von Kenntnissen, Fertigkeiten und Erfahrungen, die durch die berufliche Fortbildung zum Geprüften Rechtsfachwirt/zur Geprüften Rechtsfachwirtin erworben wurden, kann die zuständige Stelle Prüfungen nach den §§ 2 bis 8 durchführen.

(2) [1]Durch die Prüfung ist festzustellen, ob der Prüfungsteilnehmer die notwendigen Qualifikationen besitzt, die ihn zur Verwaltung, Organisation und Leitung der Kanzlei eines Rechtsanwaltsbüros befähigen. [2]Dabei soll er das nichtanwaltliche Aufgabenfeld eines Rechtsanwaltsbüros beherrschen und qualifizierte Sachbearbeitung im anwaltlichen Aufgabenfeld leisten können. [3]Insbesondere kann er folgende Aufgaben wahrnehmen:

1. Organisation des Büroablaufs, Überwachung der Kommunikationssysteme;
2. betriebswirtschaftliche Problemanalysen, Leitung des Rechnungswesens;
3. eigenverantwortlicher Personaleinsatz sowie Personalführung, Berufsausbildung, dienstleistungsorientierter Umgang mit Mandanten und Dritten;
4. Betreuung des gesamten Kostenwesens der Kanzlei, Vorbereitung von Rechtsmitteln und Rechtsbehelfen;
5. eigenverantwortliche Bearbeitung sämtlicher Vollstreckungsangelegenheiten unter Berücksichtigung des jeweiligen materiellen Rechts.

(3) [1]Die erfolgreich abgelegte Prüfung führt zum anerkannten Abschluss „Geprüfter Rechtsfachwirt/Geprüfte Rechtsfachwirtin".

§ 2 Zulassungsvoraussetzungen (1) [1]Zur schriftlichen Prüfung gemäß § 3 Abs. 2 ist zuzulassen, wer

1. eine mit Erfolg abgelegte Abschlussprüfung als Rechtsanwaltsfachangestellter/Rechtsanwaltsfachangestellte oder Rechtsanwalts- und Notarfachangestellter/Rechtsanwalts- und Notarfachangestellte oder Notarfachangestellter/Notarfachangestellte oder Patentanwaltsfachangestellter/Patentanwaltsfachangestellte bestanden hat und danach eine mindestens zweijährige Berufspraxis oder
2. eine mindestens sechsjährige Berufspraxis nachweist.

[2]Die Berufspraxis im Sinne des Satzes 1 muss inhaltlich wesentliche Bezüge zu den in § 1 Abs. 2 genannten Aufgaben im Rechtsanwaltsbüro haben.

(2) [1]Zur mündlichen Prüfung gemäß § 3 Abs. 3 ist zuzulassen, wer den erfolgreichen Abschluss des schriftlichen Prüfungsteils gemäß § 3 Abs. 2, der nicht länger als fünf Jahre zurückliegt, nachweist.

(3) [1]Abweichend von § 1 kann zur schriftlichen Prüfung gemäß § 3 Abs. 2 auch zugelassen werden, wer durch Vorlage von Zeugnissen und anderer Weise glaubhaft macht, dass er Kenntnisse, Fertigkeiten und Erfahrungen erworben hat, die die Zulassung zur Prüfung rechtfertigen.

§ 3 Gliederung und Durchführung der Prüfung (1) [1]Die Prüfung gliedert sich in die Handlungsbereiche:

a) Büroorganisation und -verwaltung,
b) Personalwirtschaft und Mandantenbetreuung,
c) Mandatsbetreuung im Kosten-, Gebühren- und Prozessrecht,
d) Mandatsbetreuung in der Zwangsvollstreckung und im materiellen Recht.

(2) [1]Die schriftliche Prüfung wird in den Handlungsbereichen gemäß § 4 Abs. 1 bis 4 aus unter Aufsicht zu bearbeitenden praxisorientierten Aufgaben durchgeführt und soll je Handlungsbereich mindestens zwei, höchstens vier Zeitstunden, jedoch insgesamt nicht länger als zwölf Stunden dauern. [2]Sind in der schriftlichen Prüfung die Prüfungsleistungen in bis zu zwei Handlungsbereichen mit mangelhaft und die übrigen Handlungsbereiche mit mindestens ausreichend bewertet worden, so ist dem Prüfungsteilnehmer in den mit mangelhaft bewerteten Handlungsbereichen eine mündliche Ergänzungsprüfung anzubieten. [3]Deren Dauer soll je Handlungsbereich 20 Minuten nicht überschreiten. [4]Bei der Ermittlung der Note sind die Ergebnisse der schriftlichen Arbeit und der mündlichen Ergänzungsprüfung im Verhältnis 2:1 zu gewichten.

(3) [1]Die mündliche Prüfung besteht aus einem praxisorientierten Situationsgespräch. [2]Der Prüfungsteilnehmer soll dabei auf der Grundlage eines von zwei ihm zur Wahl gestellten übergreifenden praxisbezogenen Fällen nachweisen, dass er in der Lage ist,

– Sachverhalte systematisch zu analysieren, zielorientiert zu bearbeiten und darzustellen sowie
– Gespräche situationsbezogen vorzubereiten und durchzuführen.

[3]Der Präsentation der Lösung der gestellten Aufgabe schließt sich ein Fachgespräch an. [4]Die Gesamtdauer der mündlichen Prüfung beträgt 30 Minuten. [5]Dem Prüfungsteilnehmer sind 20 Minuten Vorbereitungszeit zu gewähren.

§ 4 Prüfungsinhalte (1) [1]Im Handlungsbereich „Büroorganisation und Verwaltung" soll der Prüfungsteilnehmer nachweisen, dass er in der Lage ist, ein Anwaltsbüro im nichtanwaltlichen Bereich eigenverantwortlich, systematisch und betriebswirtschaftlich orientiert zu führen. [2]In diesem Rahmen können geprüft werden:

1. Organisationsmittel, Büroablauforganisation,
2. Bearbeitung und Kontrolle der Fristen und Termine,
3. Post- und Dokumentenmanagement,
4. Planung, Organisation und Einsatz der Datenverarbeitungs- und Telekommunikationssysteme,
5. Rechtsdatenbanken, Datenschutz,
6. betriebliches Rechnungswesen einschließlich Aufzeichnungspflichten, betriebliche Steuerung, Kosten-Nutzen-Analyse,
7. Materialverwaltung,
8. Verkehr mit Gerichten, Behörden und Dritten.

(2) [1]Im Handlungsbereich „Personalwirtschaft und Mandantenbetreuung" soll der Prüfungsteilnehmer nachweisen, dass er Vorgänge auf der Basis betriebswirtschaftlicher und arbeitsrechtlicher Grundlagen interpretieren, analysieren und bearbeiten kann. [2]Er soll in der Lage sein, Praxisziele, Organisations- und Kooperationsformen im Zusammenspiel von Mitarbeitern, Mandanten und anderer Beteiligter einzuschätzen und zu berücksichtigen. [3]In diesem Zusammenhang können geprüft werden:

1. Personalwirtschaft
   a) Arbeitsvertragsgestaltung und versicherungstechnische Absicherung von Risiken unter Berücksichtigung internationaler Vorschriften,
   b) Berufsbildungs- und Jugendschutzrecht,
   c) Arbeitsschutzvorschriften,
   d) praxisbezogene Schwerpunkte des Sozialversicherungsrechts,

   e) Arbeitsrecht,
   f) Personalführung und -entwicklung.

2. Mandantenbetreuung
   a) Sachstandsaufnahme, Kollisionskontrolle,
   b) mündliche und schriftliche Terminsberichte,
   c) Verkehr mit dem anwaltlich nicht vertretenen Beteiligten, insbesondere Schuldnern,
   d) Schwerpunkte des Berufsrechts der Rechtsanwälte.

(3) [1]Im Handlungsbereich „Mandatsbetreuung im Kosten, Gebühren- und Prozessrecht" soll der Prüfungsteilnehmer nachweisen, dass er Vorgänge des Gebührenrechts, der Festsetzung und Erstattung der Gebühren bearbeiten kann sowie die dazugehörigen Regelungen des Prozessrechts interpretieren und anwenden kann. [2]Dabei können geprüft werden:

1. Kosten und Gebührenrecht
   Das Recht
   a) des Rechtsanwaltsvergütungsgesetzes,
   b) des Gerichtskostengesetzes,
   c) des Gesetzes über Gerichtskosten in Familiensachen,
   d) des Gerichts- und Notarkostengesetzes,
   e) der Verfahrensgesetze zur Berechnung der Vergütung, der Gebühren und der Auslagen sowie der Gegenstandswerte, für Anträge auf Festsetzung, Erstattung und Ausgleich, für die Leistung von Prozesskostensicherheiten und -vorschüssen, Beratungs- und Prozesskostenhilfe.

2. Prozessrecht
   a) Das gesamte gerichtliche Mahnverfahren und seine Überleitung in das Streitverfahren;
   b) in praxisbezogenen Schwerpunkten die Regelungen
      aa) der Zivilprozessordnung über die Zuständigkeit und die Vorbereitung der Klage, über Verfahrensanträge, Rechtsmittel und Rechtsbehelfe, über besondere Verfahrensarten und den vorläufigen Rechtsschutz und der entsprechenden Landesgesetze bezüglich der außergerichtlichen Streitbeilegung, Mediation,
      bb) des Gerichtsverfassungsgesetzes;
   c) Grundzüge des Gesetzes über das Verfahren in Familiensachen und in den Angelegenheiten der freiwilligen Gerichtsbarkeit in Nachlass-, Kindschaftssachen;
   d) Grundzüge des Gesetzes über das Wohnungseigentum und das Dauerwohnrecht (Wohnungseigentumsgesetz);
   e) Grundzüge des Betreuungsrechts;
   f) Besonderheiten der fachgerichtlichen Verfahren;

g) praxisbezogene Schwerpunkte der Regelungen der Strafprozessordnung und des Gesetzes über Ordnungswidrigkeiten über Verfahrensanträge, Rechtsmittel und Rechtsbehelfe, insbesondere über das Strafbefehlsverfahren.

(4) [1]Im Handlungsbereich „Mandatsbetreuung in der Zwangsvollstreckung und im materiellen Recht" soll der Prüfungsteilnehmer nachweisen, dass er in der Lage ist, titulierte Forderungen in jeglicher Hinsicht durchzusetzen, die entsprechenden Anträge zu stellen sowie die zugrunde liegenden Rechtsverhältnisse einzuordnen und dazugehörige einfache Rechtsfragen richtig beurteilen zu können. [2]In diesem Rahmen können geprüft werden:

1. Zwangsvollstreckung
   a) Das Recht der Zwangsvollstreckung wegen Geldforderungen in das bewegliche Vermögen, zur Erwirkung der Herausgabe von Sachen und zur Erwirkung von Handlungen oder Unterlassungen, einschließlich der Grundsätze und von Strategien sowie des Vollstreckungsschutzes und der Vollstreckungsabwehr aus der Sicht des Gläubigers, Schuldners, des Drittschuldners und Dritter zur Vorbereitung von Anträgen und Aufträgen;
   b) das Recht der Sicherungsvollstreckung und der eidesstattlichen Versicherung und der Haft; die Vorbereitung von Anträgen, Aufträgen und Gesuchen;
   c) das Recht der Zwangsvollstreckung in das unbewegliche Vermögen, insbesondere Zwangsversteigerung, praxisbezogene Schwerpunkte des Insolvenzverfahrens.

2. Materielles Recht
   a) Umfassender Überblick über die Systematik des öffentlichen und des privaten Rechts, über seine Fundstellen und deren Erreichbarkeit sowie über die Fundstellen von Rechtsprechung;
   b) umfassende Kenntnisse des bürgerlichen Rechts über die Personen, die Rechtsgeschäfte, die Verjährung, die Schuldverhältnisse, insbesondere über Leistungsstörungen, über Besitz und Eigentum und über unerlaubte Handlungen;
   c) praxisbezogene Schwerpunktkenntnisse des Sachen-, Familien- und Erbrechts, des Handels- und Gesellschaftsrechts, des Rechts an Grundstücken und grundstücksgleichen Rechten, des Strafrechts, des Straßenverkehrsrechts sowie der Verkehrsunfallregulierung.

§ 5 Anrechnung anderer Prüfungsleistungen [1]Von der Prüfung in den Handlungsbereichen gemäß § 3 Abs. 1 kann der Prüfungsteilnehmer auf Antrag von der zuständigen Stelle in bis zu zwei schriftlichen Prüfungsleistungen freigestellt werden, wenn er vor einer zuständigen Stelle, einer öffentlichen oder staatlich anerkannten Bildungseinrichtung oder vor einem staatlichen Prüfungsausschuss eine Prüfung in den letzten fünf Jahren vor

Antragstellung bestanden hat, deren Inhalt den Anforderungen dieser Prüfungsleistungen entspricht.

§ 6 Bestehen der Prüfung (1) [1]Die einzelnen Prüfungsleistungen gemäß § 3 sind gesondert zu bewerten. [2]Die Prüfung ist bestanden, wenn der Prüfungsteilnehmer in allen Prüfungsleistungen ein mindestens ausreichendes Ergebnis erzielt hat.

(2) [1]Über das Bestehen der Prüfung ist ein Zeugnis gemäß der Anlage 1 und ein Zeugnis gemäß der Anlage 2 auszustellen. [2]Im Fall der Freistellung gemäß § 5 sind in dem Zeugnis Ort und Datum der anderweitig abgelegten Prüfung sowie die Bezeichnung des Prüfungsgremiums anzugeben.

§ 7 Wiederholung der Prüfung (1) [1]Eine Prüfung, die nicht bestanden ist, kann zweimal wiederholt werden.

(2) [1]Mit dem Antrag auf Wiederholung der Prüfung wird der Prüfungsteilnehmer von einzelnen Prüfungsleistungen befreit, wenn er darin mindestens ausreichende Leistungen erzielte und er sich innerhalb von zwei Jahren, gerechnet vom Tage der Beendigung der nicht bestandenen Prüfung an, zur Wiederholungsprüfung angemeldet hat. [2]Der Prüfungsteilnehmer kann beantragen, auch bestandene Prüfungsleistungen zu wiederholen. [3]In diesem Fall ist das letzte Ergebnis für das Bestehen zu berücksichtigen.

§ 8 Übergangsvorschriften (1) [1]Die bei Inkrafttreten dieser Verordnung laufenden Prüfungsverfahren können nach den bisherigen Vorschriften zu Ende geführt werden.

(2) [1]Die zuständige Stelle kann auf Antrag des Prüfungsteilnehmers eine Wiederholungsprüfung gemäß dieser Verordnung durchführen; § 7 Abs. 2 findet insoweit keine Anwendung.

§ 9 Ausbildereignung [1]Wer die Prüfung zum Geprüften Rechtsfachwirt/zur Geprüften Rechtsfachwirtin nach dieser Verordnung bestanden hat, ist vom schriftlichen Teil der Prüfung nach der aufgrund des Berufsbildungsgesetzes erlassenen Ausbilder-Eignungsverordnung befreit.

§ 10 Inkrafttreten [1]Diese Verordnung tritt am Tage nach der Verkündung in Kraft.

H. Anhang

Verwaltungsverfahrensgesetz (VwVfG) – Auszug –

Vom 25. Mai 1976, BGBl. I S. 1253
BGBl. III 201-6

Zuletzt geändert durch Artikel 5 des Gesetzes vom 21. Juni 2019, BGBl. I S. 846

Inhaltsübersicht

Teil II: Allgemeine Vorschriften über das Verwaltungsverfahren

Abschnitt 1: Verfahrensgrundsätze

§ 3 Örtliche Zuständigkeit (1) [1]Örtlich zuständig ist

1. in Angelegenheiten, die sich auf unbewegliches Vermögen oder ein ortsgebundenes Recht oder Rechtsverhältnis beziehen, die Behörde, in deren Bezirk das Vermögen oder der Ort liegt;
2. in Angelegenheiten, die sich auf den Betrieb eines Unternehmens oder einer seiner Betriebsstätten, auf die Ausübung eines Berufs oder auf eine andere dauernde Tätigkeit beziehen, die Behörde, in deren Bezirk das Unternehmen oder die Betriebsstätte betrieben oder der Beruf oder die Tätigkeit ausgeübt wird oder werden soll;
3. in anderen Angelegenheiten, die
   a) eine natürliche Person betreffen, die Behörde, in deren Bezirk die natürliche Person ihren gewöhnlichen Aufenthalt hat oder zuletzt hatte,
   b) eine juristische Person oder eine Vereinigung betreffen, die Behörde, in deren Bezirk die juristische Person oder die Vereinigung ihren Sitz hat oder zuletzt hatte;
4. in Angelegenheiten, bei denen sich die Zuständigkeit nicht aus den Nummern 1 bis 3 ergibt, die Behörde, in deren Bezirk der Anlass für die Amtshandlung hervortritt.

(2) [1]Sind nach Absatz 1 mehrere Behörden zuständig, so entscheidet die Behörde, die zuerst mit der Sache befasst worden ist, es sei denn, die gemeinsame fachlich zuständige Aufsichtsbehörde bestimmt, dass eine andere örtlich zuständige Behörde zu entscheiden hat. [2]Sie kann in den Fällen, in denen eine gleiche Angelegenheit sich auf mehrere Betriebsstätten eines Betriebs oder Unternehmens bezieht, eine der nach Absatz 1 Nr. 2 zuständigen Behörden als gemeinsame zuständige Behörde bestimmen, wenn dies unter Wahrung der Interessen der Beteiligten zur einheitlichen Entscheidung geboten ist. [3]Diese Aufsichtsbehörde entscheidet ferner über die örtliche Zuständigkeit, wenn sich mehrere Behörden für zuständig oder für unzuständig halten oder wenn die Zuständigkeit aus anderen Gründen zweifelhaft ist. [4]Fehlt eine gemeinsame Aufsichtsbehörde, so treffen die fachlich zuständigen Aufsichtsbehörden die Entscheidung gemeinsam.

(3) [1]Ändern sich im Lauf des Verwaltungsverfahrens die die Zuständigkeit begründenden Umstände, so kann die bisher zuständige Behörde das Ver-

waltungsverfahren fortführen, wenn dies unter Wahrung der Interessen der Beteiligten der einfachen und zweckmäßigen Durchführung des Verfahrens dient und die nunmehr zuständige Behörde zustimmt.

(4) [1]Bei Gefahr im Verzug ist für unaufschiebbare Maßnahmen jede Behörde örtlich zuständig, in deren Bezirk der Anlass für die Amtshandlung hervortritt. [2]Die nach Absatz 1 Nr. 1 bis 3 örtlich zuständige Behörde ist unverzüglich zu unterrichten.

§ 9 Begriff des Verwaltungsverfahrens [1]Das Verwaltungsverfahren im Sinne dieses Gesetzes ist die nach außen wirkende Tätigkeit der Behörden, die auf die Prüfung der Voraussetzungen, die Vorbereitung und den Erlass eines Verwaltungsaktes oder auf den Abschluss eines öffentlich-rechtlichen Vertrags gerichtet ist; es schließt den Erlass des Verwaltungsaktes oder den Abschluss des öffentlich-rechtlichen Vertrags ein.

§ 10 Nichtförmlichkeit des Verwaltungsverfahrens [1]Das Verwaltungsverfahren ist an bestimmte Formen nicht gebunden, soweit keine besonderen Rechtsvorschriften für die Form des Verfahrens bestehen. [2]Es ist einfach, zweckmäßig und zügig durchzuführen.

§ 11 Beteiligungsfähigkeit [1]Fähig, am Verfahren beteiligt zu sein, sind

1. natürliche und juristische Personen,
2. Vereinigungen, soweit ihnen ein Recht zustehen kann,
3. Behörden.

§ 12 Handlungsfähigkeit (1) [1]Fähig zur Vornahme von Verfahrenshandlungen sind

1. natürliche Personen, die nach bürgerlichem Recht geschäftsfähig sind,
2. natürliche Personen, die nach bürgerlichem Recht in der Geschäftsfähigkeit beschränkt sind, soweit sie für den Gegenstand des Verfahrens durch Vorschriften des bürgerlichen Rechts als geschäftsfähig oder durch Vorschriften des öffentlichen Rechts als handlungsfähig anerkannt sind,
3. juristische Personen und Vereinigungen (§ 11 Nr. 2) durch ihre gesetzlichen Vertreter oder durch besonders Beauftragte,
4. Behörden durch ihre Leiter, deren Vertreter oder Beauftragte.

(2) [1]Betrifft ein Einwilligungsvorbehalt nach § 1903 des Bürgerlichen Gesetzbuchs den Gegenstand des Verfahrens, so ist ein geschäftsfähiger Betreuter nur insoweit zur Vornahme von Verfahrenshandlungen fähig, als er nach den Vorschriften des bürgerlichen Rechts ohne Einwilligung des Betreuers handeln kann oder durch Vorschriften des öffentlichen Rechts als handlungsfähig anerkannt ist.

(3) [1]Die §§ 53 und 55 der Zivilprozessordnung gelten entsprechend.

§ 13 Beteiligte (1) [1]Beteiligte sind

1. Antragsteller und Antragsgegner,
2. diejenigen, an die die Behörde den Verwaltungsakt richten will oder gerichtet hat,
3. diejenigen, mit denen die Behörde einen öffentlich-rechtlichen Vertrag schließen will oder geschlossen hat,
4. diejenigen, die nach Absatz 2 von der Behörde zu dem Verfahren hinzugezogen worden sind.

(2) [1]Die Behörde kann von Amts wegen oder auf Antrag diejenigen, deren rechtliche Interessen durch den Ausgang des Verfahrens berührt werden können, als Beteiligte hinzuziehen. [2]Hat der Ausgang des Verfahrens rechtsgestaltende Wirkung für einen Dritten, so ist dieser auf Antrag als Beteiligter zu dem Verfahren hinzuzuziehen; soweit er der Behörde bekannt ist, hat diese ihn von der Einleitung des Verfahrens zu benachrichtigen.

(3) [1]Wer anzuhören ist, ohne dass die Voraussetzungen des Absatzes 1 vorliegen, wird dadurch nicht Beteiligter.

§ 14 Bevollmächtigte und Beistände (1) [1]Ein Beteiligter kann sich durch einen Bevollmächtigten vertreten lassen. [2]Die Vollmacht ermächtigt zu allen das Verwaltungsverfahren betreffenden Verfahrenshandlungen, sofern sich aus ihrem Inhalt nicht etwas anderes ergibt. [3]Der Bevollmächtigte hat auf Verlangen seine Vollmacht schriftlich nachzuweisen. [4]Ein Widerruf der Vollmacht wird der Behörde gegenüber erst wirksam, wenn er ihr zugeht.

(2) [1]Die Vollmacht wird weder durch den Tod des Vollmachtgebers noch durch eine Veränderung in seiner Handlungsfähigkeit oder seiner gesetzlichen Vertretung aufgehoben; der Bevollmächtigte hat jedoch, wenn er für den Rechtsnachfolger im Verwaltungsverfahren auftritt, dessen Vollmacht auf Verlangen schriftlich beizubringen.

(3) [1]Ist für das Verfahren ein Bevollmächtigter bestellt, so soll sich die Behörde an ihn wenden. [2]Sie kann sich an den Beteiligten selbst wenden, soweit er zur Mitwirkung verpflichtet ist. [3]Wendet sich die Behörde an den Beteiligten, so soll der Bevollmächtigte verständigt werden. [4]Vorschriften über die Zustellung an Bevollmächtigte bleiben unberührt.

(4) [1]Ein Beteiligter kann zu Verhandlungen und Besprechungen mit einem Beistand erscheinen. [2]Das von dem Beistand Vorgetragene gilt als von dem Beteiligten vorgebracht, soweit dieser nicht unverzüglich widerspricht.

(5) [1]Bevollmächtigte und Beistände sind zurückzuweisen, wenn sie entgegen § 3 des Rechtsdienstleistungsgesetzes Rechtsdienstleistungen erbringen.

(6) [1]Bevollmächtigte und Beistände können vom Vortrag zurückgewiesen werden, wenn sie hierzu ungeeignet sind; vom mündlichen Vortrag können sie nur zurückgewiesen werden, wenn sie zum sachgemäßen Vortrag nicht fähig sind. [2]Nicht zurückgewiesen werden können Personen, die nach § 67 Abs. 2 Satz 1 und 2 Nr. 3 bis 7 der Verwaltungsgerichtsordnung zur Vertretung im verwaltungsgerichtlichen Verfahren befugt sind.

(7) [1]Die Zurückweisung nach den Absätzen 5 und 6 ist auch dem Beteiligten, dessen Bevollmächtigter oder Beistand zurückgewiesen wird, mitzuteilen. [2]Verfahrenshandlungen des zurückgewiesenen Bevollmächtigten oder Beistands, die dieser nach der Zurückweisung vornimmt, sind unwirksam.

§ 15 Bestellung eines Empfangsbevollmächtigten [1]Ein Beteiligter ohne Wohnsitz oder gewöhnlichen Aufenthalt, Sitz oder Geschäftsleitung im Inland hat der Behörde auf Verlangen innerhalb einer angemessenen Frist einen Empfangsbevollmächtigten im Inland zu benennen. [2]Unterlässt er dies, gilt ein an ihn gerichtetes Schriftstück am siebenten Tage nach der Aufgabe zur Post und ein elektronisch übermitteltes Dokument am dritten Tage nach der Absendung als zugegangen. [3]Dies gilt nicht, wenn feststeht, dass das Dokument den Empfänger nicht oder zu einem späteren Zeitpunkt erreicht hat. [4]Auf die Rechtsfolgen der Unterlassung ist der Beteiligte hinzuweisen.

§ 16 Bestellung eines Vertreters von Amts wegen (1) [1]Ist ein Vertreter nicht vorhanden, so hat das Betreuungsgericht, für einen minderjährigen Beteiligten das Familiengericht auf Ersuchen der Behörde einen geeigneten Vertreter zu bestellen

1. für einen Beteiligten, dessen Person unbekannt ist;
2. für einen abwesenden Beteiligten, dessen Aufenthalt unbekannt ist oder der an der Besorgung seiner Angelegenheiten verhindert ist;
3. für einen Beteiligten ohne Aufenthalt im Inland, wenn er der Aufforderung der Behörde, einen Vertreter zu bestellen, innerhalb der ihm gesetzten Frist nicht nachgekommen ist;
4. für einen Beteiligten, der infolge einer psychischen Krankheit oder körperlichen, geistigen oder seelischen Behinderung nicht in der Lage ist, in dem Verwaltungsverfahren selbst tätig zu werden;
5. bei herrenlosen Sachen, auf die sich das Verfahren bezieht, zur Wahrung der sich in Bezug auf die Sache ergebenden Rechte und Pflichten.

(2) [1]Für die Bestellung des Vertreters ist in den Fällen des Absatzes 1 Nr. 4 das Gericht zuständig, in dessen Bezirk der Beteiligte seinen gewöhnlichen Aufenthalt hat; im Übrigen ist das Gericht zuständig, in dessen Bezirk die ersuchende Behörde ihren Sitz hat.

(3) [1]Der Vertreter hat gegen den Rechtsträger der Behörde, die um seine Bestellung ersucht hat, Anspruch auf eine angemessene Vergütung und auf die Erstattung seiner baren Auslagen. [2]Die Behörde kann von dem Vertretenen Ersatz ihrer Aufwendungen verlangen. [3]Sie bestimmt die Vergütung und stellt die Auslagen und Aufwendungen fest.

(4) [1]Im Übrigen gelten für die Bestellung und für das Amt des Vertreters in den Fällen des Absatzes 1 Nr. 4 die Vorschriften über die Betreuung, in den übrigen Fällen die Vorschriften über die Pflegschaft entsprechend.

§ 17 Vertreter bei gleichförmigen Eingaben (1) [1]Bei Anträgen und Eingaben, die in einem Verwaltungsverfahren von mehr als 50 Personen auf Unterschriftslisten unterzeichnet oder in Form vervielfältigter gleich lautender Texte eingereicht worden sind (gleichförmige Eingaben), gilt für das Verfahren derjenige Unterzeichner als Vertreter der übrigen Unterzeichner, der darin mit seinem Namen, seinem Beruf und seiner Anschrift als Vertreter bezeichnet ist, soweit er nicht von ihnen als Bevollmächtigter bestellt worden ist. [2]Vertreter kann nur eine natürliche Person sein.

(2) [1]Die Behörde kann gleichförmige Eingaben, die die Angaben nach Absatz 1 Satz 1 nicht deutlich sichtbar auf jeder mit einer Unterschrift versehenen Seite enthalten oder dem Erfordernis des Absatzes 1 Satz 2 nicht entsprechen, unberücksichtigt lassen. [2]Will die Behörde so verfahren, so hat sie dies durch ortsübliche Bekanntmachung mitzuteilen. [3]Die Behörde kann ferner gleichförmige Eingaben insoweit unberücksichtigt lassen, als Unterzeichner ihren Namen oder ihre Anschrift nicht oder unleserlich angegeben haben.

(3) [1]Die Vertretungsmacht erlischt, sobald der Vertreter oder der Vertretene dies der Behörde schriftlich erklärt; der Vertreter kann eine solche Erklärung nur hinsichtlich aller Vertretenen abgeben. [2]Gibt der Vertretene eine solche Erklärung ab, so soll er der Behörde zugleich mitteilen, ob er seine Eingabe aufrechterhält und ob er einen Bevollmächtigten bestellt hat.

(4) [1]Endet die Vertretungsmacht des Vertreters, so kann die Behörde die nicht mehr Vertretenen auffordern, innerhalb einer angemessenen Frist einen gemeinsamen Vertreter zu bestellen. [2]Sind mehr als 50 Personen aufzufordern, so kann die Behörde die Aufforderung ortsüblich bekannt machen. [3]Wird der Aufforderung nicht fristgemäß entsprochen, so kann die Behörde von Amts wegen einen gemeinsamen Vertreter bestellen.

§ 18 Vertreter für Beteiligte bei gleichem Interesse (1) [1]Sind an einem Verwaltungsverfahren mehr als 50 Personen im gleichen Interesse beteiligt, ohne vertreten zu sein, so kann die Behörde sie auffordern, innerhalb einer angemessenen Frist einen gemeinsamen Vertreter zu bestellen, wenn sonst die ordnungsmäßige Durchführung des Verwaltungsverfahrens beeinträchtigt wäre. [2]Kommen sie der Aufforderung nicht fristgemäß nach, so kann die Behörde von Amts wegen einen gemeinsamen Vertreter bestellen. [3]Vertreter kann nur eine natürliche Person sein.

(2) [1]Die Vertretungsmacht erlischt, sobald der Vertreter oder der Vertretene dies der Behörde schriftlich erklärt; der Vertreter kann eine solche Erklärung nur hinsichtlich aller Vertretenen abgeben. [2]Gibt der Vertretene eine solche Erklärung ab, so soll er der Behörde zugleich mitteilen, ob er seine Eingabe aufrechterhält und ob er einen Bevollmächtigten bestellt hat.

§ 19 Gemeinsame Vorschriften für Vertreter bei gleichförmigen Eingaben und bei gleichem Interesse (1) [1]Der Vertreter hat die Interessen der Vertretenen sorgfältig wahrzunehmen. [2]Er kann alle das Verwaltungsverfahren betreffenden Verfahrenshandlungen vornehmen. [3]An Weisungen ist er nicht gebunden.

(2) [1]§ 14 Abs. 5 bis 7 gilt entsprechend.

(3) [1]Der von der Behörde bestellte Vertreter hat gegen deren Rechtsträger Anspruch auf angemessene Vergütung und auf Erstattung seiner baren Auslagen. [2]Die Behörde kann von den Vertretenen zu gleichen Anteilen Ersatz ihrer Aufwendungen verlangen. [3]Sie bestimmt die Vergütung und stellt die Auslagen und Aufwendungen fest.

§ 20 Ausgeschlossene Personen (1) [1]In einem Verwaltungsverfahren darf für eine Behörde nicht tätig werden,

1. wer selbst Beteiligter ist;
2. wer Angehöriger eines Beteiligten ist;
3. wer einen Beteiligten kraft Gesetzes oder Vollmacht allgemein oder in diesem Verwaltungsverfahren vertritt;
4. wer Angehöriger einer Person ist, die einen Beteiligten in diesem Verfahren vertritt;
5. wer bei einem Beteiligten gegen Entgelt beschäftigt ist oder bei ihm als Mitglied des Vorstands, des Aufsichtsrates oder eines gleichartigen Organs tätig ist; dies gilt nicht für den, dessen Anstellungskörperschaft Beteiligte ist;
6. wer außerhalb seiner amtlichen Eigenschaft in der Angelegenheit ein Gutachten abgegeben hat oder sonst tätig geworden ist.

[2]Dem Beteiligten steht gleich, wer durch die Tätigkeit oder durch die Entscheidung einen unmittelbaren Vorteil oder Nachteil erlangen kann. [3]Dies gilt nicht, wenn der Vor- oder Nachteil nur darauf beruht, dass jemand einer Berufs- oder Bevölkerungsgruppe angehört, deren gemeinsame Interessen durch die Angelegenheit berührt werden.

(2) [1]Absatz 1 gilt nicht für Wahlen zu einer ehrenamtlichen Tätigkeit und für die Abberufung von ehrenamtlich Tätigen.

(3) [1]Wer nach Absatz 1 ausgeschlossen ist, darf bei Gefahr im Verzug unaufschiebbare Maßnahmen treffen.

(4) [1]Hält sich ein Mitglied eines Ausschusses (§ 88) für ausgeschlossen oder bestehen Zweifel, ob die Voraussetzungen des Absatzes 1 gegeben sind, ist dies dem Vorsitzenden des Ausschusses mitzuteilen. [2]Der Ausschuss entscheidet über den Ausschluss. [3]Der Betroffene darf an dieser Entscheidung nicht mitwirken. [4]Das ausgeschlossene Mitglied darf bei der weiteren Beratung und Beschlussfassung nicht zugegen sein.

(5) [1]Angehörige im Sinne des Absatzes 1 Nr. 2 und 4 sind:

1. der Verlobte,
2. der Ehegatte,
2a. der Lebenspartner,
3. Verwandte und Verschwägerte gerader Linie,
4. Geschwister,
5. Kinder der Geschwister,
6. Ehegatten der Geschwister und Geschwister der Ehegatten,
6a. Lebenspartner der Geschwister und Geschwister der Lebenspartner,
7. Geschwister der Eltern,
8. Personen, die durch ein auf längere Dauer angelegtes Pflegeverhältnis mit häuslicher Gemeinschaft wie Eltern und Kind miteinander verbunden sind (Pflegeeltern und Pflegekinder).

[2]Angehörige sind die in Satz 1 aufgeführten Personen auch dann, wenn

1. in den Fällen der Nummern 2, 3 und 6 die die Beziehung begründende Ehe nicht mehr besteht;
1a. in den Fällen der Nummern 2a, 3 und 6a die Beziehung begründende Lebenspartnerschaft nicht mehr besteht;
2. in den Fällen der Nummern 3 bis 7 die Verwandtschaft oder Schwägerschaft durch Annahme als Kind erloschen ist;
3. im Falle der Nummer 8 die häusliche Gemeinschaft nicht mehr besteht, sofern die Personen weiterhin wie Eltern und Kind miteinander verbunden sind.

§ 21 Besorgnis der Befangenheit (1) [1]Liegt ein Grund vor, der geeignet ist, Misstrauen gegen eine unparteiische Amtsausübung zu rechtfertigen, oder wird von einem Beteiligten das Vorliegen eines solchen Grundes behauptet, so hat, wer in einem Verwaltungsverfahren für eine Behörde tätig werden soll, den Leiter der Behörde oder den von diesem Beauftragten zu unterrichten und sich auf dessen Anordnung der Mitwirkung zu enthalten. [2]Betrifft die Besorgnis der Befangenheit den Leiter der Behörde, so trifft diese Anordnung die Aufsichtsbehörde, sofern sich der Behördenleiter nicht selbst einer Mitwirkung enthält.

(2) [1]Für Mitglieder eines Ausschusses (§ 88) gilt § 20 Abs. 4 entsprechend.

§ 22 Beginn des Verfahrens [1]Die Behörde entscheidet nach pflichtgemäßem Ermessen, ob und wann sie ein Verwaltungsverfahren durchführt. [2]Dies gilt nicht, wenn die Behörde auf Grund von Rechtsvorschriften

1. von Amts wegen oder auf Antrag tätig werden muss;
2. nur auf Antrag tätig werden darf und ein Antrag nicht vorliegt.

§ 23 Amtssprache (1) [1]Die Amtssprache ist deutsch.

(2) [1]Werden bei einer Behörde in einer fremden Sprache Anträge gestellt oder Eingaben, Belege, Urkunden oder sonstige Dokumente vorgelegt, soll die Behörde unverzüglich die Vorlage einer Übersetzung verlangen. [2]In begründeten Fällen kann die Vorlage einer beglaubigten oder von einem öffentlich bestellten oder beeidigten Dolmetscher oder Übersetzer angefertigten Übersetzung verlangt werden. [3]Wird die verlangte Übersetzung nicht unverzüglich vorgelegt, so kann die Behörde auf Kosten des Beteiligten selbst eine Übersetzung beschaffen. [4]Hat die Behörde Dolmetscher oder Übersetzer herangezogen, erhalten diese in entsprechender Anwendung des Justizvergütungs- und -entschädigungsgesetzes eine Vergütung.

(3) [1]Soll durch eine Anzeige, einen Antrag oder die Abgabe einer Willenserklärung eine Frist in Lauf gesetzt werden, innerhalb deren die Behörde in einer bestimmten Weise tätig werden muss, und gehen diese in einer fremden Sprache ein, so beginnt der Lauf der Frist erst mit dem Zeitpunkt, in dem der Behörde eine Übersetzung vorliegt.

(4) [1]Soll durch eine Anzeige, einen Antrag oder eine Willenserklärung, die in fremder Sprache eingehen, zugunsten eines Beteiligten eine Frist gegenüber der Behörde gewahrt, ein öffentlich-rechtlicher Anspruch geltend gemacht oder eine Leistung begehrt werden, so gelten die Anzeige, der Antrag oder die Willenserklärung als zum Zeitpunkt des Eingangs bei der Behörde abgegeben, wenn auf Verlangen der Behörde innerhalb einer von dieser zu setzenden angemessenen Frist eine Übersetzung vorgelegt wird. [2]Andernfalls ist der Zeitpunkt des Eingangs der Übersetzung maßgebend, soweit sich nicht aus zwischenstaatlichen Vereinbarungen etwas anderes ergibt. [3]Auf diese Rechtsfolge ist bei der Fristsetzung hinzuweisen.

§ 24 Untersuchungsgrundsatz (1) [1]Die Behörde ermittelt den Sachverhalt von Amts wegen. [2]Sie bestimmt Art und Umfang der Ermittlungen; an das Vorbringen und an die Beweisanträge der Beteiligten ist sie nicht gebunden. [3]Setzt die Behörde automatische Einrichtungen zum Erlass von

Verwaltungsakten ein, muss sie für den Einzelfall bedeutsame tatsächliche Angaben des Beteiligten berücksichtigen, die im automatischen Verfahren nicht ermittelt würden.

(2) [1]Die Behörde hat alle für den Einzelfall bedeutsamen, auch die für die Beteiligten günstigen Umstände zu berücksichtigen.

(3) [1]Die Behörde darf die Entgegennahme von Erklärungen oder Anträgen, die in ihren Zuständigkeitsbereich fallen, nicht deshalb verweigern, weil sie die Erklärung oder den Antrag in der Sache für unzulässig oder unbegründet hält.

§ 25 Beratung, Auskunft, frühe Öffentlichkeitsbeteiligung (1) [1]Die Behörde soll die Abgabe von Erklärungen, die Stellung von Anträgen oder die Berichtigung von Erklärungen oder Anträgen anregen, wenn diese offensichtlich nur versehentlich oder aus Unkenntnis unterblieben oder unrichtig abgegeben oder gestellt worden sind. [2]Sie erteilt, soweit erforderlich, Auskunft über die den Beteiligten im Verwaltungsverfahren zustehenden Rechte und die ihnen obliegenden Pflichten.

(2) [1]Die Behörde erörtert, soweit erforderlich, bereits vor Stellung eines Antrags mit dem zukünftigen Antragsteller, welche Nachweise und Unterlagen von ihm zu erbringen sind und in welcher Weise das Verfahren beschleunigt werden kann. [2]Soweit es der Verfahrensbeschleunigung dient, soll sie dem Antragsteller nach Eingang des Antrags unverzüglich Auskunft über die voraussichtliche Verfahrensdauer und die Vollständigkeit der Antragsunterlagen geben.

(3) [1]Die Behörde wirkt darauf hin, dass der Träger bei der Planung von Vorhaben, die nicht nur unwesentliche Auswirkungen auf die Belange einer größeren Zahl von Dritten haben können, die betroffene Öffentlichkeit frühzeitig über die Ziele des Vorhabens, die Mittel, es zu verwirklichen, und die voraussichtlichen Auswirkungen des Vorhabens unterrichtet (frühe Öffentlichkeitsbeteiligung). [2]Die frühe Öffentlichkeitsbeteiligung soll möglichst bereits vor Stellung eines Antrags stattfinden. [3]Der betroffenen Öffentlichkeit soll Gelegenheit zur Äußerung und zur Erörterung gegeben werden. [4]Das Ergebnis der vor Antragstellung durchgeführten frühen Öffentlichkeitsbeteiligung soll der betroffenen Öffentlichkeit und der Behörde spätestens mit der Antragstellung, im Übrigen unverzüglich mitgeteilt werden. [5]Satz 1 gilt nicht, soweit die betroffene Öffentlichkeit bereits nach anderen Rechtsvorschriften vor der Antragstellung zu beteiligen ist. [6]Beteiligungsrechte nach anderen Rechtsvorschriften bleiben unberührt.

§ 26 Beweismittel (1) [1]Die Behörde bedient sich der Beweismittel, die sie nach pflichtgemäßem Ermessen zur Ermittlung des Sachverhalts für erforderlich hält. [2]Sie kann insbesondere

1. Auskünfte jeder Art einholen,
2. Beteiligte anhören, Zeugen und Sachverständige vernehmen oder die schriftliche oder elektronische Äußerung von Beteiligten, Sachverständigen und Zeugen einholen,
3. Urkunden und Akten beiziehen,
4. den Augenschein einnehmen.

(2) [1]Die Beteiligten sollen bei der Ermittlung des Sachverhalts mitwirken. [2]Sie sollen insbesondere ihnen bekannte Tatsachen und Beweismittel angeben. [3]Eine weitergehende Pflicht, bei der Ermittlung des Sachverhalts mitzuwirken, insbesondere eine Pflicht zum persönlichen Erscheinen oder zur Aussage, besteht nur, soweit sie durch Rechtsvorschrift besonders vorgesehen ist.

(3) [1]Für Zeugen und Sachverständige besteht eine Pflicht zur Aussage oder zur Erstattung von Gutachten, wenn sie durch Rechtsvorschrift vorgesehen ist. [2]Falls die Behörde Zeugen und Sachverständige herangezogen hat, erhalten sie auf Antrag in entsprechender Anwendung des Justizvergütungs- und -entschädigungsgesetzes eine Entschädigung oder Vergütung.

§ 27 Versicherung an Eides statt (1) [1]Die Behörde darf bei der Ermittlung des Sachverhalts eine Versicherung an Eides statt nur verlangen und abnehmen, wenn die Abnahme der Versicherung über den betreffenden Gegenstand und in dem betreffenden Verfahren durch Gesetz oder Rechtsverordnung vorgesehen und die Behörde durch Rechtsvorschrift für zuständig erklärt worden ist. [2]Eine Versicherung an Eides statt soll nur gefordert werden, wenn andere Mittel zur Erforschung der Wahrheit nicht vorhanden sind, zu keinem Ergebnis geführt haben oder einen unverhältnismäßigen Aufwand erfordern. [3]Von eidesunfähigen Personen im Sinne des § 393 der Zivilprozessordnung darf eine eidesstattliche Versicherung nicht verlangt werden.

(2) [1]Wird die Versicherung an Eides statt von einer Behörde zur Niederschrift aufgenommen, so sind zur Aufnahme nur der Behördenleiter, sein allgemeiner Vertreter sowie Angehörige des öffentlichen Dienstes befugt, welche die Befähigung zum Richteramt haben oder die Voraussetzungen des § 110 Satz 1 des Deutschen Richtergesetzes erfüllen. [2]Andere Angehörige des öffentlichen Dienstes kann der Behördenleiter oder sein allgemeiner Vertreter hierzu allgemein oder im Einzelfall schriftlich ermächtigen.

(3) [1]Die Versicherung besteht darin, dass der Versichernde die Richtigkeit seiner Erklärung über den betreffenden Gegenstand bestätigt und erklärt: „Ich versichere an Eides statt, dass ich nach bestem Wissen die reine Wahrheit gesagt und nichts verschwiegen habe.“ [2]Bevollmächtigte und Beistände

sind berechtigt, an der Aufnahme der Versicherung an Eides statt teilzunehmen.

(4) [1]Vor der Aufnahme der Versicherung an Eides statt ist der Versichernde über die Bedeutung der eidesstattlichen Versicherung und die strafrechtlichen Folgen einer unrichtigen oder unvollständigen eidesstattlichen Versicherung zu belehren. [2]Die Belehrung ist in der Niederschrift zu vermerken.

(5) [1]Die Niederschrift hat ferner die Namen der anwesenden Personen sowie den Ort und den Tag der Niederschrift zu enthalten. [2]Die Niederschrift ist demjenigen, der die eidesstattliche Versicherung abgibt, zur Genehmigung vorzulesen oder auf Verlangen zur Durchsicht vorzulegen. [3]Die erteilte Genehmigung ist zu vermerken und von dem Versichernden zu unterschreiben. [4]Die Niederschrift ist sodann von demjenigen, der die Versicherung an Eides statt aufgenommen hat, sowie von dem Schriftführer zu unterschreiben.

§ 27a Öffentliche Bekanntmachung im Internet (1) [1]Ist durch Rechtsvorschrift eine öffentliche oder ortsübliche Bekanntmachung angeordnet, soll die Behörde deren Inhalt zusätzlich im Internet veröffentlichen. [2]Dies wird dadurch bewirkt, dass der Inhalt der Bekanntmachung auf einer Internetseite der Behörde oder ihres Verwaltungsträgers zugänglich gemacht wird. [3]Bezieht sich die Bekanntmachung auf zur Einsicht auszulegende Unterlagen, sollen auch diese über das Internet zugänglich gemacht werden. [4]Soweit durch Rechtsvorschrift nichts anderes geregelt ist, ist der Inhalt der zur Einsicht ausgelegten Unterlagen maßgeblich.

(2) [1]In der öffentlichen oder ortsüblichen Bekanntmachung ist die Internetseite anzugeben.

§ 28 Anhörung Beteiligter (1) [1]Bevor ein Verwaltungsakt erlassen wird, der in Rechte eines Beteiligten eingreift, ist diesem Gelegenheit zu geben, sich zu den für die Entscheidung erheblichen Tatsachen zu äußern.

(2) [1]Von der Anhörung kann abgesehen werden, wenn sie nach den Umständen des Einzelfalls nicht geboten ist, insbesondere wenn

1. eine sofortige Entscheidung wegen Gefahr im Verzug oder im öffentlichen Interesse notwendig erscheint;
2. durch die Anhörung die Einhaltung einer für die Entscheidung maßgeblichen Frist in Frage gestellt würde;
3. von den tatsächlichen Angaben eines Beteiligten, die dieser in einem Antrag oder einer Erklärung gemacht hat, nicht zu seinen Ungunsten abgewichen werden soll;
4. die Behörde eine Allgemeinverfügung oder gleichartige Verwaltungsakte in größerer Zahl oder Verwaltungsakte mit Hilfe automatischer Einrichtungen erlassen will;

5. Maßnahmen in der Verwaltungsvollstreckung getroffen werden sollen.

(3) [1]Eine Anhörung unterbleibt, wenn ihr ein zwingendes öffentliches Interesse entgegensteht.

§ 29 Akteneinsicht durch Beteiligte (1) [1]Die Behörde hat den Beteiligten Einsicht in die das Verfahren betreffenden Akten zu gestatten, soweit deren Kenntnis zur Geltendmachung oder Verteidigung ihrer rechtlichen Interessen erforderlich ist. [2]Satz 1 gilt bis zum Abschluss des Verwaltungsverfahrens nicht für Entwürfe zu Entscheidungen sowie die Arbeiten zu ihrer unmittelbaren Vorbereitung. [3]Soweit nach den §§ 17 und 18 eine Vertretung stattfindet, haben nur die Vertreter Anspruch auf Akteneinsicht.

(2) [1]Die Behörde ist zur Gestattung der Akteneinsicht nicht verpflichtet, soweit durch sie die ordnungsgemäße Erfüllung der Aufgaben der Behörde beeinträchtigt, das Bekanntwerden des Inhalts der Akten dem Wohl des Bundes oder eines Landes Nachteile bereiten würde oder soweit die Vorgänge nach einem Gesetz oder ihrem Wesen nach, namentlich wegen der berechtigten Interessen der Beteiligten oder dritter Personen, geheim gehalten werden müssen.

(3) [1]Die Akteneinsicht erfolgt bei der Behörde, die die Akten führt. [2]Im Einzelfall kann die Einsicht auch bei einer anderen Behörde oder bei einer diplomatischen oder berufskonsularischen Vertretung der Bundesrepublik Deutschland im Ausland erfolgen; weitere Ausnahmen kann die Behörde, die die Akten führt, gestatten.

§ 30 Geheimhaltung [1]Die Beteiligten haben Anspruch darauf, dass ihre Geheimnisse, insbesondere die zum persönlichen Lebensbereich gehörenden Geheimnisse sowie die Betriebs- und Geschäftsgeheimnisse, von der Behörde nicht unbefugt offenbart werden.

Abschnitt 2: Fristen, Termine, Wiedereinsetzung

§ 31 Fristen und Termine (1) [1]Für die Berechnung von Fristen und für die Bestimmung von Terminen gelten die §§ 187 bis 193 des Bürgerlichen Gesetzbuchs entsprechend, soweit nicht durch die Absätze 2 bis 5 etwas anderes bestimmt ist.

(2) [1]Der Lauf einer Frist, die von einer Behörde gesetzt wird, beginnt mit dem Tag, der auf die Bekanntgabe der Frist folgt, außer wenn dem Betroffenen etwas anderes mitgeteilt wird.

(3) [1]Fällt das Ende einer Frist auf einen Sonntag, einen gesetzlichen Feiertag oder einen Sonnabend, so endet die Frist mit dem Ablauf des nächstfolgenden Werktags. [2]Dies gilt nicht, wenn dem Betroffenen unter Hinweis auf diese Vorschrift ein bestimmter Tag als Ende der Frist mitgeteilt worden ist.

(4) [1]Hat eine Behörde Leistungen nur für einen bestimmten Zeitraum zu erbringen, so endet dieser Zeitraum auch dann mit dem Ablauf seines letzten Tages, wenn dieser auf einen Sonntag, einen gesetzlichen Feiertag oder einen Sonnabend fällt.

(5) [1]Der von einer Behörde gesetzte Termin ist auch dann einzuhalten, wenn er auf einen Sonntag, gesetzlichen Feiertag oder Sonnabend fällt.

(6) [1]Ist eine Frist nach Stunden bestimmt, so werden Sonntage, gesetzliche Feiertage oder Sonnabende mitgerechnet.

(7) [1]Fristen, die von einer Behörde gesetzt sind, können verlängert werden. [2]Sind solche Fristen bereits abgelaufen, so können sie rückwirkend verlängert werden, insbesondere wenn es unbillig wäre, die durch den Fristablauf eingetretenen Rechtsfolgen bestehen zu lassen. [3]Die Behörde kann die Verlängerung der Frist nach § 36 mit einer Nebenbestimmung verbinden.

§ 32 Wiedereinsetzung in den vorigen Stand (1) [1]War jemand ohne Verschulden verhindert, eine gesetzliche Frist einzuhalten, so ist ihm auf Antrag Wiedereinsetzung in den vorigen Stand zu gewähren. [2]Das Verschulden eines Vertreters ist dem Vertretenen zuzurechnen.

(2) [1]Der Antrag ist innerhalb von zwei Wochen nach Wegfall des Hindernisses zu stellen. [2]Die Tatsachen zur Begründung des Antrags sind bei der Antragstellung oder im Verfahren über den Antrag glaubhaft zu machen. [3]Innerhalb der Antragsfrist ist die versäumte Handlung nachzuholen. [4]Ist dies geschehen, so kann Wiedereinsetzung auch ohne Antrag gewährt werden.

(3) [1]Nach einem Jahr seit dem Ende der versäumten Frist kann die Wiedereinsetzung nicht mehr beantragt oder die versäumte Handlung nicht mehr nachgeholt werden, außer wenn dies vor Ablauf der Jahresfrist infolge höherer Gewalt unmöglich war.

(4) [1]Über den Antrag auf Wiedereinsetzung entscheidet die Behörde, die über die versäumte Handlung zu befinden hat.

(5) [1]Die Wiedereinsetzung ist unzulässig, wenn sich aus einer Rechtsvorschrift ergibt, dass sie ausgeschlossen ist.

Abschnitt 3: Amtliche Beglaubigung

§ 33 Beglaubigung von Dokumenten (1) [1]Jede Behörde ist befugt, Abschriften von Urkunden, die sie selbst ausgestellt hat, zu beglaubigen. [2]Darüber hinaus sind die von der Bundesregierung durch Rechtsverordnung bestimmten Behörden im Sinne des § 1 Abs. 1 Nr. 1 und die nach Landesrecht zuständigen Behörden befugt, Abschriften zu beglaubigen, wenn die Urschrift von einer Behörde ausgestellt ist oder die Abschrift zur Vorlage bei einer Behörde benötigt wird, sofern nicht durch Rechtsvorschrift die Erteilung beglaubigter Abschriften aus amtlichen Registern und Archiven anderen Behörden ausschließlich vorbehalten ist; die Rechtsverordnung bedarf nicht der Zustimmung des Bundesrates.

(2) [1]Abschriften dürfen nicht beglaubigt werden, wenn Umstände zu der Annahme berechtigen, dass der ursprüngliche Inhalt des Schriftstücks, dessen Abschrift beglaubigt werden soll, geändert worden ist, insbesondere wenn dieses Schriftstück Lücken, Durchstreichungen, Einschaltungen, Änderungen, unleserliche Wörter, Zahlen oder Zeichen, Spuren der Beseitigung von Wörtern, Zahlen und Zeichen enthält oder wenn der Zusammenhang eines aus mehreren Blättern bestehenden Schriftstücks aufgehoben ist.

(3) [1]Eine Abschrift wird beglaubigt durch einen Beglaubigungsvermerk, der unter die Abschrift zu setzen ist. [2]Der Vermerk muss enthalten

1. die genaue Bezeichnung des Schriftstücks, dessen Abschrift beglaubigt wird,
2. die Feststellung, dass die beglaubigte Abschrift mit dem vorgelegten Schriftstück übereinstimmt,
3. den Hinweis, dass die beglaubigte Abschrift nur zur Vorlage bei der angegebenen Behörde erteilt wird, wenn die Urschrift nicht von einer Behörde ausgestellt worden ist,
4. den Ort und den Tag der Beglaubigung, die Unterschrift des für die Beglaubigung zuständigen Bediensteten und das Dienstsiegel.

(4) [1]Die Absätze 1 bis 3 gelten entsprechend für die Beglaubigung von

1. Ablichtungen, Lichtdrucken und ähnlichen in technischen Verfahren hergestellten Vervielfältigungen,
2. auf fototechnischem Wege von Schriftstücken hergestellten Negativen, die bei einer Behörde aufbewahrt werden,
3. Ausdrucken elektronischer Dokumente,
4. elektronischen Dokumenten,
   a) die zur Abbildung eines Schriftstücks hergestellt wurden,
   b) die ein anderes technisches Format als das mit einer qualifizierten elektronischen Signatur verbundene Ausgangsdokument erhalten haben.

(5) [1]Der Beglaubigungsvermerk muss zusätzlich zu den Angaben nach Absatz 3 Satz 2 bei der Beglaubigung

1. des Ausdrucks eines elektronischen Dokuments, das mit einer qualifizierten elektronischen Signatur verbunden ist, die Feststellungen enthalten,
   a) wen die Signaturprüfung als Inhaber der Signatur ausweist,
   b) welchen Zeitpunkt die Signaturprüfung für die Anbringung der Signatur ausweist und
   c) welche Zertifikate mit welchen Daten dieser Signatur zugrunde lagen;
2. eines elektronischen Dokuments den Namen des für die Beglaubigung zuständigen Bediensteten und die Bezeichnung der Behörde, die die Beglaubigung vornimmt, enthalten; die Unterschrift des für die Beglaubigung zuständigen Bediensteten und das Dienstsiegel nach Absatz 3 Satz 2 Nr. 4 werden durch eine dauerhaft überprüfbare qualifizierte elektronische Signatur ersetzt.

[2]Wird ein elektronisches Dokument, das ein anderes technisches Format als das mit einer qualifizierten elektronischen Signatur verbundene Ausgangsdokument erhalten hat, nach Satz 1 Nr. 2 beglaubigt, muss der Beglaubigungsvermerk zusätzlich die Feststellungen nach Satz 1 Nr. 1 für das Ausgangsdokument enthalten.

(6) [1]Die nach Absatz 4 hergestellten Dokumente stehen, sofern sie beglaubigt sind, beglaubigten Abschriften gleich.

(7) [1]Jede Behörde soll von Urkunden, die sie selbst ausgestellt hat, auf Verlangen ein elektronisches Dokument nach Absatz 4 Nummer 4 Buchstabe a oder eine elektronische Abschrift fertigen und beglaubigen.

§ 34 Beglaubigung von Unterschriften (1) [1]Die von der Bundesregierung durch Rechtsverordnung bestimmten Behörden im Sinne des § 1 Abs. 1 Nr. 1 und die nach Landesrecht zuständigen Behörden sind befugt, Unterschriften zu beglaubigen, wenn das unterzeichnete Schriftstück zur Vorlage bei einer Behörde oder bei einer sonstigen Stelle, der auf Grund einer Rechtsvorschrift das unterzeichnete Schriftstück vorzulegen ist, benötigt wird. [2]Dies gilt nicht für

1. Unterschriften ohne zugehörigen Text,
2. Unterschriften, die der öffentlichen Beglaubigung (§ 129 des Bürgerlichen Gesetzbuchs) bedürfen.

(2) [1]Eine Unterschrift soll nur beglaubigt werden, wenn sie in Gegenwart des beglaubigenden Bediensteten vollzogen oder anerkannt wird.

(3) [1]Der Beglaubigungsvermerk ist unmittelbar bei der Unterschrift, die beglaubigt werden soll, anzubringen. [2]Er muss enthalten

1. die Bestätigung, dass die Unterschrift echt ist,
2. die genaue Bezeichnung desjenigen, dessen Unterschrift beglaubigt wird, sowie die Angabe, ob sich der für die Beglaubigung zuständige Bedienstete Gewissheit über diese Person verschafft hat und ob die Unterschrift in seiner Gegenwart vollzogen oder anerkannt worden ist,
3. den Hinweis, dass die Beglaubigung nur zur Vorlage bei der angegebenen Behörde oder Stelle bestimmt ist,
4. den Ort und den Tag der Beglaubigung, die Unterschrift des für die Beglaubigung zuständigen Bediensteten und das Dienstsiegel.

(4) [1]Die Absätze 1 bis 3 gelten für die Beglaubigung von Handzeichen entsprechend.

(5) [1]Die Rechtsverordnungen nach Absatz 1 und 4 bedürfen nicht der Zustimmung des Bundesrates.

Teil III: Verwaltungsakt

Abschnitt 1: Zustandekommen des Verwaltungsaktes

§ 35 Begriff des Verwaltungsaktes [1]Verwaltungsakt ist jede Verfügung, Entscheidung oder andere hoheitliche Maßnahme, die eine Behörde zur Regelung eines Einzelfalls auf dem Gebiet des öffentlichen Rechts trifft und die auf unmittelbare Rechtswirkung nach außen gerichtet ist. [2]Allgemeinverfügung ist ein Verwaltungsakt, der sich an einen nach allgemeinen Merkmalen bestimmten oder bestimmbaren Personenkreis richtet oder die öffentlich-rechtliche Eigenschaft einer Sache oder ihre Benutzung durch die Allgemeinheit betrifft.

§ 35a Vollständig automatisierter Erlass eines Verwaltungsaktes [1]Ein Verwaltungsakt kann vollständig durch automatische Einrichtungen erlassen werden, sofern dies durch Rechtsvorschrift zugelassen ist und weder ein Ermessen noch ein Beurteilungsspielraum besteht.

§ 36 Nebenbestimmungen zum Verwaltungsakt (1) [1]Ein Verwaltungsakt, auf den ein Anspruch besteht, darf mit einer Nebenbestimmung nur versehen werden, wenn sie durch Rechtsvorschrift zugelassen ist oder wenn sie sicherstellen soll, dass die gesetzlichen Voraussetzungen des Verwaltungsaktes erfüllt werden.

(2) [1]Unbeschadet des Absatzes 1 darf ein Verwaltungsakt nach pflichtgemäßem Ermessen erlassen werden mit

1. einer Bestimmung, nach der eine Vergünstigung oder Belastung zu einem bestimmten Zeitpunkt beginnt, endet oder für einen bestimmten Zeitraum gilt (Befristung);
2. einer Bestimmung, nach der der Eintritt oder der Wegfall einer Vergünstigung oder einer Belastung von dem ungewissen Eintritt eines zukünftigen Ereignisses abhängt (Bedingung);
3. einem Vorbehalt des Widerrufs

oder verbunden werden mit

4. einer Bestimmung, durch die dem Begünstigten ein Tun, Dulden oder Unterlassen vorgeschrieben wird (Auflage);
5. einem Vorbehalt der nachträglichen Aufnahme, Änderung oder Ergänzung einer Auflage.

(3) [1]Eine Nebenbestimmung darf dem Zweck des Verwaltungsaktes nicht zuwiderlaufen.

§ 37 Bestimmtheit und Form des Verwaltungsaktes; Rechtsbehelfsbelehrung (1) [1]Ein Verwaltungsakt muss inhaltlich hinreichend bestimmt sein.

(2) [1]Ein Verwaltungsakt kann schriftlich, elektronisch, mündlich oder in anderer Weise erlassen werden. [2]Ein mündlicher Verwaltungsakt ist schriftlich oder elektronisch zu bestätigen, wenn hieran ein berechtigtes Interesse besteht und der Betroffene dies unverzüglich verlangt. [3]Ein elektronischer Verwaltungsakt ist unter denselben Voraussetzungen schriftlich zu bestätigen; § 3 a Abs. 2 findet insoweit keine Anwendung.

(3) [1]Ein schriftlicher oder elektronischer Verwaltungsakt muss die erlassende Behörde erkennen lassen und die Unterschrift oder die Namenswiedergabe des Behördenleiters, seines Vertreters oder seines Beauftragten enthalten. [2]Wird für einen Verwaltungsakt, für den durch Rechtsvorschrift die Schriftform angeordnet ist, die elektronische Form verwendet, muss auch das der Signatur zugrunde liegende qualifizierte Zertifikat oder ein zugehöriges qualifiziertes Attributzertifikat die erlassende Behörde erkennen lassen. [3]Im Fall des § 3a Absatz 2 Satz 4 Nummer 3 muss die Bestätigung nach § 5 Absatz 5 des De-Mail-Gesetzes die erlassende Behörde als Nutzer des De-Mail-Kontos erkennen lassen.

(4) [1]Für einen Verwaltungsakt kann für die nach § 3 a Abs. 2 erforderliche Signatur durch Rechtsvorschrift die dauerhafte Überprüfbarkeit vorgeschrieben werden.

(5) [1]Bei einem schriftlichen Verwaltungsakt, der mit Hilfe automatischer Einrichtungen erlassen wird, können abweichend von Absatz 3 Unterschrift und Namenswiedergabe fehlen. [2]Zur Inhaltsangabe können Schlüsselzeichen verwendet werden, wenn derjenige, für den der Verwaltungsakt bestimmt ist oder der von ihm betroffen wird, auf Grund der dazu gegebenen Erläuterungen den Inhalt des Verwaltungsaktes eindeutig erkennen kann.

(6) [1]Einem schriftlichen oder elektronischen Verwaltungsakt, der der Anfechtung unterliegt, ist eine Erklärung beizufügen, durch die der Beteiligte über den Rechtsbehelf, der gegen den Verwaltungsakt gegeben ist, über die Behörde oder das Gericht, bei denen der Rechtsbehelf einzulegen ist, den Sitz und über die einzuhaltende Frist belehrt wird (Rechtsbehelfsbelehrung). [2]Die Rechtsbehelfsbelehrung ist auch der schriftlichen oder elektronischen Bestätigung eines Verwaltungsaktes und der Bescheinigung nach § 42a Absatz 3 beizufügen.

§ 38 Zusicherung (1) [1]Eine von der zuständigen Behörde erteilte Zusage, einen bestimmten Verwaltungsakt später zu erlassen oder zu unterlassen (Zusicherung), bedarf zu ihrer Wirksamkeit der schriftlichen Form. [2]Ist vor dem Erlass des zugesicherten Verwaltungsaktes die Anhörung Beteiligter oder die Mitwirkung einer anderen Behörde oder eines Ausschusses auf Grund einer Rechtsvorschrift erforderlich, so darf die Zusicherung erst nach Anhörung der Beteiligten oder nach Mitwirkung dieser Behörde oder des Ausschusses gegeben werden.

(2) [1]Auf die Unwirksamkeit der Zusicherung finden, unbeschadet des Absatzes 1 Satz 1, § 44, auf die Heilung von Mängeln bei der Anhörung Beteiligter und der Mitwirkung anderer Behörden oder Ausschüsse § 45 Abs. 1 Nr. 3 bis 5 sowie Abs. 2, auf die Rücknahme § 48, auf den Widerruf, unbeschadet des Absatzes 3, § 49 entsprechende Anwendung.

(3) [1]Ändert sich nach Abgabe der Zusicherung die Sach- oder Rechtslage derart, dass die Behörde bei Kenntnis der nachträglich eingetretenen Änderung die Zusicherung nicht gegeben hätte oder aus rechtlichen Gründen nicht hätte geben dürfen, ist die Behörde an die Zusicherung nicht mehr gebunden.

§ 39 Begründung des Verwaltungsaktes (1) [1]Ein schriftlicher oder elektronischer sowie ein schriftlich oder elektronisch bestätigter Verwaltungsakt ist mit einer Begründung zu versehen. [2]In der Begründung sind die wesentlichen tatsächlichen und rechtlichen Gründe mitzuteilen, die die Behörde zu ihrer Entscheidung bewogen haben. [3]Die Begründung von Ermessensentscheidungen soll auch die Gesichtspunkte erkennen lassen, von denen die Behörde bei der Ausübung ihres Ermessens ausgegangen ist.

(2) [1]Einer Begründung bedarf es nicht,

1. soweit die Behörde einem Antrag entspricht oder einer Erklärung folgt und der Verwaltungsakt nicht in Rechte eines anderen eingreift;
2. soweit demjenigen, für den der Verwaltungsakt bestimmt ist oder der von ihm betroffen wird, die Auffassung der Behörde über die Sach- und Rechtslage bereits bekannt oder auch ohne Begründung für ihn ohne weiteres erkennbar ist;
3. wenn die Behörde gleichartige Verwaltungsakte in größerer Zahl oder Verwaltungsakte mit Hilfe automatischer Einrichtungen erlässt und die Begründung nach den Umständen des Einzelfalls nicht geboten ist;
4. wenn sich dies aus einer Rechtsvorschrift ergibt;
5. wenn eine Allgemeinverfügung öffentlich bekannt gegeben wird.

§ 40 Ermessen [1]Ist die Behörde ermächtigt, nach ihrem Ermessen zu handeln, hat sie ihr Ermessen entsprechend dem Zweck der Ermächtigung auszuüben und die gesetzlichen Grenzen des Ermessens einzuhalten.

§ 41 Bekanntgabe des Verwaltungsaktes (1) [1]Ein Verwaltungsakt ist demjenigen Beteiligten bekannt zu geben, für den er bestimmt ist oder der von ihm betroffen wird. [2]Ist ein Bevollmächtigter bestellt, so kann die Bekanntgabe ihm gegenüber vorgenommen werden.

(2) [1]Ein schriftlicher Verwaltungsakt, der im Inland durch die Post übermittelt wird, gilt am dritten Tag nach der Aufgabe zur Post als bekannt gegeben. [2]Ein Verwaltungsakt, der im Inland oder in das Ausland elektronisch übermittelt wird, gilt am dritten Tag nach der Absendung als bekannt gegeben. [3]Dies gilt nicht, wenn der Verwaltungsakt nicht oder zu einem späteren Zeitpunkt zugegangen ist; im Zweifel hat die Behörde den Zugang des Verwaltungsaktes und den Zeitpunkt des Zugangs nachzuweisen.

(2a) [1]Mit Einwilligung des Beteiligten kann ein elektronischer Verwaltungsakt dadurch bekannt gegeben werden, dass er vom Beteiligten oder von seinem Bevollmächtigten über öffentlich zugängliche Netze abgerufen wird. [2]Die Behörde hat zu gewährleisten, dass der Abruf nur nach Authentifizierung der berechtigten Person möglich ist und der elektronische Verwaltungsakt von ihr gespeichert werden kann. [3]Der Verwaltungsakt gilt am Tag nach dem Abruf als bekannt gegeben. [4]Wird der Verwaltungsakt nicht innerhalb von zehn Tagen nach Absendung einer Benachrichtigung über die Bereitstellung abgerufen, wird diese beendet. [5]In diesem Fall ist die Bekanntgabe nicht bewirkt; die Möglichkeit einer erneuten Bereitstellung zum Abruf oder der Bekanntgabe auf andere Weise bleibt unberührt.

(3) [1]Ein Verwaltungsakt darf öffentlich bekannt gegeben werden, wenn dies durch Rechtsvorschrift zugelassen ist. [2]Eine Allgemeinverfügung darf auch

dann öffentlich bekannt gegeben werden, wenn eine Bekanntgabe an die Beteiligten untunlich ist.

(4) [1]Die öffentliche Bekanntgabe eines schriftlichen oder elektronischen Verwaltungsaktes wird dadurch bewirkt, dass sein verfügender Teil ortsüblich bekannt gemacht wird. [2]In der ortsüblichen Bekanntmachung ist anzugeben, wo der Verwaltungsakt und seine Begründung eingesehen werden können. [3]Der Verwaltungsakt gilt zwei Wochen nach der ortsüblichen Bekanntmachung als bekannt gegeben. [4]In einer Allgemeinverfügung kann ein hiervon abweichender Tag, jedoch frühestens der auf die Bekanntmachung folgende Tag bestimmt werden.

(5) [1]Vorschriften über die Bekanntgabe eines Verwaltungsaktes mittels Zustellung bleiben unberührt.

§ 42 Offenbare Unrichtigkeiten im Verwaltungsakt [1]Die Behörde kann Schreibfehler, Rechenfehler und ähnliche offenbare Unrichtigkeiten in einem Verwaltungsakt jederzeit berichtigen. [2]Bei berechtigtem Interesse des Beteiligten ist zu berichtigen. [3]Die Behörde ist berechtigt, die Vorlage des Dokuments zu verlangen, das berichtigt werden soll.

§ 42a Genehmigungsfiktion (1) [1]Eine beantragte Genehmigung gilt nach Ablauf einer für die Entscheidung festgelegten Frist als erteilt (Genehmigungsfiktion), wenn dies durch Rechtsvorschrift angeordnet und der Antrag hinreichend bestimmt ist. [2]Die Vorschriften über die Bestandskraft von Verwaltungsakten und über das Rechtsbehelfsverfahren gelten entsprechend.

(2) [1]Die Frist nach Absatz 1 Satz 1 beträgt drei Monate, soweit durch Rechtsvorschrift nichts Abweichendes bestimmt ist. [2]Die Frist beginnt mit Eingang der vollständigen Unterlagen. [3]Sie kann einmal angemessen verlängert werden, wenn dies wegen der Schwierigkeit der Angelegenheit gerechtfertigt ist. [4]Die Fristverlängerung ist zu begründen und rechtzeitig mitzuteilen.

(3) [1]Auf Verlangen ist demjenigen, dem der Verwaltungsakt nach § 41 Abs. 1 hätte bekannt gegeben werden müssen, der Eintritt der Genehmigungsfiktion schriftlich zu bescheinigen.

Abschnitt 2: Bestandskraft des Verwaltungsaktes

§ 43 Wirksamkeit des Verwaltungsaktes (1) [1]Ein Verwaltungsakt wird gegenüber demjenigen, für den er bestimmt ist oder der von ihm betroffen wird, in dem Zeitpunkt wirksam, in dem er ihm bekannt gegeben wird. [2]Der Verwaltungsakt wird mit dem Inhalt wirksam, mit dem er bekannt gegeben wird.

(2) [1]Ein Verwaltungsakt bleibt wirksam, solange und soweit er nicht zurückgenommen, widerrufen, anderweitig aufgehoben oder durch Zeitablauf oder auf andere Weise erledigt ist.

(3) [1]Ein nichtiger Verwaltungsakt ist unwirksam.

§ 44 Nichtigkeit des Verwaltungsaktes (1) [1]Ein Verwaltungsakt ist nichtig, soweit er an einem besonders schwerwiegenden Fehler leidet und dies bei verständiger Würdigung aller in Betracht kommenden Umstände offensichtlich ist.

(2) [1]Ohne Rücksicht auf das Vorliegen der Voraussetzungen des Absatzes 1 ist ein Verwaltungsakt nichtig,

1. der schriftlich oder elektronisch erlassen worden ist, die erlassende Behörde aber nicht erkennen lässt;
2. der nach einer Rechtsvorschrift nur durch die Aushändigung einer Urkunde erlassen werden kann, aber dieser Form nicht genügt;
3. den eine Behörde außerhalb ihrer durch § 3 Abs. 1 Nr. 1 begründeten Zuständigkeit erlassen hat, ohne dazu ermächtigt zu sein;
4. den aus tatsächlichen Gründen niemand ausführen kann;
5. der die Begehung einer rechtswidrigen Tat verlangt, die einen Straf- oder Bußgeldtatbestand verwirklicht;
6. der gegen die guten Sitten verstößt.

(3) [1]Ein Verwaltungsakt ist nicht schon deshalb nichtig, weil

1. Vorschriften über die örtliche Zuständigkeit nicht eingehalten worden sind, außer wenn ein Fall des Absatzes 2 Nr. 3 vorliegt;
2. eine nach § 20 Abs. 1 Satz 1 Nr. 2 bis 6 ausgeschlossene Person mitgewirkt hat;
3. ein durch Rechtsvorschrift zur Mitwirkung berufener Ausschuss den für den Erlass des Verwaltungsaktes vorgeschriebenen Beschluss nicht gefasst hat oder nicht beschlussfähig war;
4. die nach einer Rechtsvorschrift erforderliche Mitwirkung einer anderen Behörde unterblieben ist.

(4) [1]Betrifft die Nichtigkeit nur einen Teil des Verwaltungsaktes, so ist er im Ganzen nichtig, wenn der nichtige Teil so wesentlich ist, dass die Behörde den Verwaltungsakt ohne den nichtigen Teil nicht erlassen hätte.

(5) [1]Die Behörde kann die Nichtigkeit jederzeit von Amts wegen feststellen; auf Antrag ist sie festzustellen, wenn der Antragsteller hieran ein berechtigtes Interesse hat.

§ 45 Heilung von Verfahrens- und Formfehlern (1) [1]Eine Verletzung von Verfahrens- oder Formvorschriften, die nicht den Verwaltungsakt nach § 44 nichtig macht, ist unbeachtlich, wenn

1. der für den Erlass des Verwaltungsaktes erforderliche Antrag nachträglich gestellt wird;
2. die erforderliche Begründung nachträglich gegeben wird;
3. die erforderliche Anhörung eines Beteiligten nachgeholt wird;
4. der Beschluss eines Ausschusses, dessen Mitwirkung für den Erlass des Verwaltungsaktes erforderlich ist, nachträglich gefasst wird;
5. die erforderliche Mitwirkung einer anderen Behörde nachgeholt wird.

(2) [1]Handlungen nach Absatz 1 können bis zum Abschluss der letzten Tatsacheninstanz eines verwaltungsgerichtlichen Verfahrens nachgeholt werden.

(3) [1]Fehlt einem Verwaltungsakt die erforderliche Begründung oder ist die erforderliche Anhörung eines Beteiligten vor Erlass des Verwaltungsaktes unterblieben und ist dadurch die rechtzeitige Anfechtung des Verwaltungsaktes versäumt worden, so gilt die Versäumung der Rechtsbehelfsfrist als nicht verschuldet. [2]Das für die Wiedereinsetzungsfrist nach § 32 Abs. 2 maßgebende Ereignis tritt im Zeitpunkt der Nachholung der unterlassenen Verfahrenshandlung ein.

§ 46 Folgen von Verfahrens- und Formfehlern [1]Die Aufhebung eines Verwaltungsaktes, der nicht nach § 44 nichtig ist, kann nicht allein deshalb beansprucht werden, weil er unter Verletzung von Vorschriften über das Verfahren, die Form oder die örtliche Zuständigkeit zustande gekommen ist, wenn offensichtlich ist, dass die Verletzung die Entscheidung in der Sache nicht beeinflusst hat.

§ 47 Umdeutung eines fehlerhaften Verwaltungsaktes (1) [1]Ein fehlerhafter Verwaltungsakt kann in einen anderen Verwaltungsakt umgedeutet werden, wenn er auf das gleiche Ziel gerichtet ist, von der erlassenden Behörde in der geschehenen Verfahrensweise und Form rechtmäßig hätte erlassen werden können und wenn die Voraussetzungen für dessen Erlass erfüllt sind.

(2) [1]Absatz 1 gilt nicht, wenn der Verwaltungsakt, in den der fehlerhafte Verwaltungsakt umzudeuten wäre, der erkennbaren Absicht der erlassenden Behörde widerspräche oder seine Rechtsfolgen für den Betroffenen ungünstiger wären als die des fehlerhaften Verwaltungsaktes. [2]Eine Umdeutung ist ferner unzulässig, wenn der fehlerhafte Verwaltungsakt nicht zurückgenommen werden dürfte.

(3) [1]Eine Entscheidung, die nur als gesetzlich gebundene Entscheidung ergehen kann, kann nicht in eine Ermessensentscheidung umgedeutet werden.

(4) [1]§ 28 ist entsprechend anzuwenden.

§ 48 Rücknahme eines rechtswidrigen Verwaltungsaktes (1) [1]Ein rechtswidriger Verwaltungsakt kann, auch nachdem er unanfechtbar geworden ist, ganz oder teilweise mit Wirkung für die Zukunft oder für die Vergangenheit zurückgenommen werden. [2]Ein Verwaltungsakt, der ein Recht oder einen rechtlich erheblichen Vorteil begründet oder bestätigt hat (begünstigender Verwaltungsakt), darf nur unter den Einschränkungen der Absätze 2 bis 4 zurückgenommen werden.

(2) [1]Ein rechtswidriger Verwaltungsakt, der eine einmalige oder laufende Geldleistung oder teilbare Sachleistung gewährt oder hierfür Voraussetzung ist, darf nicht zurückgenommen werden, soweit der Begünstigte auf den Bestand des Verwaltungsaktes vertraut hat und sein Vertrauen unter Abwägung mit dem öffentlichen Interesse an einer Rücknahme schutzwürdig ist. [2]Das Vertrauen ist in der Regel schutzwürdig, wenn der Begünstigte gewährte Leistungen verbraucht oder eine Vermögensdisposition getroffen hat, die er nicht mehr oder nur unter unzumutbaren Nachteilen rückgängig machen kann. [3]Auf Vertrauen kann sich der Begünstigte nicht berufen, wenn er

1. den Verwaltungsakt durch arglistige Täuschung, Drohung oder Bestechung erwirkt hat;
2. den Verwaltungsakt durch Angaben erwirkt hat, die in wesentlicher Beziehung unrichtig oder unvollständig waren;
3. die Rechtswidrigkeit des Verwaltungsaktes kannte oder infolge grober Fahrlässigkeit nicht kannte.

[4]In den Fällen des Satzes 3 wird der Verwaltungsakt in der Regel mit Wirkung für die Vergangenheit zurückgenommen.

(3) [1]Wird ein rechtswidriger Verwaltungsakt, der nicht unter Absatz 2 fällt, zurückgenommen, so hat die Behörde dem Betroffenen auf Antrag den Vermögensnachteil auszugleichen, den dieser dadurch erleidet, dass er auf den Bestand des Verwaltungsaktes vertraut hat, soweit sein Vertrauen unter Abwägung mit dem öffentlichen Interesse schutzwürdig ist. [2]Absatz 2 Satz 3 ist anzuwenden. [3]Der Vermögensnachteil ist jedoch nicht über den Betrag des Interesses hinaus zu ersetzen, das der Betroffene an dem Bestand des Verwaltungsaktes hat. [4]Der auszugleichende Vermögensnachteil wird durch die Behörde festgesetzt. [5]Der Anspruch kann nur innerhalb eines Jahres geltend gemacht werden; die Frist beginnt, sobald die Behörde den Betroffenen auf sie hingewiesen hat.

(4) [1]Erhält die Behörde von Tatsachen Kenntnis, welche die Rücknahme eines rechtswidrigen Verwaltungsaktes rechtfertigen, so ist die Rücknahme nur innerhalb eines Jahres seit dem Zeitpunkt der Kenntnisnahme zulässig. [2]Dies gilt nicht im Falle des Absatzes 2 Satz 3 Nr. 1.

(5) [1]Über die Rücknahme entscheidet nach Unanfechtbarkeit des Verwaltungsaktes die nach § 3 zuständige Behörde; dies gilt auch dann, wenn der zurückzunehmende Verwaltungsakt von einer anderen Behörde erlassen worden ist.

§ 49 Widerruf eines rechtmäßigen Verwaltungsaktes (1) [1]Ein rechtmäßiger nicht begünstigender Verwaltungsakt kann, auch nachdem er unanfechtbar geworden ist, ganz oder teilweise mit Wirkung für die Zukunft widerrufen werden, außer wenn ein Verwaltungsakt gleichen Inhalts erneut erlassen werden müsste oder aus anderen Gründen ein Widerruf unzulässig ist.

(2) [1]Ein rechtmäßiger begünstigender Verwaltungsakt darf, auch nachdem er unanfechtbar geworden ist, ganz oder teilweise mit Wirkung für die Zukunft nur widerrufen werden,

1. wenn der Widerruf durch Rechtsvorschrift zugelassen oder im Verwaltungsakt vorbehalten ist;
2. wenn mit dem Verwaltungsakt eine Auflage verbunden ist und der Begünstigte diese nicht oder nicht innerhalb einer ihm gesetzten Frist erfüllt hat;
3. wenn die Behörde auf Grund nachträglich eingetretener Tatsachen berechtigt wäre, den Verwaltungsakt nicht zu erlassen, und wenn ohne den Widerruf das öffentliche Interesse gefährdet würde;
4. wenn die Behörde auf Grund einer geänderten Rechtsvorschrift berechtigt wäre, den Verwaltungsakt nicht zu erlassen, soweit der Begünstigte von der Vergünstigung noch keinen Gebrauch gemacht oder auf Grund des Verwaltungsaktes noch keine Leistungen empfangen hat, und wenn ohne den Widerruf das öffentliche Interesse gefährdet würde;
5. um schwere Nachteile für das Gemeinwohl zu verhüten oder zu beseitigen.

[2]§ 48 Abs. 4 gilt entsprechend.

(3) [1]Ein rechtmäßiger Verwaltungsakt, der eine einmalige oder laufende Geldleistung oder teilbare Sachleistung zur Erfüllung eines bestimmten Zwecks gewährt oder hierfür Voraussetzung ist, kann, auch nachdem er unanfechtbar geworden ist, ganz oder teilweise auch mit Wirkung für die Vergangenheit widerrufen werden,

1. wenn die Leistung nicht, nicht alsbald nach der Erbringung oder nicht mehr für den in dem Verwaltungsakt bestimmten Zweck verwendet wird;
2. wenn mit dem Verwaltungsakt eine Auflage verbunden ist und der Begünstigte diese nicht oder nicht innerhalb einer ihm gesetzten Frist erfüllt hat.

[2]§ 48 Abs. 4 gilt entsprechend.

(4) [1]Der widerrufene Verwaltungsakt wird mit dem Wirksamwerden des Widerrufs unwirksam, wenn die Behörde keinen anderen Zeitpunkt bestimmt.

(5) [1]Über den Widerruf entscheidet nach Unanfechtbarkeit des Verwaltungsaktes die nach § 3 zuständige Behörde; dies gilt auch dann, wenn der zu widerrufende Verwaltungsakt von einer anderen Behörde erlassen worden ist.

(6) [1]Wird ein begünstigender Verwaltungsakt in den Fällen des Absatzes 2 Nr. 3 bis 5 widerrufen, so hat die Behörde den Betroffenen auf Antrag für den Vermögensnachteil zu entschädigen, den dieser dadurch erleidet, dass er auf den Bestand des Verwaltungsaktes vertraut hat, soweit sein Vertrauen schutzwürdig ist. [2]§ 48 Abs. 3 Satz 3 bis 5 gilt entsprechend. [3]Für Streitigkeiten über die Entschädigung ist der ordentliche Rechtsweg gegeben.

§ 49a Erstattung, Verzinsung (1) [1]Soweit ein Verwaltungsakt mit Wirkung für die Vergangenheit zurückgenommen oder widerrufen worden oder infolge Eintritts einer auflösenden Bedingung unwirksam geworden ist, sind bereits erbrachte Leistungen zu erstatten. [2]Die zu erstattende Leistung ist durch schriftlichen Verwaltungsakt festzusetzen.

(2) [1]Für den Umfang der Erstattung mit Ausnahme der Verzinsung gelten die Vorschriften des Bürgerlichen Gesetzbuchs über die Herausgabe einer ungerechtfertigten Bereicherung entsprechend. [2]Auf den Wegfall der Bereicherung kann sich der Begünstigte nicht berufen, soweit er die Umstände kannte oder infolge grober Fahrlässigkeit nicht kannte, die zur Rücknahme, zum Widerruf oder zur Unwirksamkeit des Verwaltungsaktes geführt haben.

(3) [1]Der zu erstattende Betrag ist vom Eintritt der Unwirksamkeit des Verwaltungsaktes an mit fünf Prozentpunkten über dem Basiszinssatz jährlich zu verzinsen. [2]Von der Geltendmachung des Zinsanspruchs kann insbesondere dann abgesehen werden, wenn der Begünstigte die Umstände, die zur Rücknahme, zum Widerruf oder zur Unwirksamkeit des Verwaltungsaktes geführt haben, nicht zu vertreten hat und den zu erstattenden Betrag innerhalb der von der Behörde festgesetzten Frist leistet.

(4) [1]Wird eine Leistung nicht alsbald nach der Auszahlung für den bestimmten Zweck verwendet, so können für die Zeit bis zur zweckentsprechenden Verwendung Zinsen nach Absatz 3 Satz 1 verlangt werden. [2]Entsprechendes gilt, soweit eine Leistung in Anspruch genommen wird, obwohl andere Mittel anteilig oder vorrangig einzusetzen sind. [3]§ 49 Abs. 3 Satz 1 Nr. 1 bleibt unberührt.

§ 50 Rücknahme und Widerruf im Rechtsbehelfsverfahren [1]§ 48 Abs. 1 Satz 2 und Abs. 2 bis 4 sowie § 49 Abs. 2 bis 4 und 6 gelten nicht, wenn ein begünstigender Verwaltungsakt, der von einem Dritten angefochten worden ist, während des Vorverfahrens oder während des verwaltungsgerichtlichen Verfahrens aufgehoben wird, soweit dadurch dem Widerspruch oder der Klage abgeholfen wird.

§ 51 Wiederaufgreifen des Verfahrens (1) [1]Die Behörde hat auf Antrag des Betroffenen über die Aufhebung oder Änderung eines unanfechtbaren Verwaltungsaktes zu entscheiden, wenn

1. sich die dem Verwaltungsakt zugrunde liegende Sach- oder Rechtslage nachträglich zugunsten des Betroffenen geändert hat;
2. neue Beweismittel vorliegen, die eine dem Betroffenen günstigere Entscheidung herbeigeführt haben würden;
3. Wiederaufnahmegründe entsprechend § 580 der Zivilprozessordnung gegeben sind.

(2) [1]Der Antrag ist nur zulässig, wenn der Betroffene ohne grobes Verschulden außerstande war, den Grund für das Wiederaufgreifen in dem früheren Verfahren, insbesondere durch Rechtsbehelf, geltend zu machen.

(3) [1]Der Antrag muss binnen drei Monaten gestellt werden. [2]Die Frist beginnt mit dem Tage, an dem der Betroffene von dem Grund für das Wiederaufgreifen Kenntnis erhalten hat.

(4) [1]Über den Antrag entscheidet die nach § 3 zuständige Behörde; dies gilt auch dann, wenn der Verwaltungsakt, dessen Aufhebung oder Änderung begehrt wird, von einer anderen Behörde erlassen worden ist.

(5) [1]Die Vorschriften des § 48 Abs. 1 Satz 1 und des § 49 Abs. 1 bleiben unberührt.

§ 52 Rückgabe von Urkunden und Sachen [1]Ist ein Verwaltungsakt unanfechtbar widerrufen oder zurückgenommen oder ist seine Wirksamkeit aus einem anderen Grund nicht oder nicht mehr gegeben, so kann die Behörde die auf Grund dieses Verwaltungsaktes erteilten Urkunden oder Sachen, die zum Nachweis der Rechte aus dem Verwaltungsakt oder zu deren Ausübung bestimmt sind, zurückfordern. [2]Der Inhaber und, sofern er nicht der Besitzer ist, auch der Besitzer dieser Urkunden oder Sachen sind zu ihrer

Herausgabe verpflichtet. [3]Der Inhaber oder der Besitzer kann jedoch verlangen, dass ihm die Urkunden oder Sachen wieder ausgehändigt werden, nachdem sie von der Behörde als ungültig gekennzeichnet sind; dies gilt nicht bei Sachen, bei denen eine solche Kennzeichnung nicht oder nicht mit der erforderlichen Offensichtlichkeit oder Dauerhaftigkeit möglich ist.

Abschnitt 3: Verjährungsrechtliche Wirkungen des Verwaltungsaktes

§ 53 Hemmung der Verjährung durch Verwaltungsakt (1) [1]Ein Verwaltungsakt, der zur Feststellung oder Durchsetzung des Anspruchs eines öffentlich-rechtlichen Rechtsträgers erlassen wird, hemmt die Verjährung dieses Anspruchs. [2]Die Hemmung endet mit Eintritt der Unanfechtbarkeit des Verwaltungsaktes oder sechs Monate nach seiner anderweitigen Erledigung.

(2) [1]Ist ein Verwaltungsakt im Sinne des Absatzes 1 unanfechtbar geworden, beträgt die Verjährungsfrist 30 Jahre. [2]Soweit der Verwaltungsakt einen Anspruch auf künftig fällig werdende regelmäßig wiederkehrende Leistungen zum Inhalt hat, bleibt es bei der für diesen Anspruch geltenden Verjährungsfrist.

Verwaltungszustellungsgesetz (VwZG)

Vom 12. August 2005, BGBl. I S. 2354

Zuletzt geändert durch Gesetz vom 18. Juli 2017, BGBl. I S. 2745

Inhaltsübersicht

§ 1 Anwendungsbereich (1) [1]Die Vorschriften dieses Gesetzes gelten für das Zustellungsverfahren der Bundesbehörden, der bundesunmittelbaren Körperschaften, Anstalten und Stiftungen des öffentlichen Rechts und der Landesfinanzbehörden.

(2) [1]Zugestellt wird, soweit dies durch Rechtsvorschrift oder behördliche Anordnung bestimmt ist.

§ 2 Allgemeines (1) [1]Zustellung ist die Bekanntgabe eines schriftlichen oder elektronischen Dokuments in der in diesem Gesetz bestimmten Form.

(2) [1]Die Zustellung wird durch einen Erbringer von Postdienstleistungen (Post), einen nach § 17 des De-Mail-Gesetzes akkreditierten Diensteanbieter oder durch die Behörde ausgeführt. [2]Daneben gelten die in den §§ 9 und 10 geregelten Sonderarten der Zustellung.

(3) [1]Die Behörde hat die Wahl zwischen den einzelnen Zustellungsarten. [2]§ 5 Abs. 5 Satz 2 bleibt unberührt.

§ 3 Zustellung durch die Post mit Zustellungsurkunde (1) [1]Soll durch die Post mit Zustellungsurkunde zugestellt werden, übergibt die Behörde der Post den Zustellungsauftrag, das zuzustellende Dokument in einem verschlossenen Umschlag und einen vorbereiteten Vordruck einer Zustellungsurkunde.

(2) [1]Für die Ausführung der Zustellung gelten die §§ 177 bis 182 der Zivilprozessordnung entsprechend. [2]Im Fall des § 181 Abs. 1 der Zivilprozessordnung kann das zuzustellende Dokument bei einer von der Post dafür bestimmten Stelle am Ort der Zustellung oder am Ort des Amtsgerichts, in dessen Bezirk der Ort der Zustellung liegt, niedergelegt werden oder bei der

Behörde, die den Zustellungsauftrag erteilt hat, wenn sie ihren Sitz an einem der vorbezeichneten Orte hat. [3]Für die Zustellungsurkunde, den Zustellungsauftrag, den verschlossenen Umschlag nach Absatz 1 und die schriftliche Mitteilung nach § 181 Abs. 1 Satz 3 der Zivilprozessordnung sind die Vordrucke nach der Zustellungsvordruckverordnung zu verwenden.

§ 4 Zustellung durch die Post mittels Einschreiben (1) [1]Ein Dokument kann durch die Post mittels Einschreiben durch Übergabe oder mittels Einschreiben mit Rückschein zugestellt werden.

(2) [1]Zum Nachweis der Zustellung genügt der Rückschein. [2]Im Übrigen gilt das Dokument am dritten Tag nach der Aufgabe zur Post als zugestellt, es sei denn, dass es nicht oder zu einem späteren Zeitpunkt zugegangen ist. [3]Im Zweifel hat die Behörde den Zugang und dessen Zeitpunkt nachzuweisen. [4]Der Tag der Aufgabe zur Post ist in den Akten zu vermerken.

§ 5 Zustellung durch die Behörde gegen Empfangsbekenntnis; elektronische Zustellung (1) [1]Bei der Zustellung durch die Behörde händigt der zustellende Bedienstete das Dokument dem Empfänger in einem verschlossenen Umschlag aus. [2]Das Dokument kann auch offen ausgehändigt werden, wenn keine schutzwürdigen Interessen des Empfängers entgegenstehen. [3]Der Empfänger hat ein mit dem Datum der Aushändigung versehenes Empfangsbekenntnis zu unterschreiben. [4]Der Bedienstete vermerkt das Datum der Zustellung auf dem Umschlag des auszuhändigenden Dokuments oder bei offener Aushändigung auf dem Dokument selbst.

(2) [1]Die §§ 177 bis 181 der Zivilprozessordnung sind anzuwenden. [2]Zum Nachweis der Zustellung ist in den Akten zu vermerken:

1. im Fall der Ersatzzustellung in der Wohnung, in Geschäftsräumen und Einrichtungen nach § 178 der Zivilprozessordnung der Grund, der diese Art der Zustellung rechtfertigt,
2. im Fall der Zustellung bei verweigerter Annahme nach § 179 der Zivilprozessordnung, wer die Annahme verweigert hat und dass das Dokument am Ort der Zustellung zurückgelassen oder an den Absender zurückgesandt wurde sowie der Zeitpunkt und der Ort der verweigerten Annahme,
3. in den Fällen der Ersatzzustellung nach den §§ 180 und 181 der Zivilprozessordnung der Grund der Ersatzzustellung sowie wann und wo das Dokument in einen Briefkasten eingelegt oder sonst niedergelegt und in welcher Weise die Niederlegung schriftlich mitgeteilt wurde.

[3]Im Fall des § 181 Abs. 1 der Zivilprozessordnung kann das zuzustellende Dokument bei der Behörde, die den Zustellungsauftrag erteilt hat, niedergelegt werden, wenn diese Behörde ihren Sitz am Ort der Zustellung oder am Ort des Amtsgerichts hat, in dessen Bezirk der Ort der Zustellung liegt.

(3) [1]Zur Nachtzeit, an Sonntagen und allgemeinen Feiertagen darf nach den Absätzen 1 und 2 im Inland nur mit schriftlicher oder elektronischer Erlaubnis des Behördenleiters zugestellt werden. [2]Die Nachtzeit umfasst die Stunden von 21 bis 6 Uhr. [3]Die Erlaubnis ist bei der Zustellung abschriftlich mitzuteilen. [4]Eine Zustellung, bei der diese Vorschriften nicht beachtet sind, ist wirksam, wenn die Annahme nicht verweigert wird.

(4) [1]Das Dokument kann an Behörden, Körperschaften, Anstalten und Stiftungen des öffentlichen Rechts, an Rechtsanwälte, Patentanwälte, Notare, Steuerberater, Steuerbevollmächtigte, Wirtschaftsprüfer, vereidigte Buchprüfer, Steuerberatungsgesellschaften, Wirtschaftsprüfungsgesellschaften und Buchprüfungsgesellschaften auch auf andere Weise, auch elektronisch, gegen Empfangsbekenntnis zugestellt werden.

(5) [1]Ein elektronisches Dokument kann im Übrigen unbeschadet des Absatzes 4 elektronisch zugestellt werden, soweit der Empfänger hierfür einen Zugang eröffnet. [2]Es ist elektronisch zuzustellen, wenn auf Grund einer Rechtsvorschrift ein Verfahren auf Verlangen des Empfängers in elektronischer Form abgewickelt wird. [3]Für die Übermittlung ist das Dokument mit einer qualifizierten elektronischen Signatur zu versehen und gegen unbefugte Kenntnisnahme Dritter zu schützen.

(6) [1]Bei der elektronischen Zustellung ist die Übermittlung mit dem Hinweis Zustellung gegen Empfangsbekenntnis einzuleiten. [2]Die Übermittlung muss die absendende Behörde, den Namen und die Anschrift des Zustellungsadressaten sowie den Namen des Bediensteten erkennen lassen, der das Dokument zur Übermittlung aufgegeben hat.

(7) [1]Zum Nachweis der Zustellung nach den Absätzen 4 und 5 genügt das mit Datum und Unterschrift versehene Empfangsbekenntnis, das an die Behörde durch die Post oder elektronisch zurückzusenden ist. [2]Ein elektronisches Dokument gilt in den Fällen des Absatzes 5 Satz 2 am dritten Tag nach der Absendung an den vom Empfänger hierfür eröffneten Zugang als zugestellt, wenn der Behörde nicht spätestens an diesem Tag ein Empfangsbekenntnis nach Satz 1 zugeht. [3]Satz 2 gilt nicht, wenn der Empfänger nachweist, dass das Dokument nicht oder zu einem späteren Zeitpunkt zugegangen ist. [4]Der Empfänger ist in den Fällen des Absatzes 5 Satz 2 vor der Übermittlung über die Rechtsfolgen nach den Sätzen 2 und 3 zu belehren. [5]Zum Nachweis der Zustellung ist von der absendenden Behörde in den Akten zu vermerken, zu welchem Zeitpunkt und an welchen Zugang das Dokument gesendet wurde. [6]Der Empfänger ist über den Eintritt der Zustellungsfiktion nach Satz 2 zu benachrichtigen.

§ 5a Elektronische Zustellung gegen Abholbestätigung über De-Mail-Dienste (1) [1]Die elektronische Zustellung kann unbeschadet des § 5 Absatz 4 und 5 Satz 1 und 2 durch Übermittlung der nach § 17 des De-Mail-Gesetzes akkreditierten Diensteanbieter gegen Abholbestätigung nach § 5

Absatz 9 des De-Mail-Gesetzes an das De-Mail-Postfach des Empfängers erfolgen. [2]Für die Zustellung nach Satz 1 ist § 5 Absatz 4 und 6 mit der Maßgabe anzuwenden, dass an die Stelle des Empfangsbekenntnisses die Abholbestätigung tritt.

(2) [1]Der nach § 17 des De-Mail-Gesetzes akkreditierte Diensteanbieter hat eine Versandbestätigung nach § 5 Absatz 7 des De-Mail-Gesetzes und eine Abholbestätigung nach § 5 Absatz 9 des De-Mail-Gesetzes zu erzeugen. [2]Er hat diese Bestätigungen unverzüglich der absendenden Behörde zu übermitteln.

(3) [1]Zum Nachweis der elektronischen Zustellung genügt die Abholbestätigung nach § 5 Absatz 9 des De-Mail-Gesetzes. [2]Für diese gelten § 371 Absatz 1 Satz 2 und § 371a Absatz 3 der Zivilprozessordnung.

(4) [1]Ein elektronisches Dokument gilt in den Fällen des § 5 Absatz 5 Satz 2 am dritten Tag nach der Absendung an das De-Mail-Postfach des Empfängers als zugestellt, wenn er dieses Postfach als Zugang eröffnet hat und der Behörde nicht spätestens an diesem Tag eine elektronische Abholbestätigung nach § 5 Absatz 9 des De-Mail-Gesetzes zugeht. [2]Satz 1 gilt nicht, wenn der Empfänger nachweist, dass das Dokument nicht oder zu einem späteren Zeitpunkt zugegangen ist. [3]Der Empfänger ist in den Fällen des § 5 Absatz 5 Satz 2 vor der Übermittlung über die Rechtsfolgen nach den Sätzen 1 und 2 zu belehren. [4]Als Nachweis der Zustellung nach Satz 1 dient die Versandbestätigung nach § 5 Absatz 7 des De-Mail-Gesetzes oder ein Vermerk der absendenden Behörde in den Akten, zu welchem Zeitpunkt und an welches De-Mail-Postfach das Dokument gesendet wurde. [5]Der Empfänger ist über den Eintritt der Zustellungsfiktion nach Satz 1 elektronisch zu benachrichtigen.

§ 6 Zustellung an gesetzliche Vertreter (1) [1]Bei Geschäftsunfähigen oder beschränkt Geschäftsfähigen ist an ihre gesetzlichen Vertreter zuzustellen. [2]Gleiches gilt bei Personen, für die ein Betreuer bestellt ist, soweit der Aufgabenkreis des Betreuers reicht.

(2) [1]Bei Behörden wird an den Behördenleiter, bei juristischen Personen, nicht rechtsfähigen Personenvereinigungen und Zweckvermögen an ihre gesetzlichen Vertreter zugestellt. [2]§ 34 Abs. 2 der Abgabenordnung bleibt unberührt.

(3) [1]Bei mehreren gesetzlichen Vertretern oder Behördenleitern genügt die Zustellung an einen von ihnen.

(4) [1]Der zustellende Bedienstete braucht nicht zu prüfen, ob die Anschrift den Vorschriften der Absätze 1 bis 3 entspricht.

§ 7 Zustellung an Bevollmächtigte (1) [1]Zustellungen können an den allgemeinen oder für bestimmte Angelegenheiten bestellten Bevollmächtigten gerichtet werden. [2]Sie sind an ihn zu richten, wenn er schriftliche Vollmacht vorgelegt hat. [3]Ist ein Bevollmächtigter für mehrere Beteiligte bestellt, so genügt die Zustellung eines Dokuments an ihn für alle Beteiligten.

(2) [1]Einem Zustellungsbevollmächtigten mehrerer Beteiligter sind so viele Ausfertigungen oder Abschriften zuzustellen, als Beteiligte vorhanden sind.

(3) [1]Auf § 180 Abs. 2 der Abgabenordnung beruhende Regelungen und § 183 der Abgabenordnung bleiben unberührt.

§ 8 Heilung von Zustellungsmängeln [1]Lässt sich die formgerechte Zustellung eines Dokuments nicht nachweisen oder ist es unter Verletzung zwingender Zustellungsvorschriften zugegangen, gilt es als in dem Zeitpunkt zugestellt, in dem es dem Empfangsberechtigten tatsächlich zugegangen ist, im Fall des § 5 Abs. 5 in dem Zeitpunkt, in dem der Empfänger das Empfangsbekenntnis zurückgesendet hat.

§ 9 Zustellung im Ausland (1) [1]Eine Zustellung im Ausland erfolgt

1. durch Einschreiben mit Rückschein, soweit die Zustellung von Dokumenten unmittelbar durch die Post völkerrechtlich zulässig ist,
2. auf Ersuchen der Behörde durch die Behörden des fremden Staates oder durch die zuständige diplomatische oder konsularische Vertretung der Bundesrepublik Deutschland,
3. auf Ersuchen der Behörde durch das Auswärtige Amt an eine Person, die das Recht der Immunität genießt und zu einer Vertretung der Bundesrepublik Deutschland im Ausland gehört, sowie an Familienangehörige einer solchen Person, wenn diese das Recht der Immunität genießen, oder
4. durch Übermittlung elektronischer Dokumente nach § 5 Abs. 5, soweit dies völkerrechtlich zulässig ist.

(2) [1]Zum Nachweis der Zustellung nach Absatz 1 Nr. 1 genügt der Rückschein. [2]Die Zustellung nach Absatz 1 Nr. 2 und 3 wird durch das Zeugnis der ersuchten Behörde nachgewiesen. [3]Der Nachweis der Zustellung gemäß Absatz 1 Nr. 4 richtet sich nach § 5 Abs. 7 Satz 1 bis 3 und 5 sowie nach § 5a Absatz 3 und 4 Satz 1, 2 und 4.

(3) [1]Die Behörde kann bei der Zustellung nach Absatz 1 Nr. 2 und 3 anordnen, dass die Person, an die zugestellt werden soll, innerhalb einer angemessenen Frist einen Zustellungsbevollmächtigten benennt, der im Inland wohnt oder dort einen Geschäftsraum hat. [2]Wird kein Zustellungsbevollmächtigter benannt, können spätere Zustellungen bis zur nachträglichen Benennung dadurch bewirkt werden, dass das Dokument unter der Anschrift der Person, an die zugestellt werden soll, zur Post gegeben wird. [3]Das Dokument gilt am siebenten Tag nach Aufgabe zur Post als zugestellt,

wenn nicht feststeht, dass es den Empfänger nicht oder zu einem späteren Zeitpunkt erreicht hat. [4]Die Behörde kann eine längere Frist bestimmen. [5]In der Anordnung nach Satz 1 ist auf diese Rechtsfolgen hinzuweisen. [6]Zum Nachweis der Zustellung ist in den Akten zu vermerken, zu welcher Zeit und unter welcher Anschrift das Dokument zur Post gegeben wurde. [7]Ist durch Rechtsvorschrift angeordnet, dass ein Verwaltungsverfahren über eine einheitliche Stelle nach den Vorschriften des Verwaltungsverfahrensgesetzes abgewickelt werden kann, finden die Sätze 1 bis 6 keine Anwendung.

§ 10 Öffentliche Zustellung (1) [1]Die Zustellung kann durch öffentliche Bekanntmachung erfolgen, wenn

1. der Aufenthaltsort des Empfängers unbekannt ist und eine Zustellung an einen Vertreter oder Zustellungsbevollmächtigten nicht möglich ist,
2. bei juristischen Personen, die zur Anmeldung einer inländischen Geschäftsanschrift zum Handelsregister verpflichtet sind, eine Zustellung weder unter der eingetragenen Anschrift noch unter einer im Handelsregister eingetragenen Anschrift einer für Zustellungen empfangsberechtigten Person oder einer ohne Ermittlungen bekannten anderen inländischen Anschrift möglich ist oder
3. sie im Fall des § 9 nicht möglich ist oder keinen Erfolg verspricht.

[2]Die Anordnung über die öffentliche Zustellung trifft ein zeichnungsberechtigter Bediensteter.

(2) [1]Die öffentliche Zustellung erfolgt durch Bekanntmachung einer Benachrichtigung an der Stelle, die von der Behörde hierfür allgemein bestimmt ist, oder durch Veröffentlichung einer Benachrichtigung im Bundesanzeiger. [2]Die Benachrichtigung muss

1. die Behörde, für die zugestellt wird,
2. den Namen und die letzte bekannte Anschrift des Zustellungsadressaten,
3. das Datum und das Aktenzeichen des Dokuments sowie
4. die Stelle, wo das Dokument eingesehen werden kann,

erkennen lassen. [3]Die Benachrichtigung muss den Hinweis enthalten, dass das Dokument öffentlich zugestellt wird und Fristen in Gang gesetzt werden können, nach deren Ablauf Rechtsverluste drohen können. [4]Bei der Zustellung einer Ladung muss die Benachrichtigung den Hinweis enthalten, dass das Dokument eine Ladung zu einem Termin enthält, dessen Versäumung Rechtsnachteile zur Folge haben kann. [5]In den Akten ist zu vermerken, wann und wie die Benachrichtigung bekannt gemacht wurde. [6]Das Dokument gilt als zugestellt, wenn seit dem Tag der Bekanntmachung der Benachrichtigung zwei Wochen vergangen sind.

Verwaltungsgerichtsordnung (VwGO) – Auszug –

Vom 21. Januar 1960, BGBl. I S. 17
BGBl. III 340-1

Zuletzt geändert durch Artikel 5 des Gesetzes vom 21. Juni 2019, BGBl. I S. 846

Inhaltsübersicht

Teil I: Gerichtsverfassung

6. Abschnitt: Verwaltungsrechtsweg und Zuständigkeit

§ 42 (1) [1]Durch Klage kann die Aufhebung eines Verwaltungsakts (Anfechtungsklage) sowie die Verurteilung zum Erlaß eines abgelehnten oder unterlassenen Verwaltungsakts (Verpflichtungsklage) begehrt werden.

(2) [1]Soweit gesetzlich nichts anderes bestimmt ist, ist die Klage nur zulässig, wenn der Kläger geltend macht, durch den Verwaltungsakt oder seine Ablehnung oder Unterlassung in seinen Rechten verletzt zu sein.

§ 43 (1) [1]Durch Klage kann die Feststellung des Bestehens oder Nichtbestehens eines Rechtsverhältnisses oder der Nichtigkeit eines Verwaltungsakts begehrt werden, wenn der Kläger ein berechtigtes Interesse an der baldigen Feststellung hat (Feststellungsklage).

(2) [1]Die Feststellung kann nicht begehrt werden, soweit der Kläger seine Rechte durch Gestaltungs- oder Leistungsklage verfolgen kann oder hätte verfolgen können. [2]Dies gilt nicht, wenn die Feststellung der Nichtigkeit eines Verwaltungsakts begehrt wird.

§ 44 [1]Mehrere Klagebegehren können vom Kläger in einer Klage zusammen verfolgt werden, wenn sie sich gegen denselben Beklagten richten, im Zusammenhang stehen und dasselbe Gericht zuständig ist.

§ 44a [1]Rechtsbehelfe gegen behördliche Verfahrenshandlungen können nur gleichzeitig mit den gegen die Sachentscheidung zulässigen Rechtsbehelfen geltend gemacht werden. [2]Dies gilt nicht, wenn behördliche Verfahrenshandlungen vollstreckt werden können oder gegen einen Nichtbeteiligten ergehen.

§ 45 [1]Das Verwaltungsgericht entscheidet im ersten Rechtszug über alle Streitigkeiten, für die der Verwaltungsrechtsweg offensteht.

§ 46 [1]Das Oberverwaltungsgericht entscheidet über das Rechtsmittel

1. der Berufung gegen Urteile des Verwaltungsgerichts und
2. der Beschwerde gegen andere Entscheidungen des Verwaltungsgerichts.

Teil II: Verfahren

7. Abschnitt: Allgemeine Verfahrensvorschriften

§ 54 (1) [1]Für die Ausschließung und Ablehnung der Gerichtspersonen gelten §§ 41 bis 49 der Zivilprozeßordnung entsprechend.

(2) [1]Von der Ausübung des Amtes als Richter oder ehrenamtlicher Richter ist auch ausgeschlossen, wer bei dem vorausgegangenen Verwaltungsverfahren mitgewirkt hat.

(3) [1]Besorgnis der Befangenheit nach § 42 der Zivilprozeßordnung ist stets dann begründet, wenn der Richter oder ehrenamtliche Richter der Vertretung einer Körperschaft angehört, deren Interessen durch das Verfahren berührt werden.

§ 55 [1]§§ 169, 171a bis 198 des Gerichtsverfassungsgesetzes über die Öffentlichkeit, Sitzungspolizei, Gerichtssprache, Beratung und Abstimmung finden entsprechende Anwendung.

§ 55a (1) [1]Vorbereitende Schriftsätze und deren Anlagen, schriftlich einzureichende Anträge und Erklärungen der Beteiligten sowie schriftlich einzureichende Auskünfte, Aussagen, Gutachten, Übersetzungen und Erklärungen Dritter können nach Maßgabe der Absätze 2 bis 6 als elektronisches Dokument bei Gericht eingereicht werden.

(2) [1]Das elektronische Dokument muss für die Bearbeitung durch das Gericht geeignet sein. [2]Die Bundesregierung bestimmt durch Rechtsverordnung mit Zustimmung des Bundesrates die für die Übermittlung und Bearbeitung geeigneten technischen Rahmenbedingungen.

(3) [1]Das elektronische Dokument muss mit einer qualifizierten elektronischen Signatur der verantwortenden Person versehen sein oder von der verantwortenden Person signiert und auf einem sicheren Übermittlungsweg eingereicht werden.

(4) [1]Sichere Übermittlungswege sind

1. der Postfach- und Versanddienst eines De-Mail-Kontos, wenn der Absender bei Versand der Nachricht sicher im Sinne des § 4 Absatz 1 Satz 2 des De-Mail-Gesetzes angemeldet ist und er sich die sichere Anmeldung gemäß § 5 Absatz 5 des De-Mail-Gesetzes bestätigen lässt,
2. der Übermittlungsweg zwischen dem besonderen elektronischen Anwaltspostfach nach § 31a der Bundesrechtsanwaltsordnung oder einem entsprechenden, auf gesetzlicher Grundlage errichteten elektronischen Postfach und der elektronischen Poststelle des Gerichts,
3. der Übermittlungsweg zwischen einem nach Durchführung eines Identifizierungsverfahrens eingerichteten Postfach einer Behörde oder einer juristischen Person des öffentlichen Rechts und der elektronischen Poststelle des Gerichts; das Nähere regelt die Verordnung nach Absatz 2 Satz 2,
4. sonstige bundeseinheitliche Übermittlungswege, die durch Rechtsverordnung der Bundesregierung mit Zustimmung des Bundesrates festgelegt werden, bei denen die Authentizität und Integrität der Daten sowie die Barrierefreiheit gewährleistet sind.

(5) [1]Ein elektronisches Dokument ist eingegangen, sobald es auf der für den Empfang bestimmten Einrichtung des Gerichts gespeichert ist. [2]Dem Absender ist eine automatisierte Bestätigung über den Zeitpunkt des Eingangs zu erteilen. [3]Die Vorschriften dieses Gesetzes über die Beifügung von Abschriften für die übrigen Beteiligten finden keine Anwendung.

(6) [1]Ist ein elektronisches Dokument für das Gericht zur Bearbeitung nicht geeignet, ist dies dem Absender unter Hinweis auf die Unwirksamkeit des Eingangs und die geltenden technischen Rahmenbedingungen unverzüglich mitzuteilen. [2]Das Dokument gilt als zum Zeitpunkt der früheren Einreichung eingegangen, sofern der Absender es unverzüglich in einer für das Gericht zur Bearbeitung geeigneten Form nachreicht und glaubhaft macht, dass es mit dem zuerst eingereichten Dokument inhaltlich übereinstimmt.

(7) [1]Soweit eine handschriftliche Unterzeichnung durch den Richter oder den Urkundsbeamten der Geschäftsstelle vorgeschrieben ist, genügt dieser Form die Aufzeichnung als elektronisches Dokument, wenn die verantwortenden Personen am Ende des Dokuments ihren Namen hinzufügen und das Dokument mit einer qualifizierten elektronischen Signatur versehen. [2]Der in Satz 1 genannten Form genügt auch ein elektronisches Dokument, in wel-

ches das handschriftlich unterzeichnete Schriftstück gemäß § 55b Absatz 6 Satz 4 übertragen worden ist.

§ 55b (1) [1]Die Prozessakten können elektronisch geführt werden. [2]Die Bundesregierung und die Landesregierungen bestimmen jeweils für ihren Bereich durch Rechtsverordnung den Zeitpunkt, von dem an die Prozessakten elektronisch geführt werden. [3]In der Rechtsverordnung sind die organisatorisch-technischen Rahmenbedingungen für die Bildung, Führung und Verwahrung der elektronischen Akten festzulegen. [4]Die Landesregierungen können die Ermächtigung auf die für die Verwaltungsgerichtsbarkeit zuständigen obersten Landesbehörden übertragen. [5]Die Zulassung der elektronischen Akte kann auf einzelne Gerichte oder Verfahren beschränkt werden; wird von dieser Möglichkeit Gebrauch gemacht, kann in der Rechtsverordnung bestimmt werden, dass durch Verwaltungsvorschrift, die öffentlich bekanntzumachen ist, geregelt wird, in welchen Verfahren die Prozessakten elektronisch zu führen sind. [6]Die Rechtsverordnung der Bundesregierung bedarf nicht der Zustimmung des Bundesrates.

(1a) [1]Die Prozessakten werden ab dem 1. Januar 2026 elektronisch geführt. [2]Die Bundesregierung und die Landesregierungen bestimmen jeweils für ihren Bereich durch Rechtsverordnung die organisatorischen und dem Stand der Technik entsprechenden technischen Rahmenbedingungen für die Bildung, Führung und Verwahrung der elektronischen Akten einschließlich der einzuhaltenden Anforderungen der Barrierefreiheit. [3]Die Bundesregierung und die Landesregierungen können jeweils für ihren Bereich durch Rechtsverordnung bestimmen, dass Akten, die in Papierform angelegt wurden, in Papierform weitergeführt werden. [4]Die Landesregierungen können die Ermächtigungen nach den Sätzen 2 und 3 auf die für die Verwaltungsgerichtsbarkeit zuständigen obersten Landesbehörden übertragen. [5]Die Rechtsverordnungen der Bundesregierung bedürfen nicht der Zustimmung des Bundesrates.

(2) [1]Werden die Akten in Papierform geführt, ist von einem elektronischen Dokument ein Ausdruck für die Akten zu fertigen. [2]Kann dies bei Anlagen zu vorbereitenden Schriftsätzen nicht oder nur mit unverhältnismäßigem Aufwand erfolgen, so kann ein Ausdruck unterbleiben. [3]Die Daten sind in diesem Fall dauerhaft zu speichern; der Speicherort ist aktenkundig zu machen.

(3) [1]Wird das elektronische Dokument auf einem sicheren Übermittlungsweg eingereicht, so ist dies aktenkundig zu machen.

(4) [1]Ist das elektronische Dokument mit einer qualifizierten elektronischen Signatur versehen und nicht auf einem sicheren Übermittlungsweg eingereicht, muss der Ausdruck einen Vermerk darüber enthalten,

1. welches Ergebnis die Integritätsprüfung des Dokumentes ausweist,

2. wen die Signaturprüfung als Inhaber der Signatur ausweist,
3. welchen Zeitpunkt die Signaturprüfung für die Anbringung der Signatur ausweist.

(5) [1]Ein eingereichtes elektronisches Dokument kann im Falle von Absatz 2 nach Ablauf von sechs Monaten gelöscht werden.

(6) [1]Werden die Prozessakten elektronisch geführt, sind in Papierform vorliegende Schriftstücke und sonstige Unterlagen nach dem Stand der Technik zur Ersetzung der Urschrift in ein elektronisches Dokument zu übertragen. [2]Es ist sicherzustellen, dass das elektronische Dokument mit den vorliegenden Schriftstücken und sonstigen Unterlagen bildlich und inhaltlich übereinstimmt. [3]Das elektronische Dokument ist mit einem Übertragungsnachweis zu versehen, der das bei der Übertragung angewandte Verfahren und die bildliche und inhaltliche Übereinstimmung dokumentiert. [4]Wird ein von den verantwortenden Personen handschriftlich unterzeichnetes gerichtliches Schriftstück übertragen, ist der Übertragungsnachweis mit einer qualifizierten elektronischen Signatur des Urkundsbeamten der Geschäftsstelle zu versehen. [5]Die in Papierform vorliegenden Schriftstücke und sonstigen Unterlagen können sechs Monate nach der Übertragung vernichtet werden, sofern sie nicht rückgabepflichtig sind.

§ 55c Formulare; Verordnungsermächtigung [1]Das Bundesministerium der Justiz und für Verbraucherschutz kann durch Rechtsverordnung mit Zustimmung des Bundesrates elektronische Formulare einführen. [2]Die Rechtsverordnung kann bestimmen, dass die in den Formularen enthaltenen Angaben ganz oder teilweise in strukturierter maschinenlesbarer Form zu übermitteln sind. [3]Die Formulare sind auf einer in der Rechtsverordnung zu bestimmenden Kommunikationsplattform im Internet zur Nutzung bereitzustellen. [4]Die Rechtsverordnung kann bestimmen, dass eine Identifikation des Formularverwenders abweichend von § 55a Absatz 3 auch durch Nutzung des elektronischen Identitätsnachweises nach § 18 des Personalausweisgesetzes oder § 78 Absatz 5 des Aufenthaltsgesetzes erfolgen kann.

Fassung ab dem 1. November 2019:

[1]Das Bundesministerium der Justiz und für Verbraucherschutz kann durch Rechtsverordnung mit Zustimmung des Bundesrates elektronische Formulare einführen. [2]Die Rechtsverordnung kann bestimmen, dass die in den Formularen enthaltenen Angaben ganz oder teilweise in strukturierter maschinenlesbarer Form zu übermitteln sind. [3]Die Formulare sind auf einer in der Rechtsverordnung zu bestimmenden Kommunikationsplattform im Internet zur Nutzung bereitzustellen. [4]Die Rechtsverordnung kann bestimmen, dass eine Identifikation des Formularverwenders abweichend von § 55a Absatz 3 auch durch Nutzung des elektronischen Identitätsnachweises nach § 18 des Personalausweisgesetzes, § 12 des eID-Karte-Gesetzes oder § 78 Absatz 5 des Aufenthaltsgesetzes erfolgen kann.

§ 56 (1) [1]Anordnungen und Entscheidungen, durch die eine Frist in Lauf gesetzt wird, sowie Terminbestimmungen und Ladungen sind zuzustellen, bei Verkündung jedoch nur, wenn es ausdrücklich vorgeschrieben ist.

(2) [1]Zugestellt wird von Amts wegen nach den Vorschriften der Zivilprozessordnung.

(3) [1]Wer nicht im Inland wohnt, hat auf Verlangen einen Zustellungsbevollmächtigten zu bestellen.

§ 56a (1) [1]Sind gleiche Bekanntgaben an mehr als fünfzig Personen erforderlich, kann das Gericht für das weitere Verfahren die Bekanntgabe durch öffentliche Bekanntmachung anordnen. [2]In dem Beschluß muß bestimmt werden, in welchen Tageszeitungen die Bekanntmachungen veröffentlicht werden; dabei sind Tageszeitungen vorzusehen, die in dem Bereich verbreitet sind, in dem sich die Entscheidung voraussichtlich auswirken wird. [3]Der Beschluß ist den Beteiligten zuzustellen. [4]Die Beteiligten sind darauf hinzuweisen, auf welche Weise die weiteren Bekanntgaben bewirkt werden und wann das Dokument als zugestellt gilt. [5]Der Beschluß ist unanfechtbar. [6]Das Gericht kann den Beschluß jederzeit aufheben; es muß ihn aufheben, wenn die Voraussetzungen des Satzes 1 nicht vorlagen oder nicht mehr vorliegen.

(2) [1]Die öffentliche Bekanntmachung erfolgt durch Aushang an der Gerichtstafel oder durch Einstellung in ein elektronisches Informationssystem, das im Gericht öffentlich zugänglich ist und durch Veröffentlichung im Bundesanzeiger sowie in den im Beschluss nach Absatz 1 Satz 2 bestimmten Tageszeitungen. [2]Sie kann zusätzlich in einem von dem Gericht für Bekanntmachungen bestimmten Informations- und Kommunikationssystem erfolgen. [3]Bei einer Entscheidung genügt die öffentliche Bekanntmachung der Entscheidungsformel und der Rechtsbehelfsbelehrung. [4]Statt des bekannt zu machenden Dokuments kann eine Benachrichtigung öffentlich bekannt gemacht werden, in der angegeben ist, wo das Dokument eingesehen werden kann. [5]Eine Terminbestimmung oder Ladung muss im vollständigen Wortlaut öffentlich bekannt gemacht werden.

(3) [1]Das Dokument gilt als an dem Tag zugestellt, an dem seit dem Tag der Veröffentlichung im Bundesanzeiger zwei Wochen verstrichen sind; darauf ist in jeder Veröffentlichung hinzuweisen. [2]Nach der öffentlichen Bekanntmachung einer Entscheidung können die Beteiligten eine Ausfertigung schriftlich anfordern; darauf ist in der Veröffentlichung gleichfalls hinzuweisen.

§ 57 (1) [1]Der Lauf einer Frist beginnt, soweit nichts anderes bestimmt ist, mit der Zustellung oder, wenn diese nicht vorgeschrieben ist, mit der Eröffnung oder Verkündung.

(2) [1]Für die Fristen gelten die Vorschriften der §§ 222, 224 Abs. 2 und 3, §§ 225 und 226 der Zivilprozeßordnung.

§ 58 (1) [1]Die Frist für ein Rechtsmittel oder einen anderen Rechtsbehelf beginnt nur zu laufen, wenn der Beteiligte über den Rechtsbehelf, die Verwaltungsbehörde oder das Gericht, bei denen der Rechtsbehelf anzubringen ist, den Sitz und die einzuhaltende Frist schriftlich oder elektronisch belehrt worden ist.

(2) [1]Ist die Belehrung unterblieben oder unrichtig erteilt, so ist die Einlegung des Rechtsbehelfs nur innerhalb eines Jahres seit Zustellung, Eröffnung oder Verkündung zulässig, außer wenn die Einlegung vor Ablauf der Jahresfrist infolge höherer Gewalt unmöglich war oder eine schriftliche oder elektronische Belehrung dahin erfolgt ist, daß ein Rechtsbehelf nicht gegeben sei. [2]§ 60 Abs. 2 gilt für den Fall höherer Gewalt entsprechend.

§ 59 (weggefallen)

§ 60 (1) [1]Wenn jemand ohne Verschulden verhindert war, eine gesetzliche Frist einzuhalten, so ist ihm auf Antrag Wiedereinsetzung in den vorigen Stand zu gewähren.

(2) [1]Der Antrag ist binnen zwei Wochen nach Wegfall des Hindernisses zu stellen; bei Versäumung der Frist zur Begründung der Berufung, des Antrags auf Zulassung der Berufung, der Revision, der Nichtzulassungsbeschwerde oder der Beschwerde beträgt die Frist einen Monat. [2]Die Tatsachen zur Begründung des Antrags sind bei der Antragstellung oder im Verfahren über den Antrag glaubhaft zu machen. [3]Innerhalb der Antragsfrist ist die versäumte Rechtshandlung nachzuholen. [4]Ist dies geschehen, so kann die Wiedereinsetzung auch ohne Antrag gewährt werden.

(3) [1]Nach einem Jahr seit dem Ende der versäumten Frist ist der Antrag unzulässig, außer wenn der Antrag vor Ablauf der Jahresfrist infolge höherer Gewalt unmöglich war.

(4) [1]Über den Wiedereinsetzungsantrag entscheidet das Gericht, das über die versäumte Rechtshandlung zu befinden hat.

(5) [1]Die Wiedereinsetzung ist unanfechtbar.

§ 61 [1]Fähig, am Verfahren beteiligt zu sein, sind

1. natürliche und juristische Personen,
2. Vereinigungen, soweit ihnen ein Recht zustehen kann,
3. Behörden, sofern das Landesrecht dies bestimmt.

§ 62 (1) [1]Fähig zur Vornahme von Verfahrenshandlungen sind

1. die nach bürgerlichem Recht Geschäftsfähigen,
2. die nach bürgerlichem Recht in der Geschäftsfähigkeit Beschränkten, soweit sie durch Vorschriften des bürgerlichen oder öffentlichen Rechts für den Gegenstand des Verfahrens als geschäftsfähig anerkannt sind.

(2) [1]Betrifft ein Einwilligungsvorbehalt nach § 1903 des Bürgerlichen Gesetzbuchs den Gegenstand des Verfahrens, so ist ein geschäftsfähiger Betreuter nur insoweit zur Vornahme von Verfahrenshandlungen fähig, als er nach den Vorschriften des bürgerlichen Rechts ohne Einwilligung des Betreuers handeln kann oder durch Vorschriften des öffentlichen Rechts als handlungsfähig anerkannt ist.

(3) [1]Für Vereinigungen sowie für Behörden handeln ihre gesetzlichen Vertreter, und Vorstände.

(4) [1]§§ 53 bis 58 der Zivilprozeßordnung gelten entsprechend.

§ 63 [1]Beteiligte am Verfahren sind

1. der Kläger,
2. der Beklagte,
3. der Beigeladene (§ 65),
4. der Vertreter des Bundesinteresses beim Bundesverwaltungsgericht oder der Vertreter des öffentlichen Interesses, falls er von seiner Beteiligungsbefugnis Gebrauch macht.

§ 64 [1]Die Vorschriften der §§ 59 bis 63 der Zivilprozeßordnung über die Streitgenossenschaft sind entsprechend anzuwenden.

§ 65 (1) [1]Das Gericht kann, solange das Verfahren noch nicht rechtskräftig abgeschlossen oder in höherer Instanz anhängig ist, von Amts wegen oder auf Antrag andere, deren rechtliche Interessen durch die Entscheidung berührt werden, beiladen.

(2) [1]Sind an dem streitigen Rechtsverhältnis Dritte derart beteiligt, daß die Entscheidung auch ihnen gegenüber nur einheitlich ergehen kann, so sind sie beizuladen (notwendige Beiladung).

(3) [1]Kommt nach Absatz 2 die Beiladung von mehr als fünfzig Personen in Betracht, kann das Gericht durch Beschluß anordnen, daß nur solche Personen beigeladen werden, die dies innerhalb einer bestimmten Frist beantragen. [2]Der Beschluß ist unanfechtbar. [3]Er ist im Bundesanzeiger bekanntzumachen. [4]Er muß außerdem in Tageszeitungen veröffentlicht werden, die in dem Bereich verbreitet sind, in dem sich die Entscheidung voraussichtlich auswirken wird. [5]Die Bekanntmachung kann zusätzlich in einem von dem Gericht für Bekanntmachungen bestimmten Informations- und Kommunikationssystem erfolgen. [6]Die Frist muß mindestens drei Monate seit Veröf-

fentlichung im Bundesanzeiger betragen. [7]In der Veröffentlichung in Tageszeitungen ist mitzuteilen, an welchem Tag die Frist abläuft. [8]Für die Wiedereinsetzung in den vorigen Stand bei Versäumung der Frist gilt § 60 entsprechend. [9]Das Gericht soll Personen, die von der Entscheidung erkennbar in besonderem Maß betroffen werden, auch ohne Antrag beiladen.

(4) [1]Der Beiladungsbeschluß ist allen Beteiligten zuzustellen. [2]Dabei sollen der Stand der Sache und der Grund der Beiladung angegeben werden. [3]Die Beiladung ist unanfechtbar.

§ 66 [1]Der Beigeladene kann innerhalb der Anträge eines Beteiligten selbständig Angriffs- und Verteidigungsmittel geltend machen und alle Verfahrenshandlungen wirksam vornehmen. [2]Abweichende Sachanträge kann er nur stellen, wenn eine notwendige Beiladung vorliegt.

§ 67 (1) [1]Die Beteiligten können vor dem Verwaltungsgericht den Rechtsstreit selbst führen.

(2) [1]Die Beteiligten können sich durch einen Rechtsanwalt oder einen Rechtslehrer an einer staatlichen oder staatlich anerkannten Hochschule eines Mitgliedstaates der Europäischen Union, eines anderen Vertragsstaates des Abkommens über den Europäischen Wirtschaftsraum oder der Schweiz, der die Befähigung zum Richteramt besitzt, als Bevollmächtigten vertreten lassen. [2]Darüber hinaus sind als Bevollmächtigte vor dem Verwaltungsgericht vertretungsbefugt nur

1. Beschäftigte des Beteiligten oder eines mit ihm verbundenen Unternehmens (§ 15 des Aktiengesetzes); Behörden und juristische Personen des öffentlichen Rechts einschließlich der von ihnen zur Erfüllung ihrer öffentlichen Aufgaben gebildeten Zusammenschlüsse können sich auch durch Beschäftigte anderer Behörden oder juristischer Personen des öffentlichen Rechts einschließlich der von ihnen zur Erfüllung ihrer öffentlichen Aufgaben gebildeten Zusammenschlüsse vertreten lassen,
2. volljährige Familienangehörige (§ 15 der Abgabenordnung, § 11 des Lebenspartnerschaftsgesetzes), Personen mit Befähigung zum Richteramt und Streitgenossen, wenn die Vertretung nicht im Zusammenhang mit einer entgeltlichen Tätigkeit steht,
3. Steuerberater, Steuerbevollmächtigte, Wirtschaftsprüfer und vereidigte Buchprüfer, Personen und Vereinigungen im Sinn des § 3a des Steuerberatungsgesetzes sowie Gesellschaften im Sinn des § 3 Nr. 2 und 3 des Steuerberatungsgesetzes, die durch Personen im Sinn des § 3 Nr. 1 des Steuerberatungsgesetzes handeln, in Abgabenangelegenheiten,
4. berufsständische Vereinigungen der Landwirtschaft für ihre Mitglieder,
5. Gewerkschaften und Vereinigungen von Arbeitgebern sowie Zusammenschlüsse solcher Verbände für ihre Mitglieder oder für andere Ver-

bände oder Zusammenschlüsse mit vergleichbarer Ausrichtung und deren Mitglieder,

6. Vereinigungen, deren satzungsgemäße Aufgaben die gemeinschaftliche Interessenvertretung, die Beratung und Vertretung der Leistungsempfänger nach dem sozialen Entschädigungsrecht oder der behinderten Menschen wesentlich umfassen und die unter Berücksichtigung von Art und Umfang ihrer Tätigkeit sowie ihres Mitgliederkreises die Gewähr für eine sachkundige Prozessvertretung bieten, für ihre Mitglieder in Angelegenheiten der Kriegsopferfürsorge und des Schwerbehindertenrechts sowie der damit im Zusammenhang stehenden Angelegenheiten,

7. juristische Personen, deren Anteile sämtlich im wirtschaftlichen Eigentum einer der in den Nummern 5 und 6 bezeichneten Organisationen stehen, wenn die juristische Person ausschließlich die Rechtsberatung und Prozessvertretung dieser Organisation und ihrer Mitglieder oder anderer Verbände oder Zusammenschlüsse mit vergleichbarer Ausrichtung und deren Mitglieder entsprechend deren Satzung durchführt, und wenn die Organisation für die Tätigkeit der Bevollmächtigten haftet.

[3]Bevollmächtigte, die keine natürlichen Personen sind, handeln durch ihre Organe und mit der Prozessvertretung beauftragten Vertreter.

(3) [1]Das Gericht weist Bevollmächtigte, die nicht nach Maßgabe des Absatzes 2 vertretungsbefugt sind, durch unanfechtbaren Beschluss zurück. [2]Prozesshandlungen eines nicht vertretungsbefugten Bevollmächtigten und Zustellungen oder Mitteilungen an diesen Bevollmächtigten sind bis zu seiner Zurückweisung wirksam. [3]Das Gericht kann den in Absatz 2 Satz 2 Nr. 1 und 2 bezeichneten Bevollmächtigten durch unanfechtbaren Beschluss die weitere Vertretung untersagen, wenn sie nicht in der Lage sind, das Sach- und Streitverhältnis sachgerecht darzustellen.

(4) [1]Vor dem Bundesverwaltungsgericht und dem Oberverwaltungsgericht müssen sich die Beteiligten, außer im Prozesskostenhilfeverfahren, durch Prozessbevollmächtigte vertreten lassen. [2]Dies gilt auch für Prozesshandlungen, durch die ein Verfahren vor dem Bundesverwaltungsgericht oder einem Oberverwaltungsgericht eingeleitet wird. [3]Als Bevollmächtigte sind nur die in Absatz 2 Satz 1 bezeichneten Personen zugelassen. [4]Behörden und juristische Personen des öffentlichen Rechts einschließlich der von ihnen zur Erfüllung ihrer öffentlichen Aufgaben gebildeten Zusammenschlüsse können sich durch eigene Beschäftigte mit Befähigung zum Richteramt oder durch Beschäftigte mit Befähigung zum Richteramt anderer Behörden oder juristischer Personen des öffentlichen Rechts einschließlich der von ihnen zur Erfüllung ihrer öffentlichen Aufgaben gebildeten Zusammenschlüsse vertreten lassen. [5]Vor dem Bundesverwaltungsgericht sind auch die in Absatz 2 Satz 2 Nr. 5 bezeichneten Organisationen einschließlich der von ihnen gebildeten juristischen Personen gemäß Absatz 2 Satz 2 Nr. 7 als Be-

vollmächtigte zugelassen, jedoch nur in Angelegenheiten, die Rechtsverhältnisse im Sinne des § 52 Nr. 4 betreffen, in Personalvertretungsangelegenheiten und in Angelegenheiten, die in einem Zusammenhang mit einem gegenwärtigen oder früheren Arbeitsverhältnis von Arbeitnehmern im Sinne des § 5 des Arbeitsgerichtsgesetzes stehen, einschließlich Prüfungsangelegenheiten. [6]Die in Satz 5 genannten Bevollmächtigten müssen durch Personen mit der Befähigung zum Richteramt handeln. [7]Vor dem Oberverwaltungsgericht sind auch die in Absatz 2 Satz 2 Nr. 3 bis 7 bezeichneten Personen und Organisationen als Bevollmächtigte zugelassen. [8]Ein Beteiligter, der nach Maßgabe der Sätze 3, 5 und 7 zur Vertretung berechtigt ist, kann sich selbst vertreten.

(5) [1]Richter dürfen nicht als Bevollmächtigte vor dem Gericht auftreten, dem sie angehören. [2]Ehrenamtliche Richter dürfen, außer in den Fällen des Absatzes 2 Satz 2 Nr. 1, nicht vor einem Spruchkörper auftreten, dem sie angehören. [3]Absatz 3 Satz 1 und 2 gilt entsprechend.

(6) [1]Die Vollmacht ist schriftlich zu den Gerichtsakten einzureichen. [2]Sie kann nachgereicht werden; hierfür kann das Gericht eine Frist bestimmen. [3]Der Mangel der Vollmacht kann in jeder Lage des Verfahrens geltend gemacht werden. [4]Das Gericht hat den Mangel der Vollmacht von Amts wegen zu berücksichtigen, wenn nicht als Bevollmächtigter ein Rechtsanwalt auftritt. [5]Ist ein Bevollmächtigter bestellt, sind die Zustellungen oder Mitteilungen des Gerichts an ihn zu richten.

(7) [1]In der Verhandlung können die Beteiligten mit Beiständen erscheinen. [2]Beistand kann sein, wer in Verfahren, in denen die Beteiligten den Rechtsstreit selbst führen können, als Bevollmächtigter zur Vertretung in der Verhandlung befugt ist. [3]Das Gericht kann andere Personen als Beistand zulassen, wenn dies sachdienlich ist und hierfür nach den Umständen des Einzelfalls ein Bedürfnis besteht. [4]Absatz 3 Satz 1 und 3 und Absatz 5 gelten entsprechend. [5]Das von dem Beistand Vorgetragene gilt als von dem Beteiligten vorgebracht, soweit es nicht von diesem sofort widerrufen oder berichtigt wird.

§ 67a (1) [1]Sind an einem Rechtsstreit mehr als zwanzig Personen im gleichen Interesse beteiligt, ohne durch einen Prozeßbevollmächtigten vertreten zu sein, kann das Gericht ihnen durch Beschluß aufgeben, innerhalb einer angemessenen Frist einen gemeinsamen Bevollmächtigten zu bestellen, wenn sonst die ordnungsgemäße Durchführung des Rechtsstreits beeinträchtigt wäre. [2]Bestellen die Beteiligten einen gemeinsamen Bevollmächtigten nicht innerhalb der ihnen gesetzten Frist, kann das Gericht einen Rechtsanwalt als gemeinsamen Vertreter durch Beschluß bestellen. [3]Die Beteiligten können Verfahrenshandlungen nur durch den gemeinsamen Bevollmächtigten oder Vertreter vornehmen. [4]Beschlüsse nach den Sätzen 1 und 2 sind unanfechtbar.

(2) [1]Die Vertretungsmacht erlischt, sobald der Vertreter oder der Vertretene dies dem Gericht schriftlich oder zu Protokoll des Urkundsbeamten der Geschäftsstelle erklärt; der Vertreter kann die Erklärung nur hinsichtlich aller Vertretenen abgeben. [2]Gibt der Vertretene eine solche Erklärung ab, so erlischt die Vertretungsmacht nur, wenn zugleich die Bestellung eines anderen Bevollmächtigten angezeigt wird.

8. Abschnitt: Besondere Vorschriften für Anfechtungs- und Verpflichtungsklagen

§ 68 (1) [1]Vor Erhebung der Anfechtungsklage sind Rechtmäßigkeit und Zweckmäßigkeit des Verwaltungsakts in einem Vorverfahren nachzuprüfen. [2]Einer solchen Nachprüfung bedarf es nicht, wenn ein Gesetz dies bestimmt oder wenn

1. der Verwaltungsakt von einer obersten Bundesbehörde oder von einer obersten Landesbehörde erlassen worden ist, außer wenn ein Gesetz die Nachprüfung vorschreibt, oder
2. der Abhilfebescheid oder der Widerspruchsbescheid erstmalig eine Beschwer enthält.

(2) [1]Für die Verpflichtungsklage gilt Absatz 1 entsprechend, wenn der Antrag auf Vornahme des Verwaltungsakts abgelehnt worden ist.

§ 69 [1]Das Vorverfahren beginnt mit der Erhebung des Widerspruchs.

§ 70 (1) [1]Der Widerspruch ist innerhalb eines Monats, nachdem der Verwaltungsakt dem Beschwerten bekanntgegeben worden ist, schriftlich, in elektronischer Form nach § 3a Absatz 2 des Verwaltungsverfahrensgesetzes oder zur Niederschrift bei der Behörde zu erheben, die den Verwaltungsakt erlassen hat. [2]Die Frist wird auch durch Einlegung bei der Behörde, die den Widerspruchsbescheid zu erlassen hat, gewahrt.

(2) [1]§§ 58 und 60 Abs. 1 bis 4 gelten entsprechend.

§ 71 Anhörung [1]Ist die Aufhebung oder Änderung eines Verwaltungsakts im Widerspruchsverfahren erstmalig mit einer Beschwer verbunden, soll der Betroffene vor Erlaß des Abhilfebescheids oder des Widerspruchsbescheids gehört werden.

§ 72 [1]Hält die Behörde den Widerspruch für begründet, so hilft sie ihm ab und entscheidet über die Kosten.

§ 73 (1) [1]Hilft die Behörde dem Widerspruch nicht ab, so ergeht ein Widerspruchsbescheid. [2]Diesen erläßt

1. die nächsthöhere Behörde, soweit nicht durch Gesetz eine andere höhere Behörde bestimmt wird,
2. wenn die nächsthöhere Behörde eine oberste Bundes- oder oberste Landesbehörde ist, die Behörde, die den Verwaltungsakt erlassen hat,

3. in Selbstverwaltungsangelegenheiten die Selbstverwaltungsbehörde, soweit nicht durch Gesetz anderes bestimmt wird.

[3]Abweichend von Satz 2 Nr. 1 kann durch Gesetz bestimmt werden, dass die Behörde, die den Verwaltungsakt erlassen hat, auch für die Entscheidung über den Widerspruch zuständig ist.

(2) [1]Vorschriften, nach denen im Vorverfahren des Absatzes 1 Ausschüsse oder Beiräte an die Stelle einer Behörde treten, bleiben unberührt. [2]Die Ausschüsse oder Beiräte können abweichend von Absatz 1 Nr. 1 auch bei der Behörde gebildet werden, die den Verwaltungsakt erlassen hat.

(3) [1]Der Widerspruchsbescheid ist zu begründen, mit einer Rechtsmittelbelehrung zu versehen und zuzustellen. [2]Zugestellt wird von Amts wegen nach den Vorschriften des Verwaltungszustellungsgesetzes. [3]Der Widerspruchsbescheid bestimmt auch, wer die Kosten trägt.

§ 74 (1) [1]Die Anfechtungsklage muß innerhalb eines Monats nach Zustellung des Widerspruchsbescheids erhoben werden. [2]Ist nach § 68 ein Widerspruchsbescheid nicht erforderlich, so muß die Klage innerhalb eines Monats nach Bekanntgabe des Verwaltungsakts erhoben werden.

(2) [1]Für die Verpflichtungsklage gilt Absatz 1 entsprechend, wenn der Antrag auf Vornahme des Verwaltungsakts abgelehnt worden ist.

§ 75 [1]Ist über einen Widerspruch oder über einen Antrag auf Vornahme eines Verwaltungsakts ohne zureichenden Grund in angemessener Frist sachlich nicht entschieden worden, so ist die Klage abweichend von § 68 zulässig. [2]Die Klage kann nicht vor Ablauf von drei Monaten seit der Einlegung des Widerspruchs oder seit dem Antrag auf Vornahme des Verwaltungsakts erhoben werden, außer wenn wegen besonderer Umstände des Falles eine kürzere Frist geboten ist. [3]Liegt ein zureichender Grund dafür vor, daß über den Widerspruch noch nicht entschieden oder der beantragte Verwaltungsakt noch nicht erlassen ist, so setzt das Gericht das Verfahren bis zum Ablauf einer von ihm bestimmten Frist, die verlängert werden kann, aus. [4]Wird dem Widerspruch innerhalb der vom Gericht gesetzten Frist stattgegeben oder der Verwaltungsakt innerhalb dieser Frist erlassen, so ist die Hauptsache für erledigt zu erklären.

§ 76 (weggefallen)

§ 77 (1) [1]Alle bundesrechtlichen Vorschriften in anderen Gesetzen über Einspruchs- oder Beschwerdeverfahren sind durch die Vorschriften dieses Abschnitts ersetzt.

(2) [1]Das gleiche gilt für landesrechtliche Vorschriften über Einspruchs- oder Beschwerdeverfahren als Voraussetzung der verwaltungsgerichtlichen Klage.

§ 78 (1) [1]Die Klage ist zu richten

1. gegen den Bund, das Land oder die Körperschaft, deren Behörde den angefochtenen Verwaltungsakt erlassen oder den beantragten Verwaltungsakt unterlassen hat; zur Bezeichnung des Beklagten genügt die Angabe der Behörde,
2. sofern das Landesrecht dies bestimmt, gegen die Behörde selbst, die den angefochtenen Verwaltungsakt erlassen oder den beantragten Verwaltungsakt unterlassen hat.

(2) [1]Wenn ein Widerspruchsbescheid erlassen ist, der erstmalig eine Beschwer enthält (§ 68 Abs. 1 Satz 2 Nr. 2), ist Behörde im Sinne des Absatzes 1 die Widerspruchsbehörde.

§ 79 (1) [1]Gegenstand der Anfechtungsklage ist

1. der ursprüngliche Verwaltungsakt in der Gestalt, die er durch den Widerspruchsbescheid gefunden hat,
2. der Abhilfebescheid oder Widerspruchsbescheid, wenn dieser erstmalig eine Beschwer enthält.

(2) [1]Der Widerspruchsbescheid kann auch dann alleiniger Gegenstand der Anfechtungsklage sein, wenn und soweit er gegenüber dem ursprünglichen Verwaltungsakt eine zusätzliche selbständige Beschwer enthält. [2]Als eine zusätzliche Beschwer gilt auch die Verletzung einer wesentlichen Verfahrensvorschrift, sofern der Widerspruchsbescheid auf dieser Verletzung beruht. [3]§ 78 Abs. 2 gilt entsprechend.

§ 80 (1) [1]Widerspruch und Anfechtungsklage haben aufschiebende Wirkung. [2]Das gilt auch bei rechtsgestaltenden und feststellenden Verwaltungsakten sowie bei Verwaltungsakten mit Doppelwirkung (§ 80a).

(2) [1]Die aufschiebende Wirkung entfällt nur

1. bei der Anforderung von öffentlichen Abgaben und Kosten,
2. bei unaufschiebbaren Anordnungen und Maßnahmen von Polizeivollzugsbeamten,
3. in anderen durch Bundesgesetz oder für Landesrecht durch Landesgesetz vorgeschriebenen Fällen, insbesondere für Widersprüche und Klagen Dritter gegen Verwaltungsakte, die Investitionen oder die Schaffung von Arbeitsplätzen betreffen,
4. in den Fällen, in denen die sofortige Vollziehung im öffentlichen Interesse oder im überwiegenden Interesse eines Beteiligten von der Behörde, die den Verwaltungsakt erlassen oder über den Widerspruch zu entscheiden hat, besonders angeordnet wird.

[2]Die Länder können auch bestimmen, daß Rechtsbehelfe keine aufschiebende Wirkung haben, soweit sie sich gegen Maßnahmen richten, die in der

Verwaltungsvollstreckung durch die Länder nach Bundesrecht getroffen werden.

(3) [1]In den Fällen des Absatzes 2 Nr. 4 ist das besondere Interesse an der sofortigen Vollziehung des Verwaltungsakts schriftlich zu begründen. [2]Einer besonderen Begründung bedarf es nicht, wenn die Behörde bei Gefahr im Verzug, insbesondere bei drohenden Nachteilen für Leben, Gesundheit oder Eigentum vorsorglich eine als solche bezeichnete Notstandsmaßnahme im öffentlichen Interesse trifft.

(4) [1]Die Behörde, die den Verwaltungsakt erlassen oder über den Widerspruch zu entscheiden hat, kann in den Fällen des Absatzes 2 die Vollziehung aussetzen, soweit nicht bundesgesetzlich etwas anderes bestimmt ist. [2]Bei der Anforderung von öffentlichen Abgaben und Kosten kann sie die Vollziehung auch gegen Sicherheit aussetzen. [3]Die Aussetzung soll bei öffentlichen Abgaben und Kosten erfolgen, wenn ernstliche Zweifel an der Rechtmäßigkeit des angegriffenen Verwaltungsakts bestehen oder wenn die Vollziehung für den Angaben- oder Kostenpflichtigen eine unbillige, nicht durch überwiegende öffentliche Interessen gebotene Härte zur Folge hätte.

(5) [1]Auf Antrag kann das Gericht der Hauptsache die aufschiebende Wirkung in den Fällen des Absatzes 2 Nr. 1 bis 3 ganz oder teilweise anordnen, im Falle des Absatzes 2 Nr. 4 ganz oder teilweise wiederherstellen. [2]Der Antrag ist schon vor Erhebung der Anfechtungsklage zulässig. [3]Ist der Verwaltungsakt im Zeitpunkt der Entscheidung schon vollzogen, so kann das Gericht die Aufhebung der Vollziehung anordnen. [4]Die Wiederherstellung der aufschiebenden Wirkung kann von der Leistung einer Sicherheit oder von anderen Auflagen abhängig gemacht werden. [5]Sie kann auch befristet werden.

(6) [1]In den Fällen des Absatzes 2 Nr. 1 ist der Antrag nach Absatz 5 nur zulässig, wenn die Behörde einen Antrag auf Aussetzung der Vollziehung ganz oder zum Teil abgelehnt hat. [2]Das gilt nicht, wenn

1. die Behörde über den Antrag ohne Mitteilung eines zureichenden Grundes in angemessener Frist sachlich nicht entschieden hat oder
2. eine Vollstreckung droht.

(7) [1]Das Gericht der Hauptsache kann Beschlüsse über Anträge nach Absatz 5 jederzeit ändern oder aufheben. [2]Jeder Beteiligte kann die Änderung oder Aufhebung wegen veränderter oder im ursprünglichen Verfahren ohne Verschulden nicht geltend gemachter Umstände beantragen.

(8) [1]In dringenden Fällen kann der Vorsitzende entscheiden.

§ 80a (1) [1]Legt ein Dritter einen Rechtsbehelf gegen den an einen anderen gerichteten, diesen begünstigenden Verwaltungsakt ein, kann die Behörde

1. auf Antrag des Begünstigten nach § 80 Abs. 2 Nr. 4 die sofortige Vollziehung anordnen,
2. auf Antrag des Dritten nach § 80 Abs. 4 die Vollziehung aussetzen und einstweilige Maßnahmen zur Sicherung der Rechte des Dritten treffen.

(2) [1]Legt ein Betroffener gegen einen an ihn gerichteten belastenden Verwaltungsakt, der einen Dritten begünstigt, einen Rechtsbehelf ein, kann die Behörde auf Antrag des Dritten nach § 80 Abs. 2 Nr. 4 die sofortige Vollziehung anordnen.

(3) [1]Das Gericht kann auf Antrag Maßnahmen nach den Absätzen 1 und 2 ändern oder aufheben oder solche Maßnahmen treffen. [2]§ 80 Abs. 5 bis 8 gilt entsprechend.

§ 80b (1) [1]Die aufschiebende Wirkung des Widerspruchs und der Anfechtungsklage endet mit der Unanfechtbarkeit oder, wenn die Anfechtungsklage im ersten Rechtszug abgewiesen worden ist, drei Monate nach Ablauf der gesetzlichen Begründungsfrist des gegen die abweisende Entscheidung gegebenen Rechtsmittels. [2]Dies gilt auch, wenn die Vollziehung durch die Behörde ausgesetzt oder die aufschiebende Wirkung durch das Gericht wiederhergestellt oder angeordnet worden ist, es sei denn, die Behörde hat die Vollziehung bis zur Unanfechtbarkeit ausgesetzt.

(2) [1]Das Oberverwaltungsgericht kann auf Antrag anordnen, daß die aufschiebende Wirkung fortdauert.

(3) [1]§ 80 Abs. 5 bis 8 und § 80a gelten entsprechend.

9. Abschnitt: Verfahren im ersten Rechtszug

§ 81 (1) [1]Die Klage ist bei dem Gericht schriftlich zu erheben. [2]Bei dem Verwaltungsgericht kann sie auch zu Protokoll des Urkundsbeamten der Geschäftsstelle erhoben werden.

(2) [1]Der Klage und allen Schriftsätzen sollen vorbehaltlich des § 55a Absatz 5 Satz 3 Abschriften für die übrigen Beteiligten beigefügt werden.

§ 82 (1) [1]Die Klage muß den Kläger, den Beklagten und den Gegenstand des Klagebegehrens bezeichnen. [2]Sie soll einen bestimmten Antrag enthalten. [3]Die zur Begründung dienenden Tatsachen und Beweismittel sollen angegeben, die angefochtene Verfügung und der Widerspruchsbescheid sollen in Abschrift beigefügt werden.

(2) [1]Entspricht die Klage diesen Anforderungen nicht, hat der Vorsitzende oder der nach § 21g des Gerichtsverfassungsgesetzes zuständige Berufsrichter (Berichterstatter) den Kläger zu der erforderlichen Ergänzung innerhalb einer bestimmten Frist aufzufordern. [2]Er kann dem Kläger für die Ergän-

zung eine Frist mit ausschließender Wirkung setzen, wenn es an einem der in Absatz 1 Satz 1 genannten Erfordernisse fehlt. [3]Für die Wiedereinsetzung in den vorigen Stand gilt § 60 entsprechend.

§ 83 [1]Für die sachliche und örtliche Zuständigkeit gelten die §§ 17 bis 17b des Gerichtsverfassungsgesetzes entsprechend. [2]Beschlüsse entsprechend § 17a Abs. 2 und 3 des Gerichtsverfassungsgesetzes sind unanfechtbar.

§ 84 (1) [1]Das Gericht kann ohne mündliche Verhandlung durch Gerichtsbescheid entscheiden, wenn die Sache keine besonderen Schwierigkeiten tatsächlicher oder rechtlicher Art aufweist und der Sachverhalt geklärt ist. [2]Die Beteiligten sind vorher zu hören. [3]Die Vorschriften über Urteile gelten entsprechend.

(2) [1]Die Beteiligten können innerhalb eines Monats nach Zustellung des Gerichtsbescheids

1. Berufung einlegen, wenn sie zugelassen worden ist (§ 124a),
2. Zulassung der Berufung oder mündliche Verhandlung beantragen; wird von beiden Rechtsbehelfen Gebrauch gemacht, findet mündliche Verhandlung statt,
3. Revision einlegen, wenn sie zugelassen worden ist,
4. Nichtzulassungsbeschwerde einlegen oder mündliche Verhandlung beantragen, wenn die Revision nicht zugelassen worden ist; wird von beiden Rechtsbehelfen Gebrauch gemacht, findet mündliche Verhandlung statt,
5. mündliche Verhandlung beantragen, wenn ein Rechtsmittel nicht gegeben ist.

(3) [1]Der Gerichtsbescheid wirkt als Urteil; wird rechtzeitig mündliche Verhandlung beantragt, gilt er als nicht ergangen.

(4) [1]Wird mündliche Verhandlung beantragt, kann das Gericht in dem Urteil von einer weiteren Darstellung des Tatbestandes und der Entscheidungsgründe absehen, soweit es der Begründung des Gerichtsbescheides folgt und dies in seiner Entscheidung feststellt.

§ 85 [1]Der Vorsitzende verfügt die Zustellung der Klage an den Beklagten. [2]Zugleich mit der Zustellung ist der Beklagte aufzufordern, sich schriftlich zu äußern; § 81 Abs. 1 Satz 2 gilt entsprechend. [3]Hierfür kann eine Frist gesetzt werden.

§ 86 (1) [1]Das Gericht erforscht den Sachverhalt von Amts wegen; die Beteiligten sind dabei heranzuziehen. [2]Es ist an das Vorbringen und an die Beweisanträge der Beteiligten nicht gebunden.

(2) [1]Ein in der mündlichen Verhandlung gestellter Beweisantrag kann nur durch einen Gerichtsbeschluß, der zu begründen ist, abgelehnt werden.

(3) [1]Der Vorsitzende hat darauf hinzuwirken, daß Formfehler beseitigt, unklare Anträge erläutert, sachdienliche Anträge gestellt, ungenügende tatsächliche Angaben ergänzt, ferner alle für die Feststellung und Beurteilung des Sachverhalts wesentlichen Erklärungen abgegeben werden.

(4) [1]Die Beteiligten sollen zur Vorbereitung der mündlichen Verhandlung Schriftsätze einreichen. [2]Hierzu kann sie der Vorsitzende unter Fristsetzung auffordern. [3]Die Schriftsätze sind den Beteiligten von Amts wegen zu übermitteln.

(5) [1]Den Schriftsätzen sind die Urkunden oder elektronischen Dokumente, auf die Bezug genommen wird, in Abschrift ganz oder im Auszug beizufügen. [2]Sind die Urkunden dem Gegner bereits bekannt oder sehr umfangreich, so genügt die genaue Bezeichnung mit dem Anerbieten, Einsicht bei Gericht zu gewähren.

§ 86a (weggefallen)

§ 87 (1) [1]Der Vorsitzende oder der Berichterstatter hat schon vor der mündlichen Verhandlung alle Anordnungen zu treffen, die notwendig sind, um den Rechtsstreit möglichst in einer mündlichen Verhandlung zu erledigen. [2]Er kann insbesondere

1. die Beteiligten zur Erörterung des Sach- und Streitstandes und zur gütlichen Beilegung des Rechtsstreits laden und einen Vergleich entgegennehmen;
2. den Beteiligten die Ergänzung oder Erläuterung ihrer vorbereitenden Schriftsätze, die Vorlegung von Urkunden, die Übermittlung von elektronischen Dokumenten und die Vorlegung von anderen zur Niederlegung bei Gericht geeigneten Gegenständen aufgeben, insbesondere eine Frist zur Erklärung über bestimmte klärungsbedürftige Punkte setzen;
3. Auskünfte einholen;
4. die Vorlage von Urkunden oder die Übermittlung von elektronischen Dokumenten anordnen;
5. das persönliche Erscheinen der Beteiligten anordnen; § 95 gilt entsprechend;
6. Zeugen und Sachverständige zur mündlichen Verhandlung laden.

(2) [1]Die Beteiligten sind von jeder Anordnung zu benachrichtigen.

(3) [1]Der Vorsitzende oder der Berichterstatter kann einzelne Beweise erheben. [2]Dies darf nur insoweit geschehen, als es zur Vereinfachung der Verhandlung vor dem Gericht sachdienlich und von vornherein anzunehmen ist, daß das Gericht das Beweisergebnis auch ohne unmittelbaren Eindruck von dem Verlauf der Beweisaufnahme sachgemäß zu würdigen vermag.

§ 87a (1) [1]Der Vorsitzende entscheidet, wenn die Entscheidung im vorbereitenden Verfahren ergeht,

1. über die Aussetzung und das Ruhen des Verfahrens;
2. bei Zurücknahme der Klage, Verzicht auf den geltend gemachten Anspruch oder Anerkenntnis des Anspruchs, auch über einen Antrag auf Prozesskostenhilfe;
3. bei Erledigung des Rechtsstreits in der Hauptsache, auch über einen Antrag auf Prozesskostenhilfe;
4. über den Streitwert;
5. über Kosten;
6. über die Beiladung.

(2) [1]Im Einverständnis der Beteiligten kann der Vorsitzende auch sonst anstelle der Kammer oder des Senats entscheiden.

(3) [1]Ist ein Berichterstatter bestellt, so entscheidet dieser anstelle des Vorsitzenden.

§ 87b (1) [1]Der Vorsitzende oder der Berichterstatter kann dem Kläger eine Frist setzen zur Angabe der Tatsachen, durch deren Berücksichtigung oder Nichtberücksichtigung im Verwaltungsverfahren er sich beschwert fühlt. [2]Die Fristsetzung nach Satz 1 kann mit der Fristsetzung nach § 82 Abs. 2 Satz 2 verbunden werden.

(2) [1]Der Vorsitzende oder der Berichterstatter kann einem Beteiligten unter Fristsetzung aufgeben, zu bestimmten Vorgängen

1. Tatsachen anzugeben oder Beweismittel zu bezeichnen,
2. Urkunden oder andere bewegliche Sachen vorzulegen sowie elektronische Dokumente zu übermitteln, soweit der Beteiligte dazu verpflichtet ist.

(3) [1]Das Gericht kann Erklärungen und Beweismittel, die erst nach Ablauf einer nach den Absätzen 1 und 2 gesetzten Frist vorgebracht werden, zurückweisen und ohne weitere Ermittlungen entscheiden, wenn

1. ihre Zulassung nach der freien Überzeugung des Gerichts die Erledigung des Rechtsstreits verzögern würde und
2. der Beteiligte die Verspätung nicht genügend entschuldigt und
3. der Beteiligte über die Folgen einer Fristversäumung belehrt worden ist.

[2]Der Entschuldigungsgrund ist auf Verlangen des Gerichts glaubhaft zu machen. [3]Satz 1 gilt nicht, wenn es mit geringem Aufwand möglich ist, den Sachverhalt auch ohne Mitwirkung des Beteiligten zu ermitteln.

§ 88 [1]Das Gericht darf über das Klagebegehren nicht hinausgehen, ist aber an die Fassung der Anträge nicht gebunden.

§ 89 (1) [1]Bei dem Gericht der Klage kann eine Widerklage erhoben werden, wenn der Gegenanspruch mit dem in der Klage geltend gemachten Anspruch oder mit den gegen ihn vorgebrachten Verteidigungsmitteln zusammenhängt. [2]Dies gilt nicht, wenn in den Fällen des § 52 Nr. 1 für die Klage wegen des Gegenanspruchs ein anderes Gericht zuständig ist.

(2) [1]Bei Anfechtungs- und Verpflichtungsklagen ist die Widerklage ausgeschlossen.

§ 90 [1]Durch Erhebung der Klage wird die Streitsache rechtshängig. [2]In Verfahren nach dem Siebzehnten Teil des Gerichtsverfassungsgesetzes wegen eines überlangen Gerichtsverfahrens wird die Streitsache erst mit Zustellung der Klage rechtshängig.

§ 91 (1) [1]Eine Änderung der Klage ist zulässig, wenn die übrigen Beteiligten einwilligen oder das Gericht die Änderung für sachdienlich hält.

(2) [1]Die Einwilligung des Beklagten in die Änderung der Klage ist anzunehmen, wenn er sich, ohne ihr zu widersprechen, in einem Schriftsatz oder in einer mündlichen Verhandlung auf die geänderte Klage eingelassen hat.

(3) [1]Die Entscheidung, daß eine Änderung der Klage nicht vorliegt oder zuzulassen sei, ist nicht selbständig anfechtbar.

§ 92 (1) [1]Der Kläger kann bis zur Rechtskraft des Urteils seine Klage zurücknehmen. [2]Die Zurücknahme nach Stellung der Anträge in der mündlichen Verhandlung setzt die Einwilligung des Beklagten und, wenn ein Vertreter des öffentlichen Interesses an der mündlichen Verhandlung teilgenommen hat, auch seine Einwilligung voraus. [3]Die Einwilligung gilt als erteilt, wenn der Klagerücknahme nicht innerhalb von zwei Wochen seit Zustellung des die Rücknahme enthaltenden Schriftsatzes widersprochen wird; das Gericht hat auf diese Folge hinzuweisen.

(2) [1]Die Klage gilt als zurückgenommen, wenn der Kläger das Verfahren trotz Aufforderung des Gerichts länger als zwei Monate nicht betreibt. [2]Absatz 1 Satz 2 und 3 gilt entsprechend. [3]Der Kläger ist in der Aufforderung auf die sich aus Satz 1 und § 155 Abs. 2 ergebenden Rechtsfolgen hinzuweisen. [4]Das Gericht stellt durch Beschluß fest, daß die Klage als zurückgenommen gilt.

(3) [1]Ist die Klage zurückgenommen oder gilt sie als zurückgenommen, so stellt das Gericht das Verfahren durch Beschluß ein und spricht die sich nach diesem Gesetz ergebenden Rechtsfolgen der Zurücknahme aus. [2]Der Beschluß ist unanfechtbar.

§ 93 [1]Das Gericht kann durch Beschluß mehrere bei ihm anhängige Verfahren über den gleichen Gegenstand zu gemeinsamer Verhandlung und Entscheidung verbinden und wieder trennen. [2]Es kann anordnen, daß mehrere in einem Verfahren erhobene Ansprüche in getrennten Verfahren verhandelt und entschieden werden.

§ 93a (1) [1]Ist die Rechtmäßigkeit einer behördlichen Maßnahme Gegenstand von mehr als zwanzig Verfahren, kann das Gericht eines oder mehrere geeignete Verfahren vorab durchführen (Musterverfahren) und die übrigen Verfahren aussetzen. [2]Die Beteiligten sind vorher zu hören. [3]Der Beschluß ist unanfechtbar.

(2) [1]Ist über die durchgeführten Verfahren rechtskräftig entschieden worden, kann das Gericht nach Anhörung der Beteiligten über die ausgesetzten Verfahren durch Beschluß entscheiden, wenn es einstimmig der Auffassung ist, daß die Sachen gegenüber rechtskräftig entschiedenen Musterverfahren keine wesentlichen Besonderheiten tatsächlicher oder rechtlicher Art aufweisen und der Sachverhalt geklärt ist. [2]Das Gericht kann in einem Musterverfahren erhobene Beweise einführen; es kann nach seinem Ermessen die wiederholte Vernehmung eines Zeugen oder eine neue Begutachtung durch denselben oder andere Sachverständige anordnen. [3]Beweisanträge zu Tatsachen, über die bereits im Musterverfahren Beweis erhoben wurde, kann das Gericht ablehnen, wenn ihre Zulassung nach seiner freien Überzeugung nicht zum Nachweis neuer entscheidungserheblicher Tatsachen beitragen und die Erledigung des Rechtsstreits verzögern würde. [4]Die Ablehnung kann in der Entscheidung nach Satz 1 erfolgen. [5]Den Beteiligten steht gegen den Beschluß nach Satz 1 das Rechtsmittel zu, das zulässig wäre, wenn das Gericht durch Urteil entschieden hätte. [6]Die Beteiligten sind über dieses Rechtsmittel zu belehren.

§ 94 [1]Das Gericht kann, wenn die Entscheidung des Rechtsstreits ganz oder zum Teil von dem Bestehen oder Nichtbestehen eines Rechtsverhältnisses abhängt, das den Gegenstand eines anderen anhängigen Rechtsstreits bildet oder von einer Verwaltungsbehörde festzustellen ist, anordnen, daß die Verhandlung bis zur Erledigung des anderen Rechtsstreits oder bis zur Entscheidung der Verwaltungsbehörde auszusetzen sei.

§ 95 (1) [1]Das Gericht kann das persönliche Erscheinen eines Beteiligten anordnen. [2]Für den Fall des Ausbleibens kann es Ordnungsgeld wie gegen einen im Vernehmungstermin nicht erschienenen Zeugen androhen. [3]Bei schuldhaftem Ausbleiben setzt das Gericht durch Beschluß das angedrohte Ordnungsgeld fest. [4]Androhung und Festsetzung des Ordnungsgelds können wiederholt werden.

(2) [1]Ist Beteiligter eine juristische Person oder eine Vereinigung, so ist das Ordnungsgeld dem nach Gesetz oder Satzung Vertretungsberechtigten anzudrohen und gegen ihn festzusetzen.

(3) [1]Das Gericht kann einer beteiligten öffentlich-rechtlichen Körperschaft oder Behörde aufgeben, zur mündlichen Verhandlung einen Beamten oder

Angestellten zu entsenden, der mit einem schriftlichen Nachweis über die Vertretungsbefugnis versehen und über die Sach- und Rechtslage ausreichend unterrichtet ist.

§ 96 (1) [1]Das Gericht erhebt Beweis in der mündlichen Verhandlung. [2]Es kann insbesondere Augenschein einnehmen, Zeugen, Sachverständige und Beteiligte vernehmen und Urkunden heranziehen.

(2) [1]Das Gericht kann in geeigneten Fällen schon vor der mündlichen Verhandlung durch eines seiner Mitglieder als beauftragten Richter Beweis erheben lassen oder durch Bezeichnung der einzelnen Beweisfragen ein anderes Gericht um die Beweisaufnahme ersuchen.

§ 97 [1]Die Beteiligten werden von allen Beweisterminen benachrichtigt und können der Beweisaufnahme beiwohnen. [2]Sie können an Zeugen und Sachverständige sachdienliche Fragen richten. [3]Wird eine Frage beanstandet, so entscheidet das Gericht.

§ 98 [1]Soweit dieses Gesetz nicht abweichende Vorschriften enthält, sind auf die Beweisaufnahme §§ 358 bis 444 und 450 bis 494 der Zivilprozeßordnung entsprechend anzuwenden.

§ 99 (1) [1]Behörden sind zur Vorlage von Urkunden oder Akten, zur Übermittlung elektronischer Dokumente und zu Auskünften verpflichtet. [2]Wenn das Bekanntwerden des Inhalts dieser Urkunden, Akten, elektronischen Dokumente oder dieser Auskünfte dem Wohl des Bundes oder eines Landes Nachteile bereiten würde oder wenn die Vorgänge nach einem Gesetz oder ihrem Wesen nach geheim gehalten werden müssen, kann die zuständige oberste Aufsichtsbehörde die Vorlage von Urkunden oder Akten, die Übermittlung der elektronischen Dokumente und die Erteilung der Auskünfte verweigern.

(2) [1]Auf Antrag eines Beteiligten stellt das Oberverwaltungsgericht ohne mündliche Verhandlung durch Beschluss fest, ob die Verweigerung der Vorlage der Urkunden oder Akten, der Übermittlung der elektronischen Dokumente oder der Erteilung von Auskünften rechtmäßig ist. [2]Verweigert eine oberste Bundesbehörde die Vorlage, Übermittlung oder Auskunft mit der Begründung, das Bekanntwerden des Inhalts der Urkunden, der Akten, der elektronischen Dokumente oder der Auskünfte würde dem Wohl des Bundes Nachteile bereiten, entscheidet das Bundesverwaltungsgericht; Gleiches gilt, wenn das Bundesverwaltungsgericht nach § 50 für die Hauptsache zuständig ist. [3]Der Antrag ist bei dem für die Hauptsache zuständigen Gericht zu stellen. [4]Dieses gibt den Antrag und die Hauptsacheakten an den nach § 189 zuständigen Spruchkörper ab. [5]Die oberste Aufsichtsbehörde hat die nach Absatz 1 Satz 2 verweigerten Urkunden oder Akten auf Aufforderung dieses Spruchkörpers vorzulegen, die elektronischen Dokumente zu übermitteln oder die verweigerten Auskünfte zu erteilen. [6]Sie ist zu diesem Verfahren beizuladen. [7]Das Verfahren unterliegt den Vorschriften des mate-

riellen Geheimschutzes. [8]Können diese nicht eingehalten werden oder macht die zuständige Aufsichtsbehörde geltend, dass besondere Gründe der Geheimhaltung oder des Geheimschutzes der Übergabe der Urkunden oder Akten oder der Übermittlung der elektronischen Dokumente an das Gericht entgegenstehen, wird die Vorlage oder Übermittlung nach Satz 5 dadurch bewirkt, dass die Urkunden, Akten oder elektronischen Dokumente dem Gericht in von der obersten Aufsichtsbehörde bestimmten Räumlichkeiten zur Verfügung gestellt werden. [9]Für die nach Satz 5 vorgelegten Akten, elektronischen Dokumente und für die gemäß Satz 8 geltend gemachten besonderen Gründe gilt § 100 nicht. [10]Die Mitglieder des Gerichts sind zur Geheimhaltung verpflichtet; die Entscheidungsgründe dürfen Art und Inhalt der geheim gehaltenen Urkunden, Akten, elektronischen Dokumente und Auskünfte nicht erkennen lassen. [11]Für das nichtrichterliche Personal gelten die Regelungen des personellen Geheimschutzes. [12]Soweit nicht das Bundesverwaltungsgericht entschieden hat, kann der Beschluss selbständig mit der Beschwerde angefochten werden. [13]Über die Beschwerde gegen den Beschluss eines Oberverwaltungsgerichts entscheidet das Bundesverwaltungsgericht. [14]Für das Beschwerdeverfahren gelten die Sätze 4 bis 11 sinngemäß.

§ 100 (1) [1]Die Beteiligten können die Gerichtsakten und die dem Gericht vorgelegten Akten einsehen.

(2) [1]Werden die Prozessakten elektronisch geführt, wird Akteneinsicht durch Bereitstellung des Inhalts der Akten zum Abruf gewährt. [2]Auf besonderen Antrag wird Akteneinsicht durch Einsichtnahme in die Akten in Diensträumen gewährt. [3]Ein Aktenausdruck oder ein Datenträger mit dem Inhalt der Akten wird auf besonders zu begründenden Antrag nur übermittelt, wenn der Antragsteller hieran ein berechtigtes Interesse darlegt. [4]Stehen der Akteneinsicht in der nach Satz 1 vorgesehenen Form wichtige Gründe entgegen, kann die Akteneinsicht in der nach den Sätzen 2 und 3 vorgesehenen Form auch ohne Antrag gewährt werden. [5]Über einen Antrag nach Satz 3 entscheidet der Vorsitzende; die Entscheidung ist unanfechtbar. [6]§ 87a Absatz 3 gilt entsprechend.

(3) [1]Werden die Prozessakten in Papierform geführt, wird Akteneinsicht durch Einsichtnahme in die Akten in Diensträumen gewährt. [2]Die Akteneinsicht kann, soweit nicht wichtige Gründe entgegenstehen, auch durch Bereitstellung des Inhalts der Akten zum Abruf gewährt werden. [3]Nach dem Ermessen des Vorsitzenden kann der nach § 67 Absatz 2 Satz 1 und 2 Nummer 3 bis 6 bevollmächtigten Person die Mitnahme der Akten in die Wohnung oder Geschäftsräume gestattet werden. [4]§ 87a Absatz 3 gilt entsprechend.

(4) [1]In die Entwürfe zu Urteilen, Beschlüssen und Verfügungen, die Arbeiten zu ihrer Vorbereitung und die Dokumente, die Abstimmungen betreffen, wird Akteneinsicht nach den Absätzen 1 bis 3 nicht gewährt.

§ 101 (1) [1]Das Gericht entscheidet, soweit nichts anderes bestimmt ist, auf Grund mündlicher Verhandlung.

(2) [1]Mit Einverständnis der Beteiligten kann das Gericht ohne mündliche Verhandlung entscheiden.

(3) [1]Entscheidungen des Gerichts, die nicht Urteile sind, können ohne mündliche Verhandlung ergehen, soweit nichts anderes bestimmt ist.

§ 102 (1) [1]Sobald der Termin zur mündlichen Verhandlung bestimmt ist, sind die Beteiligten mit einer Ladungsfrist von mindestens zwei Wochen, bei dem Bundesverwaltungsgericht von mindestens vier Wochen, zu laden. [2]In dringenden Fällen kann der Vorsitzende die Frist abkürzen.

(2) [1]Bei der Ladung ist darauf hinzuweisen, daß beim Ausbleiben eines Beteiligten auch ohne ihn verhandelt und entschieden werden kann.

(3) [1]Die Gerichte der Verwaltungsgerichtsbarkeit können Sitzungen auch außerhalb des Gerichtssitzes abhalten, wenn dies zur sachdienlichen Erledigung notwendig ist.

(4) [1]§ 227 Abs. 3 Satz 1 der Zivilprozeßordnung ist nicht anzuwenden.

§ 102a (1) [1]Das Gericht kann den Beteiligten, ihren Bevollmächtigten und Beiständen auf Antrag oder von Amts wegen gestatten, sich während einer mündlichen Verhandlung an einem anderen Ort aufzuhalten und dort Verfahrenshandlungen vorzunehmen. [2]Die Verhandlung wird zeitgleich in Bild und Ton an diesen Ort und in das Sitzungszimmer übertragen.

(2) [1]Das Gericht kann auf Antrag gestatten, dass sich ein Zeuge, ein Sachverständiger oder ein Beteiligter während einer Vernehmung an einem anderen Ort aufhält. [2]Die Vernehmung wird zeitgleich in Bild und Ton an diesen Ort und in das Sitzungszimmer übertragen. [3]Ist Beteiligten, Bevollmächtigten und Beiständen nach Absatz 1 Satz 1 gestattet worden, sich an einem anderen Ort aufzuhalten, so wird die Vernehmung auch an diesen Ort übertragen.

(3) [1]Die Übertragung wird nicht aufgezeichnet. [2]Entscheidungen nach Absatz 1 Satz 1 und Absatz 2 Satz 1 sind unanfechtbar.

(4) [1]Die Absätze 1 und 3 gelten entsprechend für Erörterungstermine (§ 87 Absatz 1 Satz 2 Nummer 1).

§ 103 (1) [1]Der Vorsitzende eröffnet und leitet die mündliche Verhandlung.

(2) [1]Nach Aufruf der Sache trägt der Vorsitzende oder der Berichterstatter den wesentlichen Inhalt der Akten vor.

(3) [1]Hierauf erhalten die Beteiligten das Wort, um ihre Anträge zu stellen und zu begründen.

§ 104 (1) [1]Der Vorsitzende hat die Streitsache mit den Beteiligten tatsächlich und rechtlich zu erörtern.

(2) [1]Der Vorsitzende hat jedem Mitglied des Gerichts auf Verlangen zu gestatten, Fragen zu stellen. [2]Wird eine Frage beanstandet, so entscheidet das Gericht.

(3) [1]Nach Erörterung der Streitsache erklärt der Vorsitzende die mündliche Verhandlung für geschlossen. [2]Das Gericht kann die Wiedereröffnung beschließen.

§ 105 [1]Für das Protokoll gelten die §§ 159 bis 165 der Zivilprozeßordnung entsprechend.

§ 106 [1]Um den Rechtsstreit vollständig oder zum Teil zu erledigen, können die Beteiligten zu Protokoll des Gerichts oder des beauftragten oder ersuchten Richters einen Vergleich schließen, soweit sie über den Gegenstand des Vergleichs verfügen können. [2]Ein gerichtlicher Vergleich kann auch dadurch geschlossen werden, daß die Beteiligten einen in der Form eines Beschlusses ergangenen Vorschlag des Gerichts, des Vorsitzenden oder des Berichterstatters schriftlich gegenüber dem Gericht annehmen.

10. Abschnitt: Urteile und andere Entscheidungen

§ 107 [1]Über die Klage wird, soweit nichts anderes bestimmt ist, durch Urteil entschieden.

§ 108 (1) [1]Das Gericht entscheidet nach seiner freien, aus dem Gesamtergebnis des Verfahrens gewonnenen Überzeugung. [2]In dem Urteil sind die Gründe anzugeben, die für die richterliche Überzeugung leitend gewesen sind.

(2) [1]Das Urteil darf nur auf Tatsachen und Beweisergebnisse gestützt werden, zu denen die Beteiligten sich äußern konnten.

§ 109 [1]Über die Zulässigkeit der Klage kann durch Zwischenurteil vorab entschieden werden.

§ 110 [1]Ist nur ein Teil des Streitgegenstands zur Entscheidung reif, so kann das Gericht ein Teilurteil erlassen.

§ 111 [1]Ist bei einer Leistungsklage ein Anspruch nach Grund und Betrag streitig, so kann das Gericht durch Zwischenurteil über den Grund vorab entscheiden. [2]Das Gericht kann, wenn der Anspruch für begründet erklärt ist, anordnen, daß über den Betrag zu verhandeln ist.

§ 112 [1]Das Urteil kann nur von den Richtern und ehrenamtlichen Richtern gefällt werden, die an der dem Urteil zugrunde liegenden Verhandlung teilgenommen haben.

§ 113 (1) [1]Soweit der Verwaltungsakt rechtswidrig und der Kläger dadurch in seinen Rechten verletzt ist, hebt das Gericht den Verwaltungsakt und den etwaigen Widerspruchsbescheid auf. [2]Ist der Verwaltungsakt schon vollzogen, so kann das Gericht auf Antrag auch aussprechen, daß und wie die Verwaltungsbehörde die Vollziehung rückgängig zu machen hat. [3]Dieser Ausspruch ist nur zulässig, wenn die Behörde dazu in der Lage und diese Frage spruchreif ist. [4]Hat sich der Verwaltungsakt vorher durch Zurücknahme oder anders erledigt, so spricht das Gericht auf Antrag durch Urteil aus, daß der Verwaltungsakt rechtswidrig gewesen ist, wenn der Kläger ein berechtigtes Interesse an dieser Feststellung hat.

(2) [1]Begehrt der Kläger die Änderung eines Verwaltungsakts, der einen Geldbetrag festsetzt oder eine darauf bezogene Feststellung trifft, kann das Gericht den Betrag in anderer Höhe festsetzen oder die Feststellung durch eine andere ersetzen. [2]Erfordert die Ermittlung des festzusetzenden oder festzustellenden Betrags einen nicht unerheblichen Aufwand, kann das Gericht die Änderung des Verwaltungsakts durch Angabe der zu Unrecht berücksichtigten oder nicht berücksichtigten tatsächlichen oder rechtlichen Verhältnisse so bestimmen, daß die Behörde den Betrag auf Grund der Entscheidung errechnen kann. [3]Die Behörde teilt den Beteiligten das Ergebnis der Neuberechnung unverzüglich formlos mit; nach Rechtskraft der Entscheidung ist der Verwaltungsakt mit dem geänderten Inhalt neu bekanntzugeben.

(3) [1]Hält das Gericht eine weitere Sachaufklärung für erforderlich, kann es, ohne in der Sache selbst zu entscheiden, den Verwaltungsakt und den Widerspruchsbescheid aufheben, soweit nach Art oder Umfang die noch erforderlichen Ermittlungen erheblich sind und die Aufhebung auch unter Berücksichtigung der Belange der Beteiligten sachdienlich ist. [2]Auf Antrag kann das Gericht bis zum Erlaß des neuen Verwaltungsakts eine einstweilige Regelung treffen, insbesondere bestimmen, daß Sicherheiten geleistet werden oder ganz oder zum Teil bestehen bleiben und Leistungen zunächst nicht zurückgewährt werden müssen. [3]Der Beschluß kann jederzeit geändert oder aufgehoben werden. [4]Eine Entscheidung nach Satz 1 kann nur binnen sechs Monaten seit Eingang der Akten der Behörde bei Gericht ergehen.

(4) [1]Kann neben der Aufhebung eines Verwaltungsakts eine Leistung verlangt werden, so ist im gleichen Verfahren auch die Verurteilung zur Leistung zulässig.

(5) [1]Soweit die Ablehnung oder Unterlassung des Verwaltungsakts rechtswidrig und der Kläger dadurch in seinen Rechten verletzt ist, spricht das Gericht die Verpflichtung der Verwaltungsbehörde aus, die beantragte

Amtshandlung vorzunehmen, wenn die Sache spruchreif ist. [2]Andernfalls spricht es die Verpflichtung aus, den Kläger unter Beachtung der Rechtsauffassung des Gerichts zu bescheiden.

§ 114 [1]Soweit die Verwaltungsbehörde ermächtigt ist, nach ihrem Ermessen zu handeln, prüft das Gericht auch, ob der Verwaltungsakt oder die Ablehnung oder Unterlassung des Verwaltungsakts rechtswidrig ist, weil die gesetzlichen Grenzen des Ermessens überschritten sind oder von dem Ermessen in einer dem Zweck der Ermächtigung nicht entsprechenden Weise Gebrauch gemacht ist. [2]Die Verwaltungsbehörde kann ihre Ermessenserwägungen hinsichtlich des Verwaltungsakts auch noch im verwaltungsgerichtlichen Verfahren ergänzen.

§ 115 [1]§§ 113 und 114 gelten entsprechend, wenn nach § 79 Abs. 1 Nr. 2 und Abs. 2 der Widerspruchsbescheid Gegenstand der Anfechtungsklage ist.

§ 116 (1) [1]Das Urteil wird, wenn eine mündliche Verhandlung stattgefunden hat, in der Regel in dem Termin, in dem die mündliche Verhandlung geschlossen wird, verkündet, in besonderen Fällen in einem sofort anzuberaumenden Termin, der nicht über zwei Wochen hinaus angesetzt werden soll. [2]Das Urteil ist den Beteiligten zuzustellen.

(2) [1]Statt der Verkündung ist die Zustellung des Urteils zulässig; dann ist das Urteil binnen zwei Wochen nach der mündlichen Verhandlung der Geschäftsstelle zu übermitteln.

(3) [1]Entscheidet das Gericht ohne mündliche Verhandlung, so wird die Verkündung durch Zustellung an die Beteiligten ersetzt.

§ 117 (1) [1]Das Urteil ergeht „Im Namen des Volkes". [2]Es ist schriftlich abzufassen und von den Richtern, die bei der Entscheidung mitgewirkt haben, zu unterzeichnen. [3]Ist ein Richter verhindert, seine Unterschrift beizufügen, so wird dies mit dem Hinderungsgrund vom Vorsitzenden oder, wenn er verhindert ist, vom dienstältesten beisitzenden Richter unter dem Urteil vermerkt. [4]Der Unterschrift der ehrenamtlichen Richter bedarf es nicht.

(2) [1]Das Urteil enthält

1. die Bezeichnung der Beteiligten, ihrer gesetzlichen Vertreter und der Bevollmächtigten nach Namen, Beruf, Wohnort und ihrer Stellung im Verfahren,
2. die Bezeichnung des Gerichts und die Namen der Mitglieder, die bei der Entscheidung mitgewirkt haben,
3. die Urteilsformel,
4. den Tatbestand,
5. die Entscheidungsgründe,
6. die Rechtsmittelbelehrung.

(3) [1]Im Tatbestand ist der Sach- und Streitstand unter Hervorhebung der gestellten Anträge seinem wesentlichen Inhalt nach gedrängt darzustellen. [2]Wegen der Einzelheiten soll auf Schriftsätze, Protokolle und andere Unterlagen verwiesen werden, soweit sich aus ihnen der Sach- und Streitstand ausreichend ergibt.

(4) [1]Ein Urteil, das bei der Verkündung noch nicht vollständig abgefaßt war, ist vor Ablauf von zwei Wochen, vom Tag der Verkündung an gerechnet, vollständig abgefaßt der Geschäftsstelle zu übermitteln. [2]Kann dies ausnahmsweise nicht geschehen, so ist innerhalb dieser zwei Wochen das von den Richtern unterschriebene Urteil ohne Tatbestand, Entscheidungsgründe und Rechtsmittelbelehrung der Geschäftsstelle zu übermitteln; Tatbestand, Entscheidungsgründe und Rechtsmittelbelehrung sind alsbald nachträglich niederzulegen, von den Richtern besonders zu unterschreiben und der Geschäftsstelle zu übermitteln.

(5) [1]Das Gericht kann von einer weiteren Darstellung der Entscheidungsgründe absehen, soweit es der Begründung des Verwaltungsakts oder des Widerspruchsbescheids folgt und dies in seiner Entscheidung feststellt.

(6) [1]Der Urkundsbeamte der Geschäftsstelle hat auf dem Urteil den Tag der Zustellung und im Falle des § 116 Abs. 1 Satz 1 den Tag der Verkündung zu vermerken und diesen Vermerk zu unterschreiben. [2]Werden die Akten elektronisch geführt, hat der Urkundsbeamte der Geschäftstelle den Vermerk in einem gesonderten Dokument festzuhalten. [3]Das Dokument ist mit dem Urteil untrennbar zu verbinden.

§ 118 (1) [1]Schreibfehler, Rechenfehler und ähnliche offenbare Unrichtigkeiten im Urteil sind jederzeit vom Gericht zu berichtigen.

(2) [1]Über die Berichtigung kann ohne vorgängige mündliche Verhandlung entschieden werden. [2]Der Berichtigungsbeschluß wird auf dem Urteil und den Ausfertigungen vermerkt. [3]Ist das Urteil elektronisch abgefasst, ist auch der Beschluss elektronisch abzufassen und mit dem Urteil untrennbar zu verbinden.

§ 119 (1) [1]Enthält der Tatbestand des Urteils andere Unrichtigkeiten oder Unklarheiten, so kann die Berichtigung binnen zwei Wochen nach Zustellung des Urteils beantragt werden.

(2) [1]Das Gericht entscheidet ohne Beweisaufnahme durch Beschluß. [2]Der Beschluß ist unanfechtbar. [3]Bei der Entscheidung wirken nur die Richter mit, die beim Urteil mitgewirkt haben. [4]Ist ein Richter verhindert, so entscheidet bei Stimmengleichheit die Stimme des Vorsitzenden. [5]Der Berichtigungsbeschluß wird auf dem Urteil und den Ausfertigungen vermerkt. [6]Ist das Urteil elektronisch abgefasst, ist auch der Beschluss elektronisch abzufassen und mit dem Urteil untrennbar zu verbinden.

§ 120 (1) [1]Wenn ein nach dem Tatbestand von einem Beteiligten gestellter Antrag oder die Kostenfolge bei der Entscheidung ganz oder zum Teil übergangen ist, so ist auf Antrag das Urteil durch nachträgliche Entscheidung zu ergänzen.

(2) [1]Die Entscheidung muß binnen zwei Wochen nach Zustellung des Urteils beantragt werden.

(3) [1]Die mündliche Verhandlung hat nur den nicht erledigten Teil des Rechtsstreits zum Gegenstand.

§ 121 [1]Rechtskräftige Urteile binden, soweit über den Streitgegenstand entschieden worden ist,

1. die Beteiligten und ihre Rechtsnachfolger und
2. im Fall des § 65 Abs. 3 die Personen, die einen Antrag auf Beiladung nicht oder nicht fristgemäß gestellt haben.

§ 122 (1) [1]§§ 88, 108 Abs. 1 Satz 1, §§ 118, 119 und 120 gelten entsprechend für Beschlüsse.

(2) [1]Beschlüsse sind zu begründen, wenn sie durch Rechtsmittel angefochten werden können oder über einen Rechtsbehelf entscheiden. [2]Beschlüsse über die Aussetzung der Vollziehung (§§ 80, 80a) und über einstweilige Anordnungen (§ 123) sowie Beschlüsse nach Erledigung des Rechtsstreits in der Hauptsache (§ 161 Abs. 2) sind stets zu begründen. [3]Beschlüsse, die über ein Rechtsmittel entscheiden, bedürfen keiner weiteren Begründung, soweit das Gericht das Rechtsmittel aus den Gründen der angefochtenen Entscheidung als unbegründet zurückweist.

11. Abschnitt: Einstweilige Anordnung

§ 123 (1) [1]Auf Antrag kann das Gericht, auch schon vor Klageerhebung, eine einstweilige Anordnung in bezug auf den Streitgegenstand treffen, wenn die Gefahr besteht, daß durch eine Veränderung des bestehenden Zustands die Verwirklichung eines Rechts des Antragstellers vereitelt oder wesentlich erschwert werden könnte. [2]Einstweilige Anordnungen sind auch zur Regelung eines vorläufigen Zustands in bezug auf ein streitiges Rechtsverhältnis zulässig, wenn diese Regelung, vor allem bei dauernden Rechtsverhältnissen, um wesentliche Nachteile abzuwenden oder drohende Gewalt zu verhindern oder aus anderen Gründen nötig erscheint.

(2) [1]Für den Erlaß einstweiliger Anordnungen ist das Gericht der Hauptsache zuständig. [2]Dies ist das Gericht des ersten Rechtszugs und, wenn die Hauptsache im Berufungsverfahren anhängig ist, das Berufungsgericht. [3]§ 80 Abs. 8 ist entsprechend anzuwenden.

(3) [1]Für den Erlaß einstweiliger Anordnungen gelten §§ 920, 921, 923, 926, 928 bis 932, 938, 939, 941 und 945 der Zivilprozeßordnung entsprechend.

(4) [1]Das Gericht entscheidet durch Beschluß.

(5) [1]Die Vorschriften der Absätze 1 bis 3 gelten nicht für die Fälle der §§ 80 und 80a.

Teil III: Rechtsmittel und Wiederaufnahme des Verfahrens

12. Abschnitt: Berufung

§ 124 (1) [1]Gegen Endurteile einschließlich der Teilurteile nach § 110 und gegen Zwischenurteile nach den §§ 109 und 111 steht den Beteiligten die Berufung zu, wenn sie von dem Verwaltungsgericht oder dem Oberverwaltungsgericht zugelassen wird.

(2) [1]Die Berufung ist nur zuzulassen,

1. wenn ernstliche Zweifel an der Richtigkeit des Urteils bestehen,
2. wenn die Rechtssache besondere tatsächliche oder rechtliche Schwierigkeiten aufweist,
3. wenn die Rechtssache grundsätzliche Bedeutung hat,
4. wenn das Urteil von einer Entscheidung des Oberverwaltungsgerichts, des Bundesverwaltungsgerichts, des Gemeinsamen Senats der obersten Gerichtshöfe des Bundes oder des Bundesverfassungsgerichts abweicht und auf dieser Abweichung beruht oder
5. wenn ein der Beurteilung des Berufungsgerichts unterliegender Verfahrensmangel geltend gemacht wird und vorliegt, auf dem die Entscheidung beruhen kann.

§ 124a (1) [1]Das Verwaltungsgericht lässt die Berufung in dem Urteil zu, wenn die Gründe des § 124 Abs. 2 Nr. 3 oder Nr. 4 vorliegen. [2]Das Oberverwaltungsgericht ist an die Zulassung gebunden. [3]Zu einer Nichtzulassung der Berufung ist das Verwaltungsgericht nicht befugt.

(2) [1]Die Berufung ist, wenn sie von dem Verwaltungsgericht zugelassen worden ist, innerhalb eines Monats nach Zustellung des vollständigen Urteils bei dem Verwaltungsgericht einzulegen. [2]Die Berufung muss das angefochtene Urteil bezeichnen.

(3) [1]Die Berufung ist in den Fällen des Absatzes 2 innerhalb von zwei Monaten nach Zustellung des vollständigen Urteils zu begründen. [2]Die Begründung ist, sofern sie nicht zugleich mit der Einlegung der Berufung erfolgt, bei dem Oberverwaltungsgericht einzureichen. [3]Die Begründungsfrist kann auf einen vor ihrem Ablauf gestellten Antrag von dem Vorsitzenden des Senats verlängert werden. [4]Die Begründung muss einen bestimmten Antrag enthalten sowie die im Einzelnen anzuführenden Gründe der Anfech-

tung (Berufungsgründe). [5]Mangelt es an einem dieser Erfordernisse, so ist die Berufung unzulässig.

(4) [1]Wird die Berufung nicht in dem Urteil des Verwaltungsgerichts zugelassen, so ist die Zulassung innerhalb eines Monats nach Zustellung des vollständigen Urteils zu beantragen. [2]Der Antrag ist bei dem Verwaltungsgericht zu stellen. [3]Er muss das angefochtene Urteil bezeichnen. [4]Innerhalb von zwei Monaten nach Zustellung des vollständigen Urteils sind die Gründe darzulegen, aus denen die Berufung zuzulassen ist. [5]Die Begründung ist, soweit sie nicht schon mit dem Antrag vorgelegt worden ist, bei dem Oberverwaltungsgericht einzureichen. [6]Die Stellung des Antrags hemmt die Rechtskraft des Urteils.

(5) [1]Über den Antrag entscheidet das Oberverwaltungsgericht durch Beschluss. [2]Die Berufung ist zuzulassen, wenn einer der Gründe des § 124 Abs. 2 dargelegt ist und vorliegt. [3]Der Beschluss soll kurz begründet werden. [4]Mit der Ablehnung des Antrags wird das Urteil rechtskräftig. [5]Lässt das Oberverwaltungsgericht die Berufung zu, wird das Antragsverfahren als Berufungsverfahren fortgesetzt; der Einlegung einer Berufung bedarf es nicht.

(6) [1]Die Berufung ist in den Fällen des Absatzes 5 innerhalb eines Monats nach Zustellung des Beschlusses über die Zulassung der Berufung zu begründen. [2]Die Begründung ist bei dem Oberverwaltungsgericht einzureichen. [3]Absatz 3 Satz 3 bis 5 gilt entsprechend.

§ 124b (weggefallen)

§ 125 (1) [1]Für das Berufungsverfahren gelten die Vorschriften des Teils II entsprechend, soweit sich aus diesem Abschnitt nichts anderes ergibt. [2]§ 84 findet keine Anwendung.

(2) [1]Ist die Berufung unzulässig, so ist sie zu verwerfen. [2]Die Entscheidung kann durch Beschluß ergehen. [3]Die Beteiligten sind vorher zu hören. [4]Gegen den Beschluß steht den Beteiligten das Rechtsmittel zu, das zulässig wäre, wenn das Gericht durch Urteil entschieden hätte. [5]Die Beteiligten sind über dieses Rechtsmittel zu belehren.

§ 126 (1) [1]Die Berufung kann bis zur Rechtskraft des Urteils zurückgenommen werden. [2]Die Zurücknahme nach Stellung der Anträge in der mündlichen Verhandlung setzt die Einwilligung des Beklagten und, wenn ein Vertreter des öffentlichen Interesses an der mündlichen Verhandlung teilgenommen hat, auch seine Einwilligung voraus.

(2) [1]Die Berufung gilt als zurückgenommen, wenn der Berufungskläger das Verfahren trotz Aufforderung des Gerichts länger als drei Monate nicht betreibt. [2]Absatz 1 Satz 2 gilt entsprechend. [3]Der Berufungskläger ist in der Aufforderung auf die sich aus Satz 1 und § 155 Abs. 2 ergebenden Rechts-

folgen hinzuweisen. [4]Das Gericht stellt durch Beschluß fest, daß die Berufung als zurückgenommen gilt.

(3) [1]Die Zurücknahme bewirkt den Verlust des eingelegten Rechtsmittels. [2]Das Gericht entscheidet durch Beschluß über die Kostenfolge.

§ 127 (1) [1]Der Berufungsbeklagte und die anderen Beteiligten können sich der Berufung anschließen. [2]Die Anschlussberufung ist bei dem Oberverwaltungsgericht einzulegen.

(2) [1]Die Anschließung ist auch statthaft, wenn der Beteiligte auf die Berufung verzichtet hat oder die Frist für die Berufung oder den Antrag auf Zulassung der Berufung verstrichen ist. [2]Sie ist zulässig bis zum Ablauf eines Monats nach der Zustellung der Berufungsbegründungsschrift.

(3) [1]Die Anschlussberufung muss in der Anschlussschrift begründet werden. [2]§ 124a Abs. 3 Satz 2, 4 und 5 gilt entsprechend.

(4) [1]Die Anschlussberufung bedarf keiner Zulassung.

(5) [1]Die Anschließung verliert ihre Wirkung, wenn die Berufung zurückgenommen oder als unzulässig verworfen wird.

§ 128 [1]Das Oberverwaltungsgericht prüft den Streitfall innerhalb des Berufungsantrags im gleichen Umfang wie das Verwaltungsgericht. [2]Es berücksichtigt auch neu vorgebrachte Tatsachen und Beweismittel.

§ 128a (1) [1]Neue Erklärungen und Beweismittel, die im ersten Rechtszug entgegen einer hierfür gesetzten Frist (§ 87b Abs. 1 und 2) nicht vorgebracht worden sind, sind nur zuzulassen, wenn nach der freien Überzeugung des Gerichts ihre Zulassung die Erledigung des Rechtsstreits nicht verzögern würde oder wenn der Beteiligte die Verspätung genügend entschuldigt. [2]Der Entschuldigungsgrund ist auf Verlangen des Gerichts glaubhaft zu machen. [3]Satz 1 gilt nicht, wenn der Beteiligte im ersten Rechtszug über die Folgen einer Fristversäumung nicht nach § 87b Abs. 3 Nr. 3 belehrt worden ist oder wenn es mit geringem Aufwand möglich ist, den Sachverhalt auch ohne Mitwirkung des Beteiligten zu ermitteln.

(2) [1]Erklärungen und Beweismittel, die das Verwaltungsgericht zu Recht zurückgewiesen hat, bleiben auch im Berufungsverfahren ausgeschlossen.

§ 129 [1]Das Urteil des Verwaltungsgerichts darf nur soweit geändert werden, als eine Änderung beantragt ist.

§ 130 (1) [1]Das Oberverwaltungsgericht hat die notwendigen Beweise zu erheben und in der Sache selbst zu entscheiden.

(2) [1]Das Oberverwaltungsgericht darf die Sache, soweit ihre weitere Verhandlung erforderlich ist, unter Aufhebung des Urteils und des Verfahrens an das Verwaltungsgericht nur zurückverweisen,

1. soweit das Verfahren vor dem Verwaltungsgericht an einem wesentlichen Mangel leidet und aufgrund dieses Mangels eine umfangreiche oder aufwändige Beweisaufnahme notwendig ist oder
2. wenn das Verwaltungsgericht noch nicht in der Sache selbst entschieden hat

und ein Beteiligter die Zurückverweisung beantragt.

(3) [1]Das Verwaltungsgericht ist an die rechtliche Beurteilung der Berufungsentscheidung gebunden.

§ 130a [1]Das Oberverwaltungsgericht kann über die Berufung durch Beschluß entscheiden, wenn es sie einstimmig für begründet oder einstimmig für unbegründet hält und eine mündliche Verhandlung nicht für erforderlich hält. [2]§ 125 Abs. 2 Satz 3 bis 5 gilt entsprechend.

§ 130b [1]Das Oberverwaltungsgericht kann in dem Urteil über die Berufung auf den Tatbestand der angefochtenen Entscheidung Bezug nehmen, wenn es sich die Feststellungen des Verwaltungsgerichts in vollem Umfang zu eigen macht. [2]Von einer weiteren Darstellung der Entscheidungsgründe kann es absehen, soweit es die Berufung aus den Gründen der angefochtenen Entscheidung als unbegründet zurückweist.

§ 131 (weggefallen)

14. Abschnitt: Beschwerde, Erinnerung, Anhörungsrüge

§ 146 (1) [1]Gegen die Entscheidungen des Verwaltungsgerichts, des Vorsitzenden oder des Berichterstatters, die nicht Urteile oder Gerichtsbescheide sind, steht den Beteiligten und den sonst von der Entscheidung Betroffenen die Beschwerde an das Oberverwaltungsgericht zu, soweit nicht in diesem Gesetz etwas anderes bestimmt ist.

(2) [1]Prozeßleitende Verfügungen, Aufklärungsanordnungen, Beschlüsse über eine Vertagung oder die Bestimmung einer Frist, Beweisbeschlüsse, Beschlüsse über Ablehnung von Beweisanträgen, über Verbindung und Trennung von Verfahren und Ansprüchen und über die Ablehnung von Gerichtspersonen sowie Beschlüsse über die Ablehnung der Prozesskostenhilfe, wenn das Gericht ausschließlich die persönlichen oder wirtschaftlichen Voraussetzungen der Prozesskostenhilfe verneint, können nicht mit der Beschwerde angefochten werden.

(3) [1]Außerdem ist vorbehaltlich einer gesetzlich vorgesehenen Beschwerde gegen die Nichtzulassung der Revision die Beschwerde nicht gegeben in Streitigkeiten über Kosten, Gebühren und Auslagen, wenn der Wert des Beschwerdegegenstands zweihundert Euro nicht übersteigt.

(4) [1]Die Beschwerde gegen Beschlüsse des Verwaltungsgerichts in Verfahren des vorläufigen Rechtsschutzes (§§ 80, 80a und 123) ist innerhalb eines

Monats nach Bekanntgabe der Entscheidung zu begründen. [2]Die Begründung ist, sofern sie nicht bereits mit der Beschwerde vorgelegt worden ist, bei dem Oberverwaltungsgericht einzureichen. [3]Sie muss einen bestimmten Antrag enthalten, die Gründe darlegen, aus denen die Entscheidung abzuändern oder aufzuheben ist, und sich mit der angefochtenen Entscheidung auseinander setzen. [4]Mangelt es an einem dieser Erfordernisse, ist die Beschwerde als unzulässig zu verwerfen. [5]Das Verwaltungsgericht legt die Beschwerde unverzüglich vor; § 148 Abs. 1 findet keine Anwendung. [6]Das Oberverwaltungsgericht prüft nur die dargelegten Gründe.

(5) (weggefallen)

(6) (weggefallen)

§ 147 (1) [1]Die Beschwerde ist bei dem Gericht, dessen Entscheidung angefochten wird, schriftlich oder zu Protokoll des Urkundsbeamten der Geschäftsstelle innerhalb von zwei Wochen nach Bekanntgabe der Entscheidung einzulegen. [2]§ 67 Abs. 4 bleibt unberührt.

(2) [1]Die Beschwerdefrist ist auch gewahrt, wenn die Beschwerde innerhalb der Frist bei dem Beschwerdegericht eingeht.

§ 148 (1) [1]Hält das Verwaltungsgericht, der Vorsitzende oder der Berichterstatter, dessen Entscheidung angefochten wird, die Beschwerde für begründet, so ist ihr abzuhelfen; sonst ist sie unverzüglich dem Oberverwaltungsgericht vorzulegen.

(2) [1]Das Verwaltungsgericht soll die Beteiligten von der Vorlage der Beschwerde an das Oberverwaltungsgericht in Kenntnis setzen.

§ 149 (1) [1]Die Beschwerde hat nur dann aufschiebende Wirkung, wenn sie die Festsetzung eines Ordnungs- oder Zwangsmittels zum Gegenstand hat. [2]Das Gericht, der Vorsitzende oder der Berichterstatter, dessen Entscheidung angefochten wird, kann auch sonst bestimmen, daß die Vollziehung der angefochtenen Entscheidung einstweilen auszusetzen ist.

(2) [1]§§ 178 und 181 Abs. 2 des Gerichtsverfassungsgesetzes bleiben unberührt.

§ 150 [1]Über die Beschwerde entscheidet das Oberverwaltungsgericht durch Beschluß.

§ 151 [1]Gegen die Entscheidungen des beauftragten oder ersuchten Richters oder des Urkundsbeamten kann innerhalb von zwei Wochen nach Bekanntgabe die Entscheidung des Gerichts beantragt werden. [2]Der Antrag ist schriftlich oder zu Protokoll des Urkundsbeamten der Geschäftsstelle des Gerichts zu stellen. [3]§§ 147 bis 149 gelten entsprechend.

§ 152 (1) [1]Entscheidungen des Oberverwaltungsgerichts können vorbehaltlich des § 99 Abs. 2 und des § 133 Abs. 1 dieses Gesetzes sowie des § 17a

Abs. 4 Satz 4 des Gerichtsverfassungsgesetzes nicht mit der Beschwerde an das Bundesverwaltungsgericht angefochten werden.

(2) [1]Im Verfahren vor dem Bundesverwaltungsgericht gilt für Entscheidungen des beauftragten oder ersuchten Richters oder des Urkundsbeamten der Geschäftsstelle § 151 entsprechend.

§ 152a (1) [1]Auf die Rüge eines durch eine gerichtliche Entscheidung beschwerten Beteiligten ist das Verfahren fortzuführen, wenn

1. ein Rechtsmittel oder ein anderer Rechtsbehelf gegen die Entscheidung nicht gegeben ist und
2. das Gericht den Anspruch dieses Beteiligten auf rechtliches Gehör in entscheidungserheblicher Weise verletzt hat.

[2]Gegen eine der Endentscheidung vorausgehende Entscheidung findet die Rüge nicht statt.

(2) [1]Die Rüge ist innerhalb von zwei Wochen nach Kenntnis von der Verletzung des rechtlichen Gehörs zu erheben; der Zeitpunkt der Kenntniserlangung ist glaubhaft zu machen. [2]Nach Ablauf eines Jahres seit Bekanntgabe der angegriffenen Entscheidung kann die Rüge nicht mehr erhoben werden. [3]Formlos mitgeteilte Entscheidungen gelten mit dem dritten Tage nach Aufgabe zur Post als bekannt gegeben. [4]Die Rüge ist schriftlich oder zu Protokoll des Urkundsbeamten der Geschäftsstelle bei dem Gericht zu erheben, dessen Entscheidung angegriffen wird. [5]§ 67 Abs. 4 bleibt unberührt. [6]Die Rüge muss die angegriffene Entscheidung bezeichnen und das Vorliegen der in Absatz 1 Satz 1 Nr. 2 genannten Voraussetzungen darlegen.

(3) [1]Den übrigen Beteiligten ist, soweit erforderlich, Gelegenheit zur Stellungnahme zu geben.

(4) [1]Ist die Rüge nicht statthaft oder nicht in der gesetzlichen Form oder Frist erhoben, so ist sie als unzulässig zu verwerfen. [2]Ist die Rüge unbegründet, weist das Gericht sie zurück. [3]Die Entscheidung ergeht durch unanfechtbaren Beschluss. [4]Der Beschluss soll kurz begründet werden.

(5) [1]Ist die Rüge begründet, so hilft ihr das Gericht ab, indem es das Verfahren fortführt, soweit dies aufgrund der Rüge geboten ist. [2]Das Verfahren wird in die Lage zurückversetzt, in der es sich vor dem Schluss der mündlichen Verhandlung befand. [3]In schriftlichen Verfahren tritt an die Stelle des Schlusses der mündlichen Verhandlung der Zeitpunkt, bis zu dem Schriftsätze eingereicht werden können. [4]Für den Ausspruch des Gerichts ist § 343 der Zivilprozessordnung entsprechend anzuwenden.

(6) [1]§ 149 Abs. 1 Satz 2 ist entsprechend anzuwenden.

15. Abschnitt: Wiederaufnahme des Verfahrens

§ 153 (1) [1]Ein rechtskräftig beendetes Verfahren kann nach den Vorschriften des Vierten Buchs der Zivilprozeßordnung wiederaufgenommen werden.

(2) [1]Die Befugnis zur Erhebung der Nichtigkeitsklage und der Restitutionsklage steht auch dem Vertreter des öffentlichen Interesses, im Verfahren vor dem Bundesverwaltungsgericht im ersten und letzten Rechtszug auch dem Vertreter des Bundesinteresses beim Bundesverwaltungsgericht zu.

Teil IV: Kosten und Vollstreckung

16. Abschnitt: Kosten

§ 154 (1) [1]Der unterliegende Teil trägt die Kosten des Verfahrens.

(2) [1]Die Kosten eines ohne Erfolg eingelegten Rechtsmittels fallen demjenigen zur Last, der das Rechtsmittel eingelegt hat.

(3) [1]Dem Beigeladenen können Kosten nur auferlegt werden, wenn er Anträge gestellt oder Rechtsmittel eingelegt hat; § 155 Abs. 4 bleibt unberührt.

(4) [1]Die Kosten des erfolgreichen Wiederaufnahmeverfahrens können der Staatskasse auferlegt werden, soweit sie nicht durch das Verschulden eines Beteiligten entstanden sind.

§ 155 (1) [1]Wenn ein Beteiligter teils obsiegt, teils unterliegt, so sind die Kosten gegeneinander aufzuheben oder verhältnismäßig zu teilen. [2]Sind die Kosten gegeneinander aufgehoben, so fallen die Gerichtskosten jedem Teil zur Hälfte zur Last. [3]Einem Beteiligten können die Kosten ganz auferlegt werden, wenn der andere nur zu einem geringen Teil unterlegen ist.

(2) [1]Wer einen Antrag, eine Klage, ein Rechtsmittel oder einen anderen Rechtsbehelf zurücknimmt, hat die Kosten zu tragen.

(3) [1]Kosten, die durch einen Antrag auf Wiedereinsetzung in den vorigen Stand entstehen, fallen dem Antragsteller zur Last.

(4) [1]Kosten, die durch Verschulden eines Beteiligten entstanden sind, können diesem auferlegt werden.

§ 156 [1]Hat der Beklagte durch sein Verhalten keine Veranlassung zur Erhebung der Klage gegeben, so fallen dem Kläger die Prozeßkosten zur Last, wenn der Beklagte den Anspruch sofort anerkennt.

§ 157 (weggefallen)

§ 158 (1) [1]Die Anfechtung der Entscheidung über die Kosten ist unzulässig, wenn nicht gegen die Entscheidung in der Hauptsache ein Rechtsmittel eingelegt wird.

(2) [1]Ist eine Entscheidung in der Hauptsache nicht ergangen, so ist die Entscheidung über die Kosten unanfechtbar.

§ 159 [1]Besteht der kostenpflichtige Teil aus mehreren Personen, so gilt § 100 der Zivilprozeßordnung entsprechend. [2]Kann das streitige Rechtsverhältnis dem kostenpflichtigen Teil gegenüber nur einheitlich entschieden werden, so können die Kosten den mehreren Personen als Gesamtschuldnern auferlegt werden.

§ 160 [1]Wird der Rechtsstreit durch Vergleich erledigt und haben die Beteiligten keine Bestimmung über die Kosten getroffen, so fallen die Gerichtskosten jedem Teil zur Hälfte zur Last. [2]Die außergerichtlichen Kosten trägt jeder Beteiligte selbst.

§ 161 (1) [1]Das Gericht hat im Urteil oder, wenn das Verfahren in anderer Weise beendet worden ist, durch Beschluß über die Kosten zu entscheiden.

(2) [1]Ist der Rechtsstreit in der Hauptsache erledigt, so entscheidet das Gericht außer in den Fällen des § 113 Abs. 1 Satz 4 nach billigem Ermessen über die Kosten des Verfahrens durch Beschluß; der bisherige Sach- und Streitstand ist zu berücksichtigen. [2]Der Rechtsstreit ist auch in der Hauptsache erledigt, wenn der Beklagte der Erledigungserklärung des Klägers nicht innerhalb von zwei Wochen seit Zustellung des die Erledigungserklärung enthaltenden Schriftsatzes widerspricht und er vom Gericht auf diese Folge hingewiesen worden ist.

(3) [1]In den Fällen des § 75 fallen die Kosten stets dem Beklagten zur Last, wenn der Kläger mit seiner Bescheidung vor Klageerhebung rechnen durfte.

§ 162 (1) [1]Kosten sind die Gerichtskosten (Gebühren und Auslagen) und die zur zweckentsprechenden Rechtsverfolgung oder Rechtsverteidigung notwendigen Aufwendungen der Beteiligten einschließlich der Kosten des Vorverfahrens.

(2) [1]Die Gebühren und Auslagen eines Rechtsanwalts oder eines Rechtsbeistands, in Abgabenangelegenheiten auch einer der in § 67 Abs. 2 Satz 2 Nr. 3 genannten Personen, sind stets erstattungsfähig. [2]Soweit ein Vorverfahren geschwebt hat, sind Gebühren und Auslagen erstattungsfähig, wenn das Gericht die Zuziehung eines Bevollmächtigten für das Vorverfahren für notwendig erklärt. [3]Juristische Personen des öffentlichen Rechts und Behörden können an Stelle ihrer tatsächlichen notwendigen Aufwendungen für Post- und Telekommunikationsdienstleistungen den in Nummer 7002 der Anlage 1 zum Rechtsanwaltsvergütungsgesetz bestimmten Höchstsatz der Pauschale fordern.

(3) [1]Die außergerichtlichen Kosten des Beigeladenen sind nur erstattungsfähig, wenn sie das Gericht aus Billigkeit der unterliegenden Partei oder der Staatskasse auferlegt.

§ 163 (weggefallen)

§ 164 [1]Der Urkundsbeamte des Gerichts des ersten Rechtszugs setzt auf Antrag den Betrag der zu erstattenden Kosten fest.

§ 165 [1]Die Beteiligten können die Festsetzung der zu erstattenden Kosten anfechten. § 151 gilt entsprechend.

§ 165a [1]§ 110 der Zivilprozessordnung gilt entsprechend.

§ 166 (1) [1]Die Vorschriften der Zivilprozeßordnung über die Prozesskostenhilfe sowie § 569 Abs. 3 Nr. 2 der Zivilprozessordnung gelten entsprechend. [2]Einem Beteiligten, dem Prozesskostenhilfe bewilligt worden ist, kann auch ein Steuerberater, Steuerbevollmächtigter, Wirtschaftsprüfer oder vereidigter Buchprüfer beigeordnet werden. [3]Die Vergütung richtet sich nach den für den beigeordneten Rechtsanwalt geltenden Vorschriften des Rechtsanwaltsvergütungsgesetzes.

(2) [1]Die Prüfung der persönlichen und wirtschaftlichen Verhältnisse nach den §§ 114 bis 116 der Zivilprozessordnung einschließlich der in § 118 Absatz 2 der Zivilprozessordnung bezeichneten Maßnahmen, der Beurkundung von Vergleichen nach § 118 Absatz 1 Satz 3 der Zivilprozessordnung und der Entscheidungen nach § 118 Absatz 2 Satz 4 der Zivilprozessordnung obliegt dem Urkundsbeamten der Geschäftsstelle des jeweiligen Rechtszugs, wenn der Vorsitzende ihm das Verfahren insoweit überträgt. [2]Liegen die Voraussetzungen für die Bewilligung der Prozesskostenhilfe hiernach nicht vor, erlässt der Urkundsbeamte die den Antrag ablehnende Entscheidung; anderenfalls vermerkt der Urkundsbeamte in den Prozessakten, dass dem Antragsteller nach seinen persönlichen und wirtschaftlichen Verhältnissen Prozesskostenhilfe gewährt werden kann und in welcher Höhe gegebenenfalls Monatsraten oder Beträge aus dem Vermögen zu zahlen sind.

(3) [1]Dem Urkundsbeamten obliegen im Verfahren über die Prozesskostenhilfe ferner die Bestimmung des Zeitpunkts für die Einstellung und eine Wiederaufnahme der Zahlungen nach § 120 Absatz 3 der Zivilprozessordnung sowie die Änderung und die Aufhebung der Bewilligung der Prozesskostenhilfe nach den §§ 120a und 124 Absatz 1 Nummer 2 bis 5 der Zivilprozessordnung.

(4) [1]Der Vorsitzende kann Aufgaben nach den Absätzen 2 und 3 zu jedem Zeitpunkt an sich ziehen. [2]§ 5 Absatz 1 Nummer 1, die §§ 6, 7, 8 Absatz 1 bis 4 und § 9 des Rechtspflegergesetzes gelten entsprechend mit der Maßgabe, dass an die Stelle des Rechtspflegers der Urkundsbeamte der Geschäftsstelle tritt.

(5) [1]§ 87a Absatz 3 gilt entsprechend.

(6) [1]Gegen Entscheidungen des Urkundsbeamten nach den Absätzen 2 und 3 kann innerhalb von zwei Wochen nach Bekanntgabe die Entscheidung des Gerichts beantragt werden.

(7) [1]Durch Landesgesetz kann bestimmt werden, dass die Absätze 2 bis 6 für die Gerichte des jeweiligen Landes nicht anzuwenden sind.

17. Abschnitt. Vollstreckung

§ 167 (1) [1]Soweit sich aus diesem Gesetz nichts anderes ergibt, gilt für die Vollstreckung das Achte Buch der Zivilprozeßordnung entsprechend. [2]Vollstreckungsgericht ist das Gericht des ersten Rechtszugs.

(2) [1]Urteile auf Anfechtungs- und Verpflichtungsklagen können nur wegen der Kosten für vorläufig vollstreckbar erklärt werden.

§ 168 (1) [1]Vollstreckt wird

1. aus rechtskräftigen und aus vorläufig vollstreckbaren gerichtlichen Entscheidungen,
2. aus einstweiligen Anordnungen,
3. aus gerichtlichen Vergleichen,
4. aus Kostenfestsetzungsbeschlüssen,
5. aus den für vollstreckbar erklärten Schiedssprüchen öffentlich-rechtlicher Schiedsgerichte, sofern die Entscheidung über die Vollstreckbarkeit rechtskräftig oder für vorläufig vollstreckbar erklärt ist.

(2) [1]Für die Vollstreckung können den Beteiligten auf ihren Antrag Ausfertigungen des Urteils ohne Tatbestand und ohne Entscheidungsgründe erteilt werden, deren Zustellung in den Wirkungen der Zustellung eines vollständigen Urteils gleichsteht.

§ 169 (1) [1]Soll zugunsten des Bundes, eines Landes, eines Gemeindeverbands, einer Gemeinde oder einer Körperschaft, Anstalt oder Stiftung des öffentlichen Rechts vollstreckt werden, so richtet sich die Vollstreckung nach dem Verwaltungsvollstreckungsgesetz. [2]Vollstreckungsbehörde im Sinne des Verwaltungsvollstreckungsgesetzes ist der Vorsitzende des Gerichts des ersten Rechtszugs; er kann für die Ausführung der Vollstreckung eine andere Vollstreckungsbehörde oder einen Gerichtsvollzieher in Anspruch nehmen.

(2) [1]Wird die Vollstreckung zur Erzwingung von Handlungen, Duldungen und Unterlassungen im Wege der Amtshilfe von Organen der Länder vorgenommen, so ist sie nach landesrechtlichen Bestimmungen durchzuführen.

§ 170 (1) [1]Soll gegen den Bund, ein Land, einen Gemeindeverband, eine Gemeinde, eine Körperschaft, eine Anstalt oder Stiftung des öffentlichen Rechts wegen einer Geldforderung vollstreckt werden, so verfügt auf Antrag des Gläubigers das Gericht des ersten Rechtszugs die Vollstreckung. [2]Es bestimmt die vorzunehmenden Vollstreckungsmaßnahmen und ersucht die zuständige Stelle um deren Vornahme. [3]Die ersuchte Stelle ist verpflichtet, dem Ersuchen nach den für sie geltenden Vollstreckungsvorschriften nachzukommen.

(2) [1]Das Gericht hat vor Erlaß der Vollstreckungsverfügung die Behörde oder bei Körperschaften, Anstalten und Stiftungen des öffentlichen Rechts, gegen die vollstreckt werden soll, die gesetzlichen Vertreter von der beabsichtigten Vollstreckung zu benachrichtigen mit der Aufforderung, die Vollstreckung innerhalb einer vom Gericht zu bemessenden Frist abzuwenden. [2]Die Frist darf einen Monat nicht übersteigen.

(3) [1]Die Vollstreckung ist unzulässig in Sachen, die für die Erfüllung öffentlicher Aufgaben unentbehrlich sind oder deren Veräußerung ein öffentliches Interesse entgegensteht. [2]Über Einwendungen entscheidet das Gericht nach Anhörung der zuständigen Aufsichtsbehörde oder bei obersten Bundes- oder Landesbehörden des zuständigen Ministers.

(4) [1]Für öffentlich-rechtliche Kreditinstitute gelten die Absätze 1 bis 3 nicht.

(5) [1]Der Ankündigung der Vollstreckung und der Einhaltung einer Wartefrist bedarf es nicht, wenn es sich um den Vollzug einer einstweiligen Anordnung handelt.

§ 171 [1]In den Fällen der §§ 169, 170 Abs. 1 bis 3 bedarf es einer Vollstreckungsklausel nicht.

§ 172 [1]Kommt die Behörde in den Fällen des § 113 Abs. 1 Satz 2 und Abs. 5 und des § 123 der ihr im Urteil oder in der einstweiligen Anordnung auferlegten Verpflichtung nicht nach, so kann das Gericht des ersten Rechtszugs auf Antrag unter Fristsetzung gegen sie ein Zwangsgeld bis zehntausend Euro durch Beschluß androhen, nach fruchtlosem Fristablauf festsetzen und von Amts wegen vollstrecken. [2]Das Zwangsgeld kann wiederholt angedroht, festgesetzt und vollstreckt werden.

Teil V: Schluß- und Übergangsbestimmungen

§ 173 [1]Soweit dieses Gesetz keine Bestimmungen über das Verfahren enthält, sind das Gerichtsverfassungsgesetz und die Zivilprozeßordnung einschließlich § 278 Absatz 5 und § 278a entsprechend anzuwenden, wenn die grundsätzlichen Unterschiede der beiden Verfahrensarten dies nicht ausschließen; Buch 6 der Zivilprozessordnung ist nicht anzuwenden. [2]Die Vorschriften des Siebzehnten Titels des Gerichtsverfassungsgesetzes sind mit der Maßgabe entsprechend anzuwenden, dass an die Stelle des Oberlandesgerichts das Oberverwaltungsgericht, an die Stelle des Bundesgerichtshofs das Bundesverwaltungsgericht und an die Stelle der Zivilprozessordnung die Verwaltungsgerichtsordnung tritt. [3]Gericht im Sinne des § 1062 der Zivilprozeßordnung ist das zuständige Verwaltungsgericht, Gericht im Sinne des § 1065 der Zivilprozeßordnung das zuständige Oberverwaltungsgericht.

Verordnung über Informationspflichten für Dienstleistungserbringer (Dienstleistungs-Informationspflichten-Verordnung – DL-InfoV)*

Vom 12. März 2010, BGBl. I S. 267

Aufgrund des § 6c in Verbindung mit § 146 Abs. 2 Nr. 1 der Gewerbeordnung, die durch Art. 1 des Gesetzes vom 17. Juli 2009 (BGBl. I S. 2019) eingefügt worden sind, verordnet die Bundesregierung

§ 1 Anwendungsbereich (1) [1]Diese Verordnung gilt für Personen, die Dienstleistungen erbringen, die in den Anwendungsbereich des Artikels 2 der Richtlinie 2006/123/EG des Europäischen Parlaments und des Rates vom 12. Dezember 2006 über Dienstleistungen im Binnenmarkt (ABl. L 376 vom 27.12.2006, S. 36) fallen.

(2) [1]Die Verordnung findet auch Anwendung, wenn im Inland niedergelassene Dienstleistungserbringer unter Inanspruchnahme der Dienstleistungsfreiheit in einem anderen Mitgliedstaat der Europäischen Union oder einem anderen Vertragsstaat des Abkommens über den Europäischen Wirtschaftsraum tätig werden.

(3) [1]Die Verordnung findet keine Anwendung, wenn in einem anderen Mitgliedstaat der Europäischen Union oder einem anderen Vertragsstaat des Abkommens über den Europäischen Wirtschaftsraum niedergelassene Dienstleistungserbringer unter Inanspruchnahme der Dienstleistungsfreiheit im Inland tätig werden.

(4) [1]Die nach dieser Verordnung zur Verfügung zu stellenden Informationen sind in deutscher Sprache zu erbringen. [2]Das gilt nicht für Informationen nach Absatz 2.

§ 2 Stets zur Verfügung zu stellende Informationen (1) [1]Unbeschadet weiter gehender Anforderungen aus anderen Rechtsvorschriften muss ein Dienstleistungserbringer einem Dienstleistungsempfänger vor Abschluss eines schriftlichen Vertrages oder, sofern kein schriftlicher Vertrag ge-

* Diese Verordnung dient der Umsetzung der Richtlinie 2006/123/EG des Europäischen Parlaments und des Rates vom 12. Dezember 2006 über Dienstleistungen im Binnenmarkt (ABl. 2376 vom 27.12.2006, S. 36).

schlossen wird, vor Erbringung der Dienstleistung folgende Informationen in klarer und verständlicher Form zur Verfügung stellen:

1. seinen Familien- und Vornamen, bei rechtsfähigen Personengesellschaften und juristischen Personen die Firma unter Angabe der Rechtsform,
2. die Anschrift seiner Niederlassung oder, sofern keine Niederlassung besteht, eine ladungsfähige Anschrift sowie weitere Angaben, die es dem Dienstleistungsempfänger ermöglichen, schnell und unmittelbar mit ihm in Kontakt zu treten, insbesondere eine Telefonnummer und eine E-Mail-Adresse oder Faxnummer,
3. falls er in ein solches eingetragen ist, das Handelsregister, Vereinsregister, Partnerschaftsregister oder Genossenschaftsregister unter Angabe des Registergerichts und der Registernummer,
4. bei erlaubnispflichtigen Tätigkeiten Name und Anschrift der zuständigen Behörde oder der einheitlichen Stelle,
5. falls er eine Umsatzsteuer-Identifikationsnummer nach § 27a des Umsatzsteuergesetzes besitzt, die Nummer,
6. falls die Dienstleistung in Ausübung eines reglementierten Berufs im Sinne von Artikel 3 Absatz 1 Buchstabe a der Richtlinie 2005/36/EG des Europäischen Parlaments und des Rates vom 7. September 2005 über die Anerkennung von Berufsqualifikationen (ABl. L 255 vom 30.9.2005, S. 22) erbracht wird, die gesetzliche Berufsbezeichnung, den Staat, in dem sie verliehen wurde und, falls er einer Kammer, einem Berufsverband oder einer ähnlichen Einrichtung angehört, deren oder dessen Namen,
7. die von ihm gegebenenfalls verwendeten allgemeinen Geschäftsbedingungen,
8. von ihm gegebenenfalls verwendete Vertragsklauseln über das auf den Vertrag anwendbare Recht oder über den Gerichtsstand,
9. gegebenenfalls bestehende Garantien, die über die gesetzlichen Gewährleistungsrechte hinausgehen,
10. die wesentlichen Merkmale der Dienstleistung, soweit sich diese nicht bereits aus dem Zusammenhang ergeben,
11. falls eine Berufshaftpflichtversicherung besteht, Angaben zu dieser, insbesondere den Namen und die Anschrift des Versicherers und den räumlichen Geltungsbereich.

(2) [1]Der Dienstleistungserbringer hat die in Absatz 1 genannten Informationen wahlweise

1. dem Dienstleistungsempfänger von sich aus mitzuteilen,
2. am Ort der Leistungserbringung oder des Vertragsschlusses so vorzuhalten, dass sie dem Dienstleistungsempfänger leicht zugänglich sind,

3. dem Dienstleistungsempfänger über eine von ihm angegebene Adresse elektronisch leicht zugänglich zu machen oder
4. in alle von ihm dem Dienstleistungsempfänger zur Verfügung gestellten ausführlichen Informationsunterlagen über die angebotene Dienstleistung aufzunehmen.

§ 3 Auf Anfrage zur Verfügung zu stellende Informationen (1) [1]Unbeschadet weiter gehender Anforderungen aus anderen Rechtsvorschriften muss der Dienstleistungserbringer dem Dienstleistungsempfänger auf Anfrage folgende Informationen vor Abschluss eines schriftlichen Vertrages oder, sofern kein schriftlicher Vertrag geschlossen wird, vor Erbringung der Dienstleistung in klarer und verständlicher Form zur Verfügung stellen:

1. falls die Dienstleistung in Ausübung eines reglementierten Berufs im Sinne von Artikel 3 Absatz 1 Buchstabe a der Richtlinie 2005/36/EG des Europäischen Parlaments und des Rates vom 7. September 2005 über die Anerkennung von Berufsqualifikationen (ABl. L 255 vom 30.9.2005, S. 22) erbracht wird, eine Verweisung auf die berufsrechtlichen Regelungen und dazu, wie diese zugänglich sind,
2. Angaben zu den vom Dienstleistungserbringer ausgeübten multidisziplinären Tätigkeiten und den mit anderen Personen bestehenden beruflichen Gemeinschaften, die in direkter Verbindung zu der Dienstleistung stehen und, soweit erforderlich, zu den Maßnahmen, die er ergriffen hat, um Interessenkonflikte zu vermeiden,
3. die Verhaltenskodizes, denen er sich unterworfen hat, die Adresse, unter der diese elektronisch abgerufen werden können, und die Sprachen, in der diese vorliegen, und
4. falls er sich einem Verhaltenskodex unterworfen hat oder einer Vereinigung angehört, der oder die ein außergerichtliches Streitschlichtungsverfahren vorsieht, Angaben zu diesem, insbesondere zum Zugang zum Verfahren und zu näheren Informationen über seine Voraussetzungen.

(2) [1]Der Dienstleistungserbringer stellt sicher, dass die in Absatz 1 Nummer 2, 3 und 4 genannten Informationen in allen ausführlichen Informationsunterlagen über die Dienstleistung enthalten sind.

§ 4 Erforderliche Preisangaben (1) [1]Der Dienstleistungserbringer muss dem Dienstleistungsempfänger vor Abschluss eines schriftlichen Vertrages oder, sofern kein schriftlicher Vertrag geschlossen wird, vor Erbringung der Dienstleistung, folgende Informationen in klarer und verständlicher Form zur Verfügung stellen:

1. sofern er den Preis für die Dienstleistung im Vorhinein festgelegt hat, diesen Preis in der in § 2 Absatz 2 festgelegten Form,

2. sofern er den Preis der Dienstleistung nicht im Vorhinein festgelegt hat, auf Anfrage den Preis der Dienstleistung oder, wenn kein genauer Preis angegeben werden kann, entweder die näheren Einzelheiten der Berechnung, anhand derer der Dienstleistungsempfänger die Höhe des Preises leicht errechnen kann, oder einen Kostenvoranschlag.

(2) [1]Absatz 1 findet keine Anwendung auf Dienstleistungsempfänger, die Letztverbraucher sind im Sinne der Preisangabenverordnung in der Fassung der Bekanntmachung vom 18. Oktober 2002 (BGBl. I S. 4197), die zuletzt durch Artikel 6 des Gesetzes vom 29. Juli 2009 (BGBl. I S. 2355) geändert worden ist, in der jeweils geltenden Fassung.

§ 5 Verbot diskriminierender Bestimmungen [1]Der Dienstleistungserbringer darf keine Bedingungen für den Zugang zu einer Dienstleistung bekannt machen, die auf der Staatsangehörigkeit oder dem Wohnsitz des Dienstleistungsempfängers beruhende diskriminierende Bestimmungen enthalten. [2]Dies gilt nicht für Unterschiede bei den Zugangsbedingungen, die unmittelbar durch objektive Kriterien gerechtfertigt sind.

§ 6 Ordnungswidrigkeiten [1]Ordnungswidrig im Sinne des § 146 Absatz 2 Nummer 1 der Gewerbeordnung handelt, wer vorsätzlich oder fahrlässig

1. entgegen § 2 Absatz 1, § 3 Absatz 1 oder § 4 Absatz 1 eine Information nicht, nicht richtig, nicht vollständig, nicht in der vorgeschriebenen Weise oder nicht rechtzeitig zur Verfügung stellt,
2. entgegen § 3 Absatz 2 nicht sicherstellt, dass eine dort genannte Information in jeder ausführlichen Informationsunterlage enthalten ist, oder
3. entgegen § 5 Satz 1 Bedingungen bekannt macht.

§ 7 Inkrafttreten [1]Diese Verordnung tritt zwei Monate nach der Verkündung in Kraft.*

---

* Die Verordnung ist am 17. Mai 2010 in Kraft getreten.

Hinweispflichten zur alternativen Streitbeilegung

Artikel 14 Verordnung (EU) Nr. 524/2013: Information der Verbraucher

(1) [1]In der Union niedergelassene Unternehmer, die Online-Kaufverträge oder Online-Dienstleistungsverträge eingehen, und in der Union niedergelassene Online-Marktplätze stellen auf ihren Websites einen Link zur OS-Plattform ein. [2]Dieser Link muss für Verbraucher leicht zugänglich sein. [3]In der Union niedergelassene Unternehmer, die Online-Kaufverträge oder Online-Dienstleistungsverträge eingehen, geben zudem ihre E-Mail-Adressen an.

(2) [1]In der Union niedergelassene Unternehmer, die Online-Kaufverträge oder Online-Dienstleistungsverträge eingehen und sich verpflichtet haben oder verpflichtet sind, eine oder mehrere AS-Stellen für die Beilegung von Streitigkeiten mit Verbrauchern zu nutzen, informieren die Verbraucher über die Existenz der OS-Plattform und die Möglichkeit, diese für die Beilegung ihrer Streitigkeiten zu nutzen. [2]Sie stellen auf ihren Websites sowie, falls das Angebot über E-Mail erfolgt, in dieser E-Mail einen Link zu der OS-Plattform ein. [3]Diese Informationen sind gegebenenfalls auch in die allgemeinen Geschäftsbedingungen für Online-Kaufverträge oder Online-Dienstleistungsverträge aufzunehmen.

(3) [1]Absätze 1 und 2 dieses Artikels gelten unbeschadet des Artikels 13 der Richtlinie 2013/11/EU und der in anderen Rechtsakten der Union enthaltenen Bestimmungen über die Information der Verbraucher über außergerichtliche Rechtsbehelfsverfahren, die zusätzlich zu diesem Artikel gelten.

(4) [1]Die in Artikel 20 Absatz 5 der Richtlinie 2013/11/EU genannte Liste der AS-Stellen und ihre aktualisierten Fassungen werden auf der OS-Plattform veröffentlicht.

(5) [1]Die Mitgliedstaaten sorgen dafür, dass AS-Stellen, die Zentren des Europäischen Netzes der Verbraucherzentren, die zuständigen Behörden im Sinne des Artikels 18 Absatz 1 der Richtlinie 2013/11/EU und gegebenenfalls die gemäß Artikel 14 Absatz 2 der Richtlinie 2013/11/EU bezeichneten Einrichtungen auf ihren Websites einen Link zu der OS-Plattform einstellen.

(6) [1]Die Mitgliedstaaten empfehlen den einschlägigen Verbraucher- und Wirtschaftsverbänden, auf ihren Websites einen Link zu der OS-Plattform einzustellen.

(7) [1]Unternehmer, die verpflichtet sind, Informationen gemäß den Absätzen 1 und 2 und den in Absatz 3 genannten Bestimmungen zu veröffentlichen, veröffentlichen diese Informationen möglichst gebündelt.

§ 36 Verbraucherstreitbeilegungsgesetz (VSBG): Allgemeine Informationspflicht (1) [1]Ein Unternehmer, der eine Webseite unterhält oder Allgemeine Geschäftsbedingungen verwendet, hat den Verbraucher leicht zugänglich, klar und verständlich

1. in Kenntnis zu setzen davon, inwieweit er bereit ist oder verpflichtet ist, an Streitbeilegungsverfahren vor einer Verbraucherschlichtungsstelle teilzunehmen, und
2. auf die zuständige Verbraucherschlichtungsstelle hinzuweisen, wenn sich der Unternehmer zur Teilnahme an einem Streitbeilegungsverfahren vor einer Verbraucherschlichtungsstelle verpflichtet hat oder wenn er auf Grund von Rechtsvorschriften zur Teilnahme verpflichtet ist; der Hinweis muss Angaben zu Anschrift und Webseite der Verbraucherschlichtungsstelle sowie eine Erklärung des Unternehmers, an einem Streitbeilegungsverfahren vor dieser Verbraucherschlichtungsstelle teilzunehmen, enthalten.

(2) [1]Die Informationen nach Absatz 1 müssen

1. auf der Webseite des Unternehmers erscheinen, wenn der Unternehmer eine Webseite unterhält,
2. zusammen mit seinen Allgemeinen Geschäftsbedingungen gegeben werden, wenn der Unternehmer Allgemeine Geschäftsbedingungen verwendet.

(3) [1]Von der Informationspflicht nach Absatz 1 Nummer 1 ausgenommen ist ein Unternehmer, der am 31. Dezember des vorangegangenen Jahres zehn oder weniger Personen beschäftigt hat.

§ 37 Verbraucherstreitbeilegungsgesetz (VSBG): Informationen nach Entstehen der Streitigkeit (1) [1]Der Unternehmer hat den Verbraucher auf eine für ihn zuständige Verbraucherschlichtungsstelle unter Angabe von deren Anschrift und Webseite hinzuweisen, wenn die Streitigkeit über einen Verbrauchervertrag durch den Unternehmer und den Verbraucher nicht beigelegt werden konnte. [2]Der Unternehmer gibt zugleich an, ob er zur Teilnahme an einem Streitbeilegungsverfahren bei dieser Verbraucherschlichtungsstelle bereit ist oder verpflichtet ist. [3]Ist der Unternehmer zur Teilnahme am Streitbeilegungsverfahren einer oder mehrerer Verbraucherschlichtungsstellen bereit oder verpflichtet, so hat er diese Stelle oder diese Stellen anzugeben.

(2) [1]Der Hinweis muss in Textform gegeben werden.

Telemediengesetz (TMG) – Auszug –

Vom 26. Februar 2007, BGBl. I S. 179

Zuletzt geändert durch Artikel 11 des Gesetzes vom 11. Juli 2019, BGBl. I S. 1066

§ 5 Allgemeine Informationspflichten (1) [1]Diensteanbieter haben für geschäftsmäßige, in der Regel gegen Entgelt angebotene Telemedien folgende Informationen leicht erkennbar, unmittelbar erreichbar und ständig verfügbar zu halten:

1. den Namen und die Anschrift, unter der sie niedergelassen sind, bei juristischen Personen zusätzlich die Rechtsform, den Vertretungsberechtigten und, sofern Angaben über das Kapital der Gesellschaft gemacht werden, das Stamm- oder Grundkapital sowie, wenn nicht alle in Geld zu leistenden Einlagen eingezahlt sind, der Gesamtbetrag der ausstehenden Einlagen,
2. Angaben, die eine schnelle elektronische Kontaktaufnahme und unmittelbare Kommunikation mit ihnen ermöglichen, einschließlich der Adresse der elektronischen Post,
3. soweit der Dienst im Rahmen einer Tätigkeit angeboten oder erbracht wird, die der behördlichen Zulassung bedarf, Angaben zur zuständigen Aufsichtsbehörde,
4. das Handelsregister, Vereinsregister, Partnerschaftsregister oder Genossenschaftsregister, in das sie eingetragen sind, und die entsprechende Registernummer,
5. soweit der Dienst in Ausübung eines Berufs im Sinne von Artikel 1 Buchstabe d der Richtlinie 89/48/EWG des Rates vom 21. Dezember 1988 über eine allgemeine Regelung zur Anerkennung der Hochschuldiplome, die eine mindestens dreijährige Berufsausbildung abschließen (ABl. EG Nr. L 19 S. 16), oder im Sinne von Artikel 1 Buchstabe f der Richtlinie 92/51/EWG des Rates vom 18. Juni 1992 über eine zweite allgemeine Regelung zur Anerkennung beruflicher Befähigungsnachweise in Ergänzung zur Richtlinie 89/48/EWG (ABl. EG Nr. L 209 S. 25, 1995 Nr. L 17 S. 20), zuletzt geändert durch die Richtlinie 97/38/EG der Kommission vom 20. Juni 1997 (ABl. EG Nr. L 184 S. 31), angeboten oder erbracht wird, Angaben über
   a) die Kammer, welcher die Diensteanbieter angehören,
   b) die gesetzliche Berufsbezeichnung und den Staat, in dem die Berufsbezeichnung verliehen worden ist,

c) die Bezeichnung der berufsrechtlichen Regelungen und dazu, wie diese zugänglich sind,*

6. in Fällen, in denen sie eine Umsatzsteueridentifikationsnummer nach § 27a des Umsatzsteuergesetzes oder eine Wirtschafts-Identifikationsnummer nach § 139c der Abgabenordnung besitzen, die Angabe dieser Nummer,

7. bei Aktiengesellschaften, Kommanditgesellschaften auf Aktien und Gesellschaften mit beschränkter Haftung, die sich in Abwicklung oder Liquidation befinden, die Angabe hierüber.

(2) [1]Weitergehende Informationspflichten nach anderen Rechtsvorschriften bleiben unberührt.

* Die BRAK gestattet ausdrücklich eine Verlinkung auf die Rubrik „Berufsrecht" auf ihrer Homepage www.brak.de.

Sozialgesetzbuch (SGB) Sechstes Buch (VI) – Gesetzliche Rentenversicherung

– Auszug –

Vom 18. Dezember 1989, BGBl. I S. 2261, 1337 (1990)

In der Fassung der Bekanntmachung vom 19. Februar 2002, BGBl. I S. 754

Zuletzt geändert durch Artikel 3 des Gesetzes vom 11. Dezember 2018, BGBl. I S. 2387

§ 6 Befreiung von der Versicherungspflicht (1) [1]Von der Versicherungspflicht werden befreit

1. Beschäftigte und selbständig Tätige für die Beschäftigung oder selbständige Tätigkeit, wegen der sie aufgrund einer durch Gesetz angeordneten oder auf Gesetz beruhenden Verpflichtung Mitglied einer öffentlichrechtlichen Versicherungseinrichtung oder Versorgungseinrichtung ihrer Berufsgruppe (berufsständische Versorgungseinrichtung) und zugleich kraft gesetzlicher Verpflichtung Mitglied einer berufsständischen Kammer sind, wenn
   a) am jeweiligen Ort der Beschäftigung oder selbständigen Tätigkeit für ihre Berufsgruppe bereits vor dem 1. Januar 1995 eine gesetzliche Verpflichtung zur Mitgliedschaft in der berufsständischen Kammer bestanden hat,
   b) für sie nach näherer Maßgabe der Satzung einkommensbezogene Beiträge unter Berücksichtigung der Beitragsbemessungsgrenze zur berufsständischen Versorgungseinrichtung zu zahlen sind und
   c) aufgrund dieser Beiträge Leistungen für den Fall verminderter Erwerbsfähigkeit und des Alters sowie für Hinterbliebene erbracht und angepasst werden, wobei auch die finanzielle Lage der berufsständischen Versorgungseinrichtung zu berücksichtigen ist,
2. Lehrer oder Erzieher, die an nichtöffentlichen Schulen beschäftigt sind, wenn ihnen nach beamtenrechtlichen Grundsätzen oder entsprechenden kirchenrechtlichen Regelungen Anwartschaft auf Versorgung bei verminderter Erwerbsfähigkeit und im Alter sowie auf Hinterbliebenenversorgung gewährleistet und die Erfüllung der Gewährleistung gesichert ist und wenn diese Personen die Voraussetzungen nach § 5 Abs. 1 Satz 2 Nr. 1 und 2 erfüllen,
3. nichtdeutsche Besatzungsmitglieder deutscher Seeschiffe, die ihren Wohnsitz oder gewöhnlichen Aufenthalt nicht in einem Mitgliedstaat

der Europäischen Union, einem Vertragsstaat des Abkommens über den Europäischen Wirtschaftsraum oder der Schweiz haben,

4. Gewerbetreibende in Handwerksbetrieben, wenn für sie mindestens 18 Jahre lang Pflichtbeiträge gezahlt worden sind, ausgenommen bevollmächtigte Bezirksschornsteinfeger oder Bezirksschornsteinfegermeister.

[2]Die gesetzliche Verpflichtung für eine Berufsgruppe zur Mitgliedschaft in einer berufsständischen Kammer im Sinne des Satzes 1 Nr. 1 gilt mit dem Tag als entstanden, an dem das die jeweilige Kammerzugehörigkeit begründende Gesetz verkündet worden ist. [3]Wird der Kreis der Pflichtmitglieder einer berufsständischen Kammer nach dem 31. Dezember 1994 erweitert, werden diejenigen Pflichtmitglieder des berufsständischen Versorgungswerks nicht nach Satz 1 Nr. 1 befreit, die nur wegen dieser Erweiterung Pflichtmitglieder ihrer Berufskammer geworden sind. [4]Für die Bestimmung des Tages, an dem die Erweiterung des Kreises der Pflichtmitglieder erfolgt ist, ist Satz 2 entsprechend anzuwenden. [5]Personen, die nach bereits am 1. Januar 1995 geltenden versorgungsrechtlichen Regelungen verpflichtet sind, für die Zeit der Ableistung eines gesetzlich vorgeschriebenen Vorbereitungs- oder Anwärterdienstes Mitglied einer berufsständischen Versorgungseinrichtung zu sein, werden auch dann nach Satz 1 Nr. 1 von der Versicherungspflicht befreit, wenn eine gesetzliche Verpflichtung zur Mitgliedschaft in einer berufsständischen Kammer für die Zeit der Ableistung des Vorbereitungs- oder Anwärterdienstes nicht besteht. [6]Satz 1 Nr. 1 gilt nicht für die in Satz 1 Nr. 4 genannten Personen.

(1a) [1]Personen, die nach § 2 Satz 1 Nr. 9 versicherungspflichtig sind, werden von der Versicherungspflicht befreit

1. für einen Zeitraum von drei Jahren nach erstmaliger Aufnahme einer selbständigen Tätigkeit, die die Merkmale des § 2 Satz 1 Nr. 9 erfüllt,
2. nach Vollendung des 58. Lebensjahres, wenn sie nach einer zuvor ausgeübten selbständigen Tätigkeit erstmals nach § 2 Satz 1 Nr. 9 versicherungspflichtig werden.

[2]Satz 1 Nr. 1 gilt entsprechend für die Aufnahme einer zweiten selbständigen Tätigkeit, die die Merkmale des § 2 Satz 1 Nr. 9 erfüllt. [3]Tritt nach Ende einer Versicherungspflicht nach § 2 Satz 1 Nr. 10 Versicherungspflicht nach § 2 Satz 1 Nr. 9 ein, wird die Zeit, in der die dort genannten Merkmale bereits vor dem Eintritt der Versicherungspflicht nach dieser Vorschrift vorgelegen haben, auf den in Satz 1 Nr. 1 genannten Zeitraum nicht angerechnet. [4]Eine Aufnahme einer selbständigen Tätigkeit liegt nicht vor, wenn eine bestehende selbständige Existenz lediglich umbenannt oder deren Geschäftszweck gegenüber der vorangegangenen nicht wesentlich verändert worden ist.

(1b) [1]Personen, die eine geringfügige Beschäftigung nach § 8 Absatz 1 Nummer 1 oder § 8a in Verbindung mit § 8 Absatz 1 Nummer 1 des Vierten Buches ausüben, werden auf Antrag von der Versicherungspflicht befreit. Der schriftliche Befreiungsantrag ist dem Arbeitgeber zu übergeben. [2]§ 8 Absatz 2 des Vierten Buches ist mit der Maßgabe anzuwenden, dass eine Zusammenrechnung mit einer nicht geringfügigen Beschäftigung nur erfolgt, wenn diese versicherungspflichtig ist. [3]Der Antrag kann bei mehreren geringfügigen Beschäftigungen nur einheitlich gestellt werden und ist für die Dauer der Beschäftigungen bindend. [4]Satz 1 gilt nicht für Personen, die im Rahmen betrieblicher Berufsbildung, nach dem Jugendfreiwilligendienstegesetz, nach dem Bundesfreiwilligendienstgesetz oder nach § 1 Satz 1 Nummer 2 bis 4 beschäftigt sind oder von der Möglichkeit einer stufenweisen Wiederaufnahme einer nicht geringfügigen Tätigkeit (§ 74 des Fünften Buches) Gebrauch machen.

(2) [1]Die Befreiung erfolgt auf Antrag des Versicherten, in den Fällen des Absatzes 1 Nr. 2 und 3 auf Antrag des Arbeitgebers.

(3) [1]Über die Befreiung entscheidet der Träger der Rentenversicherung, nachdem in den Fällen

1. des Absatzes 1 Nr. 1 die für die berufsständische Versorgungseinrichtung zuständige oberste Verwaltungsbehörde,
2. des Absatzes 1 Nr. 2 die oberste Verwaltungsbehörde des Landes, in dem der Arbeitgeber seinen Sitz hat,

das Vorliegen der Voraussetzungen bestätigt hat. [2]In den Fällen des Absatzes 1b gilt die Befreiung als erteilt, wenn die nach § 28i Satz 5 des Vierten Buches zuständige Einzugsstelle nicht innerhalb eines Monats nach Eingang der Meldung des Arbeitgebers nach § 28a des Vierten Buches dem Befreiungsantrag des Beschäftigten widerspricht. [3]Die Vorschriften des Zehnten Buches über die Bestandskraft von Verwaltungsakten und über das Rechtsbehelfsverfahren gelten entsprechend.

(4) [1]Die Befreiung wirkt vom Vorliegen der Befreiungsvoraussetzungen an, wenn sie innerhalb von drei Monaten beantragt wird, sonst vom Eingang des Antrags an. [2]In den Fällen des Absatzes 1b wirkt die Befreiung bei Vorliegen der Befreiungsvoraussetzungen nach Eingang der Meldung des Arbeitgebers nach § 28a des Vierten Buches bei der zuständigen Einzugsstelle rückwirkend vom Beginn des Monats, in dem der Antrag des Beschäftigten dem Arbeitgeber zugegangen ist, wenn der Arbeitgeber den Befreiungsantrag der Einzugsstelle mit der ersten folgenden Entgeltabrechnung, spätestens aber innerhalb von sechs Wochen nach Zugang, gemeldet und die Einzugsstelle innerhalb eines Monats nach Eingang der Meldung des Arbeitgebers nicht widersprochen hat. [3]Erfolgt die Meldung des Arbeitgebers später, wirkt die Befreiung vom Beginn des auf den Ablauf der Widerspruchsfrist nach Absatz 3 folgenden Monats. [4]In den Fällen, in denen bei einer Mehr-

fachbeschäftigung die Befreiungsvoraussetzungen vorliegen, hat die Einzugsstelle die weiteren Arbeitgeber über den Zeitpunkt der Wirkung der Befreiung unverzüglich durch eine Meldung zu unterrichten.

(5) [1]Die Befreiung ist auf die jeweilige Beschäftigung oder selbständige Tätigkeit beschränkt. [2]Sie erstreckt sich in den Fällen des Absatzes 1 Nr. 1 und 2 auch auf eine andere versicherungspflichtige Tätigkeit, wenn diese infolge ihrer Eigenart oder vertraglich im Voraus zeitlich begrenzt ist und der Versorgungsträger für die Zeit der Tätigkeit den Erwerb einkommensbezogener Versorgungsanwartschaften gewährleistet.

§ 231 Befreiung von der Versicherungspflicht (1) [1]Personen, die am 31. Dezember 1991 von der Versicherungspflicht befreit waren, bleiben in derselben Beschäftigung oder selbständigen Tätigkeit von der Versicherungspflicht befreit. [2]Personen, die am 31. Dezember 1991 als

1. Angestellte im Zusammenhang mit der Erhöhung oder dem Wegfall der Jahresarbeitsverdienstgrenze,
2. Handwerker oder
3. Empfänger von Versorgungsbezügen

von der Versicherungspflicht befreit waren, bleiben in jeder Beschäftigung oder selbständigen Tätigkeit und bei Wehrdienstleistungen von der Versicherungspflicht befreit.

(2) [1]Personen, die aufgrund eines bis zum 31. Dezember 1995 gestellten Antrags spätestens mit Wirkung von diesem Zeitpunkt an nach § 6 Abs. 1 Nr. 1 in der zu diesem Zeitpunkt geltenden Fassung von der Versicherungspflicht befreit sind, bleiben in der jeweiligen Beschäftigung oder selbständigen Tätigkeit befreit.

(3) [1]Mitglieder von berufsständischen Versorgungseinrichtungen, die nur deshalb Pflichtmitglied ihrer berufsständischen Kammer sind, weil die am 31. Dezember 1994 für bestimmte Angehörige ihrer Berufsgruppe bestehende Verpflichtung zur Mitgliedschaft in einer berufsständischen Kammer nach dem 31. Dezember 1994 auf weitere Angehörige der jeweiligen Berufsgruppe erstreckt worden ist, werden bei Vorliegen der übrigen Voraussetzungen nach § 6 Abs. 1 von der Versicherungspflicht befreit, wenn

1. die Verkündung des Gesetzes, mit dem die Verpflichtung zur Mitgliedschaft in einer berufsständischen Kammer auf weitere Angehörige der Berufsgruppe erstreckt worden ist, vor dem 1. Juli 1996 erfolgt und
2. mit der Erstreckung der Verpflichtung zur Mitgliedschaft in einer berufsständischen Kammer auf weitere Angehörige der Berufsgruppe hinsichtlich des Kreises der Personen, die der berufsständischen Kammer als Pflichtmitglieder angehören, eine Rechtslage geschaffen worden ist,

die am 31. Dezember 1994 bereits in mindestens der Hälfte aller Bundesländer bestanden hat.

(4) [1]Mitglieder von berufsständischen Versorgungseinrichtungen, die nur deshalb Pflichtmitglied einer berufsständischen Versorgungseinrichtung sind, weil eine für ihre Berufsgruppe am 31. Dezember 1994 bestehende Verpflichtung zur Mitgliedschaft in der berufsständischen Versorgungseinrichtung nach dem 31. Dezember 1994 auf diejenigen Angehörigen der Berufsgruppe erstreckt worden ist, die einen gesetzlich vorgeschriebenen Vorbereitungs- oder Anwärterdienst ableisten, werden bei Vorliegen der übrigen Voraussetzungen nach § 6 Abs. 1 von der Versicherungspflicht befreit, wenn

1. die Änderung der versorgungsrechtlichen Regelungen, mit der die Verpflichtung zur Mitgliedschaft in der berufsständischen Versorgungseinrichtung auf Personen erstreckt worden ist, die einen gesetzlich vorgeschriebenen Vorbereitungs- oder Anwärterdienst ableisten, vor dem 1. Juli 1996 erfolgt und
2. mit der Erstreckung der Verpflichtung zur Mitgliedschaft in der berufsständischen Versorgungseinrichtung auf Personen, die einen gesetzlich vorgeschriebenen Vorbereitungs- oder Anwärterdienst ableisten, hinsichtlich des Kreises der Personen, die der berufsständischen Versorgungseinrichtung als Pflichtmitglieder angehören, eine Rechtslage geschaffen worden ist, die für die jeweilige Berufsgruppe bereits am 31. Dezember 1994 in mindestens einem Bundesland bestanden hat.

(4a) [1]Die Änderungen der Bundesrechtsanwaltsordnung und der Patentanwaltsordnung durch Artikel 1 Nummer 3 und Artikel 6 des Gesetzes zur Neuordnung des Rechts der Syndikusanwälte und zur Änderung der Finanzgerichtsordnung vom 21. Dezember 2015 (BGBl. I S. 2517) gelten nicht als Änderungen, mit denen der Kreis der Pflichtmitglieder einer berufsständischen Kammer im Sinne des § 6 Absatz 1 Satz 3 erweitert wird.

(4b) [1]Eine Befreiung von der Versicherungspflicht als Syndikusrechtsanwalt oder Syndikuspatentanwalt nach § 6 Absatz 1 Satz 1 Nummer 1, die unter Berücksichtigung der Bundesrechtsanwaltsordnung in der ab dem 1. Januar 2016 geltenden Fassung oder der Patentanwaltsordnung in der ab dem 1. Januar 2016 geltenden Fassung erteilt wurde, wirkt auf Antrag vom Beginn derjenigen Beschäftigung an, für die die Befreiung von der Versicherungspflicht erteilt wird. [2]Sie wirkt auch vom Beginn davor liegender Beschäftigungen an, wenn während dieser Beschäftigungen eine Pflichtmitgliedschaft in einem berufsständischen Versorgungswerk bestand. [3]Die Befreiung nach den Sätzen 1 und 2 wirkt frühestens ab dem 1. April 2014. [4]Die Befreiung wirkt jedoch auch für Zeiten vor dem 1. April 2014, wenn für diese Zeiten einkommensbezogene Pflichtbeiträge an ein berufsständisches Versorgungswerk gezahlt wurden. [5]Die Sätze 1 bis 4 gelten nicht für

Beschäftigungen, für die eine Befreiung von der Versicherungspflicht als Syndikusrechtsanwalt oder Syndikuspatentanwalt auf Grund einer vor dem 4. April 2014 ergangenen Entscheidung bestandskräftig abgelehnt wurde. [6]Der Antrag auf rückwirkende Befreiung nach den Sätzen 1 und 2 kann nur bis zum Ablauf des 1. April 2016 gestellt werden.

(4c) [1]Eine durch Gesetz angeordnete oder auf Gesetz beruhende Verpflichtung zur Mitgliedschaft in einer berufsständischen Versorgungseinrichtung im Sinne des § 6 Absatz 1 Satz 1 Nummer 1 gilt als gegeben für Personen, die

1. nach dem 3. April 2014 auf ihre Rechte aus der Zulassung zur Rechtsanwaltschaft oder Patentanwaltschaft verzichtet haben und
2. bis zum Ablauf des 1. April 2016 die Zulassung als Syndikusrechtsanwalt oder Syndikuspatentanwalt nach der Bundesrechtsanwaltsordnung in der ab dem 1. Januar 2016 geltenden Fassung oder der Patentanwaltsordnung in der ab dem 1. Januar 2016 geltenden Fassung beantragen.

[2]Satz 1 gilt nur, solange die Personen als Syndikusrechtsanwalt oder Syndikuspatentanwalt zugelassen sind und als freiwilliges Mitglied in einem Versorgungswerk einkommensbezogene Beiträge zahlen. [3]Satz 1 gilt nicht, wenn vor dem 1. Januar 2016 infolge eines Ortswechsels der anwaltlichen Tätigkeit eine Pflichtmitgliedschaft in dem neu zuständigen berufsständischen Versorgungswerk wegen Überschreitens einer Altersgrenze nicht mehr begründet werden konnte.

(4d) [1]Tritt in einer berufsständischen Versorgungseinrichtung, in der am 1. Januar 2016 eine Altersgrenze für die Begründung einer Pflichtmitgliedschaft bestand, eine Aufhebung dieser Altersgrenze bis zum Ablauf des 31. Dezember 2018 in Kraft, wirkt eine Befreiung von der Versicherungspflicht bei Personen, die infolge eines Ortswechsels eine Pflichtmitgliedschaft in einer solchen berufsständischen Versorgungseinrichtung bisher nicht begründen konnten und Beiträge als freiwillige Mitglieder entrichtet haben, auf Antrag vom Beginn des 36. Kalendermonats vor Inkrafttreten der Aufhebung der Altersgrenze in der jeweiligen berufsständischen Versorgungseinrichtung. [2]Der Antrag kann nur bis zum Ablauf von drei Kalendermonaten nach Inkrafttreten der Aufhebung der Altersgrenze gestellt werden.

(5) [1]Personen, die am 31. Dezember 1998 eine selbständige Tätigkeit ausgeübt haben, in der sie nicht versicherungspflichtig waren, und danach gemäß § 2 Satz 1 Nr. 9 versicherungspflichtig werden, werden auf Antrag von dieser Versicherungspflicht befreit, wenn sie

1. vor dem 2. Januar 1949 geboren sind oder

2. vor dem 10. Dezember 1998 mit einem öffentlichen oder privaten Versicherungsunternehmen einen Lebens- oder Rentenversicherungsvertrag abgeschlossen haben, der so ausgestaltet ist oder bis zum 30. Juni 2000 oder binnen eines Jahres nach Eintritt der Versicherungspflicht so ausgestaltet wird, dass
   a) Leistungen für den Fall der Invalidität und des Erlebens des 60. oder eines höheren Lebensjahres sowie im Todesfall Leistungen an Hinterbliebene erbracht werden und
   b) für die Versicherung mindestens ebensoviel Beiträge aufzuwenden sind, wie Beiträge zur Rentenversicherung zu zahlen wären, oder
3. vor dem 10. Dezember 1998 eine vergleichbare Form der Vorsorge betrieben haben oder nach diesem Zeitpunkt bis zum 30. Juni 2000 oder binnen eines Jahres nach Eintritt der Versicherungspflicht entsprechend ausgestalten; eine vergleichbare Vorsorge liegt vor, wenn
   a) vorhandenes Vermögen oder
   b) Vermögen, das aufgrund einer auf Dauer angelegten vertraglichen Verpflichtung angespart wird,

insgesamt gewährleisten, dass eine Sicherung für den Fall der Invalidität und des Erlebens des 60. oder eines höheren Lebensjahres sowie im Todesfall für Hinterbliebene vorhanden ist, deren wirtschaftlicher Wert nicht hinter dem einer Lebens- oder Rentenversicherung nach Nummer 2 zurückbleibt. [2]Satz 1 Nr. 2 gilt entsprechend für eine Zusage auf eine betriebliche Altersversorgung, durch die die leistungsbezogenen und aufwandsbezogenen Voraussetzungen des Satzes 1 Nr. 2 erfüllt werden. [3]Die Befreiung ist binnen eines Jahres nach Eintritt der Versicherungspflicht zu beantragen; die Frist läuft nicht vor dem 30. Juni 2000 ab. [4]Die Befreiung wirkt vom Eintritt der Versicherungspflicht an.

(6) [1]Personen, die am 31. Dezember 1998 eine nach § 2 Satz 1 Nr. 1 bis 3 oder § 229a Abs. 1 versicherungspflichtige selbständige Tätigkeit ausgeübt haben, werden auf Antrag von dieser Versicherungspflicht befreit, wenn sie

1. glaubhaft machen, dass sie bis zu diesem Zeitpunkt von der Versicherungspflicht keine Kenntnis hatten, und
2. vor dem 2. Januar 1949 geboren sind oder
3. vor dem 10. Dezember 1998 eine anderweitige Vorsorge im Sinne des Absatzes 5 Satz 1 Nr. 2 oder Nr. 3 oder Satz 2 für den Fall der Invalidität und des Erlebens des 60. oder eines höheren Lebensjahres sowie im Todesfall für Hinterbliebene getroffen haben; Absatz 5 Satz 1 Nr. 2 und 3 und Satz 2 sind mit der Maßgabe anzuwenden, dass an die Stelle des Datums 30. Juni 2000 jeweils das Datum 30. September 2001 tritt.

[2]Die Befreiung ist bis zum 30. September 2001 zu beantragen; sie wirkt vom Eintritt der Versicherungspflicht an.

(7) [1]Personen, die nach § 6 Abs. 1 Satz 1 Nr. 2 in der bis zum 31. Dezember 2008 geltenden Fassung von der Versicherungspflicht befreit waren, bleiben in dieser Beschäftigung von der Versicherungspflicht befreit.

(8) [1]Personen, die die Voraussetzungen für eine Befreiung von der Versicherungspflicht nach § 6 Abs. 1 Satz 1 Nr. 2 in der bis zum 31. Dezember 2008 geltenden Fassung erfüllen, nicht aber die Voraussetzungen nach § 6 Abs. 1 Satz 1 Nr. 2 in der ab 1. Januar 2009 geltenden Fassung, werden von der Versicherungspflicht befreit, wenn ihnen nach beamtenrechtlichen Grundsätzen oder entsprechenden kirchenrechtlichen Regelungen Anwartschaft auf Versorgung bei verminderter Erwerbsfähigkeit und im Alter sowie auf Hinterbliebenenversorgung durch eine für einen bestimmten Personenkreis geschaffene Versorgungseinrichtung gewährleistet ist und sie an einer nichtöffentlichen Schule beschäftigt sind, die vor dem 13. November 2008 Mitglied der Versorgungseinrichtung geworden ist.

(9) [1]§ 6 Absatz 1b gilt bis zum 31. Dezember 2014 nicht für Personen, die am 31. Dezember 2012 in einer mehr als geringfügigen Beschäftigung nach § 8 Absatz 1 Nummer 1 oder § 8a in Verbindung mit § 8 Absatz 1 Nummer 1 des Vierten Buches versicherungspflichtig waren, die die Merkmale einer geringfügigen Beschäftigung nach diesen Vorschriften in der ab dem 1. Januar 2013 geltenden Fassung erfüllt, solange das Arbeitsentgelt aus dieser Beschäftigung 400 Euro monatlich übersteigt.

§ 286f Erstattung zu Unrecht gezahlter Pflichtbeiträge an die berufsständische Versorgungseinrichtung [1]Pflichtbeiträge, die auf Grund einer Befreiung nach § 231 Absatz 4b und 4d zu Unrecht entrichtet wurden, werden abweichend von § 211 und abweichend von § 26 Absatz 3 des Vierten Buches von dem zuständigen Träger der Rentenversicherung beanstandet und unmittelbar an die zuständige berufsständische Versorgungseinrichtung erstattet. [2]Zinsen nach § 27 Absatz 1 des Vierten Buches sind nicht zu zahlen. [3]Sind Beiträge nach Maßgabe der Sätze 1 und 2 erstattet worden, scheidet eine Erstattung nach den allgemeinen Vorschriften aus.

Allgemeine Bedingungen für die Rechtsschutzversicherung (ARB 94) – Auszug –

§ 18 Schiedsgutachten bei Ablehnung des Rechtsschutzes durch den Versicherer

(1) [1]Lehnt der Versicherer den Rechtsschutz ab,

a) weil der durch die Wahrnehmung der rechtlichen Interessen voraussichtlich entstehende Kostenaufwand unter Berücksichtigung der berechtigten Belange der Versichertengemeinschaft in einem groben Missverhältnis zum angestrebten Erfolg steht oder

b) weil in den Fällen des § 2 a) bis g) die Wahrnehmung der rechtlichen Interessen keine hinreichende Aussicht auf Erfolg hat,

ist dies dem Versicherungsnehmer unverzüglich unter Angabe der Gründe schriftlich mitzuteilen.

(2) [1]Mit der Mitteilung über die Rechtsschutzabteilung ist der Versicherungsnehmer darauf hinzuweisen, dass er, soweit er der Auffassung des Versicherers nicht zustimmt und seinen Anspruch auf Rechtsschutz aufrechterhält, innerhalb eines Monats die Einleitung eines Schiedsgutachterverfahrens vom Versicherer verlangen kann. [2]Mit diesem Hinweis ist der Versicherungsnehmer aufzufordern, alle nach seiner Auffassung für die Durchführung des Schiedsgutachterverfahrens wesentlichen Mitteilungen und Unterlagen innerhalb der Monatsfrist dem Versicherer zuzusenden. [3]Außerdem ist er über die Kostenfolgen des Schiedsgutachterverfahrens gemäß Absatz 5 und über die voraussichtliche Höhe dieser Kosten zu unterrichten.

(3) [1]Verlangt der Versicherungsnehmer die Durchführung eines Schiedsgutachterverfahrens, hat der Versicherer dieses Verfahren innerhalb eines Monates einzuleiten und den Versicherungsnehmer hierüber zu unterrichten. [2]Sind zur Wahrnehmung der rechtlichen Interessen des Versicherungsnehmers Fristen zu wahren und entstehen hierdurch Kosten, ist der Versicherer verpflichtet, diese Kosten in dem zur Fristwahrung notwendigen Umfang bis zum Abschluss des Schiedsgutachterverfahrens unabhängig von dessen Ausgang zu tragen.

[3]Leitet der Versicherer das Schiedsgutachterverfahren nicht fristgemäß ein, gilt seine Leistungspflicht in dem Umfang, in dem der Versicherungsnehmer den Rechtsschutzanspruch geltend gemacht hat, als festgestellt.

(4) [1]Schiedsgutachter ist ein seit mindestens fünf Jahren zur Rechtsanwaltschaft zugelassener Rechtsanwalt, der von dem Präsidenten der für den

Wohnsitz des Versicherungsnehmers zuständigen Rechtsanwaltskammer benannt wird. [2]Dem Schiedsgutachter sind vom Versicherer alle ihm vorliegenden Mitteilungen und Unterlagen, die für die Durchführung des Schiedsgutachterverfahrens wesentlich sind, zur Verfügung zu stellen. [3]Er entscheidet im schriftlichen Verfahren; seine Entscheidung ist für den Versicherer bindend.

(5) [1]Die Kosten des Schiedsgutachterverfahrens trägt der Versicherer, wenn der Schiedsgutachter feststellt, dass die Leistungsverweigerung des Versicherers ganz oder teilweise unberechtigt war. [2]War die Leistungsverweigerung nach dem Schiedsspruch berechtigt, trägt der Versicherungsnehmer seine Kosten und die des Schiedsgutachters. [3]Die dem Versicherer durch das Schiedsgutachterverfahren entstehenden Kosten trägt dieser in jedem Falle selbst.

Grundsätze für das Schiedsverfahren nach § 18 der Allgemeinen Bedingungen für die Rechtsschutzversicherung (ARB 94)

I. Regeln für die örtlichen Rechtsanwaltskammern

1. Der Schiedsgutachter wird von der für den Wohnsitz des Versicherungsnehmers zuständigen Rechtsanwaltskammer benannt.
2. Bei dem zu benennenden Schiedsgutachter soll es sich um einen Rechtsanwalt handeln, der
   - seit mindestens 5 Jahren zur Anwaltschaft zugelassen ist
   - in einem anderen Landgerichtsbezirk als der vom Versicherungsnehmer beauftragte Rechtsanwalt zugelassen ist (sofern mehrere Landgerichtsbezirke im Kammerbezirk vorhanden sind)
   - aus dem Kreis der forensisch tätigen Rechtsanwälte stammt und möglichst über besondere Erfahrungen auf dem in Frage stehenden Fachgebiet verfügt; als Fachgebiete gelten:
     - Haftpflichtrecht
     - Vertragsrecht
     - Arbeitsrecht
     - Sozialrecht
     - Verwaltungsrecht
     - Steuerrecht
     - Mietrecht
   - nicht dem Vorstand der örtlichen Rechtsanwaltskammer angehört.
3. Die örtliche Rechtsanwaltskammer befragt alle ihre Kammermitglieder, ob sie sich in entsprechende Listen eintragen wollen.
4. Die Auswahl des jeweiligen Anwalts erfolgt in der Reihenfolge der betreffenden Liste.

5. Die Benennung durch die Kammer soll spätestens innerhalb einer Woche nach Eingang des Antrages des Rechtsschutzversicherers erfolgen.
6. Der von der örtlichen Rechtsanwaltskammer benannte Rechtsanwalt kann von beiden Seiten ohne Angabe von Gründen abgelehnt werden.

II. Regeln für das Schiedsverfahren

1. Der Schiedsgutachter entscheidet aufgrund der ihm vom Versicherer und ggf. vom Versicherungsnehmer vorgelegten Mitteilungen und zur Verfügung gestellten Unterlagen.
2. Das Verfahren ist schriftlich. Der Schiedsgutachter kann zusätzliche Auskünfte von den Parteien einholen, wenn er dies zur Beurteilung der hinreichenden Erfolgsaussichten für erforderlich hält.
3. Der Schiedsgutachter soll seine Entscheidung spätestens innerhalb eines Monats nach Eingang der vom Versicherer vorgelegten Unterlagen abgeben.

   Die Entscheidung des Schiedsgutachters ist schriftlich zu begründen.
4. Der Schiedsgutachter soll weder den Versicherer noch den Versicherungsnehmer in einem sich anschließenden Deckungsprozeß vertreten; dies gilt auch für die Vertretung des Versicherungsnehmers oder seines Gegners in dem Hauptsacheverfahren, für das Rechtsschutz begehrt wird.
5. Der Schiedsgutachter erhält vom Versicherer für seine Tätigkeit eine Geschäftsgebühr nach § 118 Abs. 1 Nr. 1 BRAGO in Höhe von 15/10, mindestens 200 DM zzgl. Auslagen und Mehrwertsteuer.

   Gegenstandwert ist der für die Interessenwahrnehmung des Versicherungsnehmers voraussichtlich notwendige Kostenaufwand in Höhe der eigenen und gegnerischen Anwaltskosten sowie der Gerichtskosten für die jeweilige Instanz, für die Rechtschutz begehrt wird. Der voraussichtliche Kostenaufwand wird pauschaliert berechnet auf der Grundlage von 6 Rechtsanwaltsgebühren zzgl. 3 Gerichtsgebühren. Zeugen- und Sachverständigenkosten bleiben außer Betracht.

Mediationsgesetz (MediationsG)

Vom 21. Juli 2012, BGBl. I S. 1577

Zuletzt geändert durch Zehnte Zuständigkeitsanpassungsverordnung vom 31. August 2015, BGBl. I S. 1474

Inhaltsübersicht

§ 1 Begriffsbestimmungen (1) [1]Mediation ist ein vertrauliches und strukturiertes Verfahren, bei dem Parteien mithilfe eines oder mehrerer Mediatoren freiwillig und eigenverantwortlich eine einvernehmliche Beilegung ihres Konflikts anstreben.

(2) [1]Ein Mediator ist eine unabhängige und neutrale Person ohne Entscheidungsbefugnis, die die Parteien durch die Mediation führt.

§ 2 Verfahren; Aufgaben des Mediators (1) [1]Die Parteien wählen den Mediator aus.

(2) [1]Der Mediator vergewissert sich, dass die Parteien die Grundsätze und den Ablauf des Mediationsverfahrens verstanden haben und freiwillig an der Mediation teilnehmen.

(3) [1]Der Mediator ist allen Parteien gleichermaßen verpflichtet. Er fördert die Kommunikation der Parteien und gewährleistet, dass die Parteien in angemessener und fairer Weise in die Mediation eingebunden sind. [2]Er kann im allseitigen Einverständnis getrennte Gespräche mit den Parteien führen.

(4) [1]Dritte können nur mit Zustimmung aller Parteien in die Mediation einbezogen werden.

(5) [1]Die Parteien können die Mediation jederzeit beenden. [2]Der Mediator kann die Mediation beenden, insbesondere wenn er der Auffassung ist, dass eine eigenverantwortliche Kommunikation oder eine Einigung der Parteien nicht zu erwarten ist.

(6) [1]Der Mediator wirkt im Falle einer Einigung darauf hin, dass die Parteien die Vereinbarung in Kenntnis der Sachlage treffen und ihren Inhalt verstehen. [2]Er hat die Parteien, die ohne fachliche Beratung an der Mediation teilnehmen, auf die Möglichkeit hinzuweisen, die Vereinbarung bei Bedarf durch externe Berater überprüfen zu lassen. [3]Mit Zustimmung der Parteien

kann die erzielte Einigung in einer Abschlussvereinbarung dokumentiert werden.

§ 3 Offenbarungspflichten; Tätigkeitsbeschränkungen (1) [1]Der Mediator hat den Parteien alle Umstände offenzulegen, die seine Unabhängigkeit und Neutralität beeinträchtigen können. [2]Er darf bei Vorliegen solcher Umstände nur als Mediator tätig werden, wenn die Parteien dem ausdrücklich zustimmen.

(2) [1]Als Mediator darf nicht tätig werden, wer vor der Mediation in derselben Sache für eine Partei tätig gewesen ist. [2]Der Mediator darf auch nicht während oder nach der Mediation für eine Partei in derselben Sache tätig werden.

(3) [1]Eine Person darf nicht als Mediator tätig werden, wenn eine mit ihr in derselben Berufsausübungs- oder Bürogemeinschaft verbundene andere Person vor der Mediation in derselben Sache für eine Partei tätig gewesen ist. [2]Eine solche andere Person darf auch nicht während oder nach der Mediation für eine Partei in derselben Sache tätig werden.

(4) [1]Die Beschränkungen des Absatzes 3 gelten nicht, wenn sich die betroffenen Parteien im Einzelfall nach umfassender Information damit einverstanden erklärt haben und Belange der Rechtspflege dem nicht entgegenstehen.

(5) [1]Der Mediator ist verpflichtet, die Parteien auf deren Verlangen über seinen fachlichen Hintergrund, seine Ausbildung und seine Erfahrung auf dem Gebiet der Mediation zu informieren.

§ 4 Verschwiegenheitspflicht [1]Der Mediator und die in die Durchführung des Mediationsverfahrens eingebundenen Personen sind zur Verschwiegenheit verpflichtet, soweit gesetzlich nichts anderes geregelt ist. [2]Diese Pflicht bezieht sich auf alles, was ihnen in Ausübung ihrer Tätigkeit bekannt geworden ist. [3]Ungeachtet anderer gesetzlicher Regelungen über die Verschwiegenheitspflicht gilt sie nicht, soweit

1. die Offenlegung des Inhalts der im Mediationsverfahren erzielten Vereinbarung zur Umsetzung oder Vollstreckung dieser Vereinbarung erforderlich ist,
2. die Offenlegung aus vorrangigen Gründen der öffentlichen Ordnung (ordre public) geboten ist, insbesondere um eine Gefährdung des Wohles eines Kindes oder eine schwerwiegende Beeinträchtigung der physischen oder psychischen Integrität einer Person abzuwenden, oder
3. es sich um Tatsachen handelt, die offenkundig sind oder ihrer Bedeutung nach keiner Geheimhaltung bedürfen. Der Mediator hat die Parteien über den Umfang seiner Verschwiegenheitspflicht zu informieren.

§ 5 Aus- und Fortbildung des Mediators; zertifizierter Mediator (1) [1]Der Mediator stellt in eigener Verantwortung durch eine geeignete Ausbildung und eine regelmäßige Fortbildung sicher, dass er über theoretische Kenntnisse sowie praktische Erfahrungen verfügt, um die Parteien in sachkundiger Weise durch die Mediation führen zu können. [2]Eine geeignete Ausbildung soll insbesondere vermitteln:

1. Kenntnisse über Grundlagen der Mediation sowie deren Ablauf und Rahmenbedingungen,
2. Verhandlungs- und Kommunikationstechniken,
3. Konfliktkompetenz,
4. Kenntnisse über das Recht der Mediation sowie über die Rolle des Rechts in der Mediation sowie
5. praktische Übungen, Rollenspiele und Supervision.

(2) [1]Als zertifizierter Mediator darf sich bezeichnen, wer eine Ausbildung zum Mediator abgeschlossen hat, die den Anforderungen der Rechtsverordnung nach § 6 entspricht.

(3) [1]Der zertifizierte Mediator hat sich entsprechend den Anforderungen der Rechtsverordnung nach § 6 fortzubilden.

§ 6 Verordnungsermächtigung* [1]Das Bundesministerium der Justiz und für Verbraucherschutz wird ermächtigt, durch Rechtsverordnung ohne Zustimmung des Bundesrates nähere Bestimmungen über die Ausbildung zum zertifizierten Mediator und über die Fortbildung des zertifizierten Mediators sowie Anforderungen an Aus- und Fortbildungseinrichtungen zu erlassen. [2]In der Rechtsverordnung nach Satz 1 können insbesondere festgelegt werden:

1. nähere Bestimmungen über die Inhalte der Ausbildung, wobei eine Ausbildung zum zertifizierten Mediator die in § 5 Absatz 1 Satz 2 aufgeführten Ausbildungsinhalte zu vermitteln hat, und über die erforderliche Praxiserfahrung;
2. nähere Bestimmungen über die Inhalte der Fortbildung;
3. Mindeststundenzahlen für die Aus- und Fortbildung;
4. zeitliche Abstände, in denen eine Fortbildung zu erfolgen hat;
5. Anforderungen an die in den Aus- und Fortbildungseinrichtungen eingesetzten Lehrkräfte;
6. Bestimmungen darüber, dass und in welcher Weise eine Aus- und Fortbildungseinrichtung die Teilnahme an einer Aus- und Fortbildungsveranstaltung zu zertifizieren hat;

---

* Die Verordnung zu § 6 ist im vorliegenden Band als Ordnungsnummer 37 abgedruckt.

7. Regelungen über den Abschluss der Ausbildung;
8. Übergangsbestimmungen für Personen, die bereits vor Inkrafttreten dieses Gesetzes als Mediatoren tätig sind.

§ 7 Wissenschaftliche Forschungsvorhaben; finanzielle Förderung der Mediation (1) [1]Bund und Länder können wissenschaftliche Forschungsvorhaben vereinbaren, um die Folgen einer finanziellen Förderung der Mediation für die Länder zu ermitteln.

(2) [1]Die Förderung kann im Rahmen der Forschungsvorhaben auf Antrag einer rechtsuchenden Person bewilligt werden, wenn diese nach ihren persönlichen und wirtschaftlichen Verhältnissen die Kosten einer Mediation nicht, nur zum Teil oder nur in Raten aufbringen kann und die beabsichtigte Rechtsverfolgung oder Rechtsverteidigung nicht mutwillig erscheint. [2]Über den Antrag entscheidet das für das Verfahren zuständige Gericht, sofern an diesem Gericht ein Forschungsvorhaben durchgeführt wird. [3]Die Entscheidung ist unanfechtbar. [4]Die Einzelheiten regeln die nach Absatz 1 zustande gekommenen Vereinbarungen zwischen Bund und Ländern.

(3) [1]Die Bundesregierung unterrichtet den Deutschen Bundestag nach Abschluss der wissenschaftlichen Forschungsvorhaben über die gesammelten Erfahrungen und die gewonnenen Erkenntnisse.

§ 8 Evaluierung (1) [1]Die Bundesregierung berichtet dem Deutschen Bundestag bis zum 26. Juli 2017, auch unter Berücksichtigung der kostenrechtlichen Länderöffnungsklauseln, über die Auswirkungen dieses Gesetzes auf die Entwicklung der Mediation in Deutschland und über die Situation der Aus- und Fortbildung der Mediatoren. [2]In dem Bericht ist insbesondere zu untersuchen und zu bewerten, ob aus Gründen der Qualitätssicherung und des Verbraucherschutzes weitere gesetzgeberische Maßnahmen auf dem Gebiet der Aus- und Fortbildung von Mediatoren notwendig sind.

(2) [1]Sofern sich aus dem Bericht die Notwendigkeit gesetzgeberischer Maßnahmen ergibt, soll die Bundesregierung diese vorschlagen.

§ 9 Übergangsbestimmung (1) [1]Die Mediation in Zivilsachen durch einen nicht entscheidungsbefugten Richter während eines Gerichtsverfahrens, die vor dem 26. Juli 2012 an einem Gericht angeboten wird, kann unter Fortführung der bisher verwendeten Bezeichnung (gerichtlicher Mediator) bis zum 1. August 2013 weiterhin durchgeführt werden.

(2) [1]Absatz 1 gilt entsprechend für die Mediation in der Verwaltungsgerichtsbarkeit, der Sozialgerichtsbarkeit, der Finanzgerichtsbarkeit und der Arbeitsgerichtsbarkeit.

Verordnung über die Aus- und Fortbildung von zertifizierten Mediatoren (Zertifizierte-Mediatoren-Ausbildungsverordnung – ZMediatAusbV)

Vom 21. August 2016, BGBl. I S. 1994

§ 1 Anwendungsbereich [1]Diese Verordnung regelt

1. die Ausbildung zum zertifizierten Mediator,
2. die Fortbildung des zertifizierten Mediators sowie
3. Anforderungen an die Einrichtungen zur Aus- und Fortbildung nach den Nummern 1 und 2.

§ 2 Ausbildung zum zertifizierten Mediator (1) [1]Als zertifizierter Mediator darf sich nur bezeichnen, wer eine Ausbildung zum zertifizierten Mediator abgeschlossen hat.

(2) [1]Die Ausbildung zum zertifizierten Mediator setzt sich zusammen aus einem Ausbildungslehrgang und einer Einzelsupervision im Anschluss an eine als Mediator oder Co-Mediator durchgeführte Mediation.

(3) [1]Der Ausbildungslehrgang muss die in der Anlage aufgeführten Inhalte vermitteln und auch praktische Übungen und Rollenspiele umfassen.

(4) [1]Der Umfang des Ausbildungslehrgangs beträgt insgesamt mindestens 120 Präsenzzeitstunden. [2]Die jeweiligen Inhalte des Ausbildungslehrgangs müssen mindestens die in Spalte III der Anlage aufgeführten Zeitstunden umfassen.

(5) [1]Während des Ausbildungslehrgangs oder innerhalb eines Jahres nach dessen erfolgreicher Beendigung müssen die Ausbildungsteilnehmenden an einer Einzelsupervision im Anschluss an eine als Mediator oder Co-Mediator durchgeführte Mediation teilgenommen haben.

(6) [1]Über den erfolgreichen Abschluss der Ausbildung ist von der Ausbildungseinrichtung eine Bescheinigung auszustellen. [2]Die Bescheinigung darf erst ausgestellt werden, wenn der gesamte nach den Absätzen 3 und 4 vorgeschriebene Ausbildungslehrgang erfolgreich beendet und die Einzelsupervision nach Absatz 5 durchgeführt ist. [3]Die Bescheinigung muss enthalten:

1. Name, Vornamen und Geburtsdatum der Absolventin oder des Absolventen,
2. Name und Anschrift der Ausbildungseinrichtung,
3. Datum und Ort der Ausbildung,

4. gemäß Anlage vermittelte Inhalte des Ausbildungslehrgangs und die jeweils darauf verwendeten Zeitstunden,
5. Datum und Ort der durchgeführten Einzelsupervision sowie
6. Name und Anschrift des Supervisors.

§ 3 Fortbildungsveranstaltung (1) [1]Der zertifizierte Mediator hat nach Abschluss der Ausbildung regelmäßig an Fortbildungsveranstaltungen teilzunehmen. [2]Der Umfang der Fortbildungsveranstaltungen beträgt innerhalb eines Zeitraums von vier Jahren mindestens 40 Zeitstunden. [3]Die Vierjahresfrist beginnt erstmals mit Ausstellung der Bescheinigung nach § 2 Absatz 6 zu laufen.

(2) [1]Ziel der Fortbildungsveranstaltungen ist

1. eine Vertiefung und Aktualisierung einzelner in der Anlage aufgeführter Inhalte oder
2. eine Vertiefung von Kenntnissen und Fähigkeiten in besonderen Bereichen der Mediation.

(3) [1]Über die erfolgreiche Teilnahme an einer Fortbildungsveranstaltung ist von der Fortbildungseinrichtung eine Bescheinigung auszustellen. [2]Die Bescheinigung muss enthalten:

1. Name, Vornamen und Geburtsdatum der oder des Teilnehmenden,
2. Name und Anschrift der Fortbildungseinrichtung,
3. Datum und Ort der Fortbildungsveranstaltung sowie
4. vermittelte Fortbildungsinhalte und Dauer der Fortbildungsveranstaltung in Zeitstunden.

§ 4 Fortbildung durch Einzelsupervision (1) [1]Innerhalb der zwei auf den Abschluss seiner Ausbildung nach § 2 folgenden Jahre hat der zertifizierte Mediator mindestens viermal an einer Einzelsupervision, jeweils im Anschluss an eine als Mediator oder Co-Mediator durchgeführte Mediation, teilzunehmen. [2]Die Zweijahresfrist beginnt mit Ausstellung der Bescheinigung nach § 2 Absatz 6 zu laufen.

(2) [1]Über jede nach Absatz 1 durchgeführte Einzelsupervision ist von dem Supervisor eine Bescheinigung auszustellen. [2]Diese Bescheinigung muss enthalten:

1. Name, Vornamen und Geburtsdatum des zertifizierten Mediators,
2. Datum und Ort der durchgeführten Einzelsupervision,
3. anonymisierte Angaben zur in der Einzelsupervision besprochenen Mediation sowie
4. Name und Anschrift des Supervisors.

§ 5 Anforderungen an Aus- und Fortbildungseinrichtungen (1) [1]Eine Ausbildung nach § 2 oder eine Fortbildung nach § 3 darf nur durchführen, wer sicherstellt, dass die dafür eingesetzten Lehrkräfte

1. über einen berufsqualifizierenden Abschluss einer Berufsausbildung oder eines Hochschulstudiums verfügen und
2. über die jeweils erforderlichen fachlichen Kenntnisse verfügen, um die in der Anlage aufgeführten oder sonstige Inhalte der Aus- oder Fortbildung zu vermitteln.

(2) [1]Sofern eine Lehrkraft nur eingesetzt wird, um bestimmte Aus- oder Fortbildungsinhalte zu vermitteln, müssen sich ihre fachlichen Kenntnisse nur darauf beziehen.

§ 6[2] Gleichwertige im Ausland erworbene Qualifikation [1]Als zertifizierter Mediator darf sich auch bezeichnen, wer

1. im Ausland eine Ausbildung zum Mediator im Umfang von mindestens 90 Zeitstunden abgeschlossen hat und
2. anschließend als Mediator oder Co-Mediator mindestens vier Mediationen durchgeführt hat.

§ 7 Übergangsbestimmungen (1) [1]Als zertifizierter Mediator darf sich bezeichnen, wer vor dem 26. Juli 2012 eine Ausbildung zum Mediator im Umfang von mindestens 90 Zeitstunden abgeschlossen und anschließend als Mediator oder Co-Mediator mindestens vier Mediationen durchgeführt hat.

(2) [1]Als zertifizierter Mediator darf sich auch bezeichnen, wer vor dem 1. September 2017 einen den Anforderungen des § 2 Absatz 3 und 4 genügenden Ausbildungslehrgang erfolgreich beendet hat und bis zum 1. Oktober 2018 an einer Einzelsupervision im Anschluss an eine als Mediator oder Co-Mediator durchgeführte Mediation teilgenommen hat. [2]Wird die Einzelsupervision erst nach dem 1. September 2017 durchgeführt, ist entsprechend § 4 Absatz 2 eine Bescheinigung auszustellen.

(3) [1]In den Fällen der Absätze 1 und 2 beginnen die Fristen des § 3 Absatz 1 Satz 3 und des § 4 Absatz 1 am 1. September 2017 zu laufen. [2]Im Fall des

---

2 § 6 dieser Verordnung dient der Umsetzung der Richtlinie 2005/36/EG des Europäischen Parlaments und des Rates vom 7. September 2005 über die Anerkennung von Berufsqualifikationen (ABl. L 255 vom 30.9.2005, S. 22, L 271 vom 16.10.2007, S. 18, L 93 vom 4.4.2008, S. 28, L 33 vom 3.2.2009, S. 49, L 305 vom 24.10.2014, S. 115), die zuletzt durch die Richtlinie 2013/55/EU (ABl. L 354 vom 28.12.2013, S. 132, L 268 vom 15.10.2015, S. 35, L 95 vom 9.4.2016, S. 20) geändert worden ist, sowie der Richtlinie 2013/55/EU des Europäischen Parlaments und des Rates vom 20. November 2013 zur Änderung der Richtlinie 2005/36/EG über die Anerkennung von Berufsqualifikationen und der Verordnung (EU) Nr. 1024/2012 über die Verwaltungszusammenarbeit mit Hilfe des Binnenmarkt-Informationssystems („IMI-Verordnung") (ABl. L 354 vom 28.12.2013, S. 132, L 268 vom 15.10.2015, S. 35, L 95 vom 9.4.2016, S. 20).

Absatzes 2 Satz 2 beginnen die Fristen abweichend von Satz 1 mit Ausstellen der Bescheinigung zu laufen.

§ 8 Inkrafttreten [1]Diese Verordnung tritt am 1. September 2017 in Kraft.

Anlage: Inhalte des Ausbildungslehrgangs

Nummer	Inhalt des Ausbildungslehrgangs	Stundenzahl (Zeitstunden)
I	II	III
1.	Einführung und Grundlagen der Mediation a) Grundlagen der Mediation aa) Überblick über Prinzipien, Verfahrensablauf und Phasen der Mediation bb) Überblick über Kommunikations- und Arbeitstechniken in der Mediation b) Abgrenzung der Mediation zum streitigen Verfahren und zu anderen alternativen Konfliktbeilegungsverfahren c) Überblick über die Anwendungsfelder der Mediation	18 Stunden
2.	Ablauf und Rahmenbedingungen der Mediation a) Einzelheiten zu den Phasen der Mediation aa) Mediationsvertrag bb) Stoffsammlung cc) Interessenerforschung dd) Sammlung und Bewertung von Optionen ee) Abschlussvereinbarung b) Besonderheiten unterschiedlicher Settings in der Mediation aa) Einzelgespräche bb) Co-/Teammediation, Mehrparteienmediation, Shuttle-Mediation cc) Einbeziehung Dritter c) Weitere Rahmenbedingungen aa) Vor- und Nachbereitung von Mediationsverfahren bb) Dokumentation/Protokollführung	30 Stunden
3.	Verhandlungstechniken und -kompetenz a) Grundlagen der Verhandlungsanalyse b) Verhandlungsführung und Verhandlungsmanagement: intuitives Verhandeln, Verhandlung nach dem Harvard-Konzept/integrative Verhandlungstechniken, distributive Verhandlungstechniken	12 Stunden

Nummer	Inhalt des Ausbildungslehrgangs	Stundenzahl (Zeitstunden)
I	II	III
4.	Gesprächsführung, Kommunikationstechniken a) Grundlagen der Kommunikation b) Kommunikationstechniken (z. B. aktives Zuhören, Paraphrasieren, Fragetechniken, Verbalisieren, Reframing, verbale und nonverbale Kommunikation) c) Techniken zur Entwicklung und Bewertung von Lösungen (z. B. Brainstorming, Mindmapping, sonstige Kreativitätstechniken, Risikoanalyse) d) Visualisierungs- und Moderationstechniken e) Umgang mit schwierigen Situationen (z. B. Blockaden, Widerstände, Eskalationen, Machtungleichgewichte)	18 Stunden
5.	Konfliktkompetenz a) Konflikttheorie (Konfliktfaktoren, Konfliktdynamik und Konfliktanalyse; Eskalationsstufen; Konflikttypen) b) Erkennen von Konfliktdynamiken c) Interventionstechniken	12 Stunden
6.	Recht der Mediation a) Rechtliche Rahmenbedingungen: Mediatorvertrag, Berufsrecht, Verschwiegenheit, Vergütungsfragen, Haftung und Versicherung b) Einbettung in das Recht des jeweiligen Grundberufs c) Grundzüge des Rechtsdienstleistungsgesetzes	6 Stunden
7.	Recht in der Mediation a) Rolle des Rechts in der Mediation b) Abgrenzung von zulässiger rechtlicher Information und unzulässiger Rechtsberatung in der Mediation durch den Mediator c) Rolle des Mediators in Abgrenzung zu den Aufgaben des Parteianwalts d) Sensibilisierung für das Erkennen von rechtlich relevanten Sachverhalten bzw. von Situationen, in denen den Medianden die Inanspruchnahme externer rechtlicher Beratung zu empfehlen ist, um eine informierte Entscheidung zu treffen e) Mitwirkung externer Berater in der Mediation f) Rechtliche Besonderheiten der Mitwirkung des Mediators bei der Abschlussvereinbarung	12 Stunden

Nummer	Inhalt des Ausbildungslehrgangs	Stundenzahl (Zeitstunden)
I	II	III
	g) Rechtliche Bedeutung und Durchsetzbarkeit der Abschlussvereinbarung unter Berücksichtigung der Vollstreckbarkeit	
8.	Persönliche Kompetenz, Haltung und Rollenverständnis a) Rollendefinition, Rollenkonflikte b) Aufgabe und Selbstverständnis des Mediators (insbesondere Wertschätzung, Respekt und innere Haltung) c) Allparteilichkeit, Neutralität und professionelle Distanz zu den Mediandenden und zum Konflikt d) Macht und Fairness in der Mediation e) Umgang mit eigenen Gefühlen f) Selbstreflexion (z. B. Bewusstheit über die eigenen Grenzen aufgrund der beruflichen Prägung und Sozialisation)	12 Stunden
Gesamt:		120 Stunden

Wesentliche Zeugnisverweigerungsrechte

§ 53 StPO Zeugnisverweigerungsrecht der Berufsgeheimnisträger

(1) [1]Zur Verweigerung des Zeugnisses sind ferner berechtigt

1. Geistliche über das, was ihnen in ihrer Eigenschaft als Seelsorger anvertraut worden oder bekanntgeworden ist;
2. Verteidiger des Beschuldigten über das, was ihnen in dieser Eigenschaft anvertraut worden oder bekanntgeworden ist;
3. Rechtsanwälte und Kammerrechtsbeistände, Patentanwälte, Notare, Wirtschaftsprüfer, vereidigte Buchprüfer, Steuerberater und Steuerbevollmächtigte, Ärzte, Zahnärzte, Psychologische Psychotherapeuten, Kinder- und Jugendlichenpsychotherapeuten, Apotheker und Hebammen über das, was ihnen in dieser Eigenschaft anvertraut worden oder bekanntgeworden ist; für Syndikusrechtsanwälte (§ 46 Absatz 2 der Bundesrechtsanwaltsordnung) und Syndikuspatentanwälte (§ 41a Absatz 2 der Patentanwaltsordnung) gilt dies vorbehaltlich des § 53a nicht hinsichtlich dessen, was ihnen in dieser Eigenschaft anvertraut worden oder bekanntgeworden ist;

3a. Mitglieder oder Beauftragte einer anerkannten Beratungsstelle nach den §§ 3 und 8 des Schwangerschaftskonfliktgesetzes über das, was ihnen in dieser Eigenschaft anvertraut worden oder bekanntgeworden ist;

3b. Berater für Fragen der Betäubungsmittelabhängigkeit in einer Beratungsstelle, die eine Behörde oder eine Körperschaft, Anstalt oder Stiftung des öffentlichen Rechts anerkannt oder bei sich eingerichtet hat, über das, was ihnen in dieser Eigenschaft anvertraut worden oder bekanntgeworden ist;

4. Mitglieder des Deutschen Bundestages, der Bundesversammlung, des Europäischen Parlaments aus der Bundesrepublik Deutschland oder eines Landtages über Personen, die ihnen in ihrer Eigenschaft als Mitglieder dieser Organe oder denen sie in dieser Eigenschaft Tatsachen anvertraut haben, sowie über diese Tatsachen selbst;
5. Personen, die bei der Vorbereitung, Herstellung oder Verbreitung von Druckwerken, Rundfunksendungen, Filmberichten oder der Unterrichtung oder Meinungsbildung dienenden Informations- und Kommunikationsdiensten berufsmäßig mitwirken oder mitgewirkthaben.

[2]Die in Satz 1 Nr. 5 genannten Personen dürfen das Zeugnis verweigern über die Person des Verfassers oder Einsenders von Beiträgen und Unterlagen oder des sonstigen Informanten sowie über die ihnen im Hinblick auf ihre Tätigkeit gemachten Mitteilungen, über deren Inhalt sowie über den Inhalt selbst erarbeiteter Materialien und den Gegenstand berufsbezogener

Wahrnehmungen. [3]Dies gilt nur, soweit es sich um Beiträge, Unterlagen, Mitteilungen und Materialien für den redaktionellen Teil oder redaktionell aufbereitete Informations- und Kommunikationsdienste handelt.

(2) [1]Die in Absatz 1 Satz 1 Nr. 2 bis 3b Genannten dürfen das Zeugnis nicht verweigern, wenn sie von der Verpflichtung zur Verschwiegenheit entbunden sind. Die Berechtigung zur Zeugnisverweigerung der in Absatz 1 Satz 1 Nr. 5 Genannten über den Inhalt selbst erarbeiteter Materialien und den Gegenstand entsprechender Wahrnehmungen entfällt, wenn die Aussage zur Aufklärung eines Verbrechens beitragen soll oder wenn Gegenstand der Untersuchung

1. eine Straftat des Friedensverrats und der Gefährdung des demokratischen Rechtsstaats oder des Landesverrats und der Gefährdung der äußeren Sicherheit (§§ 80a, 85, 87, 88, 95, auch in Verbindung mit § 97b, §§ 97a, 98 bis 100a des Strafgesetzbuches),
2. eine Straftat gegen die sexuelle Selbstbestimmung nach den §§ 174 bis 176, 177 Absatz 2 Nummer 1 des Strafgesetzbuches oder
3. eine Geldwäsche, eine Verschleierung unrechtmäßig erlangter Vermögenswerte nach § 261 Abs. 1 bis 4 des Strafgesetzbuches

ist und die Erforschung des Sachverhalts oder die Ermittlung des Aufenthaltsortes des Beschuldigten auf andere Weise aussichtslos oder wesentlich erschwert wäre. Der Zeuge kann jedoch auch in diesen Fällen die Aussage verweigern, soweit sie zur Offenbarung der Person des Verfassers oder Einsenders von Beiträgen und Unterlagen oder des sonstigen Informanten oder der ihm im Hinblick auf seine Tätigkeit nach Absatz 1 Satz 1 Nr. 5 gemachten Mitteilungen oder deren Inhalts führen würde.

§ 53a StPO Zeugnisverweigerungsrecht der mitwirkenden Personen
(1) Den Berufsgeheimnisträgern nach § 53 Absatz 1 Satz 1 Nummer 1 bis 4 stehen die Personen gleich, die im Rahmen

1. eines Vertragsverhältnisses,
2. einer berufsvorbereitenden Tätigkeit oder
3. einer sonstigen Hilfstätigkeit

an deren beruflicher Tätigkeit mitwirken. Über die Ausübung des Rechts dieser Personen, das Zeugnis zu verweigern, entscheiden die Berufsgeheimnisträger, es sei denn, dass diese Entscheidung in absehbarer Zeit nicht herbeigeführt werden kann.

(2) Die Entbindung von der Verpflichtung zur Verschwiegenheit (§ 53 Absatz 2 Satz 1) gilt auch für die nach Absatz 1 mitwirkenden Personen.

§ 160a StPO Maßnahmen bei zeugnisverweigerungsberechtigten Berufsgeheimnisträgern (1) [1]Eine Ermittlungsmaßnahme, die sich gegen eine in § 53 Absatz 1 Satz 1 Nummer 1, 2 oder Nummer 4 genannte Person, einen Rechtsanwalt oder einen Kammerrechtsbeistand richtet und voraussichtlich Erkenntnisse erbringen würde, über die diese das Zeugnis verweigern dürfte, ist unzulässig. [2]Dennoch erlangte Erkenntnisse dürfen nicht verwendet werden. [3]Aufzeichnungen hierüber sind unverzüglich zu löschen. [4]Die Tatsache ihrer Erlangung und der Löschung der Aufzeichnungen ist aktenkundig zu machen. [5]Die Sätze 2 bis 4 gelten entsprechend, wenn durch eine Ermittlungsmaßnahme, die sich nicht gegen eine in Satz 1 in Bezug genommene Person richtet, von dieser Person Erkenntnisse erlangt werden, über die sie das Zeugnis verweigern dürfte.

(2) [1]Soweit durch eine Ermittlungsmaßnahme eine in § 53 Abs. 1 Satz 1 Nr. 3 bis 3b oder Nr. 5 genannte Person betroffen wäre und dadurch voraussichtlich Erkenntnisse erlangt würden, über die diese Person das Zeugnis verweigern dürfte, ist dies im Rahmen der Prüfung der Verhältnismäßigkeit besonders zu berücksichtigen; betrifft das Verfahren keine Straftat von erheblicher Bedeutung, ist in der Regel nicht von einem Überwiegen des Strafverfolgungsinteresses auszugehen. [2]Soweit geboten, ist die Maßnahme zu unterlassen oder, soweit dies nach der Art der Maßnahme möglich ist, zu beschränken. [3]Für die Verwertung von Erkenntnissen zu Beweiszwecken gilt Satz 1 entsprechend. [4]Die Sätze 1 bis 3 gelten nicht für Rechtsanwälte und Kammerrechtsbeistände.

(3) [1]Die Absätze 1 und 2 sind entsprechend anzuwenden, soweit die in § 53a Genannten das Zeugnis verweigern dürften.

(4) [1]Die Absätze 1 bis 3 sind nicht anzuwenden, wenn bestimmte Tatsachen den Verdacht begründen, dass die zeugnisverweigerungsberechtigte Person an der Tat oder an einer Datenhehlerei, Begünstigung, Strafvereitelung oder Hehlerei beteiligt ist. [2]Ist die Tat nur auf Antrag oder nur mit Ermächtigung verfolgbar, ist Satz 1 in den Fällen des § 53 Abs. 1 Satz 1 Nr. 5 anzuwenden, sobald und soweit der Strafantrag gestellt oder die Ermächtigung erteilt ist.

(5) [1]Die §§ 97, 100d Absatz 5 und § 100g Absatz 4 bleiben unberührt.

§ 383 ZPO Zeugnisverweigerung aus persönlichen Gründen (1) [1]Zur Verweigerung des Zeugnisses sind berechtigt:

[…]

6. Personen, denen kraft ihres Amtes, Standes oder Gewerbes Tatsachen anvertraut sind, deren Geheimhaltung durch ihre Natur oder durch gesetzliche Vorschrift geboten ist, in Betreff der Tatsachen, auf welche die Verpflichtung zur Verschwiegenheit sich bezieht.

[…]

(3) [1]Die Vernehmung der unter Nummern 4 bis 6 bezeichneten Personen ist, auch wenn das Zeugnis nicht verweigert wird, auf Tatsachen nicht zu rich-

ten, in Ansehung welcher erhellt, dass ohne Verletzung der Verpflichtung zur Verschwiegenheit ein Zeugnis nicht abgelegt werden kann.

§ 46 ArbGG Grundsatz (1) [1]Das Urteilsverfahren findet in den in § 2 Abs. 1 bis 4 bezeichneten bürgerlichen Rechtsstreitigkeiten Anwendung.

(2) [1]Für das Urteilsverfahren des ersten Rechtszugs gelten die Vorschriften der Zivilprozeßordnung über das Verfahren vor den Amtsgerichten entsprechend, soweit dieses Gesetz nichts anderes bestimmt. [2]Die Vorschriften über den frühen ersten Termin zur mündlichen Verhandlung und das schriftliche Vorverfahren (§§ 275 bis 277 der Zivilprozeßordnung), über das vereinfachte Verfahren (§ 495a der Zivilprozeßordnung), über den Urkunden- und Wechselprozeß (§§ 592 bis 605a der Zivilprozeßordnung), über die Musterfeststellungsklage (§§ 606 bis 613 der Zivilprozessordnung), über die Entscheidung ohne mündliche Verhandlung (§ 128 Abs. 2 der Zivilprozeßordnung) und über die Verlegung von Terminen in der Zeit vom 1. Juli bis 31. August (§ 227 Abs. 3 Satz 1 der Zivilprozeßordnung) finden keine Anwendung. [3]§ 127 Abs. 2 der Zivilprozessordnung findet mit der Maßgabe Anwendung, dass die sofortige Beschwerde bei Bestandsschutzstreitigkeiten unabhängig von dem Streitwert zulässig ist.

§ 98 VwGO [1]Soweit dieses Gesetz nicht abweichende Vorschriften enthält, sind auf die Beweisaufnahme §§ 358 bis 444 und 450 bis 494 der Zivilprozeßordnung entsprechend anzuwenden.

§ 84 FGO (1) [1]Für das Recht zur Verweigerung des Zeugnisses und die Pflicht zur Belehrung über das Zeugnisverweigerungsrecht gelten die §§ 101 bis 103 der Abgabenordnung sinngemäß.

(2) [1]Wer als Angehöriger zur Verweigerung des Zeugnisses berechtigt ist, kann die Ableistung des Eides verweigern.

§ 102 AO Auskunftsverweigerungsrecht zum Schutz bestimmter Berufsgeheimnisse (1) [1]Die Auskunft können ferner verweigern:

[…]

3. a) Verteidiger,

   b) Rechtsanwälte, Patentanwälte, Notare, Steuerberater, Wirtschaftsprüfer, Steuerbevollmächtigte, vereidigte Buchprüfer,

[…]

über das, was ihnen in dieser Eigenschaft anvertraut worden oder bekannt geworden ist,

[…]

(2) [1]Den im Absatz 1 Nr. 1 bis 3 genannten Personen stehen ihre Gehilfen und die Personen gleich, die zur Vorbereitung auf den Beruf an der berufsmäßigen Tätigkeit teilnehmen. [2]Über die Ausübung des Rechts dieser Hilfspersonen, die Auskunft zu verweigern, entscheiden die im Absatz 1 Nr. 1

bis 3 genannten Personen, es sei denn, dass diese Entscheidung in absehbarer Zeit nicht herbeigeführt werden kann.

(3) [1]Die in Absatz 1 Nr. 3 genannten Personen dürfen die Auskunft nicht verweigern, wenn sie von der Verpflichtung zur Verschwiegenheit entbunden sind. [2]Die Entbindung von der Verpflichtung zur Verschwiegenheit gilt auch für die Hilfspersonen.

(4) [1]Die gesetzlichen Anzeigepflichten der Notare und die Mitteilungspflichten der in Absatz 1 Nr. 3 Buchstabe b bezeichneten Personen nach der Zinsinformationsverordnung vom 26. Januar 2004 (BGBl. I S. 128), die zuletzt durch Artikel 4 Abs. 28 des Gesetzes vom 22. September 2005 (BGBl. I S. 2809) geändert worden ist, in der jeweils geltenden Fassung bleiben unberührt. [2]Soweit die Anzeigepflichten bestehen, sind die Notare auch zur Vorlage von Urkunden und zur Erteilung weiterer Auskünfte verpflichtet.

Gesamtregister (ohne RVG, ohne Anhang)

Die **fetten** Zahlen verweisen auf die laufenden Nummern der Gesetze (vgl. Inhaltsverzeichnis), die **mageren** auf die Artikel, Paragrafen bzw. Nummern. Die Stichworte zum anwaltlichen Gebührenrecht finden Sie im anschließenden **„Zusatzregister RVG"**.

Zusatzregister RVG

Das Rechtsanwaltsvergütungsgesetz (RVG) ist unter Nr. 9 abgedruckt.